Busch, Moritz

Graf Bismarck und seine Leute während des Krieges mit Frankreich

Busch, Moritz

Graf Bismarck und seine Leute während des Krieges mit Frankreich

Inktank publishing, 2018

www.inktank-publishing.com

ISBN/EAN: 9783747767931

Graf Bismarck

und seine Leute

während des Krieges mit Frankreich

Nach Tagebuchsblättern

von

Moritz Busch

Siebente verbesserte und vermehrte Auflage

(Erste Volksausgabe)

Leipzig
Verlag von Fr. Wilh. Grunow
1889

Vorwort

zur ersten Auflage.

Fast wie die Erinnerung an einen Traum kommt es mir zuweilen vor, wenn ich mir vergegenwärtige, unter welchen Umständen ich vor nunmehr acht Jahren meine erste und letzte Reise durch Frankreich machte, und was mir dabei zu beobachten und zu erleben vergönnt war. Andrerseits aber steht mir keine andre mit allen ihren einzelnen Bildern so deutlich und lebendig vor der Erinnerung. Man wird beides begreiflich finden, wenn ich sage, daß sie von Saarbrücken über Sedan nach Versailles führte, und daß ich die Ehre hatte, mich in den sieben Monaten, die sie währte, in der unmittelbaren Umgebung des Reichskanzlers — oder, wie er damals noch hieß, des Bundeskanzlers — zu bewegen. Mit andern Worten: Die Reise hing mit dem Feldzuge von 1870 und 1871 zusammen, und ich war dabei dem mobilgemachten Auswärtigen Amte beigegeben, welches wiederum der ersten Staffel des großen Hauptquartiers der deutschen Heere zugeteilt war.

Daß ich dabei Gelegenheit fand, nicht bloß einigen entscheidenden militärischen Aktionen an einem guten Platze beizuwohnen, sondern auch andre bedeutende Vorgänge aus nächster Nähe zu sehen und zu hören, war eine Fügung, die einem Mann in bescheidener Stellung, der acht Monate vorher nicht einmal daran hätte denken können, mit dem Kanzler in persönliche Berührung zu kommen, recht wohl damals wie später bisweilen wie ein Traum erscheinen konnte. Man sah dicht vor seinen

Augen einen weltgeschichtlichen Prozeß sich vollziehen, der kaum je vorher seines gleichen gehabt hatte. Man fühlte, mitten in der Entwicklung der Ereignisse stehend, den erregten Odem des Geistes unsers Volkes, man vernahm seine Donnerstimme über den Schlachtfeldern, empfand die Bangigkeit der Entscheidungsstunde und erzitterte freudenvoll, wenn die Siegeskunde eintraf. Nicht minder wertvoll und bedeutsam aber waren die stillen, nüchternen, arbeitsvollen Stunden, in denen man Blicke thun durfte in die Werkstatt, von wo ein wichtiger Teil jenes Prozesses seinen Ausgang nahm, wo die Ergebnisse des Waffenkampfes gewogen, berechnet und verwertet wurden, und wo zuletzt, in Ferrières und Versailles, täglich vielgenannte Namen, gekrönte Häupter, Prinzen, Minister, Generale, Unterhändler der verschiedensten Art, Parteiführer des Reichstags und andre Persönlichkeiten von Interesse ein- und ausgingen. Wohlthuend endlich war nach des Tages Mühe der Gedanke, als eins der kleinen Rädchen zu dem Apparat zu gehören, mit dem der Meister sein Denken und Wollen auf die Welt wirken, sie nach seinen Plänen sich gestalten ließ. Das Beste war aber und blieb immer das Bewußtsein, in seiner Nähe zu sein.

Ich glaube Ursache zu haben, die Erinnerung hieran wert zu halten als den höchsten Schatz meines Lebens, und ich meine ferner, daß es jetzt erlaubt sein wird, an einigem davon andre teilnehmen zu lassen. Selbstverständlich muß ein großer Teil dessen, was ich mitteilen könnte, für jetzt verschwiegen bleiben. Vieles von dem ferner, was ich berichte oder schildere, wird manchem als eine Kleinigkeit erscheinen. Mir erscheint nichts so. Denn nicht selten lassen die Kleinigkeiten, um die der Prätor sich nicht kümmert, das Wesen der Menschen oder die Stimmung, in der sie sich gerade befinden, deutlicher erkennen als anspruchsvolle Großthaten. Dann mögen hin und wieder an sich ganz unbedeutende Dinge und Situationen dem Geiste Anlaß zu Gedankenblitzen und Ideenverbindungen geben, die fruchtbar und folgenreich für die Zukunft sind. Ich denke dabei an den oft sehr zufälligen und unscheinbaren Ursprung von epochemachenden Erfindungen und Entdeckungen, an die hellblinkende Zinnkanne, die Jakob Böhme in die metaphysische Welt verzückte, und — an einen gewissen Fettfleck auf unserm Tafeltuch in Ferrières, der dem Kanzler zum Ausgangspunkte für eine sehr merkwürdige und ungemein charakteristische Tischrede wurde. Der Morgen wirkt auf nervöse Konstitutionen anders als der Abend. Das Wetter mit seinem Wechsel beeinflußt Dinge und Menschen. Sogar das wird zu beachten sein, daß Gelehrte Theorien aufgestellt haben, die kraß ausgedrückt ungefähr auf die Ansicht: der Mensch ist, was er ißt, hinauslaufen; denn, so komisch das klingen mag, wir wissen nicht, wie weit sie darin Unrecht haben. Endlich aber dünkt mich, daß überhaupt alles von Interesse ist, was zu dem hochherrlichen Kriege gehört, der uns ein deutsches Reich und eine sichere Westgrenze gewann, und daß auch das scheinbar Kleinste seinen Wert hat, was zu dem Anteile in Beziehung steht, den der Graf von Bismarck an den Ereignissen während desselben hatte.

Alles sollte deshalb aufgehoben werden. In großer Zeit erscheint das Kleine kleiner, in spätern Jahrzehnten und Jahrhunderten ist es umgekehrt: Das Große wird größer und das bedeutungslos Gewesene bedeutungsreich. Oft wird dann bedauert, daß man sich von den oder jenen Ereignissen und Persönlichkeiten kein so lebendiges und farbiges Bild machen kann, wie man möchte, weil anfangs für unwesentlich angesehenes, jetzt wünschenswert gewordenes Material mangelt, da sich kein Auge, das es sah, und keine Hand, die es beschrieb und bewahrte, gefunden hat, als es Zeit war. Wer wüßte jetzt nicht gern Genaueres über Luther in den großen Tagen und Stunden seines Lebens, bestünde es auch aus sehr harmlosen und wenig bezeichnenden Zügen, Umständen und Beziehungen? In hundert Jahren wird der Fürst von Bismarck in den Gedanken unsers Volkes seine Stelle neben dem Wittenberger Doktor einnehmen: der Befreier unsers politischen Lebens vom Drucke des Auslandes neben dem Befreier der Gewissen von der

Wucht Roms, der Schöpfer des deutschen Reiches neben dem Schöpfer des deutschen Christentums. Viele haben unserm Kanzler diesen Platz in ihrem Gemüte und unter den Bildern ihrer Wände schon eingeräumt, und so will ich es auf die Gefahr ankommen lassen, daß einer oder der andre tadelt, ich hätte vorzüglich von der Schale zu erzählen, und der Kern bliebe kaum berührt und gewürdigt. Vielleicht ist mir später gestattet, in bescheidner Weise den Versuch zu machen, auch von letzterem ein Bild zu geben, das einige neue Züge zeigt. Für jetzt verfahre ich solchen Unternehmungen gegenüber in mehrfacher Beziehung nach dem Spruche: „Sammelt die übrigen Brocken, auf daß nichts umkomme.“

Die Unterlage meiner Mitteilungen ist ein Tagebuch, welches namentlich in der Zeit, wo wir seßhaft wurden, möglichst ausführlich und getreu die Vorgänge und Äußerungen aufnahm, die mir zu Gehör und Gesicht kamen, wenn ich mich in unmittelbarer Nähe des Kanzlers befand. Der letztere ist allenthalben die Hauptfigur, um die sich das übrige gruppirt. Als scharf aufmerkender und gewissenhaft referirender Chronist zu verzeichnen, — ursprünglich nur für mich selbst zu verzeichnen — wie er sich während des großen Krieges, soweit ich Augenzeuge war oder zuverlässige Berichte mir zukamen, verhielt, wie er während des Feldzuges lebte und arbeitete, wie er über Gegenwärtiges urteilte, was er bei Tische, beim Thee oder bei andrer Gelegenheit aus der Vergangenheit erzählte, war die erste und nächste Aufgabe, die ich mir stellte. Unterstützt wurde ich bei Erfüllung derselben und vorzüglich bei der Niederschrift dessen, was er in weitern oder engern Kreisen seiner Umgebung sprach, durch eine Aufmerksamkeit, die durch Verehrung vor ihm wie durch vorhergegangnen dienstlichen Verkehr mit ihm gleichmäßig geschärft war, und durch ein Gedächtnis, welches, von Haus aus mäßig, sich gleichfalls durch strengste dienstliche Übung in dem letzten Halbjahr vor Ausbruch des Krieges zu einer derartigen Stärke ausgebildet hatte, daß es selbst längere Reden des Kanzlers, gleichviel, ob sie ernst oder launig waren, in allen wesentlichen Sätzen bis zu der Zeit festzuhalten vermochte, wo ich sie dem Papier anvertrauen konnte. Das heißt, wenn nichts dazwischen kam, und dagegen konnte ich mich in den meisten Fällen wahren, sodaß die hier gemeinten Aufzeichnungen fast ohne Ausnahme vor Verlauf einer Stunde nach den betreffenden Äußerungen und großenteils sofort niedergeschrieben wurden. Wer Augen, Ohren und ein Gedächtnis für den Stil besitzt, in den unser Kanzler in der Regel seine Gedanken kleidet, wenn er im engern Kreise sich äußert, wird dies sogleich erkennen. Er wird namentlich in den Erzählungen beinahe immer den Sprüngen und stummen Voraussetzungen begegnen, mit denen sie an die Ballade erinnern, und er wird finden, daß das Gewebe häufig einen humoristischen Einschlag zeigte — beides charakteristische Merkmale der Redeweise des Fürsten.

Im übrigen sind diese Geschichten sowohl als die neben ihnen hergehenden Aussprüche natürlich Photographien ohne Retouche. Mit andern Worten: ich denke nicht nur scharf aufgepaßt und gut gemerkt zu haben, sondern ich bin mir auch bewußt, daß ich nichts Mitteilbares weggelassen, nichts geändert und vor allem nichts hinzugethan habe. Wo eine Lücke bleiben mußte, ist sie in der Regel durch Gedankenstriche bezeichnet. Wo ich den Sprechenden einmal nicht genau verstanden habe, ist es ebenfalls angegeben. Manche Äußerung über die Franzosen kann hart, die eine und die andre kann grausam erscheinen. Man erinnere sich aber, daß schon ein gewöhnlicher Krieg verhärtet und erhitzt, und daß Gambettas „Krieg bis aufs Messer“ mit seiner lichterloh brennenden Leidenschaftlichkeit und der Heimtücke seiner Franktireurs auch in unserm Lager eine Stimmung hervorrufen mußte, der Milde und Schonung fremd waren. Die Äußerungen dieser Stimmung werden jetzt, wo dies vorüber, selbstverständlich nicht veröffentlicht, um zu verletzen, sondern lediglich als Beiträge zur Geschichte des Krieges und zur Charakteristik des Kanzlers. Schließlich bemerke ich noch, daß die

Beschreibungen von Gegenden, Schlachtfeldern u. dgl., die ich gebe, sowie manches andere Beiwerk nur der Abwechslung wegen, und die Zeitungsartikel, die ich beifüge, nur deshalb eingeschaltet sind, um zu zeigen, wie gewisse Gedanken sich zu einer gewissen Zeit gestaltet hatten.

Man vergleiche übrigens hierzu das, was der Kanzler am 22. Februar 1871 über die Zeitungen und ihre Bedeutung für die Geschichte sagt.

Erstes Kapitel.

Abreise des Bundeskanzlers. — Ich folge ihm zunächst nach Saarbrücken. — Weiterfahrt von da bis zur französischen Grenze. — Das mobilisirte Auswärtige Amt.

Am 31. Juli 1870 nachmittags fünf und einhalb Uhr fuhr der Kanzler, nachdem er einige Tage vorher auf seinem Zimmer das heilige Abendmahl genommen, begleitet von seiner Gemahlin und seiner Tochter, der Komtesse Marie, aus seiner Wohnung auf der Wilhelmsstraße nach dem Bahnhofe, um sich mit König Wilhelm auf den Kriegsschauplatz und zunächst nach Mainz zu begeben. Einige Räte des Auswärtigen Amtes, ein expedirender Sekretär des Zentralbüreaus, zwei Chiffreure und drei oder vier Kanzleidiener waren bestimmt, ihm zu folgen. Wir andern begleiteten ihn, als er, den Helm auf dem Haupte, in der Hausflur unter den beiden Sphinxen der Treppenwangen in den Wagen stieg, nur mit guten Wünschen. Auch ich hatte mich schon darein ergeben, den Krieg bloß auf der Landkarte und in den Zeitungen mitzumachen; denn der Minister hatte, als ich ihm am Tage nach der Kriegserklärung die Bitte vorgetragen, mich mitzunehmen, falls ich nützlich sein könnte, mir die Antwort erteilt, das werde darauf ankommen, wie sich das Hauptquartier einrichte; vorläufig sei kein Platz für mich vorhanden. Doch sollte es sich bald günstiger für mich gestalten.

Am 6. August abends traf das Telegramm vom Siege bei Wörth im Ministerium ein. Eine halbe Stunde später, nachdem es Feierabend gegeben, überbrachte ich die frohe Botschaft noch frisch und warm einer Gesellschaft von Bekannten, die in einer Weinstube der Potsdamer Straße der Dinge, die da kommen sollten, wartete, und — nun, man weiß ja, wie der deutsche Mann gute Kunde gern feiert. Es war aber eine sehr gute Kunde, und so wurde sie sehr, von manchem vielleicht zu sehr, von den meisten jedenfalls zu lange gefeiert. Infolge dessen war ich am nächsten Morgen noch nicht aus den Federn, als Kanzleidiener Lorenz erschien, der mir von seiten eines der zurückgebliebnen Räte Abschrift einer telegraphischen Depesche überbrachte, laut deren ich sofort ins Große Hauptquartier abzureisen hatte.

Geheimrat Hepke schrieb: „Lieber Herr Doktor, machen Sie sich reisefertig zur Abfahrt nach dem Hauptqurtier im Laufe des heutigen Tages. Mainz, 6. August, 7.36 abends. Doktor Busch soll herkommen und einen Korrespondenten für die Nationalzeitung und einen für die Kreuzzeitung mitbringen. Gez. Bismarck.“ Die Wahl des Korrespondenten wurde mir von Hepke freigestellt.

Also doch, grundgütiges Schicksal! Rasch war das Notwendigste besorgt, bis zum Mittag erhielt ich Paß, Legitimationskarte und Freibillet für alle Militärzüge, und gegen acht Uhr abends dampfte ich mit den beiden Begleitern, die ich auf Befehl des Ministers mitnahm, dem Baron v. Ungern-Sternberg (für die Kreuzzeitung) und dem Professor Konstantin Rößler (für die Nationalzeitung), in Gottes Namen aus dem Anhalter Bahnhofe hinaus, um über Halle, Nordhausen und Kassel so schnell wie möglich mein Ziel zu erreichen.

Wir fuhren anfangs in einem Koupee erster Klasse, später wurde die dritte, zuletzt ein Güterwagen daraus. Überall gab es langen Aufenthalt, der unsrer Ungeduld noch länger erschien, als er war. Erst am 9. August, früh nach sechs Uhr, kamen wir nach Frankfurt. Da wir hier einige Stunden auf Weiterbeförderung warten mußten, hatten wir Zeit, uns zu erkundigen, wo das Große Hauptquartier sich jetzt befinde. Der Etappenkommandant wußte uns keinen Bescheid zu geben. Der Telegraphendirektor, den wir dann mit unsrer Frage aufsuchten, konnte uns auch nichts bestimmtes sagen. „Vielleicht noch in Homburg,“ meinte er, „wahrscheinlich aber schon in Saarbrücken.“

Erst nach der Mittagsstunde ging es weiter — jetzt in einem Gepäckwagen — nach Darmstadt, am Odenwald hin, dessen dunkle Berge schwere weiße Nebelwolken umwebten, nach Mannheim und auf Neustadt zu. Immer langsamer schlich der Zug hin, und immer häufiger stockte die Fahrt vor unabsehbar langen andern Militärzügen. Allenthalben, wo unsre Welle im Strom dieser modernen Völkerwanderung an einem Orte vorüberbrauste, Hurrah und Schwenken von Hüten und Tüchern. Überall, wo sie in ihrem Laufe anhielt, kamen Leute herbei, die den Soldaten in den Wagen zu essen und zu trinken brachten, alte Mütterchen darunter, gutherziges, hilfreiches, armes Volk, das nur Milchkaffee und trocknes Schwarzbrot zu bieten hatte.

Der Rhein wurde bei Nacht passirt. Als es tagt, liegt ein elegant gekleideter Herr neben uns am Boden, der mit einem andern, in welchem wir seinen Diener zu erkennen glauben, englisch spricht. Es ergiebt sich, daß es der Londoner Bankier Deichmann ist, der ebenfalls ins Hauptquartier will, um sich bei Roon die Erlaubnis zu erbitten, als Freiwilliger in einem Kavallerieregiment den Krieg mitzumachen, zu welchem Zwecke er gleich seine Pferde mitgebracht hat. Auf seinen Rat fahren wir auf der Ebene von Neustadt, von Hosbach, wo der Zug durchaus nicht weiter zu wollen scheint, weil vor ihm drei oder vier andre Züge das Bahngleis einnehmen, in einem schnell besorgten Bauernwagen nach dem genannten pfälzischen Städtchen, das von Soldaten, bairischen Jägern, preußischen roten Husaren, Sachsen und andern Uniformen wimmelt.

Hier wurde seit der Abfahrt von Berlin zum erstenmal wieder warm gegessen. Bis dahin hatte es nur kalte Küche und des Nachts wenig erfolgreiche Versuche gegeben, auf harten Holzbänken, die Reisetasche unter dem Kopfe, zu Schlaf zu kommen. Indes gingen wir ja in den Krieg, auch hatte ichs bei Touren mit minder lohnendem Ziel schon unbequemer gehabt.

Von Neustadt fuhren wir nach einstündigem Aufenthalt weiter, quer durch die Haardt, durch enge Thäler mit Kiefern und durch eine Anzahl von Tunneln, endlich in die Gebirgslücke hinaus, in der Kaiserslautern liegt. Hatten in den letzten Stunden Sonnenblicke mit Regenschauern gewechselt, so goß es während der Fahrt von hier bis Homburg beinahe ohne Unterbrechung wie mit Mulden, sodaß der kleine Ort, als wir nach zehn Uhr in seinem Bahnhofe

1*

hielten, nur Nacht und Wasser zu sein schien. Wir stiegen, unsre Koffer auf den Schultern, in den peitschenden Regen hinaus, wateten durch Sümpfe und Tümpel, stolperten über Eisenbahnschienen und tasteten und fragten uns nach dem Gasthofe „Zur Post“, wo wir alle Zimmer übervoll fanden und auch von dem, was Leib und Seele zusammenhält, nichts mehr zu haben war. Indes hätten wir ja von günstigeren Verhältnissen wenig Gebrauch machen können; denn wir erfuhren hier, daß der Graf mit dem Könige schon weiter und vermutlich in Saarbrücken sei, und es hieß eilen, wenn wir ihn noch in Deutschland einholen wollten.

Wieder in die Sündflut hinaus zu müssen, war nicht erfreulich. Aber man konnte sich einigermaßen darüber hinwegphilosophiren, wenn man an andre dachte, die erheblich schlimmer daran waren. In der Wirtsstube der Post hatten die Schlafenden in einem Gemisch von Tabaks-, Bier- und Lampendunst mit einer ebenfalls nicht aromatischen Beigabe vom Geruch feuchten Tuches und Leders auf Tischen und zusammengeschobenen Stühlen umhergelegen. In einer Senkung links vom Bahnhofe schmauchten, halb erloschen in der nassen Nacht, die Wachtfeuer eines großen Lagers — sächsischer Landsleute, wenn man unsre Frage richtig beantwortet hatte. Als wir nach unserm Zuge zurückwateten, blitzten uns durch den schräg herabströmenden Regen die Pickelhauben und Gewehrläufe eines preußischen Bataillons entgegen, welches sich vor dem Bahnhofshotel aufstellte. Gründlich durchnäßt und ziemlich müde geworden, fanden wir endlich wieder ein Unterkommen in einem Güterwagen, wo Deichmann für sich und mich in einer schmalen Seitenabteilung ein Plätzchen am Fußboden zum Ausstrecken und ein paar Hände voll Stroh zum Kopfkissen entdeckte. Die beiden andern Reisegefährten hatten es nicht so gut. Sie mußten unter Postpacketen, Briefträgern und Trainsoldaten auf Kisten vorliebnehmen, und der arme, nicht sehr kräftige Professor war augenscheinlich sehr angegriffen und ziemlich kleinlaut geworden.

Gegen ein Uhr setzte sich der Zug langsam in Bewegung. Nach mehrmaligem Stillstand hielten wir, als der Morgen graute, in der Nähe eines Städtchens mit schöner alter Kirche. Im Thale daneben lag eine Mühle, an der die Chaussee nach Saarbrücken sich hinschlängelte. Wir hörten, daß letzteres noch eine starke halbe Meile entfernt sei, und waren somit dem Ziele sehr nahe; aber unsrer Lokomotive schien der Atem ausgegangen zu sein, und jeden Augenblick konnte das Hauptquartier aufbrechen und die Grenze überschreiten, jenseits deren es vorläufig keine Eisenbahn und aller Wahrscheinlichkeit nach wenig andre Fahrgelegenheit für uns gab. Bedeckter Himmel und ein feiner Sprühregen trugen nicht bei, die durch solche Betrachtungen erzeugte, ungeduldige, besorgte und verdrießliche Stimmung zu verbessern. Wir hatten etwa zwei Stunden vergeblich auf das Pfeifen unsers Dampfwagens zum Aufbruch gewartet, als Deichmann wieder aus der Not half. Er verschwand, und als er nach einer Weile wiederkam, hatte er den Müller drunten gewonnen, uns mit seinem Gespann nach der Stadt zu bringen. Deichmann hatte aber dem vorsichtigen Manne versprechen müssen, dafür zu stehen, daß die Soldaten ihm die Pferde nicht abnähmen.

Während der Fahrt erzählte uns der Müller, daß die Preußen ihre Vorposten schon bis in die Nachbarschaft von Metz vorgeschoben haben sollten. Zwischen neun und zehn Uhr waren wir in Sankt Johann, der auf dem rechten Ufer der Saar gelegenen Vorstadt von Saarbrücken, wo wir nicht viel von der einige Tage vorher erfolgten Beschießung durch die Franzosen, sonst aber schon ein recht buntes und lebendiges Bild kriegerischer Zustände sahen. Ein Gewirr von Marketenderkarren, Bagagewagen, Soldaten zu Fuß und zu Pferde, Johannitern mit der Kreuzbinde und dergleichen bewegte sich durch die Straßen. Hessische Truppen zogen vorbei, Dragoner und Artillerie; die Reiter sangen: „Morgenrot, leuchtest mir zum frühen Tod."

Im Gasthofe, wo wir uns umzogen, erfuhr ich, daß der Bundeskanzler noch im Orte war und bei dem Kaufmann und Fabrikanten Haldy Quartier genommen hatte. Es war also trotz allem Aufenthalt auf der Herreise nichts versäumt worden, und ich hatte glücklich den Hafen erreicht, aber allerdings mit genauer Not; denn als ich zu Haldy ging, um mich als eingetroffen zu melden, hörte ich schon auf der Treppe von Graf Bismarck-Bohlen, dem Vetter des Ministers daß man gleich nach Mittag weiter zu gehen vorhabe. Ich verabschiedete mich nun von meinen Berliner Reisegefährten, für die in dem Wagenzuge des Ministers kein Platz übrig war, und von unserm Londoner, von dessen patriotischem Anerbieten General Roon mit Bedauern keinen Gebrauch machen zu können erklärt hatte. Dann schaffte ich meinen Koffer aus dem Gasthofe auf den Küchenwagen, der mit andern Fuhrwerken unten an der Saarbrücke aufgefahren war. Nachdem dies besorgt war, kehrte ich in das Haldysche Haus zurück, wo ich mich dem Kanzler, der eben aus seinem Zimmer trat, um sich zum Könige zu begeben, auf dem Vorsaale vorstellen konnte, worauf ich das nebenan etablirte Büreau aufsuchte, um zu fragen, ob es für mich zu thun gäbe. Es gab genug zu thun; die Herren hatten alle Hände voll, und ich bekam unverzüglich in der soeben eingetroffenen, für den König zu übersetzenden Thronrede Ihrer Britischen Majestät meinen Anteil davon. Von höchstem Interesse, wenn auch noch nicht recht verständlich, war mir dann die Erklärung in einer nach Petersburg bestimmten Depesche, die man mir einem der Chiffreure zu diktiren gab, man werde sich unsrerseits mit dem etwaigen Sturze Napoleons nicht begnügen können.

Das sah ja wie das Aufdämmern eines Wunders aus. Straßburg! Vielleicht die Vogesengrenze! Wer hätte vor drei Wochen sich davon auch nur träumen lassen?

Das Wetter hatte sich inzwischen aufgeklärt. Kurz vor ein Uhr hielten bei stechender Sonne die Wagen vor den zur Hausthür hinaufführenden Steinstufen, alle vierspännig, Soldaten auf den Sattelpferden, ein Wagen für den Kanzler, einer für die Räte und den Grafen Bismarck-Bohlen, einer für den Geheimen expedirenden Sekretär und die beiden Chiffreure. Nachdem der Minister mit dem Geheimrat Abeken in dem seinen Platz genommen, und sein Vetter sowie die beiden andern Räte sich zu Pferde gesetzt, verfügten sich auch die übrigen mit ihren Aktenmappen in ihre Wagen. Ich bestieg für diesmal sowie später, wenn die Herren ritten, den der Räte. Fünf Minuten nachher überschritten wir den Fluß und kamen in die lange Hauptstraße von Saarbrücken. Dann ging es die von Pappeln beschattete Chaussee hinauf, die am Schlachtfelde des 6. August vorbei nach Forbach führt, und schon in einer halben Stunde nach unserm Aufbruche von Sankt Johann waren wir auf französischem Boden. Von dem blutigen Kampfe, der fünf Tage vorher hier oben hart an der Grenze gewütet hatte, waren noch mancherlei Spuren vorhanden: von Kugeln abgerissene Baumäste, weggeworfene Tornister, Fetzen von Kleidern und Leinenzeug auf den Stoppelfeldern, niedergetretenes Kartoffelkraut, zerschossene Räder, Gruben von Granaten gewühlt, kleine roh zusammengebundene Holzkreuze, vielleicht die Stelle bezeichnend, wo Gefallene beerdigt worden waren, u. dgl. Die Toten aber waren, soweit man sehen konnte, sämtlich bereits bestattet.

Und hier am Anfang unsrer Reise durch Frankreich will ich in meiner Erzählung für eine Weile abbrechen, um einige Worte über das mobilisirte Auswärtige Amt und über die Art und Weise zu sagen, wie der Kanzler mit seinen Leuten reiste, wohnte, arbeitete und überhaupt lebte. Der Minister hatte sich zu seiner Begleitung die Wirklichen Geheimen Legationsräte Abeken und von Keudell, den früher mehrere Jahre der Gesandtschaft in Paris zugeteilt gewesenen Wirklichen Legationsrat Graf Hatzfeldt und den Legationsrat Graf Bismarck-Bohlen gewählt. Dazu kamen der Geheimsekretär Bölsing vom Zentralbüreau, die Chiffreure Willisch und St. Blanquart, endlich ich. Als Boten und Aufwärter gingen die Kanzleidiener Engel, Theiß und Eigenbrodt mit, welcher letztere anfangs September durch den flinken und anstelligen Krüger ersetzt wurde. In ähnlicher Eigenschaft begleitete uns Herr Leverström, der vielgenannte „schwarze Reiter", der in den Straßen Berlins für das Ministerium Staffettendienste thut. Die Sorge für unser Leibliches war einem Koch anbefohlen, der während der Fahrt als Trainsoldat fungirte, und dessen Name Schulz oder Schultz war. Man sieht, ich bestrebe mich, genau zu sein und niemand an seinem Namen oder Titel zu verkürzen. In Ferrières vervollständigte sich der Kreis der Räte durch Lothar Bucher, auch schloß sich uns hier ein dritter Chiffreur, Herr Wiehr, an. In Versailles endlich traten noch der jetzige Legationsrat von Holstein, der junge Graf Wartensleben und — für nicht zum Bereiche des Auswärtigen Amts gehörende Zwecke, — der Geheime

Oberregierungsrat Wagner hinzu. Bölsing wurde hier nach einigen Wochen als unwohl geworden durch den Geheimsekretär Wollmann ersetzt, und die gesteigerte Masse der Geschäfte erforderte einen vierten Chiffreur, auch trafen noch einige Kanzleidiener ein, von deren Namen ich leider keinen behalten habe. Die Güte unsers „Chefs" — so wird der Reichskanzler von den Angehörigen des Auswärtigen Amtes in gewöhnlicher Rede bezeichnet — hatte es so angeordnet, daß seine Mitarbeiter, Sekretäre wie Räte, auch gewissermaßen Glieder seines Haushaltes waren: wir wohnten, wenn es die Umstände gestatteten, in demselben Hause mit ihm und hatten die Ehre, an seiner Tafel zu speisen.

Der Kanzler trug während des ganzen Kriegs Uniform und zwar in der Regel den bekannten Interimsrock des gelben Regiments der schweren Landwehrreiter, dessen weiße Mütze und weite Aufschlagstiefel, bei Ritten nach Schlachten oder Aussichtspunkten auch an einem über Brust und Rücken gehenden Riemen ein schwarzes Lederfutteral mit einem Feldstecher und zuweilen außer dem Pallasch einen Revolver. Von Dekorationen sah man bei ihm in den ersten Monaten regelmäßig nur das Komturkreuz des Roten Adler-Ordens, später auch das Eiserne Kreuz. Nur in Versailles traf ich ihn einige male im Schlafrock an, und da war er nicht wohl — ein Zustand, von dem er sonst während des Feldzugs meines Wissens fast ganz unangefochten blieb. Auf der Reise fuhr er meist mit dem jetzt verstorbenen Abeken, einmal mehrere Tage nacheinander auch mit mir. In Betreff der Quartiere machte er äußerst geringe Ansprüche, sodaß er sich auch da, wo Besseres zu haben war, mit einem höchst bescheidenen Unterkommen begnügte. Während in Versailles Obersten und Majore mitunter eine Reihe brillant eingerichteter Gemächer inne hatten, bestand die Wohnung des Bundeskanzlers während der fünf Monate, die wir hier verweilten, in zwei kleinen Stuben, von welchen die eine zugleich Arbeitskabinett und Schlafkammer war, und einem nicht sehr geräumigen und wenig eleganten Empfangssalon im Erdgeschosse. Einmal, im Schulhause zu Clermont en Argonne, wo wir mehrere Tage blieben, hatte er nicht einmal eine Bettstelle, sodaß man ihm sein Lager auf dem Fußboden bereiten mußte.

Auf der Reise fuhren wir meist unmittelbar hinter dem Wagenzuge des Königs her. Wir brachen dann gewöhnlich gegen zehn Uhr morgens auf und machten bisweilen starke Touren bis zu sechzig Kilometern. Im Nachtquartier eingetroffen, ging man stets sofort an die Einrichtung eines Büreaus, in welchem es dann selten an Arbeit mangelte, zumal, wenn uns der Feldtelegraph erreicht hatte und der Kanzler durch ihn wieder geworden war, was er in dieser Zeit mit kurzen Unterbrechungen immer gewesen ist, der Mittelpunkt der zivilisirten Welt Europas. Auch da, wo nur für eine Nacht Halt gemacht wurde, erhielt er, selbst rastlos thätig, seine Umgebung bis spät in fast nie abreißender Geschäftigkeit. Feldjäger kamen und gingen, Boten brachten Briefe und Telegramme und schafften deren fort. Die Räte verfaßten nach den Weisungen ihres Chefs Noten, Erlasse und Verfügungen, die Kanzlei kopirte und registrirte, chiffrirte und dechiffrirte. Von allen Richtungen der Windrose strömte Material in Berichten und Anfragen, Zeitungsartikeln u. dergl. herzu, und das meiste davon erheischte rasche Erledigung.

Derjenige von den Räten, dem es am flottesten von der Hand ging, war vor dem Eintreffen Buchers unstreitig Abeken. Er war in der That eine sehr brauchbare Kraft. Durch vieljährigen Dienst wohlbekannt mit allem Bei- und Außenwerk der Geschäfte, Virtuos in der Routine, ausgerüstet mit einem stattlichen Vorrate von Phrasen, die ihm, ohne daß er viel nachzudenken nötig hatte, aus der Erinnerung durch Arm und Hand in die Feder flossen, mehrerer Sprachen ungefähr soweit mächtig, als die ihm gestellten Aufgaben es verlangten, war er ganz dazu geschaffen, die ihm zur Stilisirung mitgeteilten Gedanken des Chefs mit der Schnelligkeit einer Dampfmaschine für die Expedition zurecht zu machen, und da er zugleich ein fleißiger Arbeiter war, so lieferte er den Tag über oft ganz erstaunliche Quantitäten von wohlgestalteten Schriftstücken ab. Den Stoff dazu aus seinem Eignen zu nehmen, wäre er allerdings, wo sichs um einigermaßen wichtige Fragen gehandelt hätte, wohl kaum imstande gewesen. Indes war das durchaus nicht nötig. Ein fingerfertiger Former genügte. Für den Inhalt sorgte das Genie und die Kenntnis des Ministers, der zuweilen auch die Form verbesserte, in der jener seinen Auftrag ausgeführt hatte.

Die fast übermenschliche Befähigung des Kanzlers, zu arbeiten, schöpferisch, aufnehmend, kritisch zu arbeiten, die schwierigsten Aufgaben zu lösen, überall ohne Verzug das Rechte zu finden und das allein Geeignete anzuordnen, war vielleicht nie so bewundernswert wie während dieser Zeit, und sie war in ihrer Unerschöpflichkeit umso erstaunlicher, als nur wenig Schlaf die bei solcher Thätigkeit aufgewendeten Kräfte ersetzte. Wie daheim stand der Minister auch im Felde, wenn nicht eine zu erwartende Schlacht ihn schon vor Tagesanbruch an die Seite des Königs und zum Heere rief, meist spät, in der Regel gegen zehn Uhr auf. Aber er hatte dann die Nacht durchwacht und war erst mit dem durchs Fenster scheinenden Morgenlichte eingeschlafen. Oft kaum aus dem Bette und noch nicht in den Kleidern, begann er bereits wieder zu denken und zu schaffen, Depeschen zu lesen und mit Anmerkungen zu versehen, Zeitungen zu studiren, den Räten und andern Mitarbeitern Instruktionen zu erteilen, Fragen vorzulegen und Aufgaben der verschiedensten Art zu stellen, selbst zu schreiben oder zu diktiren. Später waren Besuche zu empfangen, oder Audienzen zu geben oder es war dem Könige Vortrag zu halten. Dann wieder Studium von Depeschen und Landkarten, Korrektur von befohlenen Aufsätzen, Niederschrift von Konzepten mit den bekannten großen Bleistiften, Abfassung von Briefen, Information zu Telegrammen oder Äußerungen in der Presse und dazwischen mitunter abermals Empfang unabweislicher Besuche, die zuweilen nicht willkommen sein konnten. Erst nach zwei, manchmal erst nach drei Uhr gönnte sich der Kanzler an Orten, wo für längere Zeit Halt gemacht worden war, einige Erholung, indem er einen Spazierritt in die Nachbarschaft unternahm. Darauf wurde nochmals gearbeitet, bis man zwischen fünf und sechs Uhr zum Diner ging. Spätestens anderthalb Stunden nachher war er wieder in seinem Zimmer am Schreibtisch, und häufig sah ihn noch die Mitternacht lesen oder Gedanken zu Papier bringen.

Wie der Graf es mit dem Schlafen anders wie unter gewöhnlichen Menschen üblich hielt, so lebte er auch hinsichtlich seiner Mahlzeiten in eigner Weise. Früh genoß er eine Tasse Thee und wohl auch ein oder zwei Eier, dann aber in der Regel nichts bis zu dem in die Abendstunden verlegten Diner. Sehr selten nahm er am zweiten Frühstück und nur dann und wann am Thee Teil, welcher zwischen neun und zehn Uhr servirt wurde. Er aß somit, gelegentliche Ausnahmen abgerechnet, innerhalb der vierundzwanzig Stunden des Tages eigentlich nur einmal, dann aber — beiläufig wie Friedrich der Große — reichlich. Diplomaten halten sprichwörtlich auf eine gute Tafel und stehen hierin, wie ich mir habe sagen lassen, kaum den Prälaten nach. Es gehört das zu ihrem Gewerbe, da sie häufig einflußreiche oder sonst bedeutende Gäste bei sich sehen, die zu dem oder jenem Zwecke in angenehme Stimmung gebracht werden müssen, und erfahrungsmäßig nichts so angenehm stimmt, wie die Vorräte eines wohlversorgten Kellers und die Ergebnisse der Kunst eines durchgebildeten Kochs. Auch Graf von Bismarck führte einen guten Tisch, der sich da, wo die Umstände es erlaubten, zur Opulenz erhob. Dies war namentlich in Reims, Meaux, Ferrières und zuletzt in Versailles der Fall, wo das Genie des Künstlers in der Trainmontur uns Frühstücke und Diners schuf, denen ein an einfache bürgerliche Kost gewöhntes Gemüt fast mit dem Gefühle Gerechtigkeit widerfahren ließ, in Abrahams Schoße zu sitzen, zumal bei ihnen außer andern werten Gaben Gottes aus dem Bereiche trinkbarer Flüssigkeiten der Sekt nicht vermißt wurde. Der Küchenwagen hatte zu solchen Mahlzeiten zinnerne Teller, Becher aus silberähnlichem Metall inwendig vergoldet, und eben solche Tassen mitgebracht. Einiges, zur Verschönerung der Tafel, die uns so freundlich nährte, trugen in den letzten fünf Monaten Spenden aus der Heimat bei, die, wie billig, auch ihres Bundeskanzlers liebreich gedachte und ihn reichlich mit allerhand leckern Sendungen fester und flüssiger Natur, Spickgänsen, Wild, edeln Fischen, Fasanen, Baumkuchen, trefflichem Bier und feinem Wein, sowie andern hochachtbaren Dingen versorgte.

Ich bemerke zum Schlusse dieses Abschnittes noch, daß außer dem Kanzler zu Anfang nur die Räte Uniform trugen, von Keudell die der hellblauen Kürassiere, Graf Bismarck-Bohlen die eines Gardedragonerregiments, Graf Hatzfeldt und Abeken die Interimsuniform der Beamten des Auswärtigen Amtes. Später wurde der Gedanke angeregt, dem gesamten Personal der fest Angestellten in der Begleitung des Ministers mit Ausschluß der zuerst genannten beiden Herren, die zugleich Militärs waren, diesen Schmuck zu Teil werden zu lassen. Der Chef willigte ein, und so sah Versailles auch die Kanzleidiener in jener Bekleidung erscheinen, die in einem dunkelblauen Rocke mit zwei Reihen von Knöpfen und schwarzem Kragen und Aufschlag von Samt, einer Mütze mit den gleichen Farben und, bei den Räten, Sekretären und Chiffreuren, in einem Degen mit goldnem Portépée bestand. Der alte Geheimrat Abeken, der auch sein Roß wacker tummelte, nahm sich in diesem Kostüm ungemein kriegerisch aus, und ich glaube, er empfand das und war glücklich darüber. Es that ihm wohl, wie ein Offizier auszusehen — fast so wohl wie damals, wo er, ohne Türkisch oder Arabisch zu verstehen, in orientalischer Tracht das heilige Land durchreiste.

Zweites Kapitel.

Von der Grenze bis Gravelotte.

Im vorigen Abschnitte blieb ich an der französischen Grenze stehen. Daß wir sie überschritten hatten, sagten uns die Dorfbezeichnungen. Man liest an den betreffenden Tafeln: „Département de la Moselle.“ Die weiße Straße wimmelte von Fuhrwerken und Truppenzügen, jeder Ort war voll Einquartierung. In der überall hügeligen, teilweise bewaldeten Gegend waren hier und da kleine Lager im Entstehen, in denen man Pferde an Pikettpfählen, Kanonen, Pulverwagen, Marketender, Gruben für Kochfeuer und mit Zubereitung von Speisen beschäftigte Soldaten in Hemdärmeln sah.

Nach etwa zwei Stunden erreichten wir Forbach, das wir ohne Aufenthalt passirten. In den Gassen, durch die wir fuhren, waren die Angaben der Schilder an Werkstätten und Kaufläden fast durchweg französisch, die Namen der Inhaber dagegen meist deutsch, z. B. Schwarz, Boulanger. Manche von den vor den Thüren stehenden Einwohnern grüßten in die Wagen, die Mehrzahl zeigte eine verdrießliche Miene, was sie nicht hübscher machte, aber nicht unerklärlich war; denn sie hatten offenbar mehr als genug Einquartierung. Alle Fenster waren voll blauer Preußen.

So ging es fort, bergauf und thalab, durch Wäldchen, durch Dörfer nach Saint Avold, wo wir etwa halb fünf Uhr eintrafen und allesamt mit dem Kanzler auf der Rue des Charrons Nr. 301, im Hause eines Herrn Laity, einquartiert wurden. Es war ein einstöckiges Haus mit weißen Jalousien, das in der Front nur fünf Fenster hatte, aber eine bedeutende Tiefe besaß und deshalb ziemlich geräumig war. Nach hinten zu öffnete es sich auf einen gutgepflegten, von

Gängen durchschnittenen Obst- und Gemüsegarten. Der Besitzer, der ein verabschiedeter Offizier sein sollte und dem Anschein nach wohlhabend war, hatte sich am Tage vor unsrer Ankunft mit seiner Frau entfernt und nur ein altes Weib, das lediglich französisch sprach, sowie eine Magd zurückgelassen. Der Minister bewohnte das eine Vorderzimmer, die übrigen teilten sich in die auf den Gang, der zu den hintern Gemächern führte, mündenden Stuben. In einer halben Stunde war in dem ersten jener hintern Räume das Büreau eingerichtet, das zugleich als Schlafstätte für Keudell dienen sollte. Das Zimmer daneben, welches ebenfalls auf den Garten hinaussah, wurde für Abeken und mich bestimmt. Jener schlief in einem Himmelbett in einer Wandnische, wobei er sich zu Häupten das Bild des Gekreuzigten, und über den Füßen eine Mutter Gottes mit dem blutenden Herzen hatte — die Leute im Hause waren also wohl katholisch. Für mich machte man ein bequemes Lager auf den Dielen zurecht. Das Büreau begann sofort fleißig zu arbeiten, und da es für mich vorläufig in meinem Fache nichts zu thun gab, versuchte ich beim Dechiffriren von Depeschen zu helfen, einer Manipulation, die keine erheblichen Schwierigkeiten bietet.

Abends nach sieben Uhr aßen wir mit dem Grafen in der an dessen Zimmer anstoßenden kleinen Stube, deren Fenster sich auf den mit Blumenbeeten geschmückten schmalen Hof öffneten. Die Unterhaltung bei Tische war lebhaft, doch sprach vorwiegend der Minister. Er hielt einen Überfall nicht für unmöglich; denn, wie er sich auf einem Ausfluge überzeugt, standen unsere Vorposten nur drei Viertelstunden Wegs von der Stadt und sehr weit auseinander. Er hatte eine Feldwache gefragt, wo die nächste wäre, aber die Leute hatten es nicht gewußt. Dann erzählte er: „Bei dem Gange sah ich, wie mir Einer auf den Fersen folgte, der eine Axt auf der Schulter hatte — ich hielt die Hand am Degen — man weiß nicht, was unter Umständen — aber ich wäre wohl eher fertig geworden als er." Später bemerkte er, unser Hauswirt habe bei seiner Flucht alle Schränke voll Wäsche zurückgelassen, und fügte hinzu: „Wenn nach uns etwa ein Lazarett hierher kommt, wird man die schönen Hemden seiner Frau zu Charpie und Binden zerschneiden und zwar von

Rechtswegen. Dann aber wird's heißen, der Graf Bismarck hat sie mitgenommen."

Man kam dann auf den Abmarsch der Truppen zu reden, und der Minister sagte, Steinmetz habe sich dabei eigenwillig und ungehorsam gezeigt. „Er wird," so schloß er, „mit seiner Eigenmächtigkeit trotz seiner Lorbeeren von Skalitz noch Schaden nehmen."

Wir hatten vor uns Cognac, Rotwein und Mainzer Schaumwein. Jemand sprach vom Bier und meinte, daß uns das fehlen werde. Der Minister erwiderte: „Das schadet nichts. Die weite Verbreitung des Bieres ist zu beklagen. Es macht dumm, faul und impotent. Es ist Schuld an der demokratischen Kannegießerei, zu der sie sich dabei zusammensetzen. Ein guter Kornbranntwein wäre vorzuziehen."

Ich weiß nicht mehr, durch wen und in welchem Zusammenhange die Mormonen auf das Tapet gebracht wurden, von denen das Gespräch dann auf die Frage ablenkte, wie man sie und ihre Vielweiberei dulden könne. Der Graf ergriff dabei die Gelegenheit, sich über Religionsfreiheit überhaupt zu äußern, und zwar erklärte er sich sehr entschieden für dieselbe, nur müsse sie, setzte er hinzu, unparteiisch gehandhabt werden. „Jeder muß nach seiner Façon selig werden können," sagte er. „Ich werde das einmal anregen, und der Reichstag wird sicher dafür sein. Das Kirchenvermögen aber muß natürlich denen verbleiben, die bei der alten Kirche bleiben, die es erworben hat. Wer austritt, muß seiner Überzeugung, oder vielmehr seinem Unglauben ein Opfer bringen können." — „Den Katholiken nimmt man es wenig übel, wenn sie orthodox sind, den Juden gar nicht, den Lutheranern aber sehr, und die Kirche wird fortwährend als verfolgungssüchtig verschrien, wenn sie die Nichtorthodoxen abweist; davon aber, daß die Orthodoxen von der Presse und im Leben verfolgt werden und verspottet — das finden die Leute ganz in der Ordnung."

Nach dem Essen gingen die Räte mit dem Bundeskanzler im Garten spazieren, in dem man, zur Hausthür hinaustretend, in einiger Entfernung rechts ein großes Gebäude sah, auf dem die weiße Fahne mit dem roten Kreuze flatterte, und aus dessen Fenstern

Nonnen mit Lorgnons nach uns herüberblickten. Es war vermutlich ein Kloster, das man in ein Spital umgewandelt hatte. Abends äußerte einer der Chiffreure starke Unruhe und Besorgnis wegen eines Überfalls, und man beriet, was mit den Mappen, in denen sich die Staatsschriften und die Chiffres befanden, dann zu thun sei. Ich suchte zu beschwichtigen und erbot mich für den Notfall zur Rettung oder Zerstörung der Papiere nach bestem Vermögen mitzuwirken.

Die Herren hatten sich ohne Not gesorgt und geängstigt. Die Nacht war ruhig verlaufen, als der Morgen und der Kaffee sich einstellten. Ihnen folgte auf dem Fuße ein grüner Feldjäger aus Berlin mit Depeschen. Solche Boten haben Flügelsohlen, und dennoch war unserer nicht schneller gereist als ich und meine Furcht, zu spät einzutreffen. Er war Montag den 8. August aufgebrochen und hatte mehrmals Extrapost genommen, und doch hatte er bis zu uns fast viermal vierundzwanzig Stunden gebraucht; denn wir schrieben jetzt den 12. In den Frühstunden half ich wieder den Chiffreuren bei ihrer Arbeit. Später, während der Chef beim Könige war, besuchte ich mit den Räten die große hübsche Stadtkirche, in der uns ein Kaplan herumführte. Nachmittags, wo der Minister ausgeritten war, besahen wir uns den preußischen Artilleriepark, der am Berge hinter dem Orte aufgestellt war.

Um vier Uhr wurde, nachdem der Kanzler zurückgekehrt war, gespeist. Er war weit weggewesen, um seine beiden Söhne, die als Gemeine bei den Gardedragonern dienten, aufzusuchen, hatte aber erfahren, daß die deutsche Kavallerie schon bis an die obere Mosel vorgeschwärmt sei. Wir sahen ihn in guter Stimmung, wohl weil unsere Sache fortfuhr, sich günstig zu entwickeln. Als das Gespräch sich auf Mythologisches gelenkt, äußerte er, daß „er niemals Apollo leiden gekonnt.“ Er hätte „Einen aus Einbildung und Neid geschunden“ (Marsyas) und „aus ähnlichen Gründen die Kinder der Niobe totgeschossen.“ — „Er ist,“ fuhr er fort, „der echte Typus eines Franzosen; 's ist einer, der es nicht ertragen kann, daß jemand besser oder ebenso gut die Flöte spielt wie er.“ Auch daß er's mit den Trojanern gehalten, hätte ihm nie zugesagt. Sein Mann wäre der ehrliche

Vulcan gewesen, und noch besser hätte ihm Neptun gefallen — vielleicht wegen des Quos ego! was er aber nicht sagte.

Nach Tische gab es frohe Botschaft zu weiterer Verbreitung nach Berlin zu telegraphiren. Zunächst: „Wir hatten am 7. August schon über 10 000 Gefangene. Die Wirkung des Sieges bei Saarbrücken auf die Feinde ist viel größer gewesen als man anfangs glaubte. Sie ließen einen Brückentrain von etwa 40 Wagen, gegen 10 000 Decken, die nun den Verwundeten zu Gute kommen, und für eine Million Franken Tabaksvorräte zurück. Pfalzburg und der dortige Vogesenübergang ist in unsern Händen. Bitsch wird von einer Kompagnie beobachtet, da es nur eine Besatzung von 300 Mobilgardisten hat. Unsere Kavallerie steht bereits bei Luneville." Etwas später konnte man dem eine andere gute Nachricht folgen lassen: die, daß der Finanzminister in Paris, offenbar durch die Fortschritte der deutschen Heere bewogen, die Franzosen aufgefordert hatte, ihr Gold nicht zu Hause aufzubewahren, sondern es an die Bank von Frankreich einzuschicken.

Ferner wurde von der Vorbereitung einer Proklamation gesprochen, nach welcher in den von den deutschen Truppen besetzten Gegenden die Konskription verboten und — für immer aufgehoben werden sollte. Man berichtete uns sodann aus Madrid, daß die Montpensieristen, die zur liberalen Union gehörenden Politiker, z. B. Rios Rosas und Topete, sowie verschiedene andre Parteiführer sich mit dem größten Eifer bestreben, die unverzügliche Einberufung der Landesvertretung herbeizuführen, damit sie durch die Wahl eines Königs dem Provisorium ein Ende mache. Auch befindet sich der Herzog von Montpensier, an den sie dabei denken, bereits in der spanischen Hauptstadt; indes wiedersetzt sich die Regierung dem Plane mit der größten Entschiedenheit!

Endlich erfuhren wir, daß es morgen bei Zeiten weitergehen sollte, und zwar wurde uns als nächster Haltepunkt das Städtchen Faulquemont genannt. Abends übte ich mich wieder im Dechiffriren, und es gelang mir, ohne Hilfe eine Depesche von etwa zwanzig Zahlengruppen in ungefähr ebenso vielen Minuten zu entziffern.

Am 13. August brachen wir wirklich nach Faulquemont oder,

wie wirs jetzt schreiben, Falkenberg auf. Die Gegend, durch die wir fuhren, war wie die, welche wir von Saarbrücken an passirt, ein Hügelland, das vielfach mit Gehölzen bedeckt war, und an Kriegsbildern fehlte es so wenig wie vorher. Die Chaussee war voll von Wagenzügen, Geschützen, fahrenden Lazaretten, Armeegendarmen und Ordonnanzen. Lange Reihen von Infanterie marschirten auf der Straße und zur Rechten quer über die Stoppelfelder auf den hier mit Strohwischen an Stangen abgesteckten Kolonnenwegen. Bisweilen sah man einen Mann mitten im Gliede umfallen, und hier und da lagen Marode in den Gräben; denn die Augustsonne brannte von einem wolkenlosen Himmel grimmig hernieder. Die Truppen, die wir vor uns und zuletzt großenteils hinter uns hatten, waren das 84. Regiment (Schleswig-Holsteiner) und das 36. Endlich kamen wir durch die dicke gelbe Staubwolke, die von ihren Tritten aufgestiegen, in das Städtchen hinein, wo ich bei Bäcker Schmidt einquartiert wurde. Der Minister war in dem Nebel und Menschengetümmel verschwunden, und erst nach einiger Zeit erfuhr ich von den gleichfalls in Falkenberg verbliebenen Räten, daß er mit dem Könige nach dem eine starke Meile von uns entfernten Dorfe Herny weitergefahren sei.

Falkenberg ist ein Ort von ungefähr 2000 Einwohnern, der nur aus einer ziemlich langen Hauptstraße und etlichen engen Nebengassen besteht und einen sanft abfallenden Hügelrücken einnimmt. Den ganzen Rest des Tages dauerte der Durchmarsch der Truppen beinahe ununterbrochen fort. Darunter befand sich auch hessische Infanterie. Die Sachsen standen ganz in der Nähe. Sie schickten ihre Marketender bis in die Nacht hinein zu meinem Bäcker, um Brot zu holen, an dem es infolge so ungewöhnlicher Ansprüche bald mangelte.

Am Nachmittag brachten preußische Husaren in einem Wagen mehrere Gefangene ein, darunter einen schwarzbraunen Turco, der sein Feß mit einem Filzhute vertauscht hatte. An einer andern Stelle der Stadt, in der Nähe des Rathauses, stießen wir auf einen lauten Zank. Ein Marketenderweib hatte einem Ladeninhaber, ich weiß nicht, was, wenn mir recht ist, etliche Hüte, gestohlen, die sie natürlich wieder herausgeben mußte. Man erfuhr nicht, zu welchem Troß sie gehörte. Unsre Leute bezahlten, soweit ich Zeuge war, was sie brauchten und verlangten, mit gutem Gelde. Mitunter geschah sogar mehr. Graf Hatzfeldt erzählte: „Als ich mit Keudell durch eine Seitengasse ging, kam eine Frau auf uns zu, die sich weinend beklagte, daß Soldaten ihr die Kuh weggetrieben. Keudell suchte sie zu trösten, er wolle sehen, ob er ihr die Kuh wiederschaffen könne, und als sie uns gesagt, daß es Kürassiere gewesen, gingen wir die zu suchen, wobei sie uns einen kleinen Jungen als Führer mitgab. Der brachte uns zuletzt aufs freie Feld hinaus, aber die Kürassiere und die Kuh konnte er uns nicht zeigen, und so kehrten wir unverrichteter Sache um. Keudell will ihr nun die Kuh bezahlen."

Meine Wirtsleute waren sehr höflich und gutmütig. Sie räumten mir sogleich das beste ihrer Zimmer ein und trugen mir, obwohl ich sie bat, sich meinethalben nicht zu bemühen, ein reichliches Frühstück mit Rotwein auf, dem nach französischer Sitte Kaffee in einer kleinen Bowle mit einem silbernen Speiselöffel, mit dem ich ihn trinken sollte, beigegeben war, und trotz meiner Weigerung mußte ich zulangen. Sie sprach nur gebrochen, er geläufig Deutsch, wenn auch nur das alemannische Patois und gelegentlich mit einem französischen Worte dazwischen. Nach den Heiligenbildern in ihren Stuben zu schließen waren sie katholisch.

Nachdem ich mein Diner in dem Gasthofe, wo die Räte Unterkommen gefunden, mit diesen und den Sekretären eingenommen und wieder zu meinen Bäckersleuten zurückgekehrt war, hatte ich die Freude, ihnen zum Dank für ihre Zuvorkommenheit einen kleinen Dienst zu leisten, der ihnen aus einer Verlegenheit half. In der Nacht nach elf Uhr hörte ich Lärm auf der Hausflur, der immer stärker wurde. Nach einer Weile sah die Wirtin zur Thür herein und bat mich, ihr beizustehen; unsre Leute wollten mit Gewalt von ihr zu essen haben, und ihr Mann hätte doch jetzt nichts vorrätig. Ich zog mich rasch an und fand Bäcker und Bäckerin von sächsischen Soldaten und Marketendern umringt, die sie ungestüm um Brot bestürmten, wobei ich ihnen die Gerechtigkeit widerfahren lassen muß, daß sie dessen dringend bedurften, und daß sie es nicht umsonst haben wollten. Es waren aber nicht mehr als zwei oder drei Laibe noch vorhanden.

2*

In Anbetracht dessen denke ichs recht gemacht zu haben, wenn ich ein Kompromiß vorschlug, nach welchem der Bäcker vorläufig jedem ein rechtschaffnes Stück — da es Landsleute waren, sagte ich „eine richtige Bemme" — geben sollte, wogegen sie am nächsten Morgen, wo vierzig Brote fertig sein würden, auf volle Befriedigung rechnen könnten. Sie waren nach einigem Widerspruch damit zufrieden, und die Nacht verging ohne weitere Störung.

Sonntag, den 14., nach dem Mittagsessen, wo Keudell erzählte, daß er der Frau die Kuh — ich glaube, mit fünfzig Thalern — — wirklich bezahlt, folgten wir dem Minister nach Herny. Über uns wölbte sich ein tiefblauer Himmel, und von der starken Hitze flimmerte es über den Feldern. Bei einem Dorfe links von der Straße hielt hessisches Fußvolk Gottesdienst im Freien, die katholischen Soldaten in einem Ringe, die protestantischen ein Stück davon in einem zweiten um ihren Geistlichen. Letztere sangen: „Eine feste Burg ist unser Gott."

In Herny angelangt, sahen wir, daß der Kanzler im ersten Stock eines langen, niedrigen, weißgetünchten Bauernhauses etwas abseits von der Hauptstraße Wohnung genommen hatte, wo sein Fenster auf die Düngerstätte hinaus blickte. Das Haus war ziemlich geräumig, und so zogen wir sämtlich zu ihm, ich wieder mit Abeken zusammen. Hatzfeldts Stube war zugleich das Büreau. Der König hatte sein Quartier beim Pfarrer, gegenüber der hübschen altertümlichen Kirche, deren Fenster Glasmalereien zeigen. Das Dorf ist eine breite, langgestreckte Gasse mit einem gutgebauten Mairiegebäude, das zugleich die Gemeindeschule enthält, und mit großenteils dicht aneinanderstehenden Häusern, die sich unten nach dem kleinen Bahnhofe des Orts abzweigt. In dem Stationsgebäude fanden wir eine arge Verwüstung, herumgestreute Papiere, zerrissene Bücher u. dgl. Daneben bewachten Soldaten zwei französische Gefangene. Nach vier Uhr ließ sich mehrere Stunden lang aus der Gegend von Metz dumpfer Donner wie von Kanonenfeuer hören. Beim Thee sagte der Minister: „Das hätte ich vor vier Wochen auch nicht gedacht, daß ich heute mit den Herren meinen Thee in einem Bauernhause zu Herny trinken würde." Dann war unter anderm von Gramont die Rede, und der Graf wunderte sich, daß dieser gesunde, kräftige

Mann nach solchem Mißglücken seines Vorgehens gegen uns nicht in ein Regiment eingetreten sei, um seine Dummheit zu sühnen. Groß und stark genug dazu wäre er reichlich. „Ich hätte es anders gemacht 1866, wenn es nicht gut gegangen wäre," fügte er hinzu. „Ich wäre sofort in ein Regiment eingetreten; ich hätte mich ja lebendig nicht mehr sehen lassen können."

Als er sich auf sein Zimmer, beiläufig ein niedriges und sehr ländlich eingerichtetes Stübchen mit wenig Möbeln, zurückgezogen, wurde ich mehrmals zu ihm gerufen, um Aufträge zu empfangen. Es schien nützlich, unsre illustrirten Blätter zu veranlassen, den Sturm auf den Spichernberg in Abbildung zu bringen. Ferner war der Behauptung des „Constitutionnel" zu widersprechen, nach welcher die Preußen auf ihrem Marsche durch Frankreich alles niederbrannten und nichts als Ruinen zurückließen, wovon man nicht das Mindeste bemerkt zu haben mit gutem Gewissen erklären konnte. Endlich war es wünschenswert, der „Neuen freien Presse" entgegenzutreten, die bisher eine wohlwollende Haltung gegen uns gezeigt, aber nach dem „Constitutionnel" in den letzten Tagen, vielleicht, weil sie wegen Preußenfreundlichkeit Abonnenten eingebüßt,*) vielleicht, weil etwas an dem Gerüchte war, die ungarisch-französische Partei habe die Erwerbung des Blattes vor,**) eine andre Richtung eingeschlagen hatte. „Sagen Sie," so schloß der Kanzler seine Weisung in Bezug auf einen andern Artikel des „Constitutionnel",***) „es sei im Ministerrat niemals davon die Rede gewesen, Saarbrücken

*) Nach dem „Constitutionnel" vom 8. August hatte sich „der Druck der öffentlichen Meinung in Wien fortwährend deutlicher und in der Weise kundgegeben, daß die „Neue Freie Presse" an einem einzigen Tage mehr als tausend Briefe erhalten hatte, in denen Abonnenten ihr die Anzeige gemacht, daß sie dieses Blatt nicht mehr aufnehmen würden, wenn es fortführe, den Interessen Preußens zum Schaden Österreichs zu dienen."

**) Der Ankauf sollte, wie der Chef meinte, durch Kiß vermittelt werden, der wieder zu Vermögen gekommen sei.

***) Nach einem aus Wien stammenden, vom „Constitutionnel" mitgeteilten Artikel hatte die dortige „Morgenpost" vom 2. August Enthüllungen gebracht, die sie „von einer mit dem Großherzog von Baden auf sehr vertrautem Fuße stehenden Persönlichkeit" haben wollte, und „nach welcher Herr von Bismarck an Frankreich abzutreten. Die Sache sei nie über vertrauliche Anfragen und Besprechungen hinaus gekommen, und selbstverständlich könnte ein nationaler Minister — einer, der mit dem nationalen Gefühl arbeitet, an so was nicht denken. Doch mag das Gerede einen kleinen Grund haben. Es kann ein Mißverständnis oder eine Verdrehung der Thatsache sein, daß vor 1864 im Ministerrat die Frage angeregt und erörtert worden ist, ob es nicht geraten wäre, die Kohlengruben bei Saarbrücken, die Staatsgut sind, an Gesellschaften zu veräußern. Ich wollte damit den schleswig-holsteinischen Krieg bezahlen. Aber die Sache scheiterte an der Abneigung des Königs vor einer solchen Transaktion."

Montag, den 15., schien plötzlich und ungewöhnlich zeitig wieder aufgebrochen werden zu sollen. Schon am frühen Morgen, bald nach vier Uhr, wurde in die Stube im Erdgeschoß, in welcher Abeken und ich schliefen, von einem der Kanzleidiener gemeldet: „Exzellenz geht gleich fort; die Herren sollen sich parat machen." Ohne Verzug stand ich auf und packte. Es war jedoch ein Mißverständnis: mit den Herren waren nur die Räte gemeint. Gegen sechs Uhr fuhr der Kanzler mit Graf Bismarck-Bohlen fort, und Abeken, Keudell und Hatzfeld folgten ihm zu Pferde. Wir andern blieben vorläufig in Herny, wo es zunächst Beschäftigung genug gab, und wo wir uns, als aufgearbeitet war, anderweit nützlich machen konnten. Wiederholt gingen in dicken, gelbgrauen Staubwolken große Züge von Infanterie durch das Dorf, unter anderm drei preußische Regimenter, zum Teil Pommern, meist große schöne Leute. Die Musik spielte: „Heil dir im Siegerkranz" und: „Ich bin ein Preuße". Man sah den Leuten den Durst, den sie litten, aus den Augen brennen, und so organisirten wir rasch eine kleine Löschbrigade. In Eimern und Krügen trugen wir Wasser hin und reichten es während

---

in vollem Ministerrate den Vorschlag gemacht haben" sollte, „Saarbrücken und Landau an Frankreich abzutreten. Der Großherzog selbst," so hieß es dort weiter, „hat diese Thatsache der Person mitgeteilt, welche sie in der Morgenpost veröffentlicht, und der Großherzog hatte sie von dem Könige von Preußen, welcher behauptete, daß nur sein Widerspruch die Ursache gewesen, daß der Vorschlag des Herrn von Bismarck vom Ministerrate nicht angenommen worden sei."

des Marsches — denn sie durften nicht anhalten — so gut es gehen wollte, in die Reihen und Glieder hinein, wo wenigstens der eine und der andre mit der hohlen Hand oder einem Blechgefäß, das er bei sich trug, zu einem für die nächste Zeit genügenden Schlucke sich verhelfen konnte.

Unser Wirt hieß Matthiote, seine Frau Marie; er sprach ein wenig Deutsch, sie nur den schwer verständlichen französischen Dialekt dieser Gegend von Lothringen. Beide sollten wenig guten Willen zeigen, wovon ich indes nichts bemerkt habe. Auch der Minister wußte davon nichts. Er hatte vor unserm Eintreffen nur mit dem Manne verkehrt, und der war „nicht übel. Er fragte mich,“ so erzählte er weiter, „als er mir das Essen brachte, ob ich nicht einmal seinen Wein versuchen wollte. Als ich ihn dann dafür bezahlen wollte, nahm er für den Wein, der übrigens recht trinkbar war, nichts, sondern bloß für das Essen. Er erkundigte sich nach der zukünftigen Grenze und meinte, mit den Steuern würden sie dann wohl etwas besser dran sein.“

Von den übrigen Leuten im Dorfe war wenig zu sehen. Die, welche man traf, waren höflich und mitteilsam. Eine alte Bauernfrau, von der ich mir in ihrem Hause Feuer für meine Zigarre geben ließ, führte mich in ihre Stube und zeigte mir an der Wand eine Photographie ihres Sohnes, der französische Uniform trug. Weinend klagte sie den Kaiser wegen des Krieges an. Ihr pauvre garçon wäre gewiß schon tot, meinte sie und wollte sich nicht trösten lassen.

Nach drei Uhr kamen unsre Reiter zurück, etwas später auch der Minister. Inzwischen hatten sich Graf Henkel, ein stattlicher Herr mit dunkelm Barte, und der Reichstagsabgeordnete Bamberger, der „rote Jude“, wie Bohlen ihn zu nennen pflegt, bei uns eingestellt, desgleichen ein Herr von Olberg, der Präfekt oder etwas der Art werden sollte. Wir fingen also an, uns als Herren des eroberten Landes zu fühlen und uns darin einzurichten. Wieviel davon als bleibender Besitz für jetzt ins Auge gefaßt war, hatte mir am Morgen schon ein nach Osten bestimmtes Telegramm gesagt, bei dessen Chiffrirung ich behilflich gewesen, und in welchem es hieß, daß wir, „wenn es Gottes Wille," das Elsaß behalten würden.

König und Kanzler hatten, wie man bei Tische erfuhr, eine Art Rekognoszirungstour bis ungefähr drei Viertelmeilen vor Metz gemacht, zu der sich auch der General von Steinmetz eingefunden. Die außerhalb der Festung stehende französische Armee war am Tage vorher von diesem bei Courcelles mit Ungestüm angegriffen und in die Stadt und in die Forts hineingeworfen worden. Man veranschlagte die Verluste der Feinde auf 4000 Mann; in einer Schlucht hatte man gegen vierzig tote Rothosen gefunden, die meisten davon durch den Kopf geschossen.

Abends, als wir auf der Bank neben der Hausthür saßen, kam auch der Minister auf einen Augenblick zu uns. Während er einige Worte mit uns sprach, wollte er von mir eine Zigarre, aber Hofrat Taglioni (Chiffreur des Königs, früher bei der Gesandtschaft in Paris, jetzt verstorben), war flinker als ich mit der Tasche heraus. Schade, mein Kraut war erheblich besser als das seine.

Beim Thee sprach der Kanzler unter anderm davon, daß er zweimal, in San Sebastian und bei Schlüsselburg, in Gefahr gewesen, von Schildwachen erschossen zu werden, wobei man erfuhr, daß er auch etwas Spanisch versteht. Von der Schlüsselburger Affaire kam er auf folgende Anekdote, die ich als eine von ihm selbst erlebte nacherzähle, obwohl ich dabei einiges nicht genau hörte und so nicht verbürgen kann, daß sie ihm selbst und nicht einem Andern passirt ist. Der Graf war einmal im Sommergarten zu Petersburg und traf dort den Kaiser. Sie gingen eine Strecke mit einander und kamen dabei an einen freien Rasenplatz, in dessen Mitte eine Schildwache stand. Bismarck erlaubte sich die Frage, was die da solle. Er wußte es nicht. Der Kaiser wendete sich an den Adjutanten, der es aber auch nicht wußte. So fragen Sie die Schildwache. Die Schildwache sagte nur: — er brauchte hier die russischen Worte — „Es ist befohlen." Damit war uns ebensowenig geholfen, und der Adjutant muß sich weiter erkundigen, auf der Wache bei dem Offizier und dann weiter hinauf. Aber immer dieselbe Antwort: Es ist befohlen. Es wird in den Akten nachgesehen und nichts über die Sache gefunden — es hat immer eine Schildwache da gestanden. Endlich findet sich ein alter Lakai, der sich erinnert, daß sein Vater, auch ein alter Lakai, ihm einmal gesagt hat, die Kaiserin Katharina habe dort einst ein frühzeitiges Schneeglöckchen entdeckt und Befehl gegeben, zu sorgen, daß es nicht abgepflückt werde. Man wußte sich nicht besser zu helfen, als daß man eine Schildwache dazu stellte, und das pflanzte sich so fort."

Man sprach dann von der uns abgeneigten Stimmung in Holland und deren Ursachen, die zum Teil darauf zurückgeführt wurden, daß der Minister von Zuylen sich als niederländischer Gesandter in Berlin unangenehm zu machen verstanden habe, infolge dessen nicht nach Wunsch honorirt worden sei und so mit Verdruß über uns weggegangen sein könnte.

Als wir uns, nachdem wir noch erfahren, daß am nächsten Tage nach Pont à Mousson aufgebrochen werden solle, schlafen legten, glaubte ich Abeken ein Kompliment zu machen, indem ich ihm sagte, der heutige Ritt sei doch von ihm bei seinen Jahren eine ganz erstaunliche Leistung; man könne ihm dazu gratuliren. Er aber nahm's halb übel, er wollte nicht als alt angesehen sein, und ich gelobte mir im Stillen, mit meiner Bewunderung und meinen Glückwünschen hinfüro vorsichtiger und sparsamer zu sein.

Am 16. **August** früh halb zehn Uhr, an einem schönen, aber heißen Morgen setzten wir uns wieder in Bewegung. Ich fuhr im Wagen der Räte, die zum Teil wieder ritten. Neben mir hatte Landrat Jansen, Mitglied der Freikonservativen im Reichstag, ein feiner, liebenswürdiger Mann, der mittlerweile eingetroffen war, um eine Stelle bei der Verwaltung der eroberten Landstriche einzunehmen, Platz gefunden. Die Reise ging über eine breite, etwas gewellte Ebne auf die Hügelkette am rechten Moselufer zu, in der sich der Kegel des Mousson mit seiner großen Ruine weithin auszeichnet. Auf vortrefflicher Chaussee passirten wir mehrere Dörfer mit stattlichen Mairien und Schulen. Auf dem Wege war wieder alles bunt von Soldaten, Infanterie, Detachements von hellblauen sächsischen Reitern, allerhand Wagen und Karren. Hier und da sah man auch kleine Lager.

Endlich fuhren wir nach drei Uhr über den Berghang in das Moselthal hinab und nach Pont à Mousson hinein. Dasselbe ist eine Mittelstadt von etwa 8000 Einwohnern und streckt sich zu beiden Seiten des Flusses hin, hat eine schöne steinerne Brücke und auf dem rechten Ufer eine große alte Kirche. Wir überschritten die Brücke, kamen dann auf den größtenteils von Arkaden umgebenen Markt mit mehreren Gasthöfen und Cafés und dem alten Rathause, vor dem sächsisches Fußvolk auf Stroh lagerte, und bogen von hier in die Rue Saint Laurent ein, auf welcher der Minister, mit Abeken, Keudell und Graf Bismarck-Bohlen in einem von rotblühenden Schlingpflanzen umrankten Schlößchen an der Ecke der Rue Raugraf einquartiert war. Sein unfreiwilliger Wirt war, wie man hörte, ein alter Herr, der sich mit Madame auf Reisen befand. Der Kanzler wohnte in Zimmern des ersten Stocks, die auf den kleinen hinter dem Hause befindlichen Garten hinaussahen. Im Erdgeschoß wurde das Büreau, ebenfalls in einem Hinterzimmer, installirt, und eine kleinere Stube gegenüber sollte als Eßsalon dienen. Der Landrat, ich, Sekretär Bölsing, Willisch und Saint Blanquart, der andere mobile Chiffreur, wurden ebenfalls auf der Rue Saint Laurent, etwa zehn Thüren weiter vom Markte entfernt, auf der andern Seite der Straße, wo sie an einem kleinen Platz endigt, in einem Hause untergebracht, welches nur von französischen Damen und ihren Dienstmädchen bewohnt zu sein schien. Ich schlief mit Blanquart — oder, geben wir jedem wenigstens einmal seinen vollen Titel, Hofrat Saint Blanquart — in einem Gemach, in welchem ein Schicksalsverwandter von mir, soll heißen, ein Viel- und Weitherumgekommener, seine Andenken aus aller Herren Länder aufgehangen hatte: getrocknete Blumen, Rosenkränze, Palmenzweige, Photographien aus der Stadt Davids, desgleichen Vino di Gerusalemme, eine Darabuka, Kokosnüsse, Korallen, Seekrebse, Schwämme aus der Meerestiefe, einen Schwertfisch und andere derartige Ungetüme mit aufgesperrtem Rachen und spitzigen Zähnen, ferner drei deutsche Tabakspfeifen und daneben drei morgenländische Vettern derselben, einen Tschibbuk, ein Argileh und ein Schischi, dann eine spanische Mutter Gottes mit einem halben Dutzend Schwertern in der Brust, eine Erinnerung an ein Stiergefecht, Antilopenhörner, moskowitische Heiligenbilder, endlich unter Glas und Rahmen eine französische Zeitung mit einem von der russischen Zensur geschwärzten Artikel — kurz ein ganzes ethnographisches Kabinett.

Wir hielten uns hier nur so lange auf, als nötig war, um unsre Toilette zu ordnen. Dann eilten wir auf das Büreau. Unterwegs sahen wir an den Ecken verschiedene Bekanntmachungen angeklebt: eine, die unsern Sieg vom 14. verkündigte, eine zweite, wegen Aufhebung der Konskription, und eine dritte, in welcher der Maire von Pont à Mousson — es mußte tags vorher oder noch eher ein Angriff von Zivilisten auf unsere Truppen stattgefunden haben — die Einwohner zur Besonnenheit ermahnte. Ferner war unsrerseits letzteren bei strenger Ahndung befohlen, bei Nacht Lichter an die Fenster zu stellen und Läden und Hausthüren offen zu lassen; auch sollten sie alle ihre Waffen auf das Rathaus abliefern.

Einen großen Teil des Nachmittags grollte wieder ferner Kanonendonner, und abends bei Tische erfuhr man, daß abermals bei Metz gekämpft werde, und daß es hart hergehe. Jemand bemerkte dazu, daß es vielleicht nicht gelänge, die Franzosen, von denen gesagt worden, sie wollten sich offenbar nach Verdun zurückziehen, aufzuhalten. Der Minister erwiederte scherzhaft: „Molk, der kaltherzige Bösewicht, sagte, ein solches Mißgeschick wäre gar nicht zu beklagen; denn dann hätten wir sie sicher —“ was wohl heißen sollte, dann würden wir sie auf ihrem weiteren Rückzuge von mehreren Seiten einschließen und vernichten. Von andern Äußerungen des Kanzlers, die bei dieser Gelegenheit fielen, erwähne ich noch die, nach welcher ihm „die kleinen schwarzen Sachsen, die so intelligent aussehen,“ bei dem Besuche, den er ihnen am Tage vorher abgestattet, ungemein gefallen hatten. Er meinte die dunkelgrünen Jäger oder das in dieselbe Farbe gekleidete 108. Regiment. „Es scheinen flinke, behende Leute zu sein,“ fügte er hinzu, „und man sollte das in die Presse bringen.“

In der folgenden Nacht wurde ich mehrere Male durch den taktmäßigen Tritt durchmarschirenden Fußvolks und das Rollen und Rumpeln schwerer Räder auf unebenem Pflaster geweckt. Es waren, wie man früh im Büreau wissen wollte, Hessen gewesen. Vom

Minister hieß es, er sei schon bald nach vier Uhr morgens fort, nach Metz zu, wo heute oder morgen eine Hauptschlacht erwartet werde. So gab es denn diesen Tag aller Wahrscheinlichkeit nach für mich wenig oder nichts zu thun, und ich nahm die Gelegenheit wahr, mit Willisch einen Spaziergang in die Umgebung der Stadt zu machen. Wir gingen zuerst stromaufwärts über die Pontonbrücke der Sachsen hinaus, die hier auf den Wiesen am linken Ufer einen großen Fuhrpark aufgestellt hatten, bei dem sich auch Wagen aus Dörfern bei Dresden befanden. Wir schwammen über den klaren, tiefen, auf beiden Seiten von Weiden eingefaßten Fluß und wieder herüber. Dann wurde die Kirche auf der rechten Seite des Wassers besucht, wo wir unter anderm ein außerordentlich schönes Grab Christi mit den schlafenden Wächtern bewunderten. Besonders die letztern sind in Haltung und Gesichtsausdruck wahre Meisterwerke der Zeit des Übergangs aus dem Mittelalter in die Renaissance.

Ins Büreau zurückgekehrt, fanden wir, daß dort noch immer Feierabend war. Ich hatte daher Zeit, mit Jansen und Willisch dem Gipfel des Mousson und seiner Ruine einen Besuch abzustatten. Ein steiler Weg führte hinauf durch die Weinberge, welche die dem Flusse und der Stadt zugewendete Flanke des Kegels bedecken. Droben auf den Trümmern der Burg, die so ausgedehnt sind, daß sich in sie ein ziemlich ansehnliches Dorf eingenistet hat, genießt man eine weite, wunderschöne Aussicht auf das Stromthal und seine Hügel. Die meisten dieser gutgegliederten Höhen sind mit Reben bepflanzt; unten schlängelt sich, lichtblau im Grünen, etwa so breit wie die Saale bei Giebichenstein, die Mosel hin. Rechts und links im Thale und auf den Bergen Dörfer und Schlößchen. Auf den weißen Straßen in der Tiefe gleich Ameisenzügen Kolonnen mit blitzenden Helmbeschlägen und Gewehrläufen. Dichter Staubnebel hinter ihnen. Bisweilen Trommelwirbel oder ein Hornsignal. Unmittelbar um uns alles einsam und still. Selbst der Wind, der sicher hier oben oft recht vernehmlich weht, hält den Atem an.

Wir begaben uns wieder hinunter in das kriegerische Getümmel und nach unserm Schlößchen an der Rue Naugraf, aber nur, um zu hören, daß der Minister noch immer nicht zurück war. Dagegen hatte man Nachrichten vom Kampfe, der tags vorher im Westen von Metz stattgefunden. Wir erfuhren, daß es auf unsrer Seite starke Verluste gegeben habe und der Durchbruch Bazaines, der die in der Festung zusammengedrängten Franzosen befehlige, nur mühsam verhindert worden sei. Hauptpunkt der Schlacht sollte das Dorf Mars la Tour gewesen sein. Die Chassepotkugeln wären buchstäblich wie Hagelschauer herumgesaust. Ein Kürassierregiment wäre — so erzählte man sich damals mit der in solchen Fällen nicht seltenen Übertreibung — fast ganz aufgerieben worden, und die Gardedragoner hätten gleichfalls schwer gelitten; keine Division, die nicht arg beschädigte Abteilungen zählte. Heute indes, wo wir, wie gestern die Franzosen, die Übermacht hätten, wäre, wenn diese wieder vorzudringen versuchten, ein Sieg zu erwarten.

Ganz sicher schien das indes nicht zu sein. Man war infolge dessen etwas unruhig, hatte kein rechtes Sitzfleisch, keine Stetigkeit der Gedanken, von denen einige doch, wie im Fieber, immer wiederkamen. Man ging nach dem Markt und nach der Brücke, wo allmählich Leichtverletzte zu Fuß und Schwerverwundete zu Wagen eintrafen. Man ging auf die nach Metz führende Chaussee hinaus, wo wir einem Zuge von etwa hundertundzwanzig Gefangnen begegneten. Es waren meist kleine dürftige Leute, doch auch hochgewachsene, breitschulterige Burschen darunter, Garden, an den weißen Litzen auf der Brust erkennbar. Man ging wieder nach dem Markte. Man ging in den Garten hinter dem Büreau, wo links in einer Ecke nicht weit vom Hause „der Hund begraben liegt" — der Hund eines Herrn Aubert nämlich, der unser Herr Wirt zu sein scheint, und der dem Verblichnen ein steinernes Denkmal errichtet hat, das folgende rührende Inschrift trägt:

Girard Aubert épitaphe à sa chienne.

———

Ici tu gis, ma vieille amie,
Tu n'es donc plus pour mes vieux jours.
O toi, ma Diane chérie,
Je te pleurerai toujours.

Endlich, gegen sechs Uhr, kam der Kanzler zurück. Es hatte an diesem Tage keine große Schlacht stattgefunden, aber mit aller Wahrscheinlichkeit war anzunehmen, daß es morgen wieder etwas geben werde. Der Chef erzählte bei Tische, daß er seinen während eines Massenangriffs von Reiterei bei Mars la Tour durch einen Gewehrschuß in den Oberschenkel verwundeten ältesten Sohn, Graf Herbert, besucht habe, der im Feldlazarett von Mariaville untergebracht war. Nach ihm ausreitend, hatte ihn der Minister endlich in einem Gehöft auf einem Hügel gefunden, wo auch andere Verwundete in ziemlicher Anzahl lagen. Die Besorgung derselben hatte ein Oberarzt in den Händen gehabt, der kein Wasser zu beschaffen gewußt und die Puten und Hühner, die auf dem Hofe herumgewandelt, aus einer Art Prüderie nicht für seine Kranken habe in Anspruch nehmen wollen. „Er sagte, er dürfe nicht," berichtete der Minister weiter. „Vorstellungen in Güte, die ihm gemacht wurden, halfen nichts. Da drohte ich ihm erst, die Hühner mit dem Revolver totzuschießen; dann gab ich ihm zwanzig Franken, dafür sollte er fünfzehn Stück kaufen. Zuletzt besann ich mich, daß ich ja preußischer General war, und jetzt befahl ich ihm, worauf er gehorchte. Das Wasser aber mußte ich selber suchen und in Fässern heranschaffen lassen."

Inzwischen war der amerikanische General Sheridan in der Stadt eingetroffen. Er kam aus Chicago, wohnte am Markt im Croix Blanche und hatte um eine Zusammenkunft mit unserm Kanzler gebeten. Ich begab mich auf dessen Wunsch zu ihm und sagte ihm, daß Graf von Bismarck ihn im Laufe des Abends erwarte. Der General, ein kleiner korpulenter Herr von etwa fünfundvierzig Jahren, mit dunklem Schnurr- und Zwickelbärtchen, spricht den allerechtesten Yankeedialekt. Er hatte seinen Adjutanten Forsythe und als Dolmetscher den Journalisten Doktor Mac Lean bei sich, welcher der „Newyork World" als Kriegskorrespondent diente.

In der Nacht waren wieder starke Durchmärsche von unserm Zimmer aus zu hören. Man erfuhr später, daß es Sachsen gewesen.

Am nächsten Morgen sagte man mir im Büreau, daß der König und der Minister schon um drei Uhr weggefahren seien. Es wurde ungefähr auf dem Schlachtfelde vom 16. gekämpft, und es schien sich um die Entscheidung zu handeln. Begreiflicherweise war man davon stärker erregt, als je in den letzten Tagen. Unruhig, ungeduldig, Näheres zu erfahren, machen wir uns zu einem Gang in der Richtung nach Metz hin auf und kommen in der doppelten Schwüle, der geistigen, wo bange Unbestimmtheit, und der körperlichen, wo windlose, sonnedurchglühte Luft drückt, bis etwa vier Kilometer von Pont à Mousson. Auf dem Wege begegnen wir Leichtverwundeten, die einzeln, paarweise und in größern Gesellschaften der Stadt zuwandern. Viele tragen ihr Gewehr noch, andere gehen an Stöcken, einer hat sich einen krapproten französischen Reitermantel umgehangen. Sie haben vorgestern bei Mars la Tour und Gorze mitgefochten. Über die heutige Schlacht bringen sie nur Gerüchte mit, gute und schlechte, was sich dann in der Stadt mit Übertreibungen wiederholt. Zuletzt behalten die guten Nachrichten die Oberhand. Gewisses giebt es aber auch am späten Abend noch nicht. Wir essen ohne unsern Chef, der bis Mitternacht vergeblich erwartet wird. Zuletzt indes hörte man wenigstens, daß er mit Sheridan und Graf Bismarck-Bohlen beim König in Rezonville sei.

Freitag, den 19. August, wo wir Gewißheit bekamen, daß tags vorher die Deutschen gesiegt, fuhren Abeken, Keudell, Hatzfeldt und ich hinaus nach den Schlachtfeldern. Unser Weg führte zuerst zwischen den italienischen Pappeln der Chaussee durch das anmutige Moselthal. Rechts schimmerte der Fluß, links zeigten sich über der bald breiten, bald schmalen Thalsohle Weinberge mit Villen und hübsche Dörfer unter Burgruinen. Wir passirten die Ortschaften Vendières, Arnaville und Noveant. Dann lenkten wir links ab und hinauf nach Gorze, einem Städtchen, das sich größtenteils in langer schmaler Gasse durch eine Senkung in der Hügelkette dieses Ufers hinzieht. Die Räte stiegen hier aus, um zu Pferde weiter zu gehen. Ich und unser getreuer Kanzleidiener Theiß suchten uns mit dem Wagen durch die Fuhrwerke, die sich in der engen Hauptstraße verfahren hatten, hindurch zu helfen, es war aber unmöglich. Von unserer Seite kamen Leiterwagen mit Heu, Stroh, Holz und Bagage, von der andern Gefährte aller Art mit Verwundeten, die evakuirt wurden, sowie Munitionskarren, und infolge dessen blieben wir nach kurzer Zeit vollständig eingeklemmt stecken. Fast alle Häuser des Ortes waren durch Genfer Fähnchen als Lazarette bezeichnet, und beinahe hinter allen Fensterscheiben sahen wir Leute mit verbundenem Kopfe oder dem Arm in der Binde.

Nach etwa einstündigem Warten lockerte sich die Verfahrenheit in die wir geraten waren, wir rückten langsam vorwärts, und nach einer Weile waren wir hinaus auf die Hochfläche seitwärts von dem Städtchen. Hier kamen wir erst in ein Gehölz, wo uns ein heftiges, aber bald vorübergehendes Gewitter mit schwerem Regen überfiel, dann auf eine weite, etwas gewellte Ebene mit Stoppelfeldern, durchschnitten von Straßen, die meist mit deutschen Pappeln bepflanzt waren. Rechts in der Ferne bemerkte man mehrere Dörfer und darüber hinaus Hügel und Senkungen mit Laubwald.

Nicht weit von Gorze zweigt sich zur Rechten ein sanft abwärts führender Weg ab, der uns in einer guten halben Stunde nach Rezonville gebracht hätte, wo ich den Minister finden und unsere Reiter wieder treffen sollte. Meine Karte aber gab in Betreff der hier liegenden Dörfer und Straßen keinen Rat. Der Weg links war wie der zur Rechten, so weit die Augen reichten, ganz einsam. Ich meinte, auf jenem Seitenwege zu nahe nach Metz hin zu kommen, und so ließ ich auf der Chaussee weiter fahren, die uns erst nach einem einzeln stehenden Meierhof, wo Haus, Scheune und Stall voll Verwundeter waren, dann in das Dorf Mars la Tour brachte.

Schon unmittelbar hinter Gorze trafen wir auf Spuren von Gefechten, Kugelgruben im Erdboden, abgeschossene Baumzweige, einzelne tote Pferde. Weiterhin wurden die letzteren häufiger; an einigen Stellen zählte man zwei bis drei nebeneinander, und an einer lag eine Gruppe von acht solchen Kadavern. Die meisten waren furchtbar geschwollen und streckten die Beine in die Luft, während die Köpfe schlaff auf der Erde lagen. Neben Mars la Tour war ein Lager von Sachsen. Dem Dorfe hatten die Kämpfe vom 16., wie es schien, wenig Schaden gethan: nur ein Haus war abgebrannt. Ich fragte hier einen Ulanenleutnant, wo Rezonville sei. Er wußte es nicht. Wo der König sei? „An einem Orte, ungefähr zwei

Stunden von hier," lautete die Antwort. „Dort hinaus," wobei der Offizier nach Osten hinwies. Eine Bauernfrau, die uns die Lage von Rezonville beschreiben sollte, zeigte ebenfalls dorthin, und so fuhren wir in die Straße hinein, die nach dieser Richtung führte. Sie brachte uns nach einer Weile in das Dorf Vionville. Kurz vor dem Orte stieß ich rechts auf dem Rande zwischen Stoppelfeld und Chausseegraben auf den ersten Toten aus diesen Schlachten, einen preußischen Musketier. Er sah im Gesichte schwarz wie ein Turko aus und war schrecklich aufgedunsen. Im Dorfe waren alle Häuser voll von Schwerverwundeten, auf der Straße gingen deutsche und französische Hilfsärzte und Krankenpfleger mit der Genfer Kreuzbinde geschäftig hin und her.

Ich beschloß, den Minister und die Räte hier zu erwarten, da ich der Meinung war, sie würden auf alle Fälle und zwar bald hier durchkommen. Durch ein Seitengäßchen links von der Straße, in dessen Graben unter einem Bündel blutiger Lappen ein abgeschnittenes Menschenbein hervorsah, begab ich mich hinüber auf das Schlachtfeld. Etwa vierhundert Schritt vom Dorfe kam ich an zwei parallellaufende, zirka dreihundert Fuß lange Gruben von geringer Breite und Tiefe, an denen noch gearbeitet wurde, und neben denen große Haufen von deutschen und französischen Toten zusammengetragen wurden. Einige waren halb entkleidet, die meisten noch in Uniform, alle grauschwarz und von der Hitze fürchterlich geschwollen. Es mochten dritthalbhundert Leichen sein, die man hier zusammen gebracht hatte, und noch immer fuhren Leute mit Karren neue herbei. Viele waren ohne Zweifel schon beerdigt. Weiter nach Metz hin steigt das Schlachtfeld ein wenig an, und hier schienen besonders viele Mannschaften gefallen zu sein. Überall war der Erdboden mit französischen Mützen, mit Pickelhauben, mit Tornistern, Waffen und Uniformen, Wäsche, Schuhen und herumgestreuten Papieren bedeckt. Dazwischen lagen in den Furchen der Kartoffeläcker einzelne Tote auf dem Gesicht oder dem Rücken; dem einen war das ganze linke Bein bis eine Spanne über dem Knie, dem andern der halbe Kopf abgerissen, einige Leichen streckten den rechten Arm starr gen Himmel empor. Hier und da stieß man auf ein Einzelgrab, das ein Kreuzchen aus dem

Holz einer Zigarrenkiste mit Bindfaden zusammengebunden oder ein mit dem Bajonett hineingespießtes Chassepotgewehr bezeichnete. Der Leichengeruch war sehr merklich, bisweilen, wenn der Wind von einer Gruppe Pferdekadaver herwehte, schier unerträglich.

Es wurde Zeit zu dem Wagen zurückzukehren, auch hatte ich vollkommen genug von dem Bilde der Wahlstatt. Ich schlug einen andern Weg ein, aber auch hier mußte ich wieder Haufen von Toten, diesmal lauter Rothosen, passiren, und an Massen von umhergeworfenen Kleidungsstücken, Hemden, Schuhen, Papieren und Büchern, Dienst- und Gebetbüchern fehlte es ebensowenig. Neben einigen Toten lagen ganze Packete von Briefen, die sie in ihren Tornistern mit sich geführt hatten. Ich nahm mir einige davon als Andenken mit, darunter auch zwei deutsche von einer Anastasia Stampf aus Scherrweiler bei Schlettstadt, die ich neben einem französischen Soldaten fand, welcher kurz vor Ausbruch des Krieges in Caen gestanden hatte. Der eine war vom „25. Heimonath 1870" datirt und schloß mit den Worten: „wir befelen Dich stäts unter den Schudsmandel Maria."

Der Minister war, als ich den Wagen wieder erreichte, noch nicht gekommen, und es war vier Uhr geworden. Wir kehrten daher auf näherm Wege, auf dem ich inne wurde, daß wir die beiden langen Seiten eines spitzen Dreiecks umfahren hatten, statt die kurze zu wählen, nach Gorze zurück. Hier trafen wir Keudell, dem ich unser Mißverständnis und unsern unglücklichen Umweg erklärte. Er war mit Abeken und Graf Hatzfeldt beim Chef in Rezonville gewesen. Letzterer hatte sich, wie man weiter erfuhr, während der Schlacht vom 18., in der die Entscheidung bei Gravelotte erfolgt war, mit dem König etwas weit vorgewagt und sich gleich diesem eine Zeit lang in Gefahr befunden. Später hatte er die Schwerverwundeten eigenhändig mit Wasser erfrischt. Abends neun Uhr sah ich ihn wohlbehalten in Pont à Mousson anlangen, wo wir allesamt wieder mit ihm zu Nacht speisten. Die Unterhaltung bei Tische drehte sich natürlich in der Hauptsache um die beiden letzten Schlachten und den Gewinn und Verlust, den sie zur Folge gehabt. Die Franzosen hatten Massen von Leuten auf dem Platze gelassen. Der Minister hatte ihre Garde bei Gravelotte reihen- und haufenweise niedergestreckt liegen sehen. Aber auch unsere Verluste waren, wie er sagte, groß. Erst die vom 16. August waren bis jetzt bekannt. „Eine Menge von preußischen Familien werden Trauer anlegen müssen," bemerkte der Chef. „Wesdehlen und Reuß in ein Grab gelegt, Wedell tot, Finkenstein tot, Rahden (der Mann der Lucca) durch beide Backen geschossen, eine Masse von Regiments- und Bataillonskommandeuren gefallen oder schwer verwundet. Das ganze Feld bei Mars la Tour war gestern noch weiß und blau von gefallenen Kürassiren und Dragonern." Zur Erklärung der letzteren Äußerung erfuhr man, daß bei jenem Dorfe eine große Reiterattacke gegen die in der Richtung von Verdun vordringenden Franzosen stattgefunden, die zwar von der feindlichen Infanterie im Stil von Balaklawa abgewiesen worden war, aber insofern genützt hatte, als sie die Gegner aufgehalten, bis Verstärkung eingetroffen war. Die Söhne des Kanzlers waren dabei tapfer mit drein geritten in den Kugelhagel, und der ältere hatte nicht weniger als drei Schüsse bekommen, einen durch das Bruststück des Rockes, einen auf die Uhr und einen durch das Fleisch des Oberschenkels. Der jüngere schien unverletzt davon gekommen zu sein, und der Chef erzählte, augenscheinlich mit einigem Stolz, daß Graf Bill bei der Umkehr einen seiner Kameraden, der am Beine verwundet war, mit kräftigen Armen aus dem Getümmel herausgezogen und davon reitend mit sich fortgeschleppt habe, bis sie gerettet gewesen. Am 18. war noch mehr deutsches Blut geflossen, aber wir hatten den Sieg behalten und den Zweck dieser opfervollen Kämpfe erreicht. Am Abend war die Armee Bazaines definitiv nach Metz zurückgewichen, und die gefangnen Offiziere selbst hatten dem Minister gestanden, daß sie der Meinung, es sei jetzt mit ihrer Sache zu Ende. Die Sachsen, die an den beiden vorhergehenden Tagen sehr starke Märsche gemacht hatten und zuletzt in der Lage gewesen waren, beim Dorfe Saint Privat tüchtig mit in den Kampf einzugreifen, standen auf der Straße nach Thionville, und damit war Metz rings von unsern Truppen umschlossen.

Wie es schien, war der Kanzler mit der einen und der andern Maßregel der höheren Militärs während der beiden Schlachten nicht

3*

einverstanden. Unter anderm sagte er von Steinmetz, „daß er die wahrhaft ungeheure Bravour unsrer Truppen mißbrauche. — Blutverschwender!“ — — — Mit heftiger Entrüstung sprach er auch von der barbarischen Kriegführung der Franzosen, die auf die Genfer Kreuzfahne und sogar auf einen Parlamentär geschossen haben sollten.

Mit Sheridan schien der Minister sich rasch auf guten Fuß gestellt zu haben; denn ich mußte ihn und seine beiden Begleiter für den folgenden Abend zum Diner einladen.

Am 20. früh kam ein Herr von Kühlwetter bei uns an, der Zivilkommissär oder Präfekt in Elsaß oder Lothringen werden sollte. Um elf Uhr machte der Kronprinz, der mit seinen Truppen fünf oder sechs Meilen von Pont à Mousson auf dem Wege von Nancy nach Chalons stehen sollte, dem Kanzler seinen Besuch. Nachmittags ging ein Zug von ungefähr zwölfhundert Gefangnen, darunter zwei Wagen mit Offizieren, von preußischen Küraßreitern bewacht, durch die Rue Notredame. Abends bei Tische waren Sheridan, Forsythe und Mac Lean Gäste des Chefs, der sich mit dem amerikanischen General in gutem Englisch lebhaft unterhielt, wozu man Champagner und Porter trank. Den letztern genoß man aus den oben erwähnten Metalltassen, von denen mir der Chef, nachdem er gefragt: „Herr Doktor, Sie trinken doch Porter?“ auch eine vollschenkte und zuschickte. Ich erwähne das, weil außer dem Minister und den Amerikanern diesmal sonst niemand Porter bekam, und weil die Gabe, da wir seit Saarbrücken zwar Wein, Champagner und Cognac mehr als zur Genüge, aber kein Bier gehabt hatten, eine sehr angenehme und willkommene war. Der General, bekannt als glücklicher Führer der Unionisten im letzten Jahre des Sezessionskrieges, sprach ziemlich viel. Er erzählte von den Strapazen, die sie auf dem Ritte aus dem Gebiet der Rocky Mountains bis Chicago ausgestanden, von entsetzlichen Mückenschwärmen, von einem großen Knochenlager in Kalifornien oder dessen Nachbarschaft, in dem man fossile Tiere fände, die, wenn ich ihn recht verstand, erst Fische, dann Eidechsen gewesen wären, von Büffel- und Bärenjagden u. dgl. Auch der Kanzler gab eine Jagdgeschichte zum Besten. Er war eines Tages in Finnland in ziemlicher Gefahr vor einem großen Bären gewesen, den er nicht gut sehen gekonnt, da er ganz mit Schnee bedeckt gewesen. „Ich schoß endlich,“ so berichtete er weiter, „und der Bär fiel etwa sechs Schritt vor mir nieder. Er war aber nicht tot und konnte wieder aufstehen. Ich wußte, was mir davon bevorstand, und was ich zu thun hatte. Ich rührte mich nicht, lud ganz leise wieder, und als er sich dann aufrichten wollte, schoß ich ihn tot.“

Am Vormittag des 21. wurde fleißig für die Post und den Telegraphen gearbeitet, die verschiedene Nachrichten und räsonnirende Artikel nach Deutschland beförderten. Der Parlamentär, auf den die Franzosen geschossen hatten, als er unter der weißen Flagge zu ihnen kam, war, wie man jetzt hörte, der Hauptmann oder Major Verny von Moltkes Generalstabe gewesen, und der ihn begleitende Trompeter hatte dabei eine Wunde bekommen. Aus Florenz war die sichre Nachricht eingetroffen, daß Viktor Emanuel und seine Minister infolge unsrer Siege entschlossen seien, sich neutral zu verhalten, was bis dahin nichts weniger als sicher gewesen war. Endlich konnte man wenigstens annähernd die Verluste abschätzen, welche die Franzosen am 14. bei Courcelles, am 16. bei Mars la Tour und am 18. bei Gravelotte erlitten hatten. Der Minister schlug dieselbe für alle drei Tage auf ungefähr 50000 Mann, worunter 12000 Tote, an und setzte hinzu: „Die Eifersucht einiger von unsern Führern ist schuld, daß auch wir so viele Leute eingebüßt haben.“

Am Nachmittag sprach ich einen von den Gardedragonern, die am 16 die französische Batterie angegriffen hatten. Er sagte mir, daß außer Finkenstein und Reuß auch die beiden Treskows tot und begraben seien, und daß man aus den drei Schwadronen seines Regiments, die im Feuer gewesen, am Ende der Schlacht eine und aus dem 1. und 2. Regimente der Dragoner ein einziges gemacht habe. Übrigens drückte er sich sehr bescheiden über die tapfere That aus. „Wir mußten,“ sagte er, „vor, bloß, um daß unsere Artillerie von die Feinde nicht weggenommen wurde.“ Als ich mich noch mit ihm unterhielt, gingen wieder ungefähr 150 Gefangene, von sächsischer Infanterie begleitet, an uns vorüber und durch die Stadt. Ich erfuhr von der Eskorte, daß die Sachsen nach langem Marsch bei Roncourt und Saint Privat mit gefochten, einmal mit Bajonett und Kolben angegriffen und viele Offiziere, darunter den General Kraußhaar, verloren hatten.

Abends beim Thee fragte mich der Chef, als ich ins Zimmer trat:

„Wie geht es Ihnen, Herr Doktor?“

Ich erwiederte: „Danke, Exzellenz, gut.“

„Haben Sie denn auch was gesehen?“

„Ja, das Schlachtfeld bei Vionville, Exzellenz.“

„Schade, daß Sie unser Abenteuer vom 18. nicht mit erlebt haben.“

Darauf erzählte er ausführlich, wie es ihm an jenem Tage in den letzten Stunden der Schlacht und in der Nacht darauf ergangen war. Ich werde diese Mitteilungen, durch spätere Äußerungen des Ministers ergänzt, in einem der folgenden Abschnitte bringen. — — — Die Rede kam hiernach auf den General Steinmetz, von dem der Kanzler sagte, er sei tapfer, aber eigenwillig und über die Maßen eitel. Im Reichstage halte er sich immer in der Nähe des Präsidentenstuhls auf und stehe, damit man ihn, den kleinen Mann, hübsch sehen könne. Auch kokettire er, indem er fleißig aufpasse und sich auf ein Papier Notizen mache. „Er denkt dabei,“ so schloß diese kurze Charakteristik, „daß die Zeitungen davon Notiz nehmen und seinen Eifer loben werden. Irre ich nicht, so hat er sich damit auch nicht verrechnet.“ Der Minister irrte durchaus nicht; die Presse hatte, wie gewöhnlich, was erwünscht und erstrebt wurde, zur Genüge gethan.

Die Damen in unserm Hause (ich meine das mit dem ethnographischen Kabinett) waren gar nicht scheu, eher das Gegenteil. Sie unterhielten sich mit uns, soweit wir französisch konnten, mit erfreulicher Unbefangenheit.

Montag, den 22. August schrieb ich in mein Tagebuch:

Früh mit Willisch wieder baden gegangen, bevor der Chef aufgestanden. Um zehn und ein halb Uhr werde ich zu ihm gerufen. Er fragt zuerst, wie mirs geht, und ob ich nicht auch Anfälle von Dyssenterie gehabt. Ihm wäre es in vergangener Nacht nicht gut ergangen. Der Graf und Dyssenterie? Gott behüte ihn davor. Es wäre schlimmer als eine verlorene Schlacht. Unsere ganze Sache käme darüber ins Wanken und Schwanken. — — —

Es ist jetzt kein Zweifel mehr, daß wir im Falle einer endgiltigen Besiegung Frankreichs das Elsaß und Metz mit seiner Umgebung behalten werden, und zwar ist der Gedankengang, der den Kanzler zu diesem Entschlusse führte, und der in der englischen Presse „in akademischer Weise entwickelt werden“ soll, etwa folgender:

Eine Kontribution würde, wenn sie auch noch so groß wäre, die von uns gebrachten ungeheuren Opfer nicht ausgleichen. Wir müssen namentlich Süddeutschland mit seiner offnen Lage besser vor französischen Angriffen sichern, wir müssen dem Druck, den Frankreich seit zwei Jahrhunderten auf dasselbe übt, ein Ende machen, zumal da dieser Druck zur Zerrüttung der deutschen Verhältnisse überhaupt in dieser ganzen Zeit wesentlich beigetragen hat. Baden, Württemberg und die andern südwestlichen Landstriche dürfen ins Künftige nicht wieder von Straßburg aus bedroht sein und nach Belieben überfallen werden können. Auch von Baiern gilt dies. Seit dritthalb Jahrhunderten haben die Franzosen mehr als ein Dutzend Eroberungskriege gegen den Südwesten von Deutschland unternommen. 1814 und 1815 hat man in schonender Behandlung Frankreichs Bürgschaften gegen Wiederholung solcher Friedensstörungen gesucht. Diese Schonung half aber nichts und würde auch jetzt unfruchtbar und erfolglos sein. Die Gefahr liegt in der unheilbaren Anmaßung und Herrschsucht, die dem französischen Volkscharakter innewohnen, Eigenschaften, die sich von jedem Herrscher — keineswegs bloß von den Bonapartes — zu Angriffen auf friedliche Nachbarn mißbrauchen lassen. Unser Schutz gegen dieses Übel liegt nicht in fruchtlosen Versuchen, die Empfindlichkeit der Franzosen momentan abzuschwächen, sondern in der Gewinnung gut befestigter Grenzen. Frankreich hat sich durch fortgesetzte Aneignung deutschen Landes und aller natürlichen Schutzwehren an unserer Westgrenze in den Stand gesetzt, mit einer verhältnismäßig nicht sehr großen Armee in das Herz von Süddeutschland vorzubrechen, ehe von Norden her Hilfe da sein kann. Seit Ludwig dem Vierzehnten, unter ihm, unter seinem Nachfolger, unter der Republik, unter dem ersten Kaiserreiche haben sich diese Einfälle stets wiederholt, und das Gefühl der Unsicherheit zwingt die deutschen Staaten, den Blick unausgesetzt auf

Frankreich gerichtet zu halten. Daß den Franzosen durch Wegnahme eines Stückes Land ein Gefühl der Bitterkeit erweckt wird, kommt nicht in Betracht. Diese Bitterkeit würde auch ohne Landabtretung vorhanden sein. Österreich hat 1866 keine Quadratrute seines Gebiets hergeben müssen, und haben wir etwa Dank dafür gehabt? Schon unser Sieg bei Königsgrätz hat die Franzosen mit Mißgunst gegen uns, Haß und schwerem Verdruß erfüllt; wie viel mehr werden in dieser Weise unsere Siege bei Wörth und Metz auf sie wirken! Rache für diese Niederlagen der stolzen Nation wird daher, auch wenn man ihr kein Land nimmt, fortan das Feldgeschrei in Paris und den von da beeinflußten Kreisen in der Provinz sein, wie man Jahrzehnte hindurch dort an Rache für Waterloo gedacht hat. Ein Feind aber, den man nicht durch rücksichtsvolle Behandlung, nachdem er unterlegen, zum Freunde gewinnen kann, muß unschädlich gemacht werden, und zwar auf dauernde Weise. Nicht Schleifung der östlichen Festungen Frankreichs, sondern Abtretung derselben allein kann uns dienen. Wer die Abrüstung will, der muß zunächst wünschen, daß die Nachbarn der Franzosen auf diese Maßregel eingehen können, da Frankreich der alleinige Friedensstörer in Europa ist und es bleiben wird, so lange es dies bleiben kann."

Es ist ganz erstaunlich, wie geläufig einem solche Gedanken des Chefs jetzt schon aus der Feder fließen. Was vor zehn Tagen noch wie ein Wunder aussah, ist heute ganz natürlich und selbstverständlich.

Bei Tische kam die ungehörige, um nicht zu sagen niederträchtige Kriegführung der Rothosen wieder zur Sprache, und der Minister erzählte, daß sie bei Mars la Tour einen unserer Offiziere — es soll Finkenstein gewesen sein — der verwundet auf einem Stein am Wege gesessen, umgebracht haben. Die einen behaupteten, erschossen, andre erzählten — und das sei wohl richtiger — ein Arzt habe an der Leiche konstatirt, daß der betreffende Offizier an einem Degenstich gestorben sei, woran der Chef die Bemerkung knüpft, daß er, wenn es zu wählen gälte, lieber erstochen als erschossen sein wolle. Er beklagte sich dann über Abekens Treiben in letzter Nacht, wo er ihn, der ohnedies nicht schlafen gekonnt, durch Schreien, Hinundherlaufen und Thürenzuschlagen verdrießlich gestört habe. „Er bildete sich ein, Sympathien mit seinen angeheirateten Vettern zu haben.“ Hiermit waren die Grafen York gemeint, mit denen unser Geheimrat durch seine vor etlichen Jahren erfolgte Verheiratung mit einem Fräulein von Olfers entfernt verwandt geworden ist — eine Verwandtschaft, auf die er sich, wie sein häufiges „mein Vetter York“ die Tage daher schließen ließ, wohl mehr als einem Manne von Selbstgefühl und vornehmen Sinne erlaubt ist, zu Gute thut. Einer der beiden Yorks ist bei Mars la Tour oder Gravelotte verwundet worden, und der alte Herr fuhr jene Nacht zu ihm hinaus.

Ich halte ihn für fähig, daß er auf dem Wege im Drange der Hochgefühle, in die er sich hinein zu empfinden pflegt, hinter dem Kutscher her irgend etwas Dithyrambisches, Überschwengliches, Tiefgefühltes aus Goethe oder Ossian oder gar aus einem altgriechischen Tragiker rezitirt hat.

Graf Herbert ist gestern oder heute aus dem Feldlazarett zu seinem Vater gebracht worden, in dessen Zimmer man ihm ein Lager auf den Fußboden gebreitet hat. Ich sah und sprach ihn heute. Seine Wunde ist schmerzhaft, aber bis jetzt, wie es scheint, nicht bedenklich. Er soll in diesen Tagen bis zu seiner Heilung nach Deutschland zurückkehren.

Drittes Kapitel.

Commercy. — Bar le Duc. — Clermont en Argonne.

Dienstag, den 23. August, sollte die Reise nach Westen fortgesetzt werden. Sheridan und seine Leute sollten uns begleiten oder ohne Verzug folgen. Der Regierungspräsident von Kühlwetter blieb bis auf weiteres hier und zwar als Präfekt. In gleicher Stellung gingen der Graf Renard, eine Hünengestalt mit dem entsprechenden Barte, nach Nancy und der Graf Henckel nach Saargemünd. Man sah den Reichsboten Bamberger wieder. Auch Herr Stieber tauchte in der Nähe des Hauses an der Ecke der Rue Raugraf einmal auf. Endlich begegnete ich, als ich mir die innere Stadt vor unsrer Abfahrt noch einmal besah, um mir ihr Bild als Andenken einzuprägen, zum erstenmale, seit ich ihn acht oder zehn Tage vor der Kriegserklärung im Auswärtigen Amte mit dem Kriegsminister die Treppe zur Wohnung des Chefs hatte hinaufsteigen sehen, dem feinen, faltigen, glattrasirten Gesichte Moltkes wieder. Es kam mir vor, als ob es heute ein recht zufriedenes und vergnügtes Gesicht wäre.

Interessant war, als ich ins Büreau zurückkam, ein Bericht über die Art, in der sich Thiers vor kurzem über die nächste Zukunft Frankreichs geäußert hatte. Er hatte mit Bestimmtheit vorausgesetzt, daß wir uns im Falle des Sieges das Elsaß nehmen würden. Napoleon würde nach dem Verluste von Schlachten auch den Verlust seines Thrones erleben, und ihm würde für einige Monate die Republik und dann wahrscheinlich ein Orleans folgen, vielleicht aber auch Leopold von Belgien, der, wie der Gewährsmann des Berichterstatters, ein Vertrauter Rothschilds, aus sicherer Erfahrung wissen gewollt, ehrgeizig sei.

Um zehn Uhr brachen wir von Pont à Mousson auf. Das schöne Wetter der letzten Tage hatte von früh bis zum Nachmittag wieder graubewölktem Himmel mit Regengüssen Platz gemacht. Ich fuhr diesmal im Wagen der Sekretäre, in dem auch die Aktenmappen des mobilen Auswärtigen Amtes von Ort zu Ort reisten. Der Weg führte zunächst über Maidières, dann über den Berghang des Moselthales nach Montauban hinauf, nach Limey und Beaumont. Nach zwölf Uhr wurde es heller, und wir sahen ein ziemlich hohes Hügelland vor uns, unter dem sich eine wellenförmige Gegend mit breiten Senkungen hinstreckte. Bisweilen fuhren wir durch ein Stück Laubwald. Die Dörfer bildeten überall geschlossene Gassen, Haus an Haus wie in der Stadt; die meisten hatten ansehnliche Mairie- und Schulgebäude, einige auch anscheinend alte Kirchen in gothischem Stil. Jenseits Gironville steigt die Chaussee einen steilen Hügel hinauf, von dem man eine weite Aussicht über die unten sich hinziehende Ebene hat. Wir verließen hier die Wagen, um es den Pferden bequemer zu machen. Auch der mit Abeken an der Spitze unsers Zuges fahrende Kanzler stieg aus und ging eine Viertelstunde in seinen großen Aufschlagstiefeln, die in ihrer Form und Weite an die erinnerten, die man auf Bildern vom dreißigjährigen Kriege sieht. Neben ihm schritt Moltke her: der größte Kriegskünstler unsrer Tage wanderte an der Seite des größten Staatsmanns der Zeit auf französischer Landstraße hin — auf Paris zu, und ich wette darauf, daß beide daran in dem Augenblicke nicht einmal etwas besonders fanden.

Nachdem wir wieder eingestiegen, sahen wir, wie zur Rechten der Straße unter den Händen flinker Soldaten eine Telegraphenleitung entstand. Bald darauf fuhren wir in das Thal der obern Maas hinab, und kurz nach zwei Uhr erreichten wir Commercy, ein hübsches Städtchen mit etwa 6000 Einwohnern, das einen großen Wald neben sich hat. Der Fluß ist hier noch schmal und sumpfig. An ihm liegt ein altes Schloß mit einer Säulenfront. Die weißen Jalousien der vornehmern Häuser in den Straßen waren großenteils geschlossen, wie wenn man die verhaßten Preußen nicht sehen wollte. Dagegen schien das Volk in der Bluse neugieriger und weniger feindselig. Mehrmals las man über den Thüren die Firma: „Fabrique de Madeleines.“ Diese sind Biscuits in der Form kleiner Melonen, die in ganz Frankreich Ruf haben, weshalb wir nicht versäumten, ein paar Schachteln davon nach Hause zu schicken.

Der Chef wurde mit Abeken und Keudell auf der Rue des Fontaines im Schlößchen des Grafen Macore de Gaucourt einquartiert, in welchem in den letzten Tagen ein Fürst oder Prinz von Schwarzburg gewohnt hatte, und wo nur die Dame vom Hause zurückgeblieben war. Ihr Gemahl diente in der französischen Armee und stand infolgedessen im Felde. Er war ein sehr vornehmer Herr; denn er stammte von den alten Herzögen von Lothringen ab. Seine Wohnung hatte neben sich einen hübschen Blumengarten, und dahinter streckte sich ein großer schattiger Park hin. Ich wurde nicht weit vom Minister, auf der Rue Heurtebise Nummer 1, im Parterreputzstübchen eines kleines Rentiers, des Sieur Gillot, untergebracht, wo ich einen freundlichen und gefälligen Wirt und ein vortreffliches Himmelbett fand. Bei einem Gange durch die Stadt traf ich Sheridans Adjutanten vor einem Hause, zu dessen Thür Stufen hinaufführten. Er erzählte mir, daß sie anfangs Mai in Kalifornien aufgebrochen und unter großen Beschwerden nach Chicago gereist, von da nach London, dann nach Berlin gegangen und von dort wieder in fünf Tagen nach Pont à Mousson gefahren seien. Er und der General, der im ersten Stock zum Fenster heraussah, trugen jetzt Uniform. Später suchte ich den Kanzler auf, den ich im Garten fand, und fragte, ob es für mich zu thun gebe. Nach einigem Besinnen bejahte er es, und eine Stunde später bekam sowohl die Feldpost als der neue Telegraph durch mich zu thun.

Ich schrieb unter anderm folgenden Artikel:

„Es ist jetzt vollkommen sicher, daß die Prinzen der Familie Orleans in der Erwartung, den Stern der Napoleoniden noch mehr erbleichen und noch tiefer sinken zu sehen, ihre Zeit für gekommen halten. Unter Betonung des Umstandes, daß sie Franzosen sind, haben sie Frankreich in der jetzigen Krisis ihren Degen zur Verfügung gestellt. Durch ihre Schlaffheit zum großen Teil, durch ihr gleichgiltiges Geschehenlassen in Sachen der Entwicklung ihrer Nachbarn hat die Familie Orleans ihren Thron verloren. Durch Energie scheint sie sich ihn wiedererobern zu wollen, und durch Eingehen auf die chauvinistischen Gelüste, auf das Gloirebedürfnis und auf die Weltbevormundungslust der Franzosen würde sie sich auf ihm zu erhalten suchen. Wir sind mit unserm Werke noch nicht zu Ende. Ein entscheidender Sieg ist wahrscheinlich, aber noch nicht sicher, der Fall Napoleons scheint nahe gerückt, ist aber noch nicht erfolgt. Dürften wir uns, wenn er wirklich erfolgte, angesichts des soeben Bemerkten mit einem solchen Ergebnis unsrer ungeheuern Anstrengungen zufrieden geben, dürften wir glauben, damit erreicht zu haben, was unser höchstes Ziel sein muß, einen auf lange Jahre gesicherten Frieden mit Frankreich? Niemand wird dies bejahen. Ein Friede mit den auf Frankreichs Thron zurückgekehrten Orleans wäre ohne Zweifel noch mehr ein bloßer Scheinfriede, als ein solcher mit Napoleon, der doch schon genug Gloire eingeheimst hatte. Über kurz oder lang wären wir wieder von Frankreich herausgefordert, und dann wäre dieses vermutlich besser gerüstet und mächtiger Allianzen sicherer."

Es sollten drei Reservearmeen in Deutschland gebildet werden: eine und zwar die stärkste bei Berlin, eine am Rhein, und eine, wegen Österreichs bedenklicher Haltung, in Schlesien bei Glogau. Es war eine reine Defensivmaßregel. Die Truppen am Rhein sollte der Großherzog von Mecklenburg, die bei Berlin der General von Canstein, die bei Glogau der General von Löwenfeld befehligen.

Gegen Abend machten Soldaten Musik vor dem Hause des Königs, der schon in den Befreiungskriegen in Commercy Quartier genommen hatte, und die Straßenjugend hielt den Hautboisten und Hornisten ganz gemütlich die Notenblätter.

Beim Diner, wo wir unter andern guten Dingen wunderschönen weißen Bordeaux hatten, waren die Grafen Waldersee und Lehndorff, sowie zuletzt Generalleutnant von Alvensleben (aus Magdeburg) Gäste des Chefs. Der letztere erzählte — ich erinnere mich nicht mehr, in welchem Zusammenhange — von dem „Mergelmajor," der alles Geschehene hienieden auf geognostische Ursachen zurückzuführen gewohnt war. Er räsonnirte ungefähr so: „Die Jungfrau von Orleans, wie sie war und lebte, konnte nur auf fruchtbarem

Mergelboden geboren werden, sie mußte auf Kalkboden einen Sieg erfechten, und sie mußte notwendig auf Sandstein sterben."

Alvensleben berichtete, als von der barbarischen Kriegführung der Feinde die Rede war, daß sie auch aus Toul auf einen Parlamentär geschossen, wogegen ein andrer Offizier, der nur zum Scherz auf das Glacis geritten, sich in aller Freundschaftlichkeit mit den Herren auf den Wällen hätte unterhalten können. Es wurde die Frage aufgeworfen, ob Paris nicht trotz seiner Werke gestürmt werden könne, und die Militärs bejahten sie. Der General sagte: „Eine große Stadt dieser Art kann, wenn sie von einer genügend zahlreichen Armee angegriffen wird, nicht mit Erfolg verteidigt werden." Graf Waldersee wollte „Babel ruinirt haben" und führte dafür Gründe an, die mir im stillen ungemein gefielen. Der Minister aber erwiederte: „Ja, das wäre ganz recht, es geht aber aus vielen Rücksichten und schon darum nicht an, weil auch Deutsche, Kölner und Frankfurter, dort bedeutende Kapitalien angelegt haben."

Man sprach dann von dem eroberten und noch zu erobernden Frankreich. Alvensleben wollte das Land bis zur Marne behalten. Unser Graf hatte einen andern Wunsch, dessen Verwirklichung er aber nicht für möglich zu halten schien. „Mein Ideal wäre," so sagte er, „eine Art Kolonie Deutschlands, ein neutraler Staat von acht bis zehn Millionen, wo es keine Konskription giebt, und dessen Steuern nach Deutschland fließen — soweit sie nicht im Innern gebraucht werden. Frankreich verlöre so die Gegenden, wo seine besten Soldaten herkommen, und würde unschädlich. Im Reste von Frankreich keine Bourbons, keine Orleans, zweifelhaft, ob Lulu oder der dicke oder der alte Bonaparte. Ich wollte bei der Luxemburger Geschichte keinen Krieg, da ich wußte, daß es sechs geben würde. Aber das muß jetzt ein Ende haben. Doch sprechen wir nicht vom Fell des Bären, ehe er geschossen ist. Ich gestehe, ich bin in dieser Hinsicht abergläubig." — „Na, er ist aber doch schon angeschossen, der Bär," meinte Graf Waldersee. — — —

Der Kanzler kam dann auf seine Söhne zu reden, wobei er sagte: „Ich hoffe jetzt, daß ich von meinen Jungen wenigstens den einen behalte — ich meine Herbert, der jetzt auf dem Heimwege sein wird. Er hat sich übrigens im Felde ganz gut gewöhnt. Als er verwundet bei uns in Pont à Mousson lag, und gemeine Dragoner ihn besuchten, verkehrte er mit ihnen freundlicher wie mit Offizieren."

Beim Thee wurde erzählt, daß der König, dem der Chef beiläufig heute Vortrag gehalten und u. a. über Verleihung des eisernen Kreuzes an Baiern gesprochen zu haben scheint, 1814 hier in derselben Straße gewohnt habe wie heute, und zwar in dem Hause neben dem, wo gegenwärtig sein Quartier sei. Der Minister sagte: „Mein weiterer Feldzugsplan für Seine Majestät ist der, daß er die Stabswache vorausschickt. Das Terrain muß rechts und links von der Straße von einer Kompagnie abgesucht werden, und das Hauptquartier muß beisammen bleiben. Von Strecke zu Strecke müssen Posten stehen. Diesen Plan hat der König genehmigt, nachdem ich ihm gesagt, daß man es 1814 ebenso gemacht hätte. Die Monarchen fuhren damals nicht, sondern ritten, und da war eine Reihe russischer Soldaten, zwanzig Schritt auseinander, am Wege aufgestellt." Jemand meinte, es sei allerdings möglich, daß Bauern oder Franctireurs auf den König im Wagen schössen. — — —

Am nächsten Morgen führte mich Gillot nach dem Schlosse, in welchem im vorigen Jahrhundert der Schwiegervater Ludwigs des Fünfzehnten, Stanislaus Lesczynski, als Herzog von Lothringen und Bar zuweilen Hof hielt, und welches in den letzten Jahren eine Kürassierkaserne gewesen war. Von den hintern Fenstern hat man eine hübsche Aussicht auf die unten langsam vorbeifließende Maas und die Baumgruppen am andern Ufer. Wir besuchten auch die Kapelle des Schlosses und deren „Fabrique", welches Wort Werkstätte und zugleich Rumpelkammer zu bedeuten scheint. Hier sollten unsre Soldaten — es wären Husaren gewesen, meinte der Küster — verschiedne Störungen angerichtet, etlichen Heiligenbildern die Nasen abgeschlagen, ein Marmormedaillon zerbrochen, den Kronleuchter zertrümmert, das Archiv herumgestreut und einem alten Ölbilde einen Säbelhieb versetzt haben. Vielleicht hatten sie's in der Dunkelheit aus Versehen gethan; die beiden Franzosen aber waren darüber sehr entrüstet, und ich glaube, ich habe sie nicht überzeugt, wenn ich ihnen sagte, dergleichen Unfug wäre bei uns nicht üblich. Sonst waren die Leute, mit denen ich in Berührung kam, gar nicht übel. Besonders mein wackrer Wirt, der mir mehr als einmal versicherte, er betrachte mich nicht als Feind, sondern als Gast. Er gehörte zu der in Frankreich häufigen Klasse von Gewerbtreibenden, die, nachdem sie sich bis zum fünfzigsten Jahre redlich geplagt und sorgfältig gespart haben, sich mit einem Vermögen von den Geschäften zurückziehen, das sie in den Stand setzt, ihre übrige Lebenszeit mit der Pflege eines kleinen Blumen- und Obstgartens und mit Zeitungslektüre und Geplauder im Kaffeehause, sowie mit Besuchen bei Freunden und Nachbarn behaglich zu verbringen. Herr Gillot hatte übrigens zwei Söhne, von denen der eine in Kochinchina lebte, der andre aber irgendwo in Frankreich Geistlicher war. Er hoffte, daß man, da jetzt die Rede davon wäre, auch Kleriker zum Kriegsdienst heranzuziehen, seinen Sohn, indem Soldaten von ein paar Wochen doch nichts leisten könnten, bloß zu Schreibereien, als „notaire" verwenden und nicht ins Gefecht schicken werde.

Um zwölf Uhr fuhren wir von Commercy wieder ab, zunächst durch schönen Laubwald mit verschiednen Baumarten und viel Unterholz, Epheu, Schlingpflanzen und Rankengewächsen, einem Dickicht voll prächtiger Verstecke für heimtückische Franctireurs, dann in offnere wellige Gegend hinaus. Der Boden scheint nicht gut zu sein, das Getreide, welches man zu Gesicht bekam, Hafer, stand dürftig. Vielfach holten wir auf dem Wege Kolonnen ein, desgleichen wurden mehrere Lager passirt. Die Vorsichtsmaßregeln, von denen der Chef am Tage vorher gesprochen hatte, waren getroffen. Wir hatten eine Vorhut von Ulanen vor uns und zur Begleitung die Stabswache, die sich bunt aus den verschiedenen Reitergattungen der Armee, grünen, roten, blauen Husaren, sächsischen und preußischen Dragonern u. dergl. zusammensetzte. Der Wagenzug des Kanzlers folgte dicht hinter dem des Königs. Lange Zeit kamen wir durch kein Dorf. Dann berührten wir St. Aubin, und bald nachher fuhren wir auf der Chaussee an einem Meilenstein vorüber, auf dem zu lesen war: Paris 241 Kilometer, — wir waren somit nur noch etwa 32 Meilen von Babel entfernt. Weiterhin ging die Reise an einem langen Zuge bairischer Bagagewagen vorbei, die zu den Regimentern

König Johann von Sachsen, Großherzog von Hessen, von der Tann, Prinz Otto und andern gehörten und uns zeigten, daß wir uns jetzt im Bereiche der vom Kronprinzen geführten Armee befanden.

Nicht lange nachher fuhren wir in die kleine Stadt Ligny hinein, die gedrückt voll bairischer Soldaten und anderm Kriegsvolk war, und auf deren Markte wir in einem tollen Durcheinander von allerhand Fuhrwerken etwa drei Viertelstunden hielten, da unser Chef dem hier verweilenden Kronprinzen einen Besuch abstattete. Dann wanden sich unsre Wagen durch das Gewirr wieder hinaus, und wir erreichten ein anmutiges grünes Thal mit Bäumen und Wiesen, durch das wir an einem Kanal hin nach Bar le Duc gelangten. Auf dem Wege gabs wieder Massen von himmelblauem bairischen Fußvolk. Dann folgte ein Lager von Chevauxlegers mit flackernden Kochfeuern, darauf ein zweites, dabei eine Rinderherde, von Soldaten gehütet, endlich ein drittes mit einer großen Wagenburg.

Bar le Duc, die größte französische Stadt, in die der Feldzug uns bisher gebracht, mag 15000 Einwohner haben. Es liegt an einem Kanal mit schönem grünen Wasser und an dem seichten und schlammigen Flüßchen Ornain, über das mehrere Brücken führen, zum großen Teil aber auch auf der Höhe über diesen Wasserläuften — Partien der Stadt, die sich recht malerisch präsentiren. Auf den Straßen und Plätzen war es sehr lebhaft, als wir hindurchfuhren, und durch die Jalousien lauschten neugierige Frauengesichter nach den Wagen herab. Als der König kam, empfing ihn eine bairische Musikbande mit „Heil dir im Siegerkranz!" Er nahm auf der Hauptstraße der Unterstadt, auf der Rue de la Banque, im Hause der Bank von Frankreich seine Wohnung; für den Kanzler und uns war schrägüber im Hause eines Herrn Pernay Quartier gemacht worden. Hier wurde im Erdgeschoß rechts das Büreau eingerichtet, während das Zimmer links vom Eingange uns zum Frühstück und Diner versammeln sollte. Der Chef wohnte im ersten Stock vornheraus, Abeken in einer Stube, die auf den hübschen Garten hinter dem Hause und seine blühenden Rosenstöcke, seine Tannenbäumchen und seine Granatsträucher hinaussah, ich daneben in einer Kammer mit allerlei Heiligenbildchen, Porträts von Geistlichen und ähnlichen mit der Kirche in Verbindung stehenden Dingen. Der Hausherr, elegant eingerichtet, offenbar wohlhabend, war davongegangen und hatte bloß eine ältliche Aufwärterin zurückgelassen.

Bei Tische war der Leibarzt des Königs, Dr. Lauer, Gast des Ministers. Letzterer war mitteilsam wie fast immer und, wie es schien, ungewöhnlich gut aufgelegt. — — — Bei dem Besuch in Ligny hatte er mit dem Kronprinzen und mit den Fürsten und Oberoffizieren in dessen Begleitung frühstücken müssen, und man hatte recht gut gespeist. „Auch der Augustenburger war da, er trug bairische Uniform, sodaß ich ihn erst garnicht erkannte, und machte, als er mich gewahr wurde, ein verlegnes Gesicht.“ Sonst erfuhr man aus den Äußerungen des Chefs, daß Graf Hatzfeldt für die Zeit, die wir hier bleiben sollten, als eine Art Präfekt zu fungiren bestimmt war — eine Rolle, zu der er sich vermutlich durch besonders gute Kenntnis des Französischen und durch die Vertrautheit mit der Sitte und Art des Landes empfahl, die er sich durch langen Aufenthalt in Paris erworben hatte. Nach einer andern Äußerung des Ministers war anzunehmen, daß das Hauptquartier hier wahrscheinlich mehrere Tage verweilen würde — „wie in Capua“ sagte der Graf lächelnd.

Am Abend wurden vor dem Thee wieder einige Artikel nach Deutschland abgesendet, unter andern einer über die Mitwirkung der Sachsen bei Gravelotte, auf welche der Chef inzwischen wiederholt lobend zurückgekommen war. Er lautete:

„In der Schlacht, die am 18. bei Metz stattfand, haben die Sachsen sich durch gewohnte heldenmütige Tapferkeit hervorgethan und sehr wesentlich dazu beigetragen, daß der Zweck des Tages deutscherseits erreicht wurde. In der Absicht, das sächsische Armeekorps bald auch vor den Feind zu bringen, hatte man dasselbe tags vorher starke Märsche vom rechten nach dem äußersten linken Flügel machen lassen, und auch am 18. selbst lag ihm ein solcher ob. Trotz dieser Strapazen aber griffen diese braven Truppen, als sie den Franzosen gegenüberstanden, mit bewundernswerter Energie an, warfen die Feinde kräftig zurück und erfüllten ihre Aufgabe, die darin bestand, den Gegnern das Durchbrechen nach der Gegend von Thionville zu verlegen, in vollkommenster Weise. Ihr Verlust bei diesen Kämpfen beträgt gegen 2200 Mann."

Ich werde jetzt der Abwechslung halber wieder einmal mein Tagebuch selbst sprechen lassen.

Donnerstag, den 25. August. Früh vor der Stunde, von wo an es zu thun giebt, einen Spaziergang in den obern und offenbar ältern Teil der Stadt gemacht, wo eine schöne gotische Kirche, dem heiligen Petrus geweiht, mit reichverziertem Portal, desgleichen einige stattliche Häuser aus der Zeit der mittlern Renaissance. Die Aussicht beim Schlosse über der Stadt ist recht anmutig, nur fehlt dem Thale ein in die Augen fallendes Gewässer. Die Gassen der Oberstadt steigen meist sehr steil bergan und sind großenteils eng und mitunter dunkel. Unten ists sonniger. Man sieht hier viele einstöckige, massiv aus schönen Quadern erbaute Häuser mit weißgestrichnen Sommerläden. Auch in diesen Quartieren befinden sich Kirchen in gutem Stil, darunter ein paar neue. Die Läden sind fast alle geöffnet. Die Leute, die wir nach dem Wege fragen, antworten höflich. Nicht fern von unserm Quartier führt über den Fluß eine alte Steinbrücke, die in der Mitte ein Türmchen zeigt, welches ohne Zweifel noch die Zeit gesehen hat, wo Lothringen und das Herzogtum Bar nicht zu Frankreich gehörten. Wir besuchen den Bahnhof, dessen Zimmer und Säle — man sagt, von den Franzosen selbst — garstig verwüstet worden sind.

Gegen neun Uhr beginnt der Durchzug der Baiern. Sie marschiren über die Rue de la Banque und so vor der Wohnung des Königs und der unsern vorbei. Französische Zuschauer haben sich mehr, als uns bequem ist, auf den Trottoirs zu beiden Seiten der Baumreihen eingefunden, welche die breite Straße einfassen. Grüne Chevauxlegers mit rosenroten Kragen und Aufschlägen, dunkelblaue Kürassiere, unter denen viele stattliche Gestalten, Lanziers, Artillerie, Infanterie, Regiment auf Regiment geht der Marsch an dem Oberfeldherrn der deutschen Heere vorüber, stundenlang. Lautschallendes Hurrah vor dem König, wobei die Reiter ihre Pallasche schwingen und das Fußvolk die rechte Hand emporhebt, gesenkte Fahnen, schmetternde Fanfaren der Reitertrompeten, Musikbanden

4*

der Infanterie, von denen die eine den prachtvollen Hohenfriedberger Marsch spielt. Erst das Armeekorps des Generals von Hartmann, dann das von der Tanns, der nachher bei uns frühstückt. Wer das unmittelbar nach dem Kriege von 1866 oder auch noch vor drei Monaten für möglich gehalten hätte! .

Mehrere Artikel für die Post, andre für den Telegraphen geschrieben. Unsre Leute rücken rasch vorwärts. Die Spitzen der deutschen Heersäulen stehen schon zwischen Chalons und Epernay. In Deutschland sind die vor einigen Tagen besprochenen drei Reservearmeen in der Bildung begriffen. Die Neutralen erheben gegenüber unsrer Absicht, uns durch Einverleibung französischen Gebietes eine vorteilhafte Westgrenze zu schaffen, zum Teil Schwierigkeiten. Namentlich England, das, wie seither immer, mißgünstig Miene macht, uns die Hände zu binden. Besser scheinen die Berichte aus Petersburg zu lauten, wo der Kaiser, obschon nicht ohne Bedenken wegen der ins Auge gefaßten Maßregel, uns wohl will und die Großfürstin Helene uns ihre thätige Sympathie zugewendet hat. Wir bleiben bei unsrer Absicht, die von der Notwendigkeit, die süddeutschen Länder endlich einmal vor Frankreichs Anfällen sicher zu stellen und auf diese Weise unabhängig von der französischen Politik zu machen, eingegeben ist, und deren Ausführung, wenn die Sache erst in die Öffentlichkeit gedrungen ist, von dem nationalen Gefühl ohne Zweifel mit einer Energie gefordert werden wird, der schwer zu widerstehen sein würde. — Man berichtet von den Truppen vor uns allerhand Empörendes über die Franctireurbanden, die sich gebildet haben. Ihre Uniformirung ist derart, daß man in ihnen kaum Soldaten erkennt, und was sie an Abzeichen tragen, die sie als solche kenntlich machen, können sie leicht ablegen. Ein solcher Bursch liegt, während ein Reitertrupp von uns die Straße daher kommt, anscheinend sich sonnend im Graben, neben einem Gehölz. Sind die Leute vorbei, feuert er sein Gewehr, das er in der Zwischenzeit im nahen Gebüsch verborgen gehalten, auf sie ab und läuft in den Wald, aus dem er, der Wege kundig, ein Stück weiterhin als harmloser Blusenmann wieder herauskommt. Ich sollte fast meinen, das wären keine Vaterlandsverteidiger, sondern Meuchelmörder, die man ohne viel Federlesens henken sollte, wenn man ihrer habhaft würde.

Bei Tische gehört Graf Seckendorf, Adjutant im Generalstabe des Kronprinzen, zu den Gästen. Man spricht nach andern Dingen von dem unter die Baiern gegangenen Augustenburger. — — — (Das Urteil lief ungefähr auf die Äußerung hinaus, die einige Monate später ein wohlgesinnter Freund, der damals als Professor in Kiel lebte, in einem Briefe an mich that: „Wir alle wissen, daß er nicht zum Verrichten von heldenmütigen Thaten geboren ist. Dafür kann er nicht. Es ist ein Familienzug, wenn ers mehr mit dem zähen Abwarten, mit dem Aussehen nach den Wundern hält, die sein Erbrecht für ihn verrichten soll. Aber daß ers mit dem Heldentum nicht wenigstens einmal versucht hat. Es würde sich doch ganz anders ausnehmen, wenn er, statt sich als Schlachtenbummler an das Heer anzuhängen, als Hauptmann oder Major eine Kompagnie oder ein Bataillon der Soldaten, die einmal beinahe seine Soldaten geworden wären, oder meinethalben auch eine bairische Kompagnie führte. Vermutlich würde dabei nicht viel herauskommen, aber man freute sich doch über den guten Willen.“) — — —

Seckendorf stellte in Abrede, daß der Kronprinz verräterische französische Bauern habe erschießen lassen, wie das Gerücht wissen will. Im Gegenteil, er sei überall sehr mild und duldsam verfahren, namentlich auch gegen ungezogen auftretende feindliche Offiziere.

Graf Bohlen, immer voll hübscher Anekdoten und Einfälle, berichtete: „Als die Batterie v. Breinitz am 18. so heftiges Feuer erhielt, daß in kurzer Zeit fast alle Pferde und die Mehrzahl der Bedienungsmannschaft tot oder verwundet am Boden lagen, sagte der Kapitän, indem er sich mit den letzten noch Aufrechtstehenden einzurichten versuchte: »Feines Gefecht das, nicht wahr?«“ —

Der Chef erzählte: „Vorige Nacht fragte ich die Schildwache draußen vor der Thür, wie es ihr ginge, und wie es mit dem Essen stünde, und da erfuhr ich, daß der Mann seit vierundzwanzig Stunden nichts gegessen hatte. Da ging ich hinein und suchte die Küche und schnitt ihm einen tüchtigen Knust Brot herunter und trugs ihm hinaus, was ihn sehr vergnügt zu stimmen schien.“

Als dann von Hatzfeldts Präfektur die Rede auf andre Präfekten und Kommissarien in spe kommt, und jemand bei dem einen und dem andern Namen, der dabei genannt wird, Zweifel an der Befähigung von dessen Träger äußert, bemerkt der Minister: „Unsre Beamten in Frankreich mögen immerhin ein paar Dummheiten begehen, wenn nur im allgemeinen energisch regiert wird."

Man spricht von den Telegraphenlinien, die so rasch hinter uns entstehen, und es wird erzählt: „Die Telegraphisten, denen ihre Stangen weggeschleppt und ihre Drähte durchschnitten worden waren, verlangten von den Bauern, daß sie des Nachts bei der Leitung Wache hielten. Die wollten aber nicht, auch als man ihnen Bezahlung dafür anbot. Zuletzt versprach man ihnen, daß jede Stange den Namen dessen erhalten sollte, der bei ihr gewacht habe, und diese Spekulation auf die französische Eitelkeit glückte: die Kerls mit den langen Zipfelmützen hielten die ganze Nacht getreulich Wache, und es gab keine Beschädigungen mehr."

Freitag, den 26. August. Es heißt, daß wir heute noch weiter gehen, und zwar nach Saint Ménehould, wo unsre Truppen, wie ich diesen Morgen nach Deutschland telegraphirte, 800 Mobilgarden gefangen genommen haben. Jene bevorstehende Wendung der Reise berichtet Taglioni, der uns beiläufig gestern beim Frühstück mit vorzüglich schönem Kaviar bewirtete, den er, wie ich glaube, vom dicken Borck hatte. Früh einen Artikel über die Franctireurs gemacht und deren falsche Vorstellungen von dem, was im Kriege erlaubt, ausführlich geschildert. Dann, da der Chef fort — wie einige wollen, zum König, wie andre sagen, zu einer Tour in und um die obere Stadt*) — in Begleitung Abekens wieder zu der

*) In letzterem Falle könnte Folgendes auf unsern Aufenthalt in Bar le Duc bezogen werden. In der Pariser „Revue politique et litteraire" vom Februar oder März 1874 erzählt Charles Loizet: „In einer Stadt des östlichen Frankreich, welche die traurige Ehre hatte, einige Tage hindurch die höchsten Persönlichkeiten der Invasion zu beherbergen, und wo in aller Eile der forcirte Marsch nach Sedan beschlossen wurde, ging der famose Bismarck, unbekümmert darum, daß die Verwünschungen und das Erstaunen des Volkes mit Fingern auf ihn wiesen, allein in den entlegensten Quartieren der Stadt auf und nieder.

schönen alten Eglise de St. Pierre hinauf. Wände und Säulen sind in ihr viel weniger hoch, letztere auch viel weniger schlank als sonst bei gotischen Kirchen, aber dennoch ist alles sehr zierlich. Die Gemälde im Innern haben keinen künstlerischen Wert. An der einen Wand steht ein Skelett aus Marmor, von einer Herzogin gestiftet, die ihren Gemahl in so wunderlicher Weise geliebt hat, daß sie, als er gestorben, sein Herz in der Hand des Gerippes aufbewahrte. Die Fenster zeigen Glasmalereien, die eine farbige Dämmerung im Schiffe verbreiten. Abeken war dadurch eigen angeregt und gestimmt. Er zitirte Stellen aus dem zweiten Teile von Goethes Faust. Er war einmal ganz der Romantiker, der er ist oder sein will. Ich fürchte, er hat mit seinem vor allem auf Dinge der Ästhetik gerichteten Wesen während seines Aufenthalts in Rom, wo er Gesandtschaftsprediger gewesen, eine starke Hinneigung zur katholischen Kirche eingesogen, die dadurch nicht geschwächt worden sein wird, daß vornehme Leute in Berlin, in deren Kreise er Zutritt hat, sich für sie enthusiasmiren. Sein Herz wird nicht dabei sein, wenn er einmal mit helfen muß, gegen sie Front zu machen.

Wieder hinunter auf steilen Treppen durch enge Gäßchen auf die nach Oudinot benannte Straße und unmittelbar vor dessen Geburtshaus, das durch eine Tafel als solches bezeichnet ist. Es ist ein kleines, dürftiges und gebrechliches Ding, das nur drei Fenster hat, und in dessen Innern eine Säge geht. Abeken kaufte in einem Laden zwei Photographien von der Kirche droben „zum Andenken an die weihevolle Stimmung," die er dort empfunden, und verehrte mir eine davon. Wie wir in unser Quartier kommen, hören wir, daß Eigenbrodt heftig an der Ruhr erkrankt ist, und daß er hier zurückgelassen werden muß.

Ein Mann, der durch häuslichen Kummer verbittert, und dem an seinem Leben nichts gelegen war, bat unter der Hand für ein Unternehmen, welches großes Aufsehen machen würde, um eine geheime Waffe. Man verweigerte ihm dieselbe, man zitterte, daß er eine solche finden könnte. Die Einwohner dieser übrigens sehr patriotischen Stadt waren eben entwaffnet worden. Tags darauf hatte sich dieser Mann gehenkt, und sein Plan wurde mit ihm zu Grabe getragen. Und der Kanzler war allein, in Uniform, auf der Viehweide der obern Stadt spazieren gegangen!" Die Wehmut, mit der Herr Loizet schließt, hat etwas Tragikomisches.

Wir fuhren am 26. wirklich weiter; unser Ziel war aber nicht Saint Ménehould, wo es noch unsicher war und Franctireurs und Mobilgarden spukten, sondern nach Clermont en Argonne, wo wir gegen sieben Uhr abends eintrafen. Auf dem Wege, der uns durch verschiedne ziemlich große Dörfer mit hübschen alten Kirchen führte, waren in den letzten Stunden alle zweihundert Schritte zur Sicherheit Feldgendarmen aufgestellt. Die Häuser zeigten überall ungetünchte graue Steinmauern und schlossen sich dicht aneinander. Alle Welt humpelte hier in plumpen Holzschuhen herum, und die Gesichtsbildung der Männer und Weiber, die oft recht zahlreich vor den Thüren standen, war, soviel ich in der Eile beobachten konnte, fast durchweg eine häßliche. Doch ists wahrscheinlich, daß man die hübscheren Mädchen vor den deutschen Raubvögeln in Sicherheit bringen zu müssen gemeint hatte. Mehrmals passirten wir Gehölze von einer Ausdehnung, wie ich sie in dem mir als vergleichsweise waldarm geschilderten Frankreich nicht erwartet hatte. Immer war es Laubwald mit dichtem Unterholz und Schlingpflanzengeflecht.

Wir begegneten zuerst bairischen Truppenzügen und Wagenkolonnen, von welchen der vor uns fahrende König wieder Hurrasalven erhielt, nach denen der Kanzler auch sein Teil bekam. Darauf holten wir nacheinander das 31. Regiment (Thüringer), das 96. und das 66. ein. Dann fuhren wir an Husaren, weiterhin Ulanen und zuletzt sächsischen Trainsoldaten vorüber. An einem Waldsaume, nicht fern von einem Dorfe, das, wenn ich nicht irre, Triaucourt hieß, machte unserm Zuge ein Wagen mit gefangenen Franctireurs Platz, hinter dem ein zweiter mit deren Tornistern und Gewehren, sowie den Waffen von andern Leuten ihrer Art herfuhr. Die meisten von den Burschen hingen die Köpfe, einer weinte. Der Chef hielt an und sprach mit ihnen. Er schien ihnen nichts Erfreuliches zu sagen. Weiterhin erzählte uns ein höherer Offizier, der an den Wagen der Räte heranritt und einen menschenfreundlichen Cognac bekam, daß diese Gesellen oder Kameraden von ihnen am Tage vorher in dieser Gegend einen Rittmeister oder Major von den Ulanen, v. Fries oder Friesen, heimtückisch erschossen. Gefangen genommen, hätten sie sich nicht wie Soldaten betragen, sondern wären ihrer

Eskorte davon gelaufen. Die Reiter aber hätten in den Rebgärten, in die jene sich verkrochen, mit Hilfe von Jägern eine Art Kesseltreiben gegen sie angestellt, und so wären sie zum Teil wieder eingefangen, zum Teil erschossen oder niedergestochen worden. Man sah, der Krieg fing an, infolge des Treibens dieser Freischärler eine grausame Wendung zu nehmen. Der Soldat betrachtet sie von vornherein als Leute, die sich um Dinge bekümmern, welche sie von Rechtswegen nichts angehen, die nicht zum Handwerk gehören, als Pfuscher und Bönhasen, wobei er noch garnicht daran zu denken braucht, daß sie ihm meuchlerisch aufpassen könnten.

Wir kamen in Clermont etwas durchnäßt an, da uns auf dem Wege zweimal ein tüchtiger Schauer von Regen und Hagel überfallen hatte, und wurden mit Ausnahme von Keudell und Hatzfeldt in der auf der linken Seite der Hauptstraße gelegenen Stadtschule untergebracht. Der König hatte sein Quartier uns schräg gegenüber. Es fand sich noch am Abend Gelegenheit, den Ort ein wenig in Augenschein zu nehmen. Derselbe mag etwa zweitausend Einwohner haben und liegt malerisch in einer Senkung in den Vorhügeln der hier nicht hohen, mit Laubwald bedeckten Kette der Argonnen neben und auf einem kegelförmigen Berge mit einer Kapelle. Die lange Grande Rue war bei unsrer Ankunft voll Bagagewagen und Kutschen, und auf dem Pflaster lag viel zertretener dicker gelber Kot. Hier und da sah man einige sächsische Jäger. Bei sinkender Sonne stiegen Abeken und ich auf steinernen Stufen am Abhang hinter dem Schulhause nach der alten gotischen Kirche hinauf, die, von hohen Schattenbäumen umgeben, auf der halben Höhe des Berges steht und dem mir bis dahin unbekannten heiligen Didier geweiht ist. Sie war offen und wir traten hinein in die Dämmerung, in der man Kanzel und Altar nur in Umrissen sah. Die ewige Lampe warf ihren roten Schein auf die Bilder an den Wänden, und durch gemalte Fenster fiel ein Restchen Abendlicht auf den Fußboden. Wir waren allein. Alles um uns war tief still wie eine Gruft. Nur gedämpft drang von unten her das Stimmengewirr und Rädergerassel der Menschenmenge, die den Ort durchflutete, das Tramp Tramp durchmarschirender Truppen und das Hurrarufen derselben vor dem Hause des Königs zu uns herauf.

Als wir wieder hinunter kamen, zogen gerade die „Maikäfer" vorbei. Der Minister war fort und hatte hinterlassen, daß wir ihm ins Hotel des Voyageurs folgen und da mit ihm essen sollten. Unser Küchenwagen war nämlich erst spät oder noch gar nicht eingetroffen. Wir gingen hin und fanden in einem kegelschubartigen Hinterzimmer, wo alles voll Lärm und Tabaksqualm war, am Tische des Chefs noch Platz und Atzung. Ein Offizier mit langem dunklen Barte und einer Johanniterbinde speiste mit uns. Es war Fürst Pleß. Er erzählte, daß die gefangenen französischen Offiziere in Pont à Mousson sich anmaßend und unverschämt betragen und die ganze Nacht hindurch gezecht und Hazard gespielt. Ein General habe durchaus einen besonderen Wagen als ihm gebührend verlangt und sehr ungeberdig gethan, als der ihm natürlicherweise abgeschlagen worden sei. Man unterhielt sich dann von den Herren Franctireurs und ihrer unkommentmäßigen Art, Krieg zu führen, und der Minister bestätigte, was mir schon Abeken berichtet, daß er denen, die wir diesen Nachmittag an der Straße getroffen, sehr ernstlich die Leviten gelesen. Er schloß: „Ich sagte ihnen: »Vous serez tous pendus, vous n'êtes pas soldats, vous êtes des assassins.« Der eine fing dann laut zu flennen an." Daß der Kanzler sonst nichts weniger als hart ist, haben wir bereits gesehen und wird sich weiterhin noch mehrmals zeigen.

In unserm Quartier hatte der Chef eine Stube im ersten Stock inne, Abeken wohnte, glaube ich, in einem Hinterzimmer desselben, uns andern war in der zweiten Etage das Dortoir der zwei oder drei Pensionäre zugewiesen, die der Schulmeister dem Anscheine nach bei sich gehabt hatte — ein saalartiger Raum, in welchem es anfangs von Möbeln nichts als zwei Bettstellen, jede mit Matratze, aber ohne Decke, und zwei Stühle gab. Die Nacht war bitter kalt, und ich hatte nichts als meinen Regenmantel von Kautschuk zur Bedeckung, aber es ging ganz leidlich, zumal wenn man mit dem Gedanken einschlief: wie müssen die Soldaten thun, die unten neben der Landstraße im Schlamme der Äcker kampiren!

Am Morgen gab es ein rühriges und intelligent betriebenes Schaffen und Umgestalten, durch das sich unsre Schlafstube sehr verschiedenen Bedürfnissen anpaßte. Sie wurde, ohne ihren Grundcharakter ganz zu verlieren, zugleich Büreau, Speisesaal und Theezimmer. Durch Theißens kunstreiche Hände wurde uns aus einem Sägebocke, auf den ein Backtrog gestellt wurde, einer Tonne, auf die zur Erhöhung ein niedriger Kasten kam, und einer ausgehobnen Thür, die vom Künstler über Backtrog und Kasten gelegt wurde, ein stattlicher Tisch hergerichtet, an welchem der Bundeskanzler später mit uns frühstückte und dinirte, während in der Zwischenzeit zwischen Frühstück und Mittagsbrot wie zwischen diesem und dem Thee die Räte und Sekretäre die weltbewegenden Gedanken, die der Graf im Zimmer unter uns dachte, in Depeschen, Instruktionen, Telegramme und Zeitungsartikel verwandelten und säuberlich zu Papier brachten. Dem Mangel an Stühlen wurde durch eine Bank aus der Küche und den einen und den andern Koffer zufriedenstellend abgeholfen. Ein rissiges, gichtbrüchiges Waschbecken, welches Willisch, als einstiger Seemann im Pesteln geschickt, mit Hilfe von Siegellack wieder dicht gemacht hatte, und ein großer eiserner Topf aus der Küche, der andern unvermeidlichen Geschäften diente, sahen unter den Betten hervor verstohlen und ein wenig verschämt den Arbeitenden und Speisenden zu. Als Leuchter wurden uns wie dem Minister leergetrunkne Weinbouteillen — Erfahrung lehrte, daß Champagnerflaschen der Art sich am besten dazu eignen — geliefert, in deren Hälsen gutgemachte Stearinkerzen wirklich ganz ebenso hell brennen wie in den Tüllen silberner Kandelaber. Weniger leicht und befriedigend als zu Gerät, Geschirr und Beleuchtung vermochten wir uns jetzt und später zu dem nötigen Waschwasser zu verhelfen, da sogar Trinkwasser schwer zu haben war, indem die Menschenmasse, die seit zwei Tagen die Brunnen des kleinen Clermont aussaugte, das vorhandene Naß für sich und die Pferde herausgepumpt hatte. Nur einer von uns, überhaupt anspruchsvoller als billig und auch sonst zum Nörgeln geneigt, jammerte über diese und andre kleine Mißlichkeiten. Die Übrigen, darunter der vielgereiste Abeken, schienen sie mit mir guten Humors als das Salz unserer Expedition zu betrachten. Eins jedoch ging allen über den Span: das holzstallartige Institut hinter dem Schulgebäude, wo die hier hausenden

Angehörigen der Nation, die an der Spitze der Zivilisation marschirt, bei gewissen Beschwerungen Zuflucht suchen. Es war offenbar aus der Türkei importirt, wo ich ähnliche Apparate, aber bei weitem nicht so greuelhaft eingerichtet, halb verlegen, halb schaudernd gesehen hatte.

Im Parterre hatte sich das Büreau des Kriegsministers — oder des Generalstabes — eingerichtet. In den dort befindlichen beiden Schulstuben schrieben Fouriere und Soldaten auf den Schultischen und dem Katheder. An den Wänden sah man verschiedene Lehrapparate, Landkarten und Sinnsprüche, an der einen schwarzen Tafel Rechenexempel, an der andern eine auf die böse Zeit bezügliche recht verständige Ermahnung: „Faites vous une étude de la patience et sachez céder par raison."

Schon während wir Kaffee tranken, kam der Chef herauf und fragte verdrießlich, warum die Proklamation, nach welcher eine Anzahl von Vergehen der Bevölkerung gegen das Kriegsrecht mit dem Tode bestraft werden sollte, noch nicht angeschlagen sei. Ich erkundigte mich in seinem Auftrage bei Stieber, der sich im untern Teile der Stadt einen guten Platz ausgesucht hatte, und bekam die Antwort, Abeken habe die Proklamation dem Generalstabe übergeben, und er, der Feldpolizei-Direktor, habe nur solche Bekanntmachungen anzuschlagen, die von Seiner Majestät ausgingen.

Als ich dem Kanzler dies meldete, wobei ich zugleich mehrere Aufträge erhielt, gewahrte ich, daß er kaum besser untergebracht war als wir. Er hatte die Nacht auf einfacher Matratze am Fußboden geschlafen, seinen Revolver neben sich, und er arbeitete an einem Tischchen, auf dem kaum beide Ellbogen ruhen konnten, in der Ecke neben der Thür. Die Stube war auf das Notwendigste ausgestattet, von Sofa, Lehnsessel u. dgl. war nicht die Rede. Der, welcher seit Jahren die Weltgeschichte machte, in dessen Kopfe ihre Strömungen sich konzentrirten, um nach seinen Plänen verwandelt wieder daraus hervorzugehen, hatte kaum, wo er sein Haupt hinlegte, während stupide Hofschranzen in bequemen Himmelbetten vom Nichtsthun ausruhten, und selbst Monsieur Stieber sich viel behaglicher zu betten verstanden hatte als unser Meister.

Ich sah bei dieser Gelegenheit einen in unsre Hände gefallenen Brief, der Paris einige Tage vorher verlassen hatte und an einen hochstehenden französischen Offizier gerichtet war. Nach dessen Inhalt hatte man in den Kreisen, aus denen er stammte, wenig Glauben an die Möglichkeit ferneren Widerstandes gegen uns und ebenso wenig Hoffnung auf die Erhaltung der Dynastie auf dem Throne. Schreiber wußte nicht, was er von der nächsten Zukunft erwarten oder wünschen sollte. Eine Republik ohne Republikaner, eine Monarchie ohne Monarchisten schien die Wahl, vor die er sich gestellt sah. Die Republikaner zeigten sich als zu mittelmäßige Geister, die Monarchisten als zu selbstsüchtige Seelen. Man war begeistert von der Armee, aber niemand beeilte sich, hinzugehen und sich ihr zur Bekämpfung des Feindes anzuschließen.

Der Chef kam nochmals darauf zu sprechen, daß die Leistungen der Sachsen am Tage bei Gravelotte hervorgehoben zu werden verdienten. „Besonders die kleinen Schwarzen sollten gelobt werden," fügte er hinzu. „Sie selbst sprechen in ihren Blättern sehr bescheiden, und doch haben sie sich außerordentlich brav geschlagen. Suchen Sie sich doch Details über ihr tüchtiges Verhalten am 18. zu verschaffen."

Im Büreau war inzwischen schon eifrig gearbeitet worden — auf der Tischplatte, die eigentlich ihres Zeichens eine Stuben- oder Küchenthür war. Räte und Sekretäre schrieben und chiffrirten in gespannter Thätigkeit inmitten einer malerischen Unordnung von Mappen und Akten, Regenmänteln, Schuh- und Kleiderbürsten, Flaschen mit Stearinlichtern, an denen gesiegelt wurde, zerrissenen Papieren und aufgebrochenen Kuverts, mit denen der Boden bestreut war. Ordonnanzen kamen und gingen, Feldjäger und Kanzleidiener. Alles redete laut durcheinander. Man hatte zuviel Eile, um Rücksicht üben zu können. Abeken schoß besonders lebhaft hin und her zwischen dem improvisirten Tische und den Boten, und seine Stimme war vernehmlicher wie je. Ich glaube, daß seine flinke Hand diesen Morgen alle halbe Stunden ein Schriftstück geliefert hat, so oft hörte man ihn den Stuhl rücken und die Diener herbeirufen. Dazu von der Straße herauf fast unaufhörliches Tramp Tramp, Musik,

Trommeln und Wagenrollen. Es war nicht leicht, in diesem Wirrwarr seine Gedanken beisammen zu halten und seine Aufgaben nach Wunsch zu vollenden. Aber mit gutem Willen mußte es gelingen.

Nach dem Essen, bei dem der Küchenwagen wieder seine Vorräte geboten, bei dem der Kanzler und einige der Räte aber nicht zugegen waren, da sie beim Könige speisten, stieg ich mit Willisch wieder die Stufen zu der Kirche hinauf und dann auf einem gewundenen Pfade weiter bis auf den Gipfel des Berges, wo sich eine Kapelle der heiligen Anna befindet, vor der eben im Schatten eines breitwipfeligen Baumes eine Gruppe von Landsleuten, Soldaten vom Freiberger Jägerbataillon, ihr Abendbrot sich schmecken ließen. Sie hatten am 18. mitgefochten, und ich versuchte, von ihnen näheres über die Aktion zu erfahren, hörte aber nicht viel mehr, als daß sie tüchtig darauf gegangen wären. Auf dem Wege zeigten sich hier und da Spuren von altem Gemäuer, und oben auf der Fläche des Gipfels gewahrte man eine gewisse Regelmäßigkeit der Bäume und Gesträuche, die darauf schließen ließen, daß hier eine große Gartenanlage verwildert war.

Seitwärts von der Kapelle führte ein gerader Gang zwischen dunkeln Lebensbäumen, in dessen Mitte ein Geistlicher in schwarzer Soutane, in einem Buche, vielleicht Gebete oder fromme Betrachtungen, lesend vor uns herschritt, nach einem allerliebsten Aussichtspunkte mit Bänken. Ein wahres Luginsland! Vor uns im Grunde dicht vor unsern Füßen die kleine Stadt, jenseits derselben im Norden und Osten eine weitgedehnte Ebene, Stoppelfelder, Dörfer mit spitzen Kirchtürmen, Baumgruppen und Waldstrichen, nach Süden und Westen der Kamm der Argonnen mit unabsehbarem, tiefgrünem, weiterhin nebelblauem Walde. Die Ebene ist von drei Straßen durchschnitten. Die eine führt in gerader Richtung auf Varennes zu. Neben ihr, nicht weit von der Stadt, befand sich ein bairisches Lager, das eben seine Feuer anzündete und malerische Rauchwölkchen aufsteigen ließ. Rechts davon, gegen den Horizont hin, zeigte sich auf bewaldetem Hügel das Dorf Faucoix, noch weiter rechts tauchten andre einzelne Höhen auf, hinter und über denen in lichtblauer Ferne das hochgelegene Städtchen Montfaulcon sichtbar war. Mehr nach Osten hin läuft eine zweite Chaussee über die Fläche im Vordergrunde nach Verdun. Noch weiter rechts im Halbkreise sah man neben einem Lager von Sachsen die Straße nach Bar le Duc vorbeigehen, auf der noch Truppen heranzogen. Ihre Bajonette blinkten in der Abendsonne, und man hörte den durch die Ferne gedämpften Schall ihrer Trommeln.

Geraume Zeit saßen wir vor dem anmutigen Bilde, das von Westen her vom Abendlicht übergossen war, und sahen den Schatten der Berge zu, die langsam über die Felder hinwuchsen, bis alles dunkel war. Auf dem Rückwege thaten wir noch einen Blick in die Kirche des heiligen Didier, in der sich jetzt Hessen einquartiert hatten, die im Chor vor dem Altar auf Stroh lagerten und sich an der ewigen Lampe — gewiß ohne sich etwas Unrechtes dabei zu denken, denn es waren harmlose Leute — ihre Tabakspfeifen anzündeten.

* * *

Ich schalte hier einige interessante Notizen ein, die Tagebuchsblättern eines höhern bairischen Offiziers entnommen sind, welche mir zur Verfügung gestellt wurden. Derselbe war im Mai 1871 während des Rückmarsches zu Clermont in demselben Hause einquartiert, in welchem während unsrer Anwesenheit König Wilhelm gewohnt hatte, und besuchte als Naturfreund den Berg mit der Annenkapelle ebenfalls. Dort traf er auch den Geistlichen, dem wir begegnet, machte dessen Bekanntschaft und erfuhr von ihm allerlei des Merkens Wertes. Die Mauerreste, die wir gesehen, hatten zu einem alten Schlosse gehört, das später in ein Kloster verwandelt und in der Zeit der ersten französischen Revolution zerstört worden war. Der Geistliche war ein alter Herr, der schon sechsundfünfzig Jahre am Orte lebte. Er war ein Mann von viel Gefühl und ein guter Patriot, dem das Unglück seines Vaterlandes schwer auf der Seele lag, der aber auch nicht verkannte, daß frevelhafter Übermut das Schicksal herausgefordert hatte. Von diesem Übermute erzählte er ein unschönes Beispiel, das ich in den Worten des Paters, ungefähr wie sie meine Quelle wiedergiebt, folgen lasse.

„Wie Sie, meine Herren, so zogen im vorigen August französische Kürassiere plötzlich hier ein. Auch sie lockte der schöne Berg zur Bewunderung der Umgegend auf seinen Gipfel. Spottend gingen sie an meiner eben offenstehenden Kirche vorbei und meinten, ein Wirtshaus wäre hier besser am Platze. Man schleppte darauf ein Faß Wein heran, das man bei der Kapelle austrank, worauf getanzt und gesungen wurde. Plötzlich erscheint ein stämmiger Kürassier, der einen großen in Weiberkleider gesteckten Hund auf dem Rücken trägt, welchen er in den Kreis der Tänzer absetzte. »C'est Monsieur de Bismarck!« erscholl es, und der Jubel über den miserablen Spaß wollte kein Ende nehmen. Man zwickte den Köter in den Schweif, und als er heulte, schrie man: »C'est le langage de Monsieur de Bismarck!« Man tanzte mit dem Tier, dann wurde es wieder auf den Rücken geladen; denn es sollte mit ihm eine Prozession den Berg hinunter und durch die Stadt vorgenommen werden. Das empörte mich. Ich bat um Gehör und stellte ihnen vor, daß es Sünde sei, einen Menschen, und wäre es auch ein Feind, mit einer Bestie zu vergleichen. Vergebens, man übertäubte mich durch Geschrei und stieß mich bei Seite. Da rief ich ihnen entrüstet zu: Seht euch vor, daß euch nicht die Strafe trifft, die übermütigen Frevlern gebührt. Indes, sie ließen sich nicht warnen, der Lärm nahm zu, und die Menge zog mit ihrem Hunde tobend und brüllend und leider vielfach Beifall findend durch die ganze Stadt. — Ach, was ich ahnte, traf nur zu vollständig ein! Keine vierzehn Tage, und Bismarck stand als Sieger an derselben Stelle, wo man seiner in so absurder Weise gespottet hatte. Ich sah diesen Mann von Eisen, aber ich dachte damals nicht, daß er ein so furchtbarer Mann sein, daß er mein armes Frankreich sich verbluten lassen würde. Doch der Tag, an dem jene Soldaten sich an ihm so versündigt, kommt mir nicht aus dem Gedächtnis."

Der Verfasser des Tagebuchs erzählte nun weiter: „Wir begaben uns nach unserm Quartier. Da begegneten wir unserm Hausherrn, der uns bereitwillig die Zimmer, wo Kaiser Wilhelm gewohnt, und das Bett, in dem er geschlafen, zeigte. Den Kaiser konnte der alte Herr wegen seines ritterlichen Wesens nicht genug loben, und von Bismarck meinte er, daß er gar nicht so fürchterlich sei, wie man ihn schildere. Der Graf habe hier einmal zum Kaiser gewollt, aber längere Zeit warten müssen, da Moltke gerade Audienz gehabt habe. Da habe er inzwischen mit ihm einen Spaziergang durch den Garten gemacht und dabei gefunden, daß sich mit ihm leben lasse. Er spreche ein magnifiques Französisch, und man dürfe nicht meinen, daß er ein so grausamer Prussien sei. Er habe sich mit ihm über landwirtschaftliche Dinge unterhalten, und dabei habe er sich in diesen ganz ebenso bewandert gezeigt, wie in der Politik. Einen solchen Mann könnte unser Frankreich jetzt brauchen, sagte er bezeichnend."

* * *

Sonntag, den 28. August, als wir aus den Betten stiegen, troff ein breiter sanfter Landregen vom aschgrauen Himmel hernieder, bei dem man sich an Goethe hätte erinnern können, der im September 1792 nicht fern von hier bei schrecklichem Wetter in Schlamm und Kot die Tage vor und nach der Kanonade bei Valmy miterlebte. Ich ging zu General Sheridan, der im Hinterzimmer der Apotheke des Ortes ein Unterkommen gefunden hatte, und überbrachte ihm im Auftrag des Chefs die Pall Mall Gazette. Dann wurde nach Sachsen gesucht, die Bericht über den 18. erstatten konnten, aber es waren anfangs nur noch einzelne Soldaten zu finden, die keine Zeit zu Mitteilungen hatten. Endlich stieß ich von ungefähr auf einen Landwehroffizier von ihnen, in dem ich den Gutsbesitzer Fuchs-Nordhoff aus Möckern bei Leipzig vor mir hatte. Er wußte auch nicht viel Neues zu erzählen. Die Sachsen hätten vorzüglich bei Sainte Marie aux Chênes und Saint Privat gefochten und hier die etwas in Unordnung geratene Garde vor schließlicher Deroute bewahrt; die Freiberger Jäger hätten mit Gewehr zur Attacke rechts, ohne einen Schuß zu thun, die Stellung der Franzosen genommen; das Leipziger Regiment (die Hundertundsiebener) hätte besonders viele Mannschaften und fast alle seine Offiziere verloren. Das war alles. Übrigens bestätigte er noch, daß Kraußhaar gefallen.

Als der Minister aufgestanden war, gab es wieder reichlich zu thun. Unsre Sache zeigte sich im besten Gedeihen. Ich konnte telegraphiren, daß sächsische Reiter bei Voussières und Beaumont im Norden die zwölften Chasseurs zersprengt. Ich erfuhr und durfte andre erfahren lassen, daß der Entschluß, von Frankreich Landabtretungen zu erzwingen, noch vollkommen feststand, und daß man unter keinen andern Bedingungen Frieden schließen würde. Ein Artikel, den der Chef sanktionirt, begründete das wie folgt:

„Die deutschen Heere rücken seit den Siegestagen von Mars la Tour und Gravelotte unaufhaltsam vor, und damit scheint die Zeit gekommen, wo man sich die Frage vorzulegen hat, unter welchen Bedingungen Deutschland mit Frankreich Frieden schließen kann. Ruhm- und Eroberungssucht darf uns dabei nicht leiten, Großmut, wie sie uns vielfach von der ausländischen Presse angesonnen wird, ebensowenig. Lediglich der Hinblick auf die Sicherung Deutschlands, namentlich des Südens, vor neuen Angriffen der französischen Begehrlichkeit, wie sie sich seit Ludwig dem Vierzehnten bis heute mehr als ein Dutzend mal wiederholt haben, und wie sie sich so oft wiederholen werden, als Frankreich sich stark genug dazu fühlt, hat uns bei unserm Verfahren zu bestimmen. Die ungeheuren Opfer an Geld und Blut, die das deutsche Volk in diesem Kriege gebracht hat, und alle unsre jetzigen Siege würden vergeblich sein, wenn Frankreichs Angriffskraft nicht geschwächt, Deutschlands Verteidigungsfähigkeit nicht gestärkt würde. Das deutsche Volk hat ein Recht, dies zu verlangen. Begnügte man sich mit einem Dynastiewechsel, mit einer Kontribution, so wäre damit nichts gebessert, so wäre nicht gehindert, daß dieser Krieg nur eine Reihe andrer eröffnete, zumal da der Stachel der jetzigen Niederlage den Stolz der Franzosen treiben würde, die deutschen Siege wett zu machen. Die Kontribution wäre bei dem verhältnismäßig großen Reichtume Frankreichs bald verschmerzt, jede neue Dynastie würde, um sich zu halten, das Mißgeschick der jetzt herrschenden durch Erfolge über uns auszugleichen suchen. Großmut ist eine sehr achtbare Tugend, die aber in der Politik in der Regel keinen Dank erntet. Wir haben den Österreichern 1866 keinen Acker an Gebiet abgenommen, und haben wir gesehen, daß man uns diese Enthaltsamkeit in Wien gedankt hat? Ist man dort nicht voll bitterer Rachegefühle einfach deshalb, weil man besiegt wurde? Und mehr noch: Die Franzosen grollten uns schon aus Neid wegen Königgrätz, wo nicht sie geschlagen wurden, sondern eine fremde Macht; wie erst werden sie uns, ob wir nun großmütig auf jede Landesabtretung verzichten oder nicht, die Siege von Wörth und Metz nachtragen, wie erst werden sie auf Rache für die Niederlagen sinnen, die sie selbst durch uns erlitten haben!

Ist man 1814 und 1815 anders verfahren, als wir hier andeuten, so hat der Erfolg der damaligen schonenden Behandlung Frankreichs genügend bewiesen, daß dieselbe eine übel angebrachte war. Hätte man die Franzosen in jenen Tagen so schwächen können, wie es im Interesse des Weltfriedens wünschenswert war, so hätten wir jetzt keinen Krieg zu führen brauchen.

Die Gefahr liegt nicht in dem Bonapartismus, obwohl derselbe vorzugsweise auf chauvinistische Velleitäten angewiesen ist; sie liegt in der unheilbaren und untilgbaren Anmaßung desjenigen Teils des französischen Volkes, welcher für ganz Frankreich den Ton angiebt. Dieser Zug des französischen Nationalcharakters, der jeder Dynastie, heiße sie, wie sie wolle, der selbst einer französischen Republik die Bahn ihres Verfahrens vorzeichnen wird, wird stets ein Trieb zu Angriffen auf friedliche Nachbarn sein. Die Frucht unsrer Siege kann nur in einer faktischen Verbesserung unsers Grenzschutzes gegen diesen friedlosen Nachbar bestehen. Wer in Europa Erleichterung der Militärlast, wer einen solchen Frieden will, welcher etwas der Art erlaubt, der muß seine Wünsche darauf richten, daß nicht auf moralischem, sondern auf realistischem Wege dem Kriegswagen der französischen Eroberungslust ein solider, haltbarer Damm entgegengestellt werde, mit andern Worten, daß es den Franzosen für die Zukunft nach Möglichkeit erschwert werde, mit einer vergleichsweise nicht sehr großen Heeresmacht in Süddeutschland einzufallen und durch den Gedanken an die Möglichkeit eines solchen Einbruchs die Süddeutschen auch im Frieden zur Rücksichtnahme auf Frankreich zu zwingen. Süddeutschland durch haltbare Grenzen sicher zu stellen, ist unsre jetzige Aufgabe. Sie erfüllen, heißt Deutschland ganz befreien, heißt den Befreiungskrieg von 1813 und 1814 vollenden.

Das Mindeste also, was wir fordern müssen, das Mindeste, womit die deutsche Nation in allen ihren Teilen, vorzüglich aber unsre Stamm- und Kampfgenossen jenseits des Mains sich befriedigt erklären können, ist die Abtretung der Ausfallspforten Frankreichs

5*

nach der deutschen Seite hin, die Eroberung von Straßburg und Metz für Deutschland. Von der Schleifung dieser Festungen einen dauernden Frieden zu erwarten, wäre eine auf Kurzsichtigkeit beruhende Illusion derselben Art, wie die Hoffnung, daß es möglich sein werde, die Franzosen durch Schonung zu gewinnen, und im übrigen ist nicht zu vergessen, daß, wenn wir diese Abtretungen verlangen, es sich um ursprünglich deutsches und zum guten Teile deutsch gebliebenes Gebiet handelt, dessen Bewohner mit der Zeit vielleicht lernen werden, sich wieder als Deutsche zu fühlen.

Dynastiewechsel kann uns gleichgiltig sein, Kriegskosten sind eine vorübergehende finanzielle Schwächung Frankreichs. Was wir brauchen, ist Erhöhung der Sicherheit deutscher Grenzen. Letztere aber ist nur erreichbar durch Verwandlung der beiden uns bedrohenden Festungen in Bollwerke zu unserm Schutze: Straßburg und Metz müssen aus französischen Aggressivfestungen deutsche Defensivplätze werden.

Wer den Frieden auf dem europäischen Kontinent aufrichtig will, wer die Niederlegung der Waffen und die Herrschaft des Pfluges über das Schwert will, der muß zunächst wünschen, daß die Nachbarn Frankreichs im Osten darauf eingehen können, da Frankreich der einzige Friedensstörer ist und es bleiben wird, solange es die Macht dazu hat."

Viertes Kapitel.

Abschwenkung nach Norden. — Der Bundeskanzler in Rezonville. — Schlacht und Wahlstatt von Beaumont.

Sonntag, den 28. August. Beim Thee überrascht uns eine große Nachricht: wir ändern mit der ganzen Armee, so weit sie nicht zur Einschließung von Metz zurückgeblieben ist, die Marschrichtung und gehen, statt nach Westen auf Chalons zu, nach Norden, am Fuß des Argonnenwaldes hin nach den Ardennen und der Maasgegend. Unser nächstes Ziel wird, wie es heißt, Grand Pré sein. Die Bewegung gilt dem Marschall Mac Mahon, der mit einer starken Truppenmacht hier oben nach Metz hinzieht, um Bazaine zu entsetzen.

Am 29. früh zehn Uhr brechen wir auf. Das bei Tagesanfang regnerisch und kalt gewesene Wetter bessert sich, und der Himmel klärt sich allmählich auf. Wir passiren verschiedne Dörfer und sehen zuweilen ein hübsches Schloß mit Park. An der Straße bairische Lager, Linieninfanterie, Jäger, Chevauxlegers, Küraßiere. Wir fahren durch das Städtchen Varennes und hier an dem kleinen, zwei Fenster breiten Hause vorüber, wo Ludwig der Sechzehnte auf seiner Flucht vom Postmeister von Saint Ménehould verhaftet wurde, und in dem sich jetzt das Sensenlager der Firma Nicot-Jacquesson befindet. Der erste Markt des Städtchens mit seinen viereckig verschnittenen Linden, der dann folgende kleine dreieckige Platz, der große Markt weiterhin, alles ist voll Soldaten zu Fuß und zu Pferde, Wagen und Kanonen. Nachdem wir uns durch das Gedränge von Menschen und Tieren hindurch gewunden und wieder ins Freie gelangt, geht es rasch weiter durch andre Dörfer, an andern Lagern, an preußischer Artillerie vorüber nach Grand Pré, wo der Kanzler auf der Grande Rue rechts, zwei oder drei Häuser vom Markte, Quartier nimmt. Der König wohnt in der nicht weit von da entfernten Apotheke, links vom Wege nach dem düstern alten Schlosse über dem Orte. Die zweite Staffel des großen Hauptquartiers, bei der sich der Prinz Karl, der Prinz Luitpold von Baiern, der Großherzog von Weimar und der Erbgroßherzog von Mecklenburg-Schwerin befinden, ist in dem nahen Dorfe Juvin untergebracht. Mir haben die Quartiermacher dem Chef schräg gegenüber im saubern Stübchen einer unsichtbar gewordenen Modistin Unterkunft geschafft. Auf dem Markte sieht man bei unsrer Ankunft einige französische Gefangne. Gegen Abend kommen noch etliche hinzu. Ich erfahre, daß man schon für morgen einen Zusammenstoß mit Mac Mahons Armee erwartet.

Auch in Grand Pré zeigte der Chef, daß er an die Möglichkeit eines meuchelmörderischen Angriffs auf seine Person nicht dachte. In der Dämmerung ging er unbefangen ohne Begleitung durch die Gassen des Städtchens, auch wo sie einsam und sonst zu einem Attentat geeignet waren. Ich sage das aus Erfahrung; denn ich folgte ihm in einiger Entfernung mit meinem Revolver. Es schienen mir Fälle möglich, wo man etwas für ihn thun konnte.

Als ich am nächsten Morgen hörte, daß König und Kanzler gleichzeitig wegfahren wollten, um dem großen Kesseltreiben nach dieser zweiten französischen Heeresmacht beizuwohnen, faßte ich mir, eingedenk der Worte, die letzterer in Pont à Mousson nach seiner Zurückkunft von Rezonville zu mir gesprochen und des ein andermal von ihm zitirten Spruches: „Wer sich grün macht, den fressen die Ziegen,“ ein Herz und bat ihn, als der Wagen vorgefahren, mich mitzunehmen. Er entgegnete: „Ja, wenn wir nun aber die Nacht draußen bleiben, was soll da aus Ihnen werden?“ Ich erwiderte: „Einerlei, Exzellenz; ich werde mir dann schon zu helfen wissen.“ — „Nun, dann gehen Sie mit,“ sagte er lächelnd. Er that dann noch einen Gang nach dem Markte, während dessen ich vergnügt Reisetasche, Regenmantel und das getreue Tagebuch holte, und als er wiederkam und einstieg, setzte ich mich auf einen Wink von ihm an seine Seite. Glück muß man haben, und seine Schuldigkeit muß man thun, es herbeizuführen.

Es war kurz nach neun Uhr, als wir abfuhren. Zuerst ging es ein Stück auf der Landstraße zurück, die wir tags vorher gekommen waren, dann links durch Weinberge hinauf und über mehrere Dörfer in hügeliger Gegend, wo allenthalben marschirende oder rastende Truppenkolonnen und Geschützparks vor uns und auf einem andern Wege rechts im Thale zu sehen waren, nach dem Städtchen Busancy, wo wir um elf Uhr eintrafen und auf dem Marktplatze Halt machten, um den König zu erwarten.

Unterwegs war der Graf sehr mitteilsam. Er klagte zuerst, daß er beim Arbeiten so oft durch Reden draußen vor der Thür gestört werde, „besonders, da einige von den Herren eine so laute Stimme besitzen. Ich werde," fuhr er fort, „durch gewöhnliches Geräusch, unartikulirtes, nicht irritirt. Musik, Wagengerassel macht mich nicht irre, wohl aber geschieht das durch Gespräche, bei denen ich Worte unterscheide. Ich will dann wissen, was es ist, und darüber verliere ich den Faden meiner Gedanken."

Weiterhin machte er mich darauf aufmerksam, daß es nicht passend von mir, wenn Offiziere vor dem Wagen salutiren, den Gruß durch Handanlegen an die Mützenblende zu erwiedern. Der Gruß gelte nicht einmal ihm in seiner Eigenschaft als Minister oder Bundeskanzler, sondern lediglich seinem Range als General, und die Grüßenden könnten es übelnehmen, wenn ein Zivilist sich für dabei mitgemeint hielte.

Er befürchtete dann, daß es heute zu nichts Rechtem kommen werde, was preußische Artillerieoffiziere, die hart vor Busancy überm Straßengraben bei ihren Kanonen standen, von ihm darauf angeredet, ebenfalls meinten. „Das geht," sagte er, „wie mirs zuweilen auf der Wolfsjagd in den Ardennen, die hier beginnen, auch ging. Da waren wir Tage lang hoch oben im Schnee und hörten, daß man die Fährte eines Wolfs gespürt hatte. Aber wenn wir dann nachfolgten, war er entwischt. So wirds heute mit den Franzosen auch sein."

Indem er die Hoffnung äußerte, seinen zweiten Sohn hier herum zu treffen, nach welchem er sich wiederholt bei Offizieren erkundigte, bemerkte er: „Da können Sie sehen, wie wenig Nepotismus bei uns herrscht. Er dient nun schon zwölf Monate und hat es noch zu nichts gebracht, während andre nicht viel länger als vier Wochen dabei und schon zum Fähndrich vorgeschlagen sind.“ Ich erlaubte mir zu fragen, wie das kommen möge. „Ja, ich weiß es nicht,“ versetzte er. „Ich habe mich genau erkundigt, ob er sich was hat zu Schulden kommen lassen, betrunken gewesen u. dergl.; aber nichts, er hatte sich ganz gut aufgeführt, und bei dem Reiterkampf vor Mars la Tour ist er so brav wie sonst einer mit auf das französische Karree losgeritten.“ Einige Wochen nachher waren beide Söhne zu Offizieren befördert.

Später, nach mancherlei anderm, erzählte er seine Erlebnisse am Abend des 18. August noch einmal. „Ich hatte meine Pferde eben zu Wasser geschickt und stand in der Dämmerung bei einer Batterie, welche feuerte. Die Franzosen schwiegen, aber,“ so fuhr er fort, „während wir dachten, ihre Geschütze wären demontirt, konzentrirten sie nur ihre Kanonen und Mitrailleusen seit einer Stunde zu einem letzten großen Vorstoße. Plötzlich fingen sie ein ganz fürchterliches Feuer an mit Granaten und ähnlichen Geschossen — ein unaufhörliches Krachen und Rollen, Sausen und Heulen in der Luft. Wir wurden vom Könige, den Roon zurückschickte, abgeklemmt. Ich blieb bei der Batterie und dachte, wenn wir zurückgehen müssen, setzest du dich auf den nächsten Protzkasten. Wir erwarteten nun, daß französische Infanterie den Vorstoß unterstützen würde, und da hätten sie mich gefangen nehmen können, wenn die Artillerie mich nicht mitgenommen hätte. — — — Der Vorstoß erfolgte aber nicht, und endlich kamen die Pferde wieder, und nun machte ich mich fort, wieder zum König. Aber wir waren aus dem Regen in die Traufe geraten. An der Stelle, wo wir hinritten, schlugen gerade die Granaten ein, die vorher über uns weggeflogen waren. Am andern Morgen sahen wir die Schweinskuhlen, die sie gewühlt hatten.

So mußte denn der König noch weiter zurück, was ich ihm sagte, nachdem die Offiziere mir das vorgestellt hatten. Es war nun Nacht. Der König äußerte, daß er Hunger habe, und was essen möchte. Da gab es aber wohl zu trinken — Wein und schlechten Rum von einem Marketender — aber nichts zu beißen als trocken Brot. Endlich trieben sie im Dorfe ein paar Koteletten auf, gerade genug für den König, aber nichts für seine Umgebung, und so mußte ich mich nach etwas anderm umsehen. Majestät wollte im Wagen schlafen, zwischen toten Pferden und Schwerverwundeten. Er fand später ein Unterkommen in einer Kabache. Der Bundeskanzler mußte sich wo anders unter Dach zu bringen suchen. Der Erbe eines der mächtigsten deutschen Potentaten (der junge Erbgroßherzog von Mecklenburg war gemeint) hielt bei dem gemeinsamen Wagen Wache, daß nichts gestohlen würde, und ich machte mich mit Sheridan auf, um nach einer Schlafstelle zu rekognoszieren. Wir kamen an ein Haus, das noch brannte, und da war es zu heiß. Ich fragte in einem andern nach — voll von Verwundeten. In einem dritten — auch voll von Verwundeten. Ebenso hieß es in einem vierten; ich ließ mich aber hier nicht abweisen. Ich sah oben ein Fenster, wo es dunkel war. „Was ist denn da oben?" erkundigte ich mich. — „Lauter Verwundete." — „Das wollen wir doch untersuchen," und ich ging hinauf und siehe da, drei leere Bettstellen mit guten und, wie es schien, ziemlich reinlichen Strohmatratzen. Wir machten also hier Nachtquartier, und ich schlief ganz gut."

„Ja," hatte sein Vetter, Graf Bismarck-Bohlen, gesagt, als der Kanzler uns die Historie in Pont à Mousson das erstemal und kürzer erzählte, „du schliefst gleich ein und ebenso Sheridan, der sich — ich weiß nicht, wo ers hergekriegt — ganz in weiße Leinwand eingewickelt hatte, und der in der Nacht von dir geträumt haben muß; denn ich hörte verschiedene male, wie er murmelte: O dear count!" — „Hm, und der Erbgroßherzog, der sich mit guter Manier in die Sache fand und überhaupt ein angenehmer und liebenswürdiger junger Herr ist," bemerkte der Minister. — „Das beste bei der Geschichte war übrigens," sagte Bohlen, „daß eigentlich gar keine solche Not um Unterkommen gewesen wäre. Denn unterdessen hatten sie entdeckt, daß nahe dabei ein elegantes Landhaus für Bazaine in Stand gesetzt worden war — mit guten Betten, Sekt im Keller und was weiß ich alles —, höchst fein, und da hatte einer von unsern Generalen sich einlogirt und hatte ein opulentes Abendmahl mit seiner Gesellschaft gefunden."

Der Kanzler erzählte auf der Fahrt nach Busancy weiter: „Ich hatte den ganzen Tag nichts als Kommißbrot und Speck gehabt. Jetzt kriegten wir ein paar Eier — fünf oder sechs. Die andern wollten sie gekocht; ich aber esse sie gern roh, und so unterschlug ich ein paar und zerschlug sie an meinem Degenknopf, was mich sehr erfrischte. Als es dann wieder Tag geworden war, genoß ich das erste Warme seit sechsunddreißig Stunden, — es war nur eine Erbswurstsuppe, die mir General Göben gab, sie schmeckte aber ganz vortrefflich."

Später hatte es noch ein gebratenes Huhn gegeben, „an dessen Zähigkeit aber der beste Zahn verzweifelte." Es war dem Minister von einem Marketender angeboten worden, nachdem er von einem Soldaten ein ungekochtes gekauft hatte. Bismarck hatte jenes angenommen, dafür bezahlt und dem Manne noch obendrein das von dem Soldaten erworbene gereicht. „Wenn wir uns im Kriege wieder treffen," sagte er, „so geben Sie mirs gebraten wieder. Wo nicht, so hoffe ich, daß Sie mirs in Berlin zurückerstatten."

Der Marktplatz in Busancy, einem Landstädtchen oder Flecken, war voll Offiziere, Husaren, Ulanen, Feldjäger und allerhand Fuhrwerke. Nach einer Weile kamen Sheridan und Forsythe auch an. Halb zwölf Uhr erschien der König, und gleich nachher ging es weiter, da Nachricht eingetroffen war, daß die Franzosen unverhofft Stand hielten. Etwa vier Kilometer von Busancy gelangten wir auf höheres Terrain mit kahlen Senkungen rechts und links, jenseits deren wieder Höhen waren. Plötzlich ein dumpfer Knall aus der Ferne. „Ein Kanonenschuß!" sagte der Minister. Noch eine Strecke weiter hin sah ich über der Senkung links auf einer baumlosen Bodenerhebung zwei Kolonnen Infanterie aufgestellt und vor ihnen zwei Geschütze, die feuerten. Es war aber so weit von uns, daß man die Schüsse kaum hörte. Der Chef wunderte sich über meine scharfen Augen und setzte die Brille auf, die er, wie ich jetzt zum erstenmal gewahr wurde, haben muß, wenn er ferne Dinge erkennen will. Kleine weiße Nebelkugeln, wie hochgestiegene Luftballons, schwebten über der Senkung, über der die Kanonen standen, drei bis vier Sekunden in der Luft und verschwanden darauf mit einem Blitz — es waren Shrapnells. Die Geschütze mußten deutsche sein und schienen ihre Geschosse nach dem Abhang auf der andern Seite der Vertiefung vor ihnen zu schleudern, auf dem oben ein Wald und vor demselben mehrere dunkle Linien, vielleicht Franzosen, zu bemerken waren. Noch weiter hin am Horizont schob sich eine hohe Bergnase mit drei oder vier großen Bäumen auf der Spitze ins Land hinaus; sie bezeichnete nach der Karte das Dorf Stonn, wo, wie ich später hörte, der Kaiser Napoleon dem Gefechte zusah.

Das Feuern links hörte bald auf. Bairische Artillerie, desgleichen blaue Kürassiere und grüne Chevauxlegers jagen auf der Straße im Trabe an uns vorüber. Ein Stück weiter, als wir eben durch ein kleines Gebüsch fahren, hören wir ein Geknatter, etwa wie eine langgezogene, nicht präzise abgegebene Pelotonsalve. „Kugelspritze!“ sagt Engel, sich auf dem Bock umdrehend. Nicht fern von da, an einer Stelle, wo bairische Jäger im Chausseegraben und an einem Kleefelde rasten, steigt der Minister zu Pferde, um mit dem Könige, der vor uns ist, weiter zu reiten. Wir bleiben eine Weile an der Stelle stehen, da immer mehr Artillerie vorbeijagt. Die Jäger scheinen viele Marode zu haben. Einer bittet uns kläglich um Wasser. „Ich habe seit fünf Tagen die Ruhr,“ jammert er. „Ach, lieber Kamerad, ich muß sterben, mich nimmt kein Doktor mehr an! Die Hitze drinnen, das reine Geblüt geht von mir.“ Wir trösten ihn und geben ihm Wasser mit etwas Cognac. Batterie auf Batterie saust an uns vorüber, bis endlich die Straße für uns wieder frei wird. Gerade vor uns steigen abermals weiße Granatwölkchen am Horizont auf, der hier sehr nahe ist, sodaß wir annehmen müssen, daß es nicht weit vor uns in ein Thal hinabgeht. Der Kanonendonner wird deutlicher, ebenso das Knarren der Mitrailleusen, deren Stimme jetzt Ähnlichkeit mit der einer arbeitenden Kaffeemühle hat. Endlich wird auf ein Stoppelfeld rechts von der Chaussee, von der es links in eine breite Niederung hinabgeht, hinüber gelenkt. Vor uns steigt hier der Boden zu einer sanften Höhe an, auf welcher der König etwa tausend Schritt von den

Wagen und Pferden, die ihn und sein Gefolge hergebracht haben, mit unserm Chef und einer Anzahl von Fürstlichkeiten, Generalen und andern hohen Offizieren Stellung genommen hat. Ich folge ihnen über Sturzacker und Stoppelfeld und beobachte nun seitwärts von ihnen bis zum sinkenden Abend die Schlacht von Beaumont.

Vor uns streckt sich ein breites, nicht sehr tiefes Thal aus, auf dessen Sohle sich ein schöner tiefgrüner Wald von Laubholz hinzieht. Darüber hinaus offene Gegend, die sanft ansteigt, und in der etwas nach rechts hin das Städtchen Beaumont mit seiner großen Kirche sichtbar ist. Noch weiter zur Rechten ist wieder viel Wald. Ebenso ist links auf dem Thalrande im Hintergrunde Gehölz, nach welchem eine Chaussee mit italienischen Pappeln führt. Vor dem Gehölze liegt ein kleines Dorf oder ein Komplex von Gutsgebäuden. Jenseits der Bodenwellen neben und hinter Beaumont schließen ferne dunkle Berge den Gesichtskreis ab.

Man sieht jetzt deutlich die Geschütze feuern. Im Städtchen scheint es nach der dunklen Rauchwolke, die über ihm steht, zu brennen, und bald darauf geht auch in dem Dorfe oder Gute am Walde über der Pappelchaussee wallender Qualm auf.

Das Schießen legte sich jetzt etwas. Erst war es in der Nähe des Städtchens, dann zog es sich nach links hinauf, zuletzt erfolgten auch Schüsse aus dem Walde auf der Thalsohle, wahrscheinlich von seiten der bairischen Artillerie, die vorher an uns vorübergefahren war. Eine Zeit lang hielten im Vordergrunde des Bildes zu unsrer Linken hinter einem Dorfe, das etwas tiefer als unser Standpunkt lag, und welches die Karte Sommauthe nannte, ein bairisches Kürassier- und ein Chevauxlegers-Regiment. Ungefähr um vier Uhr brach die Reiterei auf, galoppirte auf das Gehölz drunten zu und verschwand darin. Etwas später stiegen andre Reiter — wenn ich mich recht erinnere, waren es Ulanen — von der Chaussee hinter der Stelle, wo die Wagen hielten, in die Senkung, über der wir zuerst Kanonenfeuer und Shrapnells gesehen, hinab, um, wie es schien, auf Stonn weiterzugehen. Am Saume des Waldes, über dem brennenden Dorfe vor uns zur Linken, wurde dem Anscheine nach noch einmal heftig gekämpft. Einmal gab es ein starkes Aufleuchten, dem ein dumpfer

Knall folgte. Vermutlich war ein Munitionswagen aufgeflogen. Es hieß, daß seit einiger Zeit auch der Kronprinz in das Gefecht eingegriffen habe.

Es wollte dämmern. Der König saß jetzt auf einem Stuhle, neben dem man, da ein scharfer Wind wehte, ein Strohfeuer angezündet hatte, und beobachtete die Schlacht durch seinen Feldstecher. Der Kanzler that desgleichen, indem er auf einem Raine Platz genommen hatte, wo auch Sheridan und sein Adjutant dem Schauspiel zusahen. Man gewahrte jetzt auch deutlich das Blitzen der platzenden Granaten, mit dem sie sich aus einem Wölkchen für einen Augenblick in einen zackigen Stern verwandelten, und die Flamme der Feuersbrunst in Beaumont. Die Franzosen zogen sich rasch immer weiter zurück, und der Kampf verschwand hinter dem Kamme der baumlosen Höhen, die links von dem Gehölze über dem brennenden Dorfe den Horizont abschlossen. Die Schlacht, die zu Anfang schon die Gestalt eines Rückzugsgefechtes des Feindes angenommen zu haben schien, war gewonnen. Wir hatten den Wolf des Ministers oder sollten ihn am nächsten oder übernächsten Tage haben. Am folgenden Abend konnte ich, nachdem inzwischen näheres bekannt geworden, u. a. nach Hause schreiben:

„Die Franzosen, bei denen sich der Kaiser und sein Sohn befanden, wichen auf allen Punkten, und das Ganze der Schlacht war eigentlich nur ein stetes Vordringen unsrerseits und ein stetes Zurückgehen von seiten der Franzosen, welche nirgends die Energie entwickelten, die sie in den Treffen bei Metz gezeigt hatten, und die sich dort noch zuletzt in kräftigen Vorstößen kund gab. Entweder sind sie stark entmutigt, oder die Regimenter haben viele Mobilgarden aufgenommen, die selbstverständlich nicht wie wirkliche Soldaten fechten. Auch mit den Vorposten war es bei ihnen übel bestellt, sodaß ihre Arrièregarde förmlich überfallen werden konnte. Unsre Verluste an Toten und Verwundeten sind diesmal bei weitem geringer als in den Schlachten bei Metz, wo sie denen der Franzosen nahezu gleichkamen. Dagegen haben die letztern vorzüglich bei jener Überraschung, dann in noch höherm Grade bei Mouzon, wo sie über die Maas zurückgedrängt wurden, furchtbar viele Leute verloren. Wir erbeuteten, soviel bis jetzt bekannt ist, einige zwanzig Geschütze, darunter elf Mitrailleusen, zwei Zeltlager, Massen von Bagage und militärischen Vorräten und nahmen bis jetzt ungefähr fünftausend Mann gefangen. Die französische Armee, zu Anfang des Schlachttages auf hundert- bis hundertundzwanzigtausend Mann geschätzt, ist jetzt in Sedan von der Möglichkeit eines Weitermarsches um unsern äußersten rechten Flügel herum nach Metz abgesperrt. Ich denke, wir haben Ursache, den 30. August zu den besten- und fruchtbarsten Siegestagen dieses Krieges zu zählen."

Wir kehrten von dem Standorte, wo wir der Schlacht bei Beaumont zugesehen hatten, mit Einbruch der Dunkelheit nach Busancy zurück. Allenthalben auf und weithin neben dem Wege herrschte nächtliches Leben, das an die Anwesenheit einer großen Armee gemahnte. Die Straße war voll bairisches Fußvolk. Eine Strecke weiterhin blinkten auch die Pickelhauben preußischer Infanterie, in der wir beim Näherkommen die Königsgrenadiere erkannten. Zuletzt Kolonnen von Fuhrwerken, die sich bisweilen verfahren hatten, sodaß es für uns ziemlich langen Aufenthalt gab. An einer Stelle, wo es zwischen kleinen Hügeln bergab ging, und wo wir besonders lange Halt zu machen genötigt waren, sagte der Chef: „Ich möchte doch wissen, ob der Grund, daß wir heute stecken bleiben, derselbe ist, wie damals, wo fünf Schwaben, die Klöße gegessen hatten, einen Hohlweg verstopften."

Es war stockfinstere Nacht geworden, als wir Busancy erreichten, welches rings von Hunderten kleiner Feuer umlodert war, an denen silhouettenhafte Menschengestalten, Pferde und Wagen vorüberglitten. Wir stiegen vor dem Hause eines Arztes ab, der am Ende der Hauptstraße nicht weit von demjenigen wohnte, wo der König Quartier genommen hatte, und bei dem auch die am Morgen in Grand Pré Zurückgebliebnen inzwischen eingetroffen waren. Ich schlief hier in einem fast leeren Hinterzimmer am Boden auf einer Strohmatratze und unter einer Decke, die erst um zehn Uhr von einem unsrer Soldaten aus dem Spital der Stadt geholt worden waren. Der Schlaf des Gerechten litt darunter nicht.

Mittwoch, den 31. August, früh zwischen neun und zehn

Uhr, fuhren König und Kanzler weiter und zwar zunächst zur Besichtigung des Schlachtfeldes vom vergangnen Tage. Ich durfte den Minister wieder begleiten. Wir nahmen anfangs denselben Weg wie tags vorher, über Bar de Busancy und Sommauthe, wobei wir zwischen diesen beiden Dörfern einige Schwadronen bairischer Ulanen passirten, die hier rasteten und den König mit lautschallendem Hurrah begrüßten. Mir kam es vor, als ob ihre Lanzen kürzer wären als die unsrigen. Hinter Sommauthe, das voll von Verwundeten lag, fuhren wir durch den schönen Wald zwischen diesem Orte und Beaumont, und nach elf Uhr waren wir vor letzterm angelangt. König Wilhelm und unser Kanzler stiegen hier zu Pferde und sprengten rechts über die Felder. Ich schlug zu Fuß dieselbe Richtung ein. Die Wagen gingen nach der Stadt, wo sie uns erwarten sollten.

Bevor ich ging, hatte ich wie am Tage vorher, sobald ich allein gewesen, sorgfältig die Aufträge notirt, die ich unterwegs erhalten, und auch sonstige Äußerungen des Chefs, die an diesem Morgen gefallen waren, möglichst genau zu Papiere gebracht. Der Kanzler war wieder ungemein mitteilsam und der Frage zugänglich gewesen. Er sprach etwas erkältet. Er habe, erzählte er, die Nacht Krampf im Beine bekommen, was ihm häufig passire. Er hälfe sich dann damit, daß er aufstünde und mit bloßen Füßen eine Weile in der Stube auf und ab ginge, und dabei erkältete er sich. So wäre es auch diesmal gewesen. „Ein Teufel wurde mit dem andern vertrieben: der Krampf ging weg und der Schnupfen zog ein." — Er wollte dann, daß ich nochmals in der Presse auf die grausame Kriegführung der Franzosen, auf ihre sich immer wiederholende Verletzung der Genfer Konvention, „die freilich nichts taugt," sagte er, „und in der Praxis nicht durchzuführen ist," und auf ihr unanständiges Schießen auf Parlamentäre mit Trompeter und weißer Fahne aufmerksam mache. „Sie haben deutsche Gefangene in Metz vom Pöbel mißhandeln lassen," fuhr er fort, ihnen nichts zu essen gegeben und sie in Keller eingesperrt. Man sollte sich eigentlich nicht darüber wundern. Sie haben Barbaren zu Kameraden, und sie sind durch ihre Kriege in Algier, China, Hinterindien und Mexiko selber Barbaren geworden." — — —

Er erzählte darauf, daß die Rothosen gestern keinen besonders nachhaltigen Widerstand geleistet und keine große Vorsicht an den Tag gelegt hätten. „Bei Beaumont wurden sie," fuhr er fort, „am hellen Morgen von einer Schleichpatrouille schwerer Artillerie im Lager überfallen. Wir werden's heute sehen: Die Pferde liegen erschossen an den Piquetpfählen — viele Tote in Hemdsärmeln, ausgepackte Koffer, Schüsseln mit gekochten Kartoffeln, Kessel mit halbgarem Fleische u. dergl. mehr."

Er kam dann während der Fahrt durch den Wald — vielleicht dadurch angeregt, daß wir vor demselben die Suite des Königs angetroffen, der sich beiläufig auch die Grafen Hatzfeldt und Bismarck-Bohlen angeschlossen hatten — auf Borck, den Schatullenmeister des Königs, und von diesem auf den Grafen Bernstorff, unsern damaligen Gesandten in London, zu sprechen, der ihn, „durch sein langes Überlegen und Erwägen, welches die vorteilhaftere Gesandtenstelle, die in Paris oder die in London, lange vom Eintritt in die Geschäfte abgehalten" habe. — — —

Ich gestattete mir die Frage, was für ein Mann von der Goltz gewesen sei, über den man so verschiedene Urteile höre. Ob er wirklich so gescheit und bedeutend gewesen, als behauptet werde. „Gescheit, ja, in gewissem Sinne," erwiderte er, „ein rascher Arbeiter, unterrichtet, aber unbeständig in seiner Auffassung von Personen und Verhältnissen, heute für diesen Mann, diesen Plan eingenommen, morgen für einen andern, mitunter fürs Gegenteil. Und dann war er immer in die Fürstinnen verliebt, an deren Hofe er beglaubigt war, erst in Amalien von Griechenland, dann in Eugenien. Er war der Ansicht, was ich das Glück gehabt hätte, durchzusetzen, das könnte er mit seinem größern Verstande auch und noch besser. Daher intriguirte er fortwährend gegen mich, obwohl wir Jugendbekannte waren, schrieb Briefe an den König, in denen er mich verklagte und vor mir warnte. Das half ihm nun zwar nichts; denn der König gab mir die Briefe, und ich beantwortete sie. Aber er war in dieser Hinsicht beharrlich, und so setzte er es fort, unverdrossen und unermüdlich. Übrigens war er sehr wenig beliebt bei seinen Untergebenen. Sie haßten ihn förmlich. Ich erinnere mich, als ich 1862 nach Paris kam und mich bei ihm melden lassen wollte, hatte er sich gerade zu einem Schläfchen niedergelegt. Ich wollte ihn ungestört lassen, aber die Sekretäre freuten sich offenbar, daß er heraus müßte, und sofort ging einer hinein zu ihm, um mich zu melden und ihn auf die Art zu ärgern. Er hätte es so leicht haben können, sich bei seinen Leuten Neigung und Anhänglichkeit zu erwerben. Als Gesandter kann man das. Ich möchte das auch gern. Als Minister hat man aber keine Zeit dazu — man hat so viel andres zu denken und zu thun, und so habe ich mir das mehr militärisch eingerichtet."

Man sieht, nach dieser Charakteristik ist von der Goltz eine Art Geistesverwandter und Vorläufer Arnims gewesen.

Zuletzt kam der Minister auf Radowitz zu sprechen, wobei er unter anderm äußerte: „Man hätte sich vor Olmütz mit der Armee eher in Positur setzen müssen, und daß das nicht geschehen, ist seine Schuld." — — — Die sehr interessanten und charakteristischen Mitteilungen, mit denen diese Behauptung motivirt wurde, müssen leider für jetzt verschwiegen bleiben, wie einiges andre, was der Kanzler darnach äußerte.

Der König und der Kanzler waren zunächst nach der Stelle geritten, wo die „Schleichpatrouille schwerer Artillerie" gearbeitet, und ich folgte ihnen, nachdem ich mit meinen Aufzeichnungen fertig war, zuerst dahin. Das betreffende Feldstück liegt rechts von der Straße, die uns hergebracht, und achthundert bis tausend Schritte von ihr entfernt. Vor demselben, nach dem Walde der Thalsohle hin, befinden sich heckenumgebene Äcker, auf denen etwa ein Dutzend tote deutsche Soldaten liegen — Thüringer vom 31. Regiment. Einer davon hängt durch den Kopf geschossen in dem Dorngesträuch, das er übersteigen gewollt. Die Lagerstätte selbst sieht entsetzlich aus. Alles blau und rot von französischen Toten, die zum Teil von den geplatzten Granaten — der Überfall wurde vom vierten Korps ausgeführt — ganz unbeschreiblich übel zugerichtet sind. Schwarz von Pulver, starrend von geronnenem Blute, liegen sie da, der eine auf dem Rücken, der andre auf dem Gesichte, manche mit stieren Augen wie Wachsfiguren. Auf einem Flecke hatte ein Geschoß fünf herumgestreut — man hätte an umgeworfene Kegel denken können, that's aber nicht: denn dreien davon waren die Köpfe ganz oder halb, einem Unterleib und Eingeweide weggerissen, während einer, dem man das Gesicht mit einem Tuche bedeckt hatte, noch greuelvoller entstellt zu sein schien. Weiterhin lag eine Hirnschale wie eine Schüssel, daneben das Gehirn wie ein Kuchen. Käppis, Mützen, Tornister, Jacken, Papiere, Schuhe, Wichs- und Kleiderbürsten waren umhergestreut. Offenstehende Offizierskoffer, Pferde an Pfahl und Halfter erschossen, an erloschnen Kochfeuern Kessel mit geschälten Kartoffeln oder Schüsseln mit Fleischstücken, die der Wind inzwischen mit Sand gesalzen, zeigten, wie unverhofft die Unsern und mit ihnen das Verderben gekommen waren. Auch eine bronzene Kanone war stehen geblieben. Ich nahm mir von einem der Toten eine Messingmedaille mit, die er an einer Gummischnur auf der bloßen Brust trug. Ein Heiliger war darauf, der in der Hand ein Kreuz hielt und unten neben sich die Insignien der Bischofswürde, Mitra und Krummstab, über sich die Worte und Buchstaben »Crux S. P. Bened.« hatte. Auf der Rückseite befand sich in einem Kreise aus Punkten eine Figur, die unserm Landwehrkreuze glich und mit vielen einzelnen Buchstaben, vielleicht den Initialen der Worte eines Gebets oder einer frommen Zauberformel, bedeckt war. Also wahrscheinlich ein Amulet kirchlicher Abkunft, das aber dem armen Burschen, dem es sein Pfarrer oder die Mutter mitgegeben, nicht „gefroren" gemacht hatte. Marketender und Soldaten gingen suchend herum. „Sind Sie ein Doktor?" ruft man mir zu. — „Ja, aber kein Arzt. Was wollen Sie?" — „Dort liegt einer, der lebt noch." — Es war richtig, und er wurde auf einer mit Leinwand bespannten Tragbare fortgeschafft. Eine Strecke weiter, an einem Feldwege, der auf die Chaussee vor mir zulief, war wieder ein Franzose auf den Rücken hingestreckt, der, wie ich mir ihn näher besah, die Augen verdrehte, und dessen Brust noch atmete, obwohl eine deutsche Spitzkugel ihn in die Stirn getroffen hatte. Es mochten auf einem Raume von fünfhundert Schritt ins Gevierte wohl anderthalbhundert Leichen sein, darunter nicht zehn oder zwölf von den Unsrigen.

Ich hatte wieder einmal genug von solchen Bildern und beeilte mich, nach Beaumont und zu unserm Wagen zu kommen. Auf dem

Wege dorthin, kurz vor den ersten Häusern des Städtchens, rechts von der Landstraße, sah ich in einem roten Steinbruche eine Menge gefangner Franzosen. „Circa siebenhundert,“ sagt der Leutnant, der sie mit einem Detachement bewacht, und der mich aus einem Fasse mit trübem bairischen Biere bewirtet, wofür ich ihm mit einem Schlucke Cognac aus meiner Feldflasche dankbar bin. Weiterhin auf der Chaussee ein verwundeter junger Offizier auf einem Wagen, den Leute seiner Kompagnie mit Händeschütteln begrüßen. Am Markt und um die etwas erhöht gelegne Hauptkirche des Ortes wieder zahlreiche gefangne Rothosen, darunter höhere Chargen. Ich fragte einen sächsischen Jäger, wo die Wagen des Königs seien. „Sind schon fort — vor einer Viertelstunde — dort hinaus.“ — Also verspätet. Fatal! Ich eile in der angegebenen Richtung bei sengender Hitze die Pappelchaussee weiter nach dem Dörfchen hinauf, das am Abend vorher gebrannt, und frage die Soldaten, die hier stehen. „Sie sind eben durch.“ Endlich am Rande des Waldes, hinter dem letzten Hause, wo eine große Menge tote Baiern und Franzosen rechts und links von den Straßengräben liegen, sehe ich den Wagen des Chefs halten. Er freut sich offenbar, daß ich wieder da bin. „Na, da ist er ja,“ sagte er. „Ich wollte schon nach Ihnen zurückschicken. Ich dachte aber, wenn's ein andrer wäre. Der Doktor kommt nicht um. Der bleibt zur Not des Nachts bei einem Wachtfeuer und fragt sich hernach schon wieder zu uns.“

Er erzählte dann, was er inzwischen gesehen und erlebt hatte. Er hatte die Gefangnen im Steinbruche auch in Augenschein genommen und unter anderm bei ihnen einen Priester getroffen, der auf unsre Leute geschossen haben sollte. „Als ich's ihm vorhielt, leugnete er es. Nehmen Sie sich in Acht, sagte ich ihm; denn wenn es erwiesen wird, werden Sie ganz sicher gehenkt. Vorläufig ließ ich ihm den Priesterrock ausziehen.“ —

„Bei der Kirche,“ so berichtete der Chef weiter, „bemerkte der König einen Musketier, der verwundet war. Obwohl der Mann von der Arbeit des vorigen Tages ziemlich unsauber aussah, reichte er ihm die Hand — ohne Zweifel zu großer Verwunderung der dabei stehenden französischen Offiziere — und fragte, was er für ein

6*

Metier habe. — Er wäre Doktor der Philosophie. — Nun, dann werden Sie gelernt haben, Ihre Verwundung philosophisch zu ertragen, sagte der König. — Ja, antwortete der Musketier, das hätte er sich schon vorgenommen."

Unterwegs holten wir bei einem zweiten Dorfe marode Baiern, gemeine Soldaten, ein, die sich in der Sonnenglut langsam fortschleppten. „Heda, Landsmann!" rief der Bundeskanzler dem Einen zu. „Wollen Sie einmal Cognac trinken?" Natürlich wollte er und ein Andrer nach seinen sehnsüchtigen Augen ebenfalls und ein Dritter desgleichen, und so tranken sie und noch einige, jeder seinen Schluck, aus des Ministers, dann auch aus meiner Feldflasche und bekamen schließlich noch jeder seine rechtschaffne Cigarre.

Eine Viertelmeile weiter hatte der König in einem Dorfe, dessen Name, auf meiner Karte nicht eingetragen, ungefähr wie Crehanges klang, und wo sich auch die Fürstlichkeiten der zweiten Staffel und Herren aus dem Gefolge des Kronprinzen befanden, ein Frühstück arrangiren lassen, zu dem Graf von Bismarck ebenfalls eingeladen war. Ich machte mir inzwischen auf einem Steine am Wege meine Bleistiftnotizen und half dann den Holländern, die neben dem Orte in einem großen hellgrünen Zelte ihre Hilfsambulanz aufgeschlagen hatten, Verwundete herbeischaffen und pflegen. Als der Minister wiederkam, fragte er, was ich mittlerweile getrieben. Ich sagte es ihm. „Ich wäre auch lieber dorthin gegangen," erwiderte er, tief aufatmend. — Er zitirte eine Zeile aus Schillers Taucher.

Das Gespräch bei der Weiterfahrt bewegte sich eine Zeit lang in hohen Regionen, und bereitwillig und reichlich gab der Chef Auskunft auf die Fragen meiner Wißbegier. Ich bedaure aber, daß ich diese Äußerungen aus verschiedenen Gründen für mich behalten muß und nur andeuten darf, daß sie ebenso lehrreich als charakteristisch waren, und daß ihnen auch erquicklicher Humor nicht fehlte. Zuletzt gelangte man aus der Sphäre der Götter über den Wolken wieder zu Menschen, aus dem Bereich des Über- oder, wenn man will, Außernatürlichen zur Natur zurück und stieß da unter anderm auf den Augustenburger in seiner bairischen Uniform. — — — „Der hätte es besser haben können," setzte er — ich meine den Minister —

hinzu. „Ich verlangte ursprünglich nicht mehr von ihm, als was die kleinen Fürsten 1866 abgetreten haben. Er aber wollte (Dank der göttlichen Fügung, dachte ich im stillen, und Dank der Samwerschen Advokatenweisheit!) gar nichts hergeben. Ich erinnere mich: bei der Unterredung, die ich 1864 mit ihm hatte — es war bei uns im Billardzimmer vor meiner Stube und dauerte bis in die Nacht —, da nannte ich ihn zuerst Hoheit und war überhaupt äußerst artig. Als ich ihm aber dann vom Kieler Hafen sprach, den wir brauchten, und er sagte, das könne ja wohl gar eine Quadratmeile betragen, was ich ihm allerdings bejahen mußte, und als er von unsern Forderungen wegen des Militärs auch nichts wissen mochte, nahm ich ein andres Gesicht an. Ich titulirte ihn jetzt Durchlaucht und sagte ihm zuletzt ganz kühl — plattdeutsch —, daß wir dem Kücken, das wir ausgebrütet hätten, auch den Hals umdrehen könnten."

Nach ungewöhnlich langer Fahrt, erst gegen sieben Uhr abends kamen wir über Berg und Thal nach unserm diesmaligen Bestimmungsorte, dem Städtchen oder Flecken Vendresse. Unterwegs wurden verschiedene große Dörfer, auch ein paar Schlösser, darunter ein altertümliches, burgartiges, mit dicken Ecktürmen, desgleichen ein Kanal mit alten Bäumen zu beiden Seiten passirt, letzterer in einer Gegend, durch deren Charakter sich der Kanzler an belgische Landschaften erinnert fand. In dem einen Dorfe steht Ludwig Pietsch aus Berlin, vermutlich als Kriegskorrespondent mitgezogen, am Fenster, sieht mich und grüßt schreiend herunter. Im nächsten, Chemery, wird eine halbe Stunde Halt gemacht, indem der König mehrere Infanterieregimenter an sich vorbeidefiliren läßt und die üblichen Hurrahs in Empfang nimmt.

In Vendresse stieg der Kanzler im Hause der Witwe Baudelot ab, wo inzwischen auch die andern Herren seiner Umgebung eingetroffen waren und sich eingerichtet hatten. Keudell und Abeken, die von Busancy, wenn ich nicht irre, hierher geritten waren, war das Abenteuer passirt, daß im Walde hinter Sommauthe oder bei Stonn plötzlich acht oder zehn französische Soldaten mit Chassepots vor ihnen aus dem Dickicht hervorgetaucht und wieder verschwunden waren. Die Herren Räte waren darauf, wie ganz in der Ordnung, umgekehrt und hatten einen weniger bedenklichen Weg eingeschlagen. Nicht unmöglich war, daß beide Teile vor einander das Weite gesucht hatten. Saint Blanquart aber, der mit Bölsing und Willisch den gleichen Weg gefahren war und die Erscheinung der verdächtigen Rothosen auch erlebt hatte, war fortan der Überzeugung, daß er sein Leben für das Vaterland eingesetzt habe. Endlich konnten auch Hatzfeldt und Bismarck-Bohlen sich rühmen, eine hübsche kleine Heldenthat verrichtet zu haben: sie hatten, wenn mir recht ist an dem Orte, wo der Kanzler mit den Fürstlichkeiten gefrühstückt, eine flüchtige Rothose, die sich in den Weingärten verkrochen, aufgestöbert und entweder selbst zum Gefangnen gemacht oder durch andre einfangen lassen.

In Vendresse sah ich zum erstenmale würtembergische Soldaten. Es waren meist schmucke, kräftige Burschen. Ihre Uniform, dunkelblau mit zwei Reihen weißer Knöpfe und schwarzem Riemenzeug, erinnert an dänisches Militär.

Fünftes Kapitel.

Der Tag von Sedan. — Bismarck und Napoleon bei Doncherny.

Am 1. September näherte sich die Jagd Moltkes auf die Franzosen im Maasgebiet nach allem, was man hörte, offenbar ihrem Ende, und es war mir vergönnt, demselben am nächsten Tage beizuwohnen. Nachdem ich sehr früh aufgestanden, um nach Tags vorher im Wagen und auf einem Eckstein in Chemery flüchtig aufgezeichneten Notizen mein Tagebuch weiterzuführen, das auf so viele interessante Einträge wartete, ging ich aus dem Hause, wo man mich einquartiert, nach dem Baudelotschen, wo ich gerade eintraf, als ein gewaltiges Reitergeschwader, bestehend aus fünf preußischen Husarenregimentern, grünen, braunen, schwarzen und roten (Blücherschen) am Geländer des Gärtchens vor den Fenstern des Chefs vorüberzog. Man hörte, daß dieser die Absicht habe, in einer Stunde mit dem Könige nach einem Aussichtspunkte bei Sedan zu fahren, um Zeuge von der nun mit Bestimmtheit erwarteten Katastrophe zu sein. Als der Wagen kam und der Kanzler erschien, sah er sich um, und sein Blick fiel auf mich. „Können Sie dechiffriren, Herr Doktor?" fragte er. Ich bejahte das, und er sagte: „Dann lassen Sie sich einen Chiffre geben und gehen Sie mit." Ich ließ mir das nicht zweimal sagen, und nach einer Weile setzte sich der Wagen, in dem diesen Morgen Graf Bismarck-Bohlen an der Seite des Ministers Platz nahm, in Bewegung.

Nach einigen hundert Schritten hielten wir vor dem Hause, wo Verdy einquartiert war, hinter dem Wagenzuge des Königs, welcher letztere noch erwartet wurde. In dieser Zeit kam uns Abeken mit Schriftstücken nach, um in Betreff derselben Befehle einzuholen. Der

Chef setzte ihm gerade was auseinander, wobei er ihm seiner Gewohnheit gemäß das zu Erklärende wiederholt erläuterte, als der Prinz Karl mit seinem bekannten morgenländisch gekleideten Neger vorbeifuhr. Nun hatte unser alter Herr, der sonst bei solchen Gelegenheiten sicher nur Ohr und Gedächtnis für die Worte seines Chefs war, das Unglück, daß er ein übergroßes Interesse für alles, was zum Hofe gehörte, empfand, und das kam ihm in diesem Augenblicke nicht zu Gute. Die Erscheinung des Prinzen war ihm offenbar wichtiger als der redende Minister, und als dieser, der das bemerkt haben mußte, ihn nach dem soeben Gesagten fragte, gab er eine etwas verwirrte Antwort. Er mußte dafür die herbe Ermahnung hören: „So hören Sie doch darauf, was ich sage, Herr Geheimrat, und lassen Sie Prinzen in Gottes Namen Prinzen sein. Wir reden hier in Geschäften.“ Später äußerte er zu uns: „Der alte Kerl ist rein weg, wenn er etwas vom Hofe gewahr wird“ — dann wie entschuldigend: „Ich möchte ihn aber doch nicht entbehren.“

Nachdem der König erschienen und, die bunte Stabswache voraus, weggefahren, folgten wir ihm, wobei wir zuerst die tags vorher berührten Ortschaften Chemery und Chehery wieder passirten und dann bei einem dritten Dorfe, das links von der Chaussee in einer Bodenvertiefung liegt, am Fuße eines kahlen Hügels, auf einem Stoppelfelde zu Rechten der Landstraße, Halt machten. Hier stieg der König mit seinem Gefolge von Fürsten, Generalen und Hofleuten zu Pferde, unser Chef that desgleichen, und alles begab sich nach dem flachen Gipfel der Anhöhe über uns. Wie uns ferner Kanonendonner verkündete, war die erwartete Schlacht bereits im vollen Gange. Heller Sonnenschein am wolkenlosen Himmel leuchtete dazu.

Ich folgte nach einer Weile den Reitern, indem ich den Wagen unter Engels Aufsicht zurückließ, und fand die Herrschaften oben auf einem Stoppelacker, wo man die Gegend weithin übersah. Vor uns geht es in ein tiefes, breites, größtenteils grünes Thal hinab, auf dessen Hügelwänden hier und da ein Wäldchen zu gewahren ist, und durch dessen Wiesen sich ein blauer Fluß, die Maas, an einer mittelgroßen Stadt, der Festung Sedan, vorbeischlängelt. Auf dem Bergkamm auf unsrer Seite beginnt in der Entfernung eines

Büchsenschusses rechts von uns Wald, auch zur Linken ist etwas Laubholz. Der Vordergrund unten vor unsern Füßen bildet über der Thalsohle noch eine schräge Stufe, und hier stehen, uns zur Rechten, bairische Batterien, die lebhaft nach der Stadt hin und über sie wegfeuern, und dahinter dunkle Kolonnen, erst Fußvolk, dann Reiterei. Noch weiter rechts wirbelt neben dieser Bodenstufe aus einer Vertiefung eine Säule schwarzen Rauches auf. Es ist, wie man hört, das in Brand gesteckte Dorf Bazeilles. Sedan ist in der Luftlinie eine kleine Viertelmeile von uns entfernt; seine Häuser und Kirchen sind bei dem hellen Wetter deutlich zu unterscheiden. Über der Festung, der sich auf der Linken etwas wie eine zerstreute Vorstadt anschließt, erhebt sich, nicht weit vom jenseitigen Ufer des Flusses entfernt, ein langgestreckter Höhenzug, in der Mitte mit Gehölz bedeckt, welches auch in die Schlucht hinabsteigt, die hier den Bergrücken spaltet, links kahl, rechts mit einzelnen Bäumen und Büschen bestanden. Bei der Schlucht einige Bauernhäuser, wenn die Augen nicht täuschen; denn es können auch Villen sein. Links von dem Höhenzuge eine Ebene, aus der noch ein einzelner Hügel aufschwillt, welcher oben eine Gruppe hochstämmiger Bäume mit dunkeln Wipfeln zeigt. Nicht weit davon im Flusse die Pfeiler einer gesprengten Brücke. In weiterer Ferne links und rechts noch drei oder vier Dörfer. Dahinter, gegen den Horizont hin, ist das Bild vor uns von mächtigen Bergkämmen mit ununterbrochenem schwarzen Walde, dem Anschein nach Nadelholzforsten, eingerahmt. Es sind die Ardennen an der belgischen Grenze.

Auf den Hügeln unmittelbar jenseits der Festung scheint jetzt die Hauptstellung der Franzosen zu sein, und es sieht aus, als ob unsre Truppen sie hier zu umfassen beabsichtigten. Gegenwärtig indes gewahrt man deren Heranrücken nur auf der Rechten, indem sich die Linie ihrer feuernden Geschütze mit Ausnahme der bairischen unter unserm Standpunkte, welche stehen bleiben, langsam näher und näher schiebt. Allmählich geht Pulverrauch auch hinter dem Höhenzuge mit der Schlucht im Mittelgrunde auf, und man erkennt daran, daß die den Feind einschließenden Korps den Halbkreis, den sie bilden, stetig weiter zum Kreise zu machen bestrebt sind. Auf der Linken des

Bildes dagegen ist es noch völlig still. Um elf Uhr steigt auch in der Festung, die beiläufig nicht selbst schießt, eine schwarzgraue Rauchsäule mit gelben Rändern empor. Jenseits heftiges Feuern der Franzosen und über dem Walde der Schlucht, unaufhörlich zu gleicher Zeit eine Anzahl kleiner, weißer, man weiß nicht, ob deutscher oder französischer Granatwölkchen. Bisweilen auch das Geknarr und Gerassel einer Mitrailleuse.

Auf unserm Berge glänzende Versammlung: der König, Bismarck, Moltke, Roon, eine Anzahl Fürstlichkeiten, Prinz Karl, die Hoheiten von Weimar und Coburg, der mecklenburgische Erbgroßherzog, Generale, Flügeladjutanten, Hofmarschälle, Graf Hatzfeld, der nach einer Weile verschwunden war, Kutusoff, der russische, Oberst Walker, der englische Militärbevollmächtigte, General Sheridan, sein Adjutant, alles in Uniform, alles mit Feldstechern vor den Augen. Der König stand, andre, zuweilen auch der Kanzler, hatten auf einem Rain vor den Stoppeln sitzend Platz genommen. Ich hörte, daß der König habe herumsagen lassen, man möge nicht in größere Gruppen zusammentreten, weil die Franzosen in der Festung dann auf uns schießen könnten.

Eben entwickelte sich nach elf Uhr unsre Angriffslinie auf dem rechten Ufer der Maas durch weiteres Vorrücken um die Stellung der Franzosen zu engerer Einschließung, und ich verbreitete mich im Eifer darüber, vermutlich etwas lauter als notwendig und dem Orte angemessen, gegen einen älteren Herrn vom Hofe, als der Chef mich mit seinem scharfen Ohre hörte, sich umsah und mich zu sich heranwinkte. „Wenn Sie strategische Ideen entwickeln, Herr Doktor,“ sagte er, „so wäre es gut, wenn das weniger vernehmlich geschähe; sonst fragt der König, wer das ist, und ich muß Sie ihm dann vorstellen.“ Bald nachher hatte er Telegramme erhalten, kam und gab mir deren sechs zu dechiffriren, sodaß das Zuschauen für mich einstweilen ein Ende nahm.

Ich ging zu den Wagen hinunter und fand hier in dem unsern in Graf Hatzfeld einen Gefährten, der ebenfalls in die Lage versetzt worden war, das Nützliche mit dem Angenehmen zu verbinden, der dem Wechsel der Situation aber weniger Befriedigung abgewinnen zu können schien. Der Chef hatte ihm einen vier Seiten langen französischen Brief, der von unsern Truppen aufgefangen worden, zu sofortigem Abschreiben gegeben. Ich bestieg den Kutschbock, nahm den mitgebrachten Chiffre und meinen Bleistift und machte mich ans Entziffern, während die Schlacht jenseits unsrer Höhe wie ein halb Dutzend Gewitter brüllte. Im Eifer, rasch fertig zu werden, wurde ich dabei nicht einmal gewahr, daß die stechende Sonne der Mittagsstunde mir das eine Ohr mit Brandblasen bedeckte. Das erste übersetzte Telegramm sandte ich dem Minister mit Engel, der auch etwas von der Schlacht sehen sollte, hinauf, die nächsten beiden überbrachte ich ihm selbst, da — sehr nach dem Geschmack meiner Schaulust — auf die letzten drei der Chiffre nicht paßte. Wahrscheinlich war dabei nicht viel verloren, wie der Chef sagte. „Vermutlich sinds nur Empfangsbescheinigungen," meinte er.

So war es ein Uhr geworden. Unsre Feuerlinie umfaßte jetzt die größere Hälfte der feindlichen Stellung auf dem Höhenzuge jenseits der Stadt. In weitem Bogen stiegen Wolken von Pulverdampf auf und erschienen und zersprangen die wohlbekannten weißen Nebelkugeln der Shrapnells; nur links war noch immer eine stille Lücke. Der Kanzler saß jetzt auf einem Stuhle und studirte ein mehrere Bogen starkes Aktenstück. Ich fragte, ob er etwas zu essen und zu trinken wünsche, wir wären damit versehen. Er lehnte ab: „Ich möchte wohl, aber der König hat auch nichts," erwiderte er.

Die Gegner drüben über dem Flusse mußten sich nun sehr nahe sein; denn man vernahm häufiger als vorher die häßliche Stimme der Mitrailleusen, von denen man beiläufig in der Zwischenzeit behaupten gehört hatte, sie bellten mehr, als sie bissen. Zwischen zwei und drei Uhr nach meiner Uhr ging der König nahe an meinem Standpunkte vorüber und sagte, nachdem er durch sein Glas eine Weile nach der Vorstadt hingeblickt, zu seiner Umgebung: „Sie schieben da links große Massen vor — ich halte das für einen Durchbruch." In der That rückten dort Infanteriekolonnen vor; gingen aber bald wieder zurück, vermutlich weil sie gemerkt, daß diese Gegend zwar still, aber keineswegs offen war. Kurz darauf sah man durch das Fernglas französische Reiterei auf dem Hügelkamme links vom Walde und der Schlucht mehrere Angriffe machen, denen Schnellfeuer begegnete, und nach denen, besonders bei einem auch mit unbewaffnetem Auge sichtbaren halbmondförmigen Wege, der Boden mit weißen Gegenständen, Pferden oder Mänteln, bedeckt war. Bald nachher wurde das Artilleriefeuer auf allen Punkten schwächer, und die Franzosen gingen überall nach der Stadt und ihrer nächsten Nachbarschaft zurück. Sie waren, wie soeben angedeutet, seit einiger Zeit auch von links her, wo die Württemberger, die nicht weit von unserm Berge ein paar Batterien aufgestellt hatten und, wie es hieß, das fünfte und das elfte Armeekorps herangezogen, bis auf eine schmale Lücke nach der belgischen Grenze zu eingeschlossen. Nach halb fünf Uhr schwieg ihr Geschütz allenthalben, und etwas später verstummte auch das unsre.

Noch einmal wurde die Szene lebendiger. Plötzlich erheben sich erst an der einen, dann an einer zweiten Stelle in der Stadt große weißlichblaue Wolken, zum Zeichen, daß es an zwei Stellen brennt. Auch Bazeilles steht noch in Flammen und schickt hinter dem Horizonte zur Rechten eine Säule dicken graugelben Qualmes in die klare Abendluft empor. Das brennende Licht des Spätnachmittags beginnt, immer intensiver werdend, das Thal drunten zu verklären, und zu vergolden. Die Hügel des Schlachtfeldes, die Schlucht in deren Mitte, die Dörfer, die Häuser und Türme der Festung, die Vorstadt Torcy, die zerstörte Brücke links in der Ferne heben sich in der Glut plastisch ab und werden mit ihren Einzelnheiten von Minute zu Minute deutlicher, wie wenn man schärfere und immer schärfere Brillen vornähme.

Gegen fünf Uhr spricht General Hindersin mit dem Könige, und ich glaube zu hören, daß er von „Stadt beschießen" und „Trümmerhaufen" redet. Eine Viertelstunde später sprengt ein bairischer Offizier den Berghang vor uns heran: General von Bothmer läßt dem König sagen, daß General Maillinger melde, daß er mit den Jägern in Torcy stehe, daß die Franzosen kapituliren wollen, und daß man bedingungslose Übergabe verlangt habe. Der König erwidert: „Niemand kann über diese Sache unterhandeln als ich selbst. Sagen Sie dem General, daß der Parlamentär zu mir kommen müsse."

Der Baier reitet wieder ab ins Thal. Der König spricht hierauf mit Bismarck, dann Gruppe der Beiden mit dem Kronprinzen, der vor einiger Zeit von links heraufgekommen ist, Moltke und Roon. Die Hoheiten von Weimar und Coburg stehen etwas abseits auch dabei. Nach einer Weile erscheint ein preußischer Adjutant und berichtet, daß unsre Verluste, soweit sie bis jetzt zu übersehen, nicht groß sind, bei der Garde mäßig, bei den Sachsen etwas stärker, bei den übrigen engagirt gewesenen Korps geringer. Nur kleine Abteilungen der Franzosen sind nach den Wäldern an der belgischen Grenze entkommen, die man nach ihnen absucht. Alle Übrigen sind nach Sedan hineingedrängt.

„Und der Kaiser?" fragt der König.

„Das weiß man nicht," antwortet der Offizier.

Gegen sechs Uhr aber erscheint wieder ein Adjutant und meldet, der Kaiser sei in der Stadt und werde unverzüglich einen Parlamentär herausschicken.

„Das ist doch ein schöner Erfolg!" sagt der König, sich nach seiner Umgebung umwendend. „Und ich danke Dir (zum Kronprinzen), daß auch Du dazu beigetragen hast."

Damit gab er dem Sohne die Hand, die dieser küßte. Dann reichte er sie Moltke, der sie ebenfalls küßte. Zuletzt gab er auch dem Kanzler die Hand und unterhielt sich darauf längere Zeit allein mit ihm — was einigen der Hoheiten Unbehagen zu verursachen schien.

Etwa halb sieben Uhr kommt, nachdem inzwischen eine Ehrenwache von Kürassieren zur Seite erschienen, der französische General Reille als Parlamentär Napoleons langsam den Berg heraufgeritten. Zehn Schritte vor dem Könige steigt er ab und geht auf ihn zu, zieht die Mütze und übergiebt ihm einen großen rotgesiegelten Brief. Der General ist ein ältlicher, mittelgroßer, hagerer Herr in schwarzem, offenem Rocke mit Achselschnur und Epauletten, schwarzer Weste, roten Hosen und lackirten Reitstiefeln. Er trägt keinen Degen, in der Hand aber ein Spazierstöckchen. Alle treten von dem Könige zurück, der das Schreiben öffnet und liest und hierauf den jetzt allgemein bekannten Inhalt Bismarck, Moltke, dem Kronprinzen und den übrigen Herrschaften mitteilt. Reille steht noch etwas weiter unten vor ihm, erst allein, dann im Gespräche mit preußischen Generalen. Auch der Kronprinz, Moltke und die Coburger Hoheit unterhalten sich mit ihm, während der König sich mit dem Kanzler berät, der dann Hatzfeldt beauftragt, die Antwort auf den kaiserlichen Brief zu entwerfen. Nach einigen Minuten bringt er sie, und der König schreibt sie aufs Reine, indem er auf einem Stuhe sitzt und den Sitz eines zweiten Stuhles, den Major von Alten, sich vor ihm auf ein Knie niederlassend, auf das andre Knie gehoben hat, als Tischplatte benutzt.

Kurz vor sieben Uhr reitet der Franzose in Begleitung eines Offiziers und eines Ulanentrompeters mit weißer Fahne durch die Dämmerung nach Sedan zurück. Die Stadt brennt jetzt an drei Stellen lichterloh und auch in Bazeilles scheint nach der rot angestrahlten Rauchsäule, die über ihm steht, die Feuersbrunst noch fortzudauern. Im übrigen hat die Tragödie von Sedan ausgespielt, und die Nacht läßt den Vorhang fallen.

Es konnte am nächsten Tage nur noch ein Nachspiel geben. Für jetzt ging man nach Hause. Der König begab sich wieder nach Vendresse. Der Chef, Graf Bismarck-Bohlen und ich fuhren nach dem Städtchen Donchery, wo wir bei völliger Dunkelheit ankamen und in dem Hause eines Doktors Jeanjot Quartier fanden. Der Ort war voll württembergischer Soldaten, die auf dem Markte lagerten. Der Grund, weshalb wir hierher ablenkten, war ein Arrangement, nach welchem der Kanzler mit Moltke an diesem Abend noch französische Bevollmächtigte treffen sollte, mit welchen man sich über die Bedingungen der Kapitulation der in Sedan eingeschlossenen vier französischen Armeekorps zu verständigen versuchen wollte.

Ich schlief hier in einem kleinen Alkoven neben dem Hinterzimmer der ersten Etage Wand an Wand mit dem Kanzler, welcher die große Vorderstube inne hatte. Früh gegen sechs Uhr weckten mich hastige Tritte. Ich hörte, daß Engel sagte: „Exzellenz, Exzellenz, 's ist ein französischer General da, unten vor der Thür; ich verstehe nicht, was er will." Darauf scheint der Minister rasch aufgestanden zu sein und aus dem Fenster mit dem Franzosen — es war wieder der General Reille — kurz verhandelt zu haben. Die Folge war, daß er sich hastig anzog, sich, wie er gestern gekommen, ohne zu frühstücken zu Pferde setzte und eiligst davon ritt. Ich ging schnell in sein Zimmer und ans Fenster, um zu sehen, in welcher Richtung er sich entfernte. Er trabte auf den Markt zu. In der Stube war alles in Unordnung umhergeworfen. Am Boden lagen die „Täglichen Losungen und Lehrtexte der Brüdergemeinde für 1870," auf dem Nachttischchen befand sich ein andres Andachtsbuch: „Die tägliche Erquickung für gläubige Christen" — Schriften, in denen der Kanzler, wie Engel sagte, des Nachts zu lesen pflegte.

Eilig fuhr ich nun ebenfalls in die Kleider, und nachdem ich unten in Erfahrung gebracht, daß der Graf nach Sedan zu geritten sei, um dem Kaiser Napoleon, der sich aus der Festung entfernt, entgegen zu gehen, folgte ich ihm, so flink als ich vermochte. Etwa achthundert Schritt von der Maasbrücke bei Donchery steht rechts von der mit Pappeln bepflanzten Chaussee ein einzelnes Haus, das damals von einem Weber aus Belgien bewohnt war. Es ist gelblich angestrichen und einstöckig, hat vier Fenster in der Front, im Erdgeschoß weiße Läden, im ersten Stock Jalousien von gleicher Farbe, und ist mit Schiefer gedeckt wie die meisten von Donchery. Daneben befand sich links ein weißblühendes Kartoffelfeld, während rechts über dem Wege nach dem etwa fünfzehn Schritt von der Straße entfernten Hause einige Büsche standen. Ich sehe hier, daß der Kanzler den Kaiser bereits gefunden hat. Vor dem Weberhäuschen befinden sich sechs höhere französische Offiziere, von denen fünf rote, mit Goldtressen besetzte Mützen aufhaben, während der sechste eine schwarze trägt. Auf der Chaussee hält eine viersitzige Kutsche, anscheinend ein Mietwagen. Den Franzosen gegenüber stehen Bismarck, sein Vetter, Graf Bohlen, ein Stück davon Leverström, sowie ein brauner und ein schwarzer Husar. Um acht Uhr kommt Moltke mit einigen Offizieren vom Generalstabe, entfernt sich aber nach kurzem Verweilen wieder. Bald nachher tritt ein kleiner untersetzter Mann, der eine rote, mit Goldborte verzierte Mütze, einen schwarzen rot gefütterten Paletot mit Kapuze und rote Hosen trägt, hinter dem Hause hervor und spricht zunächst mit den zum Teil auf dem Rain neben den Kartoffeln sitzenden Franzosen. Er hat weiße Glaceehandschuhe an und raucht eine Papierzigarre. Es ist der Kaiser. Ich konnte sein

Gesicht in der geringen Entfernung, in der ich mich von ihm befand, genau sehen. Der Blick seiner lichtgrauen Augen hatte etwas Weiches, Träumerisches, wie der von Leuten, die stark gelebt haben. Die Mütze saß ihm ein wenig nach rechts, wohin auch der Kopf neigte. Die kurzen Beine standen nicht im rechten Verhältnis zu seinem langen Oberkörper. Die ganze Erscheinung hatte etwas Unmilitärisches. Der Mann war zu sanft, ich möchte sagen, zu schwammig für die Uniform, die er trug, man hätte meinen können, daß er imstande sei, bei Gelegenheit sentimental zu werden — lauter Empfindungen, die sich einem um so mehr aufdrängten, wenn man den kleinen molluskenhaften Herrn mit der hohen strammen Gestalt unsers Kanzlers verglich. Napoleon sah abgespannt, aber nicht sehr niedergeschlagen aus, auch nicht so alt, als ich mir ihn vorgestellt hatte, er hätte ein leidlich konservirter Fünfziger sein können. Nach einer Weile ging er auf den Chef zu und sprach ungefähr drei Minuten mit ihm, worauf er wieder allein, rauchend, die Hände auf dem Rücken, an dem weißblühenden Kartoffelfelde hin- und herwandelte. Dann nochmals kurze Besprechung zwischen dem Kanzler und dem Kaiser, die der erstere begann, und nach welcher Napoleon sich wieder mit seiner französischen Begleitung unterhielt. Gegen drei Viertel auf neun Uhr entfernten sich Bismarck und sein Vetter in der Richtung von Donchery, wohin ich ihnen folgte.

Der Minister erzählte zu wiederholten Malen von den Vorgängen dieses Morgens und des vorhergegangenen Abends. Ich verbinde diese verschiedenen Mitteilungen im folgenden überall sinn-, großenteils wortgetreu zu einem Ganzen.

„Moltke und ich waren nach der Schlacht vom ersten September zum Zweck von Unterhandlungen mit den Franzosen nach Donchery, ungefähr fünf Kilometer von Sedan, gegangen und die Nacht dort geblieben, während der König und das Hauptquartier nach Vendresse zurückkehrten. Die Verhandlungen dauerten bis nach Mitternacht, ohne zum Abschluß zu kommen. Von uns waren außer Moltke und mir Blumenthal und drei oder vier andre Generalstabsoffiziere dabei. Für die Franzosen führte der General Wimpffen das Wort. Die Forderung Moltkes war kurz: die ganze französische Armee ergiebt sich in Kriegsgefangenschaft. Wimpffen fand das zu hart. Die Armee habe durch die Tapferkeit, mit der sie sich geschlagen, besseres verdient. Man solle sich damit begnügen, sie unter der Bedingung abziehen zu lassen, daß sie während dieses Krieges nicht mehr gegen uns diene und nach einer Gegend Frankreichs, die wir bestimmen sollten, oder nach Algier abmarschire. Moltke blieb kühl bei seinem Verlangen. Wimpffen stellte ihm seine unglückliche Lage vor. Er sei erst seit zwei Tagen aus Afrika bei den Truppen angekommen, habe erst gegen das Ende der Schlacht, als Mac Mahon verwundet worden, das Kommando übernommen und solle nun seinen Namen unter eine solche Kapitulation setzen. Lieber würde er sich in der Festung zu halten suchen oder einen Durchbruch wagen. Moltke bedauerte, auf die Lage des Generals, die er würdige, nicht Rücksicht nehmen zu können. Er erkannte die Tüchtigkeit der französischen Truppen an, erklärte aber, Sedan sei nicht zu halten und ein Durchschlagen ganz unmöglich. Er sei bereit, einen der Offiziere des Generals unsre Stellungen besichtigen zu lassen, damit er sich davon überzeuge. Wimpffen meinte nun, vom politischen Standpunkte aus sei es für uns geraten, ihnen bessere Bedingungen zu gewähren. Wir müßten einen baldigen und einen dauernden Frieden wünschen, und den könnten wir nur haben, wenn wir uns großmütig zeigten. Schonung der Armee würde diese und das ganze Volk zur Dankbarkeit verpflichten und freundschaftliche Gefühle erwecken. Das Gegenteil wäre der Anfang endloser Kriege. Darauf nahm ich das Wort, weil das in mein Gewerbe einschlug. Ich sagte ihm, man könne wohl auf die Erkenntlichkeit eines Fürsten, aber nicht wohl auf die eines Volkes bauen und am wenigsten auf die der Franzosen. Hier gebe es keine dauerhaften Verhältnisse und Einrichtungen, unaufhörlich wechselten die Regierungen und Dynastien, von denen die eine nicht zu halten brauche, wozu die andre sich verpflichtet fühle. Säße der Kaiser fest auf seinem Throne, so wäre mit seiner Dankbarkeit für die Gewährung guter Bedingungen zu rechnen. Wie die Dinge stünden, würde es Thorheit sein, wenn man seinen Erfolg nicht voll ausnutzte. Die Franzosen seien ein neidisches, eifersüchtiges Volk. Sie hatten Königgrätz übelgenommen und nicht verzeihen können, das ihnen doch nichts geschadet, wie sollte irgendwelche Großmut von unsrer Seite sie bewegen, Sedan uns nicht nachzutragen? Wimpffen wollte das nicht Wort haben. Frankreich habe sich in der letzten Zeit, geändert, es habe unter dem Kaiserreiche gelernt, mehr an friedliche Interessen als an den Ruhm des Krieges zu denken, es sei bereit, die Verbrüderung der Völker zu proklamiren und dergleichen mehr. Es war nicht schwer, ihm das Gegenteil zu beweisen, und daß seine Forderung, wenn sie bewilligt würde, viel eher eine Verlängerung des Krieges als eine Beendigung desselben zur Folge haben werde. Ich schloß damit, daß wir bei unsern Bedingungen bleiben müßten. Darauf nahm Castelneau das Wort und erklärte im Auftrage des Kaisers, derselbe habe am Tage vorher dem Könige seinen Degen nur in der Hoffnung auf eine ehrenvolle Kapitulation übergeben. Ich fragte: wessen Degen war das, der Degen Frankreichs oder der des Kaisers? Er erwiderte: Nur des Kaisers. — Nun, dann kann von andern Bedingungen nicht die Rede sein, sagte Moltke rasch, indem über sein Gesicht ein Zug vergnügter Befriedigung ging. — Wohlan, dann werden wir uns morgen noch einmal schlagen, erklärte Wimpffen. — Um vier Uhr werde ich das Feuer wieder beginnen lassen, versetzte Moltke, und die Franzosen wollten darauf fort. Ich bewog sie aber, noch zu bleiben und sich die Sache noch einmal zu überlegen, und es kam schließlich dahin, daß sie um eine Verlängerung des Waffenstillstandes baten, damit sie sich über unsre Forderungen mit ihren Leuten in Sedan beraten könnten. Moltke wollte erst nicht darauf eingehen, gab aber endlich nach, als ich ihm vorgestellt hatte, daß es nichts schaden könne." —

„Am zweiten, früh gegen sechs Uhr, erschien vor meiner Wohnung in Donchery der General Reille und sagte mir, der Kaiser wünsche mich zu sprechen. Ich ziehe mich gleich an und setze mich beschmutzt und staubig, wie ich bin, in alter Mütze und mit meinen großen Schmierstiefeln zu Pferde, um nach Sedan zu reiten, wo ich ihn noch vermutete. Ich traf ihn aber schon bei Fresnois, drei Kilometer von Donchery, auf der Chaussee. Er saß mit drei Offizieren in einer zweispännigen Kutsche, und drei andre waren zu Pferde bei ihm. Ich kannte davon nur Reille, Castelneau, Moscowa und Vaubert. Ich hatte meinen Revolver umgeschnallt, und sein Auge haftete einen Moment daran. — — —*) Ich grüßte militärisch, er nahm die Mütze ab, und die Offiziere thaten das gleichfalls, worauf ich sie auch zog, obwohl das gegen das Reglement ist. Er sagte: »Couvrez-vous donc.« Ich behandelte ihn durchaus wie in Saint Cloud und fragte nach seinen Befehlen. Er erkundigte sich, ob er den König sprechen könne. Ich sagte ihm, das sei unerfüllbar, da Seine Majestät zwei Meilen von hier entfernt sein Quartier habe. Ich wollte aber nicht, daß er eher mit ihm zusammenkäme, als bis wir wegen der Kapitulation mit ihm ins Reine wären. Dann fragte er, wo er bleiben könne, was darauf hindeutete, daß er nicht nach Sedan zurückkehren konnte, indem er dort Unannehmlichkeiten erfahren hatte oder befürchtete. Die Stadt war voll betrunkener Soldaten, die den Einwohnern sehr beschwerlich fielen. Ich bot ihm mein Quartier in Donchery an, welches ich sogleich räumen wollte. Er nahm das an. Aber ein paar hundert Schritte vor dem Orte ließ er halten und meinte, ob er nicht in dem Hause, das dort war, bleiben könnte. Ich schickte meinen Vetter hinein, der mir inzwischen nachgeritten war, und sagte nach dessen Bericht, es wäre sehr ärmlich. Er antwortete, das schadete nichts. Ich stieg nun, nachdem er hinüber gegangen und wieder zurückgekommen war, da er wahrscheinlich die Treppe, die hinten hinaufging, nicht gefunden hatte, mit ihm hinauf in den ersten Stock, wo wir in ein kleines einfenstriges Zimmer traten. Es war das beste im Hause, hatte aber nur einen fichtenen Tisch und zwei Binsenstühle.

Hier hatte ich nun eine Unterredung mit ihm, die fast drei Viertelstunden dauerte. Er beklagte zuerst diesen unseligen Krieg, den er nicht gewollt habe. Er sei zu ihm durch den Druck der öffentlichen Meinung genötigt worden. Ich entgegnete, auch bei uns hätte niemand und am wenigsten der König einen Krieg gewünscht. Wir hätten die spanische Frage eben als eine spanische angesehen und nicht als eine deutsche, und wir hätten von den guten

*) Ich muß hier eine Äußerung des Kanzlers übergehen, die für ihn wie für den Kaiser ungemein bezeichnend ist.

Beziehungen des fürstlich hohenzollernschen Hauses zu ihm erwartet, daß dem Erbprinzen eine Verständigung mit ihm leicht fallen würde. Dann kam er auf die gegenwärtige Lage zu sprechen. Er wollte dabei vor allem eine günstigere Kapitulation. Ich erklärte, auf Verhandlungen hierüber nicht eingehen zu können, da dies eine rein militärische Frage sei, bei der Moltke entscheiden müsse. Dagegen ließe sich über einen etwaigen Frieden sprechen. Er antwortete, er sei Gefangener und folglich nicht in der Lage, hier sich zu entscheiden, und als ich darauf fragte, wen er hierin für kompetent hielte, verwies er mich an die Pariser Regierung. Ich bemerkte ihm, daß sich dann die Dinge seit gestern nicht geändert hätten, und daß wir darum auf unsern alten Forderungen in Betreff der Armee in Sedan bestehen müßten, um ein Pfand dafür zu haben, daß die Resultate der gestrigen Schlacht uns nicht verloren gingen. Moltke, der mittlerweile, von mir benachrichtigt, eingetroffen war, war derselben Meinung und begab sich zum Könige, um ihm das zu sagen.

Draußen vor dem Hause lobte der Kaiser unsre Armee und ihre Führung, und als ich ihm darauf zugab, daß die Franzosen sich ebenfalls gut geschlagen hätten, kam er auf die Kapitulationsbedingungen zurück und fragte, ob es nicht möglich sei, daß wir die in Sedan eingeschlossenen Korps über die belgische Grenze gehen und dort entwaffnen und interniren ließen. Ich versuchte ihm nochmals begreiflich zu machen, daß dies eine Sache der Militärs sei und nicht ohne Einverständnis mit Moltke entschieden werden könne. Auch habe er soeben erklärt, als Gefangner die Regierungsgewalt nicht ausüben zu können, und so könnten Verhandlungen über derartige Fragen nur mit dem in Sedan kommandirenden Obergeneral geführt werden.

Inzwischen hatte man nach einem bessern Unterkommen für ihn gesucht, und die Offiziere des Generalstabes hatten gefunden, daß das Schlößchen Bellevue bei Fresnois, wo ich ihm zuerst begegnet war, zu seiner Aufnahme geeignet, auch noch nicht mit Verwundeten belegt sei. Ich sagte ihm das und riet ihm, dahin überzusiedeln, da es in dem Weberhause unbequem sei, und er vielleicht der Ruhe bedürfe. Wir würden den König benachrichtigen, daß er dort sei.

Er ging darauf ein, und ich ritt nach Donchery zurück, um mich umzukleiden. Dann geleitete ich ihn mit einer Ehreneskorte, welche eine Schwadron des ersten Kürassierregimentes stellte, nach Bellevue. Bei den Verhandlungen, die hier begannen, wollte der Kaiser den König haben — er dachte wohl an Weichheit und Gutmütigkeit —, doch wünschte er auch, daß ich teilnehme. Ich dagegen war entschlossen, daß die Militärs, die härter sein können, das allein abmachen sollten, und so sagte ich, als wir die Treppe hinaufgingen, zu einem Offizier leise, er möge mich nach fünf Minuten abrufen — der König wollte mich sprechen, was denn auch geschah. In Betreff des Königs teilte man ihm mit, daß er diesen erst nach Abschluß der Kapitulation sehen könne. So wurde die Angelegenheit zwischen Moltke und Wimpffen geordnet, ungefähr wie wir es am Abend vorher gewollt hatten. Dann kamen die beiden Majestäten zusammen. Als der Kaiser darnach wieder heraustrat, standen ihm die dicken Thränen in den Augen. Gegen mich war er ruhiger und durchaus würdig gewesen."

Wir hatten von diesen Vorgängen am Vormittage des 2. September nichts Genaues erfahren, und in der Zeit von dem Augenblicke an, wo der Chef in guter Uniform, den Kürassierhelm auf dem Kopfe, aus Donchery wieder wegritt, bis spät in die Nacht hinein kamen uns nur unbestimmte Gerüchte zu Ohren. Gegen halb zehn Uhr ging württembergische Artillerie im Trabe an unserm Hause vorüber, und es hieß, die Franzosen wollten sich noch wehren, und Moltke habe ihnen bis elf Uhr Frist gegeben, sich zu besinnen, dann solle das Bombardement aus fünfhundert Geschützen zugleich eröffnet werden. Ich begab mich, um das mit anzusehen, mit Willisch über die Maasbrücke, wo an der Kaserne viele französische Gefangne standen, nach der Chaussee, an der das historisch gewordene Weberhäuschen sich befindet, und auf den Gipfel des jene überragenden Hügelzugs, wo wir einen weiten Überblick über Donchery mit seinen grauen Schieferdächern und die ganze Gegend hatten. Überall auf den Wegen und Feldern qualmten unter den Hufen von Kavalleriegeschwadern Staubwolken auf und blitzten die Waffen von Infanteriekolonnen. Seitwärts von Donchery, nach der gesprengten Brücke zu, sah man ein Lager. Die Chaussee zu unsern Füßen war von einer langen Reihe von Wagen mit Gepäck und Fourage eingenommen. Als nach elf Uhr das Schießen noch auf sich warten ließ, stiegen wir wieder hinunter. Hier trafen wir den Polizeileutnant von Czernicki, der mit einem Wägelchen nach Sedan hinein wollte und uns einlud, mitzufahren. Wir gelangten mit ihm bis in die Nähe von Fresnois, als uns — es war gegen ein Uhr — der König mit großem Reitergefolge, darunter auch der Kanzler, von da entgegenkam. Da zu vermuten, daß der Chef nach Hause wollte, so stiegen wir aus und kehrten um. Der Reiterzug aber, bei dem sich auch Hatzfeld und Abeken befanden, ging durch Donchery hindurch, und man erfuhr, daß es auf einen Rundritt über das Schlachtfeld abgesehen sei. Da wir nicht wußten, wie lange der Minister dabei wegbleiben werde, blieben wir im Orte.

Um halb zwei Uhr marschirten einige Tausend Gefangne, zum Teil zu Fuße, zum Teil zu Wagen, ein General zu Pferde, sechzig bis siebzig Offiziere andrer Chargen dabei, auf dem Wege nach Deutschland durch die Stadt. Man sah Kürassiere mit weißen Blechhelmen, blaue Husaren mit weißer Schnürung und Infanterie vom 22., 52. und 58. Regiment dabei. Die Eskorte bestand aus württembergischem Fußvolk. Um zwei Uhr folgten ihnen wieder ungefähr zweitausend Gefangene, darunter Neger in arabischer Tracht, große, breitschulterige Gestalten und wilde Gesichter mit affenartiger Bildung, desgleichen mehrere alte Troupiers mit der Krim- und der Mexiko-Medaille. Dabei soll sich der folgende tragikomische Vorfall ereignet haben. Ein daher marschirender Gefangner gewahrt auf dem Markte einen Verwundeten und erkennt in ihm seinen Bruder. »Eh, mon frère!« ruft er und will auf ihn zu. Gevatter Schwab' aus der Eskorte aber sagt: „Ach, was frieren, mich friert auch!" und stößt ihn in die Kolonne zurück. Ich bitte um Entschuldigung, wenn das ein Kalauer ist; ich habe ihn dann nur nacherzählt, nicht selbst verbrochen.

Nach drei Uhr gingen zwei eroberte Geschütze mit ihren Munitionswagen durch unsre Straße, alle noch mit französischen Pferden bespannt. An der einen Kanone stand, mit Kreide geschrieben: „5. Jäger,

Görlitz." Etwas später brannte es auf einer Gasse rechts hinter unserm Quartier. Die Württemberger hatten dort ein Branntweinfaß aufgeschlagen und unvorsichtig Feuer dabei angezündet. Ein andres Haus sollte von ihnen demolirt worden sein, weil man ihnen da den verlangten Schnaps verweigert; die Zerstörung kann aber nicht schlimm gewesen sein, denn als wir nach der Stelle hingingen, war nichts davon zu bemerken.

Unter den Einwohnern unsers Städtchens herrschte Not, und selbst unser Wirt, beiläufig wie seine Frau eine gute Seele, litt Mangel an Brot. Der Ort war überfüllt mit Einquartierung und Verwundeten, die man teilweise in Ställen untergebracht hatte. Hofvolk wollte unser Haus für den Erbgroßherzog von Weimar in Anspruch nehmen. Wir wehrten es mit Erfolg ab. Dann wollte ein Offizier für einen mecklenburgischen Prinzen bei uns Quartier. Wir vertraten ihm den Weg und sagten auch ihm, das ginge nicht, hier wohnte der Bundeskanzler. Als ich dann aber eine Weile weg war, hatten sich die weimarischen Herren doch eingedrängt, und man mußte froh sein, daß sie nicht auch unserm Chef sein Bett genommen hatten.

Um zehn Uhr war der Minister noch nicht zurück, und wir waren in Sorge und Verlegenheit. Es konnte ihm ein Unfall widerfahren sein, oder er konnte sich mit dem Könige vom Schlachtfelde nach Vendresse begeben haben. Nach elf Uhr indes kam er an, und ich speiste mit ihm. Der weimarische Erbprinz, als hellblauer Husar gekleidet, und Graf Solms-Sonnenwalde, früher bei der Gesandtschaft in Paris, jetzt eigentlich zu unserm Büreau gehörig, aber bisher selten zu sehen gewesen, aßen auch mit.

Der Kanzler erzählte allerlei von seinem Ritt über die Wahlstatt. Er war mit kurzen Unterbrechungen fast zwölf Stunden im Sattel gewesen. Sie hatten das ganze Schlachtfeld besucht und hatten überall in den Lagern und Biwaks große Begeisterung getroffen. In der Schlacht selbst sollten über 25 000, in Sedan nach der gegen Mittag abgeschlossenen Kapitulation mehr als 40 000 Franzosen zu Gefangnen gemacht worden sein.

Der Minister hatte die Freude gehabt, seinem jüngern Sohne zu begegnen. „Ich entdeckte an ihm," so berichtete er bei Tische,

„eine neue rühmliche Eigenschaft: er besitzt ausnehmende Geschicklichkeit im Schweinetreiben. Er hatte sich das fetteste ausgesucht, da die am langsamsten gehen und nicht leicht entwischen. Zuletzt trug ers fort auf dem Arme wie ein Kind. Es wird den gefangnen französischen Offizieren komisch vorgekommen sein, einen preußischen General einen gemeinen Dragoner umarmen zu sehen."

„An einer andern Stelle," so erzählte er weiter, „roch man plötzlich einen kräftigen Duft wie von gebratnen Zwiebeln. Ich bemerkte aber, daß er von Bazeilles herüberkam, und es waren vermutlich die französischen Bauern, die von den Baiern, weil sie aus den Fenstern auf sie geschossen, niedergemacht worden und dann in ihren Häusern verbrannt waren." Man sprach dann von Napoleon, der am folgenden Morgen nach Deutschland, und zwar nach Wilhelmshöhe, abreisen sollte. „Es handelte sich," sagte der Chef, „darum, ob über Stenay und Bar le Duc oder über Belgien." — „Hier wäre er aber nicht mehr Gefangner," versetzte Solms. — „Nun, das schadete nichts," erwiderte der Minister, „auch wenn er da eine andre Richtung einschlüge. Ich war dafür, daß er über Belgien ginge, und er schien auch geneigt dazu. Wenn er sein Wort nicht hielte, so thäte uns das keinen Schaden. Aber wir müßten bei dieser Tour erst in Brüssel anfragen und hätten unter zwei Tagen keinen Bescheid."

Als ich wieder nach meinem Alkoven kam, hatte Krüger, der neuangekommene Kanzleidiener, meine Matratze und Decke für Abeken mit Beschlag belegt. Letzterer, der dabei stand, sagte: „Nun aber haben Sie kein Bett." Ich entgegnete: „Es gehört selbstverständlich Ihnen," und das war nicht mehr als billig; denn der alte Herr hatte die ganze weite Expedition des Königs wacker zu Pferde mitgemacht.

Ich verbrachte dann die Nacht ganz erträglich auf dem Fußboden der Hinterstube gegenüber der Küche unsers Doktors. Mein Lager, von dem erfindungsreichsten der Diener, meinem braven Theiß, konstruirt, bestand aus vier mit blauem Tuch überzognen Wagenkissen, von denen eins, gegen die Lehne eines umgestülpten Stuhles gelegt, einen bequemen Kopfpfühl abgab. Als Decken dienten meine Müdigkeit und der Regenmantel aus Kautschuk, zu denen Krüger am Morgen, wo es bitterkalt geworden war, noch eine Decke von brauner Wolle hinzufügte, die von den Franzosen erbeutet war. Neben mir schliefen rechts Engel, links Theiß, in der einen Ecke auf Bockbetten zwei bairische Soldaten. Im Nebenzimmer lag, durch den Arm geschossen, Rittmeister von Dörnberg, der Adjutant des Generals von Gersdorf, der das elfte Armeekorps befehligte. Frühzeitig durch den Lärm der Leute, welche in der Stube Hosen ausbürsteten, Stiefel wichsten und Knöpfe putzten, mit der Magd französisch radebrechten, nach Wasser, nach dem Barbier u. dgl. fragten, allmählich wach geworden, trank ich aus einer Bowle, in der ein Eßlöffel steckte, Kaffee und aß ein Stück Brot dazu. Man hatte so wenigstens einmal ein wenig von den Entbehrungen des Feldzugs zu kosten.

Um acht Uhr, als ich eben noch mit meinem Frühstück beschäftigt war, klang es genau so, als ob wieder heftig geschossen würde. Es waren aber nur die Pferde in einem benachbarten Stalle, die auf Holzboden stampften — vielleicht verdrießlich darüber, daß heute auch bei ihnen Schmalhans Küchenmeister war; denn die Kutscher konnten ihnen nur eine halbe Metze Hafer geben. Es herrschte eben Not an allem. Später hörte ich, daß Hatzfeldt mit einem Auftrag des Chefs nach Brüssel gegangen. Bald nachher ließ dieser mich an sein Bett rufen. Er hatte 500 Stück Zigarren bekommen, und die sollte ich an unsere Verwundeten verteilen. Ich verfügte mich daher in die Kaserne, die in ein Lazarett verwandelt worden war, dann in die Stuben, Scheunen und Ställe auf der Gasse hinter unserm Hause. Als ich hier anfangs nur den Preußen von meinem Vorrate mitteilen wollte, machten die zwischen ihnen sitzenden Franzosen so sehnsüchtig entsagende Gesichter, und ihre deutschen Nachbarn auf dem Stroh baten so schön für sie — „sie dürfen nicht zusehen" — „sie haben auch alles mit uns geteilt" — daß ich es nicht für einen Raub hielt, sie ebenfalls zu bedenken. Alle klagten über Hunger, alle fragten, ob sie nicht bald von hier fortgebracht werden würden. Doch kam mit der Zeit Suppe und Brot, auch Wurst, ja die in den Scheunen und Ställen wurden von einem bairischen freiwilligen Krankenpfleger sogar mit Bouillon und Chokolade erfreut.

Der Morgen war kalt, trüb und regnerisch. Die in Massen durchziehenden preußischen und württembergischen Truppen aber schienen in bester Stimmung zu sein. Die Musik spielte, und die Leute sangen. Mehr im Einklange mit dem unbehaglichen Wetter und der verhüllten Sonne stand vermutlich die Stimmung, die unter den Insassen eines Wagenzuges herrschte, der um dieselbe Zeit das Städtchen in einer Richtung passirte, welche derjenigen der Truppen entgegengesetzt war. Als ich gegen zehn Uhr mich zur Besorgung meines Auftrags bei den Verwundeten aufgemacht hatte und bei nieselndem Regen durch den ungeheuern Kot des Marktplatzes nach der Kaserne watete, drängte mich eine lange Reihe von Wagen, die von der Maasbrücke her kam und von schwarzen Totenkopfshusaren eskortirt war, zur Seite. Es waren meist verdeckte Kutschen, dann Gepäck- und Küchenwagen, zuletzt eine Anzahl von Reitpferden. In einem geschlossenen Koupee unmittelbar hinter den Husaren aber saß neben dem General Castelneau der „Gefangne von Sedan," der Kaiser Napoleon, auf seinem Wege über Belgien nach Wilhelmshöhe. Ihm folgte mit dem Fürsten Lynar und einigen von den französischen Offizieren, die am Tage vorher bei der Zusammenkunft des Kanzlers und des Kaisers zugegen gewesen, in einem offnen Charabanc der General der Infanterie und Generaladjutant von Boyen, der vom Könige zum Reisebegleiter des Kaisers gewählt worden. „Boyen paßt ganz vortrefflich dazu," hatte der Chef in der Nacht vorher zu uns gesagt, indem er wahrscheinlich an die Möglichkeit dachte, daß die Offiziere in der Umgebung des hohen Gefangnen anmaßend auftreten konnten. „Er kann sehr grob sein in höflicher Form."

Man erfuhr einige Zeit später, daß der Umweg über Donchery eingeschlagen worden war, weil der Kaiser dringend gewünscht hatte, Sedan nicht wieder zu berühren. Bis nach der Grenze vor Bouillon, der nächsten belgischen Stadt, waren die Husaren mitgeritten. Dem Kaiser war von seiten der gefangnen französischen Soldaten, die der Zug passirt, nichts Unrechtes widerfahren. Die Offiziere dagegen hatten zuweilen unerfreuliche Bemerkungen zu hören bekommen — sie waren natürlich „Verräter," wie von jetzt an jeder, welcher eine Schlacht verlor oder sonst gegen uns Unglück hatte. Ein besonders schmerzlicher Moment scheint für die Herren gekommen zu sein, als man an einer großen Menge in unsre Hände gefallner Feldgeschütze vorüberfuhr. Abeken erzählte davon folgende kleine Anekdote: „Einer der Adjutanten des Kaisers — ich glaube, es war der Prinz de la Moscva — hielt die Kanonen, weil sie preußische Bespannung hatten, für Geschütze von uns, und doch mußte ihm etwas daran auffallen. Er fragte: Quoi, est ce que vous avez deux systèmes d'artillerie? — Non, monsieur, nous n'avons qu'un seul, wurde ihm erwidert — Mais ces canons là? — Ils ne sont pas de nôtres, monsieur."

Sechstes Kapitel.

Von der Maas zur Marne.

Ich lasse mein Tagebuch selbst wieder eine Weile sprechen.

„Sonnabend, 3. September. Wir verließen Doncherу mittags kurz vor ein Uhr. Auf dem Wege überfiel uns ein kurz dauerndes, aber ungemein heftiges Gewitter, dessen Donner in den Thälern lange widerhallten, und dem später noch ein heftiger Platzregen nachrauschte, der den Kanzler, wie dieser abends bei Tisch erzählte, in seinem offnen Wagen bis unter die Arme hinauf durchnäßte. Er hatte den Regenrock zwar angezogen, sich aber nicht darauf gesetzt. Zum Glück hatte es keine schlimmeren Folgen. Die Zeit schien gekommen, wo die Diplomatie die Weiterführung unsrer Sache wieder mehr in die Hand nehmen mußte, und wenn der Chef erkrankte, wer hätte ihn ersetzt?

Ich fuhr mit den Räten, und Graf Bohlen berichtete allerhand Einzelheiten über die Vorgänge der letzten Tage. Napoleon ist deshalb so zeitig von Sedan aufgebrochen — es muß vor oder bald nach Tagesanbruch gewesen sein —, weil er sich inmitten der wütenden Soldaten, die in der Festung Kopf an Kopf zusammengedrängt gestanden, laut getobt, Gewehre und Säbel zerbrochen haben, als die Kunde von der Kapitulation sich verbreitete, nicht sicher gefühlt hat. Zu Wimpffen hat der Minister während der ersten Besprechung in Doncherу u. a. auch gesagt, er wisse recht wohl, daß die Anmaßung und Streitsucht der Franzosen und ihr Scheelsehen bei den Erfolgen der Nachbarvölker nicht von der arbeitenden und erwerbenden Bevölkerung ausgingen, sondern von den Journalisten und den Parisern: aber diese beherrschten und zwängen die öffentliche Meinung. Deshalb könnten uns die moralischen Garantien, auf die der General hingewiesen, nichts nützen, vielmehr müßten wir materielle haben, jetzt die Unschädlichkeit der Armee in Sedan, dann die großen Festungen im Osten. Die Waffenstreckung hat auf einer von den Windungen der Maas gebildeten Halbinsel stattgefunden. Bei der Zusammenkunft des Königs mit dem Kaiser, vor der Moltke jenem auf dem Wege nach Vendresse eine Strecke entgegen geritten ist, sind die beiden Souveräne in dem Salon neben der verglasten Veranda des Schlößchens Bellevue etwa zehn Minuten allein miteinander gewesen. Später hat der König die Offiziere seines Gefolges zusammengerufen und ihnen die Kapitulation vorlesen lassen, worauf er ihnen mit Thränen in den Augen gedankt hat, daß sie dazu mitgeholfen. Den hessischen Regimentern soll der Kronprinz gesagt haben, zur Belohnung dafür, daß sie so tapfer gefochten, habe der König den gefangnen Kaiser nach Kassel geschickt.

Der Minister speiste in Vendresse, wo wir noch einmal für die Nacht Quartier machten, beim König, aß aber dann noch den Eierkuchen mit uns. Er las eine Stelle aus einem Briefe seiner Gemahlin vor, die in biblischen Ausdrücken sehr energisch den Untergang der Franzosen hoffte. Er sagte dann nachdenklich: „Hm, 1866 in sieben Tagen. Diesmal vielleicht sieben mal sieben. Ja — wann gingen wir über die Grenze? — Am 4., nein am 10. August. — Seitdem sind noch nicht fünf Wochen verflossen. Siebenmal sieben — es wäre möglich."

Bloß um wieder einmal zu notiren, wie die Mythe um uns arbeitet, und wie grimmig ihre Phantasie ist, verzeichne ich, daß Bohlen wissen will, Bazeilles, dessen Einwohner sich in verräterischer Weise am Kampfe der französischen Soldaten mit den anrückenden Baiern beteiligt — sie hätten bairische Verwundete ermordet, eine Frau habe vier Mann von hinten erschossen, u. dergl. — wäre von unsern Leuten, „säuberlich Haus für Haus angesteckt," und man habe 35 Bauern nebst jener Frau gehenkt.*)

Keudell berichtet, daß er den Hofrat Freytag getroffen, der zwischen der Hoheit von Coburg und der Durchlaucht von Augustenburg mit in den Krieg gezogen ist. Derselbe habe — bei uns gewiß

*) Der wahre Sachverhalt wird weiter unten an seiner Stelle mitgeteilt werden.

unnötige, aber vielleicht durch Velleitäten seines prinzlichen Gönners und seiner Freunde veranlaßte Weisheit — Zwang gegen die Süddeutschen widerraten und die Rückforderung gewisser von den Franzosen während des dreißigjährigen Krieges aus Heidelberg entführter Manuskripte — wohl der Manesseschen Sammlung mittelhochdeutscher Gedichte — befürwortet.

Ich lasse wieder ein paar Artikel nach Deutschland abgehen, darunter einen über die Ergebnisse der Schlacht vom 1. September. Dieselben sind seit gestern erheblich gewachsen, stufenweise wie bei Königgrätz: wir haben alles in allem über 90000 Rothosen zu Gefangnen gemacht und über 300 Geschütze, eine Menge Pferde und ungeheures andres Kriegsmaterial erbeutet. In ein paar Tagen wird es noch mehr sein; denn von der Armee Mac Mahons, die nach Beaumont noch auf ungefähr 120000 Mann geschätzt wurde, sind offenbar nicht viele Leute entkommen.

Der Chef ist wieder im Hause der Witwe Baudelot einquartirt. Ich wohne diesmal nicht in der Feldpost, sondern in einer nahen Seitengasse bei einem ältlichen Witwer, einer guten weichen Seele, der mir mit Thränen den Verlust seiner „pauvre petite femme" klagt, mir alle Gefälligkeit erweist und mir unverlangt die Stiefeln wichst. — Es heißt, daß wir morgen in der Richtung auf Reims zu und zunächst nach der Stadt Rethel weiter gehen.

Rethel, 4. September, abends. Heute früh ließ mich der Chef, als wir noch in Vendresse waren, rufen, um mir, zuletzt wie diktirend, für die Zeitungen Mitteilungen über seine Begegnung mit Napoleon zu machen.*) Bald nachher, gegen halb zehn Uhr, fuhren die Wagen vor, und die Reise in die Champagne hinein begann. Zuerst passirten wir Hügelland, dann eine sanft gewellte Ebene, wo es viele Obstgärten gab, zuletzt ärmliche Strecken, wo selten ein Dorf zu sehen. Wir kommen an langen Truppenzügen, zuerst an Baiern, dann am 6. und 50. preußischen Regimente, vorüber, in welchem letzteren Willisch seinen Bruder begrüßt, der die Schlacht mitgemacht hat und unverletzt geblieben ist. Ein Stück weiterhin nehmen wir,

*) Dieselben sind in das vorige Kapitel verflochten.

da die Achse eines der Wagen des Prinzen Karl in Brand geraten ist, und derselbe in einem Dorfe zurückbleiben muß, den Stallmeister des Prinzen, Graf Dönhoff, und den Adjutanten des Prinzen Luitpold von Baiern, Major von Freyberg, in unsre Kutsche auf, wodurch die Gruppe der Insassen derselben erheblich malerischer wird; denn der Graf trägt hellrote Husarenuniform und der Major das bekannte Himmelblau der bairischen Truppen. Die Tragödie von Bazeilles wird wieder besprochen, und der Major berichtet über sie wesentlich anders als gestern Bohlen. Es sind nach ihm etwa zwanzig Bauern dabei umgekommen, darunter eine Frau, aber alle im Kampfe mit den heranstürmenden Soldaten. Später wäre noch ein Priester kriegsrechtlich erschossen worden. Der Erzähler scheint indes nicht Augenzeuge gewesen zu sein, und so mag auch seine Version der Geschichte noch nicht historisch sein. Von Bohlens „Gehenkten" weiß er nichts. Es giebt Leute, deren Zunge grausamer ist als ihr Gemüt.

Ungefähr halb fünf Uhr kamen wir hier in Rethel an. Der Ort ist eine Mittelstadt und voll von württembergischem Kriegsvolk. Aus den Fenstern des ersten Stockes eines Hauses der Straße, durch die wir nach dem Markte fahren, sehen auch gefangne Franzosen herunter. Die Quartiermacher haben für uns Wohnungen in dem geräumigen und elegant ausgestatteten Hause eines Herrn Duval auf der Rue Grand Pont ausgesucht, wo ich neben Abeken ein hübsches Zimmerchen mit Mahagoni-Möblement und ein Himmelbett mit gelbseidnen Vorhängen zur Verfügung habe — ein behaglicher Gegensatz zur letzten Nacht in Donchery. Das gesamte mobile Auswärtige Amt ist hier untergebracht. Die zahlreiche Familie Duval trauert in Krepp und Flor — wenn ich recht hörte, ums Vaterland. Abends nach Tische dreimal zum Vortrag beim Chef gerufen. Er sagte dabei u. a.: „Metz und Straßburg ists, was wir brauchen und uns nehmen wollen — die Festungen. Das Elsaß" — er meinte damit offenbar die starke Betonung des Deutschgewesenseins und des Deutschredens der Elsasser durch die periodische Presse — „ist Professorenidee." Später beim Thee, bei dem nur Keudell, Bohlen und ich zugegen — las er uns wieder aus einem Briefe seiner Gemahlin vor, nach welchem Graf Herbert glücklich in Frankfurt a. M. eingetroffen war.

Inzwischen waren Zeitungen aus der Heimat angekommen. In denselben gewahrte man, wie auch die süddeutsche Presse sich in hocherfreulicher Weise gegen die fremdländische Diplomatie zu verwahren beginnt, die den Frieden zwischen uns und Frankreich vermitteln will, und es war sicher ganz im Sinne des Chefs gesprochen, wenn der „Schwäbische Merkur" in dieser Beziehung sagte: „Als die deutschen Völker zum Rheine zogen, das heimische Land zu schützen, da hieß es in den europäischen Kabinetten, man müsse die beiden Kämpfenden allein lassen, auf sich selbst beschränken, den Krieg lokalisiren. Wohlan! Wir haben den Krieg gegen die Bedroher Europas allein geführt, wir wollen auch den Friedensschluß lokalisiren, wir wollen in Paris die Bedingungen, welche das deutsche Volk vor einer Erneuerung eines solchen räuberischen Überfalls, wie es der Krieg von 1870 gewesen, schützen werden, selbst diktiren, und kein Diplomat fremder Mächte, welche die Hände in den Schoß gelegt, soll uns drein sprechen. Wer nichts geleistet, soll auch nichts vermitteln. „Dieser Artikel muß Junge kriegen," sagte der Chef, und er bekam Junge.

Reims, 5. September. Die Franzosen scheinen uns doch am Ende nicht alle für Barbaren und Bösewichter zu halten. Manche setzen augenscheinlich voraus, daß wir ehrliche Leute sind. So ging ich heute Morgen in Rethel in ein Wäschgeschäft, um mir Hemdkragen zu kaufen. Der Kaufmann sagte mir den Preis für die Schachtel, und stellte mir, als ich ihm zwei Thaler hinlegte, einen Korb mit Kleingeld hin, damit ich mir selbst nehme, was er darauf herauszugeben hatte. Das Gewässer, welches durch Rethel fließt, die Aisne, ist schön grün wie der Rhein. Nicht weit von unserm Quartier führt eine Steinbrücke darüber, über welche am ganzen Vormittag große Massen von Truppen zogen. Zuletzt kamen vier preußische Infanterieregimenter. Es waren auffallend wenig Offiziere dabei, mehrere Kompagnien wurden von jungen Leutnants oder Fähndrichen kommandirt. So namentlich beim 6. und 46. Regiment, von dessen Bataillonen eins einen erbeuteten französischen Adler mit sich führte. Dann folgten die Fünfziger und die Siebenunddreißiger. Es war glühend heiß, die Leute waren dick bedeckt mit dem weißen Kreidestaub der Champagne, marschirten aber durchgehends stramm und fest auf den Beinen dahin. Unsre Kutscher stellten ihnen Eimer mit Wasser an den Weg, aus denen sich die Durstigen im Vorbeigehen mit Zinntassen, Blechnäpfen, Gläsern, zuweilen auch mit der Pickelhaube ihren Trunk schöpften.

Zwischen zwölf und ein Uhr wird nach Reims aufgebrochen. Die Gegend, welche unsre Straße durchschneidet, ist großenteils flach gewelltes Land mit wenigen Dörfern und einem weißlichen Boden. Häufiger Triften als Äcker, wo Getreide gestanden. Hier und da eine Windmühle — ein Institut, das ich bis dahin in Frankreich noch nicht bemerkt. Zuletzt zur Seite niedriger Kiefernwald. An einer Stelle der Straße unterhält sich Keudell mit einem Rittmeister von den schwarzen Dragonern. „Es war ein Sohn des Ministers von Schön," sagte er. „Er hat bei Wörth und Sedan mitgefochten."

Endlich tauchten in der Ferne über dem flimmernden Gefilde die Türme der Kathedrale von Reims und jenseits der Stadt bläuliche Höhen auf, die später grün werden und an ihren Abhängen weiße Ortschaften zeigen. wir fahren durch ärmliche, dann durch anspruchsvollere Gassen und über einen Platz mit Denkmal nach der Rue de Cloitre, wo wir schrägüber von dem großen Münster in dem stattlichen Hause eines Herrn Dauphinot Quartier finden. Der Chef wohnt hier in dem Flügel rechts vom Eingange in den Hof und zwar im ersten Stock, das Büreau etablirt sich im erhöhten Parterre unter seinem Zimmer, die Stube daneben wird zum Speisesaal eingerichtet. Ich bekomme mein Logis im linken Flügel neben Abeken. Das ganze Gebäude ist, soweit ich sehen kann, elegant möblirt. Wieder schlafe ich in einem Mahagoni-Himmelbett mit seidnen Gardinen, habe Polsterstühle, die mit rotem Rips überzogen sind, eine Mahagoni-Kommode mit Marmorplatte, einen Wasch- und einen Nachttisch der Art und einen Marmorkamin im Zimmer. Auf den Straßen wimmelt's von Preußen und Württembergern. König Wilhelm hat dem Erzbischof die Ehre erwiesen, in dessen Palast sein Absteigequartier zu nehmen. Ich höre, daß unser Wirt der Maire von Reims ist. Keudell will wissen, das von uns am Schlusse des Krieges zu behaltende Land würde wahrscheinlich nicht zu einem

Einzelstaate gehören, und ebensowenig unter mehrere geteilt, sondern als Besitz ganz Deutschlands eingerichtet werden.

Abends ist der Chef bei Tische, und wir probiren, da wir hier uns mitten zwischen den großen Champagnerfirmen des Landes befinden, verschiedene Sorten Sekt. Man erzählte, daß gestern aus einem Kaffeehause auf eine Schwadron unsrer Husaren geschossen worden ist. Der Minister sagt, dann müsse es gleich zerstört und der Besitzer vor ein Kriegsgericht gestellt werden. Stieber solle ohne Verzug angewiesen werden, die Sache zu untersuchen. Der von Graf Bohlen besorgte Champagner war gut, und so wurde ihm fleißig zugesprochen, vermutlich auch meinerseits. Der Minister sagte: „Unser Doktor unterscheidet sich von andern Sachsen: er trinkt nicht bloß Kaffee." Ich erwiderte: „Ja, Exzellenz, und auch dadurch, daß ich aufrichtig bin und zuweilen nicht höflich sein kann" — worüber großes Gelächter. Es heißt, daß wir zehn bis zwölf Tage hier bleiben.

Dienstag, 6. September. Früh bei Zeiten nach der Kathedrale, deren Glockenspiel mich die Nacht mehrmals mit seinem Melodiengebimmel geweckt hat. Ein großartiger Bau aus der besten Zeit der Gothik, Unsrer lieben Frau geweiht. Herrliche Hauptfassade unter den beiden unvollendeten Türmen, drei reich mit Skulpturen gezierte Portale, im Innern magisches Licht von gemalten Fenstern auf dem Fußboden und an den Flanken der Säulen. Der Hochaltar im Hauptschiff, wo man die französischen Könige krönte, ist mit Goldblech bekleidet. In einer der Seitenkapellen an dem Gange, der um den Chor herumläuft, wird Messe gelesen. Davor knien neben den französischen Frauen mit ihren Rosenkränzen Mitchristen derselben in Gestalt schlesischer und polnischer Musketiere und Kürassiere. Außen um die Kirche herum viel Bettelei, die ihr Anliegen zum Teil singend vorträgt.

Von zehn bis drei Uhr ohne Umsehen fleißig gearbeitet, u. a. an einem ausführlichen und einem kürzeren Artikel über die Bedingungen, unter denen Deutschland Frieden schließen kann. „Sehr vernünftig und wert, daß man darauf aufmerksam mache," fand der Chef einen Artikel der „Volkszeitung" vom 31. August, der sich gegen die Einverleibung der eroberten Gebietsteile Frankreichs in Preußen erklärte, und der, nachdem er zu zeigen versucht, daß dies keine Stärkung, sondern eine Schwächung Preußens sein würde, mit den Worten schloß: „Nicht die Vergrößerung Preußens, sondern die Einheit Deutschlands und die Unschädlichmachung Frankreichs ist das wünschenswerte Ziel." Bamberger hat in Nancy ein französisches Blatt gegründet, dem von Zeit zu Zeit Nachrichten von uns zugehen sollen.

Vor Tische bemerkte Graf Bohlen, indem er die Kouverts überzählte: „Wir sind doch nicht etwa dreizehn beim Essen? — Nein. Das ist gut; denn der Minister hat das nicht gern." Bohlen, dem unser Leibliches anbefohlen scheint, hat den Genius unsers chef de cuisine offenbar angespornt, heute sein Bestes zu leisten. Das Diner ist sumptuös. Der Gardekapitän von Knobelsdorf, der Graf York und ein schlankgewachsner, etwas schüchterner junger Mann in Dragonerleutnantsuniform mit rosenrotem Kragen, der, wie wir später hören, ein Graf Brühl ist, sind dabei Gäste des Kanzlers. Der letztere bringt die große Nachricht mit, daß in Paris die Republik proklamirt und eine provisorische Regierung eingesetzt worden ist, in der die bisherigen Oppositionsredner Gambetta und Favre sitzen. Auch der Laternenträger Rochefort tagt mit im hohen Rate. Die Herren wollen, wie es heißt, den Krieg gegen uns fortsetzen. So hätte sich die Lage für uns nicht gebessert, so weit wir den Frieden wünschen müssen, aber auch keineswegs verschlimmert, zumal wenn die Republik sich hält und es sich später einmal darum handelt, Frankreich an den Höfen gute Freunde zu gewinnen. Mit Napoleon und Lulu ists vorläufig vorbei, die Kaiserin hat es wie Ludwig Philipp im Februar 1848 gemacht, sie hat das Feld geräumt und soll sich in Brüssel befinden. Was die Advokaten und Literaten, die an ihre Stelle getreten sind, für Seide spinnen werden, wird sich bald zeigen müssen. Auch ob Frankreich ihre Autorität anerkennt, ist noch abzuwarten.

Unsre Ulanen stehen schon bei Chateau Thierry. Zwei Tage noch, und sie können vor Paris sein. Wir aber werden, wie jetzt sicher, mindestens noch eine Woche in Reims verweilen. — Graf Bohlen berichtet dem Chef über die Affaire mit dem Kaffeewirt, aus dessen Lokal man auf unsre Reiter geschossen. Der Mann ist ein Sieur Jacquier, die Husaren gehören einem westfälischen Regimente

8*

an, und ihr Führer war der Rittmeister von Baerst, ein Sohn des Abgeordneten. Das Haus ist auf flehentliches Bitten Jacquiers, der in der Hauptsache unschuldig sein soll, nicht zerstört worden, zumal der meuchlerische Schuß nicht getroffen hat. Man hat dem Wirte einfach auferlegt, der Schwadron zweihundert oder zweihundertundfünfzig Flaschen Sekt zu spenden, und er ist mit Freuden darauf eingegangen.

Beim Thee brachte, ich weiß nicht mehr, wer, das Gespräch auf die exceptionelle Stellung, die Sachsen in Betreff der militärischen Einrichtungen innerhalb des Norddeutschen Bundes eingeräumt sei. Der Kanzler wollte darauf kein zu großes Gewicht gelegt wissen. „Übrigens habe ich diese Einrichtung nicht veranlaßt," fügte er hinzu. „Savigny hat den Vertrag abgeschlossen; denn ich lag damals schwer krank darnieder. Noch weniger genau nehme ichs mit den auswärtigen Angelegenheiten der kleinen Staaten. Mit Unrecht wird von manchen Leuten viel darauf gegeben, und Gefahr in der Beibehaltung diplomatischer Vertreter neben denen des Bundes gewittert. Wären solche Staaten sonst mächtig, so könnten sie auch ohne offizielle Repräsentanten an fremden Höfen Briefe austauschen und mündlich gegen das eine und das andre, was wir vorhaben, intriguiren. Ein Zahnarzt oder eine andre Persönlichkeit der Art könnte das besorgen." — — —

Mittwoch, 7. September. Früh einen Gang durch die Stadt gemacht. Sie scheint wohlhabend zu sein, und hat einige ziemlich vornehme Straßen. Die Läden sind fast ohne Ausnahme offen, und einige machen, wie mir vorkommt, recht gute Geschäfte mit unsern Offizieren und Soldaten. Auf dem Platze an unsrer Gasse ist ein schönes Denkmal Ludwigs des Fünfzehnten. In der Mitte einer marktartig breiten Straße, die zu beiden Seiten Arkaden mit Kaufmannsgeschäften und Kaffeehäusern hat, steht ein Standbild des Marschalls Drouet von mäßigem Kunstwerte. Auf dem Rückwege begegne ich bei der Kathedrale wieder vielen und darunter recht originellen Bettlern. Ein kleiner Junge mit einem noch viel kleinern auf dem Rücken galoppirt neben mir her und wimmert: „Je me meurs de faim, M'sieur, je me meurs, donnez-moi un petit sou." Ein Mensch ohne Füße rutscht auf den Knien über das Pflaster, während sein Begleiter, die Ziehharmonika spielend, Almosen für ihn einsammelt. Eine Frau mit einem Kinde auf dem Arme will eine Gabe „pour acheter du pain.“ Ein großer starker Mann, nichts weniger als schlecht bei Leibe, singt mit tiefer Baßstimme einen Vers mit den Schlußworten: „O, c'est terrible de mourir de faim!“ Fünf oder sechs unsagbar schmutzige kleine Rangen umwimmeln einen unsrer Musketiere, der ein Brot hat, — man bäckt sie hier in der Form von Hufeisen — und balgen sich, als er ihnen ein tüchtiges Stück davon abbricht, mit lautem Geschrei um die milde Spende. Es soll wegen Stillstandes der Fabriken bittre Not unter der zahlreichen Fabrikbevölkerung von Reims herrschen, und die Väter der Stadt befürchten einen Aufstand, wenn wir abziehen.

Ich mache, nach Hause zurückgekehrt, verschiedene Aufsätze, u. a. einen zur Aufklärung über Rußlands Stellung zum Kriege. Am Nachmittag, als der Chef fortgegangen, wurde mit Abeken eine größere Exkursion nach den Sehenswürdigkeiten der Stadt unternommen, die im Verhältnis zur Zahl ihrer Einwohner — ungefähr 60000 — sehr ausgedehnt ist, da die Häuser zum größern Teil nur ein oder zwei Stockwerke haben. Wir gingen als Leute, die einmal ihre Lateiner gelesen haben, zuerst nach der Promenade hinaus, um uns den altrömischen Triumphbogen zu besehen. Außer seinem Altertum ist nicht viel an ihm zu rühmen. Er zeigt nur wenige Säulentrommeln und Skulpturreste, und seine Krönung ist ganz neu. Dann bei heftigem Regen weiter durch die Anlagen nach der Statue Colberts, am Circus vorbei, der jetzt auch Einquartierung beherbergt, und am Kanal der Vesle und dem Hafenbassin hin, wo große plumpe Frachtkähne liegen. An einem Pfahle steht: „Pêche interdite,“ aber inter arma silent leges: unmittelbar unter dem Verbot angeln drei unbefangene Blusenmänner, und weiterhin sieht man wohl noch dreißig solcher Fischer ihre Ruten über das lichtgrüne Wasser halten. Von hier links hinauf durch eine ärmliche Straße nach der zweiten Hauptkirche der Stadt. Sie ist dem heiligen Remus geweiht, gehört der Zeit des Überganges aus dem romanischen in den germanischen Baustiel an und macht durch ihre gewaltige Tiefe, ihre edle Einfachheit und ihre massigen Säulen einen bedeutenden Eindruck. Das Grab des Heiligen hinter dem Chor erinnert lebhaft an das Grab Christi in Jerusalem. Es ist ein nach allen vier Seiten freistehendes Tempelchen unter der Kuppel der Apsis. Das Material ist weißer Marmor mit rotgeäderten Säulen, der Stil Renaissance. Seitwärts befindet sich eine Kapelle, wo über dem Altar eine kunstgeschichtliche Seltenheit, vielleicht ein Unikum, hängt: ein gekreuzigter Christus, der eine goldne Königskrone trägt und nicht nackt, sondern mit einem purpurnen Rocke bekleidet ist, auf dem Goldsterne glänzen. Der Gesichtsausdruck und die Behandlung des Gewandes lassen auf hohes Altertum schließen. Auf der andern Seite, in der Sakristei, zeigt uns der Küster mehrere alte Bilder, die Stickereien sind.

Donnerstag, 8. September. Früh mit Willisch in die Vesle baden gegangen bei kaltem Wind, aber hellem Wetter. Abends bei uns großes Diner, bei welchem der Erbgroßherzog von Mecklenburg-Schwerin, dessen Adjutant Nettelblatt, der Oberpostdirektor Stephan und die drei Amerikaner zugegen sind. — — — Man spricht u. a. von den verschiedenen Gerüchten über die Vorfälle in Bazeilles. Der Minister äußert, ein Mitkämpfen der Bauern bei der Verteidigung von Ortschaften könne nicht geduldet werden. Sie wären nicht uniformirt und deshalb, wenn sie die Flinte ungesehen wegwürfen, nicht als Kämpfer zu erkennen, die Chancen müßten aber für beide Teile gleich sein. Abeken findet das Schicksal von Bazeilles zu hart und meint, der Krieg müsse menschlicher geführt werden. Einen andern Standpunkt nimmt Sheridan ein, dem Mac Lean die Sache übersetzt hat. Er findet auch die strengste Behandlung der Bevölkerung in einem Kriege in der Ordnung, und zwar aus politischen Rücksichten. „Die richtige Strategie," so sagte er ungefähr, „besteht erstens darin, daß man dem Feinde tüchtige Schläge beizubringen sucht, soweit er aus Soldaten besteht, dann aber darin, daß man den Bewohnern des Landes so viele Leiden zufügt, daß sie sich nach dem Frieden sehnen und bei ihrer Regierung darauf dringen. Es muß den Leuten nichts bleiben als die Augen, um den Krieg zu beweinen." Ein wenig herzlos, dünkt mich, aber vielleicht beachtenswert.

Freitag, 9. September. Vormittags und bis drei Uhr an allerlei Artikeln geschrieben, u. a. an einigen über die unbegreifliche

Anhänglichkeit der Elsässer an Frankreich, über ihr freiwilliges Helotentum und die Verblendung, mit der sie nicht sehen und fühlen, daß sie dem Gallier doch nur als Franzosen zweiter Klasse gelten und in vielen Beziehungen darnach behandelt werden. — Es kommt die Nachricht, Paris solle nicht gegen uns verteidigt, sondern für eine offne Stadt erklärt werden, was zu bezweifeln ist, da sie andern Meldungen zufolge noch reguläre Soldaten, wenn auch nicht viele mehr, zur Verfügung haben. Hofrat Freytag in der Nähe des Hauses, wo der Kronprinz wohnt, gesehen und einen Augenblick gesprochen. Er kehrt heute mit einem von unsern Feldjägern nach Hause zurück, da es, wie er zu Keudell geäußert hat, für ihn hier nichts zu thun giebt. Eine rühmliche Selbsterkenntnis und ein verständiger Entschluß, zu dem einige andre Herren, die sich den verschiednen Hauptquartieren als Schlachtenbummler angehängt haben, schon längst hätten kommen sollen.

Sonnabend, 10. September. Der Chef fährt früh mit Hatzfeld und Bismarck-Bohlen nach Chalons, wohin sich der König ebenfalls begiebt. Sie kommen nachmittags halb sechs Uhr zurück. Inzwischen ist nach vier Uhr der Minister Delbrück eingetroffen, der über Hagenau und Bar le Duc gereist ist und dabei mancherlei Unannehmlichkeiten zu überwinden gehabt hat. Er hat die Tour mit dem General Boyen gemacht, welcher Napoleon, oder wie er sich jetzt nennt, den Grafen Pierrefonds, glücklich nach Kassel gebracht hat. Er beklagt, daß er eine Kiste mit uraltem Nordhäuser, die ihm, ich weiß nicht mehr wo, für das große Hauptquartier angeboten worden, nicht habe mitnehmen können. Ferner erzählte er, daß Napoleon auch zu Boyen gesagt, er sei durch die öffentliche Meinung zum Kriege gedrängt worden, und daß er unsre Truppen, namentlich aber die Ulanen und die Artillerie, sehr gelobt habe.

Der Chef speiste heute beim Könige, kam aber auf eine halbe Stunde auch bei uns noch zu Tische, wo Bohlen, der das kaiserliche Schloß Mourmelon bei Chalons besucht hatte, uns vorher allerhand Schlimmes von den Verwüstungen erzählte, die das Volk an den Möbeln und Spiegeln dort angerichtet habe. Nach dem Diner, an dem Boyen und Delbrück teilgenommen hatten, besprach sich der Kanzler lange Zeit allein mit den beiden Herren. Später ließ er mich rufen, um mir den Auftrag zu erteilen, für die beiden hier herauskommenden französischen Blätter »Courier de la Champagne« und »Indépendant Remois« ein Communiqué des Inhalts zu machen: „Wenn die in Reims erscheinenden Blätter mit der Erklärung der Republik in Frankreich einverstanden sind und die neue Staatsgewalt dadurch anerkennen, daß sie ihre Erlasse abdrucken, so könnte man, da die Stadt von deutschen Truppen occupirt ist, schließen, daß diese Blätter ihre Meinung unter dem Einverständnisse deutscher Regierungen aussprächen. Dies ist indes nicht der Fall. Die deutschen Regierungen achten wie daheim so auch hier die Freiheit der Presse. Sie haben aber in Frankreich bis jetzt eine andre Regierung als die des Kaisers Napoleon nicht anerkannt. Sie können daher bis auf weiteres auch nur die kaiserliche Regierung als eine zu internationalen Verhandlungen berechtigte ansehen." — Dann (ich entnehme das Folgende meinem Tagebuche nur, um die große Herzensgüte und die einfache, natürliche Leutseligkeit unsers Chefs zu zeigen) fragte er: „Sie sahen heute Morgen schon elend aus — fehlt Ihnen was?" — „Ein leichter Ruhranfall, Exzellenz," sagte ich. — „Auch Fieber? Kopf?" — „Ja, ein wenig, Exzellenz." — „Haben Sie denn einen Arzt gefragt?" — „Nein, ich habe mir selbst was verordnet und in der Apotheke geholt." — „Was denn?" Ich sagte es ihm. „Das ist nichts," erwiderte er, „Sie sind wohl Autodidakt? Halten nichts von den Doktoren?" — „Ich habe seit vielen Jahren keinen gebraucht." — „Nun ja, sie können einem gewöhnlich auch nicht viel helfen, machens oft nur schlimmer. Aber hier ist doch nicht zu spaßen. Schicken Sie zu Lauer, das ist ein netter Mann. Ich weiß freilich nicht, was ich ihm an Gesundheit zu danken haben werde, ehe ich nach Hause komme. Und nun legen Sie sich zwei Tage ins Bett, da ist die Sache gehoben; sonst kommen Rückfälle, und Sie können unter drei Wochen nicht wieder aufstehen. Ich leide auch oft an so was, und da auf dem Kamin, das eingewickelte Fläschchen — 30 bis 35 Tropfen auf ein Stück Zucker. Nehmen Sie's, aber geben Sie mirs hernach wieder. Und wenn ich Sie rufen lassen sollte, so sagen Sie nur, daß Sie nicht könnten. Ich komme dann zu Ihnen, wenn ich was für Sie habe — Sie können dann vielleicht im Bette schreiben."

Sonntag, den 11. September. Das Fläschchen des Chefs war eine gute Kur. Ich stand früh schon wieder wohl auf und konnte flott arbeiten. Der Inhalt des Communiqués wurde dem Blatte in Nancy sowie deutschen Zeitungen mitgeteilt. Vielleicht ist es Ursache der Verstimmung, die jetzt zwischen den hohen Militärs und dem Kanzler eingetreten sein soll; jene scheinen es übel genommen zu haben und es als unberechtigte Einmischung anzusehen. Gewissen Preßstimmen gegenüber wurde daran erinnert, daß Preußen den Prager Frieden nicht mit Frankreich, sondern mit Österreich abgeschlossen, und daß ersteres infolge dessen so wenig in Artikel V. hineinzureden habe wie in irgend einen andern jenes Vertrags.

Um zwölf Uhr ging ich mit Abeken in die protestantische Kirche, oder, wie man hier sagt, in den protestantischen Tempel, am Boulevard, in dem man einen hohen Betsaal mit Emporkirche, Kanzel und kleiner Orgel, aber ohne Turm fand. Der Gottesdienst, welchen der Feldgeistliche Rogge abhielt, und welchem der König, Prinz Karl, der Großherzog von Weimar, der Erbgroßherzog von Mecklenburg, Bismarck und Roon sowie einige preußische und viele württembergische Offiziere und Soldaten beiwohnten, begann statt mit Orgelspiel mit Militärmusik, die zuerst den Psalm: „Lobet den Herrn, den mächtigen König der Ehren" vortrug, worauf die Soldaten aus ihren Gesangbüchern sangen. Dann folgte statt der Epistel ein andrer Psalm und hiernach das Evangelium vom 13. Sonntage nach Trinitatis. Die Predigt lehnte sich an die Stelle 1. Sam. 7,11 und 12 an: „Da zogen die Männer Israel aus von Mizpa und jagten die Philister und schlugen sie bis unter Beth-Kar. Da nahm Samuel einen Stein und setzte ihn zwischen Mizpa und Sen und hieß ihn Eben-Ezer und sprach: Bis hierher hat der Herr geholfen." Die letzten Worte waren der Hauptsatz, die Nebensätze behandelten den Dank für die Hilfe des Herrn, das Gelübde auf dem Opferstein Eben-Ezer, nicht so wie die von Gott gerichteten Feinde zu sein, und die Hoffnung, daß der Herr weiter helfen werde, namentlich zu bleibender Einheit Deutschlands. Die Rede war nicht uneben, mancher gute Gedanke darin gut gesagt, doch kam Chlodwig darin zu unverdienter Ehre, weil er sich (es geschah bekanntlich in Reims) taufen lassen, was ihn, wie heutzutage jeder Studirte wissen sollte, nicht gebessert hat, da er auch nach der Taufe ein blutiger, tückischer Wüterich blieb, und ebenso ungeschichtlich war, was der Prediger über Ludwig den Heiligen vorbrachte.

Später besuchte ich, wieder mit Abeken, den katholischen Gottesdienst in der Kathedrale, die heute fast ohne Unterlaß ihre Glocken und Glöckchen arbeiten läßt. Das Chor war voll von Geistlichen aller Arten und Sorten: veilchenblaue, schwarze und weiß und schwarze Kleriker, rote Kragen, violette Gewänder, schwarze Bäffchen mit weißem Saum, seidene Kleider, tuchene Kleider, leinene Kleider zogen an uns vorüber, der Erzbischof mit langer Schleppe voran, neben ihm zwei andre vornehme Priester, hinter ihm seine Pagen, die weiß und rot gekleideten Chorknaben. Als er hinausrauschte und der andächtigen Weiberschaft an der Thür des Gitters mit zwei erhobenen Fingern der rechten Hand seinen Segen spendete, bekam ich auch was davon ab.

Im Laufe des Tages war ein Herr Werle beim Chef, ein alter hagerer Mann mit wackelndem Kopfe und dem bei anständig gekleideten Franzosen, wie es es scheint, unvermeidlichen roten Bändchen im Knopfloch. Er sollte Mitglied des Corps legislatif und Besitzer oder Partner der Firma Clicquot Veuve sein, und es hieß, er wolle mit dem Minister über die Mittel reden, mit denen man der in der Stadt herrschenden Not steuern und einen Aufstand der Armen gegen die Reichen verhüten könne. Die letzteren fürchten eine Erklärung der roten Republik durch die Arbeiter, unter denen es bedenklich gähren soll, und da Reims eine Fabrikstadt ist, die zehn bis zwölftausend Ouvriers in ihren Mauern zählt, so mag in der That Gefahr für den Fall vorhanden sein, daß unsre Soldaten die Stadt wieder verlassen. Das hätte man sich vor vier Wochen auch nicht träumen lassen: deutsche Truppen die Beschützer von Franzosen vor dem Kommunismus — fürwahr, Wunder auf Wunder! Herr Werle spricht übrigens Deutsch, ja er ist, wie man sagte, von Geburt ein Landsmann von uns, wie mehrere von den Besitzern der großen Champagnergeschäfte hier und in der Nachbarschaft. Auch sonst erschienen Leute der Stadt, der mit diesem und der mit jenem Anliegen im Büreau und wollten den Kanzler sprechen. Unter andern eine Frau, die sich beklagte, daß ihr die Soldaten mehrere Säcke mit Kartoffeln weggenommen, und die ihr Eigentum nun wieder haben wollte. Wir verwiesen sie an die Polizei, die ihr Recht verschaffen werde. Sie weigerte sich, wir müßten ihr helfen. »Quoi, je suis mère de famille«! Aber wir stehen nicht mehr bei dem Akte des Schauspiels, wo die Kuh von Faulquemont bezahlt wurde.

Bei Tische speiste Knobelsdorf wieder mit uns. Später wurde ich mehrmals zum Chef geholt, um Aufträge zu erhalten. Die Belgier und Luxemburger haben sich unfreundlich gegen unsre Verwundeten betragen, und man vermutet wohl nicht mit Unrecht ultramontane Hetzerei dahinter. Die Mitrailleusenkugeln scheinen mit einer giftigen Substanz legirt zu sein; denn sie verursachten brandige Wunden. Favre, „der für uns nicht existirt," hat auf dem Umwege über London anfragen lassen, ob man bei uns auf Waffenstillstand und Unterhandlungen einzugehen geneigt sei. Er scheint es eilig damit zu haben, der Kanzler nicht.

Abends nach zehn Uhr kam der Chef zum Thee herunter. Er wollte dann eine „schlechte leichte Cigarre," die ich ihm geben konnte, da meine Tasche jetzt nur solches Kraut enthielt. Man sprach erst von der Predigt Rogges', in welcher dem Minister der ungeschichtliche Chlodwig und der stark verklärte heilige Ludwig auch aufgefallen waren. Dann erzählte er von seinem Sohne, dessen Schenkelwunde sich verschlimmert habe und brandige Ränder zeige. Der Arzt habe die Vermutung geäußert, die Kugel werde eine giftige Substanz enthalten haben.

Zuletzt kam die Rede auf die Politik der letztvergangenen Jahre, und der Kanzler äußerte: „Am stolzesten bin ich doch auf unsre Erfolge in der schleswig-holsteinischen Sache, aus der man ein diplomatisches Intriguenspiel für's Theater machen könnte. — — — Österreich freilich konnte nach dem, was über sein Verhalten in den Bundestagsakten stand, worauf es doch einige Rücksicht nehmen mußte, für's erste nicht gut mit dem Augustenburger gehen. Dann wollte es auch aus der Verlegenheit, in die es mit dem Fürstentag geraten war, auf gute Manier herauskommen. Was ich wollte, habe ich gleich nach dem Tode des Königs von Dänemark in einer Sitzung des Staatsrats gesagt — in einer langen Rede. — — — Die Hauptstelle hatte der Protokollführer weggelassen — er dachte wohl, ich hätte zu stark gefrühstückt, und es würde mir lieb sein, wenn das wegbliebe — ich sorgte indessen, daß es wieder hineingesetzt wurde. Mein Gedanke war aber schwer durchzuführen. Nicht mehr als alles war dagegen: die Österreicher, die Engländer, die liberalen und nichtliberalen Kleinstaaten, die Opposition im Landtage, einflußreiche Leute am Hofe, die Mehrzahl der Zeitungen. — — — Ja es gab damals harte Kämpfe, zu denen bessere Nerven gehörten, als ich sie hatte." — — — „Vor dem Frankfurter Fürstentage war's, als der König von Sachsen dagewesen, ähnlich. Da wollte unser gnädigster Herr hin, das ginge jetzt nicht anders, wo ein gekröntes Haupt den Postillon bei ihm gemacht hätte." — — — „Ich war, als ich das Zimmer verließ, nervös so aufgeregt und erschöpft, daß ich kaum auf den Beinen stehen konnte und beim Zumachen der Thür der Adjutantenstube die Klinke abriß. Der Adjutant fragte mich, ob ich unwohl wäre. — Nein, jetzt ist mir wieder wohl, sagte ich." — — — Es war unter der ausführlichen Erzählung dieser Vorgänge spät geworden, und der Chef empfahl sich mit den Worten: „Ja, meine Herren, ein zartbesaitetes Nervensystem muß viel aushalten. Drum will ich jetzt zu Bette gehen. Gute Nacht."

Montag, den 12. September. Bis Mittag verschiedene Aufsätze gemacht. In Laon haben sich die Franzosen — vielleicht auch nur ein Einzelner — eine arge Verräterei zu Schulden kommen lassen: sie haben gestern nach Abschluß der Kapitulation und Einmarsch unsrer Truppen die Citadelle in die Luft gesprengt, wobei gegen hundert Mann von unserm vierten Jägerbataillon getötet oder verwundet worden sind. In deutschen Blättern liest man, der Chef habe sich geäußert, in der Schlacht bei Sedan hätten die Alliirten Preußens das Beste gethan. Er hat aber gesagt, sie hätten in bester Weise mitgewirkt. Den Belgiern, die einen solchen Haß gegen uns und eine so heiße Liebe zu Frankreich zur Schau tragen, könnte unter Umständen geholfen werden: es kann der dortigen öffentlichen Meinung angedeutet werden, daß selbst Arrangements mit der jetzigen französischen Regierung nicht völlig ausgeschlossen seien, durch welche dieser Neigung der Belgier zu Frankreich Befriedigung zu verschaffen wäre. Der bairische Graf Luxburg, der sich bei Kühlwetter befindet, hat sich durch Geschick und Eifer ausgezeichnet. Er soll künftig zur Besprechung wichtiger Fragen hinzugezogen werden.

Die Meldung trifft ein, daß Amerika seine Vermittelung zwischen uns und der neuen französischen Republik angeboten habe. Man wird diese Vermittelung nicht ablehnen, sie anderer vorziehen, nur ist nicht zu glauben, daß man in Washington gewillt sei, die notwendigen militärischen Operationen von unsrer Seite zu stören. Der Chef scheint den Amerikanern schon lange gewogen zu sein, und bereits vor einiger Zeit verlautete, er hoffe in Washington zu erlangen, daß man uns gestatte, in amerikanischen Häfen Schiffe auszurüsten, mit denen man die französische Marine schädigen könne — wozu jetzt wohl keine Aussicht mehr ist.

Die allgemeine Lage wird von ihm, wenn ich ihn recht verstehe, folgendermaßen aufgefaßt. Der Friede scheint noch in weiter Ferne zu liegen, da es in Paris an einer Regierung fehlt, welche Dauer verheißt. Ist die Zeit zu Unterhandlungen gekommen, so wird der König seine Verbündeten zu einer Verständigung über das, was unserseits zu fordern, einladen. Hauptziel ist und bleibt uns die Sicherung der südwestdeutschen Grenze gegen die von Jahrhunderten her datirende Gefahr einer französischen Invasion. Ein neuer neutraler Zwischenstaat wie Belgien oder die Schweiz ist nichts für uns, da ein solcher bei wieder ausbrechendem Kriege sich unzweifelhaft Frankreich anschließen würde. Metz und Straßburg mit unsern Bedürfnissen entsprechender Umgebung müssen Vorland, allen gehörig werden Eine Verteilung dieses Gebietes an Einzelstaaten empfiehlt sich nicht. Die gemeinsame Kriegführung wird nicht ohne heilsamen Einfluß auf die Förderung der Einheit Deutschlands in andern Beziehungen bleiben, doch wird Preußen selbstverständlich nach wie vor den freien Willen des Südens achten und selbst den Verdacht einer Pression in jeder Weise vermeiden. Sehr viel wird dabei auf die persönliche Stimmung und die Entschließung des Königs von Baiern ankommen. — Die Erklärung der Republik in Paris hat in Spanien Beifall gefunden, und in Italien ist gleiches möglich. Die Regierungen der monarchisch regierten Staaten müssen darin eine Gefahr erblicken, welche sie auf Annäherung an einander und festen Zusammenhalt hinweist. Jeder derselben ist gleich bedroht, auch Österreich. In Wien sollte man das erkennen. Ist hier von Beust, der in seiner Rancune gegen Deutschland und Rußland mit den Polen, auch den rot republikanischen, kokettirt, nichts zu erwarten, so wird sich vielleicht der Kaiser Franz Joseph einer an sein Ohr gebrachten Aufklärung nicht verschließen. Er wird sich überzeugen lassen, daß das Interesse auch seiner Monarchie der Republik gegenüber, die sehr leicht eine sozialistische Gestalt annehmen kann, wirklich und in allem Ernste gefährdet ist. Diese Republik macht Propaganda unter den Nachbarn und würde auch in Deuschland Anhänger gewinnen, wenn man von Seiten der Fürsten den Willen des Volkes, das für große Opfer an Gut und Blut wirksame Sicherung gegen Frankreich und dauernden Frieden fordert, nicht erfüllen wollte.

Heute vor Tische hatte der Prinz Luitpold von Baiern eine Unterredung mit dem Chef, wobei ihm dieser „historische und politische Vorträge gehalten" hat.

Dienstag, den 13. September. Heute früh bekam unser Chef ein Morgenständchen von einem Militärmusikchor der Württemberger, das ihn sehr gefreut haben wird. Aber wenn das die Herren vom Stuttgarter „Beobachter" erfahren! Im Laufe des Vormittags ließ der Kanzler mich sechsmal rufen, und ich machte ebenso viele Artikel für die Presse, darunter zwei für die hiesigen französischen Blätter, welche auch die Tage vorher Nachrichten von uns bekommen hatten. Ferner wurden Vorkehrungen getroffen, daß General von Blumenthal mit Porträt und Biographie in den befreundeten illustrirten Blättern die ihm gebührende Stelle erhielt. „Die Zeitungen erwähnen ihn, soweit man sieht, gar nicht, obwohl er Generalstabschef des Kronprinzen ist und nächst Moltke bisher die größten Verdienste um die Leitung des Krieges hat." — — —

Am 14. September früh kurz vor 10 Uhr verließen wir Reims, dessen Kathedrale uns lange über die Ebene nachsah, und begaben uns nach Chateau Thierry. Wir durchschnitten dabei zunächst eine breite Fläche mit Ackerfeldern, die von einem Höhenzuge mit Weinbergen und Dörfern auf den Flanken und Gehölzen auf dem Kamme begrenzt war, und führen dann über diesen Hügelrand in wellenförmiges Land hinunter, welches allerlei kleine Kessel und Seitenthälchen zeigte. Im Städtchen Dormans an der Marne, die wir hier zweimal passirten, wurde eine Weile Halt gemacht. Der Fluß ist hier ungefähr noch einmal so breit wie die Mosel bei Pont à Mousson und hat klares hellgrünes Wasser. Der Himmel hing voll grauer Wolken, und ein paarmal wurden wir von heftigen Regenschauern überfallen. Die Fahrt ging immer rechts von der Eisenbahn, die von den weichenden Feinden lahm gelegt worden war, und nicht weit vom Flusse hin. Zur rechten Hand hatten wir Weinberge, zur linken an den Bergwänden meist Laubwald, aus dem zuweilen ein hübsches Schloß heraustrat. Wir berührten drei oder vier Dörfer mit alten Kirchen und malerischen Seitengassen, aus denen kleine Häuser von grauen Quadern erbaut und im Schatten von Weinlaub halb versteckt zu uns herüberschauten. Auch weiterhin Weinberg an Weinberg, hoch und breit, die Rebstöcke sehr niedrig, die Trauben blau. Man sagte, daß auch sie den Most lieferten, aus dem in Reims und Epernay der Sekt bereitet wird

Die Orte hatten sämtlich württembergische Einquartierung, die auf dem Wege Infanterie und Kavalleriepoften zu unserm Schutze aufgestellt hatte. Es mußte also hier wieder gefährlich sein, obwohl die Bauern, die mit ihren Holzschuhen über die Gassen humpelten oder vor den Häusern standen, ziemlich harmlos aussahen, und ihren Physiognomien nach nicht gescheit genug sein konnten, um böse Tücken gewandt auszuführen. Um deutlicher zu sein, sie hatten recht einfältige Gesichter. Aber vielleicht gab ihnen die Zipfelmütze, die sie größtenteils trugen, dieses verschlafene blöde Wesen, und wenn sie die Hände fast ohne Ausnahme in den Hosentaschen begraben hatten, so war das möglicherweise nicht apatische Gemächlichkeit, es konnte sein, daß sie die Fäuste drin ballten.

Um fünf Uhr kamen wir in Chateau Thierry an, wo wir an dem Platze vor der Kirche in dem großen Hause eines Herrn Sarimond allesamt bequeme Unterkunft fanden. Der Wirt war nach den Mitteilungen des Ministers, der sich mit ihm unterhalten hatte, ein angenehmer Mann, mit dem sich über allerlei reden ließ. Chateau Thierry ist ein reizendes Städtchen, das etwas erhöht über dem Ufer der Marne unter den grünüberwachsenen Wallresten einer alten Burg liegt. Es ist großenteils sehr weitläufig gebaut und hat viele Gärten. Nur der Kern der Stadt, eine lange Straße, die an der Kirche vorbeiläuft, und einige auf diese mündende Nebengassen zeigen dicht an einander stehende Häuser. Die alte Kirche ist dem heiligen Schuster und barmherzigen Lederdieb Crispin, französisch Crepin, geweiht, vielleicht ein Hinweis darauf, daß neben der Gerberei, die jetzt hier stark florirt, ehedem auch das Schuhmachergewerbe einen großen Teil der Einwohner nährte.

Der Chef war abends beim Diner ungewöhnlich heiter und aufgelegt. Später genoß man eine wundervolle Mondnacht auf der Gartenterrasse hinter dem Hofe.

Am nächsten Mittag wurde, nachdem wir im Hotel Rogeant gefrühstückt, nach Meaux aufgebrochen, welches ungefähr 50 Kilometer von Chateau Thierry und nur noch etwa gleichweit von Paris entfernt ist. Auf dem Wege wieder Weinberge von ungeheurer Ausdehnung stundenlang. Wir gingen über die Marne und fuhren durch kleine Gehölze und über Ausläufer der Höhen des linken Thalrandes. Im Dorfe Lusancy wurde auf eine halbe Stunde Halt gemacht. Wir hatten jetzt vor dem Wagen zum Teil Pferde aus der Beute von Sedan. Je mehr wir uns Paris näherten, desto häufiger wurden, besonders in den Wäldchen und Baumalleen, die Wachtposten, die hier wieder aus preußischer Infanterie (mit gelben Achselklappen) bestanden, und desto seltner war in den Dörfern etwas von den Bewohnern zu bemerken. Fast nur die Schankwirte und die betagten Leute schienen zurückgeblieben zu sein. Mädchen und junge Frauen schien es nicht zu geben und Kinder ebensowenig. In Lusancy stand an einer Hausthür, mit Kreide geschrieben: „Pockenkranke.“

Eine Strecke vor dem Städtchen Trillport fuhren wir wieder über die Marne und zwar auf einer Brücke von roten preußischen Pontons, da sowohl die schöne neue Brücke, über welche die Eisenbahn läuft, als auch die, über welche nicht weit davon die Chaussee führt, von den Franzosen gesprengt war. Von dem Pfeiler neben dem zerstörten Bogen jener hingen die Schienen mit den darauf geklammerten Schwellen traurig auf die im Flußbette liegenden Quadern des Trümmersturzes herab. Bald nachher ging es auf hölzerner Ersatzbrücke wieder über Wasser und ein Stück weiterhin abermals auf einer solchen über einen Kanal, da auch hier die ursprünglichen Übergänge unpassirbar gemacht worden waren. Es sah wie ein ziemlich nutzloses Schneiden ins eigne Fleisch aus; denn das Vordringen der Unsern konnte durch solche Zerstörungen, namentlich bei den schmalen Wasserläuften, doch kaum stundenlang aufgehalten werden.

Meaux ist eine Stadt von etwa 12000 Einwohnern in anmutiger, baumreicher Gegend. Sie hat schöne schattenreiche Promenaden und große grüne Gärten. Die Straßen im älteren Teile des Ortes sind meist eng und düster. Der Chef wohnt auf der Rue Tronchon in dem stattlichen Hause des Vicomte de la Motte, das hinter sich einen ausgedehnten Garten hat. Ich habe mein Quartier unmittelbar gegenüber bei einem Baron Baudeuvre, einem alten Herrn, der ausgeflogen ist, und an dessen Schreibtisch ich in aller Bequemlichkeit arbeiten kann. Auch habe ich die Wahl zwischen zwei verschiedenen Schlafzimmern und einem Himmelbett mit seidnen und einem mit leinenen oder baumwollnen Vorhängen. Endlich ist die Aussicht von der Studierstube des Barons, deren Fenster auf einen kleinen Garten mit alten Bäumen und Schlinggewächsen hinausgehen, der Art, daß man bald heimisch wird, und die Bibliothek an der Wand könnte, wenn man zum Zeitvertreib hier wäre, gleichfalls willkommen sein. Sie ist gut gewählt. Ich finde in ihr u. a. Sismondis Histoire des Français, A. Thierrys sämtliche Schriften, Cousins philosophische Essays, Renans Histoire religieuse, Rossis Nationalökonomie und andre historische und volkswirtschaftliche Werke. Das Haus hat eine Menge kleine Seitenstübchen, Alkoven, Tapetenthürchen, verborgene Wandschränke, und es wohnt in ihm außer mir niemand als unten im Erdgeschoß die beiden heute aus Berlin angekommenen Schutzmänner, die dem Minister von jetzt an, wenn er ausgeht, in Civil folgen sollen. Ausgeht — wenn er nun aber ausreitet?

Vor Tische heißt es, daß ein Parlamentär aus Paris angekommen sei, und man zeigt mir im Hofe vor dem Hause des Chefs einen schlanken dunkelhaarigen jungen Mann. Das wäre der Besagte. Der Sprache nach schien er ein Engländer zu sein. Beim Diner sind die beiden Grafen York zu Gaste da. Sie geben uns die Erklärung, warum wir in den Dörfern so wenig Menschen angetroffen haben. Im Walde haben sie ganze Scharen von Bauersleuten gefunden, die, mit einem Teil ihrer Habe, namentlich mit dem Vieh dahingeflüchtet, sehr erfreut gewesen sind, als man sie, die durchgehends ohne Waffen, aufgefordert hat, ohne Furcht und Sorge in ihr Dorf zurückzukehren. „Wenn ich Militär wäre und zu befehlen hätte," sagte der Chef zu diesem Berichte, „so wüßte ich, wie ichs machte. Ich würde dann die, welche geblieben wären, mit aller irgend möglichen Schonung und Rücksicht behandeln. Die aber, welche weggelaufen sind, — deren Häuser und Möbeln würde ich als herrenloses Gut ansehen und darnach verfahren. Und wenn ich sie selber kriegte, würde ich ihnen ihre Kühe wegnehmen und was sie sonst bei sich hätten, unter der Behauptung, sie hätten es gestohlen und sich damit in den Wald versteckt. Es wird übrigens besser werden — wenn sie nur erst gewahr geworden sind, daß die verschiedenen Saucen, mit denen wir kleine Franzosenkinder verspeisen, erlogen sind."

Freitag, den 16. September. Früh prachtvoller, sonnenheller Morgen und tiefblauer Himmel über Bossuets Stadt. Ich übersetzte früh für den König einen Brief, den James Purkinson, ein englischer Prophet, an ihn gerichtet hat, und in welchem ihm geweissagt wird, wenn er dem Blutvergießen nicht Einhalt thue, so werde ihn die Rache des Himmels für den „Mord der Dänen" und „das Blut der Söhne Österreichs" treffen, mit deren Vollzug der Kaiser Napoleon beauftragt sei. Die Ermahnung datirt vom 29. August; drei Tage später hätte sie der Telegraph verhütet. Der zudringliche Hansnarr, der sie geleistet, hätte übrigens, wie einige höher gestellte englische Hansnarren, die sich in unsre Angelegenheit mischen, etwas Besseres thun, er hätte sich erinnern können, daß England vor seiner Thüre zu fegen hat, daß wir in einem gerechten Kriege uns nur gegen die schnödeste Anmaßung wehren, und daß wir noch nicht auf den Gedanken gekommen sind, friedliche Dörfer mutwillig zu verbrennen und Menschen mit Kanonen zu „zerblasen", wie seine Landsleute in zehnmal weniger gerechten Kriegen.

Der junge schwarzköpfige Gentleman von gestern, der ein Parlamentär sein sollte, und mit dem sich der Chef abends bei einer Flasche Kirschwasser noch geraume Zeit unterhalten hat, ist Sir Edward Malet, ein Attaché der englischen Gesandtschaft in Paris. Er hat einen Brief von Lord Lyons überbracht, in welchem angefragt wird, ob der Graf mit Favre über die Bedingungen eines Waffenstillstandes unterhandeln wolle. Der Kanzler soll ihm geantwortet haben: „Über die Bedingungen eines Friedens, ja, über die eines Waffenstillstandes, nein." *)

Aus Briefen von Berliner Freunden ersehe ich, daß manchen wohlmeinenden Leuten der Gedanke, das zu behaltende französische Gebiet nicht zu Preußen zu schlagen, nicht in den Kopf will. Ein Schreiben von einem guten Patrioten in Baden fürchtet, daß man das Elsaß und Deutsch-Lothringen Baiern geben könne, und sieht daraus einen neuen Dualismus erwachsen. Er meint in einer Zuschrift an den Chef, „daß allein Preußen die Kraft besitzt, die deutschen Provinzen Frankreichs wieder zu germanisiren, liegt ja auf flacher Hand." Er weist auf „die im Norden allzuwenig beachtete Thatsache hin, daß alle vernünftigen Männer im Süden das Elsaß in Preußens Händen zu sehen wünschen," und erklärt: „Es ist ein grober Irrtum, wenn man im Norden wähnt, den Süden mit Land und Leuten belohnen zu müssen." Woher er das von dem Irrtume hat, weiß ich nicht. Bei uns hegt ihn meines Erachtens niemand. Ich denke, man meint hier, daß es genügt, wenn der Lohn des Südens in seiner endlichen Sicherstellung gegen die französische Eroberungslust besteht. Andre Gedanken des Briefschreibers könnten unter Umständen richtig sein. Unzweifelhaft richtiger und den obwaltenden Verhältnissen entsprechender ist der von mir früher verzeichnete Gedanke unsers Chefs, jene Provinzen zu Reichsland und damit nicht zu einem Gegenstande des Neides und der Verstimmung der Verbündeten Preußens, sondern zu einem Vereinigungspunkte und Bindemittel des Südens mit dem Norden zu machen. — — —

*) Diese Äußerung kann er, wenn man die späteren Vorgänge damit vergleicht, nicht wohl gethan haben.

Man spricht davon, daß der König nicht nach Paris gehen, sondern die weitere Entwicklung der Dinge in Ferrières, der Besitzung Rothschilds, abwarten werde, die etwa auf halbem Wege zwischen Meaux und Paris liegen soll.

Beim Diner ist Fürst Hohenlohe als Gast zugegen. Der Chef ist ebenfalls anwesend, nachdem er vom Essen beim Könige zurückgekehrt ist. Man erfährt, daß der Mittelpunkt der Verwaltung der von unsrer Armee okkupirten französischen Provinzen, abgesehen von Elsaß und Lothringen, Reims werden, daß der Großherzog von Mecklenburg als Generalgouverneur an die Spitze der dortigen Oberbehörden treten und daß Hohenlohe unter ihm eine Stelle einnehmen soll.

Im Gespräch sagt der Chef zu seinem Vetter, der über Übelbefinden klagt: „Wie ich so alt wie du war (jener zählt 38 Jahre) da war ich noch ganz intakt und konnte mir alles zumuten, aber in Petersburg, da kriegte ich den ersten Knax."

Jemand lenkte das Gespräch auf die Stadt Paris und die Franzosen neben den Elsassern, und der Chef äußerte sich ausführlich über das Thema, wobei er zuletzt zu mir spricht — wohl eine Erlaubnis oder ein Wink, seine Worte oder deren Sinn in die Zeitungen zu bringen. Die Elsasser und Deutsch-Lothringer, so sagte er, lieferten den Franzosen viele tüchtige Leute, vorzüglich für die Armee, wären aber bei ihnen gering geachtet, brächten es selten zu höhern Stellen im Staatsdienste und würden von den Parisern durch allerhand Anekdoten und Karikaturen verspottet. „Das geht übrigens," so fuhr er fort, „andern französischen Provinzialen auch so, wenn auch nicht so schlimm. Frankreich zerfällt gewissermaßen in zwei Nationen: Pariser und Provinziale, und diese sind die freiwilligen Heloten der andern. Es gilt jetzt der Emanzipation, der Befreiung Frankreichs von der Herrschaft der Pariser. Wer sich draußen in der Provinz fühlt, wer sich was werden zu können getraut, der siedelt nach Paris über, wird dort in die herrschende Kaste aufgenommen und herrscht dann mit. — Ob wir ihnen nicht den Strafkaiser aufnötigen? Es ist immer noch möglich; denn die Bauern wollen nicht tyrannisirt sein von Paris. Frankreich ist eine Nation von Nullen, eine Herde; sie haben Geld und Eleganz, aber keine Individuen, kein individuelles

Selbstgefühl — nur in der Masse. Es waren dreißig Millionen gehorsame Kaffern, jeder einzelne von ihnen ohne Klang und Wert. — Es war leicht, aus diesen Person- und Charakterlosen eine schockweise Masse zu bilden, welche die andern erdrückte, solange sie noch nicht einig waren."

Abends mehrere Aufsätze gemacht. Themata: Die Liebhaber der Republik in Deutschland, die Leute von der Farbe Jacobys, die sozialistischen Demokraten und ihre Verwandten wollen nichts von Abtretungen Frankreichs an uns wissen; denn sie sind in erster Linie Republikaner und dann erst ein wenig Deutsche. Die Sicherstellung Deutschlands durch den Gewinn von Straßburg und Metz ist ihnen als eine Sicherstellung gegen die von ihnen herbeigewünschte Republik, als eine Schwächung der Propaganda für diese Staatsform, als eine Verminderung der Aussichten auf Verbreitung derselben über den Rhein verhaßt. Ihre Partei geht ihnen über ihr Vaterland. Die Bekämpfung Napoleons war ihnen recht, weil er der Gegner ihrer Doktrin war; seit die Republik an seine Stelle getreten ist, sind sie Franzosen an Gesinnung und Neigung. — Rußland hat das Verlangen einer Revision des Vertrags geäußert, der das Ergebnis seiner Niederlagen im Krimkriege war. Die Abänderung gewisser Punkte dieses Traktats, die es im Auge hat, ist eine solche, für welche die Billigkeit spricht. Der Pariser Frieden enthält in Betreff des Schwarzen Meeres Bestimmungen, die ungerecht sind, da die Küsten dieses Gewässers zum großen Teil zu Rußland gehören.

Sonnabend, den 17. September. Früh mit Willisch eine Stunde spazieren gegangen, nach der grünen Marne hinab, wo Weiber an einer großen öffentlichen Waschanstalt mit Schlägeln Hemden und Bettzeug reinigen, nach der alten Brücke, über deren einer Hälfte sich Mühlgebäude von mehreren Stockwerken erheben, und nach der Vorstadt auf dem linken Ufer des Stromes. Am Ende der Rue Cornillon folgt wieder eine Brücke, die aber gesprengt ist. Sie hat über eine Schlucht oder einen tiefen Durchstich geführt, durch welchen ein Kanal geht. Die Störung des Verkehrs, welche die Sprengung veranlaßt hat, ist von unsern Pontonieren bereits insofern wieder beseitigt, als nicht weit von dem Trümmersturz, der den Kanal verschüttet hat, eine Notbrücke errichtet ist, über welche einzelne Reiter einer soeben ankommenden Schwadron bairischer Kürassiere einer nach dem andern passiren können.

Auf dem Rückwege begegneten wir einer großen Wagenkolonne mit Armeevorräten, die von der Sprengung bis tief in die Stadt hineinreicht. An einer Ecke finden sich mehrere Anschläge, darunter eine meilenlange Ansprache Victor Hugos an die Deutschen, weinerlich und hochtrabend, empfindsam und pomphaft zugleich, Rührei mit dicken Phrasenrosinen drin — echt französisch. Wofür der komische Mann uns halten muß, wenn er meint, daß unsre Pommern und Ostpreußen mit ihrem gesunden Menschenverstande solch Gequassel mögen können. Ein Blusenmann, der es halb laut neben mir las, sagte zu mir: «C'est bien fait, Monsieur, n'est ce pas?» Ich erwiderte, es thäte mir in der Seele leid, ihm sagen zu müssen, daß es kompletter Unsinn wäre. — Was er da für ein Gesicht machte!

Wir besuchen die Kirche, die ein schönes altes Gebäude mit vier Reihen gotischer Säulen ist, welches in dem Kapellengang hinter dem Chor einen in passendem Stil ausgeführten großen Anbau erhalten hat. Zur Seite des Chors, rechter Hand, wenn man durch das Hauptportal hereinkommt, befindet sich ein Marmordenkmal Bossuets, der hier Bischof war und auf der Kanzel dieser Kirche vermutlich gepredigt hat. Der berühmte Verfasser der vier Artikel der gallikanischen Kirche ist hier sitzend dargestellt.

Bei Tische fehlte der Chef, wie er denn diesen Tag bis gegen Abend nicht sichtbar war. Man hörte dann, er sei zu seinem Sohne Bill geritten, der drittehalb Meilen von Meaux bei seinem Regimente stand. Er hatte ihn wohl und munter gefunden. Dann berichtigte er seine Mitteilungen über die Mut- und Kraftproben des jungen Grafen, die oben verzeichnet sind, in einigen Punkten. Darnach war Graf Bill während der Attacke bei Mars la Tour etwa fünfzig Schritt vor dem französischen Karree mit seinem Pferde über einen vor ihm liegenden toten oder verwundeten Gaul gestürzt. „Er schoß eine Lerche," sagte der Chef, „rappelte sich nach einigen Augenblicken wieder auf und führte seinen Braunen im Kugelregen zurück, da er nicht aufsteigen konnte. Er fand dann einen verwundeten Dragoner, setzte ihn auf sein Pferd und gelangte, indem er sich mit diesem gegen das Feuer von der einen Seite deckte, zu seinen Leuten zurück." Das Pferd fiel tot nieder, nachdem Deckung erreicht war.

Heute nach gestriger Information früh und am Nachmittag viel gearbeitet und u. a. folgendem, für die Denkart des Kanzlers charakteristischen Gedanken in einem Artikel Gestalt gegeben:

„Die Morgenausgabe der »Nationalzeitung« vom 11. September enthielt einen Aufsatz: Auf »Wilhelmshöhe,« welcher, indem er, namentlich in seinem ersten Abschnitte, über die rücksichtsvolle Behandlung des Gefangnen von Sedan klagt, einem weitverbreiteten Irrtum huldigt. Die »Nemesis« hätte gegen den »Mann des zweiten Dezembers, den Urheber der Sicherheitsgesetze, den Anstifter des mexikanischen Trauerspiels, den Anzettler dieses greuelvollen Krieges« weniger galant sein sollen. Der Sieger sei »allzuritterlich« gewesen. So urteile das »Volksgemüt,« dem der Verfasser dann Beifall zu geben scheint. Wir teilen diese Ansicht in keiner Weise. Allerdings ist die öffentliche Meinung nur zu sehr geneigt, politische Verhältnisse und Ereignisse in der Weise von privatrechtlichen und privaten überhaupt aufzufassen und unter anderm zu verlangen, daß bei Konflikten zwischen Staaten der Sieger sich mit dem Moralkodex in der Hand über den Besiegten zu Gericht setze und ihn für das, was er gegen ihn, womöglich auch für das, was er gegen andre begangen, zur Strafe ziehe. Ein solches Verlangen ist aber völlig ungerechtfertigt; es stellen, heißt die Natur politischer Dinge, unter welche die Begriffe Strafe, Lohn, Rache nicht gehören, gänzlich mißverstehen; ihm entsprechen, hieße das Wesen der Politik fälschen. Die Politik hat die Bestrafung etwaiger Versündigungen von Fürsten und Völkern gegen das Moralgesetz der göttlichen Vorsehung, dem Lenker der Schlachten, zu überlassen. Sie hat weder die Befugnis noch die Pflicht, das Richteramt zu üben, sie hat sich unter allen Umständen einzig und allein zu fragen: was ist hierbei der Vorteil meines Landes, wie nehme ich diesen Vorteil am besten und fruchtbarsten wahr? Gemütliche Regungen haben auf dem Gebiete der politischen Berechnung so wenig Bürgerrecht als auf dem des Handels. Die Politik hat nicht zu rächen, was geschehen ist, sondern zu sorgen, daß es nicht wieder geschehe.

Indem wir diese Grundsätze auf unsern Fall, auf das Verfahren gegen den besiegten und gefangnen Kaiser der Franzosen anwenden, erlauben wir uns die Frage: Wie kämen wir dazu, den zweiten Dezember, die Sicherheitsgesetze, die Vorgänge in Mexiko — wie sehr wir alles das mißbilligen mögen — an ihm zu strafen? Nicht einmal an Rache für den jetzt von ihm heraufbeschwornen Krieg erlaubt uns das Gesetz der Politik zu denken, und gestattete es den Gedanken, so wäre nicht bloß an Napoleon, sondern so ziemlich an jedem einzelnen Franzosen, etwa in der von der »Nationalzeitung« erwähnten Blücherschen Weise, Rache zu nehmen; denn ganz Frankreich hat, wie seine fünfunddreißig Millionen Einwohner die mexikanische Expedition guthießen, auch den jetzigen Krieg, und zwar mit dem höchsten Eifer, gewollt. Deutschland hat sich einfach die weitere Frage vorzulegen: was nützt uns unter so bewandten Umständen mehr, ein schlechtbehandelter oder ein gutbehandelter Napoleon? und wir denken, daß die Frage sich nicht schwer beantworten läßt.

Auch 1866 ist es nach diesen Grundsätzen gehalten worden. Könnte man in gewissen Maßregeln dieses Jahres, gewissen im Prager Frieden enthaltenen Bestimmungen Rache für vorhergegangene Beleidigungen, Strafe für die Sünden erblicken, die den Krieg von damals herbeiführten, so wären diejenigen, die unter jenen Maßregeln und Bestimmungen litten, wirklich nicht gerade die gewesen, welche am meisten die Rache herausgefordert und die schwerste Strafe verdient hätten."

Sonntag, den 18. September. Früh Aufsätze für Berlin, Hagenau und Reims gemacht: Unter anderm handelte es sich dabei um die Favresche Phrase: »La république c'est la paix.« Der Gedankengang war dabei in der Hauptsache folgender. Frankreich hat in den letzten vierzig Jahren immer und unter allen Gestalten der Friede sein wollen und ist immer und unter allen Gestalten das strikte Gegenteil davon gewesen. Vor zwanzig Jahren wollte das Kaisertum, jetzt will die Republik der Friede sein. 1829 hieß es: die Legitimität ist der Friede, und zu gleicher Zeit kam ein russisch-französisches Bündnis zum Abschluß, welches nur durch die Revolution von 1830 gehindert wurde, seinen Zweck, einen Angriffskrieg gegen Deutschland, zu erfüllen. Daß die „friedliche“ Regierung des „Bürgerkönigs“ uns 1840 den Rhein nehmen wollte, ist ebenfalls bekannt, und unvergessen ist, daß das zweite Kaiserreich mehr Kriege geführt hat, als unter allen andern Regierungsformen vorgekommen sind. Wir können daraus schließen, was wir von Herrn Favres Versicherung in betreff seiner Republik zu erwarten haben. Allen solchen Vorspiegelungen hat Deutschland das Wort entgegenzusetzen: La France c'est la guerre! und dieser Überzeugung gemäß handeln wir, wenn wir die Abtretung von Metz und Straßburg fordern.

Falls die Angaben eines Berichts aus Amerika, dem ein Telegramm vorausgeeilt zu sein scheint, nicht eine Täuschung absichtlicher oder unabsichtlicher Art zur Ursache haben, so wäre ein Attentat auf das Leben des Bundeskanzlers beabsichtigt gewesen oder noch beabsichtigt. Ein durchaus achtbarer, den bessern Ständen angehöriger Mann, der Oberst Wiegel in Baltimore, will in einem dortigen Bierhause gehört haben, wie ein Mensch, den er deutlich beschreiben kann, und welcher der Sprache nach ein Österreicher sein müsse, zu einem andern geäußert habe, er werde, falls ein Krieg ausbreche, Bismarck erschießen. Er habe, so erzählte er weiter, zunächst nicht viel auf diese Äußerung gegeben. Aber kurz nachher habe er den Burschen an Bord eines Bremer Dampfers, der nach Europa bestimmt gewesen, wieder gesehen, auch habe ihm zweimal geträumt, daß der Bösewicht ein Pistol auf einen Offizier in einem Zelte abzudrücken im Begriff sei, der nach Photographien Bismarck sein müsse. Infolgedessen sind wohl die Schutzmänner herbeordert worden. Die Vorsehung wird aber das Beste thun müssen, wenn die Sache nicht etwa eine pia fraus ist, bestimmt, den Kanzler zu bewegen, überhaupt mehr auf seiner Hut zu sein.

Der Chef ist heute mit beim Frühstück, an dem zwei von den Gardedragonern teilnehmen. Beide haben das eiserne Kreuz. Der Minister küßt den einen und nennt ihn du. Ich höre, daß er der Leutnant Philipp von Bismarck und ein Brudersohn des Chefs ist. Der andre ist der Adjutant von Dachröden. Der Neffe des Kanzlers, im Frieden beim Kammergericht, macht den Eindruck eines tüchtigen und bescheidnen Menschen. Als der Minister sich freute, daß er das eiserne Kreuz auf den Vorschlag seiner Kameraden bekommen, erwiderte er, er habe es wohl bloß der Anciennetät nach. Beim Thee fragte ihn der Chef in Bezug auf den Fürsten von Hohenzollern, der bei seinem Regimente steht: „Ist er denn auch Soldat oder bloß Fürst?" Die Antwort lautete günstig. Der Minister erwiderte: „Das ist mir lieb. Mich hat das sehr für ihn eingenommen, daß er seine Wahl zum Könige von Spanien seinem Kommandeur auf dienstlichem Wege angezeigt hat." — Es wurde erwähnt, daß ein bei Sedan in Gefangenschaft geratener General Ducrot zum Danke dafür, daß man ihm gegen sein Ehrenwort mehr Freiheit als andern gestattet, auf dem Wege nach Deutschland — ich glaube, es war in Pont à Mousson — schmählicherweise durchgebrannt sei. Der Chef bemerkte dazu: „Wenn man solche Schurken, die ihr Wort gegeben haben — andre, die ausreißen, sind nicht zu tadeln —, wiederkriegt, so sollte man sie hängen in ihren roten Hosen und auf das eine Bein parjure, und auf das andre infame schreiben. Inzwischen muß das in der Presse ins rechte Licht gestellt werden." — Als von der grausamen Kriegführung der Franzosen die Rede war, äußerte der Minister: „Zieht man einem solchen Gallier die weiße Haut ab, so hat man einen Turko vor sich."

Nachzutragen: Heute war der württembergische Kriegsminister von Suckow ziemlich lange drüben beim Chef, und es heißt, daß es im Schwabenlande mit der deutschen Sache recht gut stehe. Weniger erfreulich sähe es in Baiern aus, und namentlich wäre der Minister Bray so unnational, als er in Anbetracht der Umstände nur sein könnte.

Nachmittags erschien in meinem Hause ein Herr Hellwitz, der sich ganz unbefangen mit seinen zwei Koffern unten bei den Schutzleuten einquartierte. Er hatte dann mit dem Chef eine Unterredung, und soll seines Zeichens Kaufmann sein und für den Grafen Pierrefonds reisen.

Montag, den 19. September. Früh besorgte ich für das Militärkabinett einen deutschen Auszug aus einem an den König gerichteten englischen Briefe. Der Verfasser, der von den Plantagenets abstammen will, ist der ehemalige Lokomotivführer Weale in Jenley, Pembrokeshire. Er hat offenbar wie jener Purkison, der sich vor einigen Tagen mit seinen Prophezeiungen herandrängte, einen Sparren im Kopfe, aber derselbe ist gutartiger Natur. Mit gottseligen Redensarten warnt er in schrecklicher Orthographie auf Grund eines Gespräches zwischen einem Irländer und einem Franzosen, welchem er zugehört haben will, vor den Fallen und Schlingen, die den Preußen in den Wäldern von Meudon, Marly und Bondy gelegt sind. Schließlich segnet er den König, sein Haus und alle seine Unterthanen.

Man hört für gewiß, daß Jules Favre heute um zwölf Uhr hier eintreffen will, um mit dem Chef zu verhandeln. Schönes Wetter hat er dazu. Gegen zehn Uhr kommt der Graf Bismarck-Bohlen vom Kanzler herunter. Es soll gleich fortgehen, nach Schloß Ferrières, vier oder fünf Stunden Wegs von hier. Über Hals und Kopf wird eingepackt. Mit Mühe verschafft mir Theiß von der Wäscherin mein Zeug wieder. Dann heißt es, Abeken und ich sollen mit einem Wagen und einem Diener noch dableiben und später nachkommen. Wir frühstückten zuletzt um elf Uhr mit dem Chef, wobei es einen köstlichen alten weißen Bordeaux gab, den die Besitzerin des Hauses, beiläufig eine Legitimistin, dem Minister verehrt hatte — wie es schien, weil wir ihr und den Ihrigen nichts zuleide gethan hatten. Die legitimistische Gesinnung der alten Dame hatte der Chef aus dem Luzerner Löwen über seinem Bette geschlossen.

Siebentes Kapitel.

Bismarck und Favre in Haute-Maison. — Zwei Wochen im Schlosse Rothschilds.

Jules Favre ließ am 19. September um zwölf Uhr mittags noch auf sich warten, und es wurde aufgebrochen. Doch ließ der Minister auf der Mairie einen Brief für jenen zurück und sagte dem Diener unsrer Vikomtesse, er möge ihn, falls er noch käme, darauf aufmerksam machen. Der Chef und die Räte waren bei dieser Tour nach dem Landsitze des Pariser Goldonkels zu Pferde und ritten nach einiger Zeit den Wagen voraus, von denen ich das Innere des zweiten allein einnahm. Wir fuhren erst bei der Wohnung des Königs vorbei, die sich in einem schönen schloßartigen Hause an der Promenade befand, und dann aus der Stadt hinaus nach dem Kanal auf dem linken Ufer des Flusses, bis wir auch jenen auf einer Notbrücke überschritten. Beim Dorfe Mareuil stieg der Weg etwas bergan, und wir gelangten auf eine Art Vorstufe des Höhenzuges, der auf dieser Seite den Kanal und den Strom begleitet, wo man durch wohlkultivirtes Land, Gemüsegärten, Obstbäume und Rebenpflanzungen mit blauen Trauben weiterfuhr.

Hier kam uns zwischen den Dörfern Mareuil und Montry, an einer Stelle, wo die Chaussee unter breitwipfeligen Bäumen stark bergab ging, eine zweispännige Kutsche mit zugeklappter Decke entgegen, in der drei Herren im Zivilanzuge und ein preußischer Offizier saßen. Unter den Zivilisten befand sich ein ältlicher graubärtiger Herr mit hervortretender Unterlippe. „Das ist Favre," sage ich zum Kanzleidiener Krüger, der hinter mir sitzt, „wo ist der Minister?" — Er war nicht zu sehen, aber wahrscheinlich vor uns und der langen Kolonne von Fuhrwerken, welche, zum Teil hochbeladen, uns die Aussicht versperrten. Ich ließ rascher fahren, und nach einer

Weile begegnete uns der Chef mit Keudell zurückreitend in einem Dorfe, welches, glaube ich, Chessy hieß, und wo Bauern ein totes Pferd mit Stroh und Häckerling bedeckt hatten — Stoffen, die man angezündet hatte, und die einen ganz abscheulichen Geruch verbreiteten.

„Favre ist vorbei, Exzellenz," sagte ich, „da hinauf."

„Weiß schon," erwiderte er lächelnd und trabte weiter.

Tags nachher erzählte uns Graf Hatzfeld einiges von der Begegnung des Bundeskanzlers mit dem Pariser Advokaten und Regenten. Der Minister, der Graf und Keudell waren uns eine gute halbe Stunde Wegs voraus gewesen, als Hofrat Taglioni, der sich im Wagenzuge des Königs befand, ihnen gesagt hatte, daß Favre vorbeigefahren sei. Er war einer andern Straße gekommen und hatte die Stelle, wo diese in die unsrige mündete, später als der Chef und seine Begleiter passirt. Der letztere war ungehalten, daß er davon nicht eher benachrichtigt worden. Hatzfeld jagte Favre dann nach und kehrte, als er ihn gefunden, mit ihm um. Nach einer Weile kam ihnen Graf Bismarck-Bohlen entgegengeritten, der es dem mit Keudell noch weit entfernten Minister melden mußte. Endlich sahen sie denselben bei Montry herankommen. Man wollte hier mit den Franzosen in ein Haus. Sie wurden aber auf das hochliegende Schlößchen Haute-Maison, zehn Minuten Wegs von da, als auf einen geeigneteren Ort aufmerksam gemacht, und so begab man sich dahin.

Hier trafen sie zwei württembergische Dragoner, von denen der eine seinen Karabiner nehmen und vor dem Hause Wache stehen mußte. Auch ein französischer Bauer fand sich vor, der im Gesichte aussah, als ob er eben eine Tracht Prügel bekommen hätte, und den man fragte, ob es hier wohl etwas zu essen und zu trinken gäbe. Während sie noch mit ihm sprachen, trat Favre, der inzwischen mit dem Kanzler hineingegangen war, auf einen Augenblick heraus, und hielt seinem Landsmann eine Rede voll Pathos und Hochsinn. Es wären Überfälle vorgekommen, das dürfe nicht sein. Er sei kein Spion, sondern Mitglied der neuen Regierung, welche das Wohl des Vaterlandes in die Hand genommen und dessen Würde zu vertreten habe, und er fordere ihn im Namen des Völkerrechts und der Ehre Frankreichs auf, zu wachen, daß man diese Stätte heilig halte. Seine, des Regenten, und ebenso seine, des Bäuerleins, Ehre forderten dies gebieterisch, und dergleichen schöne Sachen mehr. Der gute dumme Bauernknabe zeigte diesem Wortschwall ein sehr einfältiges Gesicht, er verstand davon offenbar so wenig, als ob es Griechisch gewesen wäre, und machte eine Figur, daß Keudell sagte: „Wenn der uns vor Überfall behüten soll, da ist mir der Soldat dort doch viel lieber."

Von andrer Seite erfuhr ich diesen Abend noch, daß Favre von den Herren Rink und Hell, früheren Legationssekretären Benedettis, und von dem Fürsten Biron begleitet gewesen sei, und daß man für ihn im Dorfe beim Schlosse Ferrières Quartier bestellt habe, da er sich weiter mit dem Chef zu besprechen wünsche. Keudell aber erzählte: „Als der Bundeskanzler aus dem Zimmer, wo er mit jenem verhandelt, wieder heraustrat, fragte er den Dragoner vor der Thüre, woher er wäre. — »Aus Schwäbisch-Hall.« — »Na, Sie können sich was darauf einbilden, bei der ersten Friedensverhandlung in diesem Kriege Wache gestanden zu haben«."

Wir andern hatten mittlerweile eine Zeitlang in Chessy auf die Rückkunft des Kanzlers gewartet und waren dann, vermutlich mit dessen Erlaubnis, weitergefahren, bis wir nach ungefähr zwei Stunden Ferrières erreicht hatten. Auf dem Wege passirten wir den Rand der Zone, welche die Franzosen um Paris herum geflissentlich verwüstet hatten. Doch war die Zerstörung hier noch mäßig; nur schien die Bevölkerung der Dorfschaften, die wir berührten, von den Mobilgarden zum großen Teil verjagt worden zu sein. Nirgends hörte man meines Wissens einen Hund, dagegen sahen wir in einigen Höfen Hühner umhergehen. An den meisten Thüren, an denen wir vorüber kamen, stand mit Kreide geschrieben: „Korporalschaft N." oder „1 Offizier und 2 Pferde" oder etwas andres der Art. In den Dörfern stieß man zuweilen auf städtisch gebaute Häuser, und seitwärts lagen Villen und Schlösser mit Parks, was auf die Nähe der Großstadt deutete. Bei dem einen der Dörfer, durch die wir kamen, lagen viele Hunderte ausgetrunkner Weinflaschen im Graben und auf dem Felde neben der Straße. Ein Regiment hatte hier eine gute Quelle entdeckt und bei ihr Rast gehalten. Von Wachtposten an der Landstraße und andern Vorsichtsmaßregeln, wie man sie vor Chateau Thierry und Meaux getroffen, war hier nichts zu bemerken, was für den Chef, wenn er spät und mit schwacher Begleitung nachkam, bedenklich werden konnte.

Endlich, als es zu dämmern begann, fuhren wir in das Dorf Ferrières und bald darauf in das daneben gelegene Gut Rothschilds hinein, in dessen Schlosse der König und mit ihm die erste Staffel des Großen Hauptquartiers für längere Zeit Wohnung nahmen. Der Minister sollte in den letzten drei Zimmern im ersten Stock des rechten Flügels Quartier haben, wo er auf die Wiesen, den Teich und den Park des Schlosses hinaussah, das Büreau nahm eine der größern Stuben des Parterre in Beschlag, und in einer kleinern auf demselben Korridor sollte gespeist werden. Baron Rothschild war ausgeflogen und in Paris und hatte nur einen Bettmeister oder Kastellan, der sich auf das Wichtigthun verstand, sowie drei oder vier dienstbare Geister weiblichen Geschlechts zurückgelassen.

Es war schon dunkel, als der Chef auch eintraf und sich bald nachher mit uns zu Tische setzte. Während wir noch aßen, ließ Favre anfragen, wann er kommen könne, um die Unterhandlungen fortzusetzen, und von halb zehn bis nach elf Uhr hatte er in unserm Büreau mit dem Kanzler eine Konferenz unter vier Augen. Als er wieder ging, sah er — „vielleicht noch Rest einer Mimik, die drinnen rühren gesollt," bemerkt mein Tagebuch — bedrückt, niedergeschlagen, fast verzweifelnd aus. Die Besprechung schien also noch zu keiner Verständigung geführt zu haben; die Herren in Paris mußten erst mürber werden. Im übrigen erschien ihr Gesandter und Vertreter als ein ziemlich großer Mann mit grauem Backenbart, der sich um das Kinn zog, etwas jüdischem Gesichtstypus und dicker, hängender Unterlippe.

Beim Diner hatte der Chef, daran anknüpfend, daß der König nach Clayes gefahren war, um einen Angriff von unsrer Seite zu verhüten, u. a. davon gesprochen, daß manche unsrer Generale „die Hingebung des Troupiers stark gemißbraucht, um zu siegen." — — — „Zwar mögen," so fuhr er fort, „die hartherzigen Bösewichter im Generalstabe recht haben, wenn sie sagen, falls die fünfmalhunderttausend Mann, die wir jetzt etwa in Frankreich haben, draufgingen, so wäre das eben unser Einsatz beim Spiel, wenn wir nur gewännen. Aber den Stier bei den Hörnern fassen, ist leichte Strategie." — — — „Der 16. bei Metz war ganz in der Ordnung; denn hier mußten sie allerdings auch mit Opfern aufgehalten werden. Die Opferung der Garde am 18. war nicht nötig. Man hätte bei Saint Privat warten sollen, bis die Sachsen ihren Umgehungsmarsch vollendet hatten.". — — —

Während des Essens hatten wir auch eine Probe von der Gastlichkeit und dem Anstandsgefühl des Herrn Baron zu bewundern, dessen Haus der König mit seiner Gegenwart beehrte, und dessen Besitz infolgedessen in jeder Weise geschont wurde. Herr von Rothschild, der hundertfache Millionär und überdies bis vor kurzem Generalkonsul Preußens in Paris gewesen, ließ uns durch seinen „Regisseur" oder Haushofmeister patzig den Wein verweigern, dessen wir bedurften, wozu ich bemerke, daß derselbe wie jede andre Lieferung bezahlt werden sollte. Vor den Chef citirt, setzte der dreiste Mensch seine Renitenz fort, leugnete erst ganz und gar, überhaupt Wein im Hause zu haben, und gab dann zwar zu, daß er „ein paar hundert Flaschen Petit Bordeaux im Keller habe" — in Wahrheit lagen cirka 17000 darin —, erklärte aber, uns davon nichts abtreten zu wollen. Der Minister machte ihm jedoch den Standpunkt in sehr kräftiger Rede klar, hob hervor, was das für eine unartige und filzige Art sei, mit der sein Herr die Ehre erwidere, die ihm der König dadurch erwiesen, daß er bei ihm abgestiegen sei, und fragte, als der vierschrötige Patron Miene machte, sich wieder aufzubäumen, kurz und bündig, ob er wisse, was ein Strohbund sei. Jener schien das zu ahnen; denn er wurde blaß, sagte aber nichts. Es wurde ihm dann bemerkt, daß ein Strohbund ein Ding sei, auf welches halsstarrige und freche Regisseure so gelegt würden, daß ihre Rückseite oben sei, und das weitere könne er sich vielleicht vorstellen. — Andern Tags hatten wir, was wir verlangt, und auch später kam meines Wissens keine Klage vor. Der Herr Baron aber erhielt für seinen Wein nicht nur den geforderten Preis, sondern, wie man hörte, obendrein Pfropfengeld, so daß er an uns noch etwas anständiges verdiente.

Ob das so geblieben, als wir fort waren, war mir eine Zeit lang zweifelhafter als die Beantwortung der Frage, ob es so hätte bleiben sollen. Deutlicher gesprochen: ich wußte keinen vernünftigen Grund für ein Verhalten aufzufinden, bei dem man den Millionär Rothschild mit Requisitionen, und zwar seinem Vermögen angemessenen Requisitionen, auch dann noch verschont hätte, als man nicht mehr sagen konnte, sie seien für den König und seine Umgebung. In der That wurde später in Versailles erzählt, daß schon am Tage nach unsrer Abreise ein halb Dutzend Requisitionskommandos in Ferrières erschienen sei und eine Menge eß- und trinkbarer Dinge abgeholt habe, und daß selbst die Hirsche im Gehege am Teiche von unsern Soldaten vergnügt aufgegessen worden seien. Zu meiner tiefen Betrübnis aber mußte ich dann aus glaubwürdiger Quelle erfahren, daß dem nicht so war. Jene Erzählungen waren fromme Wünsche, die sich, wie das oft geht, in Mythen verwandelt hatten. Die Ausnahmestellung des Schlosses war bis zum Ende des Krieges in jeder Beziehung gewahrt worden. Um so widerwärtiger fühlte man sich durch die Nachricht berührt, daß Rothschild in der Pariser Gesellschaft, jene Rede unsers Chefs lügenhaft übertreibend, verbreitet haben sollte, die Preußen hätten seinen Regisseur in Ferrières prügeln wollen, weil die Fasanen, die er ihnen vorgesetzt, nicht getrüffelt gewesen wären.

Am andern Morgen kam der Minister in die mit hübsch geschnitzten Eichenholzmöbeln und einigen kostbaren Porzellanvasen ausgestattete „Chambre de Chasse" des Schlosses, die wir zum Büreau umgewandelt hatten, sah sich das auf dem Mitteltische liegende Jagdbuch an und zeigte mir das Blatt vom 3. November 1856, welches besagt, daß er an diesem Tage mit Galiffet und andern hier gejagt und zweiundvierzig Stück Wild, vierzehn Hasen, ein Kaninchen und siebenundzwanzig Fasanen geschossen. Jetzt jagte er mit Moltke und andern ein vornehmeres Wild, den Wolf von Grand Pré, wovon er damals wohl noch nichts ahnte und seine Jagdgenossenschaft sicherlich noch weniger.

Um elf Uhr hatte er die dritte Zusammenkunft mit Favre, nach welcher eine Beratung beim Könige stattfand, bei der auch Moltke und Roon zugegen waren. Das gab, nachdem einige Briefe nach Berlin, Reims und Hagenau geschrieben waren, ein paar Stunden Zeit, mich mit der neuen Wohnstätte bekannt zu machen. Ich benutzte dies zu einer Besichtigung des Schlosses, soweit es uns zugänglich war, sowie zu einem Streifzuge durch seine Umgebung, die in einem nach Süden hin gelegenen Park, einem im Norden sich anschließenden Blumengarten, einem etwa vierhundert Schritt westlich vom Schlosse befindlichen Komplexe von Ställen und Wirtschaftsgebäuden, denen gegenüber, jenseits der Fahrstraße, eine ausgedehnte Gärtnerei mit Obstpflanzungen, Gemüsebeeten und langgestreckten prächtigen Gewächshäusern liegt, sowie in einem noch vom Parke eingeschlossenen Schweizerhäuschen besteht, welches zur Wohnung für Dienstleute und zugleich zum Waschlokale dient.

Über das Schloß will ich kurz sein. Es ist der Form nach ein Viereck, das zwei Stockwerke und an jeder der vier Ecken einen dreistöckigen Turm mit stumpf zulaufender Bedachung hat. Der Stil ist ein Gemisch aus verschiedenen Schulen der Renaissance, bei denen es zu keiner rechten Gesamtwirkung kommt und das Ganze namentlich nicht so groß aussieht, als es in Wirklichkeit ist. Am besten nimmt sich noch die südliche Front mit ihrer mit stattlichen Vasen geschmückten Freitreppe aus, die zu einer Terrasse führt, auf welcher Orangen- und Granatbäume in Kübeln stehen. Der Haupteingang ist auf der Nordseite, wo man zunächst in ein Vestibül mit Büsten römischer Kaiser gelangt, die ganz hübsch sind, von denen aber nicht wohl zu begreifen ist, was sie im Hause des Krösus der modernen Judenheit zu suchen haben. Von hier führt ein etwas gedrücktes Treppenhaus, dessen Wände mit Marmor bekleidet sind, in den Hauptsaal des Gebäudes, um den eine von vergoldeten jonischen Säulen getragene Galerie herumläuft. Die Wand über derselben schmücken Gobelins. Unter den Gemälden des mit allerlei Prunk ausgestatteten Saales befindet sich ein Reiterbild von Velasquez. Auch sonst haftet der Blick unter den prächtigen Sachen auf dem und jenem, was zugleich schön ist. Im großen und ganzen aber macht der Raum den Eindruck, als ob der Besitzer weniger an Schönheit und Behagen, als daran gedacht hätte, recht Teueres zusammen zu stellen.

Läßt das Schloß hiernach ziemlich kalt, so verdienen die Garten- und Parkanlagen um dasselbe alles Lob. Das gilt sowohl von den Blumenbeeten vor der nördlichen Fassade mit ihren Statuen und Springbrunnen, als, und zwar in noch höherem Grade, von den vorderen Partien des Parkes, der weiterhin zum Walde wird und hier nur von geradlinigen Fahr- und Reitwegen durchschnitten ist, von welchen einige nach einem großen Vorwerke führen. Jene vordern Teile zeigen schöne fremdländische Bäume und geschmackvoll zusammengestellte Gruppen von solchen und einheimischen, anmutigen Wechsel von Wald, Wiese und Wasser und zuweilen überraschende Durchblicke durch Buschwerk und Wipfelkronen. Von dem Schlosse flachen sich Grasplätze, von Kieswegen durchschlängelt, nach einem Teiche mit schwarzen und weißen Schwänen, türkischen Enten und anderm bunten Geflügel ab. Jenseits des Wasserspiegels erhebt sich rechts ein künstlicher Hügel, wo Schlangenpfade durch Strauchwerk und Laub- und Nadelholz nach dem Gipfel führen. Links von dem kleinen See kommt man an ein Gehege mit Hirschen und Rehen, und weiterhin auf dieser Seite murmelt ein Bach zwischen hohen Waldbäumen am Saum einer Lichtung. Auf den Wiesen vor der Freitreppe weiden Schafe und gehen Hühner, denen sich zuweilen Fasanen zugesellen, welche auf den ferner gelegenen Blößen in ganzen Trupps auftreten, und deren der Park vier- bis fünftausend beherbergen soll. Diesen guten Dingen gegenüber verfahren unsre Soldaten, als ob das alles ungenießbar wäre, und doch haben sie ohne Zweifel eine andre Ansicht und dazu mitunter einen gesunden Hunger.

„Tantalus in Uniform!“ sagte ein mythologisch gestimmtes Gemüt, als wir drei von den leckern Vögeln, die auch ohne Sauerkraut à la Rothschild, d. h. in Champagner gekochtes, gut zu essen sind, so nahe an einer seitab aufgestellten Schildwache vorbeiwandeln sahen, daß sie von ihr mit dem Bajonett aufgespießt werden konnten.

„Ob ein französischer Mobiler das wohl aushielte?“ fragte ein andrer Begleiter.

Auf dem Hügel am Teiche suchten und fanden wir, von Abekens Kunstliebe aufmerksam gemacht, eine Statue, mit welcher der Schloßherr diesen Teil seines Besitzes verzieren zu sollen geglaubt hatte.

10*

Sie scheint eine von seinen Nebengottheiten neben Adonai zu sein. Auf dem Gipfel der Anhöhe postirt, von rötlichem Thon angefertigt, stellt sie eine Dame vor, die einen Spieß in der Hand und eine Mauerkrone auf dem Kopfe hat und ungefähr anderthalbmal so groß als gewöhnliche Damen ist. Auf dem Piedestal steht — vermutlich, damit man dem preußischen Generalkonsul nicht Unrecht widerfahren lasse und auf den Verdacht gerate, er habe seinem Park eine Borussia einverleibt — mit großen Buchstaben AVSTRIA. Ich hatte den Gedanken: Es wird wohl ein Denkmal der Dankbarkeit sein, der Baron wird an Österreichs Finanznöten viel verdient haben. Ein Besucher voll ungeregelter Hochgefühle hatte, jene Bezeichnung und Warnung vor Mißverständnis übersehend, der Dame mit Bleistift aufs Hemd geschrieben: „Heil Dir, Germania, Deine Kinder sind einig!“ Ein Vetter des Kladderadatsch aber hatte darunter bemerkt: „Det war doch früher nich. Ein Berliner Kind“ — eine Glosse, die ihm schnöderweise auch bei einem zweiten dithyrambischen Gefühlsausbruche eingefallen war, mit dem ein andrer Begeisterter den Schild der thönernen Mamsell bekiselackt hatte, und der lautete: „Deine Kinder sind auf ewig vereint, Du große Göttin Deutschland!“

Im Schweizerhause herrschte oben in den Stuben eine greuliche Wirtschaft. Die Thüren waren aufgebrochen, die Sachen der hier wohnenden Dienstleute herumgestreut, auf dem Boden lagen Wäschestücke, Weiberröcke, Papier und Bücher — darunter die „Liaisons dangereuses,“ eine allerliebste Lektüre für Wäscherinnen und Mägde! — im wirren Durcheinander umher.

Von unsern Entdeckungsreisen zurückgekehrt, erfuhren wir, daß der anfangs so anmaßliche Regisseur uns nach näherer Betrachtung nicht mehr als ganz und gar unwillkommene Gäste zu betrachten vermochte. Er fürchtete sich ungemein vor den „francvoleurs,“ wie die Franctireurs jetzt vielfach von den Besitzenden auf dem Lande bezeichnet wurden, und diese Furcht hatte ihn unsrer Anwesenheit neben ihrer verdrießlichen Seite auch eine freundliche abgewinnen lassen. Er hatte gegen einen von uns gemeint, daß jene Herren, die mit den Mobilen und den Chasseurs d'Afrique um die Wette überall in der Nachbarschaft geplündert und Verwüstungen angerichtet, bei Clayes in den Landhäusern alles kurz und klein geschlagen und die Bauern mit dem Säbel in der Hand gezwungen haben, ihre Wohnungen zu verlassen und in die Waldungen zu flüchten, wenn wir nicht in Ferrières wären, leicht auf den Einfall kommen könnten, dem Schlosse einen Besuch abzustatten, und sogar die Möglichkeit hatte sich seinem beklommenen Gemüte präsentirt, sie könnten es für zweckmäßig halten, es niederzubrennen. Wahrscheinlich infolge dieser Betrachtungen hatte er sich besonnen, daß der Keller des Herrn Baron auch Champagner enthielt, und daß er uns davon eine Anzahl Flaschen zu einem guten Preise abtreten konnte, ohne eine Todsünde zu begehen. Wir fingen auf Grund dieser Meinungsänderung an, uns heimischer zu fühlen.

Man erfuhr beim Frühstück, daß beim Generalstabe die Nachricht eingelaufen war, Bazaine, der in Metz lückenlos eingeschlossen sein mußte, habe beim Prinzen Friedrich Karl brieflich angefragt, ob die ihm durch ausgewechselte Gefangne zugekommene Kunde von der Niederlage bei Sedan und der Proklamirung der Republik begründet sei, und der Prinz habe ihm dies ebenfalls brieflich und unter Beilegung von Pariser Zeitungen bejaht.

Abends wurde ich zum Chef hinaufgerufen, der nicht zu Tische erschien und, wie es hieß, nicht recht wohl war. Eine kleine steinerne Wendeltreppe, die sich ehrerbietig stimmend „Escalier particulier de Monsieur le Baron“ nannte, führte mich hinauf in ein sehr elegant ausgestattetes Zimmer, wo der Kanzler im Schlafrock auf dem Sofa saß. Ich sollte telegraphiren, daß die Franzosen am Tage zuvor — wir hatten die Kanonenschüsse gehört, aber gezweifelt, ob es solche gewesen — mit drei Divisionen in südlicher Richtung einen Ausfall gemacht hätten, aber in voller Deroute zurückgeworfen worden wären, wobei sie sieben Geschütze und über zweitausend Mann an Gefangnen verloren hätten.

Mittwoch, den 21. September, wo der Chef sich von seinem Unwohlsein erholt hatte, gab es wieder reichlicher zu thun, doch gehören Inhalt und Zweck der betreffenden Arbeiten zum großen Teil nicht vor die Öffentlichkeit, wie denn überhaupt manche gute Dinge, die gethan, erlebt oder gehört wurden, sich selbstverständlich der Mitteilung entziehen. Ich sage das ein für allemal und lediglich zu dem Zwecke, damit nicht zuweilen der Verdacht entstehe, ich habe den Feldzug mehr als vergnügter Phäake als in dem Bewußtsein mitgemacht, als rechtschaffner „Soldat von der Feder“ dienen zu sollen.

Mitteilbar wird jetzt folgende Stelle aus meinem Tagebuche sein:

„Die kaiserliche Emigration in London hat sich ein Organ zur Vertretung ihrer Interessen, «La Situation», geschaffen. Die von uns im Osten Frankreichs gegründeten Blätter werden ihr Publikum mit dem Inhalt unter Angabe der Quelle bekannt machen, aber so, daß wir unsre Meinung nicht mit der von jenem identifiziren, d. h., es wird damit nicht beabsichtigt, auf Wiedereinsetzung des Kaisers durch uns vorzubereiten; es gilt nur, Unsicherheit und Uneinigkeit unter den uns ohne Ausnahme feindlichen französischen Parteien zu erhalten, wozu auch die Beibehaltung der kaiserlichen Embleme und Ausfertigungsformulare dienen wird. Napoleon ist uns sonst gleichgültig, die Republik uns einerlei, das Chaos in Frankreich uns bis auf weiteres nützlich. Die Zukunft der Franzosen geht uns nichts an, sie mögen selbst dafür sorgen, daß sie sich günstig für sie gestaltet. Für uns hat sie nur insofern Bedeutung, als unser Interesse dabei im Spiele ist, welches in der Politik überhaupt der Leitstern sein muß.“

Als der Chef ausgegangen ist, und seine Aufgaben besorgt sind, wieder Ausflug in den Park, wo die Fasanen auch heute noch keine blasse Ahnung davon zu haben scheinen, daß es hienieden Jägersleute und Schrotflinten giebt, die ihnen nicht wohlwollen. Bei Tische ist Graf Waldersee aus dem benachbarten Lagny zugegen, wo die zweite Staffel des großen Hauptquartiers untergebracht ist. Er erzählt, daß der Ring von Truppen, der sich seit einigen Tagen um Paris herumzieht, sich nunmehr geschlossen hat, und daß der Kronprinz sich in Versailles befindet. Offiziere, die in Babel an der Seine gefangen gewesen, haben berichtet, die Mobilgarde sei den regulären Soldaten sehr abgeneigt und werfe ihnen vor, sich bei dem letzten Gefecht feig benommen zu haben, ja man habe schon auf einander geschossen. In drei Steinbrüchen ferner habe man geflüchtete Bauern gefunden. In einem Walde soll man auf Mobilgardisten oder Franctireurs gestoßen sein, die man mit Granatschüssen herausgetrieben hätte, und welche dann, da sie Offiziere ermordet, mit Ausnahme eines einzigen, „den man laufen lassen, um die Bestrafung warnend weiter zu erzählen,“ von den Truppen getötet worden wären — wahrscheinlich ein Gebilde des in aufgeregter Zeit blühenden Triebes zum Fabuliren, das immer nach demselben Muster webt, und dem wir schon wiederholt bei der Arbeit begegnet sind. Endlich sollen sich in Sèvres, zwischen Paris und Versailles, die Einwohner preußische Besatzung zum Schutze gegen die Plünderungen und Mißhandlungen erbeten haben, die ihnen von Seiten der Francvoleurs und Moblots widerfahren seien.

Beim Thee erfährt man noch einiges über die letzte Verhandlung des Kanzlers mit Jules Favre. Es soll Letzterm dabei bemerkt worden sein, daß man ihm die nähern Bedingungen eines Friedens noch nicht mitteilen könne, da diese erst in einer Versammlung der deutschen Nächstbeteiligten festgestellt werden müßten, daß es aber ohne Abtretung von Land nicht abgehen werde, da wir einer bessern Grenze gegen französische Angriffe unumgänglich bedürften. Es habe sich indes bei der Besprechung weniger um den Frieden und unsre mit demselben in Verbindung stehenden Forderungen gehandelt, als um die Zugeständnisse von seiten der Franzosen, gegen die wir einen Waffenstillstand bewilligen könnten. Favre habe sich bei der Erwähnung von Landverlust höchst erregt geberdet, Seufzer ausgestoßen, die Augen gen Himmel gewendet und patriotische Thränen vergossen. Der Chef erwartet nicht, daß er wiederkommt. Das ist wohl auch dem Kronprinzen geantwortet, der diesen Morgen — ich schrieb die letzten Sätze am 22. früh — telegraphisch angefragt hat.

Donnerstag, den 22. September abends. Die Franzosen werden nicht müde, uns der Welt als Barbaren und grausame Wüteriche zu denunziren, und die englische Presse, besonders der uns notorisch von Grund aus feindliche „Standard“, leiht ihnen dazu bereitwillig ihre Mitwirkung. Fast ohne Unterlaß schüttet jenes Blatt die ärgsten Verleumdungen unsers Verhaltens gegen die französische Bevölkerung und gegen die Gefangnen vor seinen Lesern auf den Tisch, und immer sind's angeblich Augenzeugen oder sonst gut unterrichtete, aus ersten Quellen schöpfende Leute, welche diese Lügen oder Verdrehungen und Übertreibungen des Sachverhalts liefern. So hat in den letzten Tagen der Herzog von Fitz James ein Schaudergemälde von unsern Greuelthaten in Bazeilles geleistet, bei welchem er nur echte Farben verwendet haben will, und so lamentirt ein Herr L., der den bei Sedan gefangen genommenen und gemißhandelten französischen Offizier spielt, in kläglichen Tönen über die unmenschlichen Preußen. Man könnte das vielleicht auf sich beruhen lassen. Aber ein Herzog imponirt auch den uns günstiger Gestimmten überm Kanal, und bei dreister Verleumdung bleibt immer etwas hängen. Daher geht heute eine Widerlegung dieser schmählichen Nachreden an die uns wohlwollenden Londoner Zeitungen ab. Sie lautet:

„Wie in jedem Kriege, so sind auch in diesem eine große Anzahl von Dörfern niedergebrannt, meist infolge von Artilleriefeuer, deutschem wie französischem. Dabei sind Weiber und Kinder, die sich in Keller geflüchtet und sich nicht rechtzeitig gerettet, in den Flammen umgekommen. Das gilt auch von Bazeilles, welches mit Gewehrfeuer genommen und mehrmals wieder genommen wurde. Der Herzog von Fitz James ist Augenzeuge lediglich in Betreff der Ruinen des Dorfes, die er nach der Schlacht gesehen hat, wie sie tausend andre mit Bedauern gesehen haben. Alles Übrige in seinem Bericht stammt aus Erzählungen unglücklicher und erbitterter Leute. In einem Lande, wo schon die Regierung eine unerhörte systematische Fertigkeit im Lügen entwickelt, ist kaum anzunehmen, daß zornige Bauern auf der Brandstätte ihrer Häuser große Neigung zu wahrheitsgemäßem Zeugnis über ihre Feinde haben werden. Durch amtliche Meldung ist festgestellt, daß die Einwohner von Bazeilles, nicht etwa in Uniform, sondern in Blusen und Hemdsärmeln, aus den Fenstern auf die verwundeten und unverwundeten deutschen Truppen in den Straßen geschossen und die Verwundeten zu ganzen Zimmern voll in den Häusern ermordet haben. Auf gleiche Weise ist konstatirt worden, daß Weiber, mit Messern und Flinten bewaffnet, sich der größten Grausamkeiten gegen todwunde Soldaten schuldig gemacht, daß andre Frauen, gewiß nicht in Nationalgardenuniform, sich in Gemeinschaft mit den männlichen Einwohnern ladend und selbst schießend an dem Gefechte beteiligt haben, und daß sie dabei gleich andern Kämpfern verwundet oder getötet worden sind. Diese Umstände sind dem Herzog von Fitz James von seinen Gewährsmännern natürlich nicht erzählt worden. Sie würden das Anzünden des Dorfes, selbst wenn es absichtlich geschehen wäre, um den Feind aus der Position darin zu vertreiben, vollständig entschuldigen. Es ist aber nicht einmal die Absichtlichkeit nachweisbar. Daß Frauen und Kinder ins Feuer zurückgetrieben worden wären, ist eine von den niederträchtigen Lügen, mit welchen die Franzosen die Bevölkerung ängstigen und zum Hasse gegen uns aufstacheln. Sie bewirken dadurch die Flucht der Leute, welche in der Regel wenige Tage nach dem Einrücken der Deutschen in ihre Dörfer zurückkehren, ganz erstaunt darüber, daß sie von letztern besser behandelt werden als von den französischen Truppen. Wo die Angst nicht hinreicht, die Einwohner zur Flucht zu treiben, schickt die Regierung Horden von bewaffneten Blusenmännern, zuweilen durch afrikanische Truppen unterstützt, um die Bauern mit Säbelhieben aus ihren Wohnungen zu jagen und letztere zur Strafe für den Mangel an Patriotismus zu verwüsten.

Was den Brief „eines gefangnen Offiziers“ (Bouillon, 9. September) anlangt, so enthält auch dieser mehr Lüge als Wahrheit. In Betreff der Behandlung der Gefangnen kann Deutschland sich auf 150000 bessere Zeugen, als dieser anonyme und verlogne Offizier einer ist, berufen, dessen ganzes Schreiben nur der Ausdruck der Rachsucht ist, welche die eitlen und übermütigen Elemente des französischen Volkes, von denen letzteres sich leider beherrschen und leiten läßt, noch für eine lange Zukunft beseelen wird. Aus diesem Geiste der Rachsucht leuchtet die Gewißheit des neuen Angriffs hervor, dem Deutschland ausgesetzt sein wird, und diese Gewißheit zwingt uns, beim Friedensschlusse keinen andern Gesichtspunkt als den der Befestigung unsrer Grenzen zu verfolgen. Wahr ist in dem Briefe des angeblichen Offiziers, des Herrn L., daß es nach der Übergabe von Sedan an Lebensmitteln fehlte, aber nicht bloß für die Gefangnen, sondern ebenso für die Sieger, welche mit jenen geteilt haben, was sie hatten, solange sie aber selbst nichts hatten, auch nichts geben konnten. Wenn sich Herr L. darüber beklagt, daß er in Regen und Schmutz habe biwakiren müssen, so liegt darin der beste Beweis, daß er kein Offizier ist, und daß er den Krieg bis dahin nicht mitgemacht hat. Er ist irgend ein gemieteter Schreiber, der das Zimmer gar nicht verlassen hat, und diese Klage läßt vermuten, daß die ganze Erzählung des Mannes von seiner Gefangennahme eine Erfindung ist; denn wäre er Offizier im Dienste, so würde er wissen, daß die meisten seiner Kameraden ganz sicher — wenigstens gilt das von den Deutschen — von den etwa vierzig Nächten seit Beginn des Krieges mindestens dreißig unter denselben Umständen zugebracht haben. Wenn es des Nachts regnete, haben sie im Regen, und wenn die Stelle des Biwaks schmutzig war, haben sie im Schmutze gelegen. Nur jemand, der diesen Feldzug nicht mitgemacht hat, kann darüber in Ungewißheit sein und sich über ein solches Vorkommnis wundern. Wenn Herr L. sich rühmt, seine lederne Geldtasche behalten zu haben, so ist dies der klarste Beweis, daß er eben nicht ausgeplündert worden ist. Denn es giebt wohl keinen Soldaten, der nicht, wenn er Geld hat, dasselbe heute wie vor fünfzig und hundert Jahren in einer solchen Tasche auf dem bloßen Leibe trüge, und wenn die deutschen Soldaten das Geld des Herrn L. hätten haben wollen, so wußten sie aus eigner Erfahrung, wo es an ihm zu finden. Die wenigen Deutschen, die in französische Gefangenschaft geraten sind, wissen davon zu erzählen, wie rasch die Fäuste ihrer Gegner die Uniform des Gefangnen aufreißen und, wenn das Ledertäschchen zu fest sitzt, ohne Rücksicht auf die Haut des Patienten mit Säbel oder Messer hinein schneiden. Die Behauptungen über die Mißhandlungen der Gefangnen bei Sedan erklären wir für dreiste, willkürliche Lügen. Eine große Anzahl der französischen Gefangnen, vielleicht ein Viertel derselben, war viehisch betrunken, da sie in den letzten Stunden vor der Kapitulation alle Wein- und Branntweinvorräte in der Stadt geplündert hatten. Daß betrunkene Leute schwerer zu handhaben sind, als nüchterne, liegt auf der Hand, aber Mißhandlungen, wie die in dem Artikel erzählten, sind nach der Disziplin, welche unter den preußischen Truppen herrscht, weder bei Sedan noch sonstwo vorgekommen. Daß diese Disziplin selbst die Bewunderung der französischen Offiziere erregt hat, ist bekannte Thatsache. Den gegnerischen Truppen können wir leider in dieser Beziehung nicht dasselbe gute Zeugnis ausstellen wie in Betreff ihrer Tapferkeit im Feuer. Es ist den französischen Offizieren vielfach nicht gelungen, ihre Untergebnen von der Ermordung Schwerverwundeter, die am Boden lagen, abzuhalten, und zwar ist das nicht nur bei den afrikanischen Truppen der Fall gewesen, selbst wenn einzelne höhere Offiziere die Bedrohten mit Gefahr ihres Lebens gegen die eignen Leute zu verteidigen versuchten. Die deutschen Gefangnen, welche nach Metz gebracht wurden, sind bekanntlich mit Anspeien, Schlägen und Steinwürfen durch die Straßen geleitet worden, und bei ihrer Entlassung haben afrikanische Truppen ein Spalier gebildet und die Gefangnen mit Stöcken und Peitschen nach Art des alten Spießrutenlaufens durch ihre Glieder getrieben. Diese Vorkommnisse können wir durch amtliche Protokolle nachweisen, welche eine andre Bedeutung haben, als die anonymen Briefe des Herrn L. Aber ist dergleichen denn zu verwundern, wenn die Journale einer Stadt wie Paris, welche jetzt unter dem heuchlerischen Vorwande der Zivilisation Schonung verlangt, ohne irgend welchen Widerspruch zu erfahren, dazu auffordern, den Verwundeten, welche man nicht mitnehmen könne, den Schädel zu spalten, oder wenn sie den Rat erteilen, die Deutschen wie Wölfe zum Dünger der Felder zu benutzen? Die ganze mit dürftiger Kultur überzogene Barbarei der französischen Nation ist in diesem Kriege zu voller Entwicklung gediehen, und wenn der französische Übermut früher sagte: Grattez le Russe et vous trouverez le Tartare, so wird niemand, welcher das Verhalten der Russen gegen ihre Feinde im Krimkriege und das der Franzosen im jetzigen zu vergleichen imstande ist, darüber noch zweifelhaft sein, daß diese Redensart auf die Franzosen zurückfällt." — „Schreiben Sie aber Bernstorff", sagte er, als wir fertig waren, „ich verbäte mir solche Aufforderung zur Polemik mit englischen Zeitungen für die Zukunft. Der Botschafter muß nach eignem Urteil vorgehen."

Ich notire für jetzt und künftig: 1. Man hält in England die Schleifung der französischen Ostfestungen für genügend zu unsrer Sicherung. Aber die Verpflichtung zur Abtragung von Festungswerken auf fremdem Gebiet konstituirt eine Servitut, die immer verletzender ist als die Abtretung. 2. Man schließt dort oder will schließen, daß Straßburg sich so lange gegen uns wehre, beweise die Anhänglichkeit der Einwohner an Frankreich. Aber die Festung Straßburg wird von französischen Truppen, nicht von der deutschen Bürgerschaft verteidigt, die hartnäckige Verteidigung ist also kein Ausfluß deutscher Treue.

Als wir eben bei der Suppe sitzen, kommt einer von der Hofdienerschaft und meldet, daß der Kronprinz sich für Diner und Nachtquartier habe ansagen lassen, womit er — der Sekretär, Furier oder was er sonst ist — das Verlangen verbindet, ihm für die fünf Herren in der Begleitung Seiner Königlichen Hoheit das Büreau und den großen Salon oben neben der Wohnstube des Kanzlers einzuräumen. Der Chef antwortet: „Das Büreau, nein, das geht nicht, wegen der Geschäfte." Dann stellt er das Zimmer, wo er sich wäscht, zur Verfügung, will auch Blumenthal oder Eulenburg in sein Schlafgemach nehmen. Den Salon aber brauche er zum Empfange der französischen Unterhändler und wenn Fürsten zu ihm kämen. Der Quartiermacher zog mit einem langen Gesichte ab. Er hatte natürlich ein unbedingtes Ja für selbstverständlich gehalten.

Beim Essen war Graf Lehndorff zugegen, und es gab eine lebhafte Unterhaltung. Als von der Besteckung des alten Fritz vor den Linden mit schwarz-rot-gelben Fahnen die Rede war, mißbilligte der Minister, daß Wurmb die Aufrührung des Streites über die Farben zugelassen habe. — — — „Für mich," sagte er, „ist die Sache abgemacht, seit die norddeutsche Fahne einmal angenommen ist. Sonst ist mir das Farbenspiel ganz einerlei. Meinethalben grün und gelb und Tanzvergnügen, oder auch die Fahne von Mecklenburg-Strelitz. Nur will der preußische Troupier nichts von schwarz-rot-gelb wissen" — was ihm, wenn man an die Berliner Märztage und an das Erkennungszeichen der Gegner im Mainfeldzuge von 1866 erinnert, von Billigdenkenden nicht übel genommen werden wird.

Der Chef sprach hierauf davon, daß der Friede noch fern sei, und fügte hinzu: „Wenn sie nach Orleans gehen, so folgen wir ihnen nach, und wenn sie noch weiter gehen, bis ans Meer." Er las alsdann die eingelaufnen Telegramme vor, darunter die Liste der in Paris befindlichen Truppen. „Es sollen zusammen 180 000 Mann sein,“ sagte er, „es sind aber kaum 60 000 wirkliche Soldaten darunter. Die Mobilgarden und die Nationalgardisten mit ihren Tabatièren sind nicht zu rechnen.“ — — — Das Gespräch drehte sich hiernach eine Weile um Gegenstände der Tafel, wobei man u. a. hörte, daß Alexander von Humboldt, der ideale Mensch unsrer Demokratie, „ein ungeheurer Esser“ gewesen, der bei Hofe „ganze Berge von Hummersalat und andern schwer verdaulichen Delikatessen auf seinen Teller zusammengehäuft und dann in seinen Magen versenkt“ habe. Wir hatten zuletzt Hasenbraten, und der Chef äußerte dabei: „So ein französischer Lampe ist doch eigentlich gar nichts gegen einen pommerschen Hasen, hat keinen Wildgeschmack. Wie anders unser Schmandhase, der sich seinen Wohlgeschmack von Heidekraut und Thymian holt!“

Nach halb elf Uhr ließ er herunterfragen, ob noch jemand beim Thee sei. Man meldete ihm: „Doktor Busch.“ Er kam, trank ein paar Tassen Thee mit etwas Cognac, den er mit Recht für gesund erklärte, wenn er gut sei, und aß ausnahmsweise einige Bissen kalte Küche. Später nahm er sich eine Flasche voll kaltgewordnen Thee mit, den er als Nachttrunk zu lieben scheint, da ich ihn während des Feldzugs mehrmals am Morgen noch auf seinem Nachttische sah. Er blieb bis nach Mitternacht, und wir waren die erste Zeit allein. Nach einer Weile fragte er, woher ich gebürtig sei. Ich erwiderte, aus Dresden. Welche Stadt mir besonders lieb wäre? Wohl meine Geburtsstadt? Ich verneinte das mit einiger Entschiedenheit und sagte, nächst Berlin wäre Leipzig die Stadt, in der mir am wohlsten wäre. Er erwiderte lächelnd: „So, das hätte ich nicht gedacht; Dresden ist doch eine so schöne Stadt.“ Ich gab ihm den hauptsächlichsten Grund an, weshalb es mir trotzdem dort nicht gefiele. — — — Er schwieg dazu.

Ich fragte, ob wegen des Kanonen- und Gewehrfeuers, welches man aus den Pariser Straßen her gehört haben wollte, telegraphirt werden sollte. — „Ja,“ sagte er, „thun Sie das.“ — „Über die Besprechung mit Favre aber wohl nicht?“ — „Doch,“ und dann fuhr er fort: „Haute Maison bei — wie heißt es doch gleich? — Montry, erste, dann in Ferrières denselben Abend zweite, dann andern Mittag dritte Besprechung, aber sowohl wegen Waffenstillstand als wegen Frieden ohne jeden Erfolg. Auch von seiten andrer französischer Parteien sind Unterhandlungen mit uns eingeleitet worden," worüber er sodann einige Andeutungen gab, aus denen zu schließen war, daß er damit die Kaiserin Eugenie gemeint hatte.

Der Chef lobt den auf dem Tisch stehenden Rotwein aus dem Schloßkeller, von dem er dann ein Glas trinkt. Er schilt darauf wieder auf das ungebührliche Benehmen Rothschilds und meint, der alte Baron hätte mehr Lebensart besessen. Ich spreche von dem Fasanengewimmel im Parke. Ob man da nicht eine Jagd anstellen werde? — „Hm," versetzte er, „es ist zwar verboten, im Park zu schießen; was will man aber machen, wenn ich hinaus gehe und ein paar hole? Arretiren is nich; denn da haben sie niemand, der den Frieden besorgt." — Er kommt später auf Jagd überhaupt zu reden. — „Wenn ich jetzt mit dem Könige in Letzlingen jage, so ists der alte Wald unsrer Familie. Burgstall ist uns abgedrückt worden — vor dreihundert Jahren — rein der Jagd wegen. Es gab damals dort wohl noch einmal so viel Wald als jetzt. Zu der Zeit war es nicht viel wert, mit Ausnahme der Jagd. Heutzutage ist es Millionen wert." — — — „Die Entschädigung war unbedeutend — nicht der vierte Teil des Wertes, und jetzt ists fast ganz zu Wasser geworden," u. s. w.

Ein andrer Gegenstand brachte ihn auf Schützengeschicklichkeit, und er berichtete, wie er als junger Mann ein so gutes Pistol gehabt, daß er damit Papierblätter auf hundert Schritt getroffen und den Enten auf dem Teiche die Köpfe abgeschossen habe. —

Wieder ein andres von ihm oft behandeltes Thema ließ ihn bemerken: „Wenn ich tüchtig arbeiten soll, so muß ich gut gefüttert werden. Ich kann keinen ordentlichen Frieden schließen, wenn man mir nicht ordentlich zu essen und zu trinken giebt. Das gehört zu meinem Gewerbe."

Die Unterhaltung lenkte — ich weiß nicht mehr, wie — auf die alten Sprachen ab. „Als ich Primaner war," sagte er, „da konnte ich recht gut lateinisch schreiben und sprechen; jetzt sollte es mir schwer fallen, und das Griechische habe ich ganz vergessen. Ich begreife überhaupt nicht, wie man das so eifrig betreiben kann. Es ist wohl bloß, weil die Gelehrten nicht im Werte mindern wollen, was sie selbst mühsam erworben haben." Ich erlaubte mir an die disciplina mentis zu erinnern und bemerkte, die zwanzig oder dreißig Bedeutungen der Partikel ἄν wären doch auch etwas sehr Schönes für den, der sie an den Fingern herzählen könne. Der Chef entgegnete: „Ja, aber das ist im Russischen, wenn man an die disciplina mentis im Griechischen denkt, doch noch viel schöner. Man könnte statt des Griechischen gleich das Russische einführen; das hätte auch einen unmittelbaren praktischen Nutzen. Da giebts eine Menge Feinheiten, die bei der Unvollkommenheit der Konjugation aushelfen müssen, und die achtundzwanzig Deklinationen, die man früher hatte, waren auch was fürs Gedächtnis. Jetzt giebts zwar nur noch drei, aber dafür um so mehr Ausnahmen. Und wie werden die Stämme dabei verwandelt — von manchem Worte bleibt nur ein Buchstabe."

Wir reden von der Behandlung der schleswig-holsteinischen Frage im Bundestage der fünfziger Jahre. Graf Bismarck-Bohlen, der inzwischen dazu gekommen ist, bemerkt, das müsse doch zum Einschlafen gewesen sein. — „Ja," sagt der Chef, „in Frankfurt schliefen sie bei den Verhandlungen mit offnen Augen. Überhaupt eine schläfrige, fade Gesellschaft, die nur genießbar wurde, wie ich als der Pfeffer dazu kam." Er erzählte dann eine anmutige Geschichte von dem damaligen Bundestagsgesandten Graf Rechberg. — — —

Ich frage darauf nach der „berühmten" Zigarrengeschichte. — „Welche meinen Sie?" — „Die, wo Exzellenz, als Rechberg Ihnen was vorrauchte, sich auch eine ansteckten." — „Thun wollten Sie sagen. — Ja, das war einfach. Ich kam zu ihm, als er arbeitete und dazu rauchte. Er bat mich, einen Augenblick zu verziehen. Ich wartete eine Weile; als es mir aber zu lange wurde, und er mir keine Zigarre anbot, nahm ich mir eine und ersuchte ihn um Feuer, das er mir mit etwas verwundertem Gesicht auch gab. Aber es ist noch eine andre Geschichte der Art zu erzählen. Bei den Sitzungen der Militärkommission hatte, als Rochow Preußen beim Bundestage vertrat, Österreich allein geraucht. Rochow hätte es als leidenschaftlicher Raucher gewiß auch gern gethan, getraute sichs aber nicht. Als ich nun hinkam, gelüstete michs ebenfalls nach einer Zigarre, und da ich nicht einsah, warum nicht, ließ ich mir von der Präsidialmacht Feuer geben, was von ihr und den andern Herren mit Erstaunen und Mißvergnügen bemerkt zu werden schien. Es war offenbar für sie ein Ereignis. Für diesmal rauchten nun bloß Österreich und Preußen. Aber die andern Herren hielten das augenscheinlich für so wichtig, daß sie darüber nach Hause berichteten. Auch nach Berlin muß mans geschrieben haben; denn es erfolgte eine Anfrage vom Hochseligen, der selber nicht rauchte und die Sache vermutlich nicht nach seinem Geschmacke fand. Die erforderte nun reifliche Überlegung an den kleinen Höfen, und es dauerte wohl ein halbes Jahr, daß nur die beiden Großmächte rauchten. Darauf begann auch Schrenky, der bairische Gesandte, die Würde seiner Stellung durch Rauchen zu wahren. Der Sachse Nostiz hatte gewiß auch große Lust dazu, aber wohl noch keine Erlaubnis von seinem Minister. Als er indes das nächste Mal sah, daß der Hannoveraner Bothmer sich eine genehmigte, muß er, der eifrig österreichisch war — er hatte dort Söhne in der Armee — sich mit Rechberg verständigt haben; denn er zog jetzt ebenfalls vom Leder und dampfte. Nun waren nur noch der Württemberger und der Darmstädter übrig, und die rauchten überhaupt nicht. Aber die Ehre und die Bedeutung ihrer Staaten erforderten es gebieterisch, und so langte richtig das folgende Mal der Württemberger eine Zigarre heraus — ich sehe ihn noch, es war ein langes, dünnes, hellgelbes Ding, Kouleur Roggenstroh — und rauchte sie mit mürrischer Entschlossenheit als Brandopfer für das Vaterland wenigstens halb. Nur Hessen-Darmstadt enthielt sich, wahrscheinlich in dem Bewußtsein, zur Rivalität nicht groß genug zu sein."

Freitag, den 23. September. Heute Morgen herrliches, nach elf Uhr sehr heißes Wetter. Bevor der Chef aufgestanden, Ausflug in den Park. In einem Gehege links vom Bache ein starkes Rudel weidender Rehe. Weiter draußen eine prachtvolle Volière, in deren geräumigen Drahtkäfigen eine Menge ausländischer Vögel, darunter chinesische, japanesische, neuseeländische, seltene Tauben, Goldfasanen u. dgl., auch eine Wachtelzucht. Zurückgekehrt, begegnete ich Keudell im Korridor. „Krieg!“ ruft er. „Brief von Favre, der alle unsre Forderungen ablehnt.“ Wir werden das mit Kommentaren in die Presse besorgen und dabei andeuten dürfen, daß der gegenwärtige Bewohner von Schloß Wilhelmshöhe am Ende doch nicht so übel sei, und daß er uns von Vorteil sein könnte.

Nach dem Frühstück bekomme ich eine Anzahl aufgefangener englischer Briefe aus Paris zu etwaiger Benutzung des Inhalts, der meist für Zeitungen bestimmt ist. Es ist indes für unsre Presse wenig davon von Interesse: Lamentos über die Verwüstung der hübschen Boulevards, über Angriffe des Volkes auf imperialistische Generale, z. B. Vaillant, Mitteilung eines Rundschreibens Jules Favres und ähnliches.

Bei Tische, wo Tauffkirchen, der in Reims angestellt werden soll, und Oberpostdirektor Stephan Gäste des Chefs sind, erzählt letzterer, daß die Dörfer weiter nach Paris hin samt den dortigen Schlössern und Villen alle verlassen und großenteils furchtbar verwüstet sind. In Montmorency, wo sich eine schöne Bibliothek und eine Münz- und Altertümersammlung befunden haben, seien die Gold- und Silbermünzen gestohlen und nur die kupfernen zurückgeblieben, alles übrige zerfetzt, zerschlagen und herumgestreut. Der Chef sagt: „Das ist kein Wunder, wo die Regierung Leute, die sonst nur auf einen Tag weggelaufen und wieder gekommen wären, von den Mobilgarden und Chasseurs d'Afrique mit dem Säbel hat forttreiben und zur Strafe für ihre unpatriotische Seßhaftigkeit ihre Häuser hat verwüsten lassen. Unser Troupier stiehlt keine Münzen und zerreißt keine Bücher. Das haben die Mobilen gethan, die viel Gesindel enthalten. Unser Troupier, der nimmt sich zu essen und zu trinken, wo man ihm nichts giebt und das ist sein Recht, und wenn er beim Suchen darnach eine Thür oder einen Schrank zusammenschlägt, so ist auch nichts dagegen zu sagen. Wer heißt sie weglaufen?“

Abends auf Befehl des Ministers telegraphirt, daß Toul sich unter denselben Bedingungen ergeben hat wie Sedan.

Sonnabend, den 24. September kam der Chef bei Tische u. a.

auf die Prunksachen oben im großen Saale zu sprechen, die er sich erst jetzt angesehen hatte, und unter denen sich, wie man hörte, auch ein Thron oder Tisch befand, welcher einem französischen Marschall oder General in China — oder wars in Kochinchina — unversehens an den Fingern hängen geblieben und dann von ihm an unsern Herrn Baron verkauft worden war — eine Merkwürdigkeit, die ich bei unserm Besuch des Zimmers unbilligerweise nicht beachtet hatte. Das Urteil des Chefs über diese Luxusentwickelung lautete ungefähr wie das vor ein paar Tagen notirte. „Alles recht teuer, aber wenig schön und und noch weniger behaglich." Er fuhr dann fort: „So ein ausgebautes, fertiges Besitztum wie das hier könnte mir keine Befriedigung gewähren. Es wäre von andern gemacht, nicht von mir. Es ist zwar manches daran recht schön, aber es fehlt die Freude des Neuschaffens, des Umgestaltens. Auch ist es ganz was anderes, wenn ich fragen muß: sollst du fünf- oder zehntausend Thaler auf diese oder jene Verbesserung verwenden? als wenn man nicht auf die Mittel zu sehen hat. Immer genug und mehr als genug haben, ist langweilig zuletzt." Wir aßen heute Fasanen (ungetrüffelt), und der Regisseur bethätigte in Betreff des Weines, daß die Erleuchtung und Besserung seines innern Menschen guten Fortgang genommen hatte. Ferner meldete der Oberproviantmeister des mobilen Auswärtigen Amtes, den dasselbe in Graf Bismarck-Bohlen verehrte, daß ein Berliner Wohlthäter dem Chef eine Liebesgabe von vier Flaschen Curaçao gewidmet habe, von dem dann eine Probe gereicht wurde. „Der Steinhäger aber wird alle," schloß der Graf seinen Bericht. — Der Kanzler fragte: „Kennst Du (Name unverständlich)?" — „Ja." — „Nun dann telegraphire ihm doch: Alter Nordhäuser ganz unentbehrlich im Hauptquartier. Zwei Kruken sogleich." Später waren Gutsverhältnisse, namentlich pommersche, das Thema des Tischgesprächs, wobei der Minister im Hinblick auf die frühern und die jetzigen Zustände der Herrschaft Schmoldin der Rücksichtnahme der Gutsherrn auf die kleinen Leute warm das Wort redete. — — —

Abends wurde wieder einmal in einem Aufsatze unsrer guten Freunde, der französischen Ultramontanen gedacht, die wie im Frieden so jetzt im Kriege nach Kräften gegen die deutsche Sache thätig sind, das Volk gegen uns aufwühlen, in den Zeitungen Lügen über uns verbreiten, sogar die Bauern gegen uns ins Gefecht führen wie bei Beaumont und Bazeilles.

Sonntag, den 25. September. Fast leerer Tag heute. Nichts von Bedeutung zu verzeichnen. Der Chef war diesen Morgen mit dem König und andern in der Kirche und nachmittags unsichtbar. Vielleicht ist etwas von besonderer Wichtigkeit im Werke. Wir bekommen Briefe aus Berlin, nach welchen die Biskuits, die wir von Reims im Depeschensacke des Feldjägers nach Hause geschickt haben, wohlbehalten angekommen sind und nicht einmal nach Leverströms Thranstiefeln geschmeckt haben, die mit ihnen reisten. Ein zurückkehrender Depeschensack dagegen hat Unglück gehabt: er entwickelt, als Bölsing ihn öffnet, einen starken Portweingeruch, und der Inhalt der zerbrochenen Flasche hat mehrere Akten tiefschamrot darüber werden lassen, daß sie es unterlassen, gegen solche Begleitung von vornherein zu protestiren. Sie haben vermutlich, als die Flasche ihnen beigepackt wurde, harmlos an eine Sendung roter Tinte gedacht. Bei Tische lenkte irgend etwas das Gespräch auf die Juden. „Sie haben doch eigentlich keine rechte Heimat," sagte der Chef. „Etwas Allgemein-Europäisches, Kosmopolitisches, sind Nomaden. Ihr Vaterland ist Zion (zu Abeken) Jerusalem. Sonst gehören sie der ganzen Welt an, hängen durch die ganze Welt zusammen. Nur der kleine Jude hat so was wie Heimatsgefühl. Auch giebt es unter diesen gute rechtschaffne Leute. So war da einer bei uns in Pommern (Name nicht zu verstehen), der handelte mit Häuten und ähnlichen Produkten. Das muß einmal nicht gegangen sein; denn er wurde bankerott. Da kam er denn zu mir und bat mich, ich sollte ihn schonen und meine Forderung nicht anmelden. Er würde mich schon bezahlen, wenn er könnte, nach und nach. Nach alter Gewohnheit ging ich darauf ein, und er zahlte wirklich. Noch als Bundestagsgesandter in Frankfurt kriegte ich Abzahlungen von ihm, und ich glaube, daß ich, wenn überhaupt was, doch weniger als andre verloren habe. Solche Juden wirds vielleicht nicht viel mehr geben. Übrigens haben sie auch ihre Tugenden: Respekt vor den

Eltern, eheliche Treue und Wohlthätigkeit werden ihnen nachgerühmt." —

Montag, den 26. September. Früh in verschiedener Gedankenfolge für die Presse das Thema behandelt: man behauptet, es könne nicht gestattet sein, Paris mit seinen Sammlungen, Kunstbauten und Denkmälern zu beschießen, es sei das ein Verbrechen gegen die Zivilisation. Warum nicht gar? Paris ist eine Festung; daß man darin Kunstschätze aufgehäuft, prächtige Paläste errichtet und anderes Schöne geschaffen hat, alterirt diesen Charakter nicht. Eine Festung ist ein Kriegsapparat, der ohne Rücksicht auf das, was sonst mit ihm verbunden ist, unschädlich gemacht werden muß. Wenn die Franzosen ihre Monumente, ihre Bücher- und Gemäldesammlungen durch Krieg nicht gefährdet wissen wollten, so durften sie dieselben nur nicht mit Fortifikationen umgeben. Übrigens haben sie sich keinen Augenblick besonnen, Rom zu bombardiren, wo sich doch ganz andre Monumente, solche von unersetzlichem Werte befanden. — Dann Artikel über die Kriegslust der französischen Linken vor der Kriegserklärung zur Benutzung für unsere Blätter im Elsaß abgesandt.

Am Diner nahm heute der Leibarzt des Königs Dr. Lauer teil. Das Gespräch drehte sich eine Zeit lang um allerlei Kulinarisches und Gastronomisches. Man erfuhr dabei, daß das Lieblingsobst des Kanzlers die Kirschen sind, und daß er nächst ihnen „auf die blaue Bauernpflaume große Stücken hält." Die vier Karpfen, welche einen der Gänge bildeten, brachten den Chef auf seine Stellung zur Welt der eßbaren Fische, über die er sich eingehend ausließ. Unter den Flußfischen giebt er den Maränen, nicht mit den Muränen zu verwechseln, und den Forellen den Vorzug, von welchen letztern er in den Gewässern bei Varzin sehr schöne hat. Von den großen Forellen, die in Frankfurt am Main bei Gastereien eine Rolle spielen, denkt er gering. Sonst mag er die Seefische lieber, und unter diesen zieht er den Dorsch allen andern vor. „Doch ist auch eine gut geräucherte Flunder nicht übel, und selbst den ganz gemeinen Hering möchte ich, wenn er frisch ist, nicht verachtet wissen." Man geht zu dem Kapitel Austern über, wobei der Minister sagt: „Ich habe mir um die Bewohner von Aachen in meinen jungen Jahren ein Verdienst erworben wie Ceres durch Erfindung des Ackerbaues um die Menschheit, nämlich dadurch, daß ich sie lehrte, Austern zu braten." Lauer fragt nach dem Rezept, welches ihm darauf mitgeteilt wird. Wenn ich recht verstand, bestreut man die Tiere mit geriebener Semmel und Parmesankäse und bratet sie in ihrer Schale auf einem Kohlenfeuer. Ich blieb dabei im stillen bei meinem Glauben: Die Auster und die Kochkunst haben nichts mit einander gemein. Frisch, im eignen Wasser und ohne Zuthat, das ist das einzige Rezept. Der Chef redete dann noch Unterschiedliches über Waldbeeren, Bick-, Krons- und Moosbeeren, als genauer Kenner, desgleichen über die große Familie der Pilze, von denen er vorzüglich in Esth- und Finnland viele und sehr gute angetroffen habe, die bei uns unbekannt seien. Er sprach hierauf vom Essen überhaupt und bemerkte scherzhaft: „In unsrer Familie sind lauter starke Esser. Wenn viele von solcher Kapazität im Lande wären, könnte der Staat nicht bestehen. Ich würde auswandern." Ich erinnerte mich dabei, daß auch Friedrich der Große auf diesem Gebiete viel vermocht. Die Unterhaltung wendete sich dann militärischen Dingen zu, und der Minister äußerte u. a., die Ulanen wären doch die beste Reiterei. Die Lanze gäbe dem Manne großes Selbstvertrauen. Man behaupte, sie hindre im Busch: das sei jedoch irrig im Gegenteil, sie sei ganz gut zum Wegbiegen der Zweige. Er wisse das aus eigner Erfahrung, da er zwar zuerst bei den Jägern, dann aber als Landwehr-Lanzenreiter gedient habe. Die Abschaffung der Lanze bei der ganzen Kavallerie der Landwehr sei ein Mißgriff. Der gekrümmte Säbel nütze, zumal er schlecht geschliffen, nur wenig; viel praktischer sei der gerade Stoßdegen, u. dgl. m.

Nach Tische läuft ein Brief von Favre ein, worin er bittet: erstens, daß der Beginn des Bombardements von Paris vorher angezeigt werde, damit das diplomatische Korps sich entfernen könne, zweitens, daß letzterm der briefliche Verkehr nach Außen gestattet werde. Abeken sagt, als er mit dem Schreiben vom Chef herunterkommt, er werde über Brüssel antworten. „Da kommt der Brief aber spät oder gar nicht an, sondern zu uns zurück," bemerkt Keudell. — „Nun, das schadet ja nichts," erwidert Abeken. — — — Der König wünscht Zeitungen zu sehen und es soll ihm das Wichtigste angestrichen werden. Der Chef hat ihm die Norddeutsche Allgemeine Zeitung vorgeschlagen, und ich soll das Anstreichen besorgen und die Blätter dann zum Minister hinaufschicken.

Abends noch mehrmals zum Chef hinaufgerufen, um Aufträge zu empfangen, erfahre ich u. a., daß „der Bericht Favres über seine Unterredungen mit dem Kanzler zwar das Bestreben, wahrheitsgetreu zu sein, bekundet, aber nicht ganz genau ist, was unter den obwaltenden Umständen und bei drei Besprechungen nicht Wunder nehmen kann." Namentlich tritt darin die Waffenstillstandsfrage zurück, während sie doch im Vordergrunde gestanden hat. Von Soissons ist nicht die Rede gewesen, sondern von Saargemünd. Favre war zu einer erheblichen Geldentschädigung bereit. Die Waffenstillstandsfrage bewegte sich zwischen der Alternative: Erstens Einräumung eines Teils der Befestigungen von Paris, und zwar eines die Stadt beherrschenden Punktes, an uns und dafür Freigebung des Verkehrs der Pariser mit der Außenwelt; zweitens Verzicht auf jene Einräumung, aber Übergabe von Straßburg und Toul. Das letztere beanspruchten wir, weil es in den Händen der Franzosen uns die Zufuhr unsrer Bedürfnisse erschwert. Über die Abtretung von Gebiet bei einem Friedensschlusse sprach sich der Bundeskanzler zunächst dahin aus, daß er sich über die Grenzen derselben erst erklären könne, wenn sie im Prinzip angenommen sei. Dann, als Favre wenigstens eine Andeutung über unsre Forderungen in dieser Hinsicht verlangte, wurde ihm bemerkt, daß wir Straßburg, den „Schlüssel zu unserm Hause," und die Departements Ober- und Niederrhein, desgleichen Metz und einen Teil des Mosel-Departements zu unsrer Sicherstellung für die Zukunft bedürften. Der Waffenstillstand sollte zum Zweck der Befragung der französischen Volksvertretung abgeschlossen werden.

Nach dem Essen kommt eine große Nachricht an: Rom von den Italienern besetzt, der Papst und die Diplomaten im Vatikan zurückgeblieben.

Dienstag, den 27. September. Bölsing zeigt mir im Auftrage des Chefs die von diesem umgeschriebene und kürzer und fester gemachte Antwort auf Favres Brief. Sie besagt ad 1: vorherige

Anzeige sei nicht Kriegsgebrauch, ad 2: eine belagerte Festung scheine nicht der geeignete Sitz für Diplomaten; offne Briefe, die nichts Schädliches enthielten, werde man durchlassen können. Man hoffe sich in dieser Auffassung der Dinge mit dem diplomatischen Korps zu begegnen. Dasselbe könne ja nach Tours gehen, wohin sich dem Vernehmen nach auch die französische Regierung zu begeben beabsichtige. Die Antwort ist deutsch abgefaßt, was Bernstorff schon begonnen, Bismarck aber konsequenter durchgeführt hat. „Früher," so berichtet Bölsing, „waren die meisten Sekretäre im Auswärtigen Amte Leute von der französischen Kolonie, wovon Roland und Delacroix noch übrig sind, und auch von den Räten wurde fast alles französisch betrieben. Selbst die Ausgangs- und Eingangsregister wurden so geführt, die Gesandten berichteten gewöhnlich französisch u. s. w." Jetzt wird die Sprache des „schnöden Galliers," wie Graf Bohlen die Franzosen nennt, nur noch ausnahmsweise, z. B. gegen solche Regierungen und Gesandte gebraucht, deren Muttersprache wir nicht geläufig lesen können, die Register aber sind seit Jahren schon deutsch.

Abeken ist heute nicht im Büreau zu sehen, und man hört, daß er einen Schlaganfall gehabt, und daß Lauer gerufen worden ist. Es soll indes nicht sehr gefährlich sein. Der Chef arbeitet ungewohnterweise schon seit früh acht Uhr Er hat wieder einmal nicht schlafen können. Ich bekomme von ihm verschiedene Aufträge, die im Laufe des Vormittags erledigt werden. Es gehen Artikel über das feindselige Betragen der Luxemburger, über die Unterredung des Chefs mit Favre, über England und Amerika ab. Wir bekommen jetzt auch reichlicher Zeitungen. Ferner treffen die Briefe aus Deutschland seit einigen Tagen rascher ein. Bamberger ist von Hagenau weggegangen, weil es ihm unter den dort eingetroffnen Büreaukraten zu eng und unbequem geworden ist. Vorher hat er drei Wochen lang mit vielem Eifer und bekanntem Geschick gearbeitet und erreicht, was unter den schwierigen Verhältnissen erreichbar gewesen ist, und alles in guten Gang gebracht. Er fühlt sich mit andern beunruhigt durch die Möglichkeit, daß wir an eine Wiedereinsetzung Napoleons denken, hält sie aber für eine moralische Unmöglichkeit und ist somit geneigt, anzunehmen, daß Andeutungen in der Presse, in denen sie als denkbar erscheint, nur eine Pression auf die provisorische Regierung in Paris im Auge haben.

Beim Diner sind Fürst Radziwill und Knobelsdorf vom Generalstabe anwesend. Als von der Stelle in Favres Bericht über seine Verhandlungen mit dem Chef die Rede ist, wo er geweint haben will, meint der Minister: „Es ist wahr, er sah so aus, und ich versuchte ihn einigermaßen zu trösten. Wie ich mir ihn aber genauer betrachtete — ich glaube ganz bestimmt, daß er nicht eine Thräne herausgebracht hatte. Er dachte vermutlich mit Schauspielerei auf mich zu wirken, wie die Pariser Advokaten auf ihr Publikum. Ich bin fest überzeugt, daß er auch weiß geschminkt war — besonders das zweite Mal. An diesem Morgen sah er viel grauer aus, um den Angegriffenen und Tiefleidenden vorzustellen. — Es ist auch möglich, daß es ihm wirklich nahe geht, aber er ist kein Politiker, er sollte wissen, daß Gefühlsausbrüche nicht in die Politik gehören." Nach einem Weilchen fuhr der Minister fort: „Als ich was von Straßburg und Metz fallen ließ, machte er ein Gesicht, als ob das Scherz von mir wäre. Ich hätte ihm da erzählen können, wie mir einmal — wie heißt er gleich? — der große Kürschner unter den Linden — Salbach sagte. Ich ging mit meiner Frau hin, um nach einem Pelze zu fragen, und da nannte er mir für den, der mir gefiel, einen hohen Preis. Sie scherzen wohl? versetzte ich. Nein, erwiderte er, ins Geschäft nie."

Später wurde ihm der amerikanische General Burnside gemeldet. Er antwortete, jetzt wäre er bei Tische, der Herr General möge die Gefälligkeit haben, wiederzukommen. — „In einer oder zwei Stunden?" — „Ach, meinetwegen in einer halben." Dann fragte er mich: „Sie, Doktor Busch, was war der eigentlich?" Ich sagte ihm, ein sehr achtbarer General im Bürgerkriege, nach Grant und Sherman, wenn man von den Konföderirten absähe, der bedeutendste.

Man sprach dann von der Einnahme Roms und dem Papste im Vatikan, und der Chef äußerte über den letztern u. a.: „Ja, Souverän muß er bleiben. Nur fragt sichs, wie. Man würde mehr für ihn thun können, wenn die Ultramontanen nicht überall so gegen uns aufträten. Ich bin gewohnt, in der Münze wiederzuzahlen, in der man mich bezahlt." — „Ich möchte übrigens wissen, wie unser Harry (von Arnim, der norddeutsche Gesandte beim päpstlichen Stuhle) sich jetzt befinden und fühlen mag. Wahrscheinlich heute früh so, abends so, und morgen früh wieder anders — wie seine Berichte. Der wäre eigentlich ein zu vornehmer Gesandter für einen kleinen Souverän. Er ist aber nicht blos der Fürst des Kirchenstaates, sondern das Haupt der katholischen Kirche." — —

Nach dem Essen, als wir eben mit dem Kaffee fertig waren, kam Burnside mit noch einem ältern Herrn, der ein rotes Wollenhemd und einen Papierkragen trug, wieder. Der General, ein ziemlich großer, wohlbeleibter Mann mit dicken, buschigen Augenbrauen und auffallend hübschen weißen Zähnen, konnte mit seinem abgezirkelten, kurz gehaltenen Wilhelmsbarte für einen ältlichen preußischen Major in Zivil gelten. Der Chef setzte sich mit ihm auf das Sofa links vom Fenster im Speisezimmer und unterhielt sich auf Englisch lebhaft mit ihm bei einem Glase Kirschwasser, das später ergänzt wurde. Fürst Radziwill sprach unterdessen mit dem andern. Nachdem der Minister seinem Besuche bemerkt, daß er etwas spät zu unsrer Kampagne käme, und dieser das erklärt hatte, setzte er ihm auseinander, daß wir im Juli nicht im entferntesten den Krieg gewollt und, als wir mit der Kriegserklärung überrascht worden, nicht an Eroberungen gedacht hätten — weder der König noch das Volk. Unsre Armee sei vortrefflich für Verteidigungskriege, aber zur Ausführung von Eroberungsplänen schwer zu verwenden; denn das Heer sei das Volk, und das Volk sei nicht ruhmbegierig, es brauche und wolle den Frieden. Eben deshalb aber verlange die Volksstimme, die Presse, jetzt eine bessere Grenze; um der Erhaltung des Friedens willen müßten wir nunmehr einem ehr- und eroberungssüchtigen Volke gegenüber auf Sicherheiten für die Zukunft bedacht sein, und die fänden wir nur in einer Defensivstellung, die besser wäre als die bisherige. Burnside schien das einzusehen und lobte höchlich unsre vortreffliche Organisation und die tapfern Thaten unsrer Truppen. — — —

Ich hatte abends nach neun Uhr eben im Auftrage des Chefs

telegraphirt, daß die Mobilgarden stark desertiren, und daß man schon eine Anzahl derselben dafür füsilirt, als Krüger, während wir beim Thee sitzen, die Meldung bringt, daß Straßburg über ist. Keudell fragt, woher er das wisse. — Eben sei Bronsart beim Chef erschienen, um es zu verkündigen, und dann sagt uns Krausnick, daß auch Podbielski mit der Nachricht gekommen. Bronsart tritt später selbst in das Büreau, um zu erzählen, daß ein Telegramm, welches die Kapitulation melde, eingelaufen sei, und setzt hinzu, der Kanzler habe geäußert, wenn er jünger wäre, so tränke er auf die gute Botschaft eine Flasche Sekt, so aber müßte ers bleiben lassen; denn sonst könnte er nicht schlafen.

Mittwoch, den 28. September. Der König hatte alles Jagen und Schießen im Park untersagen lassen. Heute früh fuhr er zu einer großen Truppenbesichtigung in die Kantonnements bei Paris. Um zwölf Uhr wollte ich mich zu einer Anfrage beim Minister melden lassen. Im Vorzimmer sagte man mir aber, er sei nicht zu Hause. — „Wohl ausgeritten?" — „Nein, die Herren sind ein bischen Fasanen schießen. Engel sollte nachkommen." — „Haben sie denn Gewehre mitgenommen?" — „Nein, die hat Podbielski vorausgeschickt." Der Chef war schon um zwei Uhr wieder da, er, Moltke und Podbielski hatten nicht im Parke, sondern in den Wäldern im Norden und Nordosten desselben gejagt, aber, wie es hieß, wenig Glück dabei gehabt. Abeken war wieder wohler und erschien sogar im Büreau, aber noch nicht wieder beim Essen.

Während der Minister fort war, frühstückte ein ältlicher Franzose in grauem Rock und grauem Butterglockenhute, mit schneeweißen Haaren, starkgebogner Nase und grauem Schnurr- und Kinnbarte mit uns. Es war, wie man später erfuhr, der nach dem Kriege in den Zeitungen vielbesprochene Regnier, der um das Ende des September — wie es schien, halb und halb auf eigne Hand — zwischen der Kaiserin Eugenie und Bazaine den Vermittler spielte und jetzt bei dem Kanzler eine Audienz haben wollte. Auch Burnside fragte diesen Tag telegraphisch an, ob er demselben wieder seine Aufwartung machen könne und zu welcher Stunde. Er schien ebenfalls als Vertrauensperson zu kommen und vermitteln zu wollen. Ich antwortete ihm im Auftrage des Chefs: „The Chancellor will be happy to receive you this evening at any hour you please."

Beim Diner, wo Graf Lehndorff, der Landrat Graf Fürstenstein in der Uniform eines hellblauen Dragoners mit gelbem Kragen und ein Herr von Katt mit uns speisten, von welchen die beiden letztern Präfekten in eroberten französischen Gebieten werden sollten, erzählte der Chef zunächst, daß die Jagd von heute früh keinen befriedigenden Verlauf gehabt habe und zwar wahrscheinlich infolge zu schwacher Patronen. Er hatte nur einen Fasan erlegt und drei oder vier zwar angeschossen, dann aber nicht gefunden. Früher sei es ihm hier besser ergangen, wenigstens mit den Fasanen. Mit anderm Wild sei das allerdings nicht der Fall gewesen; dagegen habe er bei Dietze in der Magdeburger Gegend einmal in fünf bis sechs Stunden hundertundsechzig Hasen geschossen. Er war nach dem heutigen Jagen bei Moltke gewesen, wo sie ein neues Getränk, eine Art Punsch aus Champagner, heißen Thee und Sherry, probirt hatten, welches, wenn ich recht hörte, eine Erfindung des großen Generals und Schlachtendenkers war.

Auf die Mitteilungen hierüber folgten ernstere Gespräche. Zunächst beklagte der Kanzler sich, daß Voigt-Rhetz die tapfere Attacke der beiden Dragonerregimenter der Garde bei Mars la Tour, die er doch veranlaßt, und die das zehnte Armeekorps gerettet, in seinem Berichte mit keinem Worte erwähnt habe. „Sie war notwendig — ich gebe das zu — aber dann hätte er sie doch nicht verschweigen sollen." Dann ging er zu einer längern Rede über, die in Betreff des Bildes, mit dem sie begann, durch einen Fettfleck auf dem Tafeltuche beeinflußt war, und die zuletzt den Charakter eines Zwiegesprächs zwischen dem Minister und Katt annahm. Nachdem jener bemerkt, daß das Gefühl, daß es schön sei, für Vaterland und Ehre auch ohne Anerkennung zu sterben, im Volke immer weiter um sich greife, fuhr er fort: „Der Unteroffizier hat ja doch im ganzen dieselbe Ansicht und dasselbe Pflichtgefühl wie der Leutnant und der Oberst — bei uns Deutschen. Das geht bei uns überhaupt sehr tief in alle Schichten der Nation." — „Die Franzosen sind eine leicht unter einen Hut zu bringende Masse, die dann sehr mächtig wirkt. Bei uns hat jeder seine eigne Meinung. Aber wenn sie einmal in großer Zahl dieselbe Meinung haben, ist viel mit den Deutschen anzufangen. Wenn sie sie alle hätten, wären sie allmächtig." — „Das Pflichtgefühl des Menschen, der sich einsam im Dunkeln totschießen läßt [er meinte damit wohl, ohne an Lohn und Ehre für seine Standhaftigkeit auf den ihm zugewiesenen Posten zu denken, ohne Furcht und ohne Hoffnung], haben die Franzosen nicht. Und das kommt doch von dem Reste von Glauben in unserm Volke, davon, daß ich weiß, daß jemand ist, der mich auch dann sieht, wenn der Leutnant mich nicht sieht." — „Glauben Sie, Exzellenz, daß sie darüber nachdenken?" fragte Fürstenstein. — „Nachdenken — nein, es ist ein Gefühl, eine Stimmung, ein Instinkt meinetwegen. Wenn sie nachdenken, kommen sie darüber hinweg. Dann reden sie sichs aus." — — — „Wie man ohne Glauben an eine geoffenbarte Religion, an Gott, der das Gute will, an einen höhern Richter und ein zukünftiges Leben zusammenleben kann in geordneter Weise, — das Seine thun und jedem das Seine lassen, begreife ich nicht." — — — „Wenn ich nicht mehr Christ wäre, bliebe ich keine Stunde mehr auf meinem Posten. Wenn ich nicht auf meinen Gott rechnete, so gäbe ich gewiß nichts auf irdische Herren. Ich hätte ja zu leben und wäre vornehm genug." — — — „Warum soll ich mich angreifen und unverdrossen arbeiten in dieser Welt, mich Verlegenheiten und Verdrießlichkeiten aussetzen, wenn ich nicht das Gefühl habe, Gottes wegen meine Schuldigkeit thun zu müssen*). Wenn

---

*) Man vergleiche hiermit die Rede, die Herr von Bismarck am 15. Juni 1847 im Vereinigten Landtage hielt. Es heißt darin: „Ich bin der Meinung, daß der Begriff des christlichen Staates so alt sei, wie das ci-devant heilige römische Reich, so alt wie sämtliche europäische Staaten, daß er gerade der Boden sei, in welchem diese Staaten Wurzel geschlagen haben, und daß jeder Staat, wenn er seine Dauer gesichert sehen, wenn er die Berechtigung zur Existenz nur nachweisen will, auf religiöser Grundlage sich bewegen muß. Für mich sind die Worte »von Gottes Gnaden«, welche christliche Herrscher ihrem Namen beifügen, kein leerer Schall, sondern ich sehe darin das Bekenntnis, daß die Fürsten das Zepter, das ihnen Gott verliehen hat, nach Gottes Willen auf Erden führen wollen. Als Gottes Willen kann ich aber nur erkennen, was in den christlichen Evangelien offenbart worden ist, und ich glaube in meinem Rechte zu sein, wenn

ich nicht an eine göttliche Ordnung glaubte, welche diese deutsche Nation zu etwas Gutem und Großem bestimmt hätte, so würde ich das Diplomatengewerbe gleich aufgeben oder das Geschäft gar nicht übernommen haben! Orden und Titel reizen mich nicht." — — — „Ich habe die Standhaftigkeit, die ich zehn Jahre lang an den Tag gelegt habe gegen alle möglichen Absurditäten, nur aus meinem ent-

---

ich einen solchen Staat einen christlichen nenne, welcher sich die Aufgabe gestellt hat, die Lehre des Christentums zu verwirklichen. Erkennt man die religiöse Grundlage des Staates überhaupt an, so kann, glaube ich, diese Grundlage nur das Christentum sein. Entziehen wir diese religiöse Grundlage dem Staate, so behalten wir als Staat nichts als ein zufälliges Aggregat von Rechten, eine Art Bollwerk gegen den Krieg aller gegen alle übrig, einen Begriff, den die ältere Philosophie aufgestellt hat. Seine Gesetzgebung wird sich dann nicht mehr aus dem Urquell der ewigen Wahrheit regeneriren, sondern aus den vagen und wandelbaren Begriffen von Humanität, wie sie sich in den Köpfen derjenigen, welche gerade an der Spitze stehen, gestalten. Wie man in solchen Staaten den Ideen, z. B. der Kommunisten über die Immoralität des Eigentums, über den hohen sittlichen Wert des Diebstahls als eines Versuchs, die angebornen Rechte der Menschen wieder herzustellen, das Recht, sich geltend zu machen, bestreiten will, wenn sie dazu die Kraft in sich fühlen, ist mir nicht klar. Denn auch diese Ideen werden von ihren Trägern für human gehalten, ja als die erste Blüte der Humanität angesehen. Deshalb, meine Herren, schmälern wir dem Volke nicht sein Christentum, indem wir ihm zeigen, daß es für seine Gesetzgeber nicht nötig sei, nehmen wir ihm nicht den Glauben, daß unsre Gesetzgebung aus der Quelle des Christentums schöpfe, und daß der Staat die Realisirung des Christentums bezweckt, wenn er auch diesen Zweck nicht immer erreicht. Wenn ich mir als Repräsentanten der geheiligten Majestät des Königs gegenüber einen Juden denke, dem ich gehorchen soll, so muß ich bekennen, daß ich mich tief niedergedrückt und gebeugt fühlen würde, daß mich die Freudigkeit und das aufrechte Ehrgefühl verlassen würden, mit welchem ich jetzt meine Pflichten gegen den Staat zu erfüllen bemüht bin."

Man halte hiermit ferner zusammen, was der Reichskanzler am 9. Oktober 1878 in der Debatte über das Sozialistengesetz bemerkte. Er sagte hier u. a.: „Wenn ich zu dem Glauben gekommen wäre, der diesen Leuten beigebracht ist — ja ich lebe in einer reichen Thätigkeit, in einer wohlhabenden Situation; aber das alles könnte mich doch nicht zu dem Wunsche veranlassen, einen Tag weiter zu leben, wenn ich das, was der Dichter sagt: »an Gott und eine bessere Zukunft glauben« nicht hätte. Rauben Sie das dem Armen, so bereiten Sie ihn eben zum Lebensüberdruß vor, der sich in Thaten äußert wie die, welche wir eben jetzt erlebt haben."

schlossenen Glauben. Nehmen Sie mir diesen Glauben, und Sie nehmen mir das Vaterland. Wenn ich nicht ein strammgläubiger Christ wäre, wenn ich die wundervolle Basis der Religion nicht hätte, so würden Sie einen solchen Bundeskanzler gar nicht erlebt haben. — — — Schaffen Sie mir einen Nachfolger mit jener Basis, und ich gehe auf der Stelle. Aber ich lebe unter Heiden. Ich will keine Proselyten damit machen, aber ich habe das Bedürfnis, diesen Glauben zu bekennen." — Katt meinte, aber die Alten, die Griechen hätten doch auch Selbstverleugnung und Hingebung gezeigt, sie hätten Vaterlandsliebe besessen und Großes gethan mit ihr. Er sei überzeugt, daß viele Leute jetzt gleiches thäten aus Staatsgefühl, aus dem Gefühl der Zusammengehörigkeit. — Der Chef erwiderte, die Selbstverleugnung und Hingebung an die Pflicht gegen den Staat und den König sei bei uns eben nur der Rest des Glaubens der Väter und Großväter in verwandelter Gestalt, „unklarer und doch wirksam, nicht mehr Glaube und doch Glaube." — — — „Wie gerne ginge ich. Ich habe Freude am Landleben, an Wald und Natur." — — — „Nehmen Sie mir den Zusammenhang mit Gott, und ich bin ein Mensch, der morgen einpackt und nach Varzin ausreißt und seinen Hafer baut." — — —

Nach dem Essen war der Großherzog von Weimar oben beim Bundeskanzler, dann Reynier und zuletzt Burnside mit seinem Begleiter vom vorhergehenden Tage.

Donnerstag, den 29. September. Früh Artikel gemacht über die Thorheit deutscher Zeitungen, vor der Beanspruchung von Metz und Umgegend deshalb zu warnen, weil man dort französisch spreche, sowie über Ducrots mit nichts zu entschuldigendes Entwischen auf dem Transport nach Deutschland. Der zweite Aufsatz geht auch nach England.

In den Zeitungen findet sich ein Bericht über die Stimmung in Baiern, der aus zuverlässiger Quelle geschöpft zu sein scheint, und dessen Inhalt wir uns darum in seinen wesentlichen Punkten notiren wollen. Die hier mitgeteilten Nachrichten sind großenteils gut, nur einige davon könnte man sich besser wünschen. Der deutsche Gedanke hat durch den Krieg augenscheinlich an Stärke und Verbreitung gewonnen, aber auch das spezifisch bairische Selbstgefühl hat sich gesteigert. Die Beteiligung der Armee an den Siegen des deutschen Heeres bei Wörth und Sedan, sowie die erheblichen Verluste derselben haben nicht verfehlt, die Begeisterung für den Krieg mit Frankreich durch alle Schichten des Volkes zu verbreiten und dasselbe mit Stolz auf die Leistungen seiner Söhne zu erfüllen. Man ist überzeugt, daß der König den Sieg der deutschen Waffen erhofft und mit allen Anstrengungen zur Erreichung dieses Zieles einverstanden ist. Seine nächste Umgebung ist gut gesinnt. Nicht von allen seinen Ministern läßt sich dasselbe rühmen. Dem Kriegsminister ist es ohne Zweifel ernstlich um einen glücklichen Ausgang des Krieges zu thun, und er leistet dafür sein Möglichstes. Man kann sich in dieser Hinsicht auf ihn verlassen und annehmen, daß er auch bei den Friedensbedingungen auf der rechten Seite stehen wird.

In Betreff einer etwaigen Neugestaltung der deutschen Verhältnisse, die sich aus der Waffengemeinschaft während des Krieges im Sinne eines dauernden engern Zusammenschlusses auch im Frieden entwickeln könnte, ist aus dem auch in dieser Hinsicht sehr zuversichtlichen Tone der Presse kein Schluß zu ziehen. — — — Manche einflußreiche Persönlichkeiten sehen die tüchtige Mitwirkung der Baiern bei den deutschen Siegen weniger als den Weg zu größerer Einigung Deutschlands, als vielmehr im Lichte einer Probe der Kraft Baierns und einer Befestigung seiner vollen Selbständigkeit an. Die nicht ultramontanen Partikularisten nehmen ungefähr denselben Standpunkt ein. Sie sind erfreut über unsre Erfolge und stolz auf den Anteil, den Baiern daran hat. Sie bewundern die preußische Kriegführung und wollen wie wir Sicherstellung Deutschlands gegen fernere Angriffe von Westen her. Von einem Anschluß Baierns an den Norddeutschen Bund, wie er jetzt gestaltet ist, mögen sie nichts wissen. In diesen Kreisen wird auch über die Verteilung der eroberten französischen Gebietsteile vielfach gesprochen. Gern würden sie das Elsaß mit Baden vereinigt sehen, vorausgesetzt, daß dafür die badische Pfalz an Baiern abgetreten würde. Bedenken erregt den Einsichtigen, daß Baden und vermutlich auch Württemberg nach dem Frieden die Vereinigung mit dem zum Bundesstaat organisirten Norden verlangen werden. Die Ultramontanen sind noch die Alten, obgleich sie ihre Gedanken nicht laut werden lassen. Zum Glück haben sie alles Vertrauen auf Österreich verloren, sodaß es ihnen an einer Stütze mangelt, während anderseits die Baiern, welche im Felde stehen, eine ganz andre Meinung von den Preußen gewonnen haben, als sie vor dem Kriege hatten. Dieselben sind des höchsten Lobes voll über die Kameraden aus dem Norden, und zwar nicht bloß wegen deren militärischen Eigenschaften und Leistungen, sondern auch wegen ihrer Bereitwilligkeit, mit ihren Vorräten auszuhelfen, wenn sie damit früher oder reichlicher versehen worden als die Baiern. Mehr als einer hat nach Hause geschrieben, daß ihre Geistlichen sie in Bezug auf die Preußen angelogen. Es sei nicht wahr, daß diese alle lutherisch seien. Viele seien Katholiken, und man habe sogar Feldpatres bei ihnen gesehen. Da die Offiziere ähnlich denken, so wird die zurückkehrende Armee eine wirksame Propaganda gegen den Ultramontanismus und wohl auch gegen den extremen Partikularismus abgeben. Daß die Nationalgesinnten in Baiern sich mehr wie je fühlen, ist begreiflich. Sie würden auch thun, was sie vermöchten. Nur haben sie in der zweiten Kammer nicht die Mehrheit und in der ersten kaum zwei oder drei Gesinnungsgenossen.

Bei Tische, wo Graf York, Besitzer großer Güter in Pommern, in Militäruniform gekleidet, und der Fähndrich von Arnim-Kröchlendorf, Kürassier, Neffe des Chefs, mit uns essen, giebt es wenig, was des Merkens und Aufzeichnens wert wäre. Man spricht vom Großherzog von Weimar und ähnlichem. — — — Dann erzählt der Minister, man habe ihn gefragt, wie man es mit den in Straßburg zu Gefangnen gemachten Mobilgarden halten solle. „Doch wohl nach Hause schicken? — meinte man. — Bewahre Gott, nach Oberschlesien, sagte ich.“

Freitag, den 30. September. Wieder einen Brief von Bamberger in Baden erhalten, der fortfährt, sein Talent und seinen Einfluß in der Presse im Sinne des Kanzlers geltend zu machen. Ihn in der Antwort gebeten, gegen den Unfug aufzutreten, daß deutsche Journalisten schon jetzt, wo wir noch im Kriege und kaum aus dem Gröbsten fertig, schon mit Eifer der Mäßigung das Wort reden. Die Herren brächten schon ihre Ratschläge zu Markte, wie weit man deutscherseits in seinen Ansprüchen gehen könne und dürfe, und plaidirten so zu Gunsten Frankreichs, während sie doch viel klüger thäten, hohe Forderungen zu stellen. „Damit man," sagte der Minister, als er sich hierüber beklagte, „wenigstens was Ordentliches bekommt, wenn auch nicht alles, was man fordert. Sie werden mich noch zwingen, die Maaslinie zu verlangen."

Oben ist heute Galatafel: sie feiern, wie man hört, den Geburtstag der Königin. Man will aus der Gegend von Paris her wieder Schüsse gehört haben, und abends läßt der Chef mich das mit dem Zusatz telegraphiren, es habe ein Ausfall stattgefunden, und die Franzosen seien mit starkem Verlust und in wilder Flucht in die Stadt zurückgetrieben worden.

Sonnabend, den 1. Oktober. Zwei Artikel gemacht, einen für Berlin und einen andern für Hannover. Beim Frühstück ist der Berner Professor der Nationalökonomie Doktor Jannasch mit einem Begleiter zugegen. Die Herren sind unter allerhand Mühseligkeiten und Strapazen hierher gelangt. — — — Bei Tische, wo der Minister fehlte, hatten wir Graf Waldersee als Gast. Derselbe will Paris als ein Sodom, welches die Welt vergiftet, gründlich gezüchtigt wissen.

Sonntag, den 2. Oktober. Graf Bill besucht seinen Vater. Früh ein Telegramm, abends zwei Artikel abgesandt. — — — Sonst von heute nichts zu notiren,

Doch! Beim Thee erzählt Hatzfeldt, daß er das benachbarte, auf dem Wege nach Lagny gelegne Schloß Guermant besucht, und daß ihm dessen Besitzer, ein Marquis Tolosan oder d'Olossan, ein behaglicher, rundbäuchiger Herr, seine Not über seine Einquartierung geklagt habe. Die Preußen seien charmante Leute, aber die Württemberger wären doch gar zu familiär. Sie hätten ihm gleich beim Eintreten ins Haus auf den Bauch geklopft und gesagt: „Schöner Bauch!" Auch wären sie sehr anspruchsvoll. Er habe ihnen viertausend Flaschen Bordeaux zur Verfügung gestellt und die Kellerschlüssel stecken lassen; und doch suchten sie immer nach mehr, was versteckt sein solle. Dann hätte er ihnen von den drei Wagen in seiner Remise zwei zum Gebrauch überlassen und für sich nur einen ganz kleinen behalten wollen, den er wegen seiner Schwerfälligkeit dringend bedürfe. Aber selbst mit dem seien sie ihm den Tag über fortgefahren, und als er sich darüber beschwert, habe man ihm lachend gesagt, ja, das wäre so im Kriege.

Das giebt jemand Anlaß zu der Äußerung, daß der kleine Mann verhältnismäßig mehr zu leiden habe als die Vornehmen und Reichen. Der Chef bemerkt dazu, indem er an die Äußerung erinnert, die Sheridan in Reims gethan, das könne nichts schaden; denn es gäbe mehr kleine Leute als Wohlhabende, und wir hätten den Zweck des Krieges, welcher ein vorteilhafter Friede sei, im Auge zu behalten. Je mehr Franzosen es schlecht ginge, desto mehr würden sich nach dem Frieden sehnen, gleichviel, welche Bedingungen wir stellten. „Und ihre heimtückischen Franktireurs," fuhr er fort, „die jetzt friedlich in ihren Blusen dastehen, die Hände bis an die Ellbogen in den Taschen, und im nächsten Moment, wenn unsre Soldaten vorbei sind, die Flinten aus dem Straßengraben nehmen und auf sie feuern — es wird noch dahin kommen, daß wir jeden männlichen Einwohner totschießen. Es wäre das eigentlich nicht schlimmer als in der Schlacht, wo sie einander auf zweitausend Schritt umbringen und sich folglich auch nicht von Angesicht kennen."

Die Rede wendete sich dann nach Rußland und kam über die dortige kommunistische Landverteilung bei den Dorfgemeinden und über die kleinen Adelsfamilien, „die ihre Ersparnisse in Bauernkäufen angelegt und die Zinsen davon in Gestalt von Obrok aus den Leuten herausgepreßt," auf den unglaublichen Reichtum mancher alten Bojarengeschlechter. Der Chef führte mehrere Beispiele an und erzählte ausführlich von den Jussupows, deren Vermögen, obwohl mehrmals zur Strafe für Verschwörungen halb konfiszirt, noch immer weit größer als das der meisten deutschen Fürsten sei und „es, ohne die Sache zu merken, ertragen habe, daß zwei Leibeigene, Vater und Sohn, die nach einander als Verwalter fungirt, ihm während ihrer Dienstzeit drei Millionen abgezapft hätten." Der Palast des Fürsten in Petersburg enthalte ein großes Theater, einen Ballsaal im Stile des weißen Saals im Berliner Schlosse und prächtige Räume, in denen drei- bis vierhundert Personen bequem speisen könnten. „Der alte Jussupow hielt vor vierzig Jahren jeden Tag offene Tafel. Ein armer alter abgedankter Offizier hatte mehrere Jahre fast täglich bei ihm gegessen, ohne daß man gewußt, wer er sei. Erst als er einmal längere Zeit ausblieb, erkundigte man sich nach ihm auf der Polizei und erfuhr hier Namen und Stand des langjährigen Gastes."

Der 5. Oktober war für mich, wenn ich vom Tagebuch absehe, ein dies sine linea, da der Minister vor und nach Tische unsichtbar war. Beim Essen, an welchem der Hofmarschall Perponcher und ein Herr von Thadden, der zum Mitglied der Verwaltung in Reims bestimmt war, teil nahmen, erzählte der Chef mehrere hübsche Anekdoten vom alten Rothschild in Frankfurt. Der habe einmal in seiner Gegenwart mit einem Getreidehändler über einen Weizenverkauf gesprochen. „Dabei sagte der Händler zu ihm, als reicher Mann habe er doch nicht nötig, den Preis des Weizens so hoch zu stellen. — Was, reicher Mann? erwiderte der alte Herr. Ist mein Weizen darum weniger wert, weil ich ein reicher Mann bin?" — „Er gab übrigens Diners, die seinem Reichtum alle Ehre machten. Ich erinnere mich: einmal war der jetzige König in Frankfurt, und ich lud ihn zu Tische. Darauf hatte ihn Rothschild auch einladen wollen. Der Prinz aber hatte ihm gesagt, das möchte er mit mir ausmachen, er äße sonst ebenso gern bei ihm als bei mir. Er kam nun und wollte, ich sollte ihm Seine Königliche Hoheit abtreten, ich könnte ja bei ihm mitessen. Ich schlugs ihm ab. Da hatte er die Naivetät, zu meinen, sein Diner könnte ja zu mir ins Haus gebracht werden, er äße doch nicht mit — er genoß nämlich nur Koscheres. Ich lehnte auch diesen Vorschlag zur Güte ab — natürlich, obwohl sein Diner ohne Zweifel besser war als das meinige." — Ferner habe ihm der alte Metternich — „der mir beiläufig sehr wohl wollte," schaltete er ein — „mitgeteilt, als er einst bei Rothschild gewohnt, habe ihm der bei der Abreise nach dem Johannisberg ein Dejeuner mit auf den Weg gegeben, bei dem sich auch sechs Flaschen Johannisberger Schloß befunden. Auf dem Johannisberg wären sie ungeöffnet ausgepackt worden, und der Fürst hätte seinen Weinverwalter kommen lassen und ihn gefragt, was die Flasche bei ihm koste." — Zwölf Gulden, hätte er geantwortet. — „So, nun

12*

dann schicken Sie dem Baron Rothschild die sechs bei der nächsten Bestellung wieder zu, berechnen Sie sie ihm aber zu fünfzehn Gulden, weil sie dann älter geworden sind."

Dienstag, den 4. Oktober. Heute Vormittag wieder nicht zum Chef gerufen. Nach dem Frühstück treffen Legationsrat Bucher und Sekretär Wiehr, Chiffreur, bei uns ein. Ersterer wird, — mir unverständlich — von Bohlen als „das Karnickel, das angefangen hat", begrüßt, und Keudell sagt später ähnliches. Er, Bucher, scheint als Ersatz für Abeken herbeizitirt worden zu sein, der nach Hause gehen sollte, sich aber wieder erholt hat und nur noch zu Fastendiät genötigt ist. Niemand hätte seine Stelle besser ausgefüllt als B., der unzweifelhaft der kenntnisreichste, verständnisvollste und unbefangenste unter allen den höhern Arbeitern ist, die den Chef umgeben und seine Gedanken expediren. Die Herren sind mit der Eisenbahn bis Nanteuil gefahren, haben in La Ferté, wo die Sprengung noch nicht beseitigt ist, übernachtet und essen abends mit uns. Dabei kommt der Kanzler wieder auf Moltke zu sprechen, und wie der neulich tapfer bei der Sherrypunsch-Bowle ausgehalten und vergnügter wie je gewesen. Jemand bemerkt, der General sehe wirklich jetzt recht wohl aus. „Ja," sagt der Chef, „auch ich habe mich lange nicht so gut befunden als jetzt. Das macht der Krieg — und besonders bei ihm. Es ist sein Gewerbe. Ich erinnere mich, wie er, als die spanische Frage brennend wurde, gleich zehn Jahre jünger aussah. Dann, wie ich ihm sagte, der Hohenzoller habe verzichtet, wurde er sofort ganz alt und müde. Und als die Franzosen sich damit nicht zufrieden gaben, war Molk auf einmal wieder frisch und jung." — — —

Während wir speisten, bekam der Minister einen Brief von Bancroft, dem Gesandten der Vereinigten Staaten in Berlin, den er mich der Gesellschaft ins Deutsche übersetzen ließ, und in dem der Amerikaner sich glücklich pries, in einer Zeit zu leben, in welcher es Männer wie den König Wilhelm und unsern Grafen gebe. Vorher, als ich ins Speisezimmer gekommen, während erst der Chef und die beiden als Gäste anwesenden Dragoneroffiziere darin waren, hatte er mich letzteren erst als „Doktor Busch, Sachse," vorgestellt und dann, mit seinem freundlichsten Blick auf mich herabsehend, hinzugefügt: „Büschlein." — — —

Unsre Sekretäre schwärmten schon seit einiger Zeit für eine Uniform. Heute wurde dies während des Desserts durch Bölsing laut, und siehe da, ein gutes Wort fand eine gute Statt. „Warum nicht?". sagte der Chef. „Man braucht mir nur eine kleine Eingabe zu machen, dann will ichs schon beim König arrangiren." Es war diesen Abend viel Freude in Israels Gezelten.

Morgen soll es schon bei Zeiten weiter gehen, da wir eine starke Tour vor uns haben: unser nächstes Nachtquartier wird Versailles. sein.

Achtes Kapitel.

Die Reise nach Versailles. — Das Haus der Madame Jessé. — Unser dortiges Leben im allgemeinen.

Wir verließen Ferrières am 6. Oktober morgens gegen sieben Uhr. Zuerst fuhren wir meist auf Dorfwegen, die aber vortrefflich imstande waren, durch einen großen Wald, durch verschiedene ansehnliche, dem Anschein nach völlig von ihren Bewohnern verlassene und nur mit deutschem Militär belegte Dörfer, an Parks und Schlössern vorüber. Alles sah ungemein reich und fett aus — fett wie der Fromage de Brie, in dessen Geburtsgegend wir uns jetzt, glaube ich, befanden. In den Ortschaften trafen wir erst württembergische, dann preußische Einquartierung. Nach zehn Uhr waren wir am obern Rande des Thales der Seine angelangt, wo es auf einem neugebahnten schrecklich steilen Wege durch einen Weinberg nach dem niedrigen Ufergelände des Flusses hinabging, sodaß alles ausstieg und die Wagen nur durch geschicktes Lavieren vor dem Umwerfen und Zerbrechen bewahrt werden konnten. Dann fuhren wir durch das reizende Städtchen Villeneuve Saint George, in dessen Villen eine greuelvolle Verwüstung herrschte. In mehrern derselben, die ich besuchte, während die Pferde von ihren Strapazen ausruhten, waren die Spiegel zerschlagen, die Polstermöbel zerbrochen oder aufgeschlitzt, Wäsche und Papiere umhergestreut u. s. w. Die Weiterreise brachte uns zunächst über einen Kanal oder Nebenfluß hinaus aufs freie Feld und dann auf eine Pontonbrücke, die über die Seine führte, und an deren Anfang große schwarz-weiße Flaggen wehten. Der Strom zeigte klares grünes Wasser, in dem man die vielen Algen auf dem Grunde deutlich sah, und seine Breite schien etwa der des Elbspiegels bei Pirna gleichzukommen. Am andern Ufer begegnete uns der Kronprinz mit Gefolge, der dem Könige entgegen geritten war. Letzterer sollte hier ebenfalls zu Pferde steigen, um eine Truppenbesichtigung vorzunehmen. Der Kanzler begleitete ihn dabei. Wir fuhren allein weiter.

Der Weg mündete nicht weit von hier in eine Chaussee, die höher hinauf nach dem Dorfe Villeneuve Le Roi führte, wo einige Bauern, meist alte Leute, zurückgeblieben waren, und wo wir in einem Gehöft vor dem Düngerhaufen rasteten, um das mitgebrachte kalte Frühstück zu verzehren. Aus der Mauer des Hauses fließt ein klarer Brunnenstrahl, über dem eine Tafel besagt, daß der Sieur X. und Frau an dem und dem Tage dieses Wasser gefunden und es durch eine Röhre dem Publikum zugänglich gemacht haben. Darunter steht ungefähr: „Die Wohlthäter werden vergessen, ihre Wohlthaten bleiben." Ein Weißbart in der landesüblichen Bluse und der hohen grauen Zipfelmütze des französischen Landvolks schlurrte auf Holzschuhen heran, klopfte mir auf die Schulter und fragte, ob das nicht hübsch gesagt sei, und ich erfuhr dann von ihm, daß er selbst die männliche Hälfte des Wohlthäterpaares war, welches die Tafel der vergeßlichen Nachwelt zu dankbarem Andenken empfiehlt. Man muß sein Licht nicht unter den Scheffel stellen, sagte der Franzose, da setzte er sich selber ein Denkmal.

Weiterhin passirten wir ein zweites Dorf, wo sich ein Lager aus Strohbaracken befand. Die Wachen an der Straße hatten Schilderhäuser, die aus zwei ausgehobenen Thüren, einer weißen Jalousie als Rückwand und einem Strohbündel als Dach konstruirt waren. Preußische Infanterie harrte, in Bataillonen gelagert, ihres königlichen Feldherrn am Wege. Ein Stück davon lagerte auf einem Felde neben einem Wäldchen eine Kavalleriedivision — grüne, braune und rote Husaren, Ulanen und Kürassiere.

Lange schon hatte ich auf einen Blick gehofft, der mir Paris zeigen sollte. Aber auf der Seite rechts, wo es liegen mußte, versperrte ein ziemlich hoher bewaldeter Hügelzug, an dessen Flanken dann und wann ein Dorf oder ein weißes Städtchen zu bemerken war, die Aussicht. Endlich kommt eine Einsattelung in dem Höhenkamm, ein schmales Thal, über dem eine gelbliche Erhöhung mit scharfem Rande, vielleicht ein Fort, sichtbar wird, und links davon erheben sich über einer Wasserleitung oder einem Viadukt in Rauchsäulen, die aus Fabrikschornsteinen aufsteigen, die bläulichen Umrisse eines großen Kuppelbaues. — Das Pantheon! Hurrah, wir sind vor Paris! Es kann kaum mehr als anderthalb Meilen von hier bis dahin sein.

Bald nachher kamen wir auf die große gepflasterte Kaiserstraße an einer Stelle, wo ein bairisches Piket an einer dieselbe kreuzenden und nach Paris hineinführenden Chaussee Wache hielt. Links weite Ebne, rechts die Fortsetzung der waldigen Hügelkette. Eine weiße Stadt auf halber Höhe des Abhanges: Villejuif oder Sceaux? Dann unten noch durch zwei Dörfer, wo die Einwohner nicht geflüchtet sind und uns zahlreich erwarten. Endlich durch ein Gitterthor mit vergoldeten Spitzen, durch eine breite Gasse, durch andre belebte Straßen, quer über eine schnurgerade Allee mit alten Bäumen, durch eine kurze Straße mit dreistöckigen Häusern, eleganten Läden, einem Café und über eine zweite Allee in eine sich senkende Nebengasse hinab — wir sind in Versailles und vor dem für uns ausgewählten Quartiere.

Am 6. Oktober, dem Tage nach unserm Eintreffen in der alten Königsstadt Frankreichs, äußerte Keudell gegen mich, drei Wochen könne unser Aufenthalt hier wohl dauern, und diese Meinung kam mir ganz glaubwürdig vor; denn man war durch den bisherigen Verlauf des Krieges an rasche Erfolge gewöhnt. Wir blieben aber, wie man weiß, und wie der Minister nach einer im nächsten Kapitel folgenden Notiz geahnt haben muß, fünf ganze Monate, und da sich überdies in dem Hause, wo wir Unterkunft gefunden, wie ebenfalls sattsam bekannt, sehr wichtige Dinge abspielten, so wird eine ausführliche Beschreibung desselben vermutlich willkommen sein.

Das Haus, welches der Bundeskanzler bewohnte, gehörte einer Madame Jessé, der Witwe eines wohlhabenden Tuchfabrikanten, die mit ihren beiden Söhnen kurz vor unsrer Ankunft nach der Picardie oder der Sologne geflüchtet war und zu Hütern ihres Eigentums nur ihren Gärtner und dessen Frau zurückgelassen hatte. Es steht auf der Rue de Provence, welche die Avenue de Saint Cloud kurz vor deren oberem Ende mit dem tiefer gelegnen Boulevard de la

Reine verbindet, und trägt die Nummer 14. Die Straße gehört zu den stilleren von Versailles, und nur ein Teil derselben zeigt dicht neben einander stehende Häuser. Die Lücken zwischen den übrigen sind Gärten, die von der Straße durch hohe Mauern geschieden sind, über welche hier und da Baumwipfel schauen. Auch unser Haus, wenn man von der Avenue oben kommt, rechts gelegen, hat zu beiden Seiten einen ziemlich weiten Zwischenraum. Es tritt einige Schritte von der Straße zurück, über der sich vor ihm eine kleine Terrasse mit einem Balkon erhebt, welche mit der das Ganze abschließenden Mauer endigt. Die Einfahrt durch die letztere, ein eisernes Gitterthor, neben dem eine kleine Pforte sich öffnet, und an der in den letzten Monaten eine schwarz-weiß-rote Fahne wehte, befindet sich links. Auf der rechten überragt eine stattliche Edeltanne das Gebäude. Letztres ist eine Villa, die gelblich getüncht ist und in der Front fünf Fenster hat, welche mit weißen Jalousien versehen sind. Auf das hohe Parterre folgt ein zweites Geschoß, dann ein Kniestock mit Mansardenfenstern, das wie das abgeplattete Dach mit Schiefer gedeckt ist. Vom Hofe hinter dem Eingange zu dem Grundstücke steigt man auf einer steinernen Freitreppe nach der Hauptthür des Hauses hinauf, durch die man auf einen Vorsaal gelangt, auf welchen rechts die große Treppe, links die Thür zu einer kleinen Hinterstiege sowie zwei hohe Flügelthüren münden. Letztre führen in ein mäßig großes, auf den Garten hinaussehendes Zimmer, welches für uns zum Speisesaale eingerichtet wurde. Eine dritte Flügelthüre, dem Eingange gegenüber, geht in den Salon, eine vierte rechts von jener in das Billardzimmer, aus dem man in einen langen, von Glas und Eisen konstruirten und mit allerlei Pflanzen und Bäumen sowie mit einem kleinen Springbrunnen geschmückten Wintergarten tritt, während sich an der Wand gegenüber eine Thür nach einem Stübchen öffnet, welches die Bibliothek des seligen Herrn Jessé enthält. Unter der Haupttreppe hin gelangt man durch einen Gang in die nach der Terrasse zu gelegene Küche.

Im Salon befanden sich ein Piano, ein Sopha, Polsterstühle und zwei Spiegel. Auf dem Tischchen vor dem einen stand eine altmodische Stutzuhr, auf der ein dämonartiges Bronzebildchen mit großen Flügeln, welches sich in den Daumen biß — vielleicht ein Konterfei des Hausgeistes der Madame Jessé, die sich später, wie zu berichten sein wird, als ein nichts weniger als liebenswürdiges Frauenzimmer erwies — grinsend den Verhandlungen zusah, die zu den Verträgen mit den süddeutschen Staaten, zur Proklamirung des deutschen Kaisers und Reiches und später zur Übergabe von Paris und zur Feststellung der Friedenspräliminarien führten — Verträgen, die sämtlich in diesem Salon unterzeichnet wurden, ein weltgeschichtliches Zimmer also. Auf dem andern Spiegeltischchen lag am Tage nach unserm Einzuge ein Kärtchen von Frankreich, auf dem die Fortschritte der französischen Armee durch eingesteckte Nadeln mit bunten Köpfen verzeichnet waren. „Vermutlich von Madame,“ sagte der Chef, als ich mirs betrachtete. „Aber sehen Sie, bloß bis Wörth.“

Das Billardzimmer wurde zum Büreau für die Räte, den expedirenden Sekretär und die Chiffreurs eingerichtet. Ein Teil des Wintergartens nahm, als im Januar starker Frost eintrat, das Kommando auf, welches die Wachtposten vor dem Eingange stellte und zuerst aus Linieninfanterie, dann aus grünen Jägern bestand. In der Bibliothek machten sichs Ordonnanzen, Kanzleidiener, hin und wieder ein dickbäuchiger lederner Depeschensack, der auch Nichtoffizielles, z. B. unsre Winterkleider, zu befördern die Gefälligkeit hatte, und einige Tage hindurch ein großer Haufen französischer Briefe bequem, welcher die Fracht eines von unsern Soldaten abgefangenen Luftballons gebildet hatte.

Geht man die Haupttreppe hinauf, so gelangt man zunächst wieder auf einen Vorsaal, der durch eine viereckige Öffnung in seiner Decke und ein über derselben im Dache angebrachtes flaches Fenster eine Art Halblicht erhält. Zwei Thüren führen von hier in die Gemächer, welche der Minister inne hatte, zwei Stübchen, von denen keins tiefer als zehn und breiter als sieben Schritte ist. Das eine, dessen Fenster die rechte Seite der Hauptfront des Hauses nach dem Garten hin einnehmen, bildete sein Arbeitszimmer und zugleich sein Schlafgemach und war nur notdürftig möblirt. Rechts an der Wand, den Fenstern gegenüber und nicht weit von der Thür, stand sein Bett und weiterhin, in einer Art Alkoven, ein Waschapparat. An der nächsten Seite befand sich eine Mahagonikommode mit messingnen Griffen zum Aufziehen der Schubladen, auf der sich in den letzten Monaten die Zigarrenkisten aufschichteten, welche Bremer Wohlthäter ihm gesandt hatten. Die Vorhänge vor den beiden Fenstern waren von dunkelgrundigem geblümten Wollenstoff. An der vierten Wand öffnet sich der Kamin. Ein Sofa, welches bisweilen vor das Feuer im letztern gerückt wurde, ein Tisch in der Mitte der Stube, an dem der Minister, den Rücken dem Fenster zugekehrt, arbeitete, und auf dem Landkarten nicht fehlten, endlich einige Stühle vervollständigten die, wie man sieht, überaus einfache Ausstattung des Gemachs.

Das andre Stübchen, welches etwas besser, aber keineswegs luxuriös möblirt war, sollte nächst dem Salon im Erdgeschosse zum Empfang Fremder dienen. Es war, wenn ich mich recht entsinne, die Stube des ältern Sohnes der Hausbesitzerin gewesen, und während der Verhandlungen über die Kapitulation von Paris widmete man es Jules Favre zu seinen Meditationen und seiner Korrespondenz. Es hat nur ein Fenster, welches auf die Seite neben dem Hause, wo die Tanne steht, hinausgeht, und an dem sich Vorhänge von grünem Wollenstoff befanden. Die Tapete war grau in Grau gefärbt. Die Möbel bestanden in einem Sekretär, auf dem zwei Globen und ein Tellurium standen, einer großen Kommode mit Marmorplatte, einem Sofa mit baumwollnem Stoff überzogen, der auf rotem Grunde graue und schwarze Paradiesvögel und Zweige zeigte, einem großen und einem kleinen grünbekleideten Lehnstuhle, ein paar Rohrstühlen und einem runden Tische, der in der Mitte stand, und auf welchem Schreibmaterialien lagen, endlich einem kleinen Spiegel über dem Kamin. Alle Möbel waren von Mahagoni. Vor dem Sofa breitete sich ein kleiner grüner Teppich mit roten Arabesken aus. Auf dem Kaminsimse stand eine altmodische Uhr mit kriegerischen Emblemen, zwei Obelisken mit brennenden Granaten, Kugeln an Ketten, Trophäen und einem das Schwert zückenden Krieger in römischer Tracht. Über der Uhr gewahrte man zwei kleine blaue Vasen mit goldnen Streifen. Die Wände waren mit allerlei Bildern behangen, einem Ölgemälde in ovalem Goldrahmen, das eine hübsche junge Frau in einem schwarzen Kleide, einem andern, das einen Herrn in der Tracht der zwanziger Jahre darstellte, einem Stahlstich nach Rafaels Madonna della Sedia, einer Photographie, darauf ein alter Herr und eine bejahrte Dame, einer Landschaft, endlich einem Steindruckbilde, dessen Inschrift besagte, daß Gustav Jessé in der und der Kirche an dem und dem Tage im Juni 1860 zum erstenmale zur Kommunion gegangen. Gustav war der älteste Sohn des Hauses, die Dame in Schwarz vermutlich dessen Mama in ihren bessern Jahren, das andre Porträt schien der Papa Gustavs, und die beiden alten Leute schienen die Großeltern desselben zu sein.

In dem Zimmer, dessen Thür sich links von der zur Stube des Kanzlers führenden öffnet, wohnte Graf Bismarck-Bohlen, ebenfalls nach dem Parke und Garten hinaus, ihm gegenüber mit der Aussicht auf die Straße Abeken. Neben der Hintertreppe hatte Sekretär Bölsing ein Stübchen inne, während ich in der zweiten Etage über Bohlens Zimmer untergebracht war.

Ich hatte hier ein gutes Bett, zwei Stühle, einen für mich, den andern für etwaigen Besuch, einen Waschtisch, eine geräumige Kommode und einen Tisch, an dem sichs ganz behaglich arbeitete, obgleich er von keinem Tischler geschaffen, sondern von unserm hilfreichen und immer Rat wissenden Theiß improvisirt war und eigentlich nur aus zwei Böcken bestand, auf denen ein ausgehobner Fensterladen ruhte. Für den Kunstfreund in mir hatte Herr Jessé senior, nach Bericht der Gärtnersfrau ein leidenschaftlicher Maler und Zeichner, durch einige seiner artistischen Leistungen, einen Diskuswerfer und zwei Landschaften in Kreidezeichnung gesorgt, die rechts und links von dem Spiegel über dem Kaminsims hingen und die Hand eines nicht ungeschickten Dillettanten bekundeten. Der Naturfreund fand in dem erst herbstlichen, dann in Winterschnee und silbernem Reif prangenden Park recht artige Befriedigung seiner Wünsche. Gegen den Hauskobold, den Alp und andre nächtliche Ungetüme schützte der geweihte Buchsbaumzweig, der an der Wand hinter meinem Bette befestigt war. Zur Erwärmung des Gemachs diente ein Kamin, der zwar mit Marmor bekleidet war, dessen Heizkraft aber, als es kalt wurde — wir hatten zuweilen 12 Grad unter Null —, zu wünschen übrig ließ.

Der Park hinter dem Hause ist nicht groß, aber recht hübsch mit seinen Schlangenwegen, die unter alten, von Epheu und Immergrün übersponnenen Laubbäumen und im Hintergrunde zwischen dichtem Busch- und Strauchwerke hinlaufen. Von der Mauer rechts her rieselt vermöge der Wasserleitung aus moosbedeckten, mit Farrenkraut und breitblättrigen Pflanzen bewachsenen Steinen ein Quell hervor, der ein Bächlein und einen kleinen Teich bildet, auf welchem Enten schwammen. Links an der Mauer ziehen sich von einer Wagenremise aus, über welcher die Gärtnersleute wohnen, eine Reihe von Obstspalieren und vor denselben teils offne, teils mit Glas bedeckte Gemüse und Blumenbeete hin.

In den Gängen des Parks sah man in hellen Herbstnächten die hohe Gestalt und die weiße Mütze des Kanzlers aus dem Schatten der Büsche in den Mondschein heraustreten und langsam weiter wandeln. Über was sann er nach, der schlaflose Mann! Welche Gedanken wälzte er in seinem Haupte, der einsame Wanderer? Welche Pläne keimten oder reiften ihm in stiller Mitternachtsstunde? — Minder andächtig stimmte ein andrer Freund des Parkes; der ewig junge Musenjünger Abeken, wenn man ihn des abends mit wenig melodischer Stimme Strophen griechischer Tragiker oder Wandrers Nachtlied rezitiren hörte, und fast komisch nahm sichs aus, wenn der alte Jüngling des Morgens unter den dürren Blättern am Boden empfindsam nach Veilchen für die Frau Geheime Legationsrätin in Berlin suchte. Doch ziemte sichs am Ende nicht, daß ich darüber inwendig lächelte; denn ich habe zu bekennen, daß ich, von ihm angesteckt, meiner Frau Doktorin endlich auch welche schickte und Freude damit machte.

Wie man sieht, war nicht das gesamte mobile Auswärtige Amt im Hause der Madame Jessé einquartiert. Lothar Bucher hatte eine stattliche Wohnung auf der Avenue de Paris bezogen, Keudell und die Chiffreurs waren in Häusern untergebracht, die etwas weiter oben als das unsre auf der Rue de Provence stehen, Graf Hatzfeldt dem letzteren schräg gegenüber. Mehrmals war übrigens davon die Rede, den Kanzler umzuquartieren und ihm ein geräumigeres und eleganter ausgestattetes Haus zur Verfügung zu stellen. Indessen unterblieb die Sache, vielleicht, weil er selbst das Bedürfnis nach einer solchen Änderung nicht stark empfand, vielleicht auch, weil er die Stille liebte, die in der verhältnismäßig einsamen Rue de Provence herrschte.

Diese Stille und Ruhe war jedoch am Tage nicht so idyllischer Art, wie manche Zeitungskorrespondenten sie damals schilderten. Ich denke dabei nicht an die Trommeln und Pfeifen ab- und heranziehender Bataillone, die man täglich auch bei uns hörte, und ebenso wenig an den Lärm, den die Ausfälle verursachten, welche zweimal von den Parisern in der Richtung nach uns hin unternommen wurden, ja nicht einmal an die hitzigsten Tage des Bombardements, an das man sich gewöhnte wie der Müller an das Klappern und Rauschen seiner Räder. Ich meine vorzüglich die vielen Besuche der mannichfaltigsten Art, die der Kanzler in diesen ereignisvollen Monaten empfing, und unter denen sich auch unwillkommene befanden. Manche Stunde glich unser Haus einem Taubenschlage, so viele Bekannte und Fremde gingen ein und aus. Von Paris aus kamen erst nichtoffizielle Horcher und Postenträger, später in Favre und Thiers offizielle Unterhändler, zuweilen mit mehr oder minder zahlreichen Begleitern. Aus dem Hôtel des Reservoirs erschienen Fürstlichkeiten. Wiederholt war der Kronprinz, einmal auch der König da. Auch die Kirche war unter den Besuchern durch hohe Würdenträger, Erzbischöfe und andre Prälaten, vertreten. Berlin schickte Reichstags-Deputationen, einzelne Parteiführer, Bankiers und höhere Beamte, von Baiern und aus andern süddeutschen Staaten stellten sich Minister zum Abschluß von Verträgen ein. Die amerikanischen Generale, Mitglieder der fremden Diplomatie in Paris, darunter auch ein schwarzer Gentleman, Sendboten der imperialistischen Partei, wünschten den vielbeschäftigten Staatsmann oben in der kleinen Stube zu sprechen, und daß auch die dreiste Neugier der englischen Reporters sich an ihn heranzudrängen versuchte, versteht sich wohl von selbst. Dabei Feldjäger mit gefüllten oder auf Füllung wartenden Depeschensäcken, Kanzleidiener mit Telegrammen, Ordonnanzen mit Nachrichten vom Generalstabe und über dem Allen Arbeiten, die ebenso schwierig als wichtig, vollauf, Erwägen, Schaffen, Auskunftsuchen bei Hemmungen,

Verdruß und Ärger, getäuschte Erwartungen, die wohlberechtigt gewesen, Mangel an Unterstützung und Entgegenkommen da und dort, thörichte Urteile der deutschen Zeitungen, Ungenügsamkeit derselben trotz vorher nie geträumter Erfolge, Wühlereien der Ultramontanen — kurz, es war mitunter schwer zu begreifen, wie sich der Kanzler unter allen diesen Ansprüchen an seine Arbeitskraft und Geduld, unter diesen Störungen und Reibungen im großen und ganzen seine Gesundheit — er war in Versailles nur einmal drei oder vier Tage ernstlich unwohl — und die Frische bewahrte, die er oft noch spät am Abend in ernster und scherzender Rede an den Tag legte.

Erholung gestattete sich der Minister nur wenig. Ein Spazierritt zwischen drei und vier Uhr, eine Stunde bei Tische, eine halbe Stunde bei dem darauf folgenden Kaffee im Salon, dann und wann später, nach zehn Uhr abends, beim Thee noch eine längere oder kürzere Unterhaltung mit denen, die zu haben waren, ein paar Stunden Schlaf nach der Morgendämmerung — die ganze übrige Zeit des Tages war, wenn nicht ein Ausfall der Franzosen oder sonst eine bedeutendere militärische Aktion ihn an der Seite des Königs oder allein nach einem Beobachtungsposten rief, den Geschäften, dem Studiren oder Produziren auf seinem Zimmer oder Besprechungen und Unterhandlungen gewidmet.

Bei Tische sah der Kanzler ziemlich jeden Tag Gäste an seiner Seite, und man lernte auf diese Weise fast alle bekannten und berühmten Namen, die in dem Kriege hervortraten, von Angesicht zu Angesicht kennen und hörte sie sich äußern. Wiederholt aß Favre mit uns, erst zögernd, „weil seine Landsleute drinnen hungerten," dann auf verständigen Rat und Zuspruch hörend und den vielen guten Dingen, die Küche und Keller boten, so rechtschaffen wie andre Gerechtigkeit widerfahren lassend. Einmal nahm auch Thiers mit seinem gescheiten Gesicht an unserm Diner teil. Ein andermal erwies uns der Kronprinz die Ehre, mit uns zu speisen und sich darauf die ihm bis dahin nicht bekannten Mitarbeiter des Chefs von ihm vorstellen zu lassen. Wieder ein andermal war Prinz Albrecht zugegen. Von fernern Gästen des Ministers nenne ich hier noch den Präsidenten des Bundeskanzleramtes, Delbrück, der mehrmals wochenlang in Versailles war, den Herzog von Ratibor, den Fürsten Putbus, von Bennigsen, Simson, Bamberger, von Friedenthal und von Blankenburg, dann die bairischen Minister Graf Bray und von Lutz, die württembergischen von Wächter und Mittnacht, von Roggenbach, den Fürsten Radziwill, endlich Odo Russell, den spätern englischen Botschafter beim deutschen Reiche. Die Unterhaltung war, wenn der Chef zugegen, immer lebhaft und mannichfaltig, oft lehrreich in Betreff seiner Weise, die Menschen und Dinge aufzufassen oder in Betreff gewisser Episoden und Auftritte seines vergangnen Lebens. Die materiellen Genüsse lieferte zum Teil die Heimat in Gestalt von Liebesgaben, die in fester und flüssiger Gestalt zuweilen in Überfülle einliefen, sodaß die Speisekammer sie kaum faßte. Zu den edelsten gehörte eine Sendung Flaschen vom besten Pfälzer Wein — wenn ich mich recht erinnre, Deidesheimer Kirchenstück und Forster Hofstück, die Jordan, oder wars Buhl? gespendet — und eine riesige Forellenpastete von Friedrich Schulze, dem Wirte des Leipziger Gartens in Berlin, dessen patriotischer Wohlthätigkeitssinn uns zugleich reichlich mit trefflichem Biere versorgte. Zu den rührendsten zähle ich ein Gericht Champignons, welche Soldaten in einer Höhle oder einem Keller bei der Stadt gefunden und dem Kanzler gewidmet hatten. Wertvoller noch und poetischer war ein Strauß Rosen, welchen andre Soldaten im feindlichen Feuer für ihn gepflückt hatten.

Bedient wurden wir in der Hauptsache von unsern Kanzleidienern. Was weiblichen Händen überlassen werden mußte, wurde von einer gemieteten Aufwärterin und der Gärtnersfrau besorgt. Letztre erwies sich als eine feuerflammende französische Patriotin, welche die „Prussiens" von ganzem Herzen haßte und Paris auch dann noch für uneinnehmbar hielt, als Favre bereits unterschrieben hatte. Bazaine, Favre, Thiers waren ihr „Verräter", vom Exkaiser sprach sie nur als von einem »cochon«, welches man, wenn es sich in Frankreich wieder betreten ließe, auf das Schaffot schicken werde. Dabei blitzten die schwarzen Augen der kleinen, magern, hektischen Frau so schrecklich und grausam, daß man sich von Rechtswegen hätte fürchten sollen.

Madame Jessé ließ sich erst in den letzten Tagen vor unsrer Wiederabreise sehen und machte, wie bemerkt, keinen vorteilhaften Eindruck. Sie hat dann allerhand Räubergeschichten über uns verbreitet, die von der französischen Presse, und zwar selbst von solchen Blättern, die sonst Kritik üben und Gefühl für Anstand besitzen, mit Wohlgefallen nacherzählt worden sind. Unter anderm sollten wir ihr Silberzeug und ihre Tischwäsche eingepackt und mitgenommen haben. Auch habe ihr Graf Bismarck eine wertvolle Pendule abdrücken wollen.*) Die erste Behauptung war eine einfache Abgeschmacktheit, da das Haus kein Silberzeug enthielt, es müßte sich denn in einer vermauerten Ecke des Kellers befunden haben, die auf ausdrücklichen Befehl des Chefs ungeöffnet blieb. Die Geschichte von der Pendule aber verlief in ganz andrer Weise, als Madame sie unter die Leute gebracht hat. Die Uhr war die mit dem kleinen

*) Im „Avenir de Loir et Cher“ las man im März 1871 folgende Niederträchtigkeiten:

„Über die wahrhaft schändliche Räuberei der Preußen vom gemeinen Soldaten an bis hinauf zum Kaiser-König, der aus seiner Wohnung in Versailles die Leuchter mitnahm, kann man unzählige Geschichten erzählen. Eine ziemlich merkwürdige, die wir aus glaubhafter Quelle haben, teilen wir im nachstehenden mit.

Herr von Bismarck bewohnte in Versailles ein Haus in der Rue de Provence. Als der Kanzler abreisen wollte, machte er der Frau J., der Eigentümerin seiner Wohnung, einen Besuch und drückte ihr den lebhaften Wunsch aus, die Pendeluhr, welche sein Arbeitszimmer schmückte, mitnehmen zu dürfen. Frau J. schlägt es ihm rund ab, indem sie bemerkt, die Uhr sei ihr sehr wert und teuer, sie habe sie schon seit langer Zeit und wünsche sie ihren Kindern zu hinterlassen. Herr von Bismarck aber besteht darauf. »Es würde mir sehr lieb sein,« sagt er, »wenn ich diese Uhr mitnehmen könnte, welche die Stunde zeigte, in der ich mit Herrn Thiers diesen für mein Land so ruhmreichen Frieden verhandelte und unterzeichnete.« Frau J., die so in ihrem Besitztum und zugleich in ihrer Vaterlandsliebe bedroht ist, erteilt von neuem eine abschlägige Antwort. Herr von Bismarck zieht sich nach wiederholtem vergeblichen Bitten zurück. Bald darauf kommen zwei Beamte, die zu dem Gefolge des Kanzlers gehören, zu Frau J., machen ihr Vorwürfe, daß sie auf die Bitten ihres Herrn und Meisters nicht eingegangen sei, und erklären ihr, daß sie Unrecht gethan habe, ihn so zu reizen. Die Hausbesitzerin läßt sich dadurch nicht beirren. Nun denn, die Uhr hat sie behalten. Dagegen sind ihr alle ihre Wäsche und ihr Silberzeug von den Beamten im Gefolge des Kanzlers gestohlen worden.“

bronzenen Dämon im Salon. Die Jessé bot dieses an sich ziemlich wertlose Möbel dem Kanzler in der Voraussetzung, es werde ihm als Zeuge und Zeitmesser bei wichtigen Verhandlungen von Wert sein, zu einem exorbitanten Preise an. Ich glaube, sie verlangte fünftausend Franken dafür. Sie erreichte aber ihre Absicht, damit ein gutes Geschäft zu machen, nicht, da das Anerbieten der habgierigen und für die rücksichtsvolle Behandlung ihres Hauses durchaus nicht dankbaren Frau abgelehnt wurde. „Ich erinnere mich," so erzählte der Minister später in Berlin, „daß ich dabei die Bemerkung machte, das koboldartige Bildchen an der Uhr, welches eine Grimasse schnitt, könnte ihr als Familienporträt ein liebes Besitztum sein, und eines solchen wollte ich sie nicht berauben."

Neuntes Kapitel.

Die Herbstlage in Versailles.

Am Tage nach unsrer Ankunft in Versailles verkündete ein dicker weißer Nebel, der bis gegen die zehnte Morgenstunde die Luft erfüllte, daß der Herbst im Begriffe war, seine rauhe Seite herauszukehren, doch waren die Bäume der Alleen und Gärten, sowie die bewaldeten Höhen nach Paris hin noch durchweg grün.

Mit Bezug auf den Lärm, den die deutsche Presse, und zwar nicht bloß die demokratische und die fortschrittliche, welche letztere auch in politischen und militärischen Dingen immer vom Standpunkte des Privatrechts urteilt, über die Einsperrung Jacobys erhoben hatte, ging heute nachstehende im Sinne des Chefs gehaltene Darlegung des Charakters der Maßregel ab:

„Noch immer hört man von einer Rechtsverletzung sprechen, die mit der Verhaftung Jacobys begangen worden sein soll. Die Maßregel mag inopportun sein; man hätte seiner Demonstration vielleicht weniger Bedeutung beimessen können. Eine Rechtsverletzung aber ist sie nicht, da wir im Kriegszustande leben, wo das bürgerliche Recht vor der militärischen Notwendigkeit zurückzutreten hat. Die Internirung des Genannten ist eine Maßregel, die in das Gebiet der Kriegführung fällt, sie hat mit der Polizei oder dem Strafrichter nichts zu schaffen. Es handelt sich dabei keineswegs um ein Strafverfahren, sondern Jacoby ist einfach Kriegsgefangner, wie die in Deutschland verhafteten Spione, mit denen wir ihn sonst selbstverständlich nicht vergleichen wollen. Er war mit andern Worten eine von den Kräften, welche die Erreichung der Zwecke des Krieges erschwerten, und die man darum lahm legen mußte.

Ein Blick auf die vielen Fälle, wo die mit der Kriegführung betrauten Gewalten des Staates genötigt sind, über das durch die

13*

Verfassung anerkannte Recht der Person und des Eigentums der Staatsbürger hinwegzugreifen, wird dies klarmachen. Zum Zweck einer Erfolg verheißenden Verteidigung kann, ohne daß vorher die Entschädigung vereinbart ist, Privateigentum zerstört, können Häuser niedergebrannt, Bäume gefällt, kann in die Wohnungen eingedrungen, der Straßenverkehr gehemmt und jedes andre Beförderungsmittel (Schiffe und Wagen z. B.), ohne daß die Einwilligung des Besitzers zuvor eingeholt zu werden braucht, mit Beschlag belegt oder vernichtet werden, und das gilt vom Inlande gerade so wie vom Auslande. In dieselbe Kategorie von Rechten des im Kriege befindlichen Staates gehört auch die Entfernung von Personen, welche dem Feinde moralisch oder materiell Vorschub leisten oder auch nur den Verdacht erwecken, daß dies ihrerseits geschieht.

Diese Grundsätze sind unbestritten, so weit sie sich auf den unmittelbaren Schauplatz des Krieges beziehen. Der Gedanke, in dem sie wurzeln, wird aber von der Örtlichkeit nicht beeinflußt. Die Staatsgewalt hat die von dem Zwecke des Krieges ihr zugewiesenen Rechte und Pflichten ohne Rücksicht auf die räumliche Entfernung der betreffenden Hindernisse von der Stelle, wo mit den Waffen gekämpft wird, auszuüben. Sie ist verpflichtet, auch Vorkommnisse im Inlande, welche die Erreichung des Friedens erschweren, unmöglich zu machen. Wir führen jetzt Krieg, um Bedingungen zu erfüllen, die dem Feinde künftige Angriffe verbieten sollen, der Feind sträubt sich, auf diese Bedingungen einzugehen, und er wird in diesem Widerstande durch Kundgebungen Deutscher, welche diese Bedingungen für unnötig und ungerecht erklären, wesentlich ermutigt und bestärkt. Das Braunschweiger Arbeitermanifest und die Königsberger Resolution sind von der französischen Presse bestens benutzt worden und haben offenbar die Republikaner, die jetzt in Paris am Ruder stehen, in der Meinung befestigt, daß sie die Lage richtig auffassen, wenn sie unsre Bedingungen zurückweisen; denn diese französischen Republikaner bemessen den Einfluß ihrer deutschen Gesinnungsgenossen auf die Politik der deutschen Regierungen nach ihren eignen Erfahrungen und Erlebnissen. Der Eindruck, den jene Demonstrationen in Braunschweig und Königsberg gemacht haben, hat vermutlich wenig auf sich, aber es handelt sich um den Eindruck derselben auf Paris, und der ist ein solcher, daß fernere Kundgebungen der Art zur Unmöglichkeit gemacht, daß also die Urheber derselben beseitigt werden mußten."

Vor Tische machte ich dem Schlosse einen Besuch. Ein großer Teil des nach der Stadt zu viel gegliederten, nach dem Park hin einfachern sehr stattlichen Gebäudes war in ein Lazaret verwandelt worden. Man sah in Säle voll Bilder hinein, wo die Gemälde der untern Reihe mit Bretern verschlagen waren und neben ihnen Betten mit Verwundeten und Kranken standen. Die an dem großen Wasserbecken zwischen Park und Schloß hingelagerten Götterstatuen und Nymphengruppen sind außerordentlich schön. Auch das zweite Bassin vor der breiten Freitreppe unten und das weiter hinaus gelegene, das fast eine Viertelmeile lang sein mag, zeigt derartige Kunstwerke. Mehr Wert haben meinem Geschmack nach einige von den Marmorbildsäulen, die an den Gängen stehen, welche vom zweiten Wasserbecken nach dem dritten führen. Der Park ist ungemein groß und nicht so steif und architektonisch zugestutzt, als ich mir ihn nach Beschreibungen vorstellte. Nur die zu Kegeln und Pyramiden verschnittenen Bäume und Sträucher an der Freitreppe sind unerfreuliche Künstelei.

Bei Tische fehlte Graf Bismarck-Bohlen. Hexenschuß, meinten die einen, Blasenleiden die andern. — Früh hatte Keudell zu mir geäußert, drei Wochen würde unser Aufenthalt in Versailles wohl dauern. Metz würde zwar bald kapituliren müssen, da sie dort nur noch Pferdefleisch und kein Salz dazu hätten. Aber in Paris wäre man guten Mutes, obwohl man, da sie das Vieh meist mit komprimirtem Futter nährten, viele Tiere sterben sähe, was Burnside, der inzwischen in Paris gewesen war, dann im Büreau bestätigte. Weniger sanguinisch urteilt jetzt der Minister. Es war wieder von den Uniformen der Sekretäre die Rede, und der Chef meinte im Zusammenhange damit, der Krieg könne noch lange wären, vielleicht bis Weihnachten, möglicherweise bis Ostern, und die Soldaten würden zum Teil wohl noch Jahre lang in Frankreich bleiben. Man hätte Paris gleich am 18. September stürmen sollen. Er sagte dann zu seinem Kammerdiener: „Hören Sie mal, Engel, lassen Sie doch von

Berlin meinen Pelz schicken — oder besser beide, den Schuppenpelz und den leichten, dünnen." — — — Das Gespräch drehte sich dann um das Leben, das mit den Fürstlichkeiten der verschiednen Hauptquartiere in das Hôtel des Reservoirs eingezogen war, und um die Frage, ob die Kosten für ihre Verpflegung vom König, von ihnen selbst oder von der Stadt bestritten würden. — — —

Im „Daily Telegraph" hat „ein Engländer im Hauptquartier zu Meaux" berichtet, der Chef habe am Schlusse seiner Besprechung mit Mallet geäußert: „Was ich und der König am meisten besorgen, das ist die Einwirkung einer französischen Republik auf Deutschland. Es ist uns gar wohl bekannt, welchen Einfluß das Republikanertum in Amerika auf Deutschland gehabt hat, und wenn die Franzosen uns mit einer republikanischen Propaganda bekämpfen, so werden sie uns damit mehr Schaden zufügen als mit ihren Waffen. Der Minister hat an den Rand dieses Referats geschrieben: „Alberne Lüge."

Freitag, den 7. Oktober. Diesen Morgen bald nach Tagesanbruch hörte ich mehrere Schüsse aus grobem Geschütz, welches nicht viel weiter als eine halbe Meile von hier zu stehen schien. Später konnte ich nach Berlin melden, daß unsre Verluste im letzten Treffen nicht, wie französischer Schwindel behauptet, viel stärker, sondern weit geringer als die der Franzosen gewesen sind. Diese sollten etwa 400, wir 500 Tote und Verwundete gehabt haben, in Wahrheit ließen jene allein vor der Front der 12. Division 450, und im ganzen etwa 800 Mann auf dem Platze, während wir 85 Tote hatten.

Der griechische Gesandte in Paris ist, wie Hatzfeld beim Frühstück berichtet, mit einer „Familie" von vierundzwanzig oder fünfundzwanzig Personen zu uns herausgekommen, um sich zur Delegation der Regierung der nationalen Verteidigung in Tours zu begeben. Der Knabe desselben hat zu dem Grafen gesagt, es gefalle ihm in Paris gar nicht, und auf die Frage, warum nicht, geantwortet, weil er da so wenig Fleisch zu essen kriege.

Folgende Gedanken für die Presse ausgeführt: Wir führen nicht Krieg, um die Okkupation Frankreichs zu verewigen, sondern um den Frieden unter den von uns gestellten Bedingungen zu erlangen.

Dazu bedarf es der Verhandlung mit einer Regierung, welche den Willen Frankreichs vertritt, und durch deren Äußerungen und Zugeständnisse es sich bindet und uns verpflichtet. Die jetzige Regierung ist keine solche. Sie muß durch eine Nationalversammlung bestätigt oder durch eine andre ersetzt werden. Dazu sind allgemeine Wahlen erforderlich, und wir sind durchaus bereit, diese in den von uns besetzten Landesteilen zu gestatten, soweit es strategische Rücksichten zulassen. Die jetzigen Machthaber in Paris aber scheinen dazu keine Neigung zu verspüren. Sie schädigen damit in ihrem Interesse das Interesse ihres Landes, das so die Leiden des Krieges weiter zu tragen hat.

Am Nachmittag wieder nach dem Parke beim Schlosse; diesmal aber nicht über die Avenue de Saint Cloud und den Place d'Armes, sondern über den Bouvelard de la Reine nach dem Bassin de Neptun, über dem dieser Gott mit seiner Gemahlin und allerlei grotesken Wasserungetümen thront. Eine Strecke von da, an ganz einsamer Stelle, treffen wir den Kanzler mit Hatzfeldt zu Pferde. Ein Schutzmann nirgends zu sehen. Wozu sind sie da?

Bei Tische klagte Hatzfeldt, daß die Griechen, die so gern fortwollen, ihn mit Lamentiren geplagt. Aus dem weitern Gespräch ging hervor, daß sie und andrer Besuch aus Paris Bedenken über ihre Absichten erweckt hatten. — — — Die Rede wendete sich hierauf zu dem erschöpften Zustande der Stadt Versailles, die in den letzten beiden Wochen große Ausgaben gehabt, und deren neuer Maire, ein Herr Rameau, heute beim Chef Audienz erbeten und erlangt hatte. Der letztere äußerte darüber: „Ich sagte ihm, man solle doch eine Anleihe aufnehmen. — Ja, erwiderte er, das würde gehen, aber dann müßte er bitten, ihn nach Tours reisen zu lassen, da er zu einer solchen Maßregel die Ermächtigung seiner Regierung bedürfe. Das konnte ich ihm freilich nicht versprechen, auch würde man ihm dort die gewünschte Erlaubnis schwerlich erteilen. — Vermutlich denken die (in Tours), es ist ihre (der Versailler) Pflicht zu verhungern, damit wir mit verhungern. Aber sie überlegen sich nicht, daß wir die Stärkern sind und uns nehmen, was wir brauchen. Sie haben überhaupt keine Vorstellung, was der Krieg ist." — Man kam ferner auf den Zusammentritt einer konstituirenden französischen Versammlung in Versailles zu sprechen, und es wurde die Möglichkeit bezweifelt. Es gäbe hier keinen Saal, dessen Größe genügte, da das Schloß mit Verwundeten belegt sei. Die Versammlung von 1789 sei als Ganzes wohl zuerst in einer Kirche zusammengekommen, sonst habe man nach den drei Ständen an verschiedenen Orten getagt. Zuletzt wären die Herren allerdings im Ballsaal vereinigt gewesen; der existire aber nicht mehr.*) Dann sprach der Minister vom Schlosse mit seinem Parke, wobei er die schöne Orangerie an der Terasse mit den beiden mächtigen Freitreppen lobte, die links vom Platze hinter dem Palais hinabführt. Er meinte indes: „Was sind diese Bäume in Kübeln doch gegen die Orangenhaine in Italien!" — — —

Zuletzt brachte jemand das Thema der Toleranz aufs Tapet, und der Kanzler äußerte sich zunächst wie in Saint Avold. Er erklärte sich in sehr entschiedenen Worten für Duldsamkeit in Glaubenssachen. „Aber," so fuhr er fort, „die Aufgeklärten sind auch nicht tolerant. Sie verfolgen die, welche gläubig sind, zwar nicht mit Scheiterhaufen — denn das geht nicht — aber mit Spott und Hohn in der Presse, und im Volke, soweit es zu den Nichtgläubigen gehört, ist man darin nicht weiter als früher. Ich möchte nicht sehen, mit welchem Vergnügen man hier dabei sein würde, wenn der Pastor Knak gehenkt würde." Man erwähnte, daß auch der alte Protestantismus nichts von Duldung gehalten habe, und Bucher machte darauf aufmerksam, daß nach Buckle die Hugenotten eifrige Reaktionäre gewesen, und daß dies von den damaligen Reformirten überhaupt gelte. — „Nicht gerade Reaktionäre," erwiderte der Chef, „aber kleine Tyrannen; jeder Pastor war ein kleiner Papst." Er führte Calvins Verfahren gegen Servet an und setzte hinzu: „Auch Luther war so." Ich erlaubte mir an seine Behandlung Karlstadts und der Münzerschen sowie an die Wittenberger Theologen nach ihm und den Kanzler Krell zu erinnern. Bucher erzählte, daß die

*) Ein Irrtum, s. u. Doch faßt diese Lokalität keine sehr große Versammlung.

schottischen Presbyterianer' zu Ende des vorigen Jahrhunderts jemand, der Thomas Paynes Buch von den Menschenrechten einem andern nur geliehen, zu einundzwanzigjähriger Deportation verurteilt und sofort in Ketten gelegt hätten. Ich wies wieder auf die Puritaner der Neuenglandstaaten mit ihrer starren Intoleranz gegen Andersdenkende und ihrem tyrannischen Liquor-Law hin. „Und die Sonntagsheiligung," sagte der Chef. „Das ist doch eine ganz schreckliche Tyrannei. — Ich erinnere mich, als ich das erste Mal nach England kam und in Hull landete, daß ich da auf der Straße pfiff. Ein Engländer, den ich an Bord kennen gelernt hatte, sagte mir, ich sollte doch nicht pfeifen. Pray, Sir, don't whistle. Ich fragte: warum nicht? Ist das hier verboten? — Nein, sagte er, aber 's ist Sabbat. Das verdroß mich so, daß ich gleich ein Billet auf einem andern Dampfer nahm, der nach Edinburg fuhr, da es mir nicht gefiel nicht pfeifen zu dürfen, wenn ich Lust hatte. Vorher hatte ich aber doch noch was Gutes kennen gelernt, toasted cheese — welsh rabbit. Wir waren nämlich in ein Gasthaus gegangen." — „Ich bin sonst durchaus nicht gegen die Sonntagsheiligung," — so fuhr er fort, nachdem Bucher bemerkt, der Sonntag in England sei im allgemeinen nicht so schlimm, ihm hätte er immer sehr wohl gethan mit seiner Stille nach dem Gewühl und Geräusch der Londoner Werkeltage, wo der Spektakel schon früh losginge. — „Im Gegenteil, ich thue als Gutsherr dafür, was ich kann. Nur will ich nicht, daß man die Leute zwinge. Jeder muß wissen, wie er sich am besten aufs künftige Leben vorbereitet." — „Sonntags soll nirgends gearbeitet werden, nicht so sehr, weil es unrecht ist, gegen Gottes Gebot, als der Menschen wegen, die Erholung haben müssen." — „Das gilt freilich nicht vom Staatsdienste, besonders nicht vom diplomatischen, wo auch Sonntags Depeschen und Telegramme kommen, die erledigt sein wollen. Auch dagegen ist nichts zu sagen, daß unsre Bauern in der Ernte, wenn es lange geregnet hat und es Sonnabends schön Wetter werden will, ihr Heu oder Korn des Sonntags einbringen. Ich würde es nicht übers Herz bringen, das meinen Pächtern etwa im Kontrakt zu untersagen. Ich selber kann mir das gestatten, da ich den etwaigen Schaden eines Montagsregens mit ansehen kann.

Auch gilt es bei unsern Gutsbesitzern für unanständig, selbst in solchen Notfällen die Leute am Sonntag arbeiten zu lassen.“ Ich erwähnte, daß fromme Leute in Amerika des Sonntags nicht einmal kochen ließen, in Newyork sei ich da einmal zu Tische gebeten worden, und es habe nur kalte Speisen gegeben. „Ja,“ versetzte der Chef, „in Frankfurt, als ich noch freier war, haben wir Sonntags auch immer ganz einfach gegessen, und ich habe niemals anspannen lassen, der Leute halber.“ Ich gestattete mir noch die Bemerkung, daß in Leipzig den Sonntag hindurch alle Geschäfte mit Ausnahme der Bäcker- und mancher Zigarrenläden geschlossen wären. „Ja, so sollte es auch sein,“ sagte er, „doch wollte ich niemand zwingen. Ich könnte es auf dem Lande vielleicht so thun, daß ich nichts von ihm kaufte — er müßte denn alles besonders gut haben, wo ich nicht weiß, ob ich mich dazu überwände. Dafür aber müßte gesorgt werden, daß lärmende Geschäfte, z. B. Schmieden, des Sonntags in der Nähe von Kirchen nicht arbeiten.“ — — —

Abends wurde ich zu ihm gerufen. „Da schreibt mir Th., es stände in der Norddeutschen ein schrecklicher Artikel gegen die Katholiken. Ist der von Ihnen?“ — „Ich weiß nicht welcher, Exzellenz, ich habe in der letzten Zeit mehrmals auf das Treiben der Ultramontanen aufmerksam gemacht.“ — Er suchte und fand den Ausschnitt, dann las er ihn etwa zur Hälfte laut und sagte: „Hm, das ist aber alles ganz wahr und richtig. — Ja, er ist ganz gut. Aber der gute Th. ist völlig in Savignys Stricken. Er ist außer sich, daß wir Papstens nicht gerettet haben.“

Sonnabend, den 8. Oktober. Früh, bevor der Minister aufsteht, mache ich einen Gang nach dem Schlosse der Bourbonen, über dessen Mittelbau die weiß und schwarze Preußenfahne und daneben die mit dem roten Kreuze weht. Ich finde, daß die marmornen französischen Heroen im Hofe vor demselben genauer betrachtet doch zum Teil recht mäßige Leistungen sind. Bayard und Duguesclin, Turenne, Colbert, Sully und Tourville sind darunter. Die Seehelden nehmen Stellungen wie Kulissenreißer ein, und man besorgt, daß sie dabei von ihren Postamenten fallen und auf dem Pflaster Schaden nehmen können. Viel schöner ist der bronzene Louis Quatorze, doch möchte ich auch dem den Schlüterschen Großen Kurfürsten in Berlin vorziehen. Der Morgen ist trüb und kühl, und der Herbst fängt an, sich bemerklicher zu machen. Die Blätter an den Wipfeln der Avenuen werden rot und gelb, bald wird man ein Feuer im Kamin vertragen können.

Ich wurde diesen Tag mehrmals zum Chef geholt, und es gingen wieder vier Artikel auf die Reise nach Deutschland. Beim Frühstück äußerte ich, der sentimentale und stellenweise weinerliche Ton in Favres Bericht über Haute Maison und Ferrières sei doch wohl Theaterspielerei. „Ach, nein," erwiderte Keudell, „es ist Natur und er meint es wirklich so. Es ist das Ministerium der honnêtes gens, was freilich im Französischen einen gelinden Beigeschmack von Schwachmatizität hat." Der Kanzler speiste heute beim Könige. Unser Tischgespräch war infolgedessen für mich von geringem Interesse.

Sonntag, den 9. Oktober, Schlechtes Wetter, Kälte und Regen. Die Blätter fallen mit Macht. Ein scharfer Nordwestwind fegt über das Plateau. Ich gehe trotzdem ein Stück durch die Stadt, die nach und nach explorirt werden soll. Durch die Rue Saint Pierre nach der Präfektur an der Avenue de Paris, wo König Wilhelm wohnt, dann eine andre Straße hinab bis an das Denkmal, das man dem Taubstummenlehrer Abbé l'Epée gesetzt hat. Auf dem Rückwege begegne ich Keudell, den ich frage, ob er noch nichts über den Beginn des Bombardements von Babel gehört hat. Er meint, nächste Woche wahrscheinlich, es hieße, den 18. sollten unsre Karthaunen brummen. Im Laufe des Vormittags drei Mal beim Chef gewesen. — — Seine Aufträge am Nachmittag expedirt. Beim Frühstück ist Delbrück wieder da, über dessen Erscheinen der Minister sehr erfreut zu sein scheint. Wir trinken unter andern vorzüglichen Dingen „uralten Korn", dem der Präsident des Bundeskanzleramts eine verständnisvolle Lobrede hält, wie er denn überhaupt in der Wissenschaft von dem, was wohl schmeckt, augenscheinlich erfolgreiche Studien gemacht hat. Es wird erzählt, daß eine Schwadron der Flensburger Husaren, desselben Regiments, welches bei Vonc abgesessen ist und eine von Infanterie verteidigte Position erstürmt hat, von dem Unglück betroffen worden ist, bei Rambouillet von Franctireurs überfallen und zersprengt zu werden; sie soll dabei 60 Pferde verloren haben.

Wir waren heute dreizehn Personen bei Tische, darunter Dr. Lauer. Gestern Abend spät kam noch ein Offizier mit einer Depesche, wegen welcher ich den Chef, der im Garten spazieren ging, hereinholte. Heute erfuhr man, daß es ein Brief aus Paris gewesen, in welchem die dort verbliebenen fremden Diplomaten das Recht in Anspruch nehmen, durch unsre Linien zu korrespondiren und Korrespondenzen sich senden zu lassen. Der Kanzler scheint nach dem, was er über die Sache sagte, dieses Recht nicht anerkennen zu wollen. Er hat neulich dem Maire von Versailles tröstliche Versicherungen gegeben, und die der Stadt auferlegte Kontribution von 400000 Franken soll ihr erlassen werden.

Montag, den 10. Oktober. Früh zwischen sieben und acht Uhr waren wieder etwa ein Dutzend Schüsse aus schwerem Geschütz zu vernehmen, und Willisch wollte zu derselben Zeit auch Gewehrfeuer gehört haben. Früh wurde ich zweimal zum Chef gerufen. — Er ging später zum Kronprinzen, bei dem er zum Frühstück blieb. Beim Essen wurde zunächst von der Unterredung des Königs mit Napoleon im Schlößchen Bellevue bei Sedan gesprochen, über welche Russel in der „Times" ausführlich berichtet hatte, während sie doch eine Unterredung unter vier Augen gewesen war, und selbst der Kanzler von ihr nur insofern wußte, als der König ihm die Versicherung gegeben hatte, es sei dabei kein Wort von Politik gesprochen worden. — Dann brachte jemand, ich weiß nicht, wie und woher, die Unterhaltung auf gefährliche und schwindelerregende Touren, und der Minister erzählte verschiedene in dieses Kapitel gehörige Wagstücke.

„Da erinnere ich mich," sagte er, „ich war einmal mit einer Gesellschaft, unter der sich auch die Orloffs befanden, im südlichen Frankreich beim Point du Gard. Es ist das eine alte Wasserleitung aus römischer Zeit, die in mehrern Etagen über ein Thal weggeht. Da sagte die Fürstin Orloff, eine lebhafte Frau, wir wollten oben darüber gehn. Das war ein sehr schmaler Gang neben der Rinne, nur etwa anderthalb Fuß breit, dann die tief eingeschnittene Rinne und auf der andern Seite wieder eine Mauer mit Platten darauf. —

„Die Sache war nicht unbedenklich, aber ich konnte mich doch von einem Frauenzimmer nicht an Mut übertreffen lassen. So unternahmen wir beide denn das Kunststück. Er aber ging mit den andern unten im Thale hin. Eine Weile schritten wir auf den Platten fort, und da ging es gut auf der schmalen Kante, von der man in eine Tiefe von mehreren hundert Fuß hinabsah. Dann aber waren die Platten weggefallen, und man ging über eine bloße schmale Mauer. Eine Strecke weiterhin kamen wir zwar wieder auf ein Stück mit Platten, und dann gabs wieder nur die unsichere Mauer mit ihren schmalen Steinen. Da faßte ich mir ein Herz, schritt rasch auf sie zu, faßte sie mit dem einen Arm und sprang mit ihr in die vier bis fünf Fuß tiefe Rinne hinunter. Aber die unten, die uns nun plötzlich nicht mehr sahen, hatten die größte Angst, bis wir endlich drüben wieder erschienen."

Ein andermal hatte er mit einigen Begleitern bei einer Tour in der Schweiz, — wenn ich nicht irre, bei einem Ausfluge nach dem Rosenlauigletscher — einen schmalen Grat passiren müssen. Eine Dame und der eine ihrer beiden Führer waren schon drüben gewesen. Nach ihnen kam ein Franzose, dann Bismarck und hierauf der andre Führer. „In der Mitte der Kante sagte der Franzose: «Je ne peux plus» und wollte durchaus nicht weiter. Ich war gleich hinter ihm und fragte den Führer: «Was machen wir nun?» — «Steigen Sie über ihn weg, dann schieben wir ihm die Alpenstöcke unter die Arme und tragen ihn hinüber.» — «Sehr schön,» sagte ich, «aber ich steige nicht über ihn hinweg; denn der Mann ist krank und packt mich in seiner Verzweiflung, und wir fallen beide hinunter.» — «Nun, so drehen Sie um.» — Das war schwer genug, aber ich versuchte es, und es ging, und nun machte er das Manöver mit den Alpenstöcken mit Hilfe des andern Führers."

Ich erzählte meinen Ritt über die böse Stelle auf der Kaki Skala zwischen Megara und Korinth. Er hatte etwas gefährlicheres, ich weiß nicht mehr, wo, im Gebirge erlebt. Es war wie dort auf einem schmalen Rande gewesen, neben dem es auf der einen Seite schroff hinauf und auf der andern senkrecht in die Tiefe gegangen war. Über diesen kaum eine Elle breiten Weg wollte ich mit meiner

Frau hinweg. An einer Stelle war das Erdreich teils hinabgerutscht, teils unsicher. Ich sagte: «Ich werde vorausgehen, mich an den Sträuchern an der Wand zur Seite festhalten und untersuchen. Wenn ich feststehe, kommst du nach.» Ich untersuchte eben die bedenkliche Stelle, da kommt sie an der Wand hinter mir durch und umfaßt mich. Ich erschrack fürchterlich, aber zum Glücke hielt der Strauch und wir kamen auf sichern Boden. — Mich kann nichts mehr ärgern, als wenn man mich erschreckt."

Abends ließ der Chef mich auf sein Zimmer rufen, um mir einen Auftrag in Betreff Garibaldis zu erteilen, der nach telegraphischer Meldung in Tours angekommen war und der französischen Republik seine Dienste gegen uns angeboten hatte. Dann fuhr der Kanzler fort: „Aber sagen Sie einmal, warum sind Sie nur in dem, was Sie schreiben, mitunter so massiv? · Ich weiß zwar nicht den Wortlaut des Telegramms wegen —. Aber auch das, was Sie neulich über die Ultramontanen sagten, war sehr stark in den Ausdrücken. — Die Sachsen gelten doch sonst für höfliche Leute, und wenn Sie der Hofschriftsteller des Auswärtigen Amts sein wollen, so sollten Sie nicht so hagebüchen sein." Ich erlaubte mir, zu erwidern, ich könne auch artig sein und glaube mich auf die feine Malice zu verstehen. — „Nun, dann seien Sie fein, aber ohne Malice, schreiben Sie diplomatisch: selbst bei Kriegserklärungen ist man ja höflich," entgegnete er.

Halb zehn Uhr war Burnside mit seinem Begleiter wieder da und blieb bis halb elf beim Kanzler, der mir dann wieder einen Auftrag gab. Später sah man ihn in der hellen Mondscheinnacht bis zur Geisterstunde im Garten auf- und abwandeln, während aus der Gegend von Paris her Kanonendonner und einmal auch ein dumpfer Knall wie von einer Explosion herüberschallte.

Dienstag, den 11. Oktober. Früh heißt es über die Explosion von voriger Nacht, man habe (unsrerseits?) zwei Brücken gesprengt. — Nicht bloß in England, auch daheim empfinden Privatleute den Beruf, sich durch ihren Rat an der Herbeiführung des Friedens zu beteiligen. Diesen Morgen ging im Büreau ein beschwerter Brief aus Flehde in Norderditmarschen ein, in welchem ein Herr

Rohardt dem Minister „allerunterthänigst und in tiefster Ehrfurcht" die Bitte vortrug, die Aufnahme einer Annonce in die „Times" zu bewirken, welche die Franzosen „von weiterer Insurrektion" abmahnte, zu welchem Zwecke er die Insertionskosten mit 30 Thalern 10 Silbergroschen einsandte. Um zehn Uhr konnte ich wieder eine Siegesnachricht telegraphieren: Tags vorher hatte von der Tann ein Gefecht mit regulären französischen Truppen gehabt, drei Geschütze erbeutet, bis Abgang der Nachricht gegen tausend Mann zu Gefangnen gemacht und den Feind in der Richtung auf Orleans lebhaft verfolgt. — —

Nachmittags, als der Kanzler ausgeritten, besuchte ich flüchtig die großen Säle auf der Seite des Schlosses, wo die Kirche steht, und besah mir die hier mit Pinsel und Meißel verewigten „Ruhmesthaten Frankreichs", denen nach der Inschrift über der Eingangshalle dieser Flügel des Gebäudes geweiht ist. Unten befinden sich meist Gemälde, welche sich auf die alte Geschichte der Franzosen beziehen, darunter sehr gute Sachen neben mittelmäßigen Bildern aus der Zeit Ludwigs des Vierzehnten und Napoleons des Ersten. Schlachten, Belagerungen u. dgl., oben die riesigen Leinwandflächen, die Horace Vernet mit den „gloires" seiner Landsleute in Algerien bemalt hat, sowie neuere Gemälde aus den Kriegen in der Krim und in Italien, dabei die Marmorbüsten von Generalen, die dort kommandirt. Die Tage von Wörth, Metz und Sedan werden hier vermutlich nicht figuriren. Wir werden uns das später mit mehr Muße betrachten. Aber heute schon merkt man, daß System in dieser Gallerie ist, und sieht in dem Ganzen mehr einen Brütofen ruhmbegieriger und von Überhebung geschwollner Chauvinisten, als ein Museum für Leistungen und Genüsse der Kunst.

Nach den Gesprächen bei Tische ist seit einiger Zeit im Werke, in Versailles einen Kongreß der deutschen Fürsten zu versammeln. Man hofft, daß auch der König von Baiern kommen werde, und Delbrück meint, ein Teil der historischen Gemächer des Schlosses werde sich zu einer passenden Residenz Sr. Majestät einrichten lassen. Es wird ihm indes bemerkt, daß dies leider nicht angehen werde, da die größere Hälfte des Palais jetzt Lazarett sei und der Typhus dort herrsche. Der Chef dinirt heute beim Kronprinzen und kommt erst um zehn Uhr heim, worauf er noch eine Unterredung mit Burnside hat.

Mittwoch, den 12. Oktober. Dunstiger, verdrießlicher Tag. Früh zwei Briefe eines englischen Husarengenerals für den König übersetzt und ausgezogen, in denen uns empfohlen wird, mit Benutzung der Brücke von Sèvres die Seine einzudämmen und durch Aufstauung derselben Paris zu überschwemmen. Dann einen Auszug aus dem Bericht eines deutschen Johanniters angefertigt, der sich im allgemeinen sehr anerkennend über die Behandlung unsrer Verwundeten in Bouillon seitens der belgischen Bevölkerung äußert. Endlich wieder einen Aufsatz über die feindselige Stellung geschrieben, die der Ultramontanismus uns gegenüber in diesem Kriege einnimmt. Als ich ihn dem Chef vorlege, äußert er: „Sie schreiben mir immer noch nicht höflich genug. Sie sagten mir doch, Sie wären Meister in der feinen Malice, hier aber ist mehr Malice als Feinheit. Machen Sie's umgekehrt. Sie müssen politisch schreiben, und in der Politik ist der Zweck nicht Beleidigung."

Abends weiß sich ein Herr, der ein spanischer Diplomat sein soll und aus Paris herausgekommen ist, nun aber wie andre Herren nicht wieder hineindarf, beim Kanzler Eingang zu verschaffen. Er bleibt eine Zeit lang bei ihm. Einigen von uns ist er verdächtig vorgekommen. — Während wir Thee trinken, stellt sich Burnside ein. Er will fort von hier, nach Brüssel, um seine Frau, die jetzt in Genf ist, dort unterzubringen. — — — Wie man von ihm hört, ist auch Sheridan abgereist, und zwar nach der Schweiz und Italien. Es giebt wohl für die Amerikaner hier nichts mehr zu vermitteln. Der General wünscht dem Chef noch diesen Abend seinen Besuch zu machen. Ich rede ihm das aus, indem ich ihm vorstelle, daß der Kanzler ihn bei seiner Vorliebe für die Amerikaner zwar, wenn er sich melden ließe, empfangen würde, daß man aber an die ihm knapp zugemessene Zeit denken sollte. Es fehlten ihm so schon zur Bewältigung seiner Geschäfte fünf bis sechs Stunden täglich, so daß er gezwungen sei, bis in die Nacht hinein aufzubleiben und selbst Besprechungen mit gekrönten Häuptern möglichst abzukürzen. — —

Donnerstag, den 13. Oktober. Sehr heller, aber stürmischer

Morgen, der so ziemlich die letzten Blätter von den Bäumen pflückt. Einen Bericht aus Rom gelesen und benutzt, der aus dem Ergebnis der Abstimmung den Schluß zieht, daß es in Rom keine päpstliche Partei gebe. Man kann sagen, so heißt es da ungefähr, daß die ganze politische Organisation des päpstlichen Staatswesens zu Staub zerfallen ist, wie ein Leichnam, der, nachdem er tausend Jahre von der freien Luft abgesperrt gewesen, plötzlich von derselben berührt wird. Es ist nichts davon übrig geblieben, weder eine Erinnerung noch eine Lücke. Die Abstimmung, die nach den staatsrechtlichen Grundsätzen Italiens stattfinden mußte, hat den Wert einer freiwilligen Kundgebung von Gesinnungen, für welche man, wenn wir von den Emigranten absehen, keine oder doch geringe Opfer gebracht hat. So weit diese Gesinnungen den Widerwillen gegen das weltliche Regiment der Päpste ausdrücken, ist an eine Reaktion nicht zu denken. Was dagegen den Wunsch der Römer, Unterthanen des Königs von Italien zu sein und zu bleiben, betrifft, so wird dessen Dauer von der Art abhängen, wie man regiert.

Wenn man nach einem Briefe, der am 13. September von Saint Louis abgegangen ist, auf die Stimmung der Deutschen in den Vereinigten Staaten schließen dürfte, so würde dort das durch den Krieg und seine Erfolge befriedigte und gesteigerte Nationalgefühl das Republikanertum erheblich überwiegen. „Ein seit zwanzig Jahren hier wohnender Deutscher, der früher Ihr Todfeind war, und dessen Ideal Sie jetzt sind," ruft dem Kanzler, nicht geblendet durch die republikanische Form, in die das französische Wesen jetzt gegossen ist, begeistert zu: „Vorwärts, Bismarck! Hurrah für Deutschland! Hurrah für Wilhelm den Ersten, Kaiser von Deutschland!" — Es scheint, daß unsre Demokraten erst ins Ausland gehen müssen, wenn sie natürlich empfinden sollen.

Auch Franzosen kommen jetzt mit gutem Rat und Bitten vor unsern Kanzler, um ihn zu bestimmen, Frieden zu gewähren. Nur sind es nicht die rechten, und ihre Anerbietungen stimmen auch nicht zu unserm Bedürfnis. „Un Liégeois" beschwört den Chef, „au nom de l'humanité, au nom des veuves et des petits enfants de France et d'Allemagne, victimes de cette affreuse guerre," Julius Favre zurückzurufen und seinem Ruhme die Krone aufzusetzen durch einen Friedensschluß auf Grund des Ersatzes der Kriegskosten und der Schleifungen der Festungen „Eh! que ne peut-on les renverser toutes et anéantir tous les canons!!!“ u. s. w.

Beim Frühstück wurde uns von Hatzfeldt ein Husarenleutnant von Uslar vorgestellt, der von den Vorposten kam und erzählte, daß die Pariser Forts da, wo er steht, jedesmal, wenn sich ein Kopf oder ein einzelner Reiter von den Unsern sehen läßt, sofort ein halb Dutzend ihrer eisernen Zuckerhüte herüberschleudern, aber fast nie damit Schaden anrichten. Sie scheinen also wenigstens an Munition noch keinen Mangel zu leiden.

Um ein Uhr Regen. Später war ich im Schlößchen Petit-Trianon. Auf den Baumwipfeln rechts von der dahin führenden großen Allee saßen Hunderte von Misteln. Wir besahen uns die Wohnzimmer der Königin Marie Antoinette, verschiedene Bilder, die sie als Kind mit ihren Geschwistern und als Königin darstellen, ein Porträt ihres Gemahls, alte Rokokomöbel, deren sie sich bedient, ihr Schlafgemach mit ihrem Bett; auch andres Gerät und Gefäß unterbreitete die Gewissenhaftigkeit des französischen Führers mit freundlicher Erklärung unsrer Betrachtung.

Abends wurde ich fünfmal zum Minister geholt, sodaß es vollauf zu thun gab. — — —

Freitag, den 14. Oktober. Bis Mittag fleißig gewesen für die Post. Später nach London und Brüssel telegraphirt wegen Ducrots unwahren Behauptungen in der „Liberté.“ Desgleichen gemeldet, daß General Boyer, der erste Adjutant Bazaines, aus Metz als Unterhändler in Versailles eingetroffen. Der Chef scheint indes mit ihm noch nichts Ernstes vornehmen zu wollen. Er sagte im Büreau: „Was haben wir heute für einen?“ — „Den 14., Exzellenz.“ — „So, da war Hochkirch und Jena. Da muß man keine Geschäfte abschließen.“ Auch wird zu beachten sein, daß wir heute Freitag haben.

Während des Diners bemerkte der Chef, nachdem er einen Augenblick nachgesonnen, lächelnd: „Ich habe einen Lieblingsgedanken in bezug auf den Friedensschluß. Das ist, ein internationales Gericht niederzusetzen, das die aburteilen soll, die zum Kriege gehetzt haben — Zeitungsschreiber, Deputirte, Senatoren, Minister. Abeken setzt hinzu, auch Thiers gehöre mittelbar dahin, und zwar ganz vorzugsweise, wegen seiner chauvinistischen Geschichte des Konsulats und des Kaiserreiches." — „Auch der Kaiser, der doch nicht so unschuldig ist, wie er sein will," fährt der Minister fort. „Ich dachte mir von jeder Großmacht gleichviel Richter, von Amerika, England, Rußland u. s. w., und wir wären die Ankläger. Indes werden die Engländer und die Russen nicht darauf eingehen, und da könnte man das Gericht aus den Nationen, die davon am meisten gelitten haben, zusammensetzen, aus französischen Deputirten und Deutschen." — Er äußert ferner: „Ich habe den Artikel der «Independence», der von Grammont sein soll, gelesen. Er tadelt, daß wir Napoleon bei Sedan nicht entlassen haben, und es gefällt ihm nicht, daß man auf Paris marschirt ist, statt bloß Elsaß und Lothringen als Pfand besetzt zu halten. Ich dachte erst, er wäre von Beust oder einem andern guten Freunde in Österreich. Aber ich habe mich doch überzeugt, daß er einen Franzosen zum Verfasser hat." Er gab die Gründe dafür an und fuhr dann fort: „Er hätte Recht, wenn seine Voraussetzung richtig wäre, daß wir eigentlich das Elsaß nicht wollten, nur eine Geldentschädigung. So aber ists doch besser, wenn wir außer dem Elsaß auch noch Paris als Pfand haben. Wenn man was Ordentliches will, kann man das Pfand nicht groß genug nehmen."

Man erwähnt Boyer, der mit seiner jetzt hier lange nicht gesehenen französischen Generalsuniform in der Stadt viel Aufsehen gemacht hat und von den Volksmassen mit lautem „Vive la France!" begrüßt worden ist, und es wird erzählt, daß er sich dahin ausgesprochen, die Armee in Metz halte zum Kaiser und wolle von der Republik der Pariser Advokaten nichts wissen. So äußerte sich der Kanzler selbst. Dann setzte er hinzu: „Der General ist übrigens einer von den Menschen, die plötzlich abmagern, wenn sie was erregt. — Auch ist er zwar ohne Zweifel ein großer Schurke, kann aber noch rot werden." Er nannte dann — man bedenke dabei, daß Gambetta inzwischen den Krieg à outrance anbefohlen hatte,

14*

daß die Pariser Presse fast täglich eine neue Schändlichkeit anriet,*) daß in der letzten Zeit wieder verschiedene Greuelthaten der Freischärlerbanden bekannt geworden waren, und daß es ein Sprichwort giebt: „Wie es in den Wald schallt, so schallt es wieder heraus" — die Schonung der verräterischen Franctireurs „sträfliche Trägheit im Erschießen." — „Das ist Landesverrat." — „Unsre Leute sind fix beim Schießen, aber nicht beim Erschießen. Man sollte alle Dörfer, wo Verrat vorkommt, sofort ausbrennen und alle männlichen Einwohner hängen." — — — Graf Bismarck-Bohlen erzählt darauf, daß man das Dorf Hably, wo vor etwa acht Tagen die schleswigschen

*) Nicht das Schlimmste davon war folgendes. Im „Petit Journal" vom 14. September perorirte Thomas Grimm (s. Anm. [1]), nachdem er geklagt, die Preußen verstünden sich auf methodisches Plündern und regelrechtes Verwüsten, überall, in Nancy, in Bar le Duc, in Reims, Chalons und Troyes, hätten sie eine Einöde hinter sich zurückgelassen; sie ermordeten die Männer, um die Weiber, sie schössen die Väter nieder, um die Töchter entehren zu können, in nachstehenden Tiraden: „Auf, ihr Arbeiter, ihr Bauern, ihr Bürger, heraus! Mögen die Franctireurs sich bewaffnen, organisiren, verständigen. Mögen sie zu Scharen, zu einzelnen Gliedern zusammentreten, um den Feind zu ermüden und zu erschöpfen. Mögen sie sich gleich denen, die wilden Tieren auf der Spur sind, am Saume des Waldes, in Gräben, an den Hecken entlang auf die Lauer legen, mögen die schmalsten Pfade und die dunkelsten Winkel ihnen zur Sammlung dienen. Alle Mittel sind hier gut; denn es ist ein heiliger Krieg. Die Flinte, das Messer, die Sichel und der Knüttel sind erlaubte Waffen gegen den Feind, der uns in die Hände fällt. Stellen wir Wolfsfallen gegen ihn auf, stürzen wir ihn in Brunnen, werfen wir ihn auf den Grund von Zisternen, verbrennen wir ihn in den Wäldern, ersäufen wir ihn in den Flüssen, zünden wir die Hütte an, wo er schläft. Alles, was töten kann, gleichviel wie, heraus damit! Auf die Lauer! Bereit, loszuschlagen!"

Der „Combat", das Organ des Bürgers Felix Pyat, will Unterschriften für eine „Ehrenflinte" sammeln, die dem überreicht werden soll, der den König von Preußen durch Meuchelmord aus dem Wege schafft.

[1]) Der auch sonst überkluge Kritiker der Nationalzeitung will, daß dieser Herr bei mir Timothée Trimm heiße. Ich kann ihm aber den Gefallen nicht erweisen; denn unter dem betreffenden Artikel im „Petit Journal" steht deutlich gedruckt Thomas Grimm, und wäre das ein nom de guerre, so würde ich nicht verpflichtet sein, die Namen zu kennen, unter denen Pariser Zeitungsskribenten dritten Ranges zu schreiben belieben.

Husaren von Franctireurs im Einverständnis mit Einwohnern überfallen worden und nur mit elf Pferden zurückgekommen sind, in der That „reinlich abgebrannt" hat, und der Chef lobt wie billig diese Energie. — Zuletzt war dann noch davon die Rede, daß kurz vorher in der Dämmerung zwei Schüsse ganz nahe bei unsrer Wohnung gefallen, und daß ein Schutzmann abgeschickt worden, um sich nach der Ursache zu erkundigen. „Wohl eine Schildwache," sagte der Chef. „Vielleicht hat ein Verdächtiger sich sehen lassen. Dabei erinnere ich mich, daß ich vorgestern, als ich die Nacht im Garten spazieren ging, eine Leiter fand und sogleich das unbezwingliche Bedürfnis fühlte, darauf an der Mauer hinaufzusteigen. Wenn nun da eine Schildwache stand?" —

„Ich unterhielt mich zuletzt mit dem Posten an der Thür. Er hatte schon den Feldzug von Sechsundsechzig mitgemacht und wußte auch über diesen recht gut Bescheid. Ich fragte ihn, ob er wohl dächte, daß wir noch nach Paris hinein kämen. Er sagte, wenn nur das große Fort links von Saint Cloud nicht wäre. Ich bemerkte ihm, das würde ihnen auch nichts helfen, wenn sich erst der Hunger in der Stadt einstellte."

Abends erzählte unten auf dem Vorsaal der Schutzmann mit dem langen Bart: „Den Spanier hätten wir, Herr Doktor." — „So," sagte ich, „welchen Spanier?" — „Nun, der gestern oder vorgestern bei Exzellenz war, auch seinen Diener. Ist ein Spion, haben ihn abgefaßt und einen Plan unsrer Truppenaufstellung bei ihm gefunden." Ich höre dann noch, daß der Mann sich Angelo de Miranda nennt.

Gegen zehn Uhr kamen Moltke und ein andrer hoher Offizier — ich glaube, der Kriegsminister — zum Chef, um mit ihm (vermutlich in Sachen der Boyerschen Mission) zu konferieren. — —

Sonnabend, den 15. Oktober. Früh einen Artikel über die Zerstörung des Schlosses von Saint Cloud gemacht, welches von den Franzosen ohne vernünftigen Grund in Brand geschossen worden ist, während unsre Soldaten sich um die Rettung der darin befindlichen Wertsachen und Kunstwerke bemüht haben. Dann einen zweiten über Jacobys Verhaftung ungefähr im Sinne des frühern

Aufsatzes, doch mit dem Zusatz, mit diesen allgemeinen Ausführungen sollte kein Urteil über die Opportunität des besondern hier vorliegenden Falles abgegeben werden.

Gegen halb drei Uhr stellte sich Boyer wieder beim Chef ein. Draußen vor dem Gitterthor erwarteten ihn viele Leute, die, als er um vier Uhr wieder wegfuhr, Mützen und Hüte abnahmen und „Vive la France!“ riefen, was ihnen der Minister, als es bei Tische erzählt wurde, „nicht verdenken konnte.“ Ich hatte inzwischen eine Tour durch den Schloßpark gemacht und war dabei an einer der Marmorvasen folgendem poetischen Gefühlserguß eines über die Einmütigkeit der Deutschen mißvergnügten Galliers begegnet:

„Badois, Saxons, Bavarois,
Dupes d'un Bismarck plein d'astuce,
Vous le faits bucher tous trois
Pour le Roi de Prusse.

J'ai grand besoin, mes chers amis,
De mourir empereur d'Allemagne,
Que vos manes en graissant la campagne
Mais que mes voeus sont accomplis.“ *)

Dieselbe Leistung befand sich auf einer Marmorbank in der Nähe, wie denn die Sitte, Wände, Bänke und Postamente mit Bleistift oder Kreide zu bekritzeln hier viele Freunde gefunden zu haben scheint. Mehr als an zehn Mauern in der Stadt las ich in den letzten Tagen: „A bas les Prussiens!“ und Schlimmeres.

Nach vier Uhr ließ sich ein schlanker, wohlgekleideter Neger beim Minister melden. Auf seiner Karte stand: „General Price, Gesandter der Republik Hayti.“ Der Chef bedauerte, ihn wegen dringender Geschäfte nicht empfangen zu können (Moltke und Roon waren wieder oben), was er wünsche, möge er schriftlich vortragen. Um fünf Uhr kam auch der Kronprinz zur Beratung des Kanzlers mit den Generalen. Übrigens schien man zwischen hier und Metz noch verschiedner Meinung zu sein. — — — Auch von andrer Seite wirken Ursachen erschwerend auf die Entwicklung dessen ein.

*) Ich schrieb die Verse mit allen Fehlern und Dunkelheiten ab.

was der Kanzler als Politiker im Auge hat. So äußerte er bei Tische: „Es ist recht lästig, daß ich jeden Plan, den ich habe, erst mit fünf oder sechs Personen besprechen muß, die mitunter davon wenig verstehen, und deren Einreden ich anzuhören und höflich zu widerlegen genötigt bin. So habe ich in der letzten Zeit drei volle Tage mit einer Sache verbringen müssen, die ich unter andern Umständen in drei Minuten hätte erledigen können. Es ist grade, wie wenn ich in die Anlage einer Batterie an dem oder jenem Orte hineinreden wollte, und der betreffende Offizier mir, der ich von seinem Gewerbe nichts verstehe, Rechenschaft geben sollte.“ „Molk ist ein sehr gescheiter Kopf, und ich bin überzeugt, er hätte anfangen können, was er wollte, er würde etwas äußerst Respektables geworden sein. So aber hat er sich jahrelang immer nur mit einem und demselben beschäftigt, und so hat er auch nur dafür Sinn und Interesse.“ — — — Über seine Unterhandlungen mit Boyer und deren Aussichten ließ er nichts verlauten. Auch Hatzfeldt und Keudell wußten davon nichts und rieten bloß.

Sonntag, den 16. Oktober. Früh wieder einen Brief von Bamberger erhalten. Derselbe mißbilligt das Verfahren gegen Jakoby und meint, Bismarck könnte thun, was er wollte, wenn er nur gesunde deutsche Politik triebe, d. h. „wenn in diesem Augenblicke wenigstens der einheitliche deutsche Bundesstaat fix und fertig gemacht würde.“ „Man ist,“ so fährt er fort, „in Deutschland so fest überzeugt davon, daß diese Lösung jetzt in der Hand des Bundeskanzlers liegt, daß jeder Widerstand von der öffentlichen Meinung auf seine Rechnung geschrieben wird. Man sagt sich, wenn Graf Bismarck diesen Widerstand nicht heimlich ermutigte, so würde er vor der Größe des Augenblicks sich nicht zu regen wagen.“ Schließlich die Anfrage, ob er herkommen solle. Auf B.'s Wunsch legte ich die Hauptstellen des Schreibens dem Minister vor, und derselbe äußerte, die Herkunft B.'s würde ihm ganz erwünscht sein, da uns seine Lokalkenntnis in Paris, wenn wir erst drin wären, nützen könne. „Auch kann er nach seiner Rückkehr in seinen Kreisen über manches Aufklärung geben, was sich nicht gut schreiben läßt. Es ist übrigens komisch, daß sie denken, ich wünschte die Einheit Deutschlands nicht. Die Sache geht aus andern Gründen nicht recht vorwärts, wegen der steten Tergiversationen Baiern und Württembergs, und weil man nicht genau weiß, wie der König Ludwig denkt. Aus denselben Gründen wird sie, wenn wir einmal damit zustande kommen, das eine und das andre vermissen lassen."

Heute Morgen begegnete ich auf der Avenue de St. Cloud dem in Majorsuniform daherkommenden Vorck, der mir sagte, daß Soissons gefallen sei und daß das Bombardement von Paris am 28. beginnen werde. Der Belagerungspark wäre größtenteils schon da, und in drei Tagen hoffte man (das ist wohl er) sie zusammenzuschießen. Der dicke Herr denkt, daß wir spätestens zum ersten Dezember wieder in Berlin sein werden. Er berichtete auch, daß der Fürstenkongreß in Versailles ernstlich in Aussicht genommen worden, und daß man Trianon für den König von Baiern in Stand setze.

Man erfährt, daß in Paris Uneinigkeit herrscht, die Roten unter Blanqui und Flourens wollen die blauen Republikaner nicht am Ruder sehen, sie greifen sie mit Gewalt in ihren Blättern an, und am 9. hat vor dem Stadthause die Menge „Vive la Commune" geschrien. Wie man hört, hat Seebach, der, glaube ich, einmal sächsischer Gesandter in Paris war, und der mit Leflô und Trochu befreundet ist, die Absicht, dem Kanzler seine Beihilfe zu einer Verständigung mit den Parisern anzutragen. — — —

Beim Kaffee spielte Keudell dem Minister auf dem Pianino des Salons sanfte Phantasien vor. Ich dachte dabei an David vor König Saul, wobei mir jedoch der Gedanke an eine Nachfolgerschaft sehr viel ferner blieb als andern guten Leuten. K. sagte mir nachher auf meine Frage, ob der Chef Sinn für Musik habe, ja wohl, obgleich er nicht selbst spiele. „Sie werden auch bemerkt haben," setzte er hinzu, „daß er leise mitsingt. Es ist das gut für seine Nerven, die heute sehr angegriffen sind."

Abends erschien der Nuntius Chigi mit einem ebenfalls geistlich gekleideten Begleiter. Er hatte eine lange Unterredung mit dem Kanzler und will morgen weiter nach Tours. Von Gesandten sind jetzt, wie es heißt, nur noch der belgische, der holländische, der portugiesische, der schweizerische, derjenige der Vereinigten Staaten und einige südamerikanische Herren in Paris. Der neulich hier arretirte Spanier heißt mit seinem vollen Namen Angelo de Vallejo-Miranda, und man hat ihn nicht aus den Gründen, die der Schutzmann angab, sondern deshalb verhaftet, weil er sich in Versailles nur mit seinem Vornamen und als spanischer Legationssekretär eingeführt, während er bei der spanischen Schuldenkommission angestellt ist. In seinem Begleiter, der sein Bedienter sein sollte, erkannte man einen Herrn Oswald, den Mitredakteur, des uns sehr feindlichen „Gaulois." Durch alle diese Lügen und Verstellungen haben sich die Herren der Spionage verdächtig gemacht. Er soll ein Freund Prims sein, was sich wohl damit reimen läßt, daß Stieber ihn gestern im Büreau als Hochstapler bezeichnete.*)

Nach elf Uhr kommen noch zwei wichtige Telegramme an: Bourbaki, der von Metz nach London gegangen, kehrt nicht zurück, sondern hat sich der Regierung der nationalen Verteidigung zur Verfügung gestellt, und nächsten Mittwoch reisen Bray und Pranckh mit Genehmigung König Ludwigs nach Versailles ab.

Montag, den 17. Oktober. Vormittags zwei Artikel gemacht. Vor Tische einen Ausflug nach Grand Trianon unternommen, wo im großen Saal eine hübsche Marmorgruppe: Italien bedankt sich bei Frankreich für die ihm gegen die Tedeschi geleistete Hilfe. Die Mailänder haben sie Eugenien geschenkt. Beim Diner waren Delbrück und Lauer zugegen. Der Chef sprach sich wieder sehr energisch für rücksichtslose Abstrafung der Dörfer aus, die sich der Verräterei schuldig machen. „Sie müssen schon dafür verantwortlich gemacht werden, wenn in ihnen eine verräterische Attacke stattfindet; denn wie kommen unsre armen Soldaten dazu." — — — Sonst drehte sich die Diskussion meist wieder einmal um Kulinarisches, wobei man sich merkte, daß der Kanzler mit Vorliebe gutes Hammelfleisch, dann vom Rinde besonders gern das ißt, was die Berliner „Brustkern" nennen. Aus Filet und gebratnem Rindfleisch macht er sich nicht viel.

*) Man brachte den Patron später nach Mainz. Er gab hier sein Ehrenwort, nicht zu entfliehen, um nicht genötigt zu sein, das Gefängnis zu beziehen. Aber nach einigen Tagen lief er dennoch davon.

Abends heißt es, wir möchten unsre Koffer packen, und für den Fall, daß die Nacht alarmirt wird, sollen die Wagen sich vor dem Quartier des Königs in der Präfektur zum Zuge ordnen. Man erwartet schon seit gestern einen Ausfall.

Dienstag, den 18. Oktober. Die Nacht über nichts passirt. Früh prächtiges Herbstwetter. Widerlegung der französischen Berichte, nach denen unsre Truppen Orleans bombardirt haben sollen, abgelassen. Heute ist Geburtstag des Kronprinzen, dem der Chef und die Räte um zwölf Uhr gratuliren. Man schickt uns eine Nummer des „Kraj" ein, in welcher behauptet wird, der Minister habe unlängst mit einem galizischen Edelmann ein Gespräch gehabt, in welchem er den Polen geraten, sich von Österreich abzuwenden. Ich erfahre auf Befragen, daß dies unwahr, er hat seit langer Zeit mit keinem Galizier, ja überhaupt mit keinem Polen gesprochen. — — — In der Presse dementirt. Der Chef frühstückt heute einmal mit uns und bemerkt dabei (wir wollen auch solche kleine Züge nicht unverzeichnet lassen), „daß er gern harte Eier mag, daß er gegenwärtig aber nur noch drei auf sich nehmen kann, während ers früher auf elf gebracht." Bohlen will einmal fünfzehn Kiebitzeier vertilgt haben. „Ich schäme mich zu sagen, was ich hierin geleistet habe," versetzte sein Vetter. Derselbe empfiehlt schließlich Delbrück, der demnächst wieder nach Berlin geht, sich für die Reise mit harten Eiern zu versorgen, was dieser als mit seiner Geschmacksrichtung unverträglich ablehnt. Der Chef liest dann einige von den besonders erbaulichen geheimen Briefen an den Kaiser Napoleon vor, welche die provisorische Regierung veröffentlicht hat, und giebt Kommentare dazu, die auch auf Berliner Persönlichkeiten Streiflichter werfen. — — —

Später gedachte er der Notiz im „Kraj" und in Verbindung hiermit der Polen überhaupt. Er verweilte dabei längere Zeit bei den siegreichen Kämpfen des großen Kurfürsten im Osten und bei dessen Verbindung mit Karl dem Zehnten von Schweden, die ihm große Vorteile verheißen habe. Schade nur, daß sein Verhältnis zu Holland ihn gehindert habe, diese Vorteile zu verfolgen und gehörig auszunutzen. Er habe sonst gute Aussichten gehabt, seine Macht im westlichen Polen auszudehnen. Als Delbrück darauf äußerte, dann wäre Preußen aber ja kein deutscher Staat geblieben, erwiderte der Chef: „Nun, so schlimm wäre es doch nicht geworden. Übrigens hätte es nicht so viel geschadet, es hätte dann etwas im Norden gegeben wie Österreich im Süden. Was dort Ungarn ist, das wäre für uns Polen geworden“ — eine Bemerkung, an die er die vorhin schon einmal von ihm gegebene Mitteilung knüpfte, er habe dem Kronprinzen den Rat erteilt, seinem Sohn die polnische Sprache lernen zu lassen, es wäre aber zu seinem Bedauern unterblieben.

Mittwoch, den 19. Oktober. Früh trübes, später helles Wetter. An die Redaktion des „Nouvelliste de Versailles“ geschrieben — ein kleines Blatt, das von deutschen Korrespondenten der Kölnischen und der Allgemeinen Zeitung, die man aus Paris vertrieben, gegründet worden ist und mit Brauchitsch in Verbindung steht. Sollen sich auch mit uns in Verbindung setzen, Nachrichten holen u. dergl. Vor- und nachmittags mehrmals beim Chef gewesen. Er scheint in bester Stimmung. Zeigt mir u. a. ein französisches Telegramm, nach welchem die Helden in Lutetia lawinenhafte Thaten gegen uns verrichtet haben. Wenn solches Aufschneiden nur einen Zweck hätte!

Bei Tische, wo Graf Waldersee zugegen, bemerkte der Minister: „Es wäre ganz vernünftig, wenn man aus den Gegenden, wo sie aus den Büschen auf unsere Züge schießen, Eisenbahnschwellen locker machen und Steine auf die Schienen legen, einmal ein paar Quadratmeilen Einwohner heraushöbe, nach Deutschland transportirte und dort unter guter Aufsicht ansiedelte.“ Als Bucher erzählte, daß auf seiner Herfahrt ein Offizier sich seinen Revolver habe geben lassen, um damit vor einer Brücke, von der französische Schlingel herunterzuspucken gepflegt, in demonstrativer Weise zu spielen, fiel der Chef ein: „Warum spielen? Hätte er doch abgewartet, bis sie gespuckt hätten, und dann gleich geschossen.“ — Bohlen machte unehrerbietige Witze über den weißen Falken, und es wurde dann überhaupt von Orden und dem reichen Segen gesprochen, der manchem von dieser Fruchtart beschert sei. „Ja,“ sagte der Minister, „das viele Blech! Wenn man doch von den Orden, die man zu viel hat, an jemand was abgeben könnte. Sie z. B., Doktor Busch, wie wär's damit?“ —

„Danke, Exzellenz," erwiderte ich, „danke sehr. — Das heißt, ja, wenn ich einen oder ein paar von denen haben könnte, die Sie getragen haben — ein Andenken, das wäre was andres. Sonst mag ich keinen." Man stelle sich die Mienen Abekens und Keudells bei solchem Frevel vor, und nun gar die Gesichter der Sekretäre. Abends kommt L. mit einem etwas konfusen Herrn Hoff, der den „Nouvelliste" bis Nummer 4 mitredigirt hat, es dann aber aufgegeben haben will, weil er „die Pariser schonender behandelt haben möchte," und erklärt von unserm Anerbieten gern Gebrauch machen zu wollen. Morgen schon wird er einen Brief bringen, in dem es heißt:

„Die »Chefs der nationalen Verteidigung« in Paris wollen die Wähler nicht einberufen. Warum nicht?' Herr Jules Favre und seine Kollegen verdanken ihre Stellung jener Art von »patriotischer« Wut, die sich einesteils der Pariser Bevölkerung nach dem Unglückstage von Sedan bemächtigte. Sie unterlagen dem allgemeinen Gesetz für politische Gewalten, das, wie man weiß, der lateinische Geschichtschreiber in die Worte zusammengefaßt hat: »Eine Regierung beruht auf dem Prinzip, aus dem sie entsprungen ist.« Vom ersten Tage an sind die Mitglieder der Pariser Regierung genötigt gewesen, sich in Betreff der Bedingungen des Friedens auf das Gebiet des Unmöglichen zu begeben. Heute, nachdem sie die Zerstörung um sich ausgesäet, mit allen Mitteln die Aufregung von Paris und seinen Verteidigern bewirkt und innen wie außen die Revolution in furchtbarster Weise bewaffnet haben, ist es ihnen weniger wie jemals möglich, aus dem verhängnisvollen Kreise herauszutreten, in den sie sich selbst eingeschlossen haben. Andrerseits scheint die öffentliche Meinung in der Provinz, vor allem auf dem platten Lande, sich auf diesen heroischen Standpunkt nicht emporgeschwungen zu haben. Sie empfindet am schwersten die Übel des Krieges, sie beginnt an dem Erfolg eines längern Widerstandes zu zweifeln, sie fürchtet das Fortschreiten der sozialen Zerrüttung, sie sieht die Thatsachen und hört nicht mehr auf die Phrasen. Schon haben mehrere Blätter der Presse in der Provinz den Mut, den Ruf nach Frieden laut werden zu lassen. Es ist daher nicht wahrscheinlich, daß die Mehrheit der französischen Wähler mit Herrn Gambetta der Meinung sein wird,

»man müsse sich unter den Trümmern des Vaterlandes begraben,« oder daß sie Lust haben wird, mitzuthun, wenn er ihr in seiner Proklamation vom 9. d. M. zuruft: »Mourons plutôt que de subir la mort du démembrement!« Das ist der Grund, weshalb die Pariser Regierung Wahlen nicht will und nicht wollen kann. Diese Leute, die ihr Leben damit verbracht haben, das Volksrecht, die Volkssouveränetät anzurufen, sind jetzt verurteilt, ohne irgend welchen Auftrag eine Diktatur der öffentlichen Wohlfahrt auszuüben und festzuhalten — um den Ruin ihres Landes herbeizuführen."

Donnerstag, den 20. Oktober. Früh und nachmittags fleißig gewesen und verschiedene Artikel und Telegramme gebaut. Bei Tische war u. a. wieder von der Verhaftung Jacobys durch die Militärbehörde die Rede, und der Chef äußerte, wie früher schon, starke Zweifel an der Opportunität der Maßregel. Graf Bismarck-Bohlen sprach seine Freude darüber aus, daß man „den faulen Schwätzer eingesponnen". Der Kanzler aber erwiderte recht bezeichnend für seine Denkart: „Ich freue mich darüber ganz und gar nicht. Der Parteimann mag das thun, weil seine Rachegefühle dadurch befriedigt werden. Der politische Mann, die Politik kennt solche Gefühle nicht. Die fragt nur, ob es nützt, wenn politische Gegner mißhandelt werden." — — —

Abends war L. wieder da. Der „Nouvelliste" wird morgen einen Brief enthalten, den ein Pariser an jemand in Versailles gerichtet hat, und in dem es über die Zustände in Babel u. a. heißt:

„Die Klubs maßen sich bereits an, im Namen der Kommune von Paris zu regieren, und rote Anschläge, welche diesen Titel tragen, werden angeheftet, um die Nationalgarde zur Wahl der Pariser Munizipalität zusammen zu berufen. Wenn diese Wahl stattgefunden hat, wird man eine bewaffnete Kundgebung sehen, die den Zweck haben wird, die Kommune von Paris, d. h. die Schreckensherrschaft, einzusetzen. Dieselbe schaltet und waltet schon in Belleville, dem Hauptquartier der terroristischen Partei, und ihre Mitglieder haben den Beschluß gefaßt, den Maire des 19. Arrondissements seines Amts zu entkleiden und ihn durch einen von den Ihrigen zu ersetzen. Derselbe Klub hat die Verhaftung des Herrn Godillot, eines Fabrikanten militärischer Ausrüstungsgegenstände, und die Einziehung seines Geschäfts beschlossen, indem er sich des Verbrechens des Hochverrats schuldig gemacht habe.“ — Weiter sagt der Brief: „Während die Journale behaupten, es stünde in den nächsten Tagen ein furchtbarer Sturmangriff preußischer Massen bevor, versichern Freunde des Generals Trochu, er habe die Gewißheit erlangt, daß der Feind darauf verzichtet habe, einen Sturm auf Paris zu versuchen, und man habe in Versailles den Plan adoptirt, die Stadt durch Hunger zu bezwingen. Die preußische Armee hält, in dichte Massen abgeteilt, starke Stellungen an verschiedenen Punkten rings um Paris besetzt. Ihre sehr zahlreiche Kavallerie dient zur Verbindung dieser Stellungen mit einander und zur Verhinderung von Zufuhren und Zuzügen aus der Provinz. Die Pariser Bevölkerung, vermehrt durch die arme und mittellose Bewohnerschaft der Banlieue, wird bald Hunger leiden und, ehe acht Tage ins Land gehen, der Regierung unübersteigliche Schwierigkeiten bereiten, von denen der Feind Nutzen ziehen wird.“ — „Je dreister die terroristische Partei auftritt, desto schwächer zeigt sich die Regierung, nicht lange wird es dauern, so wird sie über Bord geworfen und von allen diesen wilden Tieren verschlungen sein, wenn sie nicht bald energische Entschlüsse faßt. Die Führer der terroristischen Partei sind entschlossen, die Generale Trochu und Leflô, den Admiral Fourichon und die Herren Jules Favre, Thiers, Jules Simon und Keratry bei Seite zu schaffen, da sie im Verdachte stehen, Royalisten zu sein. Wenn der General Trochu nicht bald kräftig einschreitet, so wird die Schreckensherrschaft in Paris seine Stelle einnehmen.“

Die deutsche liberale Presse vermag sich über die Verhaftung Jacobys immer noch nicht zu beruhigen, dem Chef aber scheint viel daran zu liegen, daß man über seine Auffassung des Falles nicht im Unklaren bleibe, und daß man sich ihr anschließe. Die heute eingetroffene „Weser-Zeitung“ vom 16. d. M. enthält folgenden Artikel:

„Der Bundeskanzler hat die Verhaftung des Dr. Jacoby und des Kaufmanns Herbig als gerechtfertigt anerkannt, zugleich aber erklärt, daß sie gesetzwidrig sei. Die Belehrung, welche er über diese Angelegenheit durch Vermittlung des Oberpräsidenten von Horn dem

Königsberger Magistrat hat zugehen lassen, hat für alle Deutsche diesseits des Mains, ein sehr hohes praktisches Interesse; denn es geht daraus hervor, daß das Schicksal des Dr. Jacoby jedem von uns, der nach Ansicht der Militärbehörde eine Äußerung thut, welche möglicherweise mittelbar oder unmittelbar die Franzosen in der Fortsetzung ihres Widerstandes bestärken könnte, widerfahren kann, ohne daß dawider auf den Schutz der Gesetze zu rechnen ist. Die Belehrung hat, abgesehen hiervon, noch das Interesse vollständiger Neuheit der entwickelten Ansichten.

Zunächst erklärte der Bundeskanzler die bisher vermutlich allseitig geteilte Meinung, daß die Maßregel auf Grund des Gesetzes über den Belagerungszustand, resp. Kriegszustand, vom Generalgouverneur angeordnet worden sei, für einen Irrtum. Nach diesem Gesetze, räumt er ein, würde die Maßregel unberechtigt sein, was freilich auf der Hand liegt, dagegen könne er sie »im Gebiete wirklicher Kriegsführung nicht für unanwendbar halten.« Es handle sich dabei nicht um ein Strafverfahren, sondern um »wirksame Beseitigung von Kräften, deren Hervortreten die Erreichung des Kriegszweckes erschwere.«

Wir vermögen in dieser Definition keinen andern Sinn zu finden, als diesen: den Militärbehörden zu Hause stehen die nämlichen Befugnisse zu, wie den Militärpersonen in Feindesland. Wir wüßten wenigstens nicht, welche weitere Grenze den letztern gezogen werden könnte, als die »wirksame Beseitigung von Kräften, deren Hervortreten die Erreichung des Kriegszweckes erschwert.« Die Beurteilung, welche Kräfte und mit welchen Mitteln dieselben zu beseitigen seien, ist in Feindesland und überhaupt auf dem Schauplatze aktiver Feindseligkeiten lediglich der Militärgewalt überlassen. Ihre Befugnisse sind völlig uneingeschränkt. Hat die Militärgewalt in der Heimat die nämliche Machtvollkommenheit, so gewinnt das Wort: Inter arma silent leges eine ganz ungeahnte furchtbare Bedeutung. Konsequenter Weise wird alsdann sich nicht leugnen lassen, daß der Generalgouverneur in Hannover gerade so wie sein Kollege in Nancy ohne weiteres standrechtliche Erschießungen verhängen kann. Auch scheint der Bundeskanzler, wenngleich er diese äußerste Folgerung nicht zieht, ausdrücklich darauf hinleiten zu wollen. Er zählt eine Reihe von höchst unangenehmen Operationen auf, zu denen die Staatsgewalt auf dem Kriegsschauplatze berechtigt ist, als Verbrennen von Häusern, Wegnahme von Privateigentum, Unschädlichmachung bloß verdächtiger Personen u. s. w., und er fügt hinzu, daß der diesen Ausnahmerechten zu Grunde liegende Rechtsgedanke von der Örtlichkeit unabhängig sei, »unabhängig von der räumlichen Entfernung, in welcher die augenfälligeren unter den Kriegshandlungen vor sich gehen.« Das ist deutlich genug.

Nun müssen wir sagen: wenn Graf Bismarcks Theorie die richtige ist, so sehen wir nicht ein, zu welchem Zwecke man dann ein besonderes Gesetz über den Kriegszustand hat, und wozu man die Anwendung dieses Gesetzes in den Ostseeprovinzen, in Hannover und in den Hansestädten proklamirte. Hat die Militärgewalt schon von selbst während des Krieges »unabhängig von der Örtlichkeit« eine über den Gesetzen stehende Befugnis zu allen im Interesse der Kriegführung ihr dienlich erscheinenden Maßregeln, so hat es offenbar keinen Sinn, ein Gesetz zu proklamiren, welches die Befugnis unter gewissen Beschränkungen ihr erst beilegen soll. Wir können uns daher auch nicht überzeugen, daß nach norddeutschem oder preußischem Staatsrechte eine solche alles absorbirende Machtvollkommenheit der Militärgewalt durch den bloßen Ausbruch eines Krieges geschaffen wird.

Unsers Erachtens sind zwei Fälle zu unterscheiden, je nachdem es sich um den Schauplatz wirklicher Feindseligkeiten oder um Gebietsteile außerhalb des Kriegsbereichs handelt. Im erstern Falle erlischt das gemeine Recht, und das Kriegsrecht pur et simple, wie der Bundeskanzler es uns sehr anschaulich auslegt, tritt in Kraft. Im andern Falle behält die Militärgewalt entweder ihre gewöhnlichen Befugnisse oder, falls der Kriegszustand proklamirt wird, bekleidet sie sich mit denjenigen Ausnahmerechten, welche das Gesetz über den Kriegszustand ihr für diesen Fall beilegt. Und dieser letztere Fall trifft zur Zeit für Ostpreußen zu. Wenn die Internirung des Dr. Jacoby nach dem Gesetze über den Kriegszustand nicht zulässig war, so war sie überhaupt nicht zulässig, und daran ändert nichts der Einwurf, daß die Manifestation Jacobys den Franzosen frischen Mut einflößte, selbst wenn dieser Einwurf thatsächlich begründeter wäre, als er uns bei täglichem und ziemlich umfangreichem Studium der französischen Journale erscheint. Denn, wenn dem wirklich so wäre, so würde es an gesetzlichen Mitteln, um derartige Manifestationen zu verhindern, keineswegs fehlen. Das Gesetz über den Kriegs- oder Belagerungszustand schreibt ja ausdrücklich vor, daß und unter welchen Formen die Redefreiheit, die Preßfreiheit und das Versammlungsrecht suspendirt werden können. In Königsberg ist aber keins dieser Rechte gesetzlich außer Geltung gesetzt worden, was jedenfalls zuvor hätte geschehen müssen, ehe man gegen einen Einzelnen einschritt, dessen ganze Schuld in der Ausübung des verfassungsmäßigen Rechts der öffentlichen Meinungsäußerung bestand. Wir wollen natürlich durchaus nicht behaupten, daß es weise gewesen sein würde, so zu handeln. Die Franzosen würden aus einer solchen Maßregel gerade so viel Gift gesogen haben, als sie jetzt aus der Internirung des Dr. Jacoby saugen, weit mehr Gift, als sie jemals aus Reden und Resolutionen der Königsberger Zukunftsapostel zu extrahiren vermocht hätten.

Im allgemeinen sind wir nicht eben geneigt, Vorfälle der hier in Rede stehenden Art zu tragisch zu nehmen. Wir glauben durchaus nicht, daß wir praktisch so rechtlos sind, wie nach der Theorie des Bundeskanzlers, und daß die Gefahr, standrechtlich abgehandelt zu werden, in Norddeutschland größer ist, als die Gefahr, von einem Krokodil gefressen zu werden. Wir sind auch keine Götzendiener des Gesetzesbuchstabens; wir können uns sehr wohl Fälle denken, wo wir herzlich gern für die etwas illegale Internirung eines nichtsnutzigen Störers des heiligen Krieges nicht allein Indemnität, sondern auch Dank votiren würden. Aber bei alledem haben wir doch eine sehr lebhafte Ehrfurcht vor Gesetzesparagraphen, und es kränkt uns tief, sie ohne eine augenscheinlich zwingende Not ignorirt zu sehen. Dies Gefühl wird noch verstärkt durch die Erwägung, daß der Dr. Jacoby für eine Meinungsäußerung verhaftet worden ist, von welcher damals, als er sie that, noch niemand wußte, daß sie mit dem Friedensprogramme der Regierung im Widerspruche stehe. Eine amtliche Erklärung, daß wir Elsaß und Lothringen behalten wollten, lag damals noch nicht vor. Die Frage war eine offne, und es ist kein Geheimnis, daß damals noch sehr konservative Leute in Berlin heftig gegen die Annexion jener »gefährlichen Elemente« eiferten.

Summa: wir müssen dabei bleiben, daß dem Dr. Jacoby Unrecht geschehen ist, und wenn wir davon auch gerade keine schauerlichen Folgen befürchten, so bedauern wir doch diese Episode einer höchst glorreichen Geschichte um so ernstlicher, je glorreicher die Geschichte selbst ist."

Die Antwort darauf, mir vom Chef diktirt, der Weser-Zeitung zugesandt und von ihr abgedruckt, lautete:

„Die »Weser-Zeitung« vom 16. d. M. enthält an ihrer Spitze einen Artikel, der sich über die Belehrung ausspricht, welche der Bundeskanzler durch den Oberpräsidenten von Horn dem Königsberger Magistrat in der Jacobyschen Angelegenheit hat zugehen lassen. Gestatten Sie über jene Kritik ein paar Worte zur Verständigung. Die »Weser-Zeitung« trifft damit zwei verschiedene Dinge. Die Ausführung des Bundeskanzlers in jener Mitteilung an den Oberpräsidenten ist eine rein theoretische über die Möglichkeit, daß bei ausgebrochenem Kriege im Interesse der Kriegführung die militärische Staatsgewalt Handlungen begehe, welche im Frieden unter allen Umständen unzulässig sein würden. Es ist darin ungefähr dasselbe gesagt, was die Meinung der »Weser-Zeitung« sein muß, wenn sie bemerkt: »Wir können uns sehr wohl Fälle denken, wo wir herzlich gern für die etwas illegale Internirung eines nichtsnutzigen Störers des heiligen Krieges nicht allein Indemnität, sondern auch Dank votiren würden.« Eben das ist auch die rechtliche Ansicht des Bundeskanzlers, und wenn man dieselbe als absolut unzulässig bezeichnet, so ist es ganz unmöglich, bei einer Invasion des norddeutschen Gebietes auf inländischem Boden eine Schlacht zu liefern, es sei denn, daß es gelingt, eine ausgedehnte und gänzlich unbewohnte Haide als Schlachtfeld ausfindig zu machen und festzuhalten, und selbst dann würde dem Eigentümer des Grundstücks Rechtsverletzung wohl nachweislich bleiben.

Entweder die kriegführende Gewalt ist ungeachtet des ausgebrochnen Krieges an die Formen der Verfassung oder der Gesetze gebunden, oder sie ist berechtigt, sich in einer vernünftigen, dem Zweck entsprechenden Weise der ausschließlichen Durchführung der kriegerischen Aufgabe hinzugeben. Letztere Frage muß man theoretisch entweder bejahen oder verneinen. Verneint man sie, so ist nicht abzusehen, von wie vielen richterlichen Beamten jeder kämpfende Truppenteil im Inlande begleitet sein müßte, und welche juridische Formalitäten er einzelnen Häusern und Menschen gegenüber zu vollziehen haben würde, bevor er sich zu militärischer Thätigkeit verfassungsmäßig berechtigt fühlen dürfte. Bejaht man aber jene Frage, so wird man auch zugeben müssen, daß es unmöglich ist, die Bestimmungen über die diskretionäre Gewalt, welche dem Befehlshaber im Kriege beiwohnen muß, ausreichend und dergestalt zu kodifiziren, daß der General oder Soldat für jede einzelne Kriegshandlung, die er im Inlande vollzieht, den rechtfertigenden Artikel der Verfassung oder des Landrechts würde anführen können.

Etwas andres als vorstehendes, worüber man ja auch noch verschiedner Meinung sein kann, theoretisch zu deduziren, kann überhaupt nicht die Absicht des Bundeskanzlers gewesen sein. Denn zu einem Urteil, ob ein Militärbefehlshaber in einem einzelnen Falle wohlgethan habe, seine Machtvollkommenheit gerade bis zu dem Maße, wie es geschehen, zu verwenden, darüber steht nach der jetzigen verfassungsmäßigen Lage dem preußischen Staatsministerium die Kompetenz nicht zu. Namentlich sind die vor Ausbruch des Krieges angestellten Generalgouverneure nicht auf Antrag oder unter Autorität des Ministers, sondern ohne Zuziehung eines solchen aus kriegsherrlicher Machtvollkommenheit ebenso wie alle andern militärischen Befehlshaber ernannt worden. Der Bundeskanzler und die andern Staatsminister sind nicht die Vorgesetzten der Militärgouverneure, und letztere würden einer ministeriellen Weisung nicht Folge leisten, wohl aber jedem militärischen Befehle, der ihnen ohne ministerielle Mitwirkung zuginge.

Es ist deshalb von Hause aus ein unpraktischer Weg, wenn diejenigen, welche sich durch einzelne Anordnungen der kriegführenden Militärgewalt in ihren Rechten verletzt glauben, ihre Beschwerden darüber an ministerielle Instanzen richten. Sie können vielmehr

15*

Abhilfe nur von seiten der militärischen Vorgesetzten derjenigen, über welche sie sich beklagen, verlangen. Wir dürfen daher annehmen, daß der Bundeskanzler sich gar nicht in der Lage gefühlt hat, über die Opportunität eines einzelnen Falles, beispielsweise des Jacobyschen, amtlich seine Meinung zu sagen, sondern daß derselbe nur seine Ansicht über die theoretische Frage ausgesprochen hat, ob während des Krieges und im Interesse der Kriegführung die Verhaftung einzelner Personen, deren Thätigkeit nach dem Ermessen der Militärgewalt der eignen Kriegführung schädlich, dem Feinde nützlich ist, vorübergehend gestattet sei.

In dieser Allgemeinheit gestellt, wird die Frage von praktischen Politikern und Soldaten schwerlich verneint werden können, wenn sie auch theoretisch und juristisch gleich allen Materien des Kriegsrechts ihre vielfachen Bedenken hat. Die konkrete Frage aber, ob dieses Kriegsrecht der Staatsgewalt, wenn sie es besitzt, gerade gegen Jakoby zur Anwendung zu bringen war, liegt ebenso außerhalb der ministeriellen Kompetenz, wie etwa die Frage, ob es notwendig oder zweckmäßig, bei einer im Inlande gelieferten Schlacht ein bestimmtes Dorf in Brand zu stecken oder fünfzig Meilen vom Schlachtfelde einen Privatmann zu interniren, von welchem man Begünstigung des Feindes befürchtet, ohne daß er dessen juristisch überführt werden könnte. In welcher Weise ein militärischer Befehlshaber für eine etwa nach Meinung der Beteiligten irrtümliche, übereilte oder ungerechte Lösung dieser Frage verantwortlich gemacht werden kann, liegt außerhalb der gegenwärtigen Besprechung, in welcher wir nur darzuthun bemüht waren, daß die staatsrechtlichen Attributionen der Minister ihnen eine unmittelbar eingreifende Autorität über solche Fälle nicht gewähren."

Freitag, den 21. Oktober. Diesen Morgen nach acht Uhr hörte man Schießen aus grobem Geschütz, welches lebhafter als sonst war und länger als gewöhnlich anhielt. Man ließ sich dadurch nicht stören. Verschiedene Artikel wurden fertig, darunter einer über den Abzug des Nuntius und der übrigen Diplomaten aus Paris. Beim Frühstück wollte Keudell wissen, die Franzosen hätten die Porzellanfabrik im benachbarten Sèvres zusammengeschossen. Hatzfeldt erzählte, daß seine Schwiegermutter (eine Amerikanerin), die in Paris zurückgeblieben, ihm über die Ponies, von denen er wiederholt zu uns gesprochen, günstige Nachrichten mitgeteilt habe. Sie wären allerliebst fett. Ob sie die wohl essen sollten? Er wollte antworten, in Gottes Namen, nur behalte er sich vor, den Preis für die Tiere bei der Friedensabrechnung der französischen Regierung zu liquidiren.

Inzwischen hatten die Kanonen draußen fortgedonnert, und zwischen ein und zwei Uhr war es, als ob man sich in den Gehölzen drüben im Norden der Stadt herumschösse. Das Feuer wurde heftiger. Die Kanonenschüsse fielen Knall auf Knall, auch Mitrailleusen ließen sich hören. Es war, als ob sich eine förmliche Schlacht entwickelt hätte, und als ob sie sich uns näherte. Der Chef ließ satteln und ritt hinweg. Auch wir andern machten uns in der Richtung auf, wo das Gefecht zu toben schien. Links über dem Walde, durch den der Weg nach Jardy und Vaucresson führt, sah man die wohlbekannten weißen Granatwölkchen aufsteigen und zerspringen. Ordonnanzen jagten auf der Straße hin. Ein Bataillon marschierte nach dem Schauplatze des Treffens ab. Bis nach vier Uhr dauerte der Kampf, dann hörte man nur noch einzelne Schüsse von dem großen Fort auf dem Mont Valérien, und zuletzt schwieg auch dieses. Man erfuhr jetzt, daß die Franzosen uns nicht so nahe gewesen, als es geschienen: ihr Ausfall hatte unsern Stellungen bei La Celle, Saint Cloud und Bougival gegolten — Dörfern, von denen das erstere etwa eine, das zweite ungefähr anderthalb Stunden Wegs von Versailles entfernt sind. In der Stadt herrschte während des Nachmittags begreiflicherweise unter den Franzosen große Aufregung, und die Gruppen, die vor den Häusern sich gebildet hatten, erwarteten, als der Lärm näher und näher kam, vermutlich jeden Augenblick unsre Truppen in voller Flucht vor den roten Hosen daherfliehen zu sehen. Später machten sie lange Gesichter und zuckten mit den Achseln.

Bei Tische sagte der Chef u. a., daß er entweder heute oder doch einen dieser Tage sein parlamentarisches Jubiläum feiern könne. Vor fünfundzwanzig Jahren um diese Zeit sei er in den Provinziallandtag von Pommern eingetreten. „Ich erinnere mich," so fuhr er fort, „daß es da schrecklich langweilig war. Ich hatte da als ersten Gegenstand den übermäßigen Talgverbrauch im Armenhause zu bearbeiten. Wenn man daran denkt, wie man — ich habe da und später im Vereinigten Landtage doch manche dumme Rede gehört — und (nach einer Pause, lächelnd) gehalten."

Man sprach von der prächtigen Ausstattung der hiesigen Präfektur und davon, daß sie zwei Millionen gekostet. „Damit ist doch keins von unsern Ministerien in Berlin zu vergleichen," bemerkte der Kanzler hierzu, „selbst das Kriegsministerium nicht, das doch eher nach etwas aussieht. Das Handelsministerium mag auch angehen. Aber wir. Selten hat wohl ein Minister so beschränkt gewohnt. Wo wir schlafen, ist ein Raum höchstens noch einmal so groß wie dieser hier, und daraus haben sie drei gemacht, einen leidlich großen für mich, einen kleinen für meine Frau und einen, wo bisher meine Söhne schliefen." -- „Wenn ich Leute bei mir sehe, muß ichs wie kleine Honoratioren in der Provinz machen, Stühle borgen, alles ausräumen, sogar mein Arbeitszimmer." — Jemand machte sich über die chinesische Tapete lustig, die in Berlin den einen großen Saal bekleidet. — „Ach, lassen Sie die doch zufrieden," erwiderte der Chef. „Wenn die der Staat einmal nicht mehr braucht, kaufe ich sie für Schönhausen. Ich habe viel mit ihr durchgemacht, und dann ist sie in ihrer Art wirklich schön."

Zwischen halb acht und halb neun Uhr war der Maire der Stadt wieder beim Minister. Später ging ein nach Weisungen des Chefs verfaßter Artikel über das Betragen unsers unhöflichen Wirtes in Ferrières zur Beförderung nach Deutschland ab. Er lautete:

„In einem Briefe, datirt: Paris, Place de la Madeleine 70, schreibt jemand an die Gräfin Moustier unter andern Unwahrheiten die folgende: Bei uns verlangten die Preußen Fasanen. Rothschild erzählt mir soeben, daß sie bei ihm welche gehabt hätten. Aber sie haben den Rendanten prügeln wollen, weil sie nicht getrüffelt gewesen. Für jeden, der den königlichen Haushalt in Ferrières gesehen hat, war der Eindruck ungewöhnlicher Einfachheit desselben und sorgfältigster Schonung alles Rothschildschen Eigentums in einer Weise vorwiegend, daß sich ihm Vergleichungen über die Behandlung des

Besitzes dieses Millionärs, der geschützt war durch das Glück, daß der König bei ihm wohnte, mit den notwendigen Kriegsleiden des ärmern Mannes aufdrängten. Se. Majestät gestattete in der Auffassung, daß die königliche Gegenwart ihren Schutz verbreite, nicht einmal, daß das Wild in den Parks, einschließlich der Fasanen, jagdmäßig beschossen wurde, so lange der königliche Aufenthalt dauerte, und Baron Rothschild, früher preußischer Generalkonsul, der sich, als er noch auf den Sieg Frankreichs hoffte, dieses Amtes in wenig höflicher Weise entledigt hatte, hat nicht einmal so viel Lebensart gehabt, sich während der ganzen Anwesenheit des Königs in Ferrières ein einzigesmal nach den Bedürfnissen seines hohen Gastes durch eine Beamten erkundigen zu lassen. Keiner der deutschen Bewohner von Ferrières kann sagen, daß er auch nur mit einem Stück Brot die Gastlichkeit des Eigentümers genossen habe, dessen Vorbesitzer bekanntlich nach den Berechnungen der Stempelbehörde 1.00 Millionen Franken hinterließ. Sollte Baron Rothschild wirklich gegen jemand die in dem Briefe verzeichnete lügenhafte Klage ausgesprochen haben, so können wir ihm nur wünschen, daß er nach der königlichen Hofhaltung Einquartierung bekommen möge, die ihm den Unterschied zwischen den bescheidnen Ansprüchen der Hofhaltung und dem Kriegsrechte feindlicher Einquartierungen empfinden lasse, soweit dies bei einem Erben von 1700 Millionen überhaupt möglich ist."

Sonnabend, den 22. Oktober. Verschiedene Telegramme und Artikel abgesandt, über den Ausfall des gestrigen Treffens, über Keratrys Sendung nach Madrid u. a.

Der Angriff der Pariser, mit einigen zwanzig Bataillonen Linie und Mobilgarden unter dem schützenden Feuer des Mont Valérien unternommen, galt vorzüglich dem an der Seine gelegenen Dorfe Bougival, das von unsern Außenposten besetzt war. Dieselben zogen sich auf ihren Rückhalt zurück, und die Franzosen bemächtigten sich des Ortes, wurden aber bald nachher von der einen Division des fünften deutschen Armeekorps angegriffen und wieder hinaus getrieben, wobei sie eine beträchtliche Zahl von Gefangnen und zwei Geschütze in den Händen unsrer Leute ließen. Die Gefangnen, etwa hundert an der Zahl, sind heute durch die Stadt gebracht worden, wobei es zu Unordnungen gekommen sein soll, sodaß die gelben Dragoner, wie es heißt, sich genötigt gesehen haben, auf die sich ungestüm herandrängende Menge mit flacher Klinge einzuhauen.

Wenn der Chef gestern Abend sagte, es sollte unsrerseits nicht gelitten werden, wenn sich bei Gelegenheit von Treffen auf den Straßen Gruppen von Leuten bildeten, die Bewohner sollten aufgefordert werden, in solchen Fällen in ihren Häusern zu bleiben, und die Patrouillen müßten angewiesen sein, auf Zuwiderhandelnde sofort zu schießen, so ist das nun erfüllt. Heute machte der Kommandant von Versailles, von Voigts-Rhetz bekannt, daß nach dem Alarmsignal alle Einwohner der Stadt sich ohne Verzug nach Hause zu begeben haben, und daß den Truppen Befehl erteilt worden ist, gegen Ungehorsame von ihren Schußwaffen Gebrauch zu machen.

Der Pariser Polizeipräfekt Keratry ist in Madrid erschienen, um dem General Prim zwei verschiedene Vorschläge zu unterbreiten, deren erster ein Offensiv- und Defensivbündnis zwischen Frankreich und Spanien ist, kraft dessen letzteres dem erstern eine Armee von 50 000 Mann zu Hilfe zu schicken hätte. Der Zweck wäre gemeinschaftliche Verteidigung der Interessen der Völker lateinischer Rasse gegen die Allmacht der germanischen. Als Prim diesen seltsamen Gedanken abgelehnt (seltsam; denn eine Unterstützung Frankreichs durch Spanien, dem jenes vor drei Monaten in anmaßendster Weise seinen Willen aufgenötigt, wäre doch eine Selbstverleugnung und ein Verkennen des klaren eignen Interesses ohne gleichen gewesen), hat der französische Unterhändler das Verlangen gestellt, Spanien möge dann wenigstens durch Dekret die Waffenausfuhr nach Frankreich freigeben. Aber auch darauf ist Prim nicht eingegangen.

Vor Tische machte ich mit Bucher eine Fahrt durch den Wald der Fausses Reposes nach dem zwischen Sèvres und Saint Cloud anmutig gelegenen Städtchen Ville d'Avray, um die Villa Stern zu besuchen, wo man eine gute Aussicht auf Paris haben sollte. Die dort stehende Schildwache ließ uns nicht ein; indes fanden wir auf der andern Seite des Thales am Rande eines Parkes einen strohgedeckten Pavillon, der unsrer Absicht genügte. Mit bloßem Auge schon sah man hier im gelblichen Abendlicht über den Vorstädten von Paris einen großen Teil der Stadt selbst mit der weißen geraden Linie der Enceinte, den Invalidendom mit seinen goldnen Reifen, die Notredame-Kirche mit ihren stumpfen Türmen, die Kuppel des Pantheon und ganz zur Rechten Val de Grace. Während wir das Bild betrachteten, ging ein Eisenbahnzug dampfend über den Viadukt bei den Wällen.

Auf der Hinfahrt nach Ville d'Avray sah ich Bennigsen die Rue de Provence herabkommen, und als wir zurückkehrten, hatte er für den Chef seine Karte abgegeben. Der Letztere speiste heute von vier Uhr an beim Könige, erschien aber dann noch auf eine halbe Stunde bei uns zum Essen. Man sprach davon, daß Metz sich wahrscheinlich noch im Laufe der nächsten Woche ergeben werde. Es herrschte arge Hungersnot in der Stadt und namentlich auch Mangel an Salz. „Die Überläufer," so erzählte der Minister, „essen es löffelweise, um ihrem Blute wieder den nötigen Vorrat davon zuzuführen." Der Prinz Friedrich Karl will, wenn ich recht verstand, eine Kapitulation auf die Bedingungen von Sedan und Toul hin, der Kanzler ist aus politischen Gründen für mildere Behandlung der Garnison, der König scheint zwischen beiden noch zu schwanken.

Dem Maire von Versailles hat der Chef gestern gesagt: „Keine Wahlen, kein Friede. Aber die Herren in Paris wollen davon nichts hören. Die amerikanischen Generale, die deswegen drin waren, sagten mir, 's wäre nichts mit ihnen anzufangen. Nur Trochu hätte gesagt, sie wären noch nicht so weit, um unterhandeln zu müssen, die andern hätten davon überhaupt nichts wissen wollen, nicht einmal von einer Befragung des Landes." — „Ich sagte ihm schließlich, es werde uns nichts übrig bleiben, als uns mit Napoleon zu verständigen und ihnen den wieder aufzunötigen. Er meinte, das würden wir nicht thun, das wäre die ärgste Beleidigung. Ich erwiederte ihm, es läge ja aber im Interesse des Siegers, den Besiegten einer Gewalt zu überlassen, die sich nur auf die Soldaten stützen könnte; denn dann würde man nicht an auswärtige Kriege denken können. Ich riet ihm schließlich, sich nicht dem Irrtum zu überlassen, Napoleon habe keine Wurzeln im Lande. Er habe die Armee für sich. Boyer habe mit mir im Namen des Kaisers

Napoleon verhandelt. Und wie weit die Wurzeln gingen, die das jetzige Pariser Gouvernement im Lande hätte, wäre noch zu untersuchen. Auf dem platten Lande teilten schwerlich viele die Meinung, daß man nicht an Frieden denken dürfe. — Er kam dann mit seinen Gedanken wegen eines Friedens heraus: Schleifung ihrer und Schleifung unsrer Festungen, beiderseitige Entwaffnung nach der Zahl der Bevölkerung u. dgl. Die Leute haben wirklich, wie ich ihm zu Anfang sagte, noch keine genügende Vorstellung von dem, was der Krieg ist."

Der „Nouvelliste" wird, da er jetzt die einzige Zeitungsnahrung der Versailler ist und ihnen verständigerweise nicht zu viel zumutet, von den Leuten hier nicht verschmäht. L. berichtete, daß die Zahl der verkauften Exemplare verschieden ausfalle, von einigen Nummern habe er garnichts, von andern 20 bis 50, von der vorletzten 150 Exemplare in den Händen behalten. Doch habe seine Wochenrechnung bis jetzt noch keinen Schaden ergeben.

Abends einen Artikel geschrieben, der den Gedanken ausführt: die erste Bedingung, welche der Bundeskanzler den verschiednen Parteien gestellt habe, die mit ihm über den Frieden unterhandeln gewollt, sei die Wahl einer Vertretung des Willens Frankreichs gewesen. An die Abgesandten der republikanischen, der imperialistischen und noch einer dritten Partei habe er dasselbe Verlangen gestellt. Er wolle eine solche Befragung des Volkes auf jede mögliche Weise erleichtern. Die Regierungsform sei uns völlig gleichgiltig. Nur eine wirkliche von der Nation anerkannte Regierung müßten wir vor uns haben.

Sonntag, den 23. Oktober. Der „Nouvelliste" wird dieser Tage folgenden Gedanken ein französisches Gewand anziehen: In Frankreich begegnet man heutzutage ohne Aufhören Dingen, welche den gesunden Menschenverstand und zugleich dem sittlichen Gefühle ins Gesicht schlagen. Ehemalige päpstliche Zuaven und zwar nicht bloß solche, die ihrer Nationalität nach Franzosen sind, werden ohne weiteres Soldaten einer Republik, die von Voltairianern regiert wird. Garibaldi stellt sich in Tours ein und trägt, wie er sich ausdrückt, das, was von ihm noch übrig ist, Frankreich zum Dienste an. Er hat vermutlich nicht vergessen, daß dieses Frankreich vor zwanzig Jahren die römische Republik mit Waffengewalt zertrümmerte, und er mußte noch frischer im Gedächtnis die Wunder haben, die sich bei Mentana begaben. Er muß sich deutlich des Umstands erinnern, daß seine eigne Geburtsstadt Nizza durch dieses selbe Frankreich dem italienischen Vaterlande geraubt worden ist, und daß nur der Belagerungszustand sie in diesem Augenblick abhält, sich der französischen Herrschaft zu entziehen.

Mittags um ein Uhr machten die württembergischen Minister Mittnacht und Suckow dem Kanzler ihren Besuch.

Wiederholt schon hatte ich in den Nachmittagsstunden Soldaten aus den Lazaretten auf den Kirchhof bringen sehen, vorgestern drei, gestern zwei auf einmal. Heute kam ein langer Zug vom Schlosse her über den Place d'Armes und in die Rue Hoche hinein. Es waren fünf Bahren, auf der ersten unter einem schwarzen Leichentuch ein Offizier vom 47. Regiment, auf den andern, bedeckt mit weißen Laken, gemeine Soldaten. Ein vorangehendes Musikchor blies einen Choral, dann folgte das dumpfe Wirbeln der Trommeln. Auch ein Geistlicher war dabei. Die Franzosen zogen beim Vorübergehen der Särge Mützen und Hüte — eine schöne Sitte.

Bei Tische machte Delbrück darauf aufmerksam, daß die preußischen Beamten hier sehr bald, nachdem sie angestellt sind, das Bedürfnis empfinden, allen Ernstes sich den ihrer Aufsicht anvertrauten Dingen zu widmen, das beste der ihnen untergebnen Einwohner wahrzunehmen und auch dann für Ordnung in den ihnen zugewiesenen Kreisen zu sorgen, wenn es sich nicht um unser Interesse handelt. So sei z. B. Brauchitsch außer sich über den in den hiesigen Wäldern ganz ungescheut verübten Holzdiebstahl und wolle zu Gunsten der französischen Forstverwaltung kräftig gegen das Unwesen einschreiten. — Ferner erfuhr man, daß aus Baden in diesen Tagen Freydorff, Jolly und ein Dritter zu erwarten seien, dessen Name mir entfallen ist, und von dem man auf Usedom zu reden kam. — — — Als Delbrück erwähnte, daß Baiern bei den vorläufigen Verhandlungen über eine neue Organisation Deutschlands Anspruch auf eine Art Mitvertretung des Bundesstaates im Auslande erhoben habe, die man sich so vorstelle, daß, wenn der preußische oder vielmehr der deutsche Gesandte oder Botschafter abwesend sei, der baierische die Geschäfte fortführe, sagte der Chef: „Nein, alles andre, aber das geht wirklich nicht; denn es kommt doch nicht auf den Gesandten an, sondern auf die Instruktionen, die er bekommt, und da hätten wir zwei Minister des Auswärtigen für Deutschland," was er dann weiter ausführte und mit Beispielen belegte.

Montag, 24. Oktober. In einem Telegramm aus England, das für das Schloß Wilhelmshöhe bestimmt ist, heißt es u. a.: „Much time will be lost, I am afraid." Dazu hat der Chef am Rande mit Bleistift bemerkt: „Is lost." — Ich schicke eine Notiz über die in Rochefort erfolgte Ermordung des Kapitäns Zielke vom deutschen Schiffe „Flora" zur Beförderung in englische Zeitungen ab. — Aus Marseille treffen eigentümliche Nachrichten ein. Die Roten scheinen dort die Oberhand zu haben. Esquiros, der dort residirende Präfekt der Rhonemündungen, gehört dieser Spielart der französischen Republikaner an. Er hat die „Gazette du Midi" unterdrückt, weil die Klubs seiner Partei behaupten, das Blatt begünstige die Kandidatur des Grafen von Chambord, dessen Proklamation es abgedruckt hat. Er hat ferner die Jesuiten ausgewiesen. Ein Dekret Gambettas hat den Präfekten darauf für abgesetzt erklärt, und die Maßregeln gegen jene Zeitung sowie gegen die Jesuiten aufgehoben. Esquiros aber hat sich, auf die Arbeiter gestützt, an diese Befehle der Regierungsdelegation in Tours nicht gekehrt, er behauptet seinen Posten, und die „Gazette du Midi" bleibt unterdrückt, die Gesellschaft Jesu ausgewiesen. Ebensowenig ist die Verfügung Gambettas, welche die neben der Marseiller Nationalgarde bestehende, aus den Reihen der roten Republikaner rekrutirte Bürgergarde auflöste, beachtet worden. Der Chef äußerte in bezug hierauf: „Na, jetzt scheint der Bürgerkrieg dort in Gang zu kommen, und es ist möglich, daß es bald eine Republik des Südens giebt." Ich verarbeitete diese Nachrichten zu einigen im Sinne dieser Glosse gehaltenen Artikeln.

Gegen vier Uhr stellte sich beim Kanzler ein Herr Gauthier ein, der von Chislehurst kommt. — — — Wir haben heute Graf

Waldersee bei Tische, während der Chef beim Könige speist. Abends zwischen sieben und acht Uhr heißt es, in Paris müsse eine große Feuersbrunst ausgebrochen sein, der ganze nördliche Himmel sei mit rotem Schein übergossen, und in der That sehe ich, daß es über den Gehölzen im Norden der Stadt wie der Abglanz eines ungeheuren Brandes flammt. Indes erweist sichs allmählich, daß wir uns getäuscht haben. Die Röte gewinnt Gestalt, säulenartige Strahlen schießen aus ihr hervor, und wir werden inne, daß die Erscheinung ein Nordlicht ist, welches prachtvoll über den Horizont heraufwächst. Wir werden infolge dessen bald Winter und trockne Kälte haben.

Dienstag, den 25. Oktober. Gute Nachrichten eingetroffen und weiter befördert. Gestern hat die Festung Schlettstadt kapitulirt, und tags vorher ist General Wittich mit der 22. Division in Chartres eingerückt. Unter den Resten der französischen Loire-Armee herrscht nach einem Briefe aus Tours große Zuchtlosigkeit. Häufig sind die Fälle, wo betrunkene Soldaten ihren Offizieren den Gehorsam verweigern und sie der Unfähigkeit und des Verrats beschuldigen. Die Übergabe von Metz wird morgen oder übermorgen stattfinden, und Teile der dort bisher festgehaltnen deutschen Armee können schon in acht Tagen die im Gebiet der Loire kämpfenden Truppen verstärken. Diesen Morgen äußerte der Chef in Bezug auf die Nachricht des „Pays,“ nach welcher von dritthalb Milliarden Kriegskostenentschädigung die Rede wäre: „Unsinn! Ich werde ihnen viel mehr abfordern.“

Während des Diners kam man heute, ich weiß nicht mehr, wie, auf Wilhelm Tell zu sprechen, und der Minister bekannte, daß er den schon als Knabe nicht habe leiden können, und zwar erstens, weil er auf seinen Sohn geschossen, dann weil er Geßler auf meuchlerische Weise getötet habe. „Natürlicher und nobler wäre es nach meinen Begriffen gewesen,“ setzte er hinzu, „wenn er, statt auf den Jungen abzudrücken, — den doch der beste Schütze statt des Apfels treffen konnte — wenn er da lieber gleich den Landvogt erschossen hätte. Das wäre gerechter Zorn über eine grausame Zumutung gewesen. Das Verstecken und Auflauern gefällt mir nicht, das paßt sich nicht für Helden — nicht einmal für Franktireurs.“

Der „Nouvelliste" wird täglich in zwei Exemplaren an mehrere Ecken der Stadt angeschlagen, und wenn die Leute, die ihn da in Gruppen lesen, beim Vorübergehen von Deutschen auch Kritiken wie „Mensonge!" oder „Impossible!" verlauten lassen, so lesen sie ihn doch. Heute hat einer auf das Exemplar in der Nähe der Präfektur „blague" geschrieben, aber Stiebers Geister oder andre Wächter der Wahrheit hatten ihn — es war ein Handwerksgesell — dabei ertappt, und es heißt, daß er nach Deutschland abgeführt werden soll.

In Bougival hat, wie man beim Frühstück erzählt, bei dem neulichen Ausfall ein Seitenstück zu der Tragödie von Bazeilles gespielt. Als unsre Vorposten das Dorf verließen, haben mehrere Einwohner desselben gemeint, die deutschen Truppen an dieser Stelle dächten sämtlich das Feld zu räumen. Sie haben es darauf für ihre patriotische Pflicht gehalten, mit Windbüchsen auf eine Abteilung Soldaten zu schießen, welche die Fahne des 46. Regiments umgaben. Aber die Strafe folgte diesem verräterischen Gebahren auf dem Fuße. Unsre Leute stürzten sich in die Häuser, aus denen die Schüsse gefallen waren, und verhafteten 19 Bauern, die den andern Tag vor ein Kriegsgericht gestellt wurden. Gestern hat man, wie es heißt, die Schuldigen unter ihnen erschossen. Die Gemeinde mußte eine außerordentliche Kontribution von fünfzigtausend Franken zahlen. Die Häuser, aus denen geschossen worden, sind niedergebrannt worden, und sämtliche Einwohner sollen veranlaßt worden sein, das Dorf zu räumen.

Mittwoch, den 26. Oktober. Früh Granvilles Depesche für den König übersetzt und später einen Auszug für die Presse daraus gemacht. Denselben mit der Bemerkung begleitet, daß wir den Franzosen bereits zweimal, durch Favre und am 9. Oktober durch Burnside, einen Waffenstillstand zu günstigen Bedingungen angeboten, daß sie ihn aber nicht gewollt, weil wir ihn gewollt hätten. Dann nach London telegraphirt, daß Thiers freies Geleit zur Reise in unser Hauptquartier und Erlaubnis, von da nach Paris zu gehen, erhalten. Ferner, daß der Graf von Chambord mit dem Grafen von Paris in Coppet eine Zusammenkunft gehabt.

Nachmittags, als der Chef ausgeritten mit Bl., einem Engländer, der für den „Inverneß-Kurier," und einem Amerikaner, der für ein Blatt in Chicago Kriegsberichte schreibt, nach der Ferme unter dem Schlosse von Beauregard gefahren, um H. zu besuchen, der, von seiner bei Wörth empfangnen Wunde genesen, seit einigen Tagen wieder bei seinem Regiment, dem 46., eingetroffen ist. Wir treffen da eine Anzahl von Offizieren, nette, liebe Leute, mit denen man rasch bekannt wird und gern verkehrt. Bl. fährt inzwischen mit dem Premierleutnant v. H. nach Bougival — — — und da sie von dort später, als sie versprochen, zurückkehrten, versäume ich darüber das Diner zu Hause, was der Chef nicht gern sieht. Er hat indes über Tische nur gefragt, „wo das Büschchen sei," und als er später vom König zurückgekehrt, sich nochmals erkundigt, ob ich noch nicht wieder da, und dabei die Besorgnis geäußert, die Posten könnten auf mich schießen.

Abends nach Auftrag des Kanzlers noch einen Aufsatz gemacht, der nachstehenden Gedankengang verfolgt. Es verlautet, daß die Wiener Diplomatie neuerdings Schritte gethan hat, um die Deutschen zu bewegen, den Franzosen einen Waffenstillstand zu gewähren. Es fällt uns schwer, an dieses Gerücht zu glauben. Ein Waffenstillstand würde gegenwärtig nur den Franzosen zu Gute kommen, ihre Widerstandskraft verstärken, uns vielleicht die Erreichung der als notwendig erkannten Friedensbedingungen erschweren. Sollte Österreich mit jenem Schritte diesen Zweck im Auge haben? Folgende Betrachtungen liegen doch sehr nahe. Wenn man uns in Wien die Früchte unsrer Siege verkümmert, wenn man uns die sichere Grenze im Westen, die wir erstreben, nicht gewinnen läßt, so kann ein neuer Krieg gegen Frankreich oder vielmehr die Fortsetzung des unterbrochenen nicht ausbleiben. Wo die Franzosen dann ihren Bundesgenossen suchen und wahrscheinlich finden würden, liegt deutlich auf der Hand. Aber ebenso klar ist wohl, daß Deutschland in diesem Falle nicht warten würde, bis Frankreich sich aus dem Chaos wieder herausgeholfen hätte, in welchem ein Abbruch des gegenwärtigen Krieges es lassen würde. Deutschland müßte und würde vorher diesen zukünftigen Bundesgenossen Frankreichs vornehmen und unschädlich zu machen suchen, und derselbe würde, isolirt dastehend, die Schuld bezahlen müssen, die er dadurch, daß er uns unsern Zweck jetzt nicht erreichen lassen, auf sich geladen hätte. — —

Donnerstag, den 27. Oktober. Die Kapitulation von Metz wird wahrscheinlich noch im Laufe des heutigen Tages unterzeichnet werden. Die ganze dortige Armee mit Einschluß der Offiziere aller Grade geht in die Gefangenschaft nach Deutschland, wohin wir dann mit Ausnahme von etwa 60000 Mann das gesamte Heer des kaiserlichen Frankreich versetzt haben werden. Früh telegraphirt, daß man bei unsern Truppen vor Paris beobachtet, wie vom Montmartre auf die Vorstadt Vilette mit Kanonen geschossen worden, auch hätte man in den Straßen stundenlang Gewehrfeuer gehört. Vielleicht ein Aufstand der Radikalen? Dann einen zweiten Aufsatz über die Einmischung Beusts in unsern Handel mit Frankreich geschrieben. — — Abends erzählte Hatzfeldt, daß er heute bei den Vorposten draußen gewesen, wo eine Anzahl amerikanischer Familien aus Paris angekommen seien, die sich entschlossen, der belagerten Stadt, in der es ungemütlich zu werden anfange, den Rücken zu kehren. Es ist ein Dutzend Wagen mit weißen Fahnen gewesen, und die Leute haben den Weg über Villejuif genommen. Auch die Mitglieder der portugiesischen Gesandtschaft haben jetzt Paris verlassen, um sich nach Tours zu begeben.

Freitag, den 28. Oktober. Im Laufe des Nachmittags schickte Moltke dem Chef ein Telegramm mit der Meldung, daß die Kapitulation von Metz heute um 12 Uhr 45 Minuten unterzeichnet worden. Die dadurch in Gefangenschaft geratene französische Armee zählt alles in allem 173000 Mann, worunter 16000 Kranke und Verwundete. Bei Tische sind von Bennigsen, Friedenthal und von Blankenburg, letzterer ein Jugendfreund des Chefs, zugegen. Von den zu Metz in Gefangenschaft geratenen französischen Offizieren und deren bevorstehender Abführung nach Deutschland kommt das Gespräch auf den General Ducrot und dessen schmähliche Flucht aus Pont à Mousson. „Ja", sagte der Minister, „der hat mir einen langen Brief geschrieben, in welchem er mir auseinandersetzt, daß die Vorwürfe, die wir ihm wegen seines wortbrüchigen Entweichens gemacht, unbegründet seien; ich habe dadurch aber keine wesentlich andre Meinung gewonnen." Er erzählte dann, daß neulich „ein Unterhändler von Gambetta" bei ihm gewesen sei, der ihn gegen das Ende seiner Besprechung gefragt habe, „ob wir die Republik anerkennen würden. — Ich erwiederte ihm: Ohne Zweifel und Bedenken. Nicht nur die Republik, sondern, wenn Sie wollen, auch eine Dynastie Gambetta; nur muß sie uns einen vorteilhaften und sichern Frieden verschaffen." — „Und in der That, jede Dynastie, ob Bleichröder oder Rothschild," setzte er hinzu, worauf die letzteren beiden Herren für eine Weile Gegenstand des Gesprächs wurden. — —

Abends kommt L., wie gewöhnlich, um sich Informationen zu holen. Ich höre von ihm, daß der Legationsrat Samwer, einst Premier des „Herzogs Friedrich VIII.", seinem damaligen und seinem jetzigen Herrn hierher gefolgt ist und sich schon seit einiger Zeit hier aufhält, wo er Zeitungskorrespondenten mit Nachrichten versieht. Der „Nouvelliste" soll eingehen und an seine Stelle ein Blatt mit größerem Format treten, welches den Titel: „Moniteur Officiel de la Seine et Oise" führen und auf Rechnung der Regierung erscheinen wird.

Sonnabend, den 29. Oktober. Bei der Umwandlung des „Nouvelliste" in einen „Moniteur Officiel" scheinen gewisse Verhältnisse nicht recht festgestellt worden zu sein, oder es ist eine Intrigue im Werke. Heute früh, während ich arbeite, schickt mir ein Herr Theodore Reininger, „collaborateur du Moniteur Officiel de la Seine et Oise", seine Karte herein, und der Karte folgt ein junger Mensch, der vom Präfekten an mich geschickt sein und „Notizen zu Leitartikeln" von mir haben will. Ich bemerke ihm, daß L. zu dem Zwecke genüge, der ja wohl bei dem Blatte bleibe, und daß ich mit ihm nur auf Befehl des Bundeskanzlers verkehren werde. Er fragt, ob er dem Präfekten sagen solle, er möge darüber mit Graf Bismarck sprechen. Ich erwiedere, das müßte der Präfekt selber wissen, ich ließe ihm nichts sagen.

Beim Frühstück will Saint Blanquart wissen, daß Thiers morgen bei uns eintreffen werde, und Bölsing äußert später, daß schon Friedenspräliminarien in der Luft schweben, was wir so lange bezweifeln wollen, bis der Chef dergleichen gute Dinge andeutet.

Man hört auch, daß Moltke Graf geworden ist, und daß der König den Kronprinzen und seinen Neffen, den Bezwinger von Metz, zu Feldmarschällen ernannt hat.

Bei Tische fragte der Chef, als wir die Suppe in Angriff genommen hatten, ob das nicht Erbswurst wäre, und als ihm das bejaht wurde, lobte er sie als ganz vorzüglich, worin ihm Delbrück beipflichtete. Dann war von dem großen Erfolge in Metz die Rede. „Das verdoppelt die Zahl unsrer Gefangnen geradezu,“ sagte der Minister. „Nein, es ist mehr. Wir haben jetzt das Heer, das Napoleon in der Zeit von Weißenburg, Wörth und Saarbrücken auf den Beinen hatte, mit Ausnahme derer, die wir getötet haben, in Deutschland. Was sie noch haben, die Franzosen, ist nachträglich aus Algier und Rom geholt und neu ausgehoben. Auch kommt Vinoy mit einigen tausend Mann hinzu, der sich vor Sedan noch davon gemacht hat. Ihre Generale sind ebenfalls fast alle gefangen.“ Er sprach dann davon, daß Napoleon gebeten, ihm die in Metz eingeschlossen gewesenen Marschälle Bazaine, Leboeuf und Canrobert nach Schloß Wilhelmshöhe zu senden. „Giebt eine Whistpartie,“ sagte er. „Ich habe nichts dagegen und werde es dem König empfehlen.“ Dann äußerte er, es geschähen jetzt so viele sonderbare Dinge, an die vorher kein Mensch hätte denken können, daß man die wunderbarsten für möglich halten könnte. „Unter anderm könnte es sich wohl machen, daß wir den deutschen Reichstag in Versailles abhielten, während Napoleon in Kassel das Corps legislatif und den Senat zu einer Beratung über den Frieden versammelte. Er hat die Überzeugung, gegen die sich nicht viel einwenden läßt, daß die alte Landesvertretung noch zu Recht bestehe, und daß er sie berufen könne, wohin er wolle — freilich wohl nur in Frankreich. Über Kassel wird sich streiten lassen.“ Er bemerkte dann, daß er die Repräsentanten der Parteien, „mit denen sich reden lasse,“ Friedenthal, Bennigsen und Blankenburg, hierher berufen habe, um ihre Meinung über ein Tagen unsers Parlaments in Versailles zu hören. „Von der Fortschrittspartei mußte ich absehen; die wollen nur, was nicht möglich ist,“ fuhr er fort. „Sie sind wie die Russen, die auch im Winter Kirschen essen und im Sommer Austern haben wollen. Wenn ein Russe in einen Laden tritt, so verlangt er: Kak nje bud, eigentlich: Was nicht ist."

Nach dem ersten Gericht wird Prinz Albrecht, Vater, mit seinem Adjutanten eingeführt und setzt sich zur Rechten des Chefs, um zunächst ein Glas Magdeburger Bier (Liebesgabe und recht gut) sowie später den Sekt mit uns zu trinken. Der alte Herr ist mit seiner Kavallerie als echter preußischer Prinz immer tapfer und pflichtgetreu weiter vorgedrungen und bis über Orleans hinaus gekommen. Das Gefecht bei Chateaudun wäre, erzählte er, „ein schauderhaftes" gewesen. Schließlich erteilte er dem Herzog von Meiningen, der ebenfalls keine Gefahren und Entbehrungen gescheut, warme Lobsprüche. — — — „Darf ich fragen," sagte der Prinz, „wie sich die Frau Gräfin befindet?" — „O, der geht es ganz gut jetzt, wo es mit dem Sohne wieder besser steht. Nur leidet sie immer noch an ihrem grimmigen Hasse gegen die Gallier, die sie samt und sonders tot geschossen und gestochen sehen möchte, bis auf die ganz kleinen Kinder, die doch nichts dafür könnten, daß sie so scheußliche Eltern hätten." Er sprach dann vom Zustande des Grafen Herbert, dessen Wunde am Oberschenkel sich anfangs gut angelassen habe, dann aber recht schlimm geworden sei, sodaß der Arzt vermutet habe, die Kugel habe eine giftige Substanz entwickelt.

Abends wurde im Büreau davon gesprochen, daß eine Anzahl Exemplare von Nummer 13 des „Nouvelliste", von Abeken bestellt, nach Paris hineingebracht werden soll, „damit sie dort die Kapitulation von Metz schwarz auf Weiß haben."

16*

Zehntes Kapitel.

Thiers und die ersten Waffenstillstandsverhandlungen in Versailles.

Als ich am 30. Oktober früh einen Gang über die Avenue de Saint Cloud machte, begegnete ich Bennigsen, der an diesem Tage mit Blankenburg die Heimreise antreten wollte. Er äußerte auf meine Frage, wie weit man daheim mit der deutschen Einigung gekommen sei, es stünde gut damit, in Baiern werde eigentlich nur noch an der besondern Stellung des Militärs festgehalten, die Stimmung der Mehrzahl des Volkes sei, wie sie zu wünschen gewesen. Als ich wieder nach Hause kam — etwas nach zehn Uhr — hörte ich von Engel, daß Thiers kurz vorher dagewesen, aber gleich wieder gegangen sei. Man sagte später, er sei von Tours gekommen und habe sich nur ein Saufkonduit zum Passiren unsrer Linien geholt; denn er wolle nach Paris hinein. Während des Frühstücks erzählte Hatzfeldt, der mit ihm im Hotel des Reservoirs dejeunirt und ihn dann in den Wagen gebracht hatte, welcher ihn in Begleitung des Leutnants von Winterfeldt zu den französischen Vorposten bringen sollte, daß Thiers „immer noch der geistreiche, amüsante alte Herr wie früher, aber windelweich" sei. Er hatte ihn bei uns im Hause zuerst entdeckt und ihm gesagt, daß der Chef eben aufstünde. Dann hatte er ihn unten in den Salon geführt und den Minister von seiner Ankunft benachrichtigt, der sich rasch zurecht gemacht habe und bald nachher heruntergekommen sei. Sie hatten sich aber nur ein paar Minuten mit einander unterhalten, und zwar unter vier Augen; dann hatte der Chef Hatzfeldt gerufen und ihm den Auftrag gegeben, die nötigen Vorbereitungen zur Beförderung des Besuchs nach Paris zu treffen. Später hatte er ihm mitgeteilt, daß Thiers ihm gleich nach der Begrüßung gesagt, er sei nicht gekommen, um mit ihm zu sprechen. „Was ich ganz natürlich finde,“ meinte Hatzfeldt, „da Thiers zwar gern den Frieden mit uns abschlösse — schon weil es dann der Friede des Herrn Thiers wäre — er ist nämlich ungeheuer ehrgeizig — aber doch nicht weiß, was die in Paris dazu sagen würden.“

Der Chef war inzwischen mit seinem Vetter zu der Heerschau geritten, die der König diesen Morgen über 9000 Mann Gardelandwehr abgehalten. Während wir noch frühstückten, kam er herein und brachte einen kleinen runden Herrn mit glattrasirtem Gesicht und schwarzgestreifter Weste mit, von dem man dann hörte, er sei der sächsische Minister von Friesen. Derselbe speiste mit uns, und da auch Delbrück zugegen war, so hatten wir die Ehre, mit drei Ministern bei Tische zu sitzen. Der Chef sprach zuerst von der heute eingetroffenen Landwehr und erwähnte, daß es große und breitschulterige Gestalten gewesen, die den Versaillern imponirt haben würden. „So eine Kompagniefront,“ sagte er, „ist doch wenigstens fünf Fuß breiter als eine französische — besonders bei der pommerschen Landwehr.“ — Dann wendete er sich zu Hatzfeldt und fragte: „Sie haben doch gegen Thiers nichts von Metz erwähnt?“ — „Nein, er sagte auch nichts davon, obwohl er's ohne Zweifel weiß.“ „Gewiß weiß er's, aber ich habe mit ihm auch nichts davon gesprochen.“ Hatzfeldt bemerkte dann nochmals, daß Thiers sehr charmant gewesen, daß er aber auch von seiner alten Eitelkeit und Selbstgefälligkeit nichts eingebüßt. Er habe ihm z. B. erzählt, daß er vor einigen Tagen einen Bauer getroffen, den er gefragt, ob er den Frieden wünsche. — Ja wohl, sehr. — Ob er wisse, wer er sei? — Nein. — Nun, er sei Monsieur Thiers; ob er den nicht kenne? Der Bauer habe auch darauf mit Nein geantwortet. Da sei ein Nachbar hinzugekommen, und als der Gevatter vom Lande sich bei dem erkundigt, wer der Herr Thiers sei, habe der gesagt, er sei wohl einer aus der Kammer. „Offenbar ärgerte sich Thiers darüber, daß man nicht mehr von ihm wußte,“ setzte Hatzfeldt hinzu.*)

*) Ein charakteristisches und ergötzliches Seitenstück hierzu wurde mir von einem verehrten Freunde nach dem Druck der 4. Auflage dieses Buches erzählt. Ich beeile mich, es als einen Beweis, daß nicht nur französische, sondern auch andre Parlamentsgrößen, und nicht bloß Leute wie Thiers, sondern erheblich

Exzellenz Friesen hatte ein hübsches Beispiel von der unvorsichtigen Hast der geflüchteten Versailler und von der Ehrlichkeit der deutschen Soldaten zu berichten. Er habe, so erzählte er, heute in seinem Quartier, wo doch gewiß schon drei- oder viermal Einquartierung gewesen, eine Kommode aufgeschlossen, da sei ihm unter allerlei Frauenputz, Hauben, Tüchern und Bändern erst eine, dann eine zweite Rolle, jede mit fünfzig Stück Napoleons, in die Hände gefallen. Er habe diese zweitausend Franken dem Concierge übergeben wollen, der habe indes gemeint, er, Friesen, möge es doch lieber selbst aufheben. Es ist dann, glaube ich, der zur Verwahrung solcher Funde bestimmten Behörde zugesandt worden.

Der Chef ging jetzt einen Augenblick hinaus und kam darauf mit einem Etui wieder, in welchem die Goldfeder lag, die ihm ein Pforzheimer Juwelier zur Unterzeichnung des Friedens verehrt hat. Er fand sie sehr schön, besonders die Fahne. — — — Als das Kunstwerk, das, oben etwa sechs Zoll lang, zu beiden Seiten mit kleinen Brillanten besetzt war, herumgegangen und genügend bewundert worden, was es in der That verdiente, sagte der Kanzler zu Delbrück und Friesen, indem er die Salonthür aufmachte: „Jetzt stünde ich den Herren zu Diensten." — „Nun," erwiederte Friesen, indem er auf Delbrück blickte, „ich habe mit Exzellenz schon das Betreffende besprochen, indes —" worauf sie in den Salon gingen. —

---

weniger bedeutende, ein stark ausgeprägtes Selbstgefühl besitzen und deshalb höchlich erstaunt sein können, wenn das Volk von ihren Verdiensten keine Notiz genommen hat, mit den eignen Worten des Berichterstatters getreu hinzuzufügen.

„Da war ich neulich in einer hiesigen Familie (B. in B.) eingeladen zu einem kleinen Souper von sechs oder acht Personen. Es waren mehrere Abgeordnete darunter, z. B. Bethusy-Huc, auch Laskerchen. Der sagte: »Da will ich Ihnen einmal was Merkwürdiges erzählen. Mache ich vorigen Sommer eine Gebirgsreise in Oberbaiern mit einem Freunde. Da saßen wir eines Abends unter dem Vordach einer Dorfschmiede, ruhten uns aus und unterhielten uns mit dem Meister. Im Verlaufe des Gesprächs denkt mein Freund: Willst ihm doch mal eine Freude machen, und so fragt er den Schmied: Wissen Sie wohl, lieber Mann, wen Sie da vor sich haben? Womit er auf mich zeigte. — Das weiß ich wirklich nicht, antwortete der Schmied. — Nun, der Lasker, 's ist der Lasker, sagte ihm mein Freund. — Glauben Sie aber wohl, daß der gute Mann nicht wußte, wer und was Lasker war?«"

Es wurde dann wieder von Thiers gesprochen, und Hatzfeldt bemerkte, er wolle in einem oder zwei Tagen wiederkommen, und er habe nicht durch das Thor von Charenton nach Paris gehen wollen. — „Weil er denkt, die Kerls da henken ihn auf," sagte Bohlen. „Ich wollte doch, sie thäten's." Aber warum denn nur? fragte man sich im Stillen.

Nachmittags heiterte sich das trüb gewesene Wetter auf, und es war oft blauer Himmel zu sehen. Auf einer der waldigen Höhen über La Celle Saint Cloud sollte man einen guten Ausblick hinüber nach dem Fort auf dem Mont Valérien, den „Baldrian" oder „Bullerjan" unsrer Soldaten, haben, und als der Minister ausgeritten, beschlossen Bucher und ich, die Stelle zu Wagen aufzusuchen. Auf dem Wege waren jenseits des Dorfes Petit Chesnay an verschiedenen Stellen Verhaue angelegt und Schießscharten in die Parkmauern gebrochen. Rechts von der langgestreckten Steinwand, welche das Gut Beauregard einschließt, befand sich auf hochliegendem Felde eine kleine Schanze für Geschütze. Wo die Straße weiterhin wieder ansteigt, war ein Alarmplatz mit einem Artilleriepark. Ein Offizier beschrieb uns hier den Weg nach dem Punkte bei den Vorposten über La Celle, wo das Fort zu sehen war, aber wir verfehlten jenseits des Schloßparkes unter dem Orte die rechte Route, gerieten links in die ersten Häuser von Bougival hinein und befanden uns nach einer halben Stunde wieder vor dem Geschützpark. Ein zweiter Versuch, an die rechte Stelle zu gelangen, glückte nicht besser, da wir uns diesmal nach rechts hin verirrten. Wir fuhren durch das Dorf La Celle, kamen in ein Gehölz mit Kreuzwegen und schlugen hier leider eine falsche Richtung ein. Von den Vorposten, in deren Kette wir jetzt waren, wußte niemand uns zu raten, und so fuhren wir auf gut Glück weiter, an einem zweiten Alarmplatze vorbei und in ein kleines Waldthal hinab, das sich nach der Gegend von Malmaison öffnet. Das Fort war nirgends zu entdecken, alles ringsum Wald, alles still, und die Sonne neigte sich dem Untergange zu. Endlich kamen uns von der Thalsohle her, auf der hier und da mit Barrikaden versperrten sandigen Straße, drei berittene Offiziere entgegen, die uns aufforderten, umzukehren, da man uns hier von den Kanonenbooten auf der Seine eine Bombe zuschicken könnte, weshalb es eigentlich nicht gestattet sei, sich mit einem Wagen hier zu zeigen. Sie wiesen uns hierauf den Weg nach Vaucresson, welches wir dann auf tief ausgefahrener Straße erreichten, und von wo wir durch schönen Buchenwald über Glatigny nach Hause gelangten. Wir hatten zwar das Fort nicht gesehen, aber einen Teil des Schauplatzes der Kämpfe am 21. Oktober.

Bei Tische sprach der Chef wieder ausführlich von der Möglichkeit, daß der deutsche Reichstag in Versailles und das französische Corps legislatif gleichzeitig in Kassel tagen könnte. Delbrück bemerkte, daß der Ständesaal hier für eine so große Versammlung nicht Raum genug bieten würde. — „Je nun," entgegnete der Kanzler, „da könnte ja der Senat wo anders beraten, in Marburg oder Fritzlar oder in einer ähnlichen Stadt."

Montag, den 31. Oktober machte ich früh einige Artikel, darunter eine Empfehlung des Gedankens, ein internationales Gericht zur Aburteilung derer einzusetzen, die zum Kriege gegen uns gedrängt, und einen Hinweis auf den französischen Bataillonskommandanten Mus Hermieux, der wie Ducrot ehrenwortsbrüchig aus dem Lazarett entsprungen war und nun steckbrieflich verfolgt wurde. Um zwölf Uhr erschien Gauthier wieder und hatte eine lange Besprechung mit dem Chef. Beim Frühstück erzählte man, daß tags vorher das Dorf Le Bourget im Osten von Paris, das am 28. in die Hände der Franzosen gefallen, von uns wieder erstürmt worden sei. Es sollte ein scharfes Gefecht gewesen sein, und wir hatten dabei über tausend Mann von den Rothosen zu Gefangenen gemacht, aber auch selbst etwa dreihundert Tote und Verwundete, darunter dreißig Offiziere, auf dem Platze gelassen. Graf Waldersees Bruder sollte unter den Gefallenen sein. Man sprach dann von Thiers, und Hatzfeldt und Delbrück wetteten gegen Keudell und Bismarck-Bohlen, daß derselbe bis spätestens zum nächsten Tage nachts zwölf Uhr wieder in Versailles eintreffen werde. Die beiden andern Herren glaubten, man werde ihn französischerseits nicht wieder herauslassen. Hatzfeldt behielt Recht und gewann die Wette. Beim Thee konnte er berichten, daß er heute in den ersten Abendstunden, als er im Hotel des Reservoirs jemand aufgesucht, erst durch Zufall erfahren, daß der alte Herr wieder angekommen und dann ihn selbst gesprochen habe. Er hatte ihm erzählt, daß er tags zuvor von zehn Uhr abends bis drei Uhr früh mit den Herren von der provisorischen Regierung verhandelt, um sechs Uhr schon wieder aufgestanden, dann bis nach zwei Uhr allerlei Besuche erledigt und darauf wieder hierhergefahren. Er wünsche morgen mit dem Bundeskanzler zu konferiren. „Er fing," setzte Hatzfeldt hinzu, „auch davon an, daß gestern in Paris Unruhen stattgefunden hätten; als ich mir aber darauf ein etwas lebhaftes: So, in der That, entschlüpfen ließ, brach er sogleich von der Sache ab."

Nach einigen Tagen erfuhr man über diese Unruhen näheres. Die Pariser Regenten hatten am 30. die Nachricht von der Übergabe von Metz für unwahr erklären lassen und sie tags nachher eingestanden. Sie hatten ferner bekannt gemacht, daß die neutralen Mächte einen Waffenstillstand vorgeschlagen, womit das Publikum die Ankunft von Thiers in Verbindung gebracht hatte. Alle diese Dinge hatten böses Blut in der Stadt gemacht, und dazu kam noch, daß Le Bourget von uns wieder genommen worden war, und daß das Regierungsorgan diese Position, die den Parisern so viel Menschen gekostet hatte, jetzt für nicht notwendig für die Verteidigung zu erklären bemüht war. Die hierdurch erzeugte üble Stimmung benutzten die Führer der Radikalen. In der Mittagsstunde des 31. sammelte sich eine mit Waffen versehene Volksmenge vor dem Hotel de Ville, und gegen zwei Uhr erzwangen die Aufrührer sich den Eingang in das Gebäude, wo sie die Absetzung der Regierung vom 4. September und die Proklamirung der Kommune versuchten, aber durch treugebliebene Bataillone der Nationalgarde daran verhindert wurden, was indes erst nach zehn oder zwölf Stunden gelang.

Kehren wir zum 31. Oktober und nach Versailles zurück, so erhielt ich am Abend jenes Tages Auftrag, zu bewirken, daß der am 27. im „Staatsanzeiger" abgedruckte Erlaß an Vogel von Falkenstein von unsern andern Blättern reproduzirt werde. Desgleichen sollte mit der Anlegung einer Sammlung von Zeitungsnachrichten über die schlechte Behandlung der deutschen Gefangnen durch die Franzosen begonnen werden. Endlich wurde nach Gedanken des

Chefs ein zweiter Aufsatz gegen die Einmischung Beusts in unsern Streit mit Frankreich in Angriff genommen, der indes nicht zur Absendung kam, da die Verhältnisse sich inzwischen geändert hatten. Ich lasse den Artikel als bezeichnend für den damaligen Stand der Dinge folgen. Er lautete:

„Wenn beim Ringen zweier Mächte die eine sich offenbar als die schwächere erweist und endlich hart am Unterliegen ist, so muß es ohne Zweifel weniger als Wohlwollen für beide Teile wie als Sorge für den schwächern Teil, als deutliche Parteinahme für denselben aufgefaßt werden, wenn eine dritte, bisher neutrale Macht zu einem Waffenstillstande mahnt. Es ist eben ein Waffenstillstand zu Gunsten des im Unterliegen Begriffnen und zu Ungunsten dessen, der die Oberhand erlangt hat. Bemüht diese dritte Macht sich aber noch überdies, andre Neutrale zu ähnlichem Vorgehen zu bewegen, um ihre Stimme durch die von jenen zu verstärken und ihrem Rate mehr Gewicht zu verschaffen, so tritt sie augenscheinlich noch mehr aus der Neutralität heraus. Ihre parteiische Mahnung verwandelt sich in parteiisches Drängen, ihr Auftreten wird zur Machination, ihr Verfahren sieht nach Drohung mit Zwang aus.

In diesem Fall ist jetzt offenbar Österreich-Ungarn, wenn es, wie die Wiener offiziösen Blätter rühmen, die Versuche der Neutralen zur Vermittlung eines Waffenstillstandes zwischen dem im Unterliegen begriffnen Frankreich und dem siegreichen Deutschland angeregt hat. Das Verhalten des Grafen Beust gewinnt aber noch mehr verletzende Deutlichkeit, wenn man weiß, daß es von Herrn Chaudordy, dem Vikar Favres in Tours, angeregt, daß es einer vorherigen Verständigung des Wiener Kabinets mit der Delegation der provisorischen Regierung in jener Stadt entsprungen ist. Noch mehr endlich enthüllt sich dieses Vorgehen der Diplomatie Österreich-Ungarns in seiner wahren Gestalt als feindselige Einmischung in unsre Abrechnung mit Frankreich, wenn wir die Sprache hören, in welcher ihr Vertreter in Berlin die Vorstellungen Englands unterstützt hat. Das britische Auswärtige Amt befleißigte sich eines durchaus objektiven und für Deutschland wohlwollenden Tones, Italien desgleichen, Rußland enthielt sich in Berlin bisher jedweder Einmischung. Alle drei Mächte wirkten in Tours mit Eifer für eine vorurteilsfreie und nachgiebige Auffassung der Sachlage. Die Depesche dagegen, die Herr von Wimpffen in Berlin verlesen hat — von dem, was österreichisch-ungarischerseits in Tours angeraten worden, ist uns nichts bekannt —, redet in einem Tone, der eher alles andre als ein freundlicher ist. Sie betont, daß man in Wien »noch an allgemeine europäische Interessen glaubt.« Sie fürchtet, daß die Geschichte die Neutralen verurteilen würde, wenn sie der für Paris herannahenden Katastrophe ohne Einrede zusähen. Sie erlaubt sich offenbar einen bittern und verletzenden Tadel, wenn sie sagt, »die Menschlichkeit erheische, daß man dem Unterliegenden die Annahme der Friedensbedingungen erleichtere, Deutschland aber wolle außer dem Machtgebot des Siegers keine andre Stimme zu dem Besiegten dringen lassen.« Durch die ganze Depesche geht endlich ein Zug von Ironie, der sie sehr wenig vorteilhaft von der englischen unterscheidet.

Nach alledem haben wir es in dem Auftreten des Grafen Beust unzweifelhaft ebenso sicher mit üblen Absichten wie in dem des Lord Granville mit gutem Willen zu thun. Ob aber der Wiener Reichskanzler sich die möglichen Folgen dieses neuen Schachzugs wohl recht reiflich überlegt hat? Nach dem Falle von Metz ist es nicht wahrscheinlich, daß die von Wien her versuchte Hinderung Deutschlands an vollständiger Erreichung des Friedens, den wir im Interesse unsrer künftigen Sicherung gegen Westen hin im Auge haben, von Erfolg begleitet sein wird. Wir werden uns aber dann des Versuchs der Hinderung und Beeinträchtigung erinnern. Der gute Eindruck, den die bisherige Neutralität Österreich-Ungarns auf die Geister in Deutschland machte, wird ausgelöscht sein, die gemütliche Annäherung derselben an das Doppelreich an der Donau, die sich vorbereitete, unterbrochen und vermutlich für geraume Zeit. Setzen wir aber den andern Fall: nehmen wir an, daß wir durch das Dazwischentreten des Grafen Beust wirklich an dem, was wir von Frankreich fordern müssen, verkürzt, daß wir wirklich genötigt würden, auf einen Teil der alten und neuen Schuld, die wir von ihm einzutreiben im Begriffe sind, zu verzichten — glaubt der Reichskanzler, daß wir dann nicht darauf bedacht sein würden, uns an dem mißwollenden Nachbar in Südosten für das, was er uns im Westen aus der Hand winden half, bei erster Gelegenheit schadlos zu halten? Glaubt er, daß wir unkluger Weise die Abrechnung mit diesem immer wieder sich als Feind enthüllenden Nachbar hinausschieben würden, bis sein französischer Schützling so weit wieder zu Kräften gelangt wäre, um ihm zum Danke für den jetzt geleisteten Liebesdienst gegen Deutschland als wertvoller Bundesgenosse an die Seite zu treten?"

Dienstag, den 1. November wurde in der Morgendämmerung wieder mit einiger Lebhaftigkeit aus grobem Geschütz geschossen. Um elf Uhr machte mir der Abgeordnete Bamberger seinen Besuch, der von Nanteuil zwei ganze Tage bis Versailles gereist war. Beim Frühstück wurde das Gefecht von Le Bourget besprochen, wobei man erzählte, daß die Franzosen dabei verräterisch gethan, als wollten sie sich ergeben, dann aber, als unsre Offiziere arglos sich ihnen genähert, sie niedergeschossen hätten. Als dann der 1200 Gefangnen gedacht wurde, die uns dabei in die Hände gefallen waren, und jemand bemerkte, sie seien zum Teile Franktireurs, sagte der Chef: „Gefangne! Daß sie Franktireurs noch immer zu Gefangnen machen. Sie hätten sie der Reihe nach füsiliren sollen."

Beim Diner saß neben Delbrück eine rote Johanniteruniform mit schwarzem Vollbart und stark orientalischen Zügen, ein Graf Oriola. Jener war diesen Nachmittag mit Bucher auf dem Äquadukt von Marly gewesen, wo sie bei abendlicher Beleuchtung eine schöne Aussicht auf das neulich von uns vergeblich gesuchte Fort und einen Teil von Paris gehabt hatten. Die Fürstlichkeiten des Hotel des Reservoirs, der Weimaraner, der Koburger u. s. w. waren ebenfalls draußen gewesen. — — — Darauf gedachte jemand des Fundes Friesens und des Erlasses des Kriegsministers oder des Stadtkommandanten, nach welchem alle Wertsachen, welche man in den von ihren Bewohnern verlassnen Häusern finde, öffentlich bekannt gemacht und nach einiger Zeit, wenn sie von ihren Besitzern nicht reklamirt worden, zum Besten der Kriegskasse konfiszirt werden sollten. Der Minister erklärte dies für ganz in der Ordnung, dann fügte er hinzu: „Eigentlich sollten solche Häuser niedergebrannt werden; nur träfe das die vernünftigen Leute mit, die zurückgeblieben sind, und so geht es leider nicht.“ Man hörte dann von ihm, daß Graf Bray ihm für diesen Abend seinen Besuch zugedacht habe. — — Nach einer Weile erzählte er, daß heute Mittag Thiers über drei Stunden bei ihm gewesen und zwar als Unterhändler wegen eines Waffenstillstandes; man werde sich aber auf die Bedingungen hin, die er stelle oder gewähren wolle, wohl nicht einigen können. Thiers habe während des Gesprächs einmal von dem Proviantvorrat sprechen wollen, der sich in Paris gegenwärtig befinde. Da habe er ihn unterbrochen und gesagt: „Verzeihen Sie, das wissen wir besser als Sie, der Sie nur einen Tag in der Stadt gewesen sind. Die sind bis Ende Januar mit Lebensmitteln versehen.“ — „Was er da für ein erstauntes Gesicht machte! Ich hatte ihm aber nur auf den Zahn gefühlt, und sein Erstaunen verriet mir nur, daß dem nicht so war.“

Beim Dessert sprach er davon, daß er so viel gegessen. „Heute dritthalb Beefsteaks und ein paar Stücke Fasan. Das ist viel, aber auch nicht viel; denn es ist in der Regel meine einzige Mahlzeit. Ich frühstücke, ja, das ist aber eine Tasse Thee ohne Milch und zwei Eier. Dann nichts bis abends. Und esse ich da zu stark, so bin ich wie die Boa Konstriktor, kann aber nicht schlafen.“ — „Schon als Kind und seitdem immer bin ich spät zu Bett gegangen, niemals vor Mitternacht. Ich schlafe dann gewöhnlich schnell ein, wache aber bald wieder auf und finde, daß es höchstens um Eins oder halb Zwei ist, und dann fällt mir allerhand ein, besonders wo mir Unrecht geschehen ist, was dann überlegt werden muß. Darauf schreibe ich Briefe, auch Depeschen, natürlich ohne aufzustehen, bloß im Kopfe. Früher, als ich noch nicht lange Minister war, stand ich auf und schrieb es wirklich nieder. Wenn ichs aber am Morgen überlas, war es nichts wert, lauter Platituden, konfuses, triviales Zeug, wie es etwa in der Vossischen gestanden haben könnte.“ — — „Ich will nicht, ich möchte lieber schlafen. Aber es denkt, es spekulirt in mir. Kommt dann der erste Morgenschimmer auf meine Bettdecke, so schlummere ich wieder ein, und dann wird bis zehn Uhr oder noch länger fortgeschlafen.“

Diese Nacht arbeitete die französische Artillerie wieder sehr eifrig, und namentlich in der Geisterstunde machte sie mit rasch auf einander folgenden Schüssen starken Lärm. Die nächtlichen Ruhestörer sollten der Mont Valérien und die Kanonenboote auf der Seine sein.

Mittwoch, den 2. November. Der Chef ist, wie Engel sagt, vorige Nacht bei dem heftigen Schießen aufgestanden, was indes bei ihm nichts ungewöhnliches ist. Ich mache früh vor neun Uhr einen Ausflug durch Montreuil hinaus auf der Straße nach Sèvres bis zu dem Eisenbahnviadukt mit den vier Säulen, der jene in Viroflay überbrückt. Inzwischen hat der Minister, noch im Bett liegend, mich sprechen wollen. Als ich um zehn Uhr komme, ist der Generalstabsoffizier Bronsart bei ihm, der ihn zum König abholen will. Als er zurückkehrt, läßt er mich nach Berlin und London telegraphiren, daß Thiers gestern drei Stunden bei ihm gewesen, daß der Inhalt dieser Unterredung heute Vormittag den Gegenstand einer militärischen Beratung beim Könige gebildet habe, welcher er ebenfalls beigewohnt habe, und daß Thiers diesen Nachmittag wieder zu ihm kommen werde. Um zwei Uhr sehe ich letztern unten auf der Hausflur. Es ist ein Mann unter Mittelgröße, grauhaarig, ohne Bart, ein kluges Gesicht, bei dem man an einen Kaufmann, aber auch an einen Professor denken kann. Da er vermutlich wieder lange bleiben wird und es für mich nichts zu thun giebt, wiederhole ich meinen Ausflug vom Morgen und gelange über die Dörfer Montreuil, Viroflay und Chaville, von denen die letztern fast eine einzige zusammenhängende Gasse von einer Stunde Länge bilden, nach dem ebenfalls langgestreckten, sich an Chaville anschließenden Sèvres, von wo ich nach der großen Batterie oder Schanze rechts über dem Orte hinauf will, aber von der Wache an der Stelle, wo die Straße sich gabelt, nicht weiter gelassen werde. Auch kein Offizier dürfe hier ohne besondre Erlaubnis vom General weiter vor, heißt es. Ich unterhielt mich ein Weilchen mit den Soldaten vor dem Wachlokal. Sie waren bei Wörth und Sedan mit im Feuer gewesen. Dem einen war in einer dieser Schlachten infolge eines feindlichen Schusses die Patrontasche explodirt und ins Gesicht gefahren. Ein andrer erzählte, daß sie neulich französische Soldaten in Häusern überrascht, und daß er da keinen Pardon gegeben. Ich hoffe, es sind Franktireurs gewesen. In den Dörfern an der Straße sieht man zahlreiche Schenken, die Einwohner sind meist zurückgeblieben, sie scheinen fast durchgehends arme Leute zu sein. Von den Zerstörungen, welche die französischen Zuckerhüte in Sèvres angerichtet haben sollten, war wenig zu entdecken, und die zusammengeschossene Porzellanfabrik soll Fabel sein; sie hätte, wie die Soldaten sagen, nur etwa zehn Bomben bekommen, und die hätten nur ein paar Steine der Mauer und etliche Fenster und Thüren zertrümmert.

Nach der Rue de Provence zurückgekehrt, hörte ich — es war etwa halb fünf Uhr — daß Thiers bis vor einigen Minuten beim Chef gewesen sei und sich mit ziemlich vergnügtem Gesicht von ihm verabschiedet habe. Letzterer ging allein im Garten spazieren. Schon von vier Uhr an ließ sich wieder heftiges Kanonenfeuer vernehmen.

Das heutige Diner verschönerte eine große Forellenpastete, die Liebesgabe des Berliner Speisewirts Friedrich Schultze (Leipziger Straße), der dem Bundeskanzler zu gleicher Zeit ein Faß Wiener Märzen und — seine Photographie verehrt hatte. Während des Essens bemerkte der Minister über seinen heutigen Besuch: „Es ist ein gescheiter und liebenswürdiger Mann, witzig, geistreich, aber kaum eine Spur von Diplomat, zu sentimental für das Gewerbe." — „Er ist ohne Zweifel eine vornehmere Natur als Favre. Aber er paßt nicht zum Unterhändler — nicht einmal zum Pferdehändler." — „Er läßt sich zu leicht verblüffen, er verrät, was er empfindet, er läßt sich ausholen. So habe ich allerlei von ihm herausgekriegt, unter anderm, daß sie drin nur noch für drei oder vier Wochen vollen Proviant haben." Die Berliner Pastete gab ihm Anlaß, des Forellenreichtums in den Varziner Gewässern zu gedenken und zu erzählen, wie man dort vor einiger Zeit in einem Teiche, der nur von einigen kleinen Quellen gespeist werde, eine fünfpfündige Forelle „von dieser Länge (zeigt es mit den Händen) gefangen habe, wovon alle Förster der Umgegend sagen, daß sie sich das nicht mit rechten Dingen erklären können."

In Betreff unsrer Stellung zu den von den Franzosen vorzunehmenden Wahlen erinnere ich in der Presse an folgendes Beispiel, welches uns bestimmen kann, und auf das wir diejenigen hinweisen können, welche einen Ausschluß Elsaß-Lothringens von der

Abstimmung für beispiellos erklären wollen. Ein Amerikaner teilt uns mit, daß bei dem letzten Kriege der Vereinigten Staaten mit Mexiko ein Waffenstillstand abgeschlossen worden ist, der den Zweck hatte, den Bewohnern des letztgenannten Landes Zeit zu lassen, sich eine neue Regierung zu geben, die mit den Vereinigten Staaten Frieden schließen könnte, und daß dabei diejenigen Provinzen, deren Abtretung von letzteren verlangt wurde, zu der Wahl nicht zugelassen worden sind. Es ist dies der einzige Präcedenzfall, der zu der jetzigen Lage paßt, er paßt aber auch vollständig.

Donnerstag, den 3. November. Früh schönes, klares Wetter. Von sieben Uhr an schon brüllten die eisernen Löwen auf dem Mont Valérien wieder ganz gewaltig in die umliegenden Waldthäler hinein. Ich mache Auszüge aus der „Morning Post" vom 28. und 29. Oktober für den König. Es sind zwei Artikel über die Kaiserin Eugenie, die von Persigny oder dem Prinzen Napoleon herrühren sollen. Die Behauptung dieser Artikel, daß von uns bei den Verhandlungen mit den Abgeordneten der Kaiserin bloß Straßburg und ein schmaler Landstreifen der Saargegend mit etwa einer Viertelmillion Einwohner beansprucht worden sei, beruht, wie der Chef mir sagt, auf einem Mißverständnis. — Ich werde beauftragt, zu telegraphiren, daß der Kanzler Herrn Thiers infolge der gestrigen Beratung einen fünfundzwanzigtägigen Waffenstillstand auf der Basis des militärischen Statusquo angeboten habe. Thiers kommt um zwölf Uhr wieder und verhandelt mit dem Chef bis halb drei Uhr. Die Ansprüche der Franzosen sind exorbitant. Es heißt beim Frühstück, daß sie außer einem achtundzwanzigtägigen Waffenstillstand zur Vornahme der Wahlen, zur Prüfung derselben und zur Entscheidung der auf diese Weise zu wählenden Nationalversammlung in Betreff der provisorischen Regierung nichts geringeres als das Recht, Paris und alle andern noch in ihrer Gewalt befindlichen und von uns belagerten Festungen zu verproviantiren, sowie Freiheit der Wahlen auch in den von uns für die Zukunft beanspruchten östlichen Departements verlangen. Verproviantirung und militärischer Statusquo reimen sich aber doch nach gewöhnlicher Logik nicht mit einander.

Als Thiers sich eingestellt, machte ich mit Willisch und Wiehr eine Fußpartie über Glatigny, Chesnay und Rocquencourt nach dem Aquädukt von Marly, auf dessen Plattform kurz nachher auch Delbrück und Abeken erschienen. Man hatte bei dem hellen Himmel eine weitausgebreitete Aussicht. Unter uns im Vordergrunde lagen in Baumgruppen zerstreut die Häuser von Louveciennes, weiterhin zwischen Wäldern und Parks die Dörfer la Celle und Bougival und der lichtblaue Bogen der Seine mit einer Kette von weißen Ortschaften. Darüber erhob sich rechts auf mäßiger baumloser Höhe das Fort Mont Valérien, dessen Fenster in der Nachmittagsonne erglühten, und noch weiter zur Rechten begegnete der Blick den westlichen Quartieren von Paris mit der Kuppel des Invalidendoms. Links strömte die Seine um Inseln und die Pfeiler gesprengter Brücken. Auf derselben Seite, etwa eine Stunde Wegs von unserm Standorte, gewahrte man Stadt und Schloß Saint Germain, und hinter uns erschienen das Schloß von Versailles, das hier wie höher liegend als in der Nähe aussieht, und eine Anzahl von Dörfern und Landsitzen. Durch das Teleskop der Soldaten, die hier beobachteten, und deren Beobachtungen durch einen Feldtelegraphisten von hier nach Versailles gemeldet wurden, erkannte man deutlich auf den Feldern unter dem Fort eine Menge von Leuten, die Kartoffeln zu suchen schienen, und bei einem weißen Hause nicht fern von den Wällen sah man mit flimmernden Bajonetten eine Abteilung französischer Soldaten marschiren.

Um vier Uhr waren wir wieder in Versailles, wo man hörte, daß Thiers diesmal mit weniger heiterer Miene sich empfohlen habe. Es wurde ferner davon gesprochen, daß Bölsing, der schon seit einiger Zeit kränklich und kleinlaut geworden war, den Chef gebeten habe, ihn nach Berlin zurückkehren zu lassen, und daß Wollmann ihn ersetzen solle. Zum Chef gerufen, wurde ich beauftragt, nach London zu telegraphiren, man möge ihm in Zukunft Proklamationen wie die Gambettasche vom 1. d. M. nicht durch Telegramm melden, da er kein Interesse habe, dergleichen Äußerungen rasch zu erfahren.

Beim Diner war u. a. die Rede von den Berliner Wahlen, und Delbrück war der Ansicht, sie würden besser ausfallen als bisher; wenigstens würde Jacoby nicht wiedergewählt werden. Graf Bismarck-Bohlen hatte sich eine andre Meinung gebildet: er hoffte keine Änderung. Der Kanzler sagte: „Die Berliner müssen immer Opposition machen und ihren eignen Kopf haben. Sie haben ihre Tugenden — viele und sehr achtbare, sie schlagen sich gut, halten sich aber nicht für gescheit genug, wenn sie nicht alles besser wissen als die Regierung.“ Es wäre das jedoch, fuhr er fort, nicht allein ihr Fehler. Große Städte hätten das alle an sich, und manche wären sogar schlimmer als Berlin. Sie wären überhaupt unpraktischer als das platte Land, welches mehr mit dem Leben, direkter mit der Natur verkehre und sich auf diese Weise ein natürlicheres, der thatsächlichen Entwicklung angepaßtes, mit dem, was möglich, rechnendes Urteil bilde und bewahre. „Wo so viele Menschen dicht beisammen sind, hören die Individualitäten leicht auf,“ sagte er weiter, „sie verfließen ineinander. Es entstehen aus der Luft, aus Hörensagen, Nachsagen allerlei Meinungen, die wenig oder gar nicht auf Thatsachen begründet sind, die sich aber durch Zeitungen, Volksversammlungen, Unterhaltungen beim Bier verbreiten und dann feststehen — unausrottbar. Es ist eine zweite, falsche Natur neben der ersten, ein Massenglaube, Massenaberglaube.“ — „Man redet sich ein, was nicht ist, hält es für Pflicht und Schuldigkeit, dabei zu bleiben, begeistert sich für Bornirtheiten, Absurditäten.“ — „Das ist in allen großen Städten so, in London, wo die Cockneys auch eine ganz andre Rasse sind als die übrigen Engländer, in Kopenhagen, in Neuyork und vor allem in Paris. Die sind mit ihrem politischen Aberglauben ein ganz besonderes Volk in Frankreich, befangen und beschränkt in Vorstellungen, die geheiligtes Herkommen sind, aber näher besehen nichts als Phrasen und Flausen.“ Wie schön hier doch das charakterisirt ist, was einer unsrer Hofdemokraten und Modepoeten die „Volksseele“ genannt wissen wollte!

Von Thiers erzählt der Minister nur, daß er an ihn bald nach Beginn ihrer heutigen Besprechung plötzlich die Frage gerichtet habe, ob er noch mit den zur Fortsetzung der Unterhandlungen nötigen Vollmachten versehen sei. „Er sah mich erstaunt an,“ fuhr er fort, „und ich sagte ihm darauf, daß von unsern Vorposten die Meldung eingegangen sei, in Paris habe nach seiner Abreise eine Revolution stattgefunden, und es sei eine neue Regierung ausgerufen worden. Er war sichtlich betroffen und daraus war zu schließen, daß er einen Sieg der Roten für möglich hält, und daß Favre und Trochu auf schwachen Füßen stehen."

L., der sich jetzt regelmäßig Nachrichten und Anregungen für den „Moniteur" holt, sollte ein Urteil der „Nordd. Allg. Zeitung" über die Kapitulation von Metz in diesen aufnehmen, wollte aber nicht, da Bazaine ein „Verräter" sei. Er erklärte sich dann auf mein Zureden dazu bereit, wollte aber darauf die Redaktion niederlegen, da er „seine Überzeugung nicht verleugnen könne." Wirklich?

Von neun bis nach zehn Uhr war Thiers wieder beim Chef.

Freitag, den 4. November. Früh wundervoll schönes, helles Wetter. Ich berichtige auf den Wunsch des Ministers einen Artikel der „Daily News" über seine Besprechung mit Napoleon bei Donchery. Er hat vorzugsweise und jedenfalls drei Viertelstunden lang im Innern des Weberhauses, oben in der Stube und nur ganz kurze Zeit unter freiem Himmel mit dem Kaiser verkehrt, wie er in seinem amtlichen Berichte an den König gesagt. Er hat ferner bei seinem Gespräche mit Napoleon nicht mit dem Zeigefinger der linken Hand in die geöffnete rechte geschlagen, was gar nicht seine Gewohnheit ist. Er hat sodann nicht deutsch mit dem Kaiser gesprochen, „wie sonst, so auch damals nicht." „Wohl aber," so fuhr er fort, „habe ich mich mit den Leuten im Hause, von denen der Mann etwas, die Frau ziemlich gut deutsch konnte, auf deutsch unterhalten."

Von elf Uhr an konferirt Thiers wieder mit dem Minister. Er hat gestern seinen Begleiter, einen Herrn Cochery, nach Paris hineingeschickt, um sich zu erkundigen, ob die Regierung vom 4. September noch bestehe, und die Antwort ist, wie man beim Frühstück erfährt, bejahend ausgefallen. Nachdem Blanqui mit den Roten das Stadthaus besetzt und einen Teil der Regenten mehrere Stunden dort gefangen gehalten, hat Picard die Herren befreit — wie Abeken berichtet, mit 106 Bataillonen, vermutlich aber mit dem 106. Bataillon — und die Regierung behauptet sich bis auf weiteres.

17*

Früh war ich mit der Nachricht geweckt worden, daß ein von Norden kommender Luftballon über die Stadt fliege. Da der Wind günstig, so folgte ihm nachmittags ein zweiter. Jener war weiß, dieser hatte die Farben der französischen Trikolore. Bei Tische war Bamberger zugegen. Der Chef sagte hier u. a.: „Wie ich sehe, geben Zeitungen mir die Schuld, wenn noch nicht bombardirt wird; ich wolle vor Paris nicht Ernst gemacht wissen, wolle keine Beschießung der Stadt. Unsinn! Zuletzt werden sie mich noch anklagen, daß ich unsre Verluste während der Zernirung verschuldet habe, die allerdings schon nicht unbedeutend sind. Denn wir haben hier bei den kleinen Gefechten mehr Leute verloren, als wahrscheinlich ein großer Sturm gekostet hätte. Ich habe den gleich gewollt und stets." — — — Es war dann die Rede davon, daß Offiziere vom Generalstabe früher geäußert, die zwei oder drei Forts, welche man zum ersten Angriffsobjekt ersehen, werde man etwa in sechsunddreißig Stunden überwältigen können. — Darauf wurde wieder von der Herberufung des Reichstags gesprochen, und der Chef bemerkte, daß dem vielleicht das Zollparlament folgen werde. — Sonst war von den Tischgesprächen dieses Abends noch von Interesse, daß Bohlen erzählte, ein Beamter in Versailles — ich glaube, er sagte, ein Staasanwalt — sei darüber betroffen worden, mit Paris in brieflicher Verbindung zu stehen. Auf welchem Wege, wisse man noch nicht; vielleicht durch einen geheimen Ausgang der Katakomben, die sich unter der Seine hin bis auf das diesseitige Ufer erstrecken sollten.

L. berichtet abends, daß Bamberger, bis zum Ausbruch des Krieges preußischer Konsul in Paris, bestimmt sei, die Redaktion des „Moniteur," zu übernehmen, und giebt mir eine Charakteristik des Herrn. — — — Etwa um neun Uhr heißt es im Bureau, daß Thiers wieder draußen auf dem Vorsaal sei. Ich sehe ihn noch einmal, bevor er zum Chef in den Salon geht, wo er bis nach elf Uhr verweilt. Man sagt, er wolle morgen wieder nach Paris abreisen. Während ihrer Unterhaltung trifft ein Telegramm ein, welches meldet, daß Beust einlenkt, indem er ungefähr erklärt hat, wenn Rußland die Ansprüche Preußens Frankreich gegenüber beanstande, werde Österreich dies ebenfalls thun, sonst nicht. Dasselbe wird dem Chef sogleich in den Salon hineingegeben.

Beim Thee unterhielt uns Graf Bismarck-Bohlen mit einer Geschichte von den Vorposten. Hier sei vor einigen Tagen ein Mensch zu dem einen der Befehl führenden Offiziere gekommen und mit ihm in ein Haus gegangen, aus dem er kurz nachher als Franctireur wieder herausgetreten, durch die Büsche geschlichen und zuletzt Hals über Kopf davongelaufen sei. Die Posten hätten nach ihm geschossen, er sei aber glücklich bis an die Brücke von Sèvres gelangt, hier in den Fluß gesprungen und schwimmend und laufend wohlbehalten ans andre Ufer gekommen, wo ihn die Franzosen als kühnen Vaterlandsfreund aufgenommen hätten. „Er soll einer unsrer besten Spione sein", schloß der Erzähler seine Anekdote.*)

Sonnabend, den 5. November. Früh trübe Luft, eintönig grauer Himmel, später wird es auf einige Stunden klarer. Wie man erfährt, haben sich die Offiziere der in Rom überflüssig gewordenen päpstlichen Zuaven aus der Schweiz nach Frankreich begeben, um unter Charette gegen die Deutschen zu fechten — gegen den Feind des ultramontanen Lagers, nicht für die Republik — was in der Presse zur Aufklärung zu verbreiten. — — —

Gegen ein Uhr fand eine kurze Konferenz des Kanzlers und Delbrücks mit andern deutschen Ministern statt, in welcher, wie beim Diner bemerkt wurde, unser Chef den Herren über seine Verhandlungen mit Thiers Bericht erstattete, auch mit ihnen von der Herkunft der hier noch nicht vertretenen deutschen Souveräne sprach. Keudell reiste in der vierten Nachmittagsstunde nach Berlin ab. Man hörte den ganzen Tag über schießen, aber nicht so heftig wie die letzten Tage. Beim Diner war von den Exzellenzen anfangs nur Delbrück zugegen. Später setzte sich auch der Kanzler zu uns, der

*) Dieselbe hat eine verdächtige Ähnlichkeit mit einer andern, die später von französischen Blättern erzählt wurde, wo aber nicht die Franzosen, sondern unsre Leute die Getäuschten gewesen sein sollten. Der Held der Geschichte hieß hier Bonnet und war Forstläufer.

vorher beim Könige gespeist hatte. Indem er sich von Engel ein Glas Kornbranntwein einschenken ließ, erinnerte er sich an ein hübsches Diktum. Neulich — wenn ich nicht irre, wars in Ferrières — hatte ein General in Betreff der Getränke der Menschen den Grundsatz ausgesprochen: „Für Kinder Rotwein, für Männer Sekt, für Generale Schnaps." — Er äußerte dann, wie schon oft, daß ihn gewisse vornehme Persönlichkeiten zu sehr mit allerlei Fragen und sonstigen Anliegen in Anspruch nehmen. — — — In diesem Augenblicke wurde ihm eine Depesche hereingebracht, welche meldete, daß Favre und die andern Regenten in Paris sich wieder einmal aufs hohe Pferd gesetzt und proklamirt hatten, von einer Gebietsabtretung könne auch jetzt nicht die Rede sein, einzige Aufgabe sei die Verteidigung des Vaterlandes. Der Chef bemerkte: „Nun, da wäre man ja von weitern Verhandlungen mit Thiers dispensirt." — „Ja," erwiederte Delbrück, „bei solch einem hartnäckigen Blödsinn kann davon eigentlich nicht mehr die Rede sein." — Nach einer Weile äußerte der Minister zu Abeken, daß Prinz Adalbert an den Kaiser (von Rußland?) zu schreiben vorhabe und ihn mit „mon cousin" anzureden gedächte, daß dies aber wohl nicht ginge. Taglioni wollte wissen, der Kaiser habe den Prinzen brieflich so genannt. — „Dann darf er ihn, glaube ich, nicht wieder so nennen," entgegnete der Chef, „sondern etwa mon oncle. Viele deutsche Fürsten, auch solche, die nicht mit ihm verwandt sind, reden den König mit: »Mein Oheim« an." Zuletzt befahl er, wegen der üblichen Form in Berlin telegraphisch nachzufragen.

Jemand erzählte, daß im Schlosse Beauregard vortrefflicher Wein entdeckt und für die Truppen konfiszirt worden sei. Bucher bemerkte dazu, daß diese reizende Besitzung vom Kaiser Napoleon für Miß Howard eingerichtet worden sei. Ein andrer sagte, ja, indes gehöre sie jetzt einer Herzogin oder Gräfin Bauffremont. „Das erinnert mich an Thiers," versetzte der Minister. „Der hat wahrscheinlich noch die Absicht, was Geschichtliches zu schreiben. Er zieht unsre Unterhandlung immer und immer wieder dadurch in die Länge, daß er Allotria einmischt. — Er erzählt, was er da und dort gethan oder geraten habe, fragt, wie sich das und jenes verhalten, wie man unter den oder jenen Umständen gehandelt haben würde. So erinnerte er mich auch an eine Unterhaltung, die ich mit dem Herzog von Bauffremont im Jahre 1867 gehabt hätte. Ich sollte da gesagt haben, daß der Kaiser 1866 seinen Vorteil nicht verstanden habe, daß er auch ein Geschäft habe machen können, wenn auch nicht auf deutschen Boden u. s. w." — „Das ist im ganzen richtig. Ich weiß noch, es war im Tuileriengarten, und die Militärmusik spielte gerade." — „Napoleon hatte 1866 im Sommer nur nicht die Kourage, zu thun, was von seinem Standpunkte aus das rechte war. Er hätte — nun er hätte den Gegenstand des Benedettischen Vorschlags, als wir gegen Österreich vorgingen, besetzen und als Pfand für das, was kommen konnte, vorläufig behalten sollen. Wir konnten ihn damals nicht hindern, und daß England ihn angriff, war nicht wahrscheinlich; jedenfalls konnte er es abwarten. Wenn wir siegten, mußte er versuchen, sich Rücken an Rücken mit uns zu stellen, und uns zu Exzessen ermutigen. Aber (zu Delbrück gewendet, indem er sich etwas vorbeugt und sich dann wieder aufrichtet, wie das bei solchen Gelegenheiten seine Gewohnheit) er ist und bleibt ein Tiefenbacher!" Er verbreitete sich dann über Bauffremont. Derselbe wäre, sagte er, aus sehr alter, in Burgund reich begüterter Familie, Roué, vortrefflicher Cancantänzer, auf den Tanzsälen der Pariser Grisetten und Kokotten zu Hause, geistreich, aber liederlich. Nachdem er sein Vermögen durchgebracht, hätte er eine reiche Frau geheiratet und nun auch deren Geld zu verthun angefangen, bis dem eine Scheidung von Tisch und Bett Einhalt gethan habe.

Man hört, daß Keudell Abgeordneter werden will; wenn ich recht verstand, gedenkt er im Kreise Nieder-Barnim als Kandidat aufzutreten. — Thiers ist, nachdem er an der Brücke von Sèvres eine Besprechung mit Favre und Ducrot gehabt, wieder eingetroffen und hat eine Konferenz mit dem Chef, die von halb neun bis nach halb zehn Uhr dauert. Man spricht beim Thee davon, daß Favre und Ducrot unsere Waffenstillstandsbedingungen für unannehmbar erklärt hätten, doch solle die Meinung der Kollegen eingeholt werden und Thiers morgen die endgültige Antwort überbringen.

Ich unterbreche hier die Chronik des Tagebuchs, um einige Erläuterungen zu dem einzuschalten, was im obigen über Napoleon und Belgien im Jahre 1866 gesagt wurde.

* * *

Daß Frankreich Belgien in jener Zeit erwerben wollte, wenn auch auf einem andern, weniger Entschlossenheit erfordernden Wege als dem oben bezeichneten, ist bekannt. Ein unwiderleglicher Beweis dafür war der hierauf bezügliche Vertragsentwurf, den Benedetti dem Bundeskanzler überlassen hatte, und der kurz nach Ausbruch des Krieges vom Auswärtigen Amte veröffentlicht wurde. Benedetti versuchte in seinem Buche: „Ma Mission en Prusse" die Sache dennoch abzuleugnen. Er sagte da auf S. 197:

„Man erinnert sich, daß ich am 5. August (1866) dem Herrn von Bismarck den Vorschlag eines Vertrages in Bezug auf Mainz und das linke Ufer des Oberrheins vorgelegt hatte, und ich brauche nicht zu sagen, daß Herr Rouher sich am 6. im zweiten Absatz seines Briefes auf diese Mitteilung bezieht. Aber was sie ebenfalls zeigt, und was entgegen den Behauptungen des Herrn von Bismarck festzustellen wichtig ist, ist die Thatsache, daß in Paris niemand davon geträumt hat, Belgien zum Zahlungsmittel in Betreff der für Frankreich notwendigen und ihm nach den eignen Worten des preußischen Gesandten gebührenden Zugeständnisse zu machen."

Dem Grafen Benedetti war es, als er dies schrieb, unbekannt, daß den deutschen Truppen während des Kriegs gewisse geheime Papiere in die Hände gefallen waren, die ihn widerlegten. Das Auswärtige Amt aber zögerte nicht, diese Verteidigungswaffe gegen ihn zu gebrauchen. Es erwiederte am 20. Oktober 1871 auf jene Ableugnung ungefähr Nachstehendes:

Er (Benedetti) sucht damit und in den darauf folgenden Auseinandersetzungen zwei verschiedene Phasen der dilatorischen Verhandlungen, welche der preußische Ministerpräsident mehrere Jahre hindurch mit ihm geführt hat, zu vermischen. Die Forderung der Abtretung deutschen Gebiets, einschließlich Mainz, welche er am 5. und 7. August 1866 an den Ministerpräsidenten richtete, zieht er zusammen mit der spätern Forderung von Belgien und sucht die in den Tuilerien gefundenen und bereits veröffentlichten Briefe ausschließlich auf erstere zu beziehen, während diese doch mit dem von ihm selbst auf S. 181 erwähnten Briefe des Kaisers an den Marquis de la Valette ihren Abschluß gefunden hatten. Daß beide Phasen sich auch in seiner Auffassung sehr genau scheiden, geht aus seiner in den Händen des Auswärtigen Amtes befindlichen Berichterstattung hervor. Er schrieb zunächst unter dem 5. August 1866 einen Bericht über die Mainzer Episode, der in seinem ersten Teile lautet, wie folgt:

„Herr Minister.

Bei meiner Ankunft habe ich die telegraphische Depesche vorgefunden, durch welche Sie mich mit dem Texte der geheimen Übereinkunft bekannt machen, die Sie mir der preußischen Regierung zur Annahme vorzulegen vorschreiben. Ew. Exzellenz können versichert sein, daß ich keine Anstrengung unterlassen werde, um zu bewirken, daß diese Weisungen allesamt günstige Aufnahme finden, wie lebhaft auch der Widerstand sein mag, dem ich zu begegnen sicher bin. Überzeugt, daß die Regierung des Kaisers sich maßvoll zeigt, wenn sie gegenüber den für die Zukunft von Preußen erlangten Vergrößerungen sich darauf beschränkt, sich die in ihrem Vorschlage angegebnen Sicherheiten zu stipuliren, würde ich mich schwer entschließen, Abänderungen von irgend welcher Bedeutung auch nur zu dem Zwecke der Berichterstattung an Sie anzunehmen. Ich bin der Meinung, daß bei dieser Verhandlung die Festigkeit das beste, ja ich möchte sagen, das einzige Argument ist, welches man passender Weise anwenden kann, und ich werde den festen Entschluß zeigen, jeden Vorschlag abzulehnen, den ich nicht hinnehmen kann, dabei jedoch bemüht sein, zu zeigen, daß Preußen, wenn es uns die Bürgschaften versagen wollte, welche die Ausdehnung seiner Grenzen uns von ihm zu beanspruchen nötigt, sich einer Verkennung dessen schuldig machen würde, was die Gerechtigkeit und die Vorsicht verlangen, — eine Aufgabe, die mir leicht zu sein scheint. Indem ich also mit Klugheit verfahren will, habe ich es bei der Gemütsart des Ministerpräsidenten für passend gehalten, nicht gegenwärtig zu sein bei dem ersten Eindruck, den auf seinen Geist die Gewißheit hervorbringen wird, daß wir die Ufer des Rheins bis und mit Einschluß von Mainz in Anspruch nehmen. Zu diesem Zwecke habe ich ihm diesen Morgen eine Abschrift Ihres Vorschlags zugesandt und ihm den besondern Brief dazu geschrieben, von dem Sie hier eine Abschrift beigeschlossen finden. Ich werde morgen versuchen, ihn zu sehen, und ich werde Sie von der Stimmung in Kenntnis setzen, in der ich ihn gefunden habe."

Dieser schriftlichen Mitteilung folgte dann eine Unterredung, die Benedetti in seiner Schrift allerdings kurz erwähnt, aber so, daß er möglichst vermeidet, selbst erzählend aufzutreten. Andernfalls würde er nicht haben verschweigen können, daß er die Forderung seines Ministers in der Ordnung fand und warm befürwortete. Auf die Bemerkung des Ministerpräsidenten, daß diese Forderung den Krieg bedeute, und daß Benedetti gut thun werde, sich nach Paris zu verfügen, um diesen Krieg zu verhüten, erwiederte er, daß er nach Paris gehen werde, aber nicht umhin könne, dem Kaiser aus eigner Überzeugung das Verharren bei seinem Verlangen anzuempfehlen, weil er glaube, daß die Dynastie gefährdet sei, wenn die öffentliche Meinung in Frankreich nicht durch ein derartiges Zugeständnis Deutschlands beschwichtigt werde. Die letzte Äußerung des preußischen Ministerpräsidenten, die er auf die Reise nach Paris mitnahm, lautete etwa folgendermaßen:

„Lenken Sie den Blick Sr. Majestät des Kaisers darauf, daß ein solcher Krieg unter gewissen Umständen ein Krieg mit revolutionären Schlägen werden kann, und daß Angesichts revolutionärer Gefahren die deutschen Dynastien den Beweis liefern dürften, fester begründet zu sein als diejenige des Kaisers Napoleon."

Auf diese Unterredung folgte am 12. August ein einlenkender Brief des Kaisers, durch den der Vorhang über den Anspruch auf Abtretung deutschen Gebietes fiel. Schon vier Tage nachher aber begann der zweite Akt des Schauspiels, Belgien betreffend. In einem Briefe vom 16. August, der dem Grafen Benedetti durch einen Herrn Chauvy aus Paris überbracht wurde, und der „le résumé le plus succinct et le plus précis possible" seiner Instruktionen enthielt, heißt es:

„1) Die Unterhandlung muß einen freundschaftlichen Charakter haben;

2) sie muß im wesentlichen vertraulicher Art sein, (worauf die Personen genannt werden, auf welche sie beschränkt bleiben soll);

3) je nach den Aussichten auf Erfolg, denen Sie begegnen werden, müssen Ihre Forderungen drei auf einander folgende Phasen durchlaufen; erstens müssen Sie, indem Sie die Fragen der Grenzen von 1814 und der Annektirung Belgiens in einen Gedanken zusammenfassen, die Abtretung von Landau, Saarlouis und Saarbrücken sowie die des Großherzogtums Luxemburg durch einen öffentlichen Vertrag und die durch ein Offensiv- und Defensiv-Bündnis, welches geheim sein würde, zu erlangende Befugnis verlangen, uns schließlich Belgien einzuverleiben. Zweitens, wenn die Erreichung dieser Grundlagen Ihnen unmöglich scheint, müssen Sie auf Saarlouis und Saarbrücken, ja selbst auf Landau, dieses alte Nest (vieille bicoque), welches das deutsche Gefühl gegen uns aufregen würde, verzichten und Ihre öffentlichen Übereinkünfte auf das Großherzogtum Luxemburg, ihre geheimen Übereinkünfte auf die Vereinigung Belgiens mit Frankreich beschränken. Drittens, wenn die einfach und ohne weiteres zu vollziehende Vereinigung Belgiens mit Frankreich zu großen Schwierigkeiten begegnet, so nehmen Sie einen Artikel an, durch welchen man übereinkommt, daß man, um den Widerspruch Englands zu beschwichtigen, Antwerpen zur freien Stadt machen könnte. Aber auf keinen Fall dürfen Sie die Vereinigung Antwerpens mit Holland und diejenige Maestrichts mit Preußen genehmigen. Wenn Herr von Bismarck fragen sollte, welche Vorteile ihm ein derartiger Vertrag böte, so würde die Antwort einfach sein: er sichert sich einen mächtigen Bundesgenossen, er befestigt alle seine Erwerbungen der jüngsten Zeit, er willigt nur in die Wegnahme dessen, was ihm nicht gehört — er legt sich für die Vorteile, die er erlangt, kein einziges ernstliches Opfer auf. Also: ostensibler Vertrag, der uns mindestens Luxemburg zuspricht; geheimer Vertrag, der eine Offensiv- und Defensiv-Allianz, die Befugnis für Frankreich, sich Belgien in dem Augenblick einzuverleiben, in dem es dies für zeitgemäß erachten wird, das Versprechen des Beistandes, selbst mit den Waffen, von

seiten Preußens stipulirt — da haben Sie die Grundlagen des ins Auge zu fassenden Vertrags."

Auf diese Instruktion aus Paris hat Benedetti am 23. August aus Berlin in einem durchweg von seiner Hand geschriebenen Briefe geantwortet, mittelst dessen er den Vertragsentwurf, mit dem er beauftragt worden, einreichte. Auch dieser Entwurf ist von seiner Hand. Er befindet sich, versehen mit den autographen Randbemerkungen, durch welche er in Paris abgeändert worden, im Besitze des Auswärtigen Amtes in Berlin, und so, wie er durch jene Bemerkungen umgestaltet worden ist, stimmt er erst mit dem Exemplar überein, welches Benedetti dem preußischen Ministerpräsidenten überreicht und welches dieser im Sommer 1870 veröffentlicht hat.

Der Eingang des Benedettischen Briefs vom 23. August 1866 lautet:

„Ich habe Ihr Schreiben erhalten, und ich passe mich nach besten Kräften den Absichten an, welche es entwickelt. Ich schicke Ihnen die Redaktion im Anschluß. Ich brauche Ihnen nicht zu sagen, warum Landau und Saarbrücken darin keine Erwähnung gefunden haben, ich bin überzeugt, daß, wenn wir darauf bestünden, wir auf unübersteigliche Schwierigkeiten stoßen würden, und so habe ich mich darin auf Luxemburg und auf Belgien beschränkt."

An einer andern Stelle heißt es:

„Es bleibt dabei, daß ich Ihnen einen ersten Entwurf schicke, den wir umgestalten werden, wenn es nötig ist." Wieder anderswo sagt der Brief:

„Sie bemerken, daß wir statt zweier Verträge nur einen einzigen entworfen haben. Ich habe, als ich an die Redaktion ging, anerkennen müssen, daß es schwierig gewesen sein würde, in Betreff Luxemburgs Bestimmungen zu kombiniren, die man veröffentlichen könnte. Ich könnte indes den Vorschlag machen, dem Artikel IV, der Belgien betrifft, den Charakter und die Form eines Zusatzartikels geheimer Natur zu geben, indem man ihn an das Ende setzte; aber meinen Sie nicht, daß der Artikel V so wenig bekannt werden sollte wie die Kontrahenten?"

Die Antwort auf diesen Brief des Grafen Benedetti liegt dem

Auswärtigen Amte, gleichfalls auf offizielles Papier geschrieben, im Konzept vor. Man ersieht daraus, daß der Entwurf Benedettis in Paris gefiel, daß man aber einige Zeit zum Überlegen der Sache nötig zu haben glaubte. Es ist die Rede davon, daß der König der Niederlande für Luxemburg eine Entschädigung, bestehend in preußischem Gebiete, haben müsse. Die Geldopfer, welche der Vertrag fordern könnte, werden erwogen. Es wird die Ansicht aufgestellt, daß die nach der frühern Bundesverfassung giltig gewesenen Besatzungsrechte in den Bundesfestungen erloschen seien, und daß ihre Aufrechterhaltung in Süddeutschland mit der Unabhängigkeit der dortigen Staaten unverträglich sein würde. Man verzichtet auf Landau und Saarlouis, bezeichnet es aber als einen „Akt der Courtoisie," wenn Preußen durch Schleifung der Werke dieser beiden Plätze den aggressiven Charakter derselben für Frankreich verschwinden lassen wollte. Zugleich wird angedeutet, daß man in Paris die Einigung Deutschlands als eine unvermeidliche Eventualität betrachte, die sich in nicht ferner Zeit vollziehen werde. Man dürfe indes Artikel IV nicht mit Artikel III solidarisiren. Es liege auf der Hand, daß die Ausdehnung der Suprematie Preußens über den Main für Frankreich eine ganz natürliche, fast zwingende Gelegenheit sein werde, sich Belgiens zu bemächtigen; aber es könnten sich auch andre Gelegenheiten darbieten — man müsse sich das ausschließliche Urteil darüber vorbehalten — eine recht klare und genaue Abfassung des Vorschlags werde Frankreich in dieser Hinsicht eine kostbare Freiheit bewahren.

Wiederholt wird die Erwerbung Luxemburgs als das unmittelbare, die Belgiens als das eventuelle Ziel der Übereinkunft mit Preußen festgestellt und bestimmt, daß dies, sowie das Offensiv- und Defensiv-Bündnis geheim zu halten sei. Es heißt dann weiterhin:

„Diese Kombination versöhnt alles, sie benimmt der öffentlichen Meinung in Frankreich ihre Spannung durch Erzielung einer unmittelbaren Genugthuung und durch die Richtung auf Belgien, die für die Gemüter sich daraus ergiebt. Sie bewahrt das notwendige Geheimnis sowohl in Betreff des Allianzvertrages als hinsichtlich der projektirten Annexionen. Wenn Sie geglaubt haben, daß selbst die

Abtretung Luxemburgs bis zu dem Augenblicke, wo wir die Hand auf Belgien legen, geheim bleiben müsse, so möchte ich Sie ersuchen, diese Schätzung der Sachlage durch detaillirte Beobachtungen zu rechtfertigen. Denn die mehr oder minder ins unbestimmte gehende Hinausschiebung des Gebietswechsels könnte sogar eine verhängnisvolle Beschleunigung der belgischen Frage verursachen."

Am Schlusse des Briefes wird Benedetti ermächtigt, wenn er es für nötig erachte, auf einige Zeit nach Karlsbad zu gehen. Graf Benedetti hatte diesen Brief am 29. August beantwortet. Hier spricht er zum erstenmale Zweifel aus, ob man auf Preußens Aufrichtigkeit in der Sache werde rechnen können. Er bemerkt, daß ihm ein gewisses Mißtrauen des Grafen Bismarck darüber entgegentrete, ob der Kaiser Napoleon solche Verhandlungen benutzen werde, um in England Argwohn gegen Preußen zu erregen. Er äußert darüber: „Welchen Grad von Vertrauen können wir unsrerseits Leuten entgegenbringen, die solchen Berechnungen zugänglich sind?" Er gedenkt der Mission, die General Manteuffel in Petersburg erfülle, und fürchtet, „daß man preußischerseits anderwärts Zusicherungen erlangt habe, nach denen man davon absehen könne, mit Frankreich zu rechnen. Preußen bedarf, wie Herr von Bismarck dem Könige gesagt zu haben behauptet, des Bündnisses mit einer Großmacht; wenn man das mit Frankreich ablehnt, so liegt der Grund darin, daß man schon versehen oder nahe dabei ist, versehen zu sein." Um Aufklärung hierüber abzuwarten, hält Benedetti den Augenblick für gekommen, auf vierzehn Tage nach Karlsbad zu gehen, wo er sich bereit halten will, auf jedes von Herrn von Bismarck an ihn gerichtete Telegramm nach Berlin zurückzukehren. Während seiner Abwesenheit aber reiste auch der Ministerpräsident von Berlin ab, um erst im Dezember zurückzukehren. Die geheimen Verhandlungen haben also jetzt mehrere Monate geruht. Später sind sie, immer von Benedetti, zu verschiedenen malen wieder aufgenommen worden, und wenn Benedetti auf S. 185 seines Buches behauptet, es sei ein Irrtum, wenn Herr von Bismarck die Verhandlungen über Belgien, die 1866 stattgefunden, in das Jahr 1867 verlege, so ist daraus nur zu schließen, daß der französische Botschafter auch im Jahre 1867 die im vorhergehenden unterbrochenen, von dem preußischen Teilnehmer nur zum Zwecke der Hinausschiebung eines Angriffs Frankreichs betriebenen Verhandlungen nach dem Mißlingen des Versuchs mit Luxemburg mit Beschränkung derselben auf Belgien wieder angeknüpft hat. Die Haltung Frankreichs zur Zeit des Streites über die belgischen Eisenbahnen wird nach dem obigen es nicht unglaublich erscheinen lassen, daß es selbst damals noch nicht auf die Hoffnung verzichtet hatte, für sein Lieblingsprojekt die Zustimmung Norddeutschlands zu gewinnen.

* * *

Wir kehren nun wieder in das Jahr 1870 und zu den Auszügen aus der Chronik unseres Versailler Lebens zurück.

Sonntag, den 6. November. Früh hört man, daß einer der Luftballons, die in diesen Tagen über die Stadt hinflogen, in der Nähe von Chartres unsern Husaren in die Hände gefallen ist. Die Soldaten hatten ihn angeschossen, so daß er sank. Die beiden Luftschiffer, die in der Gondel saßen, sind gefangen genommen worden, die Briefe und Papiere, die man konfiszirt hat, sollen uns zur Durchsicht übersandt werden. — Ich erfahre, daß Bucher vom Chef vor allem zur Bearbeitung der deutschen Frage herberufen ist, er hat aber wenig zu thun, da Delbrück einen großen Teil dieses Zweiges der Geschäfte an sich genommen hat. — Der Chef streicht Bucher, wie Bölsing sagt, in seinen Elaboraten nur selten etwas aus, wogegen von Abekens Concepten oft kaum ein Drittel stehen bleibt. Um drei Uhr kommt Thiers wieder, ich benutze die Gelegenheit zu einem Ausflug zu den Offizieren vom 46. Regimente, die jetzt in Grand Chesnay ihr Quartier haben. Die Herren sind sehr lustig, treiben allerlei Scherz und Possen, während jeden Augenblick das Alarmsignal zum Gefecht rufen kann. Als ich zurückkomme, sagt man mir, daß Thiers nur ungefähr eine halbe Stunde mit dem Kanzler verhandelt habe und mit niedergeschlagener Miene abgefahren sei, wie es hieße, um nicht wiederzukommen.

Bei Tische waren Graf Lehndorff und ein Husarenoffizier zugegen, der, wenn ich recht hörte, ein Graf Schröter war. Der Chef erzählte, daß „Johanna“ (seine Gemahlin) an ihn geschrieben, und las eine Stelle aus ihrem Briefe vor, in der es ungefähr hieß: Ich fürchte, daß Ihr in Frankreich keine Bibel findet, und so werde ich Dir nächstens das Psalmbuch schicken, damit Du darin die Prophezeiung gegen die Franzosen lesen kannst: Ich sage Dir, die Gottlosen sollen ausgerottet werden. Desgleichen hat Graf Herbert, der jetzt geheilt ist, „einen verzweifelten Brief“ an seinen Papa gerichtet, weil er zu einer Depotschwadron versetzt worden ist. „Er sagt,“ so bemerkte der Minister, „nun hätte er von dem ganzen Kriege nichts gehabt, als daß er vierzehn Tage mitgeritten wäre und dann drei Monate auf dem Rücken gelegen hätte. Ich wollte sehen, ob sich da was thun ließe, und heute begegnete ich dem Kriegsminister. Der aber riet mir mit Thränen in den Augen ab — er hätte auch in den Gang der Dinge eingegriffen und darüber seinen Sohn verloren.“ — Er fragte dann plötzlich Abeken: „Was rezitirten Sie denn heute so begeistert draußen im Garten, Herr Geheimrat? Ich konnte nicht herauskriegen, in welcher Sprache es war.“ — „O, es war deutsch, Exzellenz, Goethe. Es war Wanderers Sturmlied, mein Leibgedicht,“ worauf er mit Gefühl und Schwung ein Stück davon zum besten gab.

Darauf war die Rede von dem neulichen Treffen bei Le Bourget, und der Chef fand es nicht in der Ordnung, daß der General von Budritzki dabei in die Reihen der vorstürmenden Soldaten eingetreten sein und die Fahne ergriffen haben sollte. „Der General,“ sagte er, „gehört nicht unter die Truppen, sondern dahinter, wo er sie gehörig übersehen und durch seine Adjutanten dirigiren kann. Das hier war nichts als eine Nachahmung Schwerins vom Wilhelmsplatz. Dekorationsstück — mehr Hiltl.“ — Zuletzt sprach man davon, daß Frankreich in Gefahr sei, zu zerfallen. Im Süden namentlich scheint es die „Ligue de Midi,“ deren Präsident Esquiros ist, auf eine Lostrennung von dem durch Paris regierten Lande abgesehen zu haben. Man geht hier mit dem Plan einer Zwangsanleihe bei den Reichen um, und es heißt, daß Mieroslawsky nach Marseille berufen werden soll, um die Bataillone der Roten, die hier das Heft in der Hand haben, zu einer Armee zu organisiren.

Abends die Proklamation des Grafen Chambord an die Franzosen gelesen. Er will sich wie die andern „dem Wohle Frankreichs weihen," er meint, regieren heiße nicht, den Leidenschaften des Volkes schmeicheln, sondern sich auf seine Tugenden stützen." Statt den Leuten mit solchen allgemeinen Redensarten aufzuwarten, die freilich auf die Regierung der Pariser Advokaten passen, hätte er besser gethan, ihnen zu sagen, wie dem jetzigen Zustande ein Ende zu machen ist. Hört die politische und soziale Verwirrung, die infolge des 4. Septembers nicht blos über Paris sich ausgebreitet hat, nicht binnen kurzem auf, so wird sich die Ordnung, die der Wunsch Deutschlands und ganz Europas ist, schwer wiederherstellen lassen. Gleichviel, welche Regierung die Republik einmal beerben wird, sie wird das Land, wenn der jetzige Zustand noch lange dauert, mit einer Anarchie behaftet übernehmen, welche ihr nicht gestatten wird, mit den Tugenden des Volkes zu rechnen. Sie wird sich auf die Leidenschaften desselben stützen müssen.

Montag, den 7. November. Der Chef läßt mich früh nach London telegraphiren: „In fünftägigen Verhandlungen mit Thiers ist demselben ein Waffenstillstand auf Grundlage des militärischen Statusquo von jeder Dauer bis zu 28 Tagen behufs Vornahme der Wahlen unter Gestattung derselben in den okkupirten Teilen Frankreichs angeboten worden, auch eventuell Gestattung und Förderung der Wahlen ohne Waffenstillstand. Er war auch nach neuer Besprechung mit der Pariser Regierung in der Vorpostenlinie nicht ermächtigt, das eine oder das andre anzunehmen, er verlangte vor allem Verproviantirung von Paris, ohne militärische Äquivalente bieten zu können. Da diese Forderung den Deutschen militärisch nicht annehmbar war, erhielt Herr Thiers gestern aus Paris die Weisung, die Unterhandlungen abzubrechen." Aus andern Quellen erfuhr man über die hier angedeuteten Vorgänge und über die nunmehrige Situation noch Folgendes. Jene Weisung kam Thiers in einem kurzen trockenen Schreiben Favres zu, welches ihn nach Tours zurückschickte, wohin er heute abgereist ist. Er ist sehr niedergeschlagen gewesen über die thörichte Hartnäckigkeit der Pariser Regenten, die er selbst nicht teilen kann, und die auch mehrere Mitglieder der

Provisorischen Regierung nicht zu beseelen scheint. Favre und Picard, namentlich der letztere, sehnen sich nach dem Frieden und sind nur den andern gegenüber zu schwach, um ihren Wunsch durchsetzen zu können. Gambetta und Trochu wollen keine Wahlen, da sie aller Wahrscheinlichkeit nach ihrer Herrschaft ein Ende machen würden. Diese Herrschaft steht aber auch so auf schwachen Füßen. Sie kann in Paris jeden Tag umgestoßen werden, und in der Provinz wanken ihre Stützen ebenfalls. Im Süden erkennen Marseille, Toulouse und eine Anzahl von Departements die Regierung der nationalen Verteidigung nicht mehr an, weil sie ihnen nicht radikal genug, d. h. nicht kommunistisch ist, und hier wie anderwärts steigen bei allen, die zur besitzenden Klasse gehören, die Aussichten der imperialistischen Partei von Tage zu Tage.

Ich machte Artikel in diesem Sinne: wir wären zu allem, was möglich, bereit, aber der Ehrgeiz der Herren Favre und Trochu wiese, um nicht durch die Stimme der wahren Vertreter des französischen Volkes gezwungen zu werden, das Heft, das sie durch eine Emeute in die Hände bekommen, loszulassen, alle unsre Zugeständnisse zurück. Dieser Ehrgeiz allein verlängere den Krieg. Wir dagegen bewiesen durch Nachgiebigkeit bis zur äußersten Grenze, daß wir den Frieden wollten.

Nachmittags war ich wieder eine Stunde draußen bei den Offizieren in Grand Chesnay. Sie erwarteten stündlich, alarmirt zu werden und wünschten sehnlichst den Beginn des Bombardements herbei.

Auch bei Tische, wo Major von Alten, Flügeladjutant des Königs, sowie Graf Bill und der Leutnant Philipp von Bismarck, ein Neffe des Ministers, mit uns aßen, wurde von der Verzögerung des Bombardements gesprochen, und der Kanzler erklärte das durch die Zeitungen gehende Gerücht, daß er es nicht wolle, während die Militärs dazu drängten, für „unvernünftig und unerklärlich.“ — „Gerade umgekehrt ists,“ fuhr er fort. „Niemand drängt und treibt mehr als ich dazu, und die Militärs sind es, die noch nicht wollen. Ich verwende einen großen Teil meiner Korrespondenz darauf, die Bedenken und das Rücksichtnehmen der Militärs zu beseitigen.“ — —

Aus dem weitern schien hervorzugehen, daß die Artillerie stets mehr Vorbereitungen verlangt, und daß sie nicht genug Munition zu haben meint. — Man spricht von neunzig Wagenladungen täglich. Vor Straßburg hätte man auch zu viel für notwendig erklärt; denn zuletzt hätte man trotz eines ungeheuern Verbrauchs von Pulver und Kugeln zwei Drittel der herbeigeschafften Munition übrig behalten. Alten erwiederte, ja, wenn man die betreffenden Forts hätte, so wäre man darin dem Feuer der Enceinte ausgesetzt und müßte von vorn anfangen. — „Das mag sein," entgegnete der Minister, „aber das hätte man doch eher wissen können; denn keine Festung ist uns von Anfang an so gut bekannt gewesen als Paris."

Jemand erzählte, daß man zwei Luftballons angehalten, und in dem einen zwei, in dem andern drei Personen zu Gefangnen gemacht habe. Der Chef meinte, die müßten ohne langes Besinnen als Spione behandelt werden. Alten sagte, man werde sie vor ein Kriegsgericht stellen, worauf der Minister äußerte: „Dann geschieht ihnen gewiß nichts." — — — Er sprach dann davon, daß Graf Bill so stark von Kräften und so wohl bei Leibe sei; er selbst wäre in diesen Jahren schlank und mager gewesen. „In Göttingen war ich dünn wie eine Stricknadel," sagte er. Als dann erwähnt wurde, daß man in voriger Nacht auf eine Schildwache vor der Villa geschossen, die der Kronprinz inne hat, daß der Mann verwundet worden, und daß ihm die Stadt fünftausend Franken Schmerzensgeld geben solle, bemerkte der Chef, daß er bei abendlichen Ausgängen seinen Degen nicht mitnehmen werde, wohl aber den Revolver: „denn," sagte er, „ich will mich zwar unter Umständen wohl ermorden lassen, möchte aber nicht ungerochen sterben."

Abends ließ der Kanzler mich die Nachricht vom Scheitern der Verhandlungen mit Thiers noch einmal telegraphiren, nur in etwas andern Worten. Als ich mir die Bemerkung erlaubte, der Inhalt der Depesche sei schon am Morgen dem Telegraphen übergeben worden, erwiederte er: „Doch nicht. Hier steht: Graf Bismarck schlug vor u. s. w. Solche feine Nüancen müssen Sie herausmerken, wenn Sie im Auswärtigen Ministerium arbeiten wollen." — Später wurde ich nochmals zu ihm gerufen. Es sollte telegraphirt werden: „Nach

Privatmitteilungen aus Paris ist Favre und die Mehrzahl seiner Kollegen für die Wahlen und den durch Thiers vermittelten Waffenstillstand gewesen; Trochu aber, dagegen agitirend, hat seine Ansicht durchgesetzt."

Dienstag, den 8. November. Früh ein Telegramm abgeschickt, nach welchem die Personen, die man in den Luftballons gefunden, nach einer preußischen Festung abgeführt worden sind, um dort vor ein Kriegsgericht gestellt zu werden, und nach welchem ferner die Briefe, die man in den Gondeln konfiszirt, Diplomaten und andre Persönlichkeiten kompromittiren, denen man mit Rücksicht auf ihre Stellung und ihr Ehrgefühl bisher den Verkehr aus Paris gestattet hat. Dieser Verkehr, so führte dann ein diese Funde behandelnder Artikel aus, werde fortan nicht mehr erlaubt sein.

Um halb ein Uhr, während wir frühstückten, empfing der Chef den Besuch eines ältlichen Herrn, der ein seidnes Gewand und ein scharlachnes Käppchen, sowie eine Art Schärpe von gleicher Farbe trug. Es war der Erzbischof Ledochowski aus Posen, und man wollte wissen, es handle sich um das Anerbieten des Papstes, zu unsern Gunsten bei der französischen Regierung zu interveniren. Vermutlich hofft man damit eine Intervention der deutschen Regierung zu Gunsten des Papstes zu erkaufen. Der Erzbischof blieb bis gegen drei Uhr da, und der Chef begab sich, nachdem jener sich wieder entfernt, zum König. Später speiste er beim Kronprinzen, wo auch der inzwischen eingetroffene Großherzog von Baden dinirte.

Vor Tische besuchte ich wieder H. und seine Leutnants, die jetzt in einem Schlößchen an der Straße von Chesnay einquartirt waren, welches dem bekannten Pariser Arzte D. Ricord gehörte. Man war so lustig und zum Scherz aufgelegt wie früher, und die Sehnsucht nach dem Beginn des Bombardements war auch noch vorhanden. — ;— —

Mittwoch, den 9. November. Trüber, wolkiger Tag. Ich schrieb einen Artikel. Dann wurden wie gewöhnlich Zeitungen gelesen, angestrichen und ausgezogen. Dabei stieß ich in der Kölnerin vom 5. d. M. auf ein anmutiges Seitenstück zu dem Diktum: „Der Zahn der Zeit hat die Mauer mit Moos bevölkert." Ein Liebhaber von Bildern schrieb: „Das große Grab bei Sedan, dessen graue Lippen sich donnernd über der Größe Frankreichs schlossen.“ Well roared, lion!

Der Minister wünscht, daß ich mich nach den Antezedentien eines Amerikaners O'Sullivan erkundige, der sich hier unnütz mache und verdächtig erscheine. Ich werde zunächst L. fragen, der bei Fragen über hiesige Persönlichkeiten nicht leicht versagt. Mittags erhielten wir die Nachricht, daß gestern die Festung Verdun kapitulirt hat.

Beim Diner waren Delbrück, General Chauvin und Oberst Meidam, der Chef der Feldtelegraphie, Gäste des Chefs. Man sprach zunächst von dem unzulässigen Gebrauche, den vornehme Herren für ihre Privatangelegenheiten von dem elektrischen Drahte machten. — Als dann jemand erwähnte, daß bei Epernay von Franktireurs und Bauern die Leitungen zerstört und ähnlicher Unfug getrieben worden, bemerkte der Minister: „Ja, da sollten sie aber doch gleich drei, vier Bataillone hinschicken und sechstausend Bauern nach Deutschland transportiren, bis der Krieg vorbei wäre.“ — „Vier- bis sechshundert wären auch genug,“ meinte Delbrück, „der Schreck würde seine Wirkung nicht verfehlen.“ — Später kam der Chef auf die französische Presse zu reden und sagte, es wäre ganz unglaublich, mit welchen Invektiven manche Blätter uns bewürfen. „Da habe ich eins dem Könige geschickt — etwas unvorsichtig; denn er wird darin ebenfalls schlecht behandelt — in dem wird mir allerlei Greuel nachgesagt, den ich in meinem Privatleben begehen soll; ich soll meine Frau mit der Karbatsche prügeln, kein Berliner Bürgermädchen wäre sicher davor, in meinen Harem geschleppt zu werden, ich hätte mir Unterschlagungen zu Schulden kommen lassen, mit Dienstgeheimnissen an der Börse spekulirt u. dgl. So was bringen sie doch in Deutschland nicht fertig.“ *) — „Der Harem ist vermutlich hinten im Garten, in dem Häuschen, wo die Schutzmänner sind,“ bemerkte Delbrück. „Wenn die französischen Journalisten erst von diesem Häuschen wüßten, was würden sie da für Mysterien erzählen!“

Abends berichtete L., daß Chauteaudun von unsern Leuten wieder

*) Vgl. weiter unten.

geräumt und von der Avantgarde der Franzosen besetzt worden ist, auch wollte er wissen, daß heute ein Ausfall der Pariser nach den Linien stattgefunden habe, welche die Baiern besetzt halten. Von O'Sullivan wußte er nur, daß er ein ehemaliger amerikanischer Diplomat und Anhänger der Sklavenhalterpartei sei, daß er vor seiner Ankunft in Versailles unberufenerweise beim Großherzog von Mecklenburg gewesen, um Vermittelungsversuche anzustellen, und daß er mit einer Empfehlung an den Kronprinzen hierher gekommen sei, bei dem er gestern mit unserm Kanzler gespeist habe. Vermutlich hat er da ebenfalls nicht umhin gekonnt, als Dilettant seine guten Dienste anzubieten.

Dergleichen lästige Geister sollen sich jetzt häufig hier einstellen und das Hotel des Reservoirs mit ihren Projekten und ihre Zudringlichkeit unsicher machen. Auch der Kanzler wird sie nicht immer von vornherein vermeiden können, wenn sie ihm mit ihren Ratschlägen unter die Arme zu greifen kommen. Sehr seltsame Einfälle sind darunter, z. B. Neutralisirung von Elsaß und Lothringen, Verbindung derselben mit Belgien oder mit der Schweiz, Wiedereinsetzung des Kaisers, Wiedereinsetzung der Orleans, Verschenkung Belgiens an die Franzosen, damit sie es nicht übelnehmen, wenn wir Metz, Straßburg und Zubehör behalten, Einverleibung Luxemburgs in Deutschland zu gleichem Zwecke. Es wird vielleicht gut sein, wenn einmal ein Exempel statuirt wird, welches diesen hilfreichen Leuten sagt, daß man ihrer Dienste nicht bedarf.

Beim Thee wurde u. a. des Gerüchts gedacht, daß bei der Verzögerung des Bombardements auch der Einfluß von Damen mitspiele. — — — Nach halb elf Uhr trat der Chef aus dem Salon zu uns, wo er mit dem bairischen General von Bothmer verhandelt und, wie es schien, militärische Fragen in Betreff der in Angriff genommenen größeren Einigung Deutschlands besprochen hatte, und blieb wohl noch eine Stunde mit uns zusammen. Als er sich gesetzt, ließ er sich eine Flasche Bier geben. Dann seufzte er ein wenig und sagte: „Ach, ich dachte eben wieder einmal, was ich oft schon gedacht habe, wenn ich doch nur einmal auf fünf Minuten die Gewalt hätte, zu sagen: So wird es und so nicht. — Daß man sich nicht mit

Warum und Darum abzuquälen, zu beweisen und zu bitten hätte bei den einfachsten Dingen. — — — Dieses ewige Reden- und Betteln-müssen." —

Hatzfeldt sagte: „Haben Exzellenz schon gelesen, daß die Italiener in den Quirinal eingebrochen sind?" — Der Chef antwortete? „Ja, und ich bin neugierig, was der Papst dagegen thun wird. Abreisen? — Aber wohin? — Er hat bei uns schon gebeten, wir möchten bei Italien vermittelnd anfragen, ob man ihn abreisen lassen würde, und ob dies mit der ihm gebührenden Würde geschehen könne. Wir haben das gethan, und sie haben geantwortet, man würde seine Stellung durchaus achten und darnach verfahren, wenn er fort wollte." — „Sie werden ihn nicht gern gehen lassen," versetzte Hatzfeld. „Es liegt in ihrem Interesse, daß er in Rom bleibt." — Chef: „Ja gewiß, aber er wird doch vielleicht gehen müssen. Wohin aber? Nach Frankreich kann er nicht, da ist Garibaldi. Nach Österreich mag er nicht. Nach Spanien? — Ich habe ihm — Baiern vorgeschlagen." Er sann einen Augenblick nach, dann sagte er: „Es bleibt ihm nichts als Belgien oder — Norddeutschland." — „Es ist in der That schon angefragt, ob wir ihm ein Asyl gewähren könnten. Ich habe nichts dagegen einzuwenden — Köln oder Fulda." — „Es wäre eine unerhörte Wendung, aber doch nicht so unerklärlich, und für uns wäre es recht nützlich, wenn wir den Katholiken als das erschienen, was wir in Wirklichkeit sind, als die einzige Macht gegenwärtig, die dem obersten Fürsten ihrer Kirche Schutz gewähren könnte und wollte. Stofflet und Charette und ihre Zuaven, die gingen gleich nach Hause. Für die Opposition der Ultramontanen hörte jeder Vorwand auf — in Belgien, in Baiern. Mallinkrodt träte auf die Seite der Regierung." — — — „Übrigens mögen Leute mit vorwiegender Phantasie, besonders Frauen, in Rom beim Anblick des Pomps und des Weihrauchs des Katholizismus und des Papstes auf seinem Thron und mit seinem Segen Neigung empfinden, katholisch zu werden. In Deutschland, wo man den Papst vor Augen hätte als hilfesuchenden Greis, als guten alten Herrn, als einen der Bischöfe, der wie die andern ißt und trinkt, eine Prise nimmt, wohl gar auch seine Zigarre raucht — da hats keine so große Gefahr." — „Na und schließlich, wenn nun auch etliche Leute in Deutschland wieder katholisch würden — ich werds nicht — so hätte das nicht viel zu bedeuten, wenn sie nur gläubige Christen wären. Die Konfessionen machens nicht, sondern der Glaube. Man muß toleranter denken." — — — Er entwickelte diese Gedanken in interessantester, hier aber nicht mitteilbarer Weise noch weiter.

Dann kam man auf andere Dinge. Hatzfeldt erwähnte, daß die Koburger Hoheit vom Pferde gefallen. — „Glücklicherweise ohne Schaden zu leiden," fügte Abeken, der soeben hinzugekommen war, mit froher Miene eilig hinzu. Der Chef aber wurde dadurch veranlaßt, von ähnlichen Unglücksfällen zu erzählen, die ihm selbst widerfahren waren.

„Ich glaube," so bemerkte er, „daß es nicht reicht, wenn ich sage, daß ich wohl fünfzigmal vom Pferde gestürzt bin. Vom Pferde fallen ist nichts, aber mit dem Pferde, so daß es auf einem liegt, das ist schlimm. Zuletzt noch in Varzin, wo ich drei Rippen brach. Da dacht ich: jetzt ists aus. Es war nicht so viel Gefahr, wie es schien, aber es that doch ganz erschrecklich weh." — „Früher aber, da hatte ich einen merkwürdigen Zufall, der zeigt, wie das Denken des Menschen doch von seinem körperlichen Gehirn abhängt. Ich war mit meinem Bruder eines Abends auf dem Heimwege, und wir ritten, was die Pferde laufen wollten. Da hört mein Bruder, der etwas voraus ist, auf einmal einen fürchterlichen Knall. Es war mein Kopf, der auf die Chaussee aufschlug. Mein Pferd hatte vor der Laterne eines uns entgegenkommenden Wagens gescheut und war mit mir rückwärts überschlagen und auch auf den Kopf gefallen. Ich verlor die Besinnung, und als ich wieder zu mir kam, da hatt' ich sie nur halb wieder. Das heißt, ein Teil meines Denkvermögens war ganz gut und klar, die andre Hälfte war weg. Ich untersuchte mein Pferd und fand, daß der Sattel gebrochen war. Da rief ich den Reitknecht und ließ mir sein Pferd geben und ritt nach Hause. Als mich da die Hunde anbellten — zur Begrüßung — hielt ich sie für fremde Hunde, ärgerte mich und schalt auf sie. Dann sagte ich, der Reitknecht sei mit dem Pferde gestürzt, man solle ihn doch mit einer Bahre holen, und war sehr böse, als sie das auf einen Wink meines Bruders nicht thun wollten. Ob sie denn den armen Menschen auf der Straße liegen lassen wollten? Ich wußte nicht, daß ich ich war, und daß ich mich zu Hause befand, oder vielmehr, ich war ich selber und auch der Reitknecht. Ich verlangte nun zu essen, und dann ging ich zu Bette, und als ich ausgeschlafen hatte am Morgen, war es gut." — „Es war ein seltsamer Fall: den Sattel hatte ich untersucht, mir ein andres Pferd geben lassen und dergleichen mehr — alles praktisch notwendige that ich also. Hierin war durch den Sturz keine Verwirrung der Begriffe herbeigeführt. Ein eigentümliches Beispiel, wie das Gehirn verschiedene Geisteskräfte beherbergt; nur eine davon war durch den Fall länger betäubt worden." —

„Ich erinnere mich noch eines andern Sturzes. Da ritt ich rasch durch junges Holz in einem großen Walde, weit weg von zu Hause. Wie ich über einen Hohlweg weg wollte, stürze ich mit dem Pferde und verliere das Bewußtsein. Ich muß wohl drei Stunden ohne Bewußtsein dagelegen haben; denn es war schon dämmerig, als ich aufwachte. Das Pferd stand neben mir. Die Gegend war, wie gesagt, weit weg von unserm Gute und mir ganz unbekannt. Ich hatte meine Geisteskräfte noch nicht ordentlich wieder. Aber das Notwendige that ich auch hier. Ich machte die Martigal ab, die entzwei war, steckte sie ein und ritt auf einem Wege, der, wie ich dann erfuhr, der nächste war — es ging da auf einer ziemlich langen Brücke über einen Fluß — nach einem nahe gelegenen Gute, wo die Pachtersfrau, als sie den großen Mann mit dem Gesichte voll Blut vor sich stehen sah, davon lief. Der Mann kam dann herbei und wusch mir das Blut ab, und ich sagte ihm, wer ich wäre, und daß ich die zwei oder drei Meilen nach Hause wohl nicht würde reiten können; er möchte mich fahren, was er denn auch that." — „Ich muß wohl fünfzehn Schritt fortgeflogen sein bei der Lerche, die ich schoß, und war an eine Baumwurzel gefallen, und als der Doktor den Schaden besah, sagte er, es wäre gegen alle Regeln der Kunst, daß ich nicht den Hals gebrochen hätte." —

„Auch sonst bin ich noch ein paar Mal in Lebensgefahr gewesen," fuhr der Graf fort. Zum Beispiel, als die Semmeringsbahn noch nicht fertig war — ich glaube, es war 1852 — da ging ich mit einer Gesellschaft durch einen von den Tunneln oben. Ich erinnere mich, Graf Ottavio Kinsky war dabei, etwas älter als ich, mit gelockten Haaren. Es war ganz finster drin. Ich ging den andern mit einer Laterne voran. Nun zog sich da quer über den Boden eine Schlucht oder Spalte hin, die war wohl fünfzig Fuß tief und etwa anderthalbmal so breit wie der Tisch hier. Darüber hatten sie ein Brett gelegt, welches zu beiden Seiten Leisten hatte, damit die Karren nicht abrutschten. Dieses Brett mußte morsch sein; denn wie ich in der Mitte bin, bricht es ein, und ich fahre hinunter, bleibe aber, da ich unwillkürlich die Arme ausgebreitet hatte, an den Leisten hängen. Die hinter mir kamen, dachten nun — die Laterne war mir nämlich entfallen und erloschen — ich wäre hinabgestürzt, und waren nicht wenig erstaunt, als sie fragten: «Leben Sie noch?» statt von tief unten her ganz oben vor sich — als sie da die Antwort erhielten: «Ja, hier bin ich.» — Ich hatte mich inzwischen auch mit den Beinen angeklammert und fragte, ob ich zurück oder hinüber sollte. Der Führer meinte, es wäre besser, hinüber, und so arbeitete ich mich denn dahin. Der Arbeiter, der uns führte, zündete nun ein Licht an, suchte ein anderes Brett und brachte so die Gesellschaft nach." — Man sah mit dem Brette so recht, wie liederlich und leichtsinnig solche Dinge zu der Zeit genommen wurden." — — — „Hernach, als wir aus dem Tunnel heraus waren, fuhren wir in einem niedrigen Karren sausend die Bahn hinab. Wir hatten dicke Stöcke, um zu hemmen, und thaten es auch, wenn es um die Kurven ging. Bei der stärksten brachten wirs aber nur mit großer Mühe fertig, daß der Karren nicht aus dem Geleise geriet und in einen der beiden Abgründe fiel, die da waren. In den ganz tiefen konnten wir freilich nicht hinunterfahren, aber in den andern gings auch gegen sechzig Fuß hinab."

Der Chef erzählte dann noch von einem Falle, wo der alte Baron Meyendorf in Lebensgefahr hätte kommen können. Bei Gastein habe der sich einmal die Rutschbahn hinaufwinden lassen, die, wenn ich recht verstand, den nächsten Weg zu der Höhe bilde, auf der die alten Goldbergwerke sich befinden. „Es mag," sagte er, „senkrecht wohl dreitausend Fuß bis hinauf sein, und die Bahn ging in einem Winkel von etwa vierzig Graden hinan, indem der Kasten, in welchen man sich setzen mußte, in einer Rinne lief. Wäre das Seil gerissen, so wäre er mit ungeheurer Geschwindigkeit eine Strecke von wohl zehntausend Fuß hinabgesaust und natürlich nicht mit ganzen Knochen unten angelangt."

Donnerstag, den 10. November. Der Winter ist da, und es schneit bei ziemlicher Kälte mehrere Stunden hinter einander. Früh läßt der Chef mich telegraphiren, daß in Frankreich für die ärmeren Klassen aus der von der provisorischen Regierung verfügten Verwendung der Sparkassengelder und des Vermögens von Korporationen für Kriegszwecke Kalamitäten entstanden und weitere zu erwarten seien. Später darf ich zu meiner Information die Akten inbetreff der gescheiterten Waffenstillstandsverhandlungen studiren.

Thiers hat in einer Denkschrift dargelegt, wie er und die von ihm vertretnen Regenten Frankreichs sich die Grundlagen des abzuschließenden Waffenstillstandes vorgestellt. Sein Gedankengang ist darin ungefähr folgender: Zweck des Übereinkommens wäre möglichst baldiges Aufhören des Blutvergießens und Zusammenberufung einer Nationalversammlung, die Frankreich vor den europäischen Mächten als Ausdruck von dessen Willen vertreten und früher oder später mit Preußen und seinen Verbündeten einen Frieden abschließen könne. Der Waffenstillstand würde achtundzwanzig Tage dauern müssen, von denen zwölf für die Berufung der Wähler, einer für die Abstimmung über die Kandidaten, fünf für das Zusammenkommen der Gewählten an einem bestimmten Orte und zehn für die Prüfung der Wahlen und die Konstituirung eines Büreau zu beanspruchen sein würden. Der Ort der Beratungen könnte bis auf weiteres Tours sein. Die Wahlen müßten in allen, auch in den von der deutschen Armee okkupirten Teilen Frankreichs frei und ungehindert vor sich gehen. Die militärischen Operationen hätten auf beiden Seiten aufzuhören, doch würden beide Teile Rekruten an sich ziehen, Verteidigungsarbeiten vornehmen und Lager einrichten dürfen. Die Armeen sollten sich durch die ihnen zur Verfügung stehenden Mittel verproviantiren dürfen, dagegen müßten die Requisitionen „als eine Kriegsmaßregel, die mit den Feindseligkeiten selbst suspendirt werden müsse," unterbrochen werden. Die befestigten Plätze ferner würden für die Dauer des Waffenstillstandes nach der Stärke ihrer Bevölkerung und Besatzung verproviantirt werden dürfen. Paris sollte zu diesem Zweck durch vier bestimmte Bahnhöfe an Vieh und verschiedenen andern Lebensbedürfnissen Folgendes erhalten: 34 000 Ochsen, 80 000 Schafe, 8000 Schweine, 5000 Kälber, 100 000 Zentner Pöckelfleisch, das notwendige Futter für jene Tiere mit 8 Millionen Zentnern Heu oder Stroh, dann 200 000 Zentner Mehl, 30 000 Zentner trockene Gemüse, 100 000 Tonnen Kohlen, 500 000 Kubikmeter Brennholz, wobei die Bevölkerung von Paris mit Hinzurechnung von 400 000 Verteidigern und den Bewohnern der Bannmeile zu 2 700 000 bis 2 800 000 Seelen angenommen worden war.

Diese Forderungen der Franzosen waren unannehmbar. Wäre man deutscherseits darauf eingegangen, so würde man die größere und bessere Hälfte der Vorteile aus den Händen gegeben haben die man in den letztverflossenen sieben Wochen mit großen Opfern und Anstrengungen gewonnen, so würde man, mit andern Worten, sich im wesentlichen in die Lage zurückversetzt haben, in der man sich am 19. September, als dem Tage, wo unsre Truppen die Einschließung von Paris vollendeten, befand. Wir sollten Paris verproviantiren lassen, welches jetzt schon Mangel litt und bald vor der Notwendigkeit, Hunger zu leiden oder sich zu ergeben, stehen mußte. Wir sollten auf unsre Operationen verzichten, die wir gerade jetzt, nachdem durch den Fall von Metz die Armee des Prinzen Friedrich Karl uns zur Verfügung wiedergegeben war, weiter ausdehnen und mit größerm Nachdruck ausführen konnten. Wir sollten die Rekrutirungen und Formationen, durch welche die französische Republik sich wieder eine Feldarmee zu schaffen suchte, ruhig gestatten, während unsre Armee keiner Rekrutirung bedurfte. Während wir versprechen sollten, Paris und die übrigen französischen Festungen mit Lebensmitteln versehen zu lassen, sollten wir unsre Truppen ohne die in Feindesland gebotenen Requisitionen ernähren. Alle diese Forderungen sollten wir zugestehen, ohne daß uns die Gegner irgend ein militärisches oder politisches Äquivalent dafür (z. B. für die Verproviantirung die Einräumung von einem oder zwei Forts der Befestigungen um Paris) oder eine bestimmte Aussicht auf Frieden geboten hätten. Die Aussicht, durch die mit dem Waffenstillstande zu verbindende Wahl einer konstituirenden Versammlung zu geordneten Zuständen unter einer allgemein anerkannten Regierung zu gelangen, welche die Thierssche Denkschrift als den nächsten Zweck des Waffenstillstandes bezeichnet, lag ohne Zweifel mehr im Interesse der Franzosen, als in dem unsern, konnte, wenn man die fortwährend durch aufregende Proklamationen der provisorischen Regierung genährte Erhitztheit der Gemüter bedenkt, nicht einmal als eine sichere betrachtet werden und ließ sich, wenn die jetzige Regierung nur ernstlich dazu geneigt war, auch ohne den ganzen Apparat eines Waffenstillstandes erreichen. Mit diesen Vorschlägen war somit deutscherseits schlechterdings nichts anzufangen. Die Sache mußte anders gestaltet werden, und so bot der Bundeskanzler Herrn Thiers einen Waffenstillstand auf der Basis des militärischen Statusquo an; der fünfundzwanzig bis achtundzwanzig Tage dauern und die Franzosen in den Stand setzen sollte, die Wahlen in Ruhe vorzunehmen und die daraus hervorgehende Versammlung zusammentreten zu lassen. Auch dies war ein Zugeständnis von unsrer Seite, bei welchem alle Vorteile auf derjenigen der Franzosen waren. Wenn, wie Thiers behauptete, Paris noch auf mehrere Monate mit Lebensmitteln und andrer Notdurft versehen war — was in Betreff des Artikels Mehl nicht wohl bezweifelt werden konnte, — so war nicht recht zu begreifen, wie die provisorische Regierung an der Nichtbewilligung der Verproviantirung einen Waffenstillstand scheitern lassen konnte, der die Pariser höchstens an nutzlosen Ausfällen hinderte. Daneben aber hatte Frankreich den großen Vorteil, daß der widerstandslosen Okkupation weitern französischen Gebiets, zu welcher unsre vor Metz frei gewordene Armee sich in Bewegung setzte, durch Demarkationslinien Schranken gesetzt wurden. Thiers hat indes dieses sehr annehmbare Anerbieten ablehnen und die Verproviantirung von Paris als unumgängliche Bedingung eines Übereinkommens festhalten müssen, und er ist auch zuletzt nicht ermächtigt worden, für dieselbe irgend ein militärisches

Äquivalent wie etwa die Einräumung eines der Forts um Paris in Aussicht zu stellen.

Als wir zu Tische gingen, erzählte der Chef, daß der Kriegsminister ernstlich krank sei. Er fühle sich sehr schwach und werde wohl vor vierzehn Tagen nicht aufstehen können. Später scherzte er über das Waschwasser im Hause: „Die Bewohner der hiesigen Wasserleitung scheinen ihre Saisons zu haben. Zuerst kamen die Tausendfüße, die mir sehr zuwider sind — »regt tausend Gelenke zugleich«. Dann die Kellerwürmer, die ich, obwohl sie ganz harmlose Tiere sind, auch nicht angreifen mag — eher eine Schlange. Jetzt sind die Blutegel da. Ich fand heute einen ganz kleinen, der hatte sich zusammengezogen wie ein Knopf. Ich suchte ihn zur Entwicklung zu bringen, aber er wollte nicht — blieb Knopf. Da begoß ich ihn mit Brunnenwasser, und jetzt streckte er sich so lang und dünn wie eine Nadel, und machte, daß er fortkam." — Dann war die Rede von allerlei einfachen, nichtsdestoweniger aber achtbaren Delikatessen, frischen und gesalzenen Heringen, neuen Kartoffeln, Maibutter u. dergl., und der Minister bemerkte zuletzt gegen Delbrück, der diesen guten Dingen ebenfalls seine Anerkennung widerfahren ließ: „Ein verkannter Fisch ist der Stör, den man in Rußland wohl zu schätzen weiß, und der auch bei uns vorkommt. In der Elbe, z. B. im Magdeburgischen, wird er häufig gefangen, aber nur von Fischern und geringern Leuten gegessen." Er setzte hierauf seine Vorzüge auseinander und kam dabei auf den Kaviar zu sprechen, dessen verschiedene Sorten er mit Kennerschaft charakterisirte. — Nach einer Weile sagte er: „Wie viele Ähnlichkeiten sich zwischen den Galliern und den Slaven finden, ist mir heute wieder einmal recht deutlich geworden, wo es geschneit hat. Dieselben breiten Straßen, dieselben dicht neben einander stehenden Häuser, dieselben oft flachen Dächer wie in Rußland. Bloß die grünen Zwiebeltürme fehlen. Dafür aber anderes: Werst und Kilometer, Arbschine und Meter ist dasselbe; auch an die Neigung zur Centralisation, an die Einerleiheit der Anschauungen aller kann man denken, und an den kommunistischen Zug im Volkscharakter." — Er gedachte dann der wunderbaren Welt von heute, die „alles auf den Kopf stelle, was bisher auf den Füßen gestanden," und „die seltsamsten Verschiebungen der Verhältnisse zeige." — „Wenn man bedenkt," so erläuterte er, „der Papst vielleicht einmal in einer protestantischen deutschen Kleinstadt (»Brandenburg an der Havel,« ruft Bohlen dazwischen), der Reichstag in Versailles, das Korps legislatif in Kassel, Garibaldi nach Mentana französischer General geworden, päpstliche Zuaven Seite an Seite mit ihm fechtend" — worüber er sich dann noch eine Weile verbreitete.

„Heute hat auch Metternich an mich geschrieben," sagte er dann plötzlich. „Er will, daß wir Hoyos hineinlassen, damit er die Österreicher heraushole. Ich habe ihm geantwortet, daß sie seit dem 25. Oktober Erlaubnis haben, herauszukommen, daß wir aber niemand mehr hineinlassen — auch keine Diplomaten. Wir empfingen auch keine in Versailles, nur mit ihm würde ich eine Ausnahme machen. Er wird dann vielleicht die österreichischen Ansprüche auf das Bundeseigentum in den deutschen Festungen wieder aufs Tapet bringen."

Man redete von Ärzten und der Art, wie die Natur sich zuweilen selbst helfe, und der Chef erzählte, daß er einmal zwei Tage beim Herzog von (Name unverständlich) gejagt, und daß ihm dabei „recht schlecht um seinen innern Menschen gewesen." — „Auch die zwei Tage Jagd und die freie Luft halfen nicht. Da kam ich den Tag darauf zu den Kürassieren in Brandenburg, die einen neuen Becher bekommen hatten (ich glaube, er sagte auch, daß sie ein Jubiläum gefeiert). Ich sollte zuerst daraus trinken und ihn einweihen, dann sollte er herumgehen. Es war etwa eine Flasche drin. Ich aber hielt meine Rede und trank und setzte ihn leer wieder hin, was sie sehr verwunderte, da man den Leuten von der Feder nicht viel zutraut. Es war aber noch Göttinger Übung." — „Merkwürdiger oder vielleicht nicht merkwürdiger Weise war mir darauf vier Wochen lang so wohl um den Magen wie nie. Ich versuchte es später mich ebenso zu kurieren, aber niemals wieder mit so erfreulichem Erfolge." — „Da erinnere ich mich auch, einmal, bei der Letzlinger Jagd unter Friedrich Wilhelm dem Vierten, da sollte ein Vexirbecher aus der Zeit Friedrich Wilhelms des Ersten ausgetrunken werden. Es war ein Hirschgeweih, welches so gemacht war, daß man die Höhlung, in die etwa drei Viertel von einer Flasche ging, nicht an die Lippen setzen konnte, während man doch nichts verschütten sollte. Ich nahm es und trank es aus, obwohl es sehr kalter Champagner war, und meine weiße Weste zeigte nicht einen verschütteten Tropfen. Die Gesellschaft machte große Augen, ich aber sagte: »Noch einen.« Der König aber, den es offenbar ärgerte, daß ichs so gut gemacht hatte, rief: »Nein, das geschieht nicht,« und so mußte es unterbleiben." — „Früher waren solche Kunststücke notwendiges Erfordernis zum diplomatischen Gewerbe. Da tranken sie die Schwachen unter den Tisch, fragten sie aus nach allerlei Dingen, die sie wissen wollten, und ließen sie in Sachen willigen, zu welchen sie keine Vollmacht hatten. Sie mußten auch gleich unterschreiben, und wenn sie dann nüchtern wurden, wußten sie nicht, wie sie dazu gekommen waren."

Weiter bemerkte der Minister, ich weiß nicht mehr, wodurch veranlaßt, alle Familien stürben aus, die in Pommern zu Grafen gemacht würden. „Das Land erträgt es nicht," fügte er hinzu. „Ich weiß wohl zehn oder zwölf Familien zu nennen, denen es so gegangen ist." Er nannte einige. Dann fuhr er fort: „Und so wehrte ich mich anfangs sehr dagegen. Zuletzt ließ ich's geschehen, aber ich habe jetzt noch meine Befürchtungen."

Als der Braten auf den Tisch kam, fragte der Chef: „Ist das du cheval?" Einer der Anwesenden antwortete, nein, es wäre Rind. Er sagte: „Es ist doch eigen, daß man kein Pferdefleisch ißt, wenn man nicht muß, wie die in Paris drinnen, die nun bald nichts anderes mehr haben werden. Es kommt wohl davon, daß uns das Pferd näher steht wie andere Tiere. Man ist als Reiter gewissermaßen Eins mit ihm. (»Ich hatt' einen Kameraden — als wärs ein Stück von mir.«) Es ist uns auch an Verstand am nächsten. Mit dem Hunde ist's ebenso. Du chien soll ganz gut schmecken, und doch essen wir es nicht." Einer der Herren äußerte sich abfällig, ein andrer lobend über den Geschmack von Hundebraten. Dann nahm der Chef seinen Faden wieder auf, indem er sagte: „Je ähnlicher uns etwas ist, desto weniger mögen wir es. Es muß sehr ekelhaft sein, Affen zu essen, wo die Hände wie menschliche aussehen." Man erinnerte daran, daß die Wilden in Südamerika Affenfleisch genießen, und kam auf Menschenfresser zu reden. „Ja," entgegnete er, „aber das ist doch ursprünglich aus Not geschehen, und auch hier denke ich gelesen zu haben, daß sie die Weiber vorziehen, also wenigstens nicht ihr eignes Geschlecht." — „Sonst ißt man von Tieren nicht gern Fleischfresser — Raubzeug, Wölfe, Löwen — nun ja, Bären, aber die leben doch weniger von Fleisch als von Pflanzen. Ich mag nicht einmal von einem Huhn essen, das mit Fleisch gefüttert ist — nicht einmal die Eier."

L. berichtet, als er abends kommt, um sich Material zu holen, daß O'Sullivan, der beiläufig früher Gesandter der Vereinigten Staaten in Lissabon gewesen ist, richtig den Rat bekommen hat, abzureisen, und daß er schon fort ist. Der immer findige Mann hat ferner herausgebracht, daß die „Newyork Times," nach deren Quellen er sich auf meine Bitte erkundigt hat, bei uns von zwei Korrespondenten bedient wird, einem M. Scofferen, der beim Jägerhauptmann von Strantz in Ville d'Avay Gast ist, und einem Mr. Holt White, der in sich Saint Germain aufhält. — Nach acht Uhr ist Graf Bray beim Chef oben im kleinen Empfangszimmer.

Freitag, den 11. November. Diesen Morgen scheint nach dem von Nordwesten her erschallenden Kanonendonner der „Bullerjan" unsrer Sechundvierziger wieder einmal besonders übler Laune zu sein und Feuer und Flammen zu speien. Wir dagegen sitzen noch immer stumm und zahm da. — Der Chef läßt mich die Einnahme von Neu-Breisach telegraphiren und wünscht, daß ich mit dem Engländer Robert Conningsby spreche, der ihn als Korrespondent mehrerer englischer Blätter um eine Audienz gebeten hat. Ich soll ihm vorstellen, daß der Kanzler bedauere, dazu keine Zeit übrig zu haben. Zuletzt gab er mir den Brüsseler „Indiscrète," indem er bemerkte: „Hier ist eine wunderbare Lebensbeschreibung von mir, die sehr komisch ist. Sie werden finden, daß sie so gut zu meiner Natur paßt, wie die Bilder, die man dem Texte beigefügt hat, zu diesem. Vielleicht eignet sich etwas davon für unsre Presse" (Friedrich der Große ließ auch Pasquille auf ihn dem Publikum zugänglicher machen).

Ich erledigte diese Aufträge und fand zunächst in Conningsby einen netten verständigen Mann, der uns wohlzuwollen schien. Er hatte eine Deutsche zur Frau, aber unsre Sprache hatte er sich nicht angeeignet. — Zurückgekehrt, nahm ich den „Indiscrète" vor. Er war das Blatt, auf das sich der Chef neulich bezogen, als er über die Unthaten klagte, die ihm die französischen Journalisten nachredeten. Ich notirte mir einiges als Probe der Fülle von geschmacklosen, plumpen und unsinnigen Verleumdungen, mit denen die französische Presse uns in dieser Zeit bekämpfte. Es hieß da u. a. von unserm Kanzler:

„Er profitirte persönlich und zwar reichlich von den diplomatischen Andeutungen der Ereignisse, welche sich im Dunkeln vorbereiteten, und von dem Einflusse, den die ernsten Nachrichten auf die öffentlichen Fonds ausüben mußten, wenn sie allgemein bekannt wurden; er machte sich das in der Weise zu Nutze, daß er mit sicherer Hand für sich an den Hauptbörsen von Europa spielen ließ. Er hatte sich bei diesen schändlichen Spekulationen auf den guten Glauben des Publikums mit einem Herrn Bleichröder, einem jüdischen Bankier in Berlin, zusammengethan." — „Die Raubgier Bismarcks brachte auf diese Art kolossale Summen Geldes zusammen, die er mit dem Bankier und dessen Helfershelfern teilte."

„Bismarck machte sich als großer Herr mit liederlichen Gewohnheiten häufig das Vergnügen, schöne Damen zu entführen. Wie in seiner Jugend, so trieb ihn auch später zu wiederholten malen seine Lüsternheit an, durch seine Agenten eine Tochter aus dem Hause ihres Vaters, eine Ehefrau aus dem ihres Gatten wegschleppen zu lassen. Eine solche gewaltsame Entführung betraf eine Dame von außerordentlicher Schönheit in Breslau. Er ließ sie an einen Ort bringen, den er in eine Art Serail umgeschaffen hatte. Als er nach einiger Zeit seine Leidenschaft gestillt hatte, warf er seine gierigen Blicke auf eine andere. Man führt außer andern Fällen den an, wo er, verliebt in eine Nonne von wunderbarer Schönheit, dieselbe aus ihrem Kloster fortschleppen und in seine Hände liefern ließ." — „Man zählt in Berlin an fünfzig uneheliche Kinder von ihm. Als entmenschter Gatte macht er seiner rechtmäßigen Frau unaufhörlich Verdruß, er läßt sie die Last seines launenhaften, hitzigen, boshaften und brutalen Wesens fühlen. Er vergißt seine hohe Stellung und behandelt sie wie ein preußischer Bauer, d. h. er traktirt sie mit der Karbatsche, und wie es in Deutschland heißt, kommt das keineswegs selten vor. Im Jahre 1867 wurde er vom Dämon der Eifersucht ergriffen, als er hörte, daß eine seiner Maitressen sich mit einem hübschen russischen Herrn von Adel ins Theater begeben. Indem er sich das Recht zusprach, die, welcher er ein Jahrgehalt gab, zu prügeln, drang er in die Loge ein, in der sie sich befand, und bearbeitete mit kräftigen Karbatschenhieben die runden Schultern der Schönen." — „Als dieser Vesuv von einem Diplomaten im Juni 1867 in Paris war, ging er häufig des Abends in bürgerlicher Kleidung, oft auch inkognito aus, um auf die nächtlich umherschweifenden Schönen Jagd zu machen; man hat ihn abends auf dem Bal Mabille erkannt."

„Folgen wir Bismarck Schritt für Schritt auf den Etappen seines Lebens, so sehen wir ihn immer aus der Politik ein Gewebe von Intriguen machen und dem Ehrgeiz eines stolzen Despoten alles das zur Verfügung stellen, was der menschliche Geist auf dem Gebiete verschlagener Tücke, schurkischer Gesinnung und verbrecherischer Denkart in sich bergen kann. Indem er 1863 dem Volke Preußens seine Freiheit raubte, indem er 1864 das schwache Dänemark niederschlug, dem er zwei Herzogtümer entriß, indem er 1866 Österreich erniedrigte und das Königreich Hannover, das Kurfürstentum Hessen, das Herzogtum Nassau und die freie Stadt Frankfurt wegnahm, indem er diese Staaten entsetzlich prellte, indem er 1870 Frankreich abwürgte, es zu Grunde richtete und ihm den Ölzweig des Friedens versagte, hat Herr von Bismarck immer nur mit kaltem Blute auf den Tod der Unschuldigen spekulirt. Dieser hochfahrende, anmaßende und brutale Mensch wohnt fühllos der Hinrichtung ganzer Völker bei und zeigt der Welt, wie weit es die Menschenseele im Raffinement der Grausamkeit bringen kann."

„Von 1867 an bereitete Preußen mit Eifer den Krieg vor, den es in Zukunft gegen Frankreich zu führen vorhatte. Ohne Unterlaß wurde gerüstet, wurden die Elemente formirt, die es zum

19*

Gelingen nötig hatte. Bismarck als Kanzler des neuen Nordbundes, Roon als Kriegsminister, Moltke als Chef des Generalstabes standen, jeder in seinem Kreise, den geheimen Plänen und dem Ehrgeize des stolzen Despoten zur Seite, welcher Preußen regiert. Moltke in Person und Offiziere des Generalstabes der preußischen Armee durchstreiften einen Teil Frankreichs, um sich an Ort und Stelle von der Genauigkeit der Notizen zu überzeugen, welche der preußischen Regierung eingeschickt worden waren. Sie nahmen Pläne der französischen Festungen, topographische Pläne auf, machten sich Notizen über die Modelle, die für das neue Bewaffnungssystem bestimmt waren. (Es werden einige unglaubliche Beispiele dieser Auskundschaftung der starken und schwachen Seiten Frankreichs mitgeteilt.) Auf Bismarcks und Roons Anregung verbreitete sich eine Wolke von Spionen, hierarchisch gegliedert, reichlich bezahlt, die einen verkleidete Offiziere, die andern dem bürgerlichen Stande angehörig, über ganz Frankreich und berichtete mit Genauigkeit alles, was ihr fleißiges Nachforschen beobachtete. Hohe Beamte des Departements des Krieges und des Innern wurden mit fabelhaften Summen gewonnen, die Einzelheiten zu liefern, welche die preußische Armee kennen zu lernen ein Interesse hatte. Die Legion von Verrätern, welche sich in die Armee Frankreichs eingeschlichen hatte, ist allein daran schuld, wenn Preußen imstande war, mit seinen Truppen so leicht zu manövriren und mit erdrückenden Massen bloße Korps der französischen Armee zu überfallen. Diese heimliche Verräterei ist während des Feldzugs von 1870 nach und nach an den Tag gekommen; die französische Regierung hat Beweise dafür in Fülle."

Kann man unverschämter und zugleich abgeschmackter lügen? Und was für ein Publikum muß das sein, bei dem man dabei auf Glauben rechnet?

Beim Frühstück wurde erzählt, daß Orleans von unsern Truppen wieder geräumt worden sei, und daß die Baiern unter von der Tann dort nur 16 000, die Franzosen aber 40 000 Mann stark seien. „Schad't nichts," rief Bohlen. „Übermorgen ist der Prinz Friedrich Karl heran, und dann wird der Gallier gehauen."

Der Chef aß heute nicht mit uns. Den ganzen Tag über

hatten wir wechselndes Wetter, bald graupelte oder schneite es, bald that sich der blaue Himmel auf, und die Sonne schien. Abends kommt L. und bringt die Nachricht mit, daß der Schriftsteller Hoff, der früher mit ihm den „Nouvelliste“ herausgegeben, sich vergiftet hat, und morgen begraben werden soll. Er habe vom Stadtkommandanten die Weisung bekommen, Versailles ohne Verzug zu verlassen, weil er vor einigen Wochen sich in einem Feldpostbriefe an die „National-Zeitung“ darüber beschwert, daß die englischen Korrespondenten im Hauptquartiere vor den deutschen bevorzugt würden, was beiläufig ganz richtig ist, aber nicht von der Rue de Provence ausgeht. Hoff sei der Sohn eines hervorragenden badischen Abgeordneten und der Bruder des Düsseldorfer Malers. Er habe auch in die „Hamburger Nachrichten“ sowie in die „Augsburger Allgemeine Zeitung“ geschrieben, und schon seit 1864 in patriotischem Sinne. Der Großherzog von Baden, an den er sich gewendet, oder dessen Umgebung habe erklärt, nichts für ihn thun zu können, und so hätte sich der Arme mit Schande bedroht geglaubt und nicht mehr leben mögen, zumal er mit der Ausweisung auch den Verlust seiner Korrespondenzen vor sich gesehen. Der Chef bemerkte, als ich ihm den Fall mitteilte: „Das ist doch recht schade, aber er ist ein Hansnarr; wenn er sich an mich gewendet hätte, so wäre ihm die Sache erspart worden.“

Beim Thee wurde Hoff von Hatzfeldt und Bismarck-Bohlen ebenfalls lebhaft bedauert, da auch Graf Solms ihn gegen sie als einen wohlgesinnten und uns nützlichen Menschen gelobt hatte. Bohlen knüpfte dann an diese Ausweisungsgeschichte näheres über die des honorablen O'Sullivan. Der Chef hätte, als er neulich beim Kronprinzen gespeist, neben dem Amerikaner gesessen und sich mit ihm unterhalten, dabei aber hätte sich seiner das bestimmte Gefühl bemächtigt, daß der Herr mit dem irischen Namen ein politischer Schwindler sei. Nach Tische hätte er infolge dessen mit dem Kronprinzen gesprochen und ihn gefragt, wer ihm den empfohlen. — Der Herzog von Coburg, wäre die Antwort gewesen. — „Nun, Sie nehmen mirs wohl nicht übel, Königliche Hoheit, wenn ich ihn verhaften oder wegschaffen lasse?“ hätte darauf der Chef gesagt.

„Er macht mir den Eindruck, ein Spion und Schwindler zu sein.“ — „Ganz und gar nicht,“ hätte der Kronprinz erwiedert, und darauf sei Stieber beauftragt worden, sich näher nach dem Herrn zu erkundigen. Dies sei geschehen, und die Folge sei gewesen, daß O'Sullivan durch Blumenthal zu sofortiger Abreise aufgefordert und diese Weisung, obwohl seine Frau behauptet, er sei krank, aufrecht erhalten worden sei. — Bohlen, der heute besonders mitteilsam gestimmt schien, erzählte dann noch verschiedene anmutige Geschichtchen von den Herrschaften im Hotel des Reservoirs und zuletzt eine Anekdote von unserm Minister, die wir notiren wollen, obwohl anzunehmen ist, daß bei ihr der Erzähler ein wenig von dem eignen hinzugethan, oder sagen wir, sie auf seinen Ton gestimmt hatte. Sei dem, wie ihm wolle, der Graf berichtete, daß in Commercy eine Frau zum Minister gekommen sei, um ihm zu klagen, daß man ihren Mann, der nach einem Husaren mit dem Spaten geschlagen, verhaftet habe. „Der Minister hörte sie mit wohlwollender Miene an,“ erzählte unser Gewährsmann weiter, „und als sie fertig war, sagte er, ebenfalls mit dem größten Wohlwollen: »Na, gute Frau, Sie können ganz sicher sein, daß Ihr Mann« — dabei strich er sich mit den Fingern um den Hals — »nächstens aufgehangen wird.«“

Die neue imperalistische Zeitung „Situation“ mag ihre Gebrechen haben, sie hat aber auch ihre Meriten. So ist das, was sie in diesen Tagen über die Verwendung Garibaldis in diesem Kriege bemerkte, ohne Zweifel ganz richtig. Es heißt da: „Die Gegenwart Gambettas in Tours hat dort wieder einiges Vertrauen erweckt. Man hofft, er werde der Organisation der Verteidigung neue Thätigkeit einflößen. Indes hat der erste Akt, den der genannte junge Diktator vorgenommen hat, eben keinen sonderlichen Eindruck gemacht. Dieser erste Akt war die Ernennung Garibaldis zum Obergeneral der Franktireurs des Ostens. Garibaldi ist in Frankreich nie als eine ernste Erscheinung aufgefaßt worden. Er wird als ein General der komischen Oper betrachtet, und man fragt sich mit Ungeduld: sind wir denn wirklich schon so weit heruntergekommen, daß wir unsre Zuflucht zu dieser politischen Theaterpuppe nehmen müssen? Unter dem Vorgeben, die Begeisterung zu erwecken und der Nation Schwung zu verleihen, verletzt man die Eigenliebe der Nation bis ins Innerste hinein. Aber Sie wissen ja, die Leute, welche sich angemaßt haben, uns zu regieren, sind Advokaten, sie lieben den Redepomp, die großen tönenden Phrasen: die Theatercoups. Die Ernennung Garibaldis ist eins von diesen Effektstücken, das man mit wirkungsvollen Redensarten ausstaffirt hat: im Munde der Regierung der nationalen Verteidigung bedeutet diese Ernennung die Vereinigung der freien Völker, die republikanische Solidarität. Indes wäre möglich, daß Herr Gambetta, ärgerlich geworden über Garibaldis Manieren und seine Gegenwart in Tours, die leicht ein Element des Zwiespalts werden kann, ihn vorzüglich deshalb nach dem Osten geschickt hätte, um sich seiner zu entledigen. Man bezweifelt stark, daß er etwas leisten wird, aber die Leute, die immer Argumente zur Hand haben, sagen uns: »Es ist ein glorreicher Name,« und damit denken sie alles beantwortet zu haben."

Sonnabend, den 12. November. Früh heller Himmel. Der Chef bekommt von Militärmusik ein Morgenständchen. Später werde ich zu ihm gerufen, um Aufträge zu empfangen. Ich ziehe Berichte über die Vergangenheit Cluserets, des alten Soldaten der roten Revolution, aus, der jetzt die Streitkräfte der im Entstehen begriffenen südlichen Föderirten organisiren soll, und stelle die Zahlen der seit der Kapitulation von Metz wieder in deutsche Gefangenschaft geratenen Franzosen zu einer Übersicht zusammen. Es sind beinahe 14000 Mann, die sich in Schlettstadt, Fort Mortier, Neubreisach, Le Bourget, Monterau, Verdun und bei einigen kleinern Affären ergeben haben und nun auf dem Wege nach Deutschland sind.

Beim Frühstück ist Wollmann, der eben angekommen, zugegen. Beim Diner haben wir Dr. Lauer als Gast unter uns. Es giebt geräucherte Maränen, pommersche Gänsebrust, eine Stiftung Buchers, der sie seinerseits als Liebesgabe von Robertus bekommen, Magdeburger Sauerkraut und Leipziger Lerchen, vermutlich ebenfalls Gaben der Heimat. Bei den Maränen wird der Chef abgerufen. Er geht durch den Salon und kommt durch die eine der auf die Hausflur mündenden Thüren mit einem Offizier in preußischer Uniform, der einen Vollbart trägt, in das Speisezimmer zurück, durch welches sie sich dann in den Salon begeben. Man hört, daß der Offizier der Großherzog von Baden ist. Nach etwa zehn Minuten ist der Minister wieder bei uns. — — — Man kam auf Arnim-Boitzenburg zu sprechen, den frühern Minister, von dem der Chef sagte, daß er in Aachen sein Vorgesetzter gewesen, und den er als „liebenswürdig, gescheit, aber zu keinem stetigen Handeln und energischen Auftreten geneigt," charakterisirte. „Wie ein Gummiball, der aufhüpft und wieder aufhüpft und so fort, aber immer schwächer, und zuletzt ists gar nichts mehr. Erst hatte er eine Meinung, dann schwächte er sie durch Selbstwiderlegung, dann kam ihm wieder ein Einwurf gegen die Widerlegung, bis schließlich gar nichts übrig blieb und nichts in der Sache geschah." — Delbrück lobte den Schwiegersohn als unterrichtet und geistreich, meinte aber, er sei teilnahmslos und ohne Streben. — „Ja," bestätigte der Chef, „er hat keinen Nackensatz im Aster." Dann fügte er hinzu: „Übrigens ist er ein guter Kopf, aber seine Berichte, heute so, morgen so, oft an demselben Tage zwei grundverschiedene Ansichten, — es ist kein Verlaß darauf" — Von dem Mangel an Ehrgeiz bei Arnim nahm jemand Veranlassung, das Gespräch auf das Gebiet der Orden und Titel zu bringen, wobei Abeken als Kenner und Liebhaber solcher Delikatessen lebhaft mitsprach, während er vorher zusammengeduckt und mit niedergeschlagnen Augen dagesessen und bisweilen einen verstohlnen Blick auf den Minister geworfen hatte. — — — Der Chef erzählte, daß seine erste Dekoration die Rettungsmedaille gewesen, die er dafür bekommen, daß er einen Diener aus dem Wasser gezogen habe. „Exzellenz, fuhr er fort, „wurde ich erst auf dem Schloßhofe in Königsberg, 1861. In Frankfurt war ichs wohl, aber keine preußische, sondern eine Bundesexzellenz. Die deutschen Fürsten hatten nämlich beschlossen, daß jeder Bundesgesandte Exzellenz sein sollte. Ich habe mich übrigens nicht besonders darnach bemüht und hernach auch nicht allzuviel darauf gegeben — ich war ohne das ein vornehmer Mann."

Nach Tische Artikel für L. gemacht und andre zum Abdruck angestrichen.

Sonntag, den 13. November. Der Minister blieb heute

ungewöhnlich lange im Bette und ging auch nicht in die Kirche. Er schien nervös und in übler Stimmung zu sein, wohl vom vorigen Abend her. Nachdem die gewöhnlichen Morgenarbeiten erledigt waren, ging ich hinaus nach La Celle Saint Cloud, wo H. mit seinem Premierleutnant auf Vorposten stand, und zwar an einer Stelle, wo der Mont Valérien, den wir neulich vergeblich gesucht, wirklich zu sehen ist. Der Weg durch das Dorf und den Berg hinauf nach dem Replis war bald gefunden und zurückgelegt. Ich mußte dabei eine Lichtung zwischen den Bäumen vermeiden und einen Umweg machen, da man vom Fort hierher sehen konnte und schon in dieser Richtung geschossen hatte.

Es sieht hier unter dem Wipfeldach des Waldes sehr kriegerisch aus. Kleine Lager und Bivouaks mit Gewehrpyramiden, neu gezimmerte Bretterbaracken wie große Hundehütten gestaltet zwischen den Stämmen des Gehölzes, weiterhin kleine weiße Zelte, überall allertiefster Kot. Ich treffe bei einem hübschen mit Grün bewachsenen Häuschen, zu dem eine Brücke von Fensterladen und anderm Bretterwerk über den Schmutz führt, den Premierleutnant Kr., der mich zu H. bringt. Dieser hat mit zwei Offizieren, von denen der jüngere neulich in Chesnay die Rolle der Cancantänzerin mit so viel Elastizität gab, und einem Militärarzt ein Quartier inne, in das er sich vor drei Monaten schwerlich hineingeträumt haben wird. Die Herren wohnen in einem Kiosk der Kaiserin und sind in einem Stübchen rechts vom Eingang soeben beim Essen, wobei es — wie seit Wochen, sagt H. — von animalischen Speisen nichts als Hammelfleisch giebt. Vor dem Hause stehen die Gewehrpyramiden der 6. Kompagnie des 46. Regiments, daneben liegen auf ausgehobnen Thüren und Jalousien, des Kotes wegen, die Tornister der Leute. Die Thüren, aus denen man auch hier einen Steg über den Schlamm konstruirt hat, sind zum Teil vergoldet. Drin im großen Saale ists voll von polnischen Kriegsleuten, die auf Strohschütten herumliegen und einen ganz erschrecklichen Tabak rauchen. Premierleutnant H. warnt mich vor dem Sopha in der Stube. Ungeziefer! Er hat heute an sich selbst eine betrübende Entdeckung gemacht. Sonst ists bis auf den ewigen und unabänderlichen Hammel hier auszuhalten, obwohl die Gegend nicht recht geheuer ist. Der Mont Valérien schießt nämlich über den Bergrücken, wo der Kiosk Eugeniens steht, hinweg und bis Louveciennes, und es ist ein Wunder, daß die Franzosen dem Hause noch keine Granate zugesandt haben. Während wir bei der Flasche sitzen, wird vom Fort zweimal gefeuert. Nach dem Essen führt uns H. nach dem Observatorium dieses Außenpostens, einem Platze zwischen Maronenbäumen, wo man den bösen „Baldrian" jenseits des waldigen Abhanges mit bloßen Augen so deutlich sieht, daß sich die Fenster der großen Gebäude zählen lassen. Über Paris steigt eine schwarze Rauchwolke auf — ein Brand? Man empfiehlt uns Vorsicht. Wir sollen uns möglichst hinter den Baumstämmen halten und an einer offenen Stelle im Graben weiter gehen, den man aufgeworfen hat. Wir erfahren, daß unsre äußersten Vorposten unten am Saume des Waldes stehen, also ungefähr achthundert Schritt von unserm Standorte; ein Stück weiter herauf zieht sich eine zweite Kette von Schildwachen hin. Der Kiosk sehnt sich sehr nach dem Beginn des Bombardements, begreift dessen Verzögerung nicht und will munkeln gehört haben, daß der Einfluß von Damen — „Schürzen," drückte sich der Betreffende aus — dabei mitspiele. Kiosk, ich fürchte, Du bist nicht auf falscher Spur.

Nach einer Stunde ging ich wieder, nachdem man mich, der Dämmerung halber, die mich auf dem Wege überfallen konnte, mit dem heutigen Paßworte ausgerüstet hatte. Es lautete: „Freßbeutel, Berlin," während es gestern oder vorgestern „Erbswurst, Paris" geheißen hatte. Nahrhafte Einfälle! Auf dem Wege nach dem Dorfe hinunter überholte ich einen Musketier, der einen gefangnen Zuaven eskortirte. Ich legte die Meile von hier bis auf die Rue de Provence in wenig mehr als einer Stunde zurück.

Der Chef aß heute nur die Suppe und etwas Ragout mit uns und ging dann in Generalsuniform mit Helm und mehreren Orden fort, um beim Könige zu speisen. — — — Abends wollte er noch die unwahre Nachricht eines süddeutschen Blattes, Graf Arnim sei vor seiner Abreise nach Rom im Hauptquartier zu Besuch gewesen, dementirt haben. — — —

Ich notirte mir vorgestern eine Probe der Art, wie die Franzosen uns verleumden. Heute stoße ich in den Zeitungen auf eine Zusammenstellung von Beispielen ihrer Verlogenheit in diesem Kriege. Ein Sammler hat der „Post“ eine Addition der Zahlen von Menschen zugesandt, welche dieser Krieg uns nach Angabe der französischen Bulletins bis jetzt gekostet hat. Man traut seinen Augen nicht, wenn man die Wunder sieht, welche Chassepot und Mitrailleuse an unserm Heere verrichtet haben sollen. Wir haben nach diesen Berichten von Anfang des Krieges bis Ende Oktober nicht weniger und nicht mehr als ungefähr zwei Millionen Mann verloren, und es befinden sich darunter eine Menge von erlauchten und berühmten Namen. Der Prinz Albrecht, der Prinz Karl, der Prinz Friedrich Karl, auch der Kronprinz tot, von einer Kugel oder von Krankheit dahingerafft. Treskow niedergemäht, Moltke begraben. Sogar der Herzog von Nassau starb den Heldentod fürs Vaterland, obwohl er gar nicht mit zu Felde gezogen. Der Bundeskanzler ist unter Schüssen oder Säbelhieben gefallen, als er den Versuch gemacht hat, eine Meuterei bairischer Soldaten zu beschwichtigen. Der König endlich ist, gequält von Gewissensbissen darüber, daß er „den heiligen Boden“ Frankreichs mit Krieg heimgesucht, in Wahnsinn verfallen. Und solche Lügenbolde nehmen sich heraus, mit mäßigem Witz L.'s Moniteur Menteur zu nennen!

Montag, den 14. November. Der Chef ist unwohl und bis zum Diner nicht zu sehen. Mittags zwölf Uhr reist Bölsing ab, um über Nanteuil, Nancy und Frankfurt nach Hause zurückzukehren. Bei Tische Graf Maltzahn, starker Herr, Kotellettenbart, blaue Uniform, Johanniter, zugegen. Derselbe erzählt, daß Franktireurs in einem Dorfe Husaren von uns angegriffen. Bairische Jäger, die dabei gewesen, hätten die Freischärler aus den Häusern verjagt, und die Husaren hätten sie dann über das Feld hin verfolgt, wobei sie 120 von 170 niedergesäbelt hätten. — „Nun, und die drei Übrigen?“ fragte der Chef, welcher die Zahlen wohl nicht recht gehört hat. „Die sind nicht erschossen? Ja, es ist schlimm, man schont diese Meuchelmörder viel zu sehr. — Ich erinnere mich, in Saint Avold, da hatte ich Mühe, aus der Proklamation, welche den Kriegszustand verkündigte, eine Anzahl von Fällen wegzubringen, für die der Tod angedroht werden sollte. Es blieben — da sie sich sperrten und sagten, das müsse bleiben, das gehöre zum Kriegsgebrauch, u. s. w. — da blieben immer noch ein halb Dutzend, die zu viel waren. Und jetzt — bleibt alles auf dem Papier. Wen die Soldaten nicht auf der Stelle totschießen oder hängen, der ist sicher. Das ist ein Verbrechen gegen unsre eignen Leute."

L. erzählt als sicher, — will es von P. haben — daß der Herzog von Koburg bei Bleibtreu ein großes Gemälde bestellt, auf dem er während der Schlacht bei Wörth mitten unter die kämpfenden in Pulverdampf gehüllten Truppen sprengt und von ihnen, als wäre er der Sieger, akklamirt wird. Wenn das wahr, kommt das Bild wahrscheinlich neben das von Eckernförde zu hängen. Und warum nicht? Es sieht gut aus. Poetische Lizenz, weshalb nicht auch malerische Lizenz? Künstler sind keine Geschichtschreiber.

Beim Thee äußert Hatzfeldt, daß Rußlands Haltung ihn besorgt mache; es scheine bei Gelegenheit des jetzigen Krieges den Frieden von 1856 annulliren zu wollen, und darüber könnte es zu bedenklichen Dingen kommen. — Ob der Chef wohl gleicher Ansicht ist?

Man könnte nach manchem Eintrag auf den vorigen Blättern meinen, daß den Franzosen alles politische Urteil abhanden gekommen sei und nur noch die Leidenschaft und die Verblendung das Wort führten. Indes giebt es doch Ausnahmen und möglicherweise viele, die ihre fünf Sinne noch beisammen haben und ihre Vernunft zu brauchen im Stande sind. Ein Brief, der in diesen Tagen im „Moniteur" veröffentlicht werden soll, weist mit seinen Gedanken auf eine solche Ausnahme hin. Es heißt darin — ein wenig rhetorisch, aber dem Inhalte nach recht verständig:

„Wie sollen wir aus der Sackgasse herauskommen, in die Frankreich sich verrannt hat? Ein großes Land zerstückelt, gespalten, gelähmt durch die Gewalt, welche es beherrscht, und noch mehr durch die Wirren, die von ihm selbst ausgehen, eine ganze Nation ohne Regierung, ohne Oberhaupt, ohne bekannte Centralgewalt, ohne einen Mann, der sie vertreten und für sie sprechen könnte — das ist unsre Lage. Kann sie ins Unendliche sich verlängern? Sicherlich nein. Aber wie herauskommen? Das ist die Frage, die sich alle verständigen

Leute vorlegen, die Frage, welche auf allen Seiten aufgeworfen wird, und auf welche es keine Antwort zu geben scheint. Man muß indes eine finden, sie muß bald gefunden werden und eine entscheidende sein.

Wenn man sich fragt, welche Autorität nach diesem großen Schiffbruche noch aufrecht steht, so sieht man nur eine, eine einzige, an welche das Land sich wie an die letzte Hülfe anklammern könnte, und das sind die Generalräte. Diese sind die einzige Autoritäten, um die Frankreich sich in seiner verzweifelten Lage sammeln kann, weil sie gegenwärtig die einzige sind, welche ein Ausfluß der Nation ist. Diese Körperschaften sind infolge ihres Wesens, infolge der Erfahrung und der hohen Achtbarkeit der Männer, aus denen sie bestehen, infolge der Kenntnis, die sie in jedem Departement von den Bedürfnissen, den Interessen und der Denkart der Bevölkerung besitzen, aus der sie hervorgegangen sind, und in deren Mitte sie leben, die einzigen, die sich in der Lage befinden, auf ihre Auftraggeber eine unbestrittene moralische Einwirkung zu üben.

Welche Rolle aber werden die Generalräte unter den gegenwärtigen Verhältnissen spielen können? Diese Rolle ist ihnen, wie es scheint, durch den Stand der Dinge vorgezeichnet. Mögen sie die bei den letzten Wahlen gewählten Abgeordneten zur Seite, sich in jedem unsrer Departements vereinigen. Mögen sie sich durch alle möglichen Mittel in den noch freien, wie in den von den deutschen Streitkräften besetzten Departements von Ort zu Ort miteinander in Verbindung setzen, um in Übereinstimmung zu handeln. Mögen sie durch eine entschiedene und verständige Kundgebung sich an die gesunde Vernunft der Masse wenden. (Was allerdings wie die Vereinigung so vieler Körperschaften zu einem Glaubensbekenntnis und Plan nicht leicht sein und jedenfalls Zeit erfordern würde.) Möge ein allgemeines Votum, eine nationale Willensäußerung hervorgerufen und organisirt werden. Die Nation, deren Souveränetät man ausruft, hat sich durch drei feierliche Abstimmungen einer Regierung unterworfen; ihr allein gebührt es, sich jetzt über das auszusprechen, was sie gethan hat, und, wenn sie es für notwendig hält, ein neues Regiment einzusetzen. Wer würde ihr das Recht zu bestreiten wagen? Wer würde es wagen, sich dem Lande ohne Berechtigung zu substituiren und ohne Auftrag über die Geschicke der Nation zu bestimmen?

Ich weiß wohl, was man mir einwerfen kann. Ich weiß, mit welchen Schwierigkeiten, welchen Gefahren diese großartige Kundgebung umgeben sein würde. Aber trotzdem muß sie stattfinden; denn es giebt jetzt keinen andern Ausweg. Es ist eine traurige Wahrheit, aber es muß gesagt werden, weil es sich in der That so verhält; ich bin überzeugt, daß gerade die gegenwärtig von den deutschen Streitkräften okkupirten Departements es sind, in denen die allgemeine Abstimmung sich am vollständigsten und freiesten vollziehen würde. Der Grund ist der, daß die Deutschen wie wir selbst ein entschiedenes Interesse daran haben, daß bald ein endgiltiger Friede zustande kommt, und daß ihre Anwesenheit allein schon die Agitatoren abhalten würde, die freie Kundgebung des Nationalwillens durch Vergewaltigung zu fälschen. Aber in den andern Departements? In den Teilen Frankreichs, wo sich in diesem Augenblicke alle Elemente der Unordnung und der Anarchie hervordrängen und rüsten? Wohlan, selbst in diesen Departements ist, dessen bin ich überzeugt, der freie Ausdruck des Nationalwillens, welcher er auch sei, sehr möglich. Wissen wir denn nicht, daß die Agitatoren, die Terroristen, die Elemente des Umsturzes und der Einschüchterung allenthalben — ja allenthalben, selbst in Paris, ihrem Hauptquartier — sich in einer winzigen Minorität befinden, (die aber dreist und rührig ist, während die verständigen Leute, die Freunde der Ordnung sich nicht hervorwagen und die Dinge gehen lassen) und daß es stets genügt hat, sie in ihr Nichts zusammenschwinden zu lassen, wenn diejenigen sich zeigten, welche regelmäßige Zustände wollen."

Der Artikel schließt: „Und wenn die Nation diese verhängnisvolle Notwendigkeit nicht begriffe, wenn sie sich in Entmutigung und feiger Teilnahmlosigkeit selbst aufgäbe, dann müßte man das Haupt beugen, eingestehen, daß wir nicht nur besiegt, sondern vernichtet wären und unsre Erlösung nur noch von einem unmöglichen Wunder erhoffen."

Dienstag, den 15. November. Der Chef befindet sich noch immer unwohl. Magenkatarrh, sagen die einen, Gallenerregung, meinen die andern. „Die Leute vom Hofe halten heute ihre Sachen gepackt," berichtet Theiß, und dies wird beim Frühstück bestätigt, doch mit dem Hinzufügen, Kanski habe vermutlich die ihm Untergebnen nur probiren und für solche Fälle, die jetzt möglich geworden wären, einüben wollen. Zwischen hier und Orleans stünden die Dinge vorläufig für uns nicht so, wie zu wünschen. Auch der Minister spricht, nachdem er sich mit uns zu Tische gesetzt, von der Möglichkeit, daß wir zurückgehen, also Versailles für einige Zeit räumen müßten. Ein Vorstoß von Dreux her, kombinirt mit einem großen Ausfall aus Paris wäre nicht undenkbar, und selbst ein Laie könne sich vorstellen, daß ein erfolgreicher Versuch dieser Art, bei dem nicht bloß Hof und Generalstab, sondern auch das hauptsächlichste Belagerungsgeschütz Gefahr liefe, dem Feinde in die Hände zu fallen, die einzige Aussicht auf Rettung für Paris böte, und daß man ihn deshalb sehr wohl ins Auge gefaßt haben könnte. — Dann giebt er nach Durchlesung einer Depesche aus Paris Hatzfeldt die Weisung, zu erklären, daß die betreffenden Amerikaner herausdürften, die Rumänier aber, für die ebenfalls um Erlaubnis zur Abreise durch unsre Linien gebeten worden, nicht; er habe seine Gründe dazu, bemerkte er. — — — Es wird noch berichtet, daß der Pastor von Bärwalde in Pommern eine stattliche Liebesgabe von sechs gebratenen Gänsen in Blechbüchsen eingesandt hat, eine für den König, eine für den Kronprinzen, eine für den Chef, eine für Moltke u. s. w. Wir leben hier überhaupt seit einigen Tagen wie in Kanaan. Fast alle Tage kommen Gaben an Spickgänsen, Wildpret, Pasteten oder edlen Würsten, an Zigarren und guten Getränken, und die Speisekammer faßt bisweilen kaum die Körbe, Flaschen und Fässer, welche diese und andre Vorräte bergen.

L., der eine Tarnkappe oder ein magisches Hörrohr haben muß, das durch sieben Schlüssellöcher hinter einander ihm zugehen läßt, was hinter dem letzten gesprochen wird, will wissen, es sei ein russischer Diplomat im Hauptquartier eingetroffen, der die Anzeige überbracht habe, daß das Petersburger Kabinet die Rußland 1856 auferlegten Beschränkungen in Betreff des Schwarzen Meeres als aufgehoben betrachte oder aufgehoben zu sehen wünsche. Er fragt, ob ich etwas davon wisse. Ich verneine das und rate ihm ab, über die Sache zu korrespondiren.

Beim Thee wird erzählt, daß Savigny, der jetzt in Abwesenheit des Chefs sich viel in Wilhelmstraße Sechsundsiebzig zu thun mache, die Herren im Chiffrirbüreau stark in Anspruch nehme, da er es bei keiner Arbeit unter drei oder vier Konzepten thue, die man ihm dann jedesmal abschreiben müsse. Ein früherer Staatssekretär, Gruner oder von Gruner, soll die Gabe, Gedanken zu haben und sie rasch zu Papier zu bringen, in noch karger bemessenem Grade besessen und es selten über den Anfang zu einem Konzepte hinausgebracht haben. „Fortsetzung und Schluß mußte ihm Hepke liefern, der ihm seine Stelle verdankte." Traumbücher und vergeblich zerkaute Federn gehören wohl am Ende nicht so eigentlich in ein Auswärtiges Amt, indes hatte das in der guten alten Zeit vor Bismarck nicht viel zu bedeuten.

Abends verschiedene Ballonbriefe gelesen, darunter einen vom 3. November, der sich als der Ausdruck der Meinung eines vornehmen Mannes über den jetzigen Zustand in Paris zum Abdruck im „Moniteur" und anderswo eignen wird. Er lautet, mit Paul unterschrieben und an den Marquis de Gabriac, Chargé d'Affaires in St. Petersburg gerichtet, mit Weglassung der Adresse und der Unterschrift, in deutscher Übersetzung:

„Mein lieber Joseph,

Ich hoffe, daß Dir meine letzten Briefe richtig zugekommen sind. In dem einen teilte ich Dir meine schlimmen Ahnungen mit, die seitdem durchweg zur Wirklichkeit geworden sind; in dem andern zeigte ich Dir meine Ankunft in Paris an, wohin ich abgegangen war, als ich erfahren, daß es angegriffen werden würde; in einem dritten erzählte ich, wie man niemals weniger frei ist als unter dem Regimente der Freiheit, wie man da nicht ausgehen kann, ohne sich der Gefahr auszusetzen, als Spion beiseite gebracht zu werden, und wie endlich die Leute vom Volke das Recht zu haben glauben, die Bürger unter dem Vorwande, sie seien Ihresgleichen, zu beleidigen. Heute will ich Dir Nachricht über mich und die Belagerung geben, obwohl Du über die letztere ohne Zweifel ebenso wohl unterrichtet sein wirst als ich.

Mein Gewerbe als Nationalgardist ist weit davon entfernt, immer angenehm zu sein. Oft kommt es vor, daß ich siebenundzwanzig Stunden lang Wachtdienst auf den Wällen thun muß, womit die Pflicht zusammenhängt, mitten in der Nacht, das Gewehr im Arme, auf den Bastionen hin und her zu spazieren. Wenn es regnet, ist das sehr verdrießlich, und immer ist es sehr langweilig, und zwar umso mehr, als man nach dem Eintritt ins Wachthaus sich auf Stroh, das voll Ungeziefer ist, hinlegen muß, wobei man alle Kleinkrämer, Schenkwirte und Bedienten des Viertels zu Schlafkameraden hat. Mein Name und meine Stellung sind weit davon entfernt, mir zu nützen, im Gegenteil, sie schaden mir, indem sie Neid und Eifersucht erwecken, die sich dann nicht zu verbergen wissen. Wenn es aber einen schlechten Platz giebt, einen Ort, wo das gemeinsame Strohlager ganz besonders schmutzig ist, oder wo es unaufhörlich hereinregnet, so ist es beinahe immer derjenige, der mir unter dem Vorgeben zugewiesen wird, man dürfe mich nicht begünstigen. Trotzdem läßt mich das Gefühl der Pflicht über alle diese Verdrießlichkeiten hinwegsehen. Was mir am meisten widersteht, ist die Verpflichtung, die Wache im Innern der Stadt in der Nähe von Pulvermühlen zu beziehen. Mir kommt's vor, als ob das Sache der neuen Stadtsergeanten wäre, die beiläufig nichts thun aus Furcht, die heitre Ruhe der Bürger zu stören.

Neulich ging ich früh sechs Uhr bei eisigem Nebel zum Exerzieren im Feuer nach dem Polygon von Vincennes; den Tag darauf mußte ich abermals schon um fünf Uhr aufstehen, um mich auf die Mairie zu begeben, wo mein Hausmann zum Korporal gewählt werden sollte. Endlich hatten wir am 29. Oktober 27 Stunden Wachtdienst im Zirkus der Kaiserin, der in eine Patronenfabrik verwandelt worden ist. Ich dachte mich nun ein wenig ausruhen zu können, als plötzlich am Abend des 31. die Alarmtrommel erschallte und ich meine Uniform wieder anziehen mußte, um nach dem Stadthause zu gehen. Hier blieben wir von zehn Uhr abends bis zur fünften Morgenstunde. Ich meinesteils befand mich gerade vor der berühmten Thüre, welche die Mobilen einzuschlagen versucht haben, und etwa fünfzig Schritte von ihr entfernt. Wenn es ihnen gelungen wäre, so würde es an dieser Stelle ganz entschieden einen Kampf gegeben haben, und ich würde ohne Zweifel bei der ersten Salve getroffen worden sein. Glücklicherweise fand man Mittel, durch ein Souterrain ins Stadthaus einzudringen, und wir verließen dasselbe auf diesem Wege, wobei uns ein Dutzend Kugeln nachgeschickt wurden, von denen aber niemand getroffen wurde. Immer wird unser Bataillon auf die Tagesordnung gesetzt: es ist das 4., das Deinen Kollegen M. zum Kommandanten hat. Ich bin glücklich, diesem Tage, der in der Geschichte einst berühmt sein wird, beigewohnt und zu seinem glücklichen Ausgange beigetragen zu haben.

Am Abend vor dem Tage, wo der Wohlfahrtsausschuß zusammentrat, begab ich mich gegen fünf Uhr auf den Platz vor dem Stadthause, um ein wenig frische Luft zu schöpfen und mir Bewegung zu machen. Da sah ich, von einer beträchtlichen Menge Menschen umgeben, einen wüthenden Schreihals, der, indem er nach der Kathedrale hinwies, die Leute gegen die Geistlichkeit aufhetzte. »Dort ist der Feind,« sagte er, »der Feind sind nicht die Preußen; die Kirchen sind's, die Priester und die Jesuiten sind's, sie, die unsre Kinder demoralisiren und verdummen. Man muß die Kathedrale niederreißen und zerstören, um einen Straßendamm daraus zu machen.« Heute ist alles ruhig, Dank den Kanonen und Truppen (Mobilen und Nationalgardisten), welche die ganze Linie der Champs-Elysées und der Tuilerien besetzt halten.

Welch ein Krieg, mein lieber Joseph! Es giebt in der Weltgeschichte kein Beispiel eines ähnlichen Ereignisses; denn Cäsar hat auf die Eroberung Galliens im Zustande der Barbarei sieben Jahre verwendet, und wir sind binnen drei Monaten mit Krieg überzogen und zu Grunde gerichtet worden!

Mit der kaiserlichen Familie scheint es für immer aus zu sein. Da wird's eine Partei weniger geben — und vielleicht wird das uns zum Vorteil gereichen.

Bis jetzt bin ich noch nicht genötigt gewesen, Pferdefleisch zu essen, aber das Rindfleisch ist von einer beklagenswerten Härte, und das Büffelfleisch, das aus dem Botanischen Garten kommt, und das mir neulich aufgetragen wurde, taugt wenig mehr. Ich bin hier ganz allein, was nicht vergnügt stimmt, aber Dank der Musik und der Lektüre, denen ich mich in reichlichem Maße widme, langweile ich mich niemals.

Wenn es einen Waffenstillstand giebt, und Du mir schreiben kannst, so unterlaß das nicht; denn es liegt mir viel daran, Deine Meinung über alles zu erfahren, was sich begiebt. Ich möchte Dich auch den Namen eines französischen Diplomaten wieder ein wenig zu Ehren bringen sehen, der heutigen Tages zur Lächerlichkeit geworden ist." — — —

Ich bin hiermit in der Mitte des Feldzuges und zugleich in der Mitte der Reihe von Erinnerungen angelangt, die mein während desselben geführtes Tagebuch enthält, und es scheint mir hier passend, einen Versuch zur Charakterisirung desjenigen von den Herren in der Begleitung des Bundeskanzlers einzuschalten, der mir damals und seitdem immer als der bedeutendste unter ihnen erschien. Ein paar Worte zur Ergänzung dessen, was im vorhergehenden an verschiedenen Stellen über den bemerkt ist, der meiner Auffassung zufolge nach ihm die erste Stelle einnahm, sollen dann diese erste Hälfte meiner Mitteilungen beschließen. Mehr oder minder ausgeführte Porträts der übrigen glaube ich für jetzt zurückstellen zu müssen.

Elftes Kapitel.

Lothar Bucher und Geheimrat Abeken.

Nicht oft geschieht es, daß auf Männer, die aus politischen Gründen dem Lande ihrer Geburt und ihrer bisherigen Wirksamkeit den Rücken zu kehren genötigt sind, langer Aufenthalt in der Fremde günstigen Einfluß übt. Nur ganz besonders gute Naturen bewahren dort, was tüchtig an ihnen ist, entwickeln und klären es und legen die Täuschung ab, die sie aus den oder jenen Gründen in den Tagen, die hinter ihnen liegen, befangen und ihr Handeln auf falsche Wege geführt hat. In der Regel scheint der Flüchtling — ich urteile nach persönlichen Erfahrungen, die ich in den Vereinigten Staaten und in der Schweiz sammelte — sehr bald die rechte Fühlung mit dem Leben in der Heimat zu verlieren, und so bewahrheitet sich das Sprichwort: „Tempora mutantur, et nos mutamur in illis“ bei ihm gewöhnlich nur in seiner ersten Hälfte. Unbekümmert um die alles ändernde Zeit, mit wenig oder gar keinem Verständnis für neu auftretende, mehr aus der Tiefe kommende Mächte, Bedürfnisse und Bestrebungen, bewahrt er das Bild in sich, das jenes Leben darbot, als er über die Grenze ging. Verbittert über mißlungene Versuche, eine Umgestaltung der Dinge im Sinne seiner Überzeugung herbeizuführen, verdrossen, in sein „Prinzip“ und die daraus abgeleiteten Dogmen verbissen, beschränkt er sich, da er daheim nicht mehr mitschaffen kann, auf eine Kritik, die alles besser weiß, obwohl sie in Wahrheit nichts Ordentliches mehr weiß. Einige verkommen auf diese Weise geistig einsam in einer Welt voll Illusionen. Die Mehrzahl schließt sich Koterien an, deren Mitgliedern es ungefähr ebenso ergangen ist wie ihnen, kultivirt mit ihnen die von Hause her mitgebrachten Phrasen und gefällt sich mit ihnen in ohnmächtigen Verschwörungen. Viele werden dabei vollständig und für immer untauglich zu gerechtem und fruchtbringendem politischen Denken und Thun. Manche verkümmern in unkritischer Ideologie und Phantasterei, andre vergessen die Heimat und schließen sich einem neuen Volkswesen an, das ihnen nun weit über dem des Vaterlandes steht, wieder andre kehren zwar, wenn der Zwang, in der Verbannung zu leben, beseitigt ist, heim, sehen aber die Welt, die sich inzwischen hier gestaltet hat, mit Siebenschläferaugen an, die nicht begreifen und deshalb sich nicht freuen können, daß es anders und ohne das von ihnen verehrte Ideal besser geworden ist.

Indes finden sich, wie gesagt, Ausnahmen, und mit solchen begeben sich dann daheim zuweilen wunderbare Dinge. Sie haben außer einem warmen Herzen einen im Grunde klaren und scharfen Verstand, einen guten Fonds von Wissen, den Trieb, ihn zu vermehren, und einen selbständigen, nicht in das politische Heerdenwesen verschwimmenden Charakter mitgenommen, und das kommt ihnen nunmehr zu Gute. Unfreiwillige Muße giebt Zeit zum Ueberlegen der Vergangenheit, zum Prüfen des Auslandes, zu Vergleichen desselben mit dem Vaterlande, zur Erkenntnis der Mängel und der Vorzüge des einen und des andern, und so zu stufenweise sich vollendender Läuterung des Urteils in den verschiedensten Richtungen. Mancher hat auf diesem Wege in der Fremde zwar allerlei Gutes, das Ideal aber, das er dort verwirklicht glaubte, nicht gefunden, mancher erst dort das Vaterland ganz und voll ehren gelernt und den rechten Weg, ihm zu dienen, erkannt.

Zwei Beispiele von solchen Männern stehen mir, während ich dies schreibe, neben vielen andern vom Gegenteil vor Augen, beide zu Anfang radikale Demokraten vom Scheitel bis zur Ferse, beide dann vom Leben erzogen, zuletzt Realpolitiker, die beim Erstreben bürgerlicher Freiheit Maß und Möglichkeit kennen und achten, vor allen Dingen aber sich in den Dienst derjenigen Freiheit stellen, welche in der durch Einigung der Nation erreichten Sicherheit und Unabhängigkeit gegenüber der Macht und dem Herrschergelüste des Auslandes besteht.

Ein solcher Mann war Karl Mathy, der radikale Journalist,

der Schulmeister von Grenchen, der Freund Mazzinis, der eifrige Patriot in der Paulskirche, der mit allen Kräften der deutschen Einheit zustrebende badische Minister, und ein zweiter solcher Mann ist der Gegenstand dieser Charakterzeichnung. .

Adolph Lothar Bucher, von der Presse nicht ganz zutreffend als die „rechte Hand Bismarcks" bezeichnet — ich will hiermit nicht sagen, daß irgend einem andern Rate dieses Prädikat zukäme oder zugekommen wäre — nicht entfernt! — sicher aber der geschickteste, tiefste und gesinnungsvollste unter den Gehilfen des Reichskanzlers und derjenige, welcher ihm am ergebensten ist und sich seines Vertrauens im höchsten Maße erfreut, ist am 25. Oktober 1817 geboren, also gegenwärtig ein angehender Sechziger und etwa dritthalb Jahre jünger als der Fürst von Bismarck selbst. Seine Geburtsstadt ist Neustettin. Aber schon als zweijähriges Kind kam er nach Köslin in Hinterpommern, wo sein Vater, ein tüchtiger Philolog und Geograph und, was zu beachten, ein Freund Ludwig Jahns, Professor und Prorektor am Gymnasium geworden war, und wo der Knabe nun den ersten Unterricht und die ersten bewußten Eindrücke vom Leben und der Welt empfing. In einem Märchen so schalkhaft anmutig und so voll von poetischer Wehmut zugleich, daß mancher es dem ernsten, nüchternen, schweigsamen Manne nicht zutrauen könnte, hat er sein weiteres Leben bis zu Anfang der sechziger Jahre unsrer Rechnung angedeutet, und obwohl sich der Aufsatz — er stand im Feuilleton der „Nationalzeitung" vom 24. und 25. Dezember 1861 — „Nur ein Märchen" nennt, soll er mich im folgenden begleiten, um mit einigen seiner Züge, die mir der Wirklichkeit entnommen zu sein scheinen, das aus andern Quellen Stammende zu ergänzen.

Zu jenen ersten Eindrücken, die dauernd auf Buchers Wesen und Denken einwirkten, gehörten die Empfindungen, die sich aus dem Umstande ergaben, daß er zu Köslin in einem der Orte in dem Küstenlande zwischen Oder und Weichsel aufwuchs, „die man deutsche Pfropfstädte nennen sollte. Der Deutsche hat sie nicht gegründet, auch nicht erobert, sondern ein Reis in einen slavischen Stamm gesetzt, davon allmählich der ganze Stamm deutsch geworden ist."

Ein slavisches Dorf verwandelt sich leicht in eine Stadt, da seine Häuser dicht bei einander liegen, als ob sie sich ängstlich zusammendrängten. Auch das Pfropfreis war wohl geeignet; denn es bestand aus Kaufleuten, Händlern und Handwerkern, die aus ihrer Heimat allerlei Künste und die Satzungen eines entwickelten Gemeinwesens mitbrachten. Die Veredlung ging allmählich vor sich durch die Mischung der Säfte. Der Deutsche lernte nur so viel Slavisch, daß er sich notdürftig verständigen konnte; der Slave fand seinen Vorteil dabei, Deutsch zu lernen, und lange vorher, ehe die Herzöge von Pommern ihr souveränes Land dem deutschen Reiche zu Lehen antrugen, war dasselbe durch und durch germanisirt. Denn auch auf das platte Land hatten sie selbst deutsche Landwirte aus Niedersachsen gerufen und gebeten, den schweren deutschen Pflug mitzubringen, damit der Eingeborne lerne, was Ackern sei. Köslin liegt, wie alle diese Pfropfstädte, in der Krümmung eines Flusses und am westlichen Ufer desselben, damit er ein natürlicher Graben, eine Schutzwehr gegen die von Osten drohenden Feinde sei, und auch sonst ist die östliche Seite besonders gut verwahrt; denn es war eine unangenehme Gesellschaft, die Nationalitäten, die weiter nach Asien zu wohnten." Die Stadt ist kreisförmig erbaut. In ihrer Mitte liegt der Markt, in dessen Mitte das Rathaus. Vom Markte laufen breite Straßen aus, die durch schmale Gäßchen verbunden sind. „Die Häuser kehren der Straße die schmale Seite, den spitz zulaufenden Giebel zu und sehen bei Nacht wie eine Reihe von Landsknechten aus, Schulter fest an Schulter gedrückt."

Wer zwischen den Zeilen zu lesen versteht, wird hier mancherlei finden, was auf die politischen Ansichten schließen lassen kann, die Bucher in der Zeit der Abfassung dieses „Märchens" hegte.

Frühzeitig scheint sich bei unserm Knaben die Beobachtung der Dinge und das Nachdenken über sie geregt zu haben. Auch die Phantasie wird bei ihm bald erwacht und lebhaft thätig gewesen sein. Besondern Eindruck machte auf ihn die Campesche Erzählung von der Eroberung Perus durch Pizzaro, die er einst als Weihnachtsgeschenk erhielt. Weniger gefallen scheint er an dessen Robinson gefunden zu haben. Jenes Buch verwahrte er noch 1861 als Andenken an dunkle Empfindungen der Kindheit. „Nur vertraute Freunde bekamen es zu sehen und dabei in der Regel folgende Betrachtungen zu hören. Die lange Reihe von Bänden, zu denen dieser gehört, erzählt die Verrichtungen und Abenteuer von Spaniern, Portugiesen, Engländern, Franzosen und Russen. Nur der erste beschäftigt sich mit einem Deutschen, Robinson Crusoe, und was thut dieses Hamburger Kind? Es hat allerdings den Wandertrieb, der die Germanen nach Europa geführt hat, und der immer in ihnen fortlebt, wo sie am großen Wasser wohnen. Aber er muß heimlich davonlaufen; denn Mutter warnte ihn: »Bleibe im Lande und nähre dich redlich,« und der Vater sagte: »Wenn du in die Fremde gehen willst, mußt du erst sehr, sehr viel lernen.« Und was richtet er draußen aus? Er erobert kein Reich, gründet keine Stadt, erwirbt keinen Reichtum. Er läuft wie ein Hasenfuß vor den Fußtapfen der Wilden davon, schließt eine Freundschaft, die stark nach Jean Jacques Rousseau schmeckt, stolpert auf einen Goldklumpen, verliert ihn aber auf dem Heimwege und bringt für sich und sein Vaterland nichts mit als eine Kindergeschichte. Er lebt, wie es scheint, in Hamburg als Chambregarnist und geht jeden Abend in die Kneipe."

Kehren wir von Pizzaro und Robinson zum eigentlichen Gegenstande unsrer Betrachtungen zurück, und beeilen wir uns, mit seinen Knabenjahren zu Ende zu kommen. Unter dem, was die Schule bot, fiel ihm nichts so leicht als Mathematik und Naturwissenschaft. In freien Stunden schnitzelte und drechselte er, wenn er nicht im Walde umherlief. Als die Eltern es endlich für zeitgemäß hielten, ihn zu fragen, was er werden wolle, wollte er erst Seemann, dann, als die Mutter dagegen war, Baumeister werden. Auch darauf gingen die Eltern nicht ein. Er sollte studiren, und als er nun unter den vier Fakultäten zu wählen hatte, entschloß er sich für die Jurisprudenz, „bei der man Referendarius wurde und alle hübschen Mädchen betanzte, und später Justizrat, Ressourcendirektor, Ritter des roten Adlerordens, Wolfsjäger und überhaupt ein großer Mann."

Bucher verließ das Gymnasium in der Zeit der heftigsten Verfolgung der Burschenschaft. Viele seiner ehemaligen Mitschüler waren verwickelt, einer hatte sich am Frankfurter Attentat beteiligt.

In den kleinen Universitätsstädten war die mißliebige Verbindung noch immer nicht ganz ausgerottet, und so mußte der Abiturient gegen seinen Wunsch die Berliner Hochschule beziehen. Er kam hier mitten in den Streit hinein, der sich damals zwischen der historischen und der philosophischen Schule der Juristen, Savigny und Gans, entsponnen hatte. Wenn ich nicht irre, so schloß er sich zunächst der philosophischen an und studirte fleißig seinen Hegel. Später verlor er die Lust an der Philosophie und vergaß sie auf lange Zeit über der Rechtswissenschaft, die er ernstlich zu treiben und dann auszuüben hatte. Von 1838 an war er am Oberlandesgericht in Köslin thätig, und fünf Jahre nachher wurde er Assessor am Land- und Stadtgericht zu Stolp. Hier verwaltete er gleichzeitig einige Patrimonialgerichte, was ihm Kenntnis von den ländlichen Zuständen verschaffte.

In Stolp begann das Amt ihn nach einiger Zeit zu langweilen, weil der Richter damals noch mit einer Menge von Geschäften nichtjuristischer Natur beladen war. Um etwas andres zu haben, las er, wie damals viele gute und in ihrer Art gescheite Leute, Rotteck und Welker, deren Ansichten von Geschichte und Politik er sich mit der ihm eignen Gründlichkeit und Energie einprägte und in Fleisch und Blut übergehen ließ. Eben war er damit fertig geworden, als die Berliner Märztage kamen und bald nachher die preußische Nationalversammlung zusammentrat.

Bucher erhielt von den Wählern Stolps 1848 ein Mandat für die letztere, und das Jahr darauf sandte ihn dieselbe Stadt als ihren Vertreter in das inzwischen geschaffene Abgeordnetenhaus. Bis 1840 hatte in Preußen alles öffentliche Leben gemangelt, der neue Abgeordnete aus Hinterpommern war Jurist mit wesentlich privatrechtlicher Bildung, es fehlte ihm alle und jede Erfahrung in Staatsgeschäften. Zählen wir dazu noch den Einfluß der Rotteck und Welkerschen Anschauungen von den politischen und historischen Dingen, und erinnern wir uns, daß Bucher ein junger Mann von energischem Verstand und Willen war, so werden wir uns nicht nur nicht wundern, sondern es natürlich, fast notwendig finden, wenn er sich den Radikalen in der Kammer anschloß — allerdings nicht denen, die sich über gute Formen hinwegsetzten, und ebensowenig denen, die sich in der pathetischen Phrase gefielen.

„Ich habe nie jemand," so heißt es in einem Bruchstücke der Denkwürdigkeiten des Generals von Brandt,*) „mit mehr Talent und Mäßigung sprechen hören, als Bucher bei dieser Gelegenheit" — den Beratungen der Kommission, welche die sogenannte Habeascorpus-Akte, Waldecks Lieblingskind, zu begutachten hatte. „Sein blondes Haar, seine leidenschaftslose Haltung erinnerten mich lebhaft an Bilder, die ich von St. Just gesehen. Bucher war ein rücksichtsloser Nivellirer alles Bestehenden, aller Stände und aller Vermögen, eines der konsequentesten Mitglieder der Nationalversammlung und zu jedem Schritte entschlossen, welcher seinem Ziele: Tugend in den Prinzipien und Bruderliebe in den Einrichtungen, entgegenzuführen schien. Ohne Kenntnis der Gesellschaft, sterilen juridischen Abstraktionen hingegeben, war er der vollkommenen Überzeugung, daß das Heil der Welt nur aus einer plötzlichen, energischen und kraftvollen Zertrümmerung des Bestehenden hervorgehen könne. Er half den öffentlichen Widerstand organisiren und verbreitete vorzugsweise den Gedanken dafür — es war besonders sein Gedanke —, die ehrgeizige und turbulente Fraktion in der Nationalversammlung zur Ergreifung einer Diktatur zu stacheln. Die ironische Geringschätzung, mit der er die bestehende Gewalt behandelte, mit der er offen seinen Haß gegen die alte Staatsverfassung darthat, und sein Dogma von der Souveränetät des Volkes, durch dessen radikale Chimären er dieses selbst berauschte und zugleich seine Fähigkeiten für die Rolle eines Demagogen entwickelte, würden ihn bei einer längeren Dauer alle seine Anhänger in seinen streng logischen Bestrebungen haben überflügeln lassen."

Welchen Anschauungen Bucher in der Nationalversammlung huldigte, und wie er schon damals im Begriffe war, den Juristen in Betreff politischer Angelegenheiten abzulegen, mag ferner ein Passus aus der Rede zeigen, mit der er den am 9. August 1848 von Stein gestellten, dann einer Kommission überwiesenen und

*) Vgl. Juniheft der deutschen Rundschau von 1877.

schließlich in etwas milderer Fassung angenommenen Antrag, das Kriegsministerium aufzufordern, es möge die Offiziere der Armee vor reaktionären Bestrebungen warnen und ihnen aufrichtige Mitwirkung bei der Verwirklichung eines konstitutionellen Rechtszustandes empfehlen, am 4. September, nachdem der Minister ablehnend geantwortet, Hansemann und den Rednern der Rechten gegenüber verteidigte. Indem er sich gegen diejenigen wandte, welche die rechtliche Befugnis der Nationalversammlung in dieser Angelegenheit bestritten hatten, weil das Wahlgesetz vom 8. April sie nur berechtige, die Verfassung mit der Krone zu vereinbaren, bemerkte er, eine solche Auffassung müsse er als eine sehr naive bezeichnen. „Die Weltgeschichte," so fuhr er dann fort, „wird schwerlich an den Schranken eines Wahlgesetzes stehen bleiben. Eine neue Zeit braucht ganz andre Fundamente als ein Blatt in einer Gesetzsammlung. Ich gehöre selbst dem Juristenstande an und mit Neigung, aber ich habe schon öfter Anlaß gehabt zu bedauern, daß wir hier so zahlreich vertreten sind. Wir bringen nur zu leicht den beschränkten richterlichen Standpunkt mit, wir legen nur zu leicht den beschränkten richterlichen Maßstab an die ungeheuern Fragen, die wir, wenn auch nicht lösen, doch in ihrer Lösung fördern werden. Wir können, wir dürfen nicht verfahren wie der Richter, der mit skrupulöser Prüfung aus den vorhandenen, für ihn unantastbaren Gesetzen sein Urteil ableitet, sondern wir müssen mit staatsmännischem Sinne die Notwendigkeiten erkennen, unsern Beruf erkennen, der vielleicht beispiellos dasteht, den Beruf, die Konsequenzen einer nicht fertig gewordenen Revolution im friedlichen Wege der Gesetzgebung herbeizuführen. Halten wir das fest, so werden wir leicht den Umfang unsrer Rechte, oder besser, unsrer Pflichten erkennen. Es ist so viel die Rede von unsern Befugnissen, unsern Rechten. Sprechen wir endlich einmal auch von unsern Pflichten gegen das Volk, das aus tausend Wunden blutet." Der Redner ging nun die Mängel und Schäden des von der alten Regierung hinterlassenen Staates durch und fragte, ob dabei die Rede sein dürfe von ängstlichem Suchen nach der Form der Abhilfe. Die alten Organe der Regierung könnten dem Ministerium in vielen Fällen kein getreues Bild der

Zustände geben, wohl aber könne dies die Versammlung, die das eigentliche Volk vertrete. Der Ministerpräsident habe auszuführen versucht, daß die Ansicht der Regierung und die der Mehrheit der Nationalversammlung eigentlich auf eins hinausliefen; er vermöge dies nicht einzusehen. Am 9. August habe man einen Beschluß gefaßt, und derselbe sei nach zwei Tagen dem Ministerium zugegangen. Letzteres habe es nicht für nötig gehalten, darauf zu antworten. Wenn es wenigstens seine Bedenken ausgesprochen, sich darüber geäußert, daß es an der schroffen Form des von ihm verlangten Erlasses Anstoß nehme, und die Versammlung veranlaßt hätte, die Sache nochmals in Erwägung zu ziehen, die Form des Beschlusses milder zu gestalten, so würde die Lage der Sache eine ganz andre, eine glücklichere für die Versammlung und das Land geworden sein. Aber hiervon sei durchaus nichts geschehen. Die Nationalversammlung habe die Pflicht gehabt, das Ministerium darauf aufmerksam zu machen, daß es die Zustände und Bedürfnisse des Augenblicks nicht richtig würdige, und da es diesem Rate nicht gefolgt sei, so müsse es von ihr beauftragt werden, den Beschluß auszuführen; denn eine konstituirende Versammlung habe, so lange sie keinen Vollziehungsausschuß besitze, kein andres Organ als das Ministerium. Was den Inhalt des Beschlusses betreffe, so könne von einer Änderung nur die Rede sein, wenn die Umstände, welche denselben vor vier Wochen diktirt hätten, jetzt nicht mehr dieselben wären, dies sei aber nicht der Fall. Der Finanzminister habe gesagt, man dürfe sich um die politische Gesinnung der Offiziere nicht bekümmern, da das Heer nur eine gehorchende Macht sei. Aber gerade deswegen dürfe es nicht geduldet werden, daß einzelne Führer des Heeres offen Tendenzen verfolgten, welche dem herrschenden Systeme zuwiderliefen und auf den Sturz desselben berechnet seien. Mit Hindeutung auf die Gefahr, die der Finanzminister in Aussicht gestellt hatte, schloß der Redner: „Ich verkenne die Schwüle des Augenblicks wahrlich nicht; aber eins weiß ich — und das erkläre ich zugleich im Namen meiner Freunde, — wir gehen unsrer Überzeugung getreu den geraden Weg und schrecken auch nicht vor dem zurück, was der Herr Minister uns heute ahnen läßt; denn wir wissen, daß die Verantwortung, die furchtbar schwere Verantwortung nicht auf unsre Häupter fällt."

Im Abgeordnetenhause war Bucher für das Zustandekommen organisatorischer Gesetze in hervorragender Weise thätig. Eine wichtige Rolle spielte er als Referent über den Antrag Waldecks, das Ministerium zur Aufhebung des am 12. November 1848 über Berlin verhängten Belagerungszustandes zu veranlassen — einen Antrag, der, als er angenommen worden, die Auflösung des Abgeordnetenhauses zur Folge hatte. Es fiel Bucher nicht schwer, die Ungesetzlichkeit des Belagerungszustandes nachzuweisen. Denn es konnte kein Zweifel darüber obwalten, daß sich die Berechtigung zur Verhängung desselben nicht aus dem Artikel 110 der erst drei Wochen später in Kraft getretenen Verfassung herleiten ließ, und zwar umsoweniger, als dieser Artikel nur von der Aufhebung gewisser Grundrechte im Fall eines Krieges oder Aufruhrs handelte. Am 12. November hatte in Berlin weder Krieg noch Aufruhr stattgefunden, auch hatte das Ministerium nicht bloß die Grundrechte suspendirt, sondern auch Militärgerichte für Bürger niedergesetzt, von denen der Artikel 110 nichts sagte, und über die als für solche Fälle zulässig auch ältere Gesetze keinerlei Bestimmung enthielten.

Die Folge des hierdurch veranlaßten Beschlusses war die Auflösung des Abgeordnetenhauses, welcher am 4. Februar 1850 der sogenannte Steuerverweigerungs-Prozeß folgte, der erst am 21. seinen Abschluß fand. Das Ministerium Brandenburg-Manteuffel hatte gegen einige vierzig Mitglieder der Nationalversammlung, die den am 15. November 1848 gefaßten Beschluß, daß die Regierung nicht berechtigt sei, über Staatsgelder zu verfügen und Steuern zu erheben, so lange die Volksvertretung nicht ungestört ihre Beratungen in Berlin fortsetzen könne, sowie eine Proklamation vom 18. November, welche diesem Beschlusse im Lande Nachachtung zu schaffen bestimmt war, verbreitet hatten, die Anklage wegen versuchten Aufruhrs erheben lassen. Der Prozeß war ein Stück Kabinetsjustiz. Daß das Kriminalgericht in Berlin nicht kompetent, war so sonnenklar, daß der Vorsitzende sich nicht anders als dadurch zu helfen wußte, daß er den Angeklagten und ihren Verteidigern das Plaidiren über die Kompetenz verbot. Die besondre Verhaßtheit Buchers in den obern Sphären, die bei diesem Prozesse zu Tage trat, hatte wohl in seinem soeben erwähnten Referat über die Ungesetzlichkeit des über Berlin verhängten Belagerungszustandes ihren Grund. Die Verhandlungen endigten mit der Freisprechung der meisten Angeklagten. Dagegen wurden Bucher, der Bürgermeister Plathe aus Leba, der Müller Kabus aus Schwademühl und der Hausbesitzer Nennstiel aus Peiskretscham für schuldig erklärt, und Bucher sowie Plathe zu fünfzehnmonatlicher Gefängnishaft und dem üblichen Zubehör von Verlust der Nationalkokarde, Amtsentsetzung und dergleichen verurteilt.

Diese Verurteilung veranlaßte Bucher, ins Ausland und zuletzt nach London zu gehen. Er wird sich klar darüber gewesen sein, daß man ihn nach Verbüßung der fünfzehn Monate Festung doch durch Polizeischerereien vertrieben hätte. In London lebte er in der ersten Zeit vorwiegend volkswirtschaftlichen und politischen Studien, der Beobachtung englischer Zustände und Eigentümlichkeiten und der Betrachtung und Zergliederung der parlamentarischen Eigentümlichkeiten und Charaktere Englands — einer Beschäftigung, bei der er an vielen Stellen hoch gepriesener und in Deutschland bewunderter Dinge und Menschen auf Heuchelei, Fäulnis und Täuschung stieß, welche ihn für alle Zeit mit Zorn, Widerwillen und Verachtung erfüllten. Unter den Bekanntschaften, die er hier machte, war Urquhart, mit dem er später auseinander kam. Erst in den letzten Jahren seines Aufenthaltes in London lernte er durch gesellschaftliche englische Verbindungen andre politische Flüchtlinge von Namen, wie Mazzini, Ledru-Rollin und Herzen kennen. Dieselben trugen weiter zu seiner Abklärung in Sachen der Politik bei, d. h. er erkannte, wie alle diese Herren vermittelst des Nationalitätsprinzips Riemen aus dem Felle des biedern und prinzipientreuen deutschen Bären schneiden wollten, oder, um deutlicher zu sein, für ihre Nationalität auf ein Stück Deutschland, z. B. die Rheingrenze, den Höhenzug der Alpen oder das Polen von 1772 spekulirten. Auch liberale deutsche Blätter beschäftigten sich aus Ehrfurcht vor dem „Prinzip," d. h. einer Vokabel, lebhaft damit, wie ein chemisch reines Deutschland zu konstruiren wäre. Die „Volkszeitung" zum Exempel verlangte, daß Posen „herausgegeben“ werde, freilich, ohne zu sagen, an welchen Berechtigten. Gegen solchen faselnden Unfug regten sich in Bucher der gesunde Menschenverstand und die patriotische Ader, die bei ihm niemals zu schlagen aufgehört hatte.

Während seines Verweilens in England war Bucher für verschiedene deutsche Zeitungen thätig. Namentlich schrieb er für die „Nationalzeitung“ jahrelang unter dem Zeichen □ gehaltreiche Berichte und gedankenvolle politische Betrachtungen, die durch tiefe und von der gewöhnlichen Heerstraße abweichende Auffassung der Dinge allgemeine Aufmerksamkeit erregten. Unter andrem lieferte er eine vortreffliche Schilderung der ersten Weltindustrie-Ausstellung in London, Mitteilungen über englische Hauseinrichtungen und Sitten, über Ventilation, türkische Bäder, die er auf einer Reise nach Konstantinopel kennen gelernt, und über andre praktische Dinge. Ein ganz besondres Verdienst aber erwarb er sich um die Aufklärung der liberalen deutschen Politiker durch seine Briefe über den englischen Parlamentarismus. Sie haben dem Aberglauben, daß man die deutschen Volksvertretungen in allen Stücken nach dem Muster der britischen aufzubauen und zu möbliren habe, mit zwingenden Beweisen ein Ende gemacht und überzeugend dargethan, daß die verfassungsmäßigen Einrichtungen und Bräuche keineswegs überall dieselben sein können, sondern dem Charakter, der geschichtlichen Entwicklung und den Hilfsquellen des jeweiligen Landes und Volkes angepaßt sein müssen. Eine fernere sehr dankenswerte Folge dieser Parlamentsbriefe ist die seitdem fast allgemein gewordene Erkenntnis, daß die englische Regierungskunst nach außen eine reine Handelspolitik ohne große historische Gesichtspunkte und ohne irgendwelche ideale Antriebe und Zwecke ist. Auf Palmerston, Gladstone, den „doctor supernaturalis,“ Cobden und die ganze heuchlerische, egoistische Apostelschaft der englischen Freihändler fielen dabei Schlaglichter, die ihre Blößen wie bei elektrischem Lichte erkennen ließen. Es war eine Entlarvung, wie sie bisher kaum wo erlebt worden.

Diese und einige andre Arbeiten der glänzenden Feder Buchers stimmten bisweilen mit dem Credo des Blattes, in dem sie erschienen, nicht recht überein, und in Betreff des Evangeliums der

Manchesterleute, die dort ihr Wesen trieben, sowie in Bezug auf die Lösung der deutschen Frage war der □-Korrespondent entschieden ketzerisch gesinnt.

Des Schreibens für Zeitungen vermutlich müde und überdrüssig geworden, dachte Bucher um das Jahr 1860 an eine gründliche Veränderung seiner Verhältnisse. Wie der Aufsatz „Nur ein Märchen" andeutet, und wie ich trotz aller Wunderlichkeit des Planes für sicher zu halten Ursache habe, wollte er im tropischen Amerika unter Palmen und Mangrovebüschen sich eine neue Heimat gründen und — Kaffeepflanzer werden. Diese Phantasie mit praktischem, vielleicht auch unpraktischem Anflug scheint indes bald verflogen zu sein — Gott sei Dank! dürfen wir, vermutlich mit seiner Erlaubnis, hinzusetzen. Er gehörte noch weniger als nach England unter die Halbnigger von Costa Rica oder Venezuela. Er gehörte nach Deutschland zurück, und die Amnestie von 1860 öffnete ihm die Grenze zur Heimkehr.

Wieder in Berlin eingetroffen, erneuerte Bucher seine Freundschaft mit Rodbertus und wurde mit Lassalle bekannt, den er dann seinerseits mit jenem bekannt machte. Der sozialistische Agitator, von dem wir wissen, daß er ganz anders geartet als seine Erben, die Liebknecht und Most, daß er ein guter Patriot, ein Mann von größter Fähigkeit, ein sehr bedeutender Gelehrter, aber zugleich ein von brennendem, rücksichtslosestem Ehrgeiz erfüllter Geist war, stand damals am Scheidewege seines Lebens. Die Fortschrittspartei hatte ihn und seine Bemühungen, sie zu einer konsequenteren und energischeren Opposition zu bewegen, zurückgewiesen. Er sann darauf, sie durch eine Arbeiterpartei, deren Haupt er werden wollte, beiseite zu drängen, und zu diesem Zwecke erstrebte er mit Eifer eine Verständigung mit Rodbertus, der den Zauber dieser genialen Natur allerdings empfand, aber, obwohl er das eherne Lohngesetz wie Lassalle unanfechtbar nannte, auf eine politische Agitation mit wirtschaftlich unhaltbaren Zielen nicht eingehen zu können erklärte. In dieser Zeit erging von seiten des Leipziger Arbeitervereins an Lassalle, Rodbertus und Bucher die Bitte um Rat hinsichtlich der Mittel, wie die Lage der arbeitenden Klassen, die man auf einem Arbeiterkongresse zu besprechen vorhatte, zu verbessern sei, Lasalle antwortete auf Grund seines ehernen Lohngesetzes, nicht durch die von Schulze-Delitzsch empfohlene Selbsthilfe, sondern durch Staatskredit zur Errichtung von Produktivgenossenschaften, zu dessen Erreichung sich die Arbeiter zu einer politischen Partei organisiren müßten. Rodbertus riet von letzterm ab. Bucher schrieb: „Ich verliere keine Zeit, meine Überzeugung auszusprechen, daß die Lehre der Manchesterschule, der Staat habe nur für die persönliche Sicherheit zu sorgen und alles andre gehen zu lassen, vor der Wissenschaft, vor der Geschichte und vor der Praxis nicht besteht," hatte aber offenbar auch kein Vertrauen zu den praktischen Vorschlägen Lasalles, die übrigens diesem selbst, wie sein jetzt veröffentlichter Briefwechsel mit Rodbertus zeigt, so wenig ans Herz gewachsen waren, daß er sich mit Freuden bereit erklärte, diese Mittel „fahren zu lassen," sobald Rodbertus ein andres „ausspintisire." Was Bucher betrifft, so hält er meines Wissens jene negative Ansicht noch heute fest, und ich kann ihm nur darin beipflichten.

Ferner fand Bucher in Berlin die Agitation für die „preußische Spitze" vor. Aber die Herren, die sie betrieben, wollten keinen „Bruderkrieg." „Moralisch" sollte nach ihren Reden und Leitartikeln gekämpft, gesiegt und erobert werden, wie man sich — vielleicht mit einigem Kopfschütteln und Achselzucken — erinnern wird. Selbstverständlich wünschte auch Bucher eine festere Einigung der Deutschen gegenüber den Gelüsten der Fremden, er konnte sich aber nicht zu der Stärke des Glaubens durcharbeiten, welche erforderlich war, wenn man hoffen wollte, daß Österreich aus Deutschland hinausgesungen werden würde, oder wenn einem sich die Möglichkeit präsentiren sollte, die „Mittelreiche und Kleinstaaten durch Turner- und Schützenfeste, Tinte, Druckerschwärze und Resolutionen von wohlgesinnten Volksversammlungen unter die besagte preußische Pickelhaubenspitze oder auch nur unter einen Hut zu bringen." Selbst das große Wort des Herrn von Beust: „Auch das Lied ist eine Macht," konnte ihn nicht überzeugen, daß er sich im Irrtum befinde. Ohne Krieg, das sah er deutlich und sprach er ebenso deutlich in Wort und Schrift aus, waren nur drei Hüte denkbar, war mit andern Worten höchstens etwas derartiges wie eine Trias zu erreichen, und der Vorwurf, Bucher habe durch Annahme einer Stellung unter Bismarck seine Überzeugung verleugnet, ist völlig grundlos. Es steht Leuten ganz ungemein übel zu Gesicht, die keinen Groschen bewilligen wollten, auch wenn die Kroaten vor Berlin stünden, und die sich für die augustenburgische Farce noch in der letzten Szene ihres Schlußaktes begeistern konnten. Es ist überaus ergötzlich, die Liste der Herren durchzusehen, die im preußischen Abgeordnetenhause für den famosen Passus der Immediatadresse gestimmt haben, daß die preußische Politik unter diesem Ministerium nur die Folge haben könnte, daß die Herzogtümer wieder den Dänen überliefert würden.

Während des Redekampfs gegen Bismarck war Bucher schon in fruchtbarer Thätigkeit. Damals wurde er von vielen Leuten bedauert, daß er so falsch habe handeln können; jetzt wird er von vielen gehaßt, weil sie sich sagen müssen, daß er richtig gehandelt hat. Bei seinem Anschluß an die Politik des leitenden Ministers aber ging es folgendermaßen zu. Eine Zeit lang nach seiner Rückkehr nach Berlin war er noch für die „Nationalzeitung" thätig. Dann löste sich das Verhältnis, wie er auch mit der Partei des Blattes in mehr als einem Punkte immer weniger übereinstimmte, und er arbeitete einige Monate im Wolffschen Telegraphenbüreau. Der sehr geringe Gehalt, den er hier für viel Arbeit bezog, und ohne Zweifel auch Abneigung gegen solche Beschäftigung ließen ihn daran denken, sich wieder der Jurisprudenz zuzuwenden und Advokat zu werden. Er sprach über diesen Plan mit einem Bekannten Bismarcks, der ihm davon abriet. Bald darauf that der Minister, der ihn, vorurteilsfrei, wie er ist, hatte zu sich kommen lassen, desgleichen, indem er ihm sagte, daß er ihm anderweit Gelegenheit geben könnte, sich nützlich zu machen. So trat Bucher 1864, erst diätarisch, dann als Legationsrat fest, in das auswärtige Amt ein. Im Jahre darauf schon bekam er eine bedeutende Aufgabe zu lösen, die Verwaltung Lauenburgs, das nach der Konvention von Gastein an Preußen gefallen war, und welches Bucher unter seinem Chef bis 1867 zu säubern und zu ordnen hatte. Das kleine Herzogtum war eine juristische Kuriosität, im Vergleich mit andern Staaten eine Monstrosität, es repräsentirte den Rechtszustand des siebzehnten Jahrhunderts in Versteinerung, es gehörte ins Germanische Museum. Das Ländchen besaß gar keine kodifizirte Gesetzgebung, und es galt in ihm nur gemeines Recht. In den letzten Jahren vor 1865 hatte es erst unter der Verwaltung des deutschen Bundes, dann unter der von preußisch-österreichischen Kommissarien gestanden. Die Tagesordnung war die Ausnutzung der zahlreichen fetten Beamtenstellen durch einige „schöne Familien,“ welche auch die ungeheuern Domänen unter sich zu verpachten pflegten. Bucher hatte das alles aus dem Groben herauszuarbeiten und in hundert Beziehungen Mißbräuche abzustellen und der Billigkeit zu ihrem Rechte zu verhelfen, glücklicherweise unter der Leitung des Ministers, der indes gerade in dieser Periode längere Zeit schwer krank in Putbus auf Rügen verweilte, sodaß sein Rat in die Verlegenheit kam, regieren zu sollen und doch keine Vollmacht zu haben.

Über die weitere Thätigkeit Buchers muß ich mich kurz fassen. Meist in der unmittelbaren Umgebung des Kanzlers, wurde er von demselben wiederholt zur Vorbereitung und Bearbeitung der wichtigsten Angelegenheiten verwendet, und man darf annehmen, daß er die ihm gewordenen Aufträge in allen Fällen sachkundig und formgewandt erledigt hat, und daß sein Chef an den Arbeiten, die er ihm aufgegeben, selten etwas von dem, was er gemeint und gewollt, vermißt oder anders gewünscht hat. Bucher hatte ihn eben von Anfang an verstanden und sich rasch in seine Weise, die Dinge zu nehmen und zu behandeln, hineingelebt. 1869 und im Frühling des Jahres 1870 war er mit dem Minister mehrere Monate in Varzin, wo er den Verkehr der Bundesbehörden und der preußischen mit ihrem Chef vermittelte. Während des französischen Krieges wurde er, wie oben berichtet, in der letzten Woche des September in das Große Hauptquartier berufen, bei dem er mit dem Kanzler bis zum Ende des Feldzuges verblieb. 1871 war er mit bei den Friedensverhandlungen in Frankfurt. Auch in den nächsten Jahren folgte er dem Fürsten, wenn er sich nach seiner pommerschen Herrschaft zurückzog, als unentbehrlich nach. Die Hofluft scheint er zu scheuen.

21*

Ich füge noch hinzu, daß Bucher unverheiratet geblieben ist, und daß er meines Wissens im Vergleich mit andern in seiner Stellung wenig Umgang hat. Sein Wesen macht den Eindruck eines schweigsamen, nüchternen, bedächtigen Mannes, dem es aber nicht an gewissen poetischen Zügen und ebenso wenig an gesundem Humor fehlt. Seine Gedanken, seine Sympathien und Antipathien reden eine leise Sprache, ohne darum der Energie zu ermangeln. Ein kalter Kopf und darunter ein warmes Herz, ein stilles Wasser, aber tief. Wir wurden, zunächst wohl durch gleiche Verehrung unsers Chefs, bald Freunde und blieben es, als zuerst ich, dann (vor einigen Jahren, auch Bucher ins Privatleben zurücktrat.

Ich bin fertig mit meinem Bilde, und wenn ich's jetzt überblicke, kommt mir's vor, als hätte ich trotz hoher Achtung vor dem Originale nicht gerade mit couleur de rose gemalt, sondern mit den ehrlichen Farben der Wahrheit. Und wenn ich ihm jetzt ein großes Lob zur Unterschrift gebe, so kommt es aus anderm Munde. „Eine wahre Perle!" sagte der Reichskanzler von Bucher, als ich mich 1873 von ihm verabschiedete.

Wenn Lothar Bucher vom Kanzler zu seinem Mitarbeiter gewählt worden war, so war der Geheimrat Abeken von ihm geerbt worden. Heinrich Abeken war in jeder Hinsicht ein Beamter der alten Schule. Er gehörte mit seinem ganzen Wesen in die Epoche unsrer Geschichte, die man die litterarisch-ästhetische nennen kann, in die Zeit, wo das politische Interesse vor der Beschäftigung mit Poesie und Philosophie, mit philologischen und andern wissenschaftlichen Fragen zurücktrat. Er befand sich am wohlsten im Kreise der Ideen, die vor der neuen Ära in den Sphären des Hofes und des höhern Beamtentums die herrschenden waren. Er ist nie in der Politik aufgegangen, im Gegenteil, ein Gegenstand der Ästhetik schien ihm häufig schwerer zu wiegen als eine wichtige Aktion auf staatlichem Gebiete, und nicht selten kam es vor, daß ihm, während andre sich um den Ausgang einer Entscheidungsstunde in dem oder jenem bedeutungsvollen Prozesse sorgten, der oder jener Vers irgend eines alten oder neuen Dichters durch den Kopf und dann gewöhnlich mit Pathos über die Lippen ging, ohne daß diese poetische Leistung im Zusammenhange mit der Situation gestanden hätte.

Abeken stammte aus Osnabrück und war 1809 geboren. Seine Ausbildung für die Universität leitete ein Oheim, der Philolog und Ästhetiker Ludwig Abeken, der zur Zeit Schillers in den Weimarischen Kreisen verkehrt und die dortige Weise zu empfinden sich angeeignet hatte. Der Neffe studirte dann Theologie und wurde in den dreißiger Jahren unter Bunsen Gesandtschaftsprediger in Rom, wo er sich mit einer Engländerin verheiratete, die ihm indes nach wenigen Monaten schon durch den Tod entrissen wurde. Befreundet mit Bunsen, dessen Anschauungen und Bestrebungen auf religiösem Gebiete er teilte, wendete er sich um das Jahr 1841 diplomatischen Geschäften zu, indem er zuerst eine Denkschrift über die Gründung eines evangelischen Bistums in Jerusalem verfaßte — eine Idee beiläufig, an die heutzutage schwerlich jemand in Berlin denken würde. Später finden wir ihn mit Lepsius in Ägypten wieder, von wo aus er dann das heilige Land bereiste. Unter Heinrich Arnim trat er in das Ministerium der Auswärtigen Angelegenheiten ein, in dem er bis zu seinem Ableben im Herbste 1872 verblieb, obwohl sich in der Zwischenzeit dort sehr wesentliche Wandlungen vollzogen.

Man kann darin mit dem Legationsrat Meier, der ihm in der „Allgemeinen Zeitung" ein Denkmal der Freundschaft gesetzt hat, „die stille Tugend pflichtmäßig und gewissenhaft fortgesetzter Diensttreue und Dienstfertigkeit" erblicken, aber auch einen Beweis dafür, daß ihm die Politik niemals Herzenssache, wenigstens nicht in dem Maße Herzens- und Gewissenssache gewesen ist wie andre Dinge. Auch noch anderes werden wir daraus schließen dürfen, und sein ebengenannter Biograph steht nicht an, diesen Schluß zu ziehen. Abeken, so beginnt er ungefähr, zeigte eine teils angeborne, teils anempfundene Ähnlichkeit mit Bunsen, dessen Jünger er war, und dessen Leben er geschrieben hat; es war ein bewegliches Gemüt und ein vielseitiger Geist. Dagegen war er kein selbständiger, kein schöpferischer Charakter. Dadurch „entging er," so heißt es weiter, „der Gefahr, daß er im Verfolgen einer neuen kühnen Idee, einer Überzeugung mit dem Strudel der Zeitverhältnisse, dem hergebrachten

Gange der Staatsmaschine in Kampf geraten und an den Strand geworfen worden wäre, und vermochte in seiner leichtern, weniger selbständigen politischen Beweglichkeit vierundzwanzig Jahre lang, unter sieben verschiedenen Ministerien und Systemen immer ohne Anstoß — innern wie äußern — sein Fahrwasser zu behaupten. Und wollte man deshalb unserm Freunde einen Vorwurf machen und seine lavirende Zähigkeit, sein dem Winde und Wetter unwillkürlich sich anschmiegendes Festhalten an Amt und Stellung als unmännlich tadeln, so würde ein solcher stoischer Tadel jedenfalls weniger die einzelne Handlungs- und Gesinnungsweise treffen als des Verstorbenen ganzes Wesen und Wirken, das mit derselben untrennbar zusammenhing." Lesen wir zwischen den Zeilen und denken wir uns das eine und das andre ein wenig unverblümter und konziser ausgedrückt, so werden wir dem seligen Geheimrat nicht Unrecht thun, wenn wir dieses Urteil unterschreiben.

Über seine Brauchbarkeit in Geschäften und über die Grenzen dieser Brauchbarkeit ist oben gesprochen worden. Ebenso über die ungewöhnlich starke Anziehungskraft, die alles, was mit dem Hofe zusammenhängt, auf ihn ausübte. Wie hierin das Gegenteil von Bucher so war er es auch darin, daß er ungemein gesellig und gesprächig war. Seinem Bedürfnis nach Verkehr mit vornehmen Leuten genügte er u. a. dadurch, daß er sich häufig in den Kreisen bewegte, die sich im Radziwillschen Palais versammelten — Besuche, die er auch dann, als in diesen Kreisen die ultramontane Opposition gegen die kirchliche Politik des Reichskanzlers sich verkörperte, nicht einzustellen vermochte. Sehen wir von diesem und andern vornehmen Zirkeln ab, so wird er sich am glücklichsten in den Wochenzusammenkünften der „Graeca," einer meist aus ehemaligen „Römern" zusammengesetzten Gesellschaft befunden haben, die statutenmäßig alle politischen Gespräche ausschloß und außer geselligen nur philologische und ästhetische Zwecke verfolgte. Hier war er in seinem eigentlichen Elemente. „Aber auch mitten unter amtlichen Arbeiten," so berichtet Meier, und so könnte ich ebenfalls erzählen, „selbst auf seinem Ministerium wußte er für ästhetisch-philologische Intermezzos noch Raum zu finden und seine von Hessen oder Schleswig-Holstein ermüdeten Kollegen bald mit einigen seiner römischen oder morgenländischen Erinnerungen zu unterhalten, bald mit einem Zitatenstrom aus deutschen und fremden Dichtern, Goethe und Sophokles, Heinrich Kleist, Shakespeare und Dante, in Erstaunen zu versetzen," — häufiger vielleicht aber, so gestatte ich mir hinzuzufügen, andre Empfindungen zu erwecken. Wie weit das ging, mag uns eine Anekdote zeigen, die Meier, ohne zu fühlen, welche Farce er uns vorsetzt, uns von seinem Freunde berichtet.

„Als Abeken im November 1850, wie er oft erzählte, seinen damaligen Chef von Berlin nach Olmütz begleitete — zum Abschluß jenes unglücklichen Übereinkommens, in dem er freilich immer nur eine glückliche diplomatische Rettung Preußens erkennen wollte —, da sahen sie beide auf ihrer nächtlichen Fahrt plötzlich die winterliche Morgensonne neben sich aufgehen und begrüßten sie, der Minister zuerst, mit dem ihnen beiden geläufigen Chorgesang aus der Antigone: „Ἀκτὶς Ἀελίου! Strahl des Helios, du!"

Ich denke, das bedarf keines Kommentars, und so sage ich nur: Ein Glück für Abeken, daß der Minister, welcher diesem vermutlich nicht zuerst von ihm ausgegangenen, in doppeltem Sinne unnatürlichen Gefühlsausbruche beiwohnte, von Manteuffel und nicht von Bismarck hieß. Ich hätte dessen Zorn sehen mögen, wenn der selige Mann vor ihm seinen Chorgesang an die aufgehende Sonne angestimmt hätte, wo die Sonne Preußens auf Jahre unterging.

Zwölftes Kapitel.

Steigende Sehnsucht nach der Entscheidung in verschiedenen Richtungen.

Um die Mitte des November schrieb ich nach Hause: „Daß wir noch vor Weihnachten heimkommen, ist immer noch möglich. Manche halten es nach Äußerungen, die der König in diesen Tagen gethan haben soll, für wahrscheinlich. Ich indes glaube nicht recht daran, obwohl es mit unsrer Sache gut steht und Paris in drei oder vier Wochen wahrscheinlich nur noch Mehl und Pferdefleisch zu essen haben und so wohl gezwungen sein wird, klein beizugeben, besonders wenn die dicken Kanonen Hindersins der durch Hunger mürbe gemachten Regierung zu rascheren Entschließungen verhelfen. Daß unser guter Freund Julian Schmidt die Geschichte langweilig findet, ist begreiflich. Aber der Krieg wird doch eigentlich nicht deshalb geführt, um ihm und Gleichdenkenden zur Kurzweil zu dienen. So wird er recht thun, wenn er sich noch eine Weile in Geduld faßt, wozu ich ihm das Beispiel unsrer Soldaten empfehle, die nicht wie er und andre Herrschaften in Berlin auf bequemem Sofa und bei vollen Schüsseln und Gläsern, sondern in Hunger und Dreck die Entscheidung abwarten müssen. Diese allweisen Bierbänke und Weinstuben mit ihrer ewig murrenden und nörgelnden Kritik sind doch eine eigne Gesellschaft, lächerlich ungenügsam.“

Darin lag ohne Zweifel einiges Wahre. Als sich aber die Pariser für längere Zeit verproviantirt zeigten, als hier angenommen worden, als die dicken Kanonen General Hindersins noch wochenlang stumm blieben, und als auch die deutsche Frage der gewünschten Lösung nicht entgegenrücken zu wollen schien, zog allmählich auch in das Haus auf der Rue de Provence Verstimmung ein, zumal die Gerüchte, daß unberufene Hände den Beginn des Bombardements verzögerten, von Woche zu Woche bestimmter auftraten.

Wie weit diese Gerüchte begründet waren, muß ich dahingestellt sein lassen. Sicher ist wohl, daß auch andre Gründe mitwirkten, wenn man nicht so schnell, als viele wünschten, zur Beschießung schritt, und daß schon die Zernirung von Paris eine ungewöhnliche Leistung war. Ich schicke zur Erläuterung dessen dem folgenden die Darstellung voraus, die Major Blume 1871 von der Sache gab.

Die Zernirung von Paris wurde, ehe sie thatsächlich ins Werk gesetzt worden war, von fremden Militärs geradezu für eine Unmöglichkeit erklärt, und diese Ansicht konnte sehr ernsthafte Gründe für sich anführen. In Paris befanden sich, als die Einschließung beginnen sollte, fast viermalhunderttausend Bewaffnete, darunter etwa sechzigtausend Mann Linientruppen und ungefähr hunderttausend Mobilgardisten aus der Stadt und den benachbarten Departements. Linie und Mobilgarde waren mit Chassepotgewehren bewaffnet, und welche Mängel auch die militärische Ausbildung dieser Truppen haben mochte, sie waren doch tüchtig genug, um hinter Wall und Graben sich zu verteidigen und bei guter Führung energische Ausfälle zu machen. Die Hauptenceinte von Paris aber hatte einen Umfang von vier Meilen, die Verbindungslinie der Forts ist sieben und eine halbe Meile lang, die von den deutschen Vorposten zu besetzende Zernirungslinie hatte gar eine Länge von elf Meilen, und die direkte Telegraphenlinie, welche die Hauptquartiere der verschiedenen Armeekorps mit einander verband, dehnte sich über nicht weniger als zwanzig Meilen aus. Das deutsche Heer aber, welches am 19. September die Umschließung der Stadt ausführte, war nicht stärker als 122 000 Mann Infanterie, 24 000 Mann Kavallerie und 622 Geschütze. Die Effektivstärke der einzelnen Abteilungen dieser Truppenmacht hatte sich durch die bisherigen Schlachten und Märsche sehr vermindert. Das Gardekorps zählte z. B. nur noch 14 200, das fünfte Armeekorps nur noch 16 000 Infanteristen. Die Zernirung war also in der That ein kühnes Unternehmen, weit kühner, als die Franzosen selbst sich's in dieser Zeit vorstellten, und bei einiger Neigung zur Selbsterkenntnis müßten sie sich jetzt sagen, daß sie wenig Ursache zu den überschwänglichen Phrasen von glorreicher Verteidigung ihrer Hauptstadt gehabt. Vier

Wochen lang kam auf jeden Schritt der ungeheuern Zernirungslinie nur ein deutscher Infanterist. Allmählich rückten dann das elfte norddeutsche und das erste bairische Armeekorps, sowie die Ersatztruppen zur Kompletirung der zusammengeschmolzenen Kadres heran, mit dem Falle von Straßburg wurde die Gardelandwehr-Division frei, und so gewannen in der letzten Woche des Oktober unsre beiden Armeen vor Paris die Stärke von 202 000 Mann Infanterie und 33 800 Mann Kavallerie mit 898 Geschützen. Aber abgesehen von den bedeutenden Kräften, welche der Vorpostendienst und die notwendige fortifikatorische Verstärkung der Zernirungslinie in Anspruch nahmen, hatten diese Armeen nun sofort starke Abteilungen abzugeben, um dem Belagerungsheere den Rücken freizuhalten. Die Zahl der unmittelbar vor der Stadt stehenden deutschen Truppen wird infolgedessen schwerlich jemals mehr als zweimalhunderttausend Mann betragen haben.

Blume führt dann die Gründe an, weshalb nach seiner Ansicht weder im September das Wagnis eines gewaltsamen Angriffs auf Paris, noch später eine förmliche Belagerung unternommen worden ist. Von jenem ließen die sturmfreien Forts und die sturmfreie Enceinte, welche die Stadt schützten, absehen. Für die Belagerung aber und selbst für den artilleristischen Angriff auf einzelne Forts fehlte es, abgesehen von der Schwäche der zur Verfügung stehenden Truppenzahl, vor allem an einem entsprechenden Belagerungsparke. Die Heranführung eines solchen ließ sich nicht eher bewerkstelligen als nach dem Falle von Toul und der Eröffnung des Eisenbahnbetriebes bis Nanteuil, also nicht vor der letzten Woche des September. Nachdem die Eisenbahn aber bis zu jenem elf Meilen von Paris gelegenen Orte offen war, erschien als nächstes und dringendstes Bedürfnis eine ausreichende Fürsorge für die Verpflegung der Truppen. In der Umgebung von Paris fand man höchstens Weinlager, aber sonst keine nennenswerten Vorräte. Die Armee lebte von der Hand in den Mund. Reservemagazine mußten angelegt und gefüllt werden, und so war die Herbeischaffung der Belagerungsgeschütze zu vertagen. Aber auch als der Transport derselben bis Nanteuil möglich geworden, stand man noch vor großen Schwierigkeiten. Ungefähr dreihundert Feuerschlünde schwersten Kalibers samt fünfhundert Schuß für jeden derselben, „als notdürftige erste Munitionsrate" waren elf Meilen weit zu Wagen „auf schlechten Wegen" herbeizuschaffen. Die dazu erforderlichen vierrädrigen Fuhrwerke ließen sich in Frankreich nicht auftreiben, und so mußte man zuletzt aus Deutschland Kolonnen von Munitionswagen kommen lassen. „Durch diese und andre Schwierigkeiten" ist es nach Major Blumes Behauptung gekommen, daß selbst im Dezember, als die Vorbereitungen zum artilleristischen Angriff auf den Mont Avron und die Forts der Südseite getroffen wurden, nur ein Geschützpark von mäßiger Stärke vorhanden war, nämlich wenn wir die 40 gezogenen Sechspfünder abrechnen, nur 235 Stück, darunter nahezu die Hälfte gezogene Zwölfpfünder. Mit diesen Mitteln ließ sich, wie Blume meint, schwerlich mehr als ein gewisser moralischer Druck auf die Stadt ausüben. „Aber mehr war auch nicht nötig; an eine eigentliche Belagerung und den Bau von Parallelen zur Bezwingung der Forts brauchte man unter den vorhandenen Verhältnissen nicht zu denken."

„Um die Mitte des Januar waren gegen die Südfront von Paris 123 Geschütze in Thätigkeit. Dieselben warfen täglich zwei- bis dreihundert Granaten in die Stadt, welche ausreichten, um die auf dem linken Ufer der Seine liegenden Stadtteile lebhaft zu beunruhigen und den größten Teil der Bevölkerung daraus zu vertreiben. Der eigentliche materielle Schaden war allerdings nicht erheblich; indes konnte nach dem Falle von Mezières die Anzahl der schweren Geschütze erheblich verstärkt werden, und dann gestatteten die Erfolge unsrer Batterien im Norden, einen entscheidenden Angriff gegen Saint Denis vorzubereiten und von hier aus die nördliche Hälfte von Paris unter Feuer zu nehmen. Aber die Widerstandskraft der Stadt war bereits erschöpft. Bald nach dem letzten unglücklichen Ausfalle vom 19. Januar streckte sie die Waffen, und mit ihrem Falle trat der Waffenstillstand und demnächst der Friede ein."

Nun kehren wir zur Mitte des November zurück und lassen das Tagebuch, soweit es möglich ist, weiter erzählen.

Mittwoch, den 16. November. Der Chef ist noch immer

unwohl. Man nennt als einige der Ursachen Verdruß über die Verhandlungen mit mehreren süddeutschen Staaten, die wieder einmal stocken zu wollen scheinen, und über das Verhalten der Militärs, die ihn bei verschiedenen Gelegenheiten nicht um seine Meinung gefragt haben sollen, während es sich doch nicht bloß um militärische Fragen gehandelt hätte.

Nach drei Uhr wieder bei den Offizieren der Sechsundvierziger gewesen, die soeben von den Vorposten wieder auf sechs Tage in den Hafen der Ruhe eingelaufen sind und sich dessen im Schlößchen bei Chesnay freuen. H., der nun wohl bald das eiserne Kreuz bekommen wird, erzählt eine hübsche kleine Anekdote aus den letzten Wochen. Bei dem Gefecht in der Nachbarschaft von Malmaison hatten sie eine Bresche in einer Parkmauer passiren müssen, die aber noch so hoch gewesen war, daß er nicht, ohne den gezogenen Degen abzulegen, darüber steigen konnte. In einiger Verlegenheit hierüber sah er drüben einen Franzosen stehen, einen hübschen, strammen Burschen, der gefangen genommen und entwaffnet worden war. H. rief ihn herbei und bat ihn, ihm den Degen zu halten. Der Gallier that dies lächelnd und gab ihm dann die Waffe mit verbindlicher Geberde zurück. In gleicher Weise half er dem hinter H. emporkletternden Feldwebel. Natürlich hätten die Soldaten den jungen Mann, wenn er nur Miene gemacht hätte, den Degen zu behalten, niedergeschossen. Aber die Gallier lassen sich, wie H. meinte, jetzt gern gefangen nehmen. Doch dürfe man sich das nicht mit Nahrungsmangel bei der Pariser Armee erklären. Der neulich am Tage Freßbeutel-Berlin zu den Vorposten bei La Celle desertirte Zuaven-Sergeant habe sehr wohlgenährt ausgesehen. Alles hofft hier mit Ungeduld auf den Beginn des Bombardements, und alle wollen mit Bestimmtheit wissen, daß es bisher unterblieben, weil hochstehende Damen sich für die Schonung der Stadt verwendet hätten. Heute hatte man bei ihnen, — nach welchen Nachrichten oder Anzeichen, unterließ ich zu fragen — einen großen Ausfall der Pariser erwartet. Ich sage ihnen, daß ein solcher Versuch jetzt nicht mehr so viel auf sich habe wie vorige Woche, da Prinz Friedrich Karl mit seinen Truppen schon bei Rambouillet eingetroffen sei.

Bei Tische ist Graf Waldersee anwesend. Der Chef klagt wieder, daß ihn die Militärs nicht von allem Wichtigen in Kenntnis setzen. Nach langer Bettelei erst habe er erlangt, daß man ihm wenigstens die Sachen schicke, die den deutschen Zeitungen telegraphirt würden. 1866 sei das anders gewesen. Da sei er zu allen Beratungen hinzugezogen worden. — — — „Und so gehört sich's", schloß er seine Rede. Es verlangt das mein Gewerbe: ich muß schon darum unterrichtet sein von den militärischen Vorgängen, damit ich zur rechten Zeit Frieden schließen kann."

Donnerstag, den 17. November. Delbrück, der zwei oder drei Häuser von uns nach der Avenue de Saint Cloud hin wohnte, reiste heute, nachdem er noch mit uns gefrühstückt, nach Berlin zurück, wo der Reichstag eröffnet werden sollte. Beim Frühstück erfuhr man auch, daß Keudell gewählt worden sei, aber bald wieder bei uns eintreffen werde. Vorher hatte ich mehrere französische Ballonbriefe durchgesehen, desgleichen eine Anzahl von Pariser Zeitungsblättern, u. a. die „Patrie" vom 10. mit interessanter Polemik Abouts gegen die Provisorische Regierung — ungefähr dieselben Gedanken, die neulich der „Figaro" entwickelte, die „Gazette de France" vom 12. und die „Liberté" vom 10. Später schickte ich eine Übersetzung des Briefes nach Berlin, den der Präsident der römischen Junta an die „Allgemeine Zeitung" gerichtet. Nachmittags hörten wir, daß Prinz Friedrich Karl schon bei Orleans stehe.

Bei Tische sind Alten und Fürst Radziwill Gäste des Chefs. Man erwähnt, daß das Gerücht umlaufe, Garibaldi sei mit 13000 seiner Freischärler in Gefangenschaft geraten. Der Minister bemerkt: „Das wäre ja wahrhaft betrübend — 13000 Franctireurs, die nicht einmal Franzosen sind, zu Gefangnen gemacht — warum erschießt man denn garnicht?" — Er beklagt sich dann wieder, daß ihn die Militärs so wenig um seine Ansichten fragen. „Da ist diese Kapitulation von Verdun z. B.," äußert er, „zu der hätte ich gewiß nicht geraten. Die Waffen nach dem Frieden wiederzugeben versprochen, und noch mehr, die französischen Behörden dürfen nach Belieben schalten und walten. Das erste mag gehen, denn da läßt sich im Frieden ausmachen, daß die Waffen nicht zurückgeliefert werden. Aber das librement — da können wir ja in der Zwischenzeit nichts machen, wenn sie uns in allen Stücken zuwider handeln — thun, als ob gar kein Krieg wäre. Sie können ganz öffentlich zum Aufstand für die Republik auffordern, und wir können's ihnen nach dem Vertrage nicht verwehren." — — —

Jemand spricht hierauf von dem Artikel des Diplomaten in der „Independance Belge," welcher die Wiederkehr Napoleons prophezeit. „Gewiß," bemerkte der Kanzler, „bildet der sich so was ein, wenn er ihn gelesen hat. Ganz und gar unmöglich ist das übrigens nicht. Er könnte mit den Truppen, die er in Deutschland hat, wenn er Frieden mit uns machte, zurückkehren. So was wie eine ungarische Legion im großen Stile neben uns. Er ist immer noch die rechtmäßige Regierung." — „Er brauchte nach Wiederherstellung der Ordnung höchstens zweimalhunderttausend Mann zu ihrer Erhaltung. Die großen Städte außer Paris mit Truppen zu belegen, wäre nicht notwendig. Vielleicht noch Lyon und Marseille. Die andern könnte er dem Schutze der Nationalgarde überlassen. Stünden die Republikaner auf, so bombardirte man sie und brännte sie nieder."

Es wird ein Telegramm über Granvilles Aeußerungen in Betreff der russischen Erklärung bezüglich des Pariser Friedens hereingebracht, und der Chef liest es vor. Es heißt da ungefähr, Rußland maße sich an, sich von einem Teile des Traktats von 1856 loszusagen, lege sich aber damit das Recht bei, einseitig das Ganze zu beseitigen, während dies doch nur der Gesamtheit der Unterzeichner zukomme. England könne ein solches willkürliches Verfahren, das die Giltigkeit aller Verträge in Frage stelle, nicht dulden. Es seien für die Zukunft Komplikationen zu fürchten. Der Minister lächelt und sagt: „Zukünftige Komplikationen! Parlamentsredner! Getrauen sich nichts. Der Ton liegt auf zukünftig. Das ist die Art, wie man spricht, wenn man nichts zu thun gedenkt. Nein, von denen ist nichts zu fürchten, wie vor vier Monaten nichts von ihnen zu hoffen war." — Hätten die Engländer zu Anfang des Krieges zu Napoleon gesagt: Krieg is nich, so wäre das jetzt nicht gekommen." — — Nach einer Weile fährt er fort: „Man ist immer der Meinung gewesen, daß die russische Politik eine ganz ausnehmend schlaue wäre — voll Winkelzüge, Schliche und Kniffe, das ist aber nicht wahr." — Gortschakoff treibt übrigens hier nicht russische Politik (scil. Politik im wahren russischen Interesse), sondern waräfische. — — — „Wenn sie unredlich wären, so hätten sie solche Erklärungen unterlassen, ruhig Kriegsschiffe gebaut im Schwarzen Meere und gewartet, bis man darüber anfragte. Dann sagten sie, daß sie nichts davon wüßten, man wolle sich aber erkundigen, und so zögen sie's hinaus. Das konnte bei den russischen Verhältnissen lange dauern, und zuletzt hätte man sich daran gewöhnt." — Bucher bemerkt: „Sie haben ja jetzt schon Kriegsschiffe im Schwarzen Meere, die von Sebastopol sind gehoben, und sie konnten, wenn man sagte: ihr dürft hier keine haben, antworten: nun, wir können sie ja nicht hinausbringen, da 1856 die Passage von Kriegsschiffen durch die Dardanellen verboten worden ist."

Ein andres Telegramm meldet die Wahl des Herzogs von Aosta zum König von Spanien. Der Chef sagt: „Da bedaure ich ihn — und sie. — Er ist übrigens mit geringer Majorität gewählt — nicht mit den zwei Dritteln, die es ursprünglich sein sollten. Es sind etwa 190 Stimmen für, 115 nicht für ihn." — Alten freut sich über das monarchische Gefühl der Spanier, welches doch zuletzt den Sieg davongetragen habe. — „Ach, diese Spanier," erwiederte der Minister, „— — — hat ein einziger von diesen Kastiliern, welche das Ehrgefühl gepachtet haben wollen, auch nur seine Entrüstung über die Ursache des jetzigen Krieges ausgesprochen, die doch in ihrer früheren Königswahl lag und darin, daß Napoleon in ihre freie Bestimmung hineinredete, sie als Vasallen behandelte?" — — — Jemand äußert, jetzt sei es aus mit der Kandidatur des Prinzen von Hohenzollern. „Ja," entgegnete der Chef, „aber nur, weil er nicht wollte. Noch vor ein paar Wochen sagte ich ihm: jetzt ist's noch Zeit. Aber er hatte keine Lust mehr dazu." Abends beim Thee wurde erzählt, daß Yorck sich ungemein freue, zu wissen, daß wir noch vor dem Feste zu Hause sein würden. Er habe zum Könige gesagt, nun müsse man wohl an die Weihnachtsgeschenke für die Königin denken. — „Nun," habe Se. Majestät gefragt, „wie lange haben wir denn noch bis Weihnachten?" —

„Fünf Wochen, Majestät.“ — „Na, bis dahin sind wir zu Hause.“ Wohl Fabel oder Mißverständnis. Indes wollen wir's uns notiren.

Freitag, den 18. November. Früh starker Nebel, gegen elf Uhr wird es klar, des Nachmittags wieder Nebelgeriesel. Beim Frühstück erfahren, daß General von Tresckow siebentausend Moblots aus Dreux hinausgeschlagen und die Stadt besetzt hat. Frage an, ob ich das telegraphiren darf. Wird bejaht und die Sache besorgt. Später mit Wollmann hinaus nach Ville d'Avray und wieder ein Blick auf Paris. Als wir nach Hause kommen, ist der bairische Kriegsminister von Pranckh beim Chef im Salon. Man spricht im Büreau davon, daß Keudell morgen oder am Sonntag wieder eintreffen werde, und daß ein kleiner Ausfall gegen die Stellung der Baiern stattgefunden habe, über den man jedoch noch nichts Näheres weiß. Die „Nationalzeitung“ vom 15. abends enthält unter Großbritannien Notizen über Reynier und seine Besuche bei uns, in Metz und bei Eugenien. Es ist ein wohlhabender Gutsbesitzer, mit einer Engländerin verheiratet, mit Madame Lebreton, im Gefolge der Kaiserin, befreundet, vor dem Kriege aus Frankreich geflohen. Scheint Volontär in der Diplomatie zu sein und, wie früher unter uns vermutet, seine Vermittlerrolle aus eigner Initiative ergriffen zu haben. Bei Tische sind Graf Bray, Minister von Lutz und der württembergische Offizier von Maucler als Gäste da. Bray, ein großer hagerer Herr mit langen, glattanliegenden, an den Schläfen hinter die Ohren gestrichenen Haaren, bis auf einen kurzen, dürftigen Backenbart rasirt, mit dünnen Lippen, sehr magern Händen und ungewöhnlich langen Fingern. Spricht wenig, verbreitet Kälte um sich, fühlt sich hier wohl nicht zu Hause. Könnte anderswo leicht für einen Englishman gehalten werden. Der Jesuit unsrer Witzblätter sieht auch gewöhnlich ungefähr so aus. Lutz ist das Gegenstück von ihm, mittelgroß, rund, rot, schwarzer Schnurrbart, dunkles Haar, das von der Stirn nach dem Scheitel zurückgewichen, Brille, lebhaft und gesprächig. Maucler junger ungemein hübscher Herr. Der Chef ist heute, wie es scheint, sehr aufgeräumt und mitteilsam, die Unterhaltung aber diesmal ohne besondre Bedeutung, sie dreht sich meist um Bierfragen, an deren Erörterung sich Lutz belehrend beteiligt.

Sonnabend, den 19. November. Früh außer Zeitungslektüre nichts zu thun. Der Chef ist vermutlich mit der bairischen Angelegenheit beschäftigt. Von ein Uhr an sind Bray und Lutz wieder bei ihm zur Konferenz. Abends, wo der Minister beim König speist, essen die Grafen Maltzahn und Lehndorff und ein Herr von Zawadski mit uns. Letzterer grüner Husar, weiße Binde mit dem roten Kreuz, Johanniterzeichen, eisernes Kreuz am weißen Bande, volles, rotes Gesicht, Schnurrbart. Von den Gesprächen nichts aufzuzeichnen. Man bietet Wetten an, daß morgen ein großer Ausfall stattfinden werde. Auch will jemand gehört haben, daß die Versailler uns heute eine neue Bartholomäusnacht aufspielen wollen. Niemand scheint davor zu grauen.

Sonntag, den 20. November. Früh brachte die Kapelle eines thüringischen Regiments dem Chef ein Ständchen. Er schickte ihnen zu trinken hinunter und kam hernach selbst an die Thür, wo er ein Glas nahm und sagte: „Prosit! Wir wollen darauf trinken, daß wir bald wieder zu Muttern kommen." Der Dirigent fragte ihn darauf, ob das noch lange dauern könnte. Der Minister antwortete: „Na, Weihnachten werden wir nicht zu Hause feiern, vielleicht die Reserve, wir andern bleiben noch bei den Franzosen; denn von denen haben wir viel Geld zu bekommen. Aber wir kriegen sie schon noch kurz," bemerkte er lächelnd.

Nachmittags machte ich einen Ausflug über Ville d'Avray nach Sèvres. Zwischen beiden Orten oben auf der Höhe bei der Eisenbahnbrücke genießt man eine vorzüglich schöne Aussicht auf einen Teil von Paris, das jetzt in hellster Nachmittagsbeleuchtung vor mir lag. Der Rückweg wurde über Chaville und Viroflay genommen. In ersterem Dorfe passirte ich an einem Soldatenspaße vorüber. Man hatte die Steinbilder auf den Pfeilern zu beiden Seiten eines Thorweges in Karikaturen verwandelt. Ein Fischer oder Lastträger mit bis an die Knie aufgestreiften Hosen war durch Aufsetzung eines Muffs, Anhängung einer Feldflasche, Belegung der Schultern mit roten Epauletten, durch Aufpackung eines Tornisters, auf dem hinten ein Käppi, und durch Bewaffnung mit einer rostigen Flinte zu einer Art Sansculotten geworden. Was der auf der andern Seite stehende Abbé bedeuten sollte, dem man einen Dreimaster mit trikolorer Kokarde aufgesetzt, ein Waldhorn in die Hand und an den Mund gegeben, eine Weinflasche an einem Bindfaden umgehangen und eine Laterne vorgebunden hatte, war in der Eile nicht zu enträtseln.

Beim Diner hatten wir den General von Werder, den preußischen Militärbevollmächtigten in Petersburg, zu Gaste, einen langen Herrn mit dunklem Schnurrbart. Der Chef sagte bald nach seinem Eintritte mit dem Ausdruck der Vergnügtheit zu ihm: „Es ist möglich, daß wir uns mit Bavaria noch verständigen.“ — „Ja,“ rief Bohlen, „es steht so was schon telegraphisch in einem von den Berliner Blättern — Volkszeitung, Staatsbürger-Zeitung oder so was war's.“ — Der Minister erwiederte: „Das ist mir doch nicht angenehm, das ist zu frühzeitig. Aber freilich, wo so ein Haufen — vornehmer Leute ist, die nichts zu thun haben und sich langweilen — da bleibt nichts geheim.“ — Er kam dann, — ich weiß nicht mehr, in welchem Zusammenhang — auf folgende Jugenderinnerung: „Als ich noch ganz klein war, da wurde einmal bei uns ein Ball oder so was der Art gegeben, und als sich die Gesellschaft zum Essen setzte, suchte ich mir auch einen Platz und fand ihn in irgend einer Ecke, wo mehrere Herrn saßen. Die wunderten sich über den kleinen Gast, drückten sich aber dabei französisch aus. Wer das Kind wohl sein möchte? »C'est peut-être un fils de la maison, ou un fi.« Da sagte ich ganz dreist: »C'est un fils, Monsieur,« was sie nicht wenig in Erstaunen setzte.“

Das Gespräch lenkte sich dann auf Wien und Graf Beust, und der Chef bemerkte, daß letzterer sich bei ihm wegen der neulichen groben Note entschuldigt: sie habe nicht ihn, sondern Biegeleben zum Verfasser. Von letzterm kam die Rede auf die Gagern und zuletzt auf den einst viel gefeierten Heinrich. Der Chef sagt u. a. von ihm: „Er läßt seine Töchter katholisch erziehen. Nun, wenn er den Katholizismus für besser hält, so ist dagegen nichts einzuwenden; nur sollte er dann selber katholisch werden. So ist es nur Inkonsequenz und Feigheit.“ — „Ich entsinne mich, 1850 oder 1851, da hatte Manteuffel Befehl bekommen, eine Verständigung zwischen den Gagernschen und den Konservativen von der preußischen Partei zu versuchen — wenigstens soweit, wie der König in der deutschen Sache gehen wollte." — „Er nahm mich und Gagern dazu, und so wurden wir eines Tages zu einem souper à trois bei ihm eingeladen. Zuerst wurde wenig oder garnicht von Politik gesprochen. Dann aber ergriff Manteuffel einen Vorwand, uns allein zu lassen. Als er hinaus war, sprach ich sogleich von Politik und setzte Gagern meinen Standpunkt auseinander und zwar in ganz nüchterner, sachlicher Weise. Da hätten Sie aber den Gagern hören sollen. Er machte sein Jupitersgesicht, hob die Augenbrauen, sträubte die Haare, rollte die Augen und schlug sie gen Himmel, daß es förmlich knackte, und sprach zu mir mit seinen großen Phrasen, wie wenn ich eine Volksversammlung wäre. — Natürlich half ihm das bei mir nichts. Ich erwiederte kühl, und wir blieben auseinander wie bisher. Als Manteuffel dann wieder hereingekommen war und der Jupiter sich entfernt hatte, fragte er mich: »Nun, was haben Sie zustande gebracht mit einander?« — »Ach,« sagte ich, »nichts ist zustande gekommen. Das ist ja ein ganz dummer Kerl. Hält mich für eine Volksversammlung — die reine Phrasengießkanne. Mit dem ist nicht zu reden.«"

Man sprach darauf vom Bombardement, und der Chef äußerte: „Ich habe dem König erst gestern wieder gesagt, daß es nun doch Zeit dazu wäre, und er hatte nichts dagegen. Er erwiederte, er habe es befohlen, aber die Generale sagten, sie könnten nicht." — Die Unterhaltung wendete sich dem verstorbenen General von Möllendorff zu, von dem gerühmt wurde, er sei ein kreuzbraver alter Herr gewesen. Graf Bismarck-Bohlen erzählte von ihm: „Im Treffen bei Schleswig, als man da in der Ferne schießen hörte, kommt Wrangel herangesprengt zu Möllendorff und fragt: »Wo wird geschossen?« Der weiß es nicht zu sagen. Da fährt Wrangel ihn an, das müsse er wissen, und jagt dann theatralisch davon. Möllendorff meinte später: »Dieser Wrangel ist doch halb Grobian, halb Komödiant und ich sitze hier à cheval der Ereignisse.« — Der Minister knüpfte daran folgendes: „Da erinnre ich mich, nach den Märztagen, wie die Truppen in Potsdam und der König in Berlin waren. Da kam ich auch hin, und es war Beratung, was jetzt zu thun wäre. Möllendorff war dabei und saß mit schmerzhafter Miene auf einem Stuhle nicht weit von mir. Er konnte nur mit der einen Hälfte sitzen, so hatten sie ihn zerprügelt. Der eine riet nun dies, der andre das, aber niemand wußte recht, was zu machen. Ich saß neben dem Pianoforte und sagte nichts, schlug aber ein paar Töne an — Dideldum Dittera. (Er dudelte den Anfang des Infanterie-Sturmmarsches.) Da erhob sich der Alte freudestrahlend plötzlich von seinem Stuhle und humpelte auf mich zu und umarmte mich und sagte: »Das ist das Rechte. Ich weiß, was Sie wollen — marschiren, nach Berlin.« Wie die Dinge lagen, kam aber nichts zu stande."

Nach einer Weile fragte der Kanzler seinen Gast: „Was kostet Ihnen eine Visite beim Kaiser jedesmal?" — Ich weiß nicht, was Werder darauf antwortete. Der Chef aber fuhr fort: „Für mich war das immer eine ziemlich kostspielige Sache — besonders in Zarskoje. Ich hatte da immer fünfzehn bis zwanzig, auch fünfundzwanzig Rubel zu zahlen, je nachdem ich aufgefordert zum Kaiser fuhr oder unaufgefordert. Im letztern Falle war es teurer. Da bekam der Kutscher und der Lakai, die mich geholt hatten, der Haushofmeister, der mich empfing — bei letztrer Gelegenheit mit dem Degen an der Seite — dann der Läufer, der mir durch die ganze Länge des Schlosses — es müssen wohl tausend Schritt sein — bis zum Zimmer des Kaisers vorausging. Wissen Sie, der mit den hohen runden Federn auf dem Kopfe, wie ein Indianer. — Nun, der verdiente seine fünf Rubel wirklich. Und niemals bekam man denselben Kutscher zurück." — „Ich konnte diese Ausgaben nicht liquidiren. Wir Preußen waren überhaupt schlecht gestellt. Fünfundzwanzigtausend Thaler Gehalt und achttausend Thaler Mietgeld. Ich hatte dafür freilich ein Haus so groß und so schön wie irgend ein Palais in Berlin. Aber die Möbel drin waren alle alt und verschossen und ruppig, und wenn ich die Reparaturen und die andern Kleinigkeiten dazu nehme, so kostete es mich neuntausend jährlich. Ich fand aber, daß ich nicht verpflichtet wäre, mehr zu verthun als meinen Gehalt, und so half ich mir damit, daß ich kein Haus machte.

Der französische Gesandte hatte dreimalhunderttausend Franks und durfte nebenbei alle Gesellschaften, die er für offiziell anzusehen für gut fand, seiner Regierung liquidiren." — „Sie hatten aber doch freie Heizung, und die macht doch in Petersburg jährlich was aus," warf Werder ein. — „Nein, erlauben Sie," entgegnete der Chef, „die mußte ich auch bezahlen. — Das Holz wäre übrigens nicht so teuer, wenn es die Beamten nicht teuer machten. Da erinnre ich mich, einmal, da sah ich schönes Holz auf einem finnischen Boote. Ich fragte die Bauern nach dem Preise, und sie nannten mir einen sehr wohlfeilen. Als ichs aber kaufen wollte, fragten sie (er sagte dies auf Russisch), ob es für den Fiskus wäre. Da beging ich die Unvorsichtigkeit, zu antworten, nicht für den kaiserlichen Fiskus, sondern (er brauchte wieder die russischen Worte) für den königlich preußischen Gesandten. Da waren sie, als ich wieder hinkam, um das Holz abholen zu lassen, alle davon gelaufen. Hätte ich ihnen die Adresse eines Kaufmanns gegeben, mit dem ich mich inzwischen verständigen konnte, so hätte ichs um den dritten Teil dessen gehabt, was ich sonst bezahlte. Der (er brauchte die russische Bezeichnung für den Begriff: preußischer Gesandter) war ihnen offenbar auch ein Beamter des Zaren und sie dachten: nein, der sagt, wenn er bezahlen soll, wir hätten es gestohlen, und läßt uns einsperren, bis wirs ihm umsonst geben." Er erzählte darauf noch Beispiele der Art, wie die Tschinowniks die Bauern hudeln und ausbeuten, und kam dann auf die karge Besoldung der preußischen Gesandten gegenüber den übrigen zurück. „So ists auch in Berlin," setzte er hinzu. „Ein preußischer Minister hat zehntausend Thaler, der englische Gesandte aber dreiundsechzigtausend und der russische vierundvierzigtausend; dazu liquidirt er seiner Regierung alle offiziellen Feste, und wenn der Kaiser einmal bei ihm wohnt, bekommt er gebrauchsmäßig einen vollen Jahresgehalt als Entschädigung. Da können wir freilich nicht mit ihnen Schritt halten."

Montag, den 21. November. Die Verhandlungen mit den Baiern scheinen noch nicht zu vollem Abschluß gelangt zu sein, aber doch in der Hauptsache zu guten Resultaten geführt zu haben. Aus dem, was ich hörte, ist der Weg, auf dem man dahin gelangt ist, nicht zu erkennen. Gewiß scheint nur, daß das Ergebnis ein Kompromiß sein wird, bei dem unsrerseits nur das wesentliche festgehalten und auf andre Wünsche und Ansprüche verzichtet worden ist. Irgendwelche Pression ist sicher nicht ausgeübt worden. Doch wäre denkbar, daß die Frage: Elsaß-Lothringen — behalten oder nicht behalten können? in der Form einer Vorstellung den Ausschlag gegeben hätte. Elsaß-Lothringen kann von Frankreich nur im Namen von ganz Deutschland für dieses gefordert werden. Der Norden bedarf es nicht unmittelbar, wohl aber hat es der Süden, wie die Geschichte auch den Partikularisten sagen muß, so nötig wie das liebe Brot. Baiern ist davon nicht ausgeschlossen. Nur in einer engen Vereinigung desselben mit dem Norden, die ja allerlei Desiderien auf bairischer Seite berücksichtigen kann, ist das Mittel zu finden, Baiern diesen Schutzwall im Westen zu verschaffen. Übrigens würde es nicht gut aussehen, wenn an dem Sträuben der Münchener Politiker gegen engre Verbindung mit dem übrigen Deutschland der von der öffentlichen Meinung jetzt mehr wie je gewünschte und erhoffte Rückerwerb alter deutscher Landschaften scheitern sollte. Möglich ist endlich, daß Leute aus dem Norden beigetragen haben, die Baiern weniger willfährig zu machen. Ich weiß nicht, wie viel daran ist, wenn mir jemand heute beim Frühstück sagte: „Wir hätten sie eher gehabt. Aber da ist der —, der hat seine guten Freunde und Gesinnungsverwandten nach München geschickt, und die haben mit ihnen verhandelt und geringere Zugeständnisse für genügend erklärt, und nun hat vielleicht Bray bei der Besprechung mit dem Minister ein Papier aus der Tasche gezogen und gesagt: »Sehen Sie, die und die, welche doch national genug sind, verlangen ja nur so viel.« Darauf ist dann freilich nicht viel zu antworten."

Keudell ist wieder da. Er sieht sehr wohl aus. Um ein Uhr hat der Chef eine Konferenz mit Otto Russel, der bisher die Stelle des Geschäftsträgers des Kabinets von St. James in Rom versah. Wahrscheinlich soll er mit dem Minister in Betreff der Ansprüche Rußlands hinsichtlich des Schwarzen Meeres verhandeln. Ich gehe nach drei Uhr, wo der Chef zum Könige fährt, mit H. ins Hotel de Chasse, wo wir unter einem Schwarm von Offizieren und Militärärzten mittelmäßiges französisches Bier trinken und uns mit der gesprächigen Wirtin, die auf ihrem katheberartigen Hochsitz in schwarzem Seidenkleide das Geschäft dirigirt, unterhalten. Der Minister läßt von den dreitausend Zigarren, die er, glaube ich, aus Bremen zum Geschenk bekommen, eine Anzahl verteilen, und ich bekomme auch mein Deputat. Es sind Prensados, die recht gut sind. Der Chef ißt nicht mit uns. Als Gast ist Knobelsdorff zugegen.

Abends will L. erfahren haben, daß Garibaldi uns eine große Niederlage beigebracht habe, wobei sechshundert von unsern Reitern getötet worden. Dummer Schnack, warum nicht lieber gleich sechstausend! Es kostet ja einen Atem. L. nimmt an, daß morgen bei Orleans etwas geschehen müsse, da die unsrigen die Franzosen umstellt hätten. Abends kurz vor neun Uhr ist Russel wieder beim Kanzler und bleibt bis gegen elf Uhr.

Dienstag, den 22. November. Früh abscheuliches Regenwetter. Während wir beim Dejeuner sitzen, konferirt Lutz mit dem Chef im Salon. Einmal macht letzterer die Thür auf und fragt: „Weiß einer von den Herren, wie viel Abgeordnete Baiern im Zollparlament hat?" Ich gehe, um im „Illustrirten Kalender" Papa Webers nachzusehen, finde aber in der sonst für solche Dinge recht guten Quelle keine Auskunft. Es müssen indes 47 bis 48 sein. Nach drei Uhr ist der russische General Annenkoff ungefähr fünf Viertelstunden beim Minister. Bei Tische sind Fürst Pleß und ein Graf Stolberg zugegen. Es ist die Rede von einem großen Fund edler Weine, der im Schooß eines Berges oder Kellers in Bougival gemacht worden und nach Kriegsrecht als ins Gebiet der Nahrungsmittel gehörend konfiszirt worden sei. Bohlen, unser Obertruchseß, klagt, daß uns davon nichts zugeflossen. Überhaupt würde für das Auswärtige Amt überall möglichst schlecht gesorgt, man bemühte sich stets, dem Chef die unbequemsten Wohnungen zuzuweisen, und man hätte das Glück, sie überall auch zu finden. „Ja," sagte der Chef lächelnd, „es ist wirklich nicht hübsch, die Art, wie man gegen mich verfährt. Und dabei, welcher Undank der Militärs, mir gegenüber, der ich im Reichstag immer für sie gesorgt habe! Aber sie werden sehen, wie ich mich verwandele. Militärfromm bin ich in den Krieg gezogen, ganz parlamentarisch werde ich nach Hause kommen.“ — — —

Fürst Pleß lobt die württembergischen Truppen, sie machten als Soldaten einen vortrefflichen Eindruck und kämen in ihrer Haltung den unsern am nächsten. Der Kanzler schließt sich dem an, will aber auch die Baiern gerühmt wissen. Besonders scheint ihm an ihnen zu gefallen, daß sie „mit dem Totschießen der Francvoleurs rasch bei der Hand sind.“ — „Unsre Norddeutschen halten sich zu sehr an den Befehl. Wenn so ein Buschklepper,“ bemerkte er beispielsweise, „auf einen holsteinischen Dragoner schießt, so steigt der erst vom Pferde und läuft mit seinem schweren Säbel dem Kerle nach und fängt ihn. Dann bringt er ihn seinem Leutnant, und der läßt ihn laufen, oder er liefert ihn ab, und dann ists dasselbe, man läßt ihn auch laufen. Der Baier machts anders, der weiß, daß Krieg ist, der hält noch auf gute alte Sitten. Er wartet nicht ab, bis auf ihn von hinten geschossen wird, sondern schießt zuerst.“ Wir haben bei Tische Kaviar und Fasanenpastete, jener ist von der Frau Baronin von Keudell, diese von der Frau Gräfin Hatzfeld gestiftet; desgleichen wird schwedischer Punsch gereicht.

Abends die Bernstorffsche Note darüber, daß die französische Fregatte „Desaix“ ein deutsches Schiff in englischen Gewässern gekapert, desgleichen das Schreiben an Lundy über die englische Waffenausfuhr nach Frankreich für unsre Presse zurecht gemacht, ferner besorgt, daß Bazaine von unsern Blättern nicht mehr gegen den Vorwurf der Verräterei verteidigt wird, „weil ihm das schadet,“ und ein Telegramm abgelassen, daß die französische Regierung seit einigen Tagen die Fremden mit Einschluß der Diplomaten, denen wir jetzt wie vorher unsre Linien öffnen, nicht mehr aus Paris wegreisen läßt.

L. berichtet, daß der Präfekt von Brauchitsch dem Versailler Magistrat bei einer Strafe von fünfzigtausend Franken geboten, bis zum 5. Dezember ein Magazin von notwendigen Dingen anzulegen, die in der Stadt zu fehlen anfangen. Garibaldi hat wirklich einen kleinen Erfolg über unsre Truppen davongetragen, unser Verlust an Toten, Verwundeten und Gefangenen soll aber nicht mehr als 120 Mann betragen.

Beim Thee hörte man, daß Hellwitz, der in Meaux bei uns war, wieder eingetroffen und vom Chef empfangen worden ist. Er ist nach Bohlen ein etwas rätselhafter Kunde, Agent Napoleons und doch an einem sehr radikalen Demokratenblatte der Rheinprovinz beteiligt, oder gar Mitbesitzer desselben, und giebt sich in Preußen mit Erfolg für einen hochsinnigen und patriotischen Republikaner aus. Als solchen hat ihn der Regierungspräsident v. — bei uns eingeführt. Was die beiden Hälften dieser Doppelnatur vereinigt, sowie der jetzige Zweck ihres Besuches, bleibt in Dunkel gehüllt. Man sprach dann von einem Herrn, der aus Verzweiflung über die Art gewisser Persönlichkeiten im Hotel des Reservoirs unter die Demokraten gehen wolle oder schon gegangen sei. — — —

Mittwoch, den 23. November. Heute früh sagte ich zu einem der Räte: „Nun, wissen Sie, wie es mit den bairischen Verträgen steht. Heute Abend wird die Sache wohl geordnet sein?" „Ja," lautete die Antwort, „wenn nicht noch etwas dazwischen kommt, und das braucht an sich nichts Bedeutendes zu sein. Wissen Sie, woran der Vertrag noch kürzlich beinahe gescheitert wäre?" — „Nun?" — „An der Frage: Ob Kragen oder Epauletten." Ich konnte, da ich abgerufen wurde, mir in dem Augenblick das Rätsel, das hierin lag, nicht lösen lassen. Später erfuhr ich, daß es sich um die Frage gehandelt, ob die bairischen Offiziere ihre Rangabzeichen künftig wie bisher an den Kragen, oder wie die norddeutschen auf den Schultern tragen sollten. — — — Bei Tische befanden sich unter uns eine Husarenuniform mit der Genfer Binde und eine Infanterieuniform mit Achselschnuren, von denen jene den schlesischen Grafen Frankenberg, einen großen stattlichen Herrn mit rötlichem Vollbart, diese den Fürsten Putbus schmückte. Beider Verdienste waren mit dem eisernen Kreuze belohnt. Die Gäste sprachen davon, wie lebhaft man in Berlin nach dem Bombardement verlange und über dessen Verzögerung murre. Das Gerücht, daß hohe Damen eine von den Ursachen des Zauderns seien, scheint jetzt allgemein verbreitet zu sein. — — — Putbus erzählte dann, indem das Gespräch auf die Behandlung der französischen Landbevölkerung kam, daß ein baierischer Offizier ein ganzes schönes Dorf niedergebrannt und den Wein in den dortigen Kellern auslaufen zu lassen befohlen habe, weil die Bauern des Ortes sich verräterisch betragen hätten. Jemand anders bemerkt dazu, daß die Soldaten irgendwo einen über Verrat ertappten Curé ganz fürchterlich durchgeprügelt haben sollten. Der Minister lobte wieder die Energie der Baiern, fügte dann aber mit Bezug auf den zweiten Fall hinzu: „Man muß die Leute entweder so rücksichtsvoll als möglich behandeln, oder unschädlich machen. Eins von beiden.“ Und nach einigem Besinnen fügte er hinzu: „Höflich bis auf die letzte Galgensprosse, aber gehenkt wird er, der Kerl. Grob darf man nur gegen seine Freunde sein, wo man überzeugt ist, daß sies nicht übel nehmen. Wie grob ist man zum Beispiel gegen seine Frau im Vergleich zu andern Damen.“

Es wird vom Herzog von Koburg gesprochen, dann vom Aquädukt von Marly und davon, daß er von den Kugeln des Forts nicht erreicht werde, zuletzt auf die Anregung des Fürsten Putbus von einer Marquise della Torre, die nach dessen Bericht „eine etwas orageuse Vergangenheit hinter sich hätte, das Lagerleben liebte, mit Garibaldi vor Neapel gewesen wäre und sich seit einiger Zeit hier befände, wo sie mit der Genfer Kreuzbinde umherginge.“ — — — Jemand erwähnte das bei Bleibtreu bestellte Gemälde, und das brachte einen andern Tischgenossen auf die Skizze zu einem andern, welches den General Reille darzustellen bestimmt sei, wie er auf dem Berge vor Sedan dem Könige den Brief Napoleons überbringt. Man tadelte, daß der General hier die Mütze in einer Weise abnehme, als ob er Hurrah oder Vivat rufen wolle. Der Chef bemerkte: „Er betrug sich durchaus anständig und würdig.“ — „Ich sprach dann allein mit ihm, während der König die Antwort schrieb. Er machte mir Vorstellungen: man würde einer so großen Armee, und die sich so tapfer geschlagen hätte, nicht harte Bedingungen stellen. Ich zuckte die Achseln. Da sagte er, ehe sie sich darein fügten, sprengten sie sich mit der Festung in die Luft. Ich sagte: »Sprengen Sie sich nur — faites sauter!« — Ich fragte ihn dann, ob der Kaiser denn der Armee, der Offiziere noch sicher sei. Er bejahte es. Und ob sein Wort und Befehl wohl auch in Metz noch gelte? Reille bejahte das ebenfalls, und wie wir gesehen haben, hatte er damals noch Recht." — — „Ich glaube, wenn er damals Frieden gemacht hätte, wäre er jetzt noch ein achtbarer Regent. Er ist aber ein dummes Luder. Ich habe das schon vor sechzehn Jahren gesagt, wo mirs niemand glauben wollte! Dumm und sentimental." — —

Abends berichtet L., daß einem der Journalisten, die von hier korrespondiren, ein Unglück zugestoßen ist. Der Dr. Kayßler, welcher die Berliner Zeitungen mit Berichten versieht, soll seit etwa acht Tagen auf einer Reise nach Orleans verschwunden sein, und man befürchtet, daß er von den Franctireurs umgebracht worden oder wenigstens in Gefangenschaft geraten ist.*) Weniger betrüben würde, wenn das einem Korrespondenten preußenfeindlicher Blätter in Wien und Frankfurt, einem gewissen Voget, widerfahren wäre, der, wie es scheint, das Privilegium zu besitzen wähnt, von hier unter dem Schutze der deutschen Behörden allerlei Verleumdungen in die Welt zu schreiben. Schon zu Anfang des Krieges, bei Saarbrücken, soll er Zank mit unsern Offizieren provozirt haben, und jetzt hat er sich unterstanden, zu berichten, die Preußen hätten bei Orleans die Baiern im Stiche gelassen, indem sie nicht zu rechter Zeit zur Hilfe erschienen seien, verschuldeten also gewissermaßen die Niederlage. Den fortjagen wäre zweckmäßiger als die Geschichte mit dem armen Hoff.

Gegen zehn Uhr ging ich hinunter zum Thee und fand da noch Bismarck-Bohlen und Hatzfeldt. Der Chef war mit den drei bairischen Bevollmächtigten im Salon. Nach einer Viertelstunde etwa öffnete er die Flügelthür, steckte den Kopf mit freundlichster Miene herein und kam dann, als er noch Gesellschaft sah, mit einem Becher zu uns an den Tisch, wo er Platz nahm. „Nun wäre der bairische Vertrag fertig und unterzeichnet," sagte er bewegt. „Die deutsche Einheit ist gemacht und der Kaiser auch." Ein Moment herrschte Stille. Dann bat ich mir die Feder holen zu dürfen, mit der er sich unterschrieben. „In Gottes Namen holen Sie sich alle drei," erwiederte er, „die goldene ist aber nicht darunter." Ich ging und nahm mir die drei Federn, die neben dem Dokument lagen, und von denen zwei noch naß waren. (Wie Wollmann mir später sagte,

*) Wie bekannt, war das Letztere der Fall.

wäre die, welche auf beiden Seiten Fahnen hatte, diejenige, welche der Kanzler gebraucht hatte.) Daneben standen zwei leere Champagnerflaschen. „Bringen Sie uns noch eine von diesem," sagte der Chef zum Diener. „Es ist ein Ereignis." Dann bemerkte er nach einigem Nachsinnen: „Die Zeitungen werden nicht zufrieden sein, und wer einmal in der gewöhnlichen Art Geschichte schreibt, kann unser Abkommen tadeln. Er kann sagen, (ich zitire, wie immer bei Anführungszeichen, genau seine eignen Worte), der dumme Kerl hätte mehr fordern sollen, er hätte es erlangt, sie hätten gemußt, und er kann Recht haben — mit dem Müssen. Mir aber lag mehr daran, daß die Leute mit der Sache innerlich zufrieden waren — was sind Verträge? wenn man muß! — und ich weiß, daß sie vergnügt fortgegangen sind." — „Ich wollte sie nicht pressen, die Situation nicht ausnutzen. Der Vertrag hat seine Mängel, aber er ist so fester. Ich rechne ihn zu dem wichtigsten, was wir in diesen Jahren erreicht haben." — „Was den Kaiser betrifft, so habe ich ihnen den bei den Verhandlungen damit annehmbar gemacht, daß ich ihnen vorstellte, es müsse für ihren König doch bequemer und leichter sein, gewisse Rechte dem deutschen Kaiser einzuräumen als dem benachbarten Könige von Preußen." — — — Später kam er bei einer zweiten Flasche, die er mit uns und dem inzwischen dazu gekommenen Abeken trank, auf seinen Tod zu sprechen und gab genau das Alter an, das er zu erreichen bestimmt sei. Er behauptete, er werde in seinem einundsiebzigsten Jahre sterben, indem er das aus einer mir unverständlichen Zahlenkombination herleitete. — Ich sagte: „Das dürfen Exzellenz nicht. Das wäre zu früh. Da muß man den Todesengel wegjagen." — „Nein," erwiederte er. „Sechsundachtzig — sechzehn Jahre noch. Ich weiß es — es ist eine mystische Zahl."

Donnerstag, den 24. November. Früh fleißig gearbeitet und mehrere Artikel im Sinne des gestern Abend vom Chef über den Vertrag mit Baiern Geäußerten gemacht. Wollmann erzählte am Nachmittag, als wir mit einander im Schloßpark spazieren gingen, ein Oberst Krohn habe in einem Orte in den Ardennen einen Advokaten verhaften lassen, der verräterische Verbindungen mit einer Bande von Franctireurs unterhalten habe. Das über den Mann vom

Kriegsgericht gefällte Urteil habe auf den Tod gelautet. Er habe Begnadigung nachgesucht. Der Chef aber habe davon erfahren und heute dem Kriegsminister schreiben lassen, er werde beim Könige beantragen, daß der Gerechtigkeit ihr Lauf gelassen werde.

Beim Diner sind Oberst Tilly vom Generalstabe und Major Hill Gäste des Chefs. Derselbe sagt, indem er sich wieder beklagt, daß die Militärs ihm zu wenig mitteilen, ihn zu selten um seine Meinung befragen: „So wars auch mit der Ernennung Vogels von Falkenstein, der jetzt den Jacoby gemaßregelt hat. Wenn ich mich vor dem Reichstage darüber aussprechen müßte, würde ich meine Hände in Unschuld waschen. Man hätte mir nichts unbequemeres einbrocken können." — „Ich bin," so wiederholt er, „militärfromm in den Krieg gekommen, künftig gehe ich mit den Parlamentarischen, und wenn sie mich weiter ärgern, so lasse ich mir einen Stuhl auf die äußerste Linke stellen." — Man erwähnt den Vertrag mit Baiern, und es wird davon gesprochen, daß die Schwierigkeiten, denen man dabei begegnet, auch auf Nationalgesinnte zurückzuführen seien, woran der Minister die Bemerkung knüpft: „Es ist doch merkwürdig, daß es ganz kluge Leute giebt, die aber von Politik nichts verstehen." — Er äußert dann, plötzlich das Thema wechselnd: „Die Engländer sind außer sich, ihre Journale verlangen Krieg wegen eines Briefes, der nichts als die Darlegung einer Rechtsanschauung enthält; denn das ist doch die Note Gortschakoffs," was er dann weiter ausführt. Dann kommt er nochmals auf die Verzögerung des Bombardements zu sprechen, die ihm aus politischen Rücksichten Bedenken erregt. „Da hat man nun den ungeheuren Belagerungspark herangeschafft," sagt er, „alle Welt erwartet, daß wir schießen, und bis heute stehen die Geschütze müssig. Das hat uns sicher bei den Neutralen geschadet. Der Erfolg von Sedan ist damit ganz erheblich geschmälert in seiner Wirkung, und wenn man bedenkt, wodurch."

Freitag, den 25. November. Ich telegraphire früh die zwischen gestern und heute erfolgte Kapitulation von Thionville, mache einen Artikel der „Neuen freien Presse," welcher die Note Granvilles als schüchtern und farblos bezeichnet, für den König zurecht und besorge, daß in allen unsern Blättern in Frankreich die Telegramme zum Abdruck kommen, die Napoleon im vorigen Juli die Beistimmung der französischen Bevölkerung zu der von ihm uns übersandten Kriegserklärung ausgedrückt haben.

Nachmittags besuchte ich mit Wollmann auf eine Stunde die Gallerie historischer Porträts im Schlosse, die in ihrer Art von höchster Bedeutung ist und u. a. auch ein sehr interessantes Brustbild von Luther enthält. Dann wurde ein Gang durch die Hauptstraßen der Stadt, nach den beiden großen Kirchen und nach dem Denkmal von Hoche gemacht, wobei man wie immer vielen Geistlichen, Nonnen, auch Mönchen begegnete und Gelegenheit hatte, die Menge von Weinschänken und Kaffeehäusern zu bewundern, mit denen Versailles versehen ist. Eins dieser Institute führt den seltsamen Namen: „Au chien qui fume" und zeigt dem entsprechend auf seinem Schilde einen Hund, der eine Tabakspfeife im Maule hat. Die Leute vor den Hausthüren waren allenthalben höflich, namentlich die Frauen. Wenn Zeitungen sagen, Mütter und Wärterinnen kehrten sich ab, wenn einer von uns ihren Kinderchen die Backen streicheln wolle, so kann ich das nach meiner bisherigen Erfahrung nicht bestätigen. Sie freuten sich darüber ganz wie anderswo und sagten: „Faites minette à Monsieur." Die höhere Klasse freilich läßt sich fast nie auf der Straße sehen, und wenn es einmal geschieht, erscheinen die Damen in Trauer — von wegen des Vaterlandes und — weil Schwarz gut kleidet.

L. erzählt bei seiner gewöhnlichen Abendvisite, daß Sammer schon seit einiger Zeit wieder fort, also nicht, wie es in den Zeitungen geheißen, irgendwo Präfekt geworden ist, daß die Stadt aber die Freude hat, eine andere interessante Persönlichkeit zu beherbergen, den amerikanischen Geisterbanner Home nämlich, der, wenn ich recht verstand, von London herübergekommen ist und zwar mit Empfehlungen, die ihn beim Kronprinzen eingeführt haben.

Sonnabend, den 26. November. Mehrere Artikel gemacht, darunter einen über die seltsame Belobigungsliste Trochus im „Figaro" vom 22. d. M.. Der Chef sagte mir, als er mir die von ihm angestrichnen Stellen zum Teil vorlas: „Die Heldenthaten dieser Verteidiger von Paris sind teils so gewöhnlicher Art, daß preußische Generale sie gar nicht der Erwähnung wert finden würden teils Aufschneidereien, teils offenbare Unmöglichkeiten. Zunächst haben die Tapfern Trochus, wenn mans zusammenrechnet, mehr Gefangne gemacht, als die Franzosen während der ganzen Einschließung von Paris überhaupt. Dann ist hier dieser Kapitän Montbrisson, der ausgezeichnet wird, weil er an der Spitze der Angriffskolonne marschirt ist und sich über die Mauer eines Parks hat heben lassen, um zu rekognoszieren, was doch nur seine Pflicht und Schuldigkeit war. Hernach hier diese theatralische Eitelkeit, wo der Soldat Gletty par la fermeté de son attitude drei Preußen zu Gefangenen gemacht hat. Festigkeit seiner Haltung! Und unsere Pommern davor zu Kreuze gekrochen! Auf einem Pariser Boulevardtheater oder im Zirkus ganz in der Ordnung, aber in der Wirklichkeit! Ferner hier Hoff, der in verschiedenen combats individuels nicht weniger und nicht mehr als siebenundzwanzig Preußen umgebracht hat. Wohl ein Jude, dieser dreifache Neuntöter — vielleicht ein Vetter von Malz-Hoff, alte oder neue Wilhelmsstraße — auf alle Fälle miles gloriosus. Und zuletzt hier Terreaux, der ein fanion mit samt dem porte fanion gefangen genommen hat. Das ist ein Kompagniefähnchen zum Richten, die wir gar nicht haben. Und solch Zeug berichtet amtlich ein Obergeneral. Wirklich, es steht mit dieser Belobigungsliste gerade wie mit den Schlachtenbildern unter den toutes les gloires de la France, wo auch jeder Trommler von Sebastopol und Magenta für die Nachwelt porträtirt ist, weil er getrommelt hat."

Bei Tische waren Graf Schimmelmann (hellblauer Husar mit etwas orientalischem Gesichtstypus, dem Anschein nach in den letzten Zwanzigen) und Hatzfeldts Schwager (Amerikaner, lebhaft, dreist) als Gäste des Kanzlers zugegen. Der letztre erzählte u. a.: „Gestern bin ich von einer ganzen Reihe Mißgeschicken heimgesucht worden. Eins folgte aus dem andern. Zuerst will mich einer sprechen, der wichtige Geschäfte hat (Odo Russell). Ich lasse ihn bitten, ein paar Augenblicke zu warten, da ich noch mit einer dringenden Arbeit beschäftigt bin. Wie ich dann nach einer Viertelstunde nach ihm frage, ist er fort, und davon hängt möglicherweise der Friede Europas ab. So gehe ich schon um zwölf zum König, und das wird Ursache, daß ich dem — in die Hände falle, der mich nötigt, einen Brief anzuhören, und mich auf diese Art eine ganze Weile festhält. — So verlor ich eine Stunde, und nun konnten Telegramme von großer Wichtigkeit erst abgehen, so daß sie denen, für die sie bestimmt sind, vielleicht heute nicht mehr zukommen, und inzwischen können Beschlüsse gefaßt worden sein und Verhältnisse sich gestaltet haben, welche sehr ernste Folgen für ganz Europa haben und die politische Situation ganz verändern." — „Das kommt aber alles vom Freitag her," setzte er hinzu, „Freitagsverhandlungen, Freitagsmaßnahmen." — Später fragte er: „Hat jemand von den Herren den Maire veranlaßt, daß er in Trianon das nötige (für den König von Baiern) herrichtet?" — Hatzfeldt erwiederte, er habe selbst mit ihm über die Sache gesprochen. Der Chef antwortete: „Très bien, — aber wenn er nur noch kommt. Das hätte ich auch nicht gedacht, daß ich einmal den Haushofmeister von Trianon spielen würde. Und Napoleon? Und Ludwig der Vierzehnte? Was würde der dazu sagen?" — Es wurde dann noch davon gesprochen, daß der amerikanische Spiritualist Home sich seit mehreren Tagen hier befinden und vom Kronprinzen zur Tafel gezogen worden sein solle. Bucher bezeichnete denselben als einen gefährlichen Menschen und erwähnte, daß er in England wegen Erbschleicherei verurteilt worden. Nach Tische sagte er mir, daß Home nach Zeitungsberichten vor einiger Zeit einer reichen Wittwe ein Legat zu seinen Gunsten abgeschwindelt, darauf von den Erben verklagt und schließlich vom Gericht zu einer großen Summen als Schadenersatz verurteilt worden. Es stünde zu befürchten, daß er jetzt von irgend jemand hergeschickt worden sei, um auf einflußreiche Persönlichkeiten in einem unserm Interesse schädlichen Sinne zu wirken, und so wolle er beim Chef veranlassen, daß der Patronausgewiesen werde.

Abends verschiedene Artikel des „Moniteur" für den König ausgezogen und Treitschkes Abhandlung über „Luxemburg und das deutsche Reich" in den „Preußischen Jahrbüchern" gelesen. Von halb elf bis nach halb zwölf Uhr nachts wird wieder einmal sehr lebhaft von den Forts oder Kanonenbooten in die Welt hinausgeschossen. Der Chef hat dazu gemeint: „Sie haben sich lange nicht hören lassen. Gönnen wir ihnen jetzt das Vergnügen."

Sonntag, den 27. November. Früh die Rede bekommen, mit welcher der Reichstag eröffnet worden. Schicke sie sofort zur Übersetzung und zum Abdruck an L. Nach zwölf Uhr erscheint Russell wieder. Der Chef läßt ihn bitten, zehn Minuten zu warten, und geht unterdessen mit Bucher im Garten hin und her. Da es nichts zu thun giebt, mache ich H. in La Celle wieder einen Besuch, wobei ich auf dem Hinwege dreimal von Posten angehalten werde, was früher niemals geschehen. Nachdem ich mit H. und den andern Offizieren in dem stattlichen Schloß über dem Markte eine Stunde angenehm verplaudert, mache ich mich, mit dem Feldgeschrei: „Zahlmeister, Hermann" ausgerüstet auf den Heimweg. Ein Intendanturbeamter, der in einer hübschen Kalesche nach der Stadt fährt, nimmt mich an seine Seite. Er hat Wagen und Pferd in einem Stalle zu Bougival „eingemauert gefunden und säuberlich herausgeschält." Er scheint auch der Entdecker und Verwalter des großen Weinlagers zu sein, das man dort gefunden hat, das aber jetzt auf die Neige gehen soll.

Bei Tische ist Graf Lehndorff zugegen sowie eine bairische Offiziersuniform, der Graf Holnstein; stattlicher strammer Mann, rotes volles Gesicht, angehender Dreißiger dem Anschein nach, angenehmes offnes Benehmen. Er ist, wie man hört, der Oberstallmeister des Königs Ludwig und gehört zu dessen Vertrauten. Der Chef sprach erst über die russische Angelegenheit und sagte: „Wien, Florenz und Konstantinopel haben sich noch nicht geäußert, aber Petersburg und London, und das sind hier die wichtigsten Stellen. Darnach aber steht es gut." — Dann erzählte er verschiedene Anekdoten aus seinem waidmännischen Leben: von der Gemsenjagd, „zu der es ihm doch an Atem fehle," von dem schwersten Wildschwein, das er erlegt, „der Kopf allein wog zwischen 99 und 101 Pfund," und von dem größten Bären, den er geschossen. — Im weitern Verlaufe der Sitzung wurden die Münchener Verhältnisse das Thema des Gesprächs, wo Holnstein u. a. bemerkte, die französische Gesandtschaft hätte sich doch sehr über die Haltung Baierns vor dem Ausbruch des Krieges getäuscht. Sie hätte sich ihre Meinung aus zwei oder drei eifrig katholischen und preußenfeindlichen Salons geholt, den Sieg der „Patrioten" als sicher angenommen und sogar an einen Thronwechsel geglaubt. Der Chef erwiedert: „Daß Baiern mit uns gehen würde, daran habe ich nie gezweifelt. Aber daß sie sich so rasch entschließen würden, hätte ich doch nicht gehofft." — Darauf war vom Totschießen verräterischer Afrikaner die Rede, nachdem Holnstein erzählt, daß ein Schuster in München, von dessen Fenstern aus man den Zug der gefangen dort eingebrachten Turkos gut habe sehen können, an Entree viel Geld eingenommen und 79 Gulden an die Kasse für die Blessirten abgeliefert habe. Selbst aus Wien wären zu diesem Feste zahlreiche Zuschauer erschienen. Chef: „Daß sie diese Schwarzen überhaupt gefangen genommen haben, war wider die Abrede." — Holnstein: „Ich glaube auch, daß sie's jetzt nicht mehr thun." — Chef: „Mit meinem Willen kommt jeder Soldat in Arrest, der einen solchen Burschen gefangen nimmt und abliefert. Das ist Raubzeug, das muß abgeschossen werden. Der Fuchs hat doch die Entschuldigung, daß es ihm so zur Natur ist, aber die — es ist die scheußlichste Unnatur. Sie haben unsre Soldaten auf die schändlichste Weise zu Tode gequält." — — —

Nach dem Essen, wo wie immer geraucht wurde, ließ der Minister eine große und schwere, aber vorzügliche Cigarre herumgehen, indem er sagte: „Pass the bottle." Die dankbare Mitwelt scheint ihn in der letzten Zeit besonders reichlich mit Cigarren versorgt zu haben, auf seiner Kommode steht Kistchen an Kistchen mit „weeds"; er hat also, Gott Lob! genug von dem, was ihm in der Art Freude macht.

L. berichtet, daß Home abgereist ist, wenn ich recht verstand, gestern schon. Er hat sich aber den „Moniteur" nach London nachschicken lassen, indem er sich für einen Monat auf das Blatt abonnirt hat. Vielleicht gehört dies und die ganze Reise ins Hauptquartier nur zu seinem Geister- und Gespenster-Hokuspokus. Verdächtig scheint aber wieder, daß der Cagliostro aus dem Yankeelande angefragt hat, ob er den in einem der Luftballons ertappten Sohn Worths, des großen Schneiders in Paris, der „Herzoginnen in seinem Salon warten läßt," sprechen könne. Es heißt übrigens, daß er wiederkommen wolle. — Wie L. weiter erzählt, erfreuen sich unsre Versailler seit einigen Tagen einer Fülle angenehmer Nachrichten.

Thiers und Favre, nach andern auch Trochu, befinden sich in der Stadt, um mit dem Könige Wilhelm zu verhandeln. Garibaldi, den unsre Generale zur Räumung von Dôle gezwungen haben, hat nach der Versailler Mythenquelle Dijon wieder eingenommen und dabei nicht weniger als zwanzigtausend deutsche Soldaten zu Gefangnen gemacht. Ein deutscher Prinz oder Fürst ist in der Umgebung von Paris den Franzosen in die Hände gefallen, und der König hat für dessen Freigebung die der Marschälle Bazaine und Canrobert angeboten, das Anerbieten ist aber zurückgewiesen worden, Prinz Friedrich Karl ferner ist bei Rambouillet, Dreux und Chateaudun geschlagen worden, während doch das Gegenteil die Wahrheit ist, u. s. w. Noch am Grabe pflanzt er die Hoffnung auf."

23*

Dreizehntes Kapitel.

Der bairische Vertrag. — Noch kein Bombardement.

Montag, den 28. November. Ich telegraphire früh die Kapitulation von La Fère mit 2000 Mann, dann den Sieg Manteuffels an der Somme, bei Ladon und Maizières. Darauf wieder einen Artikel über die Verständigung mit Baiern gemacht. Der Chef fragt nach Home, und ich sage ihm, daß er fort sei, aber wiederkommen zu wollen scheine. Er befiehlt mir, sogleich an das Kommando schreiben zu lassen, Home solle, wenn er ohne Erlaubnis zurückkehre, ohne weiteres verhaftet und ihm davon Nachricht gegeben werden. Erscheine er mit Erlaubnis, so sei er als gefährlicher Schwindler und Spion zu beobachten und über seine Ankunft an den Minister Bericht zu erstatten.

Am Nachmittag machte ich mit Bucher einen Ausflug zu Wagen nach Saint Cyr. Dem Diner wohnten Fürst Pleß und Graf Maltzahn als Gäste bei. Der Minister sprach zunächst von dem amerikanischen Geistermann und erzählte, was er von ihm denke, und was von ihm in Betreff seiner verfügt worden sei. — — — Bohlen rief: „Na weißt Du's schon: der Garibaldi hat nun auch seine Keile weg?" — Jemand sagte, wenn sie den gefangen nähmen, würde er doch als ein Mensch, der sich unbefugtermaßen in den Krieg gemengt habe, erschossen werden. „Vorher werden sie in Käfige gesetzt und öffentlich gezeigt," bemerkt Bohlen. — „Nein," erwiederte der Minister, „ich hätte einen andern Plan. Man sollte die Gefangnen nach Berlin bringen, dort müßte ihnen ein Plakat von Pappe angehängt werden, auf dem stünde: »Dankbarkeit« und so würden sie durch die Stadt geführt." Bohlen meinte: „Dann nach Spandau." — Der Chef versetzte: „Oder man könnte auch darauf schreiben: Venedig — Spandau." — Es wurde ferner von Baiern und von der

Stellung des Kronprinzen, des Koburgers und des Großherzogs von Baden zur deutschen Frage und der Lage der Dinge in München gesprochen. — — — Dann brachte jemand, ich weiß nicht mehr in welchem Zusammenhange, wieder die Vorkommnisse beim Erscheinen Reilles bei Sedan zur Sprache, und es schien, als ob der König damals sich von dem Briefe des Kaisers Napoleon mehr versprochen habe, wozu er nach dem, was der Minister früher bemerkt hatte, berechtigt war. Der Kaiser hätte dort sich nicht zwecklos gefangen geben, sondern seinen Frieden mit uns machen müssen. Die Generale wären ihm dabei gefolgt. — — — Man kam dann auf das Bombardement und im Zusammenhange damit auf den Bischof Dupanloup und von dessen gegenwärtigen Intriguen auf die Rolle zu reden, die er auf dem Konzil in der Opposition gespielt. — — — „Dabei fällt mir ein," sagte der Kanzler, „der Papst hat einen sehr netten Brief an die französischen Bischöfe geschrieben, oder an mehrere derselben, sie sollten sich doch nicht mit den Garibaldianern einlassen." — Jemand äußerte, daß ihm etwas sehr am Herzen liege. Der Chef bemerkte dazu: „Wichtiger, das Wichtigste ist mir jetzt, was mit der Villa Coublay wird." — — — „Gebe man mir den Oberbefehl auf vierundzwanzig Stunden, und ich nehme die Verantwortlichkeit auf mich. Ich würde dann bloß einen einzigen Befehl geben: Es wird gefeuert." Die Villa Coublay ist ein Ort nicht weit von hier, wo der herbeigeschaffte Belagerungspark noch immer steht, statt in die Schanzen und Batterien gebracht zu sein, und der Kanzler hat in einer Immediatvorstellung um Beschleunigung des Bombardements gebeten. „Sie haben dreihundert Kanonen zusammen," so fuhr er fort, „und fünfzig oder sechzig Mörser, und für jedes Geschütz fünfhundert Schuß. Das ist gewiß genug. Ich habe mit Artilleristen gesprochen, die sagen, bei Straßburg hätten sie nicht die Hälfte gebraucht von dem, was hier schon aufgehäuft ist, und Straßburg war gegen Paris ein Gibraltar." — — — „Eine Kaserne auf dem Mont Valérien wäre vielleicht in Brand zu schießen, und wenn man die Forts Issy und Vanvres gehörig mit Granaten überschüttete, daß sie herauslaufen müßten — die Enceinte ist von geringer Stärke, ihr Graben war sonst nicht breiter, als dieses Zimmer lang ist." — „Ich bin überzeugt, wenn wir ihnen vier oder fünf Tage lang Granaten hineinwerfen in die Stadt selber, und sie gewahr werden, daß wir weiter schießen als sie — neuntausend Schritt nämlich —, so werden sie in Paris klein beigeben. Freilich liegen auf dieser Seite die vornehmen Quartiere, und da ist es denen in Belleville ganz einerlei, ob die zusammengeschossen werden, ja sie freuen sich darüber, wenn wir die Häuser der reichen Leute zerstören." — „Wir hätten überhaupt wohl Paris liegen lassen und weitergehen können. Nun wir's aber einmal angefangen haben, sollte auch Ernst gemacht werden. Mit dem Aushungern kann es noch lange dauern, vielleicht bis zum Frühjahr; jedenfalls haben sie Mehl bis zum Januar." — — — „Hätten wir vor vier Wochen zu bombardiren angefangen, so wären wir jetzt aller Wahrscheinlichkeit nach in Paris, und das ist die Hauptsache. So aber bilden die Pariser sich ein, es ist uns von London, Petersburg und Wien verboten, zu schießen, und die Neutralen wieder glauben, daß wir's nicht können. Die wahren Ursachen werden aber wohl einmal bekannt werden." — — —

Abends telegraphirte ich nach London, daß der Reichstag zur Fortsetzung des Krieges mit Frankreich wieder hundert Millionen bewilligt, und zwar gegen die Stimmen von acht Sozialdemokraten, sodann, daß Manteuffel Amiens besetzt. Später wurden mehrere Artikel gemacht, darunter einer, der das genügsame Verhalten des Kanzlers bei den Verhandlungen mit Baiern als von der Billigkeit und nicht minder von der Klugheit eingegeben verteidigte. Es kommt, sagte ich darin etwa, nicht so sehr auf das oder jenes wünschenswerte Zugeständnis von seiten der Münchner an, als darauf, daß die süddeutschen Staaten sich in dem neuen deutschen Staatsorganismus wohl fühlen. Ein Dringen oder Zwingen zu mehr Einräumungen wäre Undankbarkeit und, da sie ihre patriotische Pflicht erfüllt hätten, mehr als das, vor allem aber würde ein solches anspruchsvolleres Auftreten gegen unsre Verbündeten unpolitisch sein. Denn die Unzufriedenheit, die ein solcher Zwang im Gefolge haben würde, wäre von weit größerer Bedeutung als ein halb Dutzend uns günstigere Paragraphen eines Vertrages; sie würde sehr bald den Neutralen, Österreich u. dergl. die Lücke zeigen, wo der Keil angesetzt werden könnte, mit dem die so zustande gekommene Einheit zu lockern und schließlich zu zerstören wäre.

Wie L. erfahren, hat man in diesen Tagen die Galerie der historischen Porträts im Schlosse bestohlen, und zwar sind ihr zwei Bilder entführt worden, das einer Prinzessin Marie von Lothringen und das der La Vallière. Die sofort angestellte Untersuchung der Sache hat ergeben, daß der Dieb einen Nachschlüssel angewendet haben und mit den Gewohnheiten der Aufseher bekannt gewesen sein muß, was von Fremden nicht vorausgesetzt werden kann. Man darf trotzdem mit Bestimmtheit annehmen, daß die Franzosen behaupten werden, wir hätten die Bilder mitgenommen.

Von halb zehn bis nach ein Uhr nachts abermals heftiges Kanonenfeuer von Norden her zu vernehmen.

Dienstag, den 29. November. Früh brüllen die französischen Feuerschlünde so grimmig wie bisher noch nie; während ich die Freude habe, neue Siege der deutschen Waffen zu telegraphiren. Garibaldi nämlich hat gestern eine tüchtige Schlappe bei Dijon erlitten, und Prinz Friedrich Karls Truppen haben den ihnen an Zahl überlegnen Franzosen gestern bei Beaune la Rolande eine Niederlage beigebracht. Als ich dem Chef das zweite Telegramm vor der Absendung vorlegte, bemerkte er: „Viele hundert Gefangne ist nichts gesagt. Viele Hundert ist wenigstens tausend, und wenn wir den Verlust auf unsrer Seite zu tausend Mann angeben, vom Feinde aber nur sagen, er habe größere Verluste gehabt, so ist das eine Ungeschicklichkeit, die andre sich erlauben dürfen, wir aber nicht. Ich bitte Sie, machen Sie die Telegramme künftig politischer.“

Man erfährt beim Frühstück, daß der Kanonendonner von heute Morgen mit einem Ausfall der Pariser nach der Seite von Villeneuve hin, wo die Baiern stehen, im Zusammenhange gestanden hat, und daß er zurückgeschlagen worden ist. Noch nach ein Uhr mittags sind einzelne Schüsse von den Forts zu hören. Man scheint mehr erwartet zu haben; denn auf der Avenue de Saint Cloud stehen mehrere Batterien zum Abfahren bereit.

Nachmittags noch einen Artikel über den Vertrag mit Baiern

abgesandt. Derselbe soll sich in Berlin vervielfältigen. Die Ungenügsamkeit scheint dort weit um sich gegriffen zu haben. Später hinaus nach dem Schlößchen bei Chesnay, wo meine Leutnants allerlei Komik verüben. Sie singen u. a. das Lied von den elftausend Jungfrauen von Köln.

Bei Tische hatten wir als Gast den Oberstleutnant von Hartrott. Man sprach u. a. von der Verteilung des eisernen Kreuzes, und der Chef bemerkte dabei: „Die Doktors sollten es am schwarz-weißen Bande haben: sie sind ja im Feuer, und es gehört viel mehr Mut und fester Sinn dazu, sich ruhig beschießen zu lassen, als vorzustürmen." — „Blumenthal sagte mir, er könnte es eigentlich garnicht verdienen, da er verpflichtet wäre, sich von der Gefahr fern zu halten, totgeschossen zu werden. Deshalb suche er sich auch bei Schlachten immer eine Stellung, wo er gut sehen, aber nicht gut getroffen werden könne, und da hatte er ganz recht; ein General, der sich ohne Not aussetzt, muß Arrest bekommen." — Als man dann auf die Führung der Armee kam, äußerte er: „Nur Demut führt zum Siege, Überhebung, Selbstüberschätzung zum Gegenteil." — Darauf fragte er Hartrott, ob er ein Braunschweiger sei. — „Nein," antwortete der, „aus der Gegend von Aschersleben." — „Na, ich wußte doch aus der Sprache," entgegnete der Minister, „so um den Harz herum, doch nicht von welcher Seite." Von Aschersleben kam er dann nach Magdeburg und von da zu seinem Freunde Dietze, von dem er sagte: „Der ist doch der liebenswürdigste Mensch, den ich kenne, sein Haus das gastfreieste und behaglichste, in dem ich je gewesen bin. Gute Jagd, vortreffliche Verpflegung und eine allerliebste, scharmante Frau. Er zeigt so recht die natürliche, angeborne Herzlichkeit — politesse du cœur —, nichts Anerzogenes. Wie anders ist eine Jagd bei ihm, der ohne Gewehr mitreitet und sich freut, wenn seine Gäste recht viel schießen, als eine gewisse andre Jagd, wo es für selbstverständlich gilt, daß der Herr des Guts das Meiste schießt, und wo es schlechte Laune und schlechte Behandlung der Diener giebt, wenn es nicht so kommt!" — Abeken meinte, politesse du cœur — ob das wohl ursprünglich französisch wäre? Göthe spräche von einer Höflichkeit des Herzens. Es müsse wohl aus dem Deutschen stammen. — „Ja, ganz gewiß stammt es daher," erwiederte der Chef. „Das findet sich nur bei den Deutschen. Ich möchte es die Höflichkeit des Wohlwollens, der Gutmütigkeit im besten Sinne nennen — die Höflichkeit der hilfreichen Gesinnung. Sie treffen das auch bei unsern gemeinen Soldaten, wo es freilich mitunter plump ausfällt. Die Franzosen haben es nicht, die kennen nur die Höflichkeit des Hasses und des Neides." Bei den Engländern fände man eher etwas der Art, fuhr er fort. Er lobte darauf Odo Russell, dessen nettes, natürliches Wesen ihm sehr gefalle. „Nur eins erweckte in mir anfangs einiges Bedenken gegen ihn. Ich habe immer gehört und gefunden, daß alle Engländer, die gut französisch können, bedenklich sind, und der spricht ein ganz vortreffliches Französisch. Indes weiß er sich auch recht gut deutsch auszudrücken."

Beim Dessert bemerkte er: „Ich sehe, ich esse zuviel oder richtiger, zuviel auf einmal. Daß ich mich nicht von dem Unsinn losmachen kann, nur einmal des Tages zu essen. Früher war's noch schlimmer. Da trank ich früh nur meinen Thee und aß bis fünf Uhr abends garnichts, rauchte aber in einem fort, und das hat mir sehr geschadet. Jetzt genieße ich früh auf den Rat der Ärzte wenigstens zwei Eier und rauche wenig. Ich sollte aber mehrmals essen. Nehme ich jedoch spät noch was, so kann ich wieder nicht schlafen, da ich bloß wachend verdaue."

Abends mußte ich die Schlacht und unsern Sieg bei Beaune noch einmal telegraphiren, und zwar als Vereitelung des Versuchs der Franzosen, mit dem Gros der Loire-Armee nach Fontainebleau durchzubrechen. Später sollte ich an das Kriegsministerium in Berlin ein Telegramm senden lassen, mit dem Ersuchen, hinter allen französischen Offizieren, welche unter Bruch des von ihnen gegebnen Ehrenwortes aus der Gefangenschaft entlaufen — ein Unfug, der unter den Herren stark eingerissen zu sein scheint —, Steckbriefe zu erlassen und dieselben zur Veröffentlichung in französischen Blättern uns einzusenden. Noch später zeigte er mir den Bericht eines Adjutanten Kératrys, des Befehlshabers der bretonischen Armee, über die pomphafte und theatralisch zugestutzte Begnadigung eines Soldaten

— einen Bericht, den ich mit einer Schlußglosse in unsern „Moniteur" bringen will, und den ich mir als Andenken an die Art, in welcher diese neubacknen Dilettanten-Offiziere sich gebahren und sich wohlgefällig in der Presse abspiegeln, notiren werde. Vor einigen Tagen hat der Graf Kératry folgendes in die Blätter bringen lassen:

„Lager bei Conlie, 18. November, Mitternacht.

Der Obergeneral [Kératry] hat mich ermächtigt, nachstehende Depesche an Sie zu richten. Heute ist ein unvergeßlicher Tag für die Armee der Bretagne. Ein zum Tode verurteilter Soldat wurde um zwei Uhr, wo er erschossen werden sollte, begnadigt. Dieser Soldat hatte sich auf sehr schlimme Weise gegen den Kommandanten des Lagers, General Bouedec, vergangen. Seit seiner Verurteilung hatten sich die Feldgeistlichen und die Offiziere des Generalstabs für seine Begnadigung verwendet. General de Kératry aber hatte erwiedert, daß er dieselbe nicht gewähren könne. So wurden denn heute um ein Uhr alle Truppen des Lagers versammelt, um der Hinrichtung beizuwohnen. Um zwei Uhr war alles in Bereitschaft. Der von zwei Feldpatern begleitete Verurteilte erwartete seinen letzten Augenblick. Er hatte eine umso größere Festigkeit an den Tag gelegt, als er wußte, daß er auf Begnadigung nicht mehr zu hoffen habe. Zur erwähnten Stunde wurde das Todesurteil vor der Front der Truppen verlesen. Dann vernahm man den ersten Trommelwirbel. Beim zweiten sollte alles zu Ende sein. Die Bahre stand bereit, das Grab war fertig. Es war ein grausiger Augenblick. Da trat in dem Moment, wo das letzte Signal gegeben werden sollte, Herr de Kératry hervor, befahl einzuhalten und sagte dann [es geht hier wirklich wie in einem Melodram zu] mit volltönender Stimme: ›Offiziere und Soldaten des Heeres der Bretagne! Einer der Unsrigen, welcher sich eines Vergehens gegen die Subordination schuldig gemacht hat, ist vom Kriegsgericht zum Tode verurteilt worden; ich lasse ihm Gnade zu Teil werden, künftig aber wird jeder Verstoß gegen die Disziplin rücksichtslos bestraft werden. Ich hoffe, daß das Beispiel, welches euch vorgeführt worden ist, genügen wird, um jedweden Ungehorsam gegen die Kriegsartikel und die Befehle der Vorgesetzten zu verhindern, und daß ihr mich für meine

Milde mit einer Mannszucht ohne gleichen belohnen werdet. Um Gerechtigkeit gegen alle zu üben, hebe ich auch alle andern Strafurteile auf.« Diese Rede wurde mit unermeßlichen Akklamationen und den Rufen: »Es lebe Kératry!« [wieder ganz wie im Theater] aufgenommen. Die Offiziere des Generalstabes, welche die Begnadigung beantragt hatten, waren tief gerührt. Alle Truppen marschirten dann an dem Oberfeldherrn vorüber, und obwohl ihnen befohlen war, sich ruhig zu verhalten, riefen alle nochmals: »Es lebe Kératry.« Des abends sprachen die Generalstabsoffiziere dem Grafen ihren Dank aus. Der Gnadenakt desselben hat auf die Truppen einen tiefen Eindruck gemacht. Es wird, wie ich hoffe, ein noch unerschütterlicheres Vertrauen auf ihn zur Folge haben." — Das lächerlich komödiantenhafte Wesen der gegenwärtigen französischen Gewalthaber kann nicht besser charakterisirt werden, als durch Wiedergabe dieses Aktes, und die braven französischen Soldaten sind zu bedauern, daß sie für solche eitle Theaterhelden und die Fortdauer ihrer Herrschaft kämpfen müssen.

Nur als ein Beispiel, wie unsre Diener in Betreff der Verzögerung des Bombardements gestimmt sein mögen, und als Probe der Mythen, die sich in diesen Kreisen bilden, verzeichne ich folgendes. Als ich heute das letzte mal aus der Etage des Chefs die Wendeltreppe nach meiner Stube hinaufging, rief mir Engel vergnügt nach: „Herr Doktor, nun wird's gut, nun wird's bald alle mit Paris." „Wieso? Ich denke, das kann noch lange dauern. Sie wollen ja nicht schießen." — „Nein, Herr Doktor, ich weiß es, darf es aber nicht sagen." — „Na sagen Sie nur los." — Da flüsterte er mir übers Treppengeländer herauf zu: „Der König hat heute beim Kriegsminister zu unsrer Exzellenz gesagt: »Am 2. geht das Bombardement los.«" — — —

Nach zehn Uhr kanonirten die Franzosen, zu welchem Zweck, blieb ungewiß, von ihren Forts wieder aus allen Kräften. Beim Thee, zu dem auch der Chef kam, trafen weitere günstige Nachrichten über die Schlacht von gestern ein. Man sprach dann erst über das jetzt immer wieder in den Vordergrund tretende Thema der Verzögerung des Bombardements, dann über die Genfer Konvention, von welcher der Minister äußerte, die werde man kündigen müssen; denn das gehe so nicht, auf diese Art ließe sich nicht Krieg führen. Delbrück hat, wie es scheint, nicht recht deutlich, über die Aussichten telegraphirt, welche die Abmachungen mit Baiern auf Durchgehen im Reichstag haben. Es sieht aus, als ob letztrer nicht beschlußfähig wäre, und als ob die Versailler Verträge vom Fortschritt und dem Nationalliberalismus zugleich Anfechtung erfahren würden. Der Chef bemerkt dazu: „Was die Fortschrittler angeht, so sind sie nur konsequent damit; die wollen nach 1849 zurück. Aber die Nationalliberalen? Ja, wenn sie nicht wollen, was sie zu Anfang dieses Jahres noch mit aller Macht erstrebten — im Februar — und was sie jetzt haben können, so müssen wir sie auflösen, den Reichstag. Dann wird die Fortschrittspartei bei den Neuwahlen noch kleiner werden, und von den Nationalliberalen werden auch einige nicht wiederkommen. Aber die Verträge kommen dann jetzt nicht zu stande, Baiern besinnt sich, Beust steckt seinen Stift hinein, und was dann wird, wissen wir nicht. Hinreisen kann ich nicht gut. Es ist sehr unbequem und verlangt viel Zeit, und hier bin ich wahrhaftig auch nötig." Hieran anknüpfend sprach er über den Stand der Dinge im Jahre 1848. „Damals lagen die Sachen eine Zeit lang sehr günstig für eine Einigung Deutschlands unter Preußen," sagte er. „Die kleinen Herren waren größtenteils machtlos und ohne Hoffnung. Wenn sie nur recht viel Vermögen für sich hätten retten können, Domänen, Apanagen u. dgl., so hätten die meisten sich zu allem bereit finden lassen. Die Österreicher hatten mit Ungarn und Italien zu thun. Der Kaiser Nikolaus hätte damals noch keinen Einspruch gethan. Hätte man vor dem Mai 1849 zugegriffen, Entschlossenheit gezeigt, die Kleinen abgefunden, so hätte man wohl auch den Süden gehabt, bei der Neigung der württembergischen und der bairischen Armee, sich mit der badischen Revolution zu verbinden, was in diesem Stadium der Sache nicht unmöglich war. So aber verlor man die Zeit mit Zögern und halben Maßregeln, und so ging die Gelegenheit in die Brüche."

Gegen elf Uhr kam noch ein Telegramm von Verdy über den Ausfall von diesem Morgen an. Derselbe hat sich gegen La Haye gerichtet, und es sind bei ihm wieder fünfhundert Rothosen in Gefangenschaft geraten. Der Chef bedauerte lebhaft, daß man noch Gefangene machen müsse, sie nicht gleich totschießen könne. Wir hätten davon mehr als genug, die Pariser aber hätten davon den Vorteil, daß sie so viele Esser los würden, die wir füttern müßten, und für die wir kaum noch Platz fänden.

Mittwoch, den 30. November. Früh ausführlich an Treitschke geschrieben und ihm die Gründe angegeben, warum man Baiern die Zumutungen nicht gemacht, die er und seine Gesinnungsgenossen für unbedingt notwendig halten. Desgleichen Schmidt derartige Andeutungen übermitteln lassen. In der zweiten Hälfte der Nacht und am Morgen lebhaftes Schießen aus grobem Geschütz jenseits der Gehölze zwischen hier und Paris. Wollmann will auch Mitrailleusengeschnurr und Gewehrfeuer gehört haben. Andre Leute wissen davon nichts. — — — Der Chef scheint den Gedanken ernstlich ins Auge gefaßt zu haben, den König um Enthebung von seinem Amte zu bitten, und nach — stünde er schon dicht vor dem Entschluß!!!

Nchmittags machte ich mit Wollmann einen Ausflug zu Wagen nach Marly, wohin etwas später auch der Kanzler, Abeken und Hatzfeldt ritten, die uns dann oben auf der Wasserleitung trafen. Wir sahen hier, daß nördlich von Paris in der Richtung von Gonesse heftig geschossen wurde. Weiße Pulverwolken gingen auf, und die Blitze der Kanonen zuckten hindurch.

Bei Tische, wo der Fürst Putbus und Odo Russell zugegen waren, erzählte der Chef, daß er ein einziges mal versucht, auf Grund seiner Kenntnis von Staatsgeheimnissen in Papieren zu spekuliren, daß es ihm dabei aber nicht geglückt. „Ich erhielt in Berlin," so berichtet er, „den Auftrag, wegen der Neuenburger Geschichte mit Napoleon zu sprechen. Es muß im Frühjahr 1857 gewesen sein. Ich sollte ihn fragen, wie er sich zu der Sache stelle. Nun wußte ich, daß er sich günstig äußern würde, und daß dies einen Krieg mit der Schweiz bedeute. So ging ich, als ich durch Frankfurt kam, wo ich damals wohnte, zu Rothschild, den ich kannte, und sagte ihm, er solle ein Papier, das bei ihm lag, verkaufen. Es wollte nämlich damit nicht in die Höhe. — »Das würde ich nicht thun,«

sagte Rothschild, »das Papier hat gute Aussichten, das werden Sie sehen.« — «Ja,« sagte ich, »aber wenn Sie wüßten, was ich weiß, so würden Sie anders denken.« Er erwiederte, das möchte sein, wie es wolle, er könnte nicht zum Verkauf raten. Ich aber wußte es besser, verkaufte meine Papiere und reiste ab. In Paris war Napoleon sehr nett und liebenswürdig. Zwar in den Wunsch des Königs, durch Elsaß und Lothringen marschiren zu dürfen, könnte er nicht willigen, da das in Frankreich zu viel Aufregung hervorrufen würde. Sonst aber billigte er das Unternehmen vollkommen. Es könnte ihm nur lieb sein, wenn das Nest der Demokraten ausgenommen würde. So weit hatte ich also Erfolg gehabt. Aber ich hatte nicht auf unsre Politik in Berlin gerechnet, die sich inzwischen anders besonnen hatte — vermutlich mit Rücksicht auf Österreich —, und so wurde die Sache aufgegeben. Es kam nicht zum Kriege. Mein Papier aber stieg von da an fortwährend, und ich hatte nur zu bedauern, daß es nicht mehr das meine war."

Man sprach darauf vom Bombardement, von der Villa Coublay und von der angeblichen Unmöglichkeit, die erforderliche Munition rasch heranzufahren, und der Chef äußerte: „Ich habe es den Herrn schon ein paar mal gesagt, wir haben hier eine Menge Pferde, die täglich spazieren geritten werden müssen, damit sie nicht verderben. Könnte man die nicht einmal zu einem andern Zwecke verwenden?" — — —

Es wurde erwähnt, daß der Palazzo Caffarelli für die Gesandtschaft in Rom angekauft worden sei, und Russell und Abeken erklärten ihn für sehr schön. Der Kanzler sagte: „Ach ja, wir haben auch sonst schöne Häuser, auch in Paris und London. Das in London ist nur nach festländischen Begriffen zu klein. Bernstorff hat so wenig Raum, daß er, je nachdem er empfängt oder arbeitet oder sonst eine Funktion hat, das Zimmer räumen muß. Sein Legationssekretär hat im Hause eine bessere Stube als er." — „Das in Paris ist schön und wohlgelegen. Es ist wohl das beste Gesandtschaftshotel in Paris und repräsentirt einen hohen Wert, sodaß ich mir schon die Frage vorgelegt habe, ob wir es nicht verkaufen und dem Gesandten die Zinsen des Kapitals, das wir dafür kriegen könnten, als Mietsentschädigung geben sollten. Dritthalb Millionen Franken, die Zinsen davon, das würde eine schöne Aufbesserung seines Gehaltes sein, der nur hunderttausend Franken beträgt. Aber wie ich mir's näher überlegte, ging es doch nicht. Es schickt sich nicht, es ist eines großen Staates nicht würdig, wenn seine Gesandten zur Miete wohnen, wenn sie Exmissionen ausgesetzt sind, und wenn bei einem Umzug Staatsschriften in Karren über die Straße gefahren werden. Wir müssen eigne Häuser haben und wir sollten überall welche haben." — „Mit dem in London hat es übrigens eine eigne Bewandtnis. Das gehört dem Könige, und es kommt da ganz auf die Energie an, mit welcher der betreffende Botschafter sein eigenes Interesse wahrzunehmen weiß. Es kann da geschehen, daß der König gar keine Miete kriegt, und — es geschieht bisweilen wirklich." — — — Der Chef lobte Napier, den früheren englischen Gesandten in Berlin. „Es ging sich sehr gut mit ihm um," bemerkte er. „Auch Buchanan war gut, zwar trocken, aber zuverlässig. Jetzt haben wir Loftus. Die Stellung eines englischen Gesandten in Berlin hat ihre besondern Aufgaben und Schwierigkeiten, schon wegen der verwandtschaftlichen Verhältnisse. Sie verlangt viel Takt und Aufmerksamkeit." (Wohl eine stillschweigende Andeutung, daß Loftus dieses Verlangen nicht erfülle.) Der Minister lenkte dann (vielleicht, um das Wesen der damaligen Vertreter Ihrer Britischen Majestät noch deutlicher zu bezeichnen) die Rede auf Gramont, wobei er sagte: „Der und Ollivier sind mir auch die die Rechten. Wenn mir das passirt wäre, so wäre ich, nachdem ich solch Unglück angerichtet, doch wenigstens in ein Regiment getreten, meinetwegen auch Franctireur geworden, und wenn ich darüber gehenkt worden wäre. Der große, starke Gramont paßte ganz gut zum Kriegsgewerbe." — Russell erwähnte, wie er ihn in Rom in einem blauen Sammetanzuge auf der Jagd gesehen. — „Ja," versetzte der Chef, „ein guter Jäger ist er. Dazu hat er den robusten Muskelbau. Er würde einen tüchtigen Revierförster abgegeben haben. Als der Minister des Auswärtigen — man begreift kaum, wie Napoleon ihn dazu nehmen konnte."

L. berichtet abends, daß er heute zwei mit acht Pferden bespannte

Belagerungsgeschütze durch Versailles habe gehen sehen, wahrscheinlich nach einer Batterie bei Sèvres oder Meudon.

Beim Thee erzählte Bohlen, daß Hatzfeld gestern zur königlichen Tafel eingeladen worden sei. — — — Da habe Abeken wehmütig gesagt: „— — — Mir z. B. ist noch nie das Glück zu teil geworden, zur Tafel befohlen zu werden, ich komme immer nur zum Thee hin.“ — Um zehn Uhr kam der Minister zu uns. Er sprach wieder vom Bombardement und sagte: „Wenn es richtig war, was der Generalstab noch in Ferrières behauptete, daß sie ein paar Forts in drei Tagen zusammenschießen und dann gegen die schwache Enceinte vorgehen konnten, so war es gut. Aber jetzt — es dauert zu lange. — Bis Sedan ein Monat, hier drei Monate schon; denn morgen ist der erste Dezember. Die Gefahr einer Intervention der Neutralen wächst mit jedem Tage. Sie fängt freundschaftlich an und kann sehr übel enden, — — — Hätte ich das vor drei Monaten gewußt so wäre ich in großer Sorge gewesen.“ — — — Später kam Abeken vom Könige zurück, dem er schon seit einiger Zeit statt des Kanzlers Vortrag hält. Er hatte gehört, daß heute drei Ausfälle stattgefunden, einer gegen die Württemberger, einer gegen die Sachsen und der dritte gegen das sechste Korps. Der König habe gemeint, es wäre ein Durchbruch versucht worden. — „Ach wo!“ entgegnete der Minister. „Da gingen sie ja in einen Sack. Das könnte uns ganz erwünscht sein. Kämen sie mit acht Bataillonen, so stellten wir ihnen zehn entgegen und bessere Truppen. Es mag übrigens sein, daß sie dunkle Nachrichten vom Anrücken der Loire-Armee haben; nur wissen sie noch nicht, daß sie schon zurückgeworfen ist.“ — „Ach [zu mir] das läßt sich in ein Telegramm einflechten, was Putbus heute sagte: Verwundete, denen man gestattete, nach Paris zurückzukehren, lehnten es ab.“

Diese Nacht wurde nicht mehr geschossen.

Ich habe mir schon früher einmal gesagt: es giebt in Frankreich noch einige verständige Menschen. Heute treffe ich wieder einen an. In einem Leitartikel der „Décentralisation“ in Lyon, „Eine Stimme aus der Provinz“ betitelt und mit L. Duvarennes unterzeichnet, heißt es u. a.:

„Gleich nach dem Tage, wo das Kaisertum fiel, haben die Deputirten von Paris es für ihre Pflicht gehalten, eine Regierung zu bilden. Das ist eine Thatsache, welche die unparteiische Geschichte ebenso beurteilen wird, wie das Verhalten einer Kammer, die, wenigstens zum Teil, mehr im dynastischen als im nationalen Interesse gewählt worden war. Aus dieser Thatsache ist die provisorische Regierung und die voreilige Verkündigung der Republik hervorgegangen, welche noch auf die gesetzliche Gutheißung der Vertreter des Landes wartet.

Wir begreifen sehr wohl die Bewegungen der ersten Tage, wenn wir sie auch nicht entschuldigen; wir finden es ferner begreiflich, wenn das französische Volk, ungewohnt, seine Angelegenheiten selbst in die Hand zu nehmen, berauscht von dem, was ihm damals, als die ewige Gerechtigkeit einfach sich wieder ihr Recht nahm und sich vor aller Augen offenbarte, als ein Erfolg erschien — wir finden es, sagen wir, begreiflich, wenn es an mehreren Punkten des Landes die Willkür mit der Freiheit verwechselt hat.

Wir haben schon mehrmals gesagt, wer nach unsrer Meinung die Begünstiger dieser Begriffsverwirrung sind, und wenn man den, der von einem Verbrechen Nutzen hat, im Verdacht haben kann, es begangen zu haben, so haben die Anhänger des gestürzten Regiments an der Erhaltung der Unordnung in Frankreich ein so deutlich erkennbares Interesse, daß man sie laut anklagen kann, darnach mit allen Mitteln zu streben, die in ihrer Hand liegen. [Hier irrt der Verfasser.]

Was muß die Haltung der Regierung sein, wenn sie in Wahrheit das Vaterland in der Gefahr verteidigen will? Was hat sie in dieser Richtung geleistet? Sie mußte vor allem einen Aufruf an die Nation richten und sie durch ihre Vertreter mit allen Maßregeln in Verbindung bringen, welche die Lage zur Sicherung der öffentlichen Wohlfahrt erheischte. Man mußte die Einheit der Franzosen durch sein Beispiel predigen. Nun müssen wir aber konstatiren, daß die Einheit, die zugleich der Gehorsam ist, überall mangelte, und daß wir zu viel thatsächliche Regierungen haben, um leicht unterscheiden zu können, welches die rechtmäßige Regierung ist.

Tours verfügt Wahlen, Paris will davon nichts wissen. Dann schreitet Paris zu Wahlen, die Frankreich von Tours verweigert werden. Lyon hat eine Fahne, Frankreich hat eine andre. Marseille lehnt sich auf, in Perpignan fließt Blut in den Straßen, doch tritt Esquiros endlich seinen Platz an Gent ab, der mit Revolverschüssen empfangen wird. Zu Toulouse bleibt Duportal, der den Bürgerkrieg predigt, der Regierung in Tours zum Trotz auf seinem Posten." — „Ist das Einheit? Ist das eine Regierung? Kann man angesichts solcher Thatsachen noch die Notwendigkeit einer regelrecht eingesetzten Regierung in Abrede stellen?" — „Noch eine andre Klasse von Bürgern widersetzt sich jetzt den Wahlen. Es sind die Leute, welche jetzt am Ruder sind. Fürchten sie etwa, daß das Land sie zu ihren früheren Beschäftigungen zurückverweisen wird? Jedenfalls erlaubt uns die Hartnäckigkeit, mit der sie an der Diktatur festhalten, sie mit allem Mißtrauen zu betrachten. Sie sehen, daß die Macht, die sie sich willkürlich angemaßt haben, ihnen entschlüpft, sie versuchen, sich wieder in ihr zu befestigen, und man munkelt in diesen Regionen von einer Volksabstimmung zum Zweck der Erhaltung des Statusquo und von der Bildung einer Art Bastardvolksvertretung für die Zeit des Krieges. Wir lassen uns aber durch solche plumpe Scheinbilder der Freiheit nicht täuschen, sondern verlangen unaufhörlich freie und gleiche Willensäußerung für alle. Die Zeit ist nicht dazu angethan, um den Wähler ein Ja oder Nein für den oder jenen Kandidaten in die Urne werfen zu lassen. Man hat den Vorhang fallen lassen über die Komödie mit dem Plebiszit, die ausgepfiffen worden ist, und wir sagen es zur Ehre unsres Landes laut: ein dahingehender Vorschlag kann nicht im Ernste gemeint sein. Nichts hindert uns, sofort Munizipalwahlen vorzunehmen, um den Stadt- oder Dorfgemeinden ihr heiligstes Recht wiederzugeben, dessen sie (von der Pariser Anmaßung, der Vormund Frankreichs zu sein) ungerecht beraubt worden sind. Mögen sie ihre Munizipalitäten ernennen, ihre Maires wählen, mögen sie mit einem Worte frei sein, und aus diesen Gemeinden wird die wahre Vertretung Frankreichs hervorgehen.

Unter dem Cäsar von gestern hat man die schönsten Reden

gehalten, um die offiziellen Vorsichtsmaßregeln in Betreff der Freiheit der Wahlen zu brandmarken. Wäre dieser Patriotismus [der Herren Gambetta und Favre] nichts als eine unwürdige Komödie gewesen? Man möchte es wahrhaftig glauben, wenn der Cäsar von heute nicht endlich die Kundgebung des Volkswillens veranlassen wollte. Wir wollen wahre Wahlen, d. h. die Kommune, weil wir Leute sehen wollen, welche zur Entscheidung unsrer Geschicke befugt sind" — „weil wir zurückschaudern vor der Hyder der Anarchie, die schon ihr scheußliches Haupt erhebt." — „Das ists, weshalb wir nicht aufhören werden, Gemeindewahlen und die Vereinigung derselben zu einem Parlament der nationalen Verteidigung, wenn man sich weiter verteidigen will, auf jeden Fall aber ein Parlament, das Frankreich vertritt, zu fordern."

Donnerstag, den 1. Dezember. Am Morgen fielen nur ein paar Schüsse von den Forts. Ich telegraphirte, daß der gestrige Ausfall zu einem heftigen Gefechte mit der württembergischen Division, der größern Hälfte des 12. und Abteilungen des 6. und des 2. Armeekorps geführt hat, und daß der Ausgang die Zurückwerfung des Feindes auf der ganzen Linie gewesen ist. Verwundete haben die ihnen angebotene Erlaubnis zur Rückkehr nach Paris abgelehnt. Dann folgte das gewöhnliche Zeitungsstudium mit Anstreichen und Auszügen.

Beim Frühstück erscheint Abeken mit verschnittenen Haaren. Er fragt Bismarck-Bohlen, wie er aussehe. — „Wunderschön, Herr Geheimrat. Aber die Locke hier auf der einen Seite ist länger als auf der andern." — „Das schadet nichts. Die soll so sein, die trag' ich immer so. Sonst aber finden Sie nichts auszusetzen?" — „Es ist ganz vortrefflich geraten, Herr Geheimrat." Vergnügt pfeifend ging der alte Herr hinaus, während Hatzfeld ihm mit verwunderter Miene nachsah.

Bei Tische ist ein Premierleutnant von Saldern da, welcher als Adjutant den letzten Kämpfen des 10. Armeekorps mit der Loire-Armee beigewohnt hat. Nach ihm ist dieses Korps bei Beaune la Rolande von der Übermacht der Franzosen, die sich neben den einen Flügel unsrer Truppen nach Fontainebleau durchschieben gewollt, eine Zeit lang umzingelt gewesen. Es hat sich sieben Stunden lang mit der größten Unerschrockenheit und Standhaftigkeit gegen die Angriffe des Feindes verteidigt. Namentlich haben sich die Truppen unter Wedel und vor allen die Leute vom 16. Regiment hervorgethan. „Wir haben über 1600 Gefangne gemacht, und der Gesamtverlust der Franzosen wird auf 4- bis 5000 Mann veranschlagt," sagt Saldern. — „Ja," erwiedert der Chef, „aber Gefangne sind jetzt bloß ein Nachteil für uns, eine weitere Belästigung." — — — Als Saldern im Verlauf seiner Mitteilungen erzählte, einer der Franzosen habe nur zehn Schritte vor der von unsern Zündnadeln verteidigten Barriere gelegen, bemerkte der Minister: „Er lag aber doch." — Später gab er Abeken Instruktionen in Betreff des Vortrages, den er statt seiner dem Könige halten solle. — — — „Und sagen Sie Seiner Majestät auch," so schloß er, „wenn wir in London [auf der bevorstehenden Konferenz zur Revision des Pariser Friedens von 1856] einen Franzosen zulassen, so sollte das eigentlich nicht sein, da er eine Regierung vertritt, die von den Mächten nicht anerkannt ist und nicht lange existiren wird. Wir können es Rußland zu Gefallen für diese Frage thun, aber wenn er von andern Dingen zu reden anfängt, so muß er hinaus."

Der Chef erzählte dann folgenden Vorgang: „Heute, als ich bei Roon gewesen, machte ich einen Gang, der nützlich sein wird. Ich ließ mir im Schlosse die Gemächer Marien Antoinettens zeigen, und dann dachte ich: Du sollst doch einmal sehen, was die Verwundeten machen. Ich fragte einen der Wärter: »Haben die Leute denn auch zu leben?« — Na, das wäre nicht viel, so ein bischen Suppe, die Bouillon sein sollte, mit Brotschnitten darin und Reiskörnern, die nicht weich gekocht wären. Schmalz wäre wenig dabei. »Und wie steht's mit dem Wein?« fragte ich, »und bekommt Ihr Bier?« — Wein hätten sie den Tag etwa ein halbes Glas bekommen, sagte er. Ich erkundigte mich bei einem andern, der hatte gar keinen gekriegt. Dann ein dritter, der sagte, bis vor drei Tagen hätte es welchen gegeben, seitdem nicht mehr." — „So fragte ich mehrere, im ganzen wohl ein Dutzend, bis auf die Polen, die mich nicht verstanden und ihre Freude, daß sich jemand um sie kümmerte, bloß durch Lachen äußerten." — „Also die armen verwundeten Soldaten bekamen hier nicht, was sie haben mußten, und dabei war es kalt in den Zimmern, weil nicht eingeheizt werden sollte, damit die Bilder an den Wänden nicht Schaden litten. Als ob das Leben eines einzigen von unsern Soldaten nicht mehr wert wäre als der ganze Bilderkram im Schlosse." — „Und der Diener sagte mir, daß die Öllampen nur bis um elf brennten, und daß die Leute dann bis zum Morgen im Dunkeln lägen." — „Vorher hatte ich noch einen Unteroffizier gesprochen, der am Fuße verwundet war. Er sagte, er müßte zufrieden sein, obwohl es besser sein könnte. Auf ihn nähme man wohl Rücksicht, aber die andern. Ein bairischer Johanniter, der sich jetzt ein Herz faßte, sagte mir, daß Wein und Bier geliefert worden, aber wahrscheinlich irgendwo zur Hälfte oder mehr hängen geblieben sein würden, desgleichen warme Sachen und andre Liebesgaben. Ich ließ mich nun zu dem Chefarzt bringen. »Wie steht es mit der Verpflegung der Kranken?« frage ich. »Und bekommen sie gehörig zu essen?« — »Hier ist der Speisezettel.« — »Der kann mir nichts helfen. Die Leute essen kein Papier. — Und bekommen sie Wein?« — »Täglich einen halben Liter.« — »Entschuldigen Sie, die Leute sagen, es sei nicht wahr. Ich habe sie gefragt, und es ist kaum anzunehmen, daß sie lügen, wenn sie sagen, daß sie keinen bekommen haben.« — »Hier der Herr ist mein Zeuge, daß alles ordentlich und nach Vorschrift zugeht. Kommen Sie mit mir, und ich will sie in Ihrem Beisein befragen.« — »Ich werde mich hüten, aber es wird dafür gesorgt werden, daß sie durch den Auditeur befragt werden, ob sie das erhalten, was an den Inspektor für sie gelangt.« — — — »Darin läge ja ein schwerer Vorwurf auch für mich,« sagte er. — »Ja,« erwiederte ich, »allerdings — aber ich werde Sorge tragen, daß die Sache amtlich untersucht wird und bald.«" — — —*) Später setzte er hinzu: „Wir haben be-

*) Wir werden weiter unten sehen, daß von dem Verdacht, der hier, nicht ohne reichliche Veranlassung durch den Anschein der Dinge, ausgesprochen wurde, zuletzt wenig mehr übrig blieb als ein Mangel in der Krankenverpflegung im allgemeinen und die Menschenfreundlichkeit und Gerechtigkeitsliebe des Ministers, um deretwillen ich mir diese Episode notirte.

sonders zwei Klassen, wo Unterschleife vorkommen; das sind die Mehlwürmer, die mit dem Proviant zu thun haben, und die Baubeamten, vorzüglich die bei den Wasserbauten. Dann leider auch bei den Ärzten. Ich erinnre mich, daß vor nicht langer Zeit — es muß etwa anderthalb Jahre her sein — eine große Untersuchung wegen Betrügereien bei der Gestellung zum Militär schwebte, in die zu meinem Erstaunen wohl dreißig Ärzte verwickelt waren." — Dann fragte er plötzlich: „Weiß einer von den Herren, wer Niethammer ist? Es muß ein sehr gelehrtes Haus sein." — Jemand meinte, ein Philologe, ein andrer sagte, ein Freund Hegels hätte so geheißen, Keudell bemerkte, es gebe einen Diplomaten dieses Namens der uns sehr wenig wohlwolle. Der Chef sagte: „Er muß mit Harleß in Verbindung gestanden haben, und der war ein bairischer Theologe und ein Feind für uns."

Abends die Dunckersche Interpellation wegen der Verhaftung Jacobys, wie sie in der „Nationalzeitung" enthalten, für den König zurecht gemacht.

Später kam der Kanzler noch nach halb elf Uhr zu uns, als wir beim Thee saßen. Nach einer Weile äußerte er: „Die Zeitungen sind unzufrieden mit dem bairischen Vertrage. Ich habe mir's gleich gedacht. Es mißfällt ihnen, daß gewisse Beamte bairische heißen, die sich doch ganz nach unsern Gesetzen richten müssen. Mit dem Militär ist's in der Hauptsache ebenso. Die Biersteuer ist ihnen auch nicht recht; als ob wir das nicht Jahre lang im Zollverein gehabt hätten. Und so haben sie noch allerlei auszusetzen, wo doch alles Wesentliche erreicht und gehörig festgemacht ist." — „Sie thun, als ob wir den Krieg gegen Baiern geführt hätten, wie 1866 gegen die Sachsen, während wir doch Baiern als Bundesgenossen zur Seite haben." — „Ehe sie den Vertrag gut heißen, wollen sie lieber warten, bis sie die Einheit kriegen in der ihnen genehmen Form. Da können sie lange warten. Ihr Weg führt nur zur Verschleppung, während es doch rasch handeln heißt. Zögern wir, so gewinnt der böse Feind Zeit, Unkraut dazwischen zu säen. Der Vertrag sichert uns viel, wer alles will, wird es möglich machen, daß nichts erlangt wird. Sie sind nicht zufrieden mit dem Erreichten — wollen mehr

Einförmigkeit — wenn sie doch fünf Jahre zurückdächten — womit wären sie damals zufrieden gewesen!" — — — „Konstituirende Versammlung! Wenn nun der König von Baiern nicht dazu wählen läßt. Das bairische Volk wird ihn nicht dazu zwingen, und wir auch nicht. Ja, tadeln ist leicht, wenn man von den Umständen keine Vorstellung hat." —

Er kam dann auf ein andres Thema. „Da habe ich," sagte er, „den Bericht von dem Überfall des Bataillons Unna gelesen. Einwohner von Chatillon haben sich daran beteiligt, andre freilich wieder haben unsre Leute versteckt. Daß sie die Stadt nicht im ersten Zorne niedergebrannt haben! Später, bei kaltem Blute, ging das doch wohl nicht an."

Ein Weilchen nachher nahm er einige Goldstücke heraus, mit denen er einige Augenblicke spielte. „Auffällig ist," sagte er dabei, „wie sehr man hier auch von anständig gekleideten Leuten angebettelt wird. Schon in Reims kam das vor; hier aber ist's viel schlimmer." „Wie selten man jetzt Goldstücke mit Ludwig Philipp oder Karl dem Zehnten zu sehen bekommt! Ich erinnre mich, wie ich jung war, in den zwanziger Jahren, sah man noch welche mit Ludwig dem Sechzehnten und dem Achtzehnten, dem Dicken. Selbst der Ausdruck Louisdor ist nicht mehr gebräuchlich; will man bei uns vornehm sein, so redet man von Friedrichsdors." — Er balancirte dann einen Napoleonsdor auf der Spitze des Mittelfingers, als ob er ihn wägen wollte, und fuhr fort: „Hundert Millionen doppelte Napoleonsdor, das wäre jetzt ungefähr die Kriegskostenentschädigung in Geld — später kostet's mehr — viertausend Millionen Franken. — Vierzigtausend Thaler in Gold werden ein Zentner sein, dreißig Zentner gehen auf einen tüchtigen zweispännigen Wagen — ich weiß, ich habe einmal vierzehntausend Thaler in Gold von Berlin nach Hause tragen müssen; was das schwer war! — Das wären etwa achthundert Wagen." — „Die werden sie eher beschaffen als die für die Munition zum Bombardement," meinte jemand, dem jetzt wie den meisten von uns die Geduld in Betreff dieser Maßregel ausgehen wollte. „Ja," entgegnete der Chef, „aber Roon sagte mir in diesen Tagen, daß er in Nanteuil mehrere hundert Fuhrwerke hat, die zum Transport von Munition zu gebrauchen sind. Auch könnte man mit Wagen, die jetzt mit sechs Pferden bespannt sind, eine Zeit lang vierspännig fahren und die ersparten zwei Pferde zu Munitionsfuhren verwenden. Kanonen haben wir 318 da, sie wollen aber noch 40, und die könnte er auch noch beschaffen, sagte Roon. Aber andre wollen überhaupt nicht." — Später äußerte Hatzfeldt: „Es ist erst sechs oder sieben Wochen her, daß sie nicht daran wollen. In Ferrières sagten Bronsart und Verdy noch, in sechsunddreißig Stunden würden wir die Forts Issy und Vanvres in Grund und Boden schießen und dann gegen Paris selbst vorgehen. Dann ging's auf einmal nicht." — Ich fragte, wie wohl Moltke über die Sache denken möge. — „O, der kümmert sich darum nicht!" antwortete Hatzfeldt. Bucher aber sagte: „Moltke will bombardiren."

Als ich vor Schlafengehen noch einen Blick in unsern „Moniteur" warf, wimmelte die eine Spalte förmlich von gefangen gewesenen französischen Offizieren, die mit Ehrenwortsbruch sich in den Orten, wo sie internirt worden, aus dem Staube gemacht hatten. Kapitäne und Leutnants, Infanterie und Kavallerie, Nord- und Südfranzosen waren darunter. In Dresden waren zwei, in Hirschberg nicht weniger als zehn davongelaufen. — In Paris scheint es, wenn den Berichten englischer und belgischer Blätter zu trauen ist, in Betreff dessen, was Leib und Seele zusammenhält, zwar schon recht schlimm, aber immer noch erträglich zu stehen, wenigstens für die Wohlhabenden. Es fehlt noch nicht an Brot, an trocknen Gemüsen und an Konserven. Frisches Rindfleisch ist sehr selten und teuer geworden. Pferde- und Eselsfleisch, beide besser als ihr Ruf, sagt ein Brief, müssen es bei der Mehrzahl der Pariser vertreten. Die Ratte beginnt ein gesuchter Artikel zu werden. Hunde und Katzen sind Luxusgerichte, die sich bei Einbruch der Nacht nicht mehr ungestraft auf den Boulevards blicken lassen dürfen. Das Oel will ausgehen, es giebt keine Holzkohlen mehr, und auch die Vorräte an Steinkohlen werden knapp. Um die Mitte des November kostete das Pfund Butter 25 bis 26, eine Gans 35, ein Pfund Pferdefleisch 3 bis 4 Franken, und frische Gemüse sowie Milch waren für Wenigbemittelte nicht mehr zu erschwingen.

Freitag, den 2. September. Früh nochmals die Auffassung des Chefs in Betreff des Vertrags mit Baiern in Briefen und einem Artikel vertreten. Beim Frühstück heißt es, daß heute wieder ein Ausfall nach der Seite hin stattgefunden habe, wo die Württemberger und die Sachsen stehen, und zwar hätten die Franzosen diesmal große Massen von Infanterie entwickelt. Dabei haben wir mehrere Grade Kälte, was für die Verwundeten auf dem Schlachtfelde traurig ist. Nachmittags den großen Times-Artikel über Gortschakoffs Antwort auf Granvilles Depesche für den König übersetzt.

Bei Tische waren Alten, Lehndorff und ein Offizier in Dragoneruniform Gäste des Chefs. Der Dragoneroffizier war ein Herr von Thadden und Sohn von Thadden-Trieglaff. Der Chef erzählte, daß er soeben, von einer Tour zu Wagen zurückgekehrt, für bessere Unterbringung unsrer Wachmannschaft Sorge getragen. „Die Leute hatten," so berichtete er, „bisher ihr Lokal in der unheizbaren Wagenremise der Madame Jessé gehabt. Das ging aber nicht mehr, und so befahl ich dem Gärtner, ihnen die Hälfte des Warmhauses einzuräumen. »Da werden aber die Pflanzen von Madame erfrieren,« erwiederte die Gärtnersfrau. »Schlimm,« sagte ich, »aber besser, als wenn es den Soldaten so geht.«" — Dann wandte er sich der Gefahr zu, daß der Reichstag den Vertrag mit Baiern verwerfen oder auch nur ändern könnte. „Ich habe die größte Angst," sagte er. „Die Leute ahnen nicht, was die Lage ist. Wir balanciren auf der Spitze eines Blitzableiters; verlieren wir das Gleichgewicht, das ich mit Mühe herausgebracht habe, so liegen wir unten. Sie wollen mehr haben, als was sich ohne Pression erreichen ließ, und worüber wären sie vor 1866 glücklich gewesen! Wenn sie damals nur die Hälfte von heute bekommen hätten. Man will verbessern, mehr Einheit hineinkorrigiren, mehr Gleichförmigkeit, aber ändern sie nur ein Komma, so müssen neue Verhandlungen beginnen. Wo sollten sie stattfinden? Hier in Versailles? Und sind wir mit der Sache zum ersten Januar nicht fertig — was manchem in München lieb wäre —, so ist die deutsche Einheit verloren — vielleicht für Jahre, und die Österreicher machen ihre Geschäfte in München."

Nach der Suppe kamen Champignons mit zweierlei Zubereitung

als erstes Gericht auf den Tisch. „Die müssen mit Andacht gegessen werden," sagte der Chef; „denn die sind eine Liebesgabe von Soldaten, welche sie in einem Steinbruche oder Keller gefunden haben, wo eine Champignonzucht angelegt ist. Die Sauce dazu hat der Koch gut gemacht, sie ist vortrefflich. Noch wohlthuender und gewiß was seltenes war neulich eine andre Liebesgabe von Soldaten – welches Regiment war's doch gleich, das die Rosen schickte?" — „Das siebenundvierzigste," erwiederte Bohlen. — „Ja, das war ein Rosenbouquet im Feuer gepflückt — wahrscheinlich in einem Garten der Vorpostenkette." — „Ach, da fällt mir ein, im Lazarett, da traf ich einen polnischen Soldaten, der nicht deutsch lesen kann. Der möchte gern ein polnisches Gebetbuch haben. Hat jemand was der Art?" — Alten sagte, nein, aber er könnte ihm polnische Zeitungen geben. Chef: „Das geht nicht. Die wird er nicht verstehen, auch regen die gegen uns auf. Aber vielleicht hat Radziwill was. Ein polnischer Roman ginge auch, Pan Twardowski oder so etwas." Alten wollte sich's merken.

Es wurde nun von dem heutigen Ausfalle gesprochen, indem es von der Seine her wieder ein paarmal donnerte. Jemand sagte: „Die armen Württemberger werden auch wieder viele Leute verloren haben." — „Und die armen Sachsen vermutlich ebenfalls," bemerkte der Chef. Man erwähnte Ducrot, der den Ausfall wahrscheinlich kommandirt, und meinte, der habe Ursache, sich nicht gefangen nehmen zu lassen. „Gewiß," sagte der Minister, „der wird sich entweder im Gefecht töten lassen, oder, wenn er dazu den Mut nicht findet, sich mit dem Luftballon davon machen." — — — Der Chef sah sich um. „Wo ist denn Krausnick?" fragte er. „Der hat doch nicht vergessen, für den Soldaten das Apfelmus zu kaufen das ich ihm versprach. Er war bloß am Arme verwundet, sah aber sehr elend aus und hatte Fieber — vermutlich Eiterung."

Man kam nochmals auf das Spekuliren mit Börsenpapieren zu reden, und der Minister stellte wieder in Abrede, daß sich dabei mit einem ja immerhin beschränkten Vorauswissen politischer Ereignisse im allgemeinen viel anfangen ließe. Solche Ereignisse wirkten erst später auf die Börse, und den Tag, wo das käme, könnte man nicht ahnen. „Ja," fuhr er fort, „wenn man durch Einfädelung solcher Dinge eine Baisse hervorrufen kann, aber das ist doch ehrlos. Der französische Minister G. hat's so gemacht, wie R. neulich erzählte. Der hat sein Vermögen damit verdoppelt, man kann fast sagen, der Krieg sei zu dem Zwecke gemacht." — „Auch Moustier trieb, wie es heißt, solche Geschäfte — nicht für sich, sondern mit dem Vermögen seiner Maitresse, und als es herauskommen wollte, starb er unter verdächtigen Symptomen. — Will man seine Stellung benutzen, so kann man es so einrichten, daß man sich mit den politischen Depeschen die Börsentelegramme schicken läßt, von allen Börsen, durch gefällige Beamte bei den Legationen. Die politischen gehen beim Telegraphen vor, und so profitirt man etwa zwanzig bis dreißig Minuten. Und dann muß man einen schnell laufenden Juden haben, der diesen Vorteil für einen benutzt. Es soll Leute geben, die das so gehalten haben. Auf die Art kann man täglich seine fünfzehnhundert bis fünfzehntausend Thaler verdienen, und das giebt nach ein paar Jahren ein hübsches Vermögen. Aber mein Sohn soll von seinem Vater nicht sagen, daß er ihn so oder auf ähnliche Art zum reichen Manne gemacht hat. Er kann auf anderm Wege reich werden, wenn es sein muß — — —." „Ich stand mich früher, als ich noch nicht Bundeskanzler war, besser als heute. Man hat mich durch die Dotation ruinirt. Ich bin seitdem ein genirter Mann. Vorher betrachtete ich mich als einfachen Landjunker, jetzt, wo ich gewissermaßen zur Pairie gehöre, wachsen die Ansprüche, und die Güter bringen's nicht. Als Gesandter in Frankfurt ging es, da hatte ich immer was übrig. Auch in Petersburg, wo ich kein Haus zu machen brauchte und auch keins machte." Er erzählte dann von der Kiefermehl- und Holzpappe-Fabrik in Varzin, von der er sich viel Gutes zu versprechen schien. Der Pächter verzinse ihm das Geld, das er in die Mühlen und andre derartige Anstalten gesteckt habe. — Wieviel das wäre, fragte jemand. „Vierzig- bis fünfzigtausend Thaler." „Er bezahlt mir," sagte er, „für die Wasserkraft, die bisher unbenutzt lag, jährlich zweitausend Thaler, er kauft mir meine Kieferklötze ab, die ich sonst kaum verwerten könnte, und nach dreißig Jahren muß er mir alle Mühlen in dem Zustande zurückgeben, in dem er sie erhalten hat. Jetzt ist bloß eine da, es soll aber eine zweite hinzukommen, wo das Wasser mit mehr Gewalt herabfällt, und später eine dritte." — Was der Pächter denn eigentlich mache? — Pappe zu Einbänden, zum Verpacken, zu Schachteln und dergleichen, vorzüglich für Berlin, und Kiefermehltafeln, die nach England gingen, wo man sie auflöste und durch Mischung mit andern Stoffen in Papier verwandle — was er uns alles sachkundig auseinandersetzte.

Sonnabend, den 3. Dezember. Während der Nacht wurde wieder im Norden stark kanonirt, dagegen fielen im Laufe des Tages nur einzelne Schüsse aus schwerem Geschütz. Es müssen gestern im Osten und Nordosten von Paris heftige Kämpfe mit bedeutenden Verlusten auch auf unsrer Seite stattgefunden haben, und wahrscheinlich haben die Franzosen am Abend noch bei den Dörfern Brie, Villiers und Champigny eine Stellung behauptet, die ursprünglich zu unsern Linien gehörte. Ich befördere eine auf diese Vorgänge bezügliche Mitteilung des Generalstabes, welche die Behauptung jener Punkte von seiten unsrer Truppen ungewiß läßt und nur von Zurückwerfung der mit starken Massen ausgebrochenen Franzosen durch die Sachsen (die ein ganzes Bataillon verloren haben sollen), die Württemberger und das 2. Korps spricht, ferner ein für uns siegreiches Gefecht bei Loigny und Artenay telegraphisch nach Deutschland. Der Chef fährt halb zwei Uhr zum Großherzog von Baden, dessen Gemahlin heute ihren Geburtstag hat, und speist später beim Könige. Wir haben den Grafen Holnstein beim Diner als Gast, der am vergangnen Sonnabend in der Nacht zum Könige von Bayern in Hohenschwangau abgereist und schon heute Mittag wieder hier eingetroffen ist. „Es ist eine weltgeschichtliche Tour, die Sie gemacht haben," sagt Bohlen zu ihm. Ich fragte Bucher darüber. „Der Graf ist in der Kaiserfrage weggewesen und bringt gute Nachrichten mit," erwiederte er. Auffallend war heute, daß die Franzosen im Laufe des Tages etwa sechsmal vier Kanonenschüsse, zwei in Zwischenräumen von etwa vier Sekunden und zwei fast gleichzeitig, abfeuerten.

Ein saubres Blatt ist der „Gaulois", der von Paris nach Brüssel ausgewandert ist. Seine Redakteure, unter denen sich der angenehme Angelo de Miranda befindet, verfahren, als ob sie noch im abgesperrten Paris schrieben, wo sie für die ungeheuerlichsten Fabeln Gläubige finden konnten. So berichten z. B. diese Kinder des Vaters der Lüge, daß Preußen um die Mitte des Oktober durch ein Londoner Haus 450 000 Thaler an gewisse in Frankreich wohnende Personen habe auszahlen lassen, von denen man glaube, daß sie preußische Spione seien. Ferner ist nach ihnen Moltke schon drei Wochen tot und begraben, aber jeder deutsche Soldat, der davon spricht, wird augenblicklich erschossen. Der König Wilhelm ist, um den ernsten Ereignissen, die sich um Paris herum vorbereiten, auszuweichen, schon seit etwa zwölf Tagen in Berlin, angeblich, um den Reichstag zu eröffnen. Endlich hat man in Mutzig bei Straßburg 36 Familienväter, deren Söhne sich dem französischen Heere angeschlossen, hingerichtet, ihnen die Nasen und Ohren abgeschnitten und ihre Leichen an die Wand der Kirche gestellt, wo sie sich seit einem Monat befinden. Sonst verfolgt der Hauptredakteur Tarbé keine unebne Tendenz. Er bekämpft Gambetta, den er einen Tyrannen nennt, und dem er vor allem den Vorwurf macht, nicht im Interesse Frankreichs, sondern nur im Interesse der Republik, die wieder nichts andres als seine Diktatur, seine Willkürherrschaft sei, zu handeln und das Vaterland seiner Herrschaft aufzuopfern. In Paris scheint er nicht in der Lage gewesen zu sein, diese Ansicht stark genug auszusprechen. So hat er sich von da weggemacht und versucht, mit dreien von seinen Unterredakteuren sich durch die deutschen Linien hindurchzuschleichen. Das ist ihnen auch gelungen, nicht aber, ihr Blatt in einer französischen Provinzialstadt weiter erscheinen zu lassen, da man auch hier Gambetta nicht angegriffen sehen mag, und so wird denn nun in Belgien fortgekämpft und fortgelogen. Notizen über dieses Lügenblatt wurden dem „Moniteur" und deutschen Blättern übersandt.

Später machte ich einen Artikel über die Neutralität Luxemburgs und die perfide Weise, in der man dort diesen Zustand benutzt, um die Franzosen in ihrem Kampfe gegen uns nach den verschiedensten Richtungen hin zu unterstützen. Der Gedankengang war dabei etwa folgender. Unsrerseits ist zu Anfang des Krieges erklärt worden, daß wir die Neutralität des Großherzogtums achten würden. Stillschweigend ist dabei neutrales Verhalten der Regierung und Bevölkerung Luxemburgs vorausgesetzt worden. Diese Voraussetzung hat sich aber nicht erfüllt. Während wir unser Versprechen, trotzdem daß es uns namentlich in Betreff der Weiterbeförderung unsrer Verwundeten unbequem wurde, redlich gehalten haben, ist die Neutralität von seiten der Luxemburger mehrfach in flagranter Art verletzt worden. Schon früher haben wir uns zu beklagen gehabt, daß mit Beihilfe der großherzoglichen Eisenbahnbeamten und Polizeibehörden die Festung Thionville durch nächtliche Zufuhren verproviantirt worden. Nach der Kapitulation von Metz sind zahlreiche französische Soldaten durch das Großherzogtum gegangen, um sich wieder nach Frankreich und zu der französischen Armee zu begeben, die im Norden gegen uns operirte. Auf dem Bahnhofe der Stadt Luxemburg hat der französische Vizekonsul ein förmliches Büreau eingerichtet, in welchem solche Soldaten mit Geld und Legitimation zu ihrer Reise versehen wurden. Die großherzogliche Regierung aber hat alles das geschehen lassen, ohne auch nur einen Versuch zur Verhinderung dieser Unterstützung der Gegner Deutschlands zu machen. Sie wird sich daher nicht beklagen dürfen, wenn wir in Zukunft bei militärischen Operationen auf ihre Neutralität nicht mehr Rücksicht nehmen sollten, und sie wird es nicht unbillig finden können, wenn wir von ihr Ersatz des Schadens verlangen, der uns durch Geschehenlassen von Verletzungen der Neutralität entstanden ist.

Sonntag, den 4. Dezember. Schönes Wetter. Selten ein Schuß im Norden. Ich telegraphire, daß die Franzosen gestern und heute keine Versuche zur Durchbrechung unsrer Linien mehr unternommen haben, und daß Prinz Friedrich Karl weiter vorgedrungen ist und wieder mehrere Geschütze erbeutet hat.

Bei Tische waren der ehemalige badische Minister von Roggenbach, der Premierleutnant von Sarwadsky und der bairische Johanniter von Niethammer, ein Mann mit ungewöhnlich edlen Zügen, dessen Bekanntschaft der Chef neulich im Lazarett gemacht hat, zugegen.

Der Minister sprach erst davon, daß er die Verwundeten im Schlosse heute wieder besucht habe. Dann sagte er: „Wenn ich von Frankfurt und Petersburg absehe, so bin ich in meinem Leben noch in keinem fremden Orte so lange gewesen wie hier. Wir erleben hier noch Weihnachten, was wir schon nicht dachten. Wir sitzen zu Ostern noch in Versailles und sehen die Bäume wieder grün werden und horchen immer noch auf Nachrichten von der Loire-Armee. Hätte man das gewußt, so hätten wir uns im Garten draußen Spargelbeete anlegen lassen.“ — Später äußerte er gegen Roggenbach: „Da habe ich mir die Zeitungsausschnitte angesehen. Wie die über die Verträge herziehen! Kein gutes Haar lassen sie daran. Die Nationalzeitung, die Kölnische — die Weserzeitung ist wie immer noch die vernünftigste. — Nun ja, die Kritik muß man sich gefallen lassen. Aber man hat die Verantwortlichkeit dafür, wenn nichts zu Stande kommt, während die Kritiker unverantwortlich sind. Mir ists einerlei, wenn sie mich tadeln, wenn die Sache nur durchgeht im Reichstage. Die Geschichte kann sagen, der elende Kanzler hätte es auch besser machen können, aber ich war verantwortlich. — Will der Reichstag ändern, so kann auch jeder süddeutsche Landtag ändern, in andrer Richtung, und dann zieht sich der Prozeß in die Länge, und mit dem Frieden, wie wir ihn wollen und brauchen, wird nichts. Elsaß kann doch nicht beansprucht werden, wenn keine politische Persönlichkeit geschaffen ist, wenn kein Deutschland da ist, welches es für sich erwirbt.“

Man sprach von den Friedensverhandlungen, die mit der bevorstehenden Kapitulation von Paris verbunden sein könnten, und von den Schwierigkeiten, die dabei auftauchen würden. „Favre und Trochu,“ begann der Chef, „können sagen: wir sind die Regierung nicht, wir waren einmal dabei, aber wir haben niedergelegt, wir sind Privatleute. Ich bin nichts als der Citoyen Trochu.“ — „Nun wollte ich sie aber schon zwingen, die Pariser. Ich würde sagen: ihr zwei Millionen Menschen seid mir verantwortlich mit euren Leibern. Ich lasse euch noch vierundzwanzig Stunden hungern, bis wir von euch haben, was wir wollen. Und noch einmal vierundzwanzig Stunden, einerlei, was daraus wird. Das halte ich aus, aber — — — Ich wollte schon fertig werden mit mir; aber das, was hinter mir steht, hinter meinem Rücken, oder vielmehr, was mir auf der Brust liegt, daß ich nicht atmen kann." — — — „Ja, wenn man Landgraf wäre. Das Hartsein traue ich mir zu. Aber Landgraf ist man nicht." — „Erst in diesen Tagen ist wieder etwas recht Thörichtes aufs Tapet gebracht worden, aus sentimentaler Sorge für die in der Stadt. Da sollen große Proviantmagazine für die Pariser angelegt werden. Sie wollen's von London und Belgien herschaffen, und die Magazine sollen zwischen unsern Linien sein, und die Soldaten von uns sollen sie bloß ansehen, aber nicht anrühren dürfen, wenn sie Mangel haben — damit die Pariser nicht Hungersnot erleben, wenn sie kapitulirt haben." — „Wir im Hause hier haben freilich genug, aber bei den Truppen draußen geht es mitunter knapp her, und dieselben leiden, damit die Pariser, sobald sie wissen, daß draußen für sie gesorgt ist, es mit dem Kapituliren bis auf den Tag ankommen lassen, wo das letzte Brot verzehrt und das letzte Pferd geschlachtet ist. Ich werde nicht gefragt, sonst wollte ich lieber gehenkt sein, ehe ich einwilligte." — „Ich bin aber selbst daran schuld. Ich bin so unvorsichtig gewesen, auf die Hungersnot, die kommen muß, aufmerksam zu machen [ich hatte das in der Presse ebenfalls zu thun gehabt], freilich bloß die Diplomatie."

Es wurde Schweizerkäse herumgereicht, und jemand warf die Frage auf, ob Käse zum Wein passe. „Gewisse Sorten zu gewissen Weinen," entschied der Minister. „Scharfe Käse wie Gorgonzola und Holländer nicht. Aber andre wohl. Ich erinnere mich, daß in der Zeit, wo in Pommern tüchtig getrunken wurde, vor zweihundert Jahren länger — da waren die Ramminer die, welche am schärfsten tranken. Da hatte einmal einer von Stettin Wein bekommen, der ihm nicht schmecken wollte. Er schrieb dem Kaufmann deswegen. Der aber schrieb ihm zurück: Eet Kees to Wien, Herr von Rammin, denn smeckt de Wien wie in Stettin ook to Rammin."

L. erzählte, als er um acht Uhr kam, um sich Notizen zu holen, der Gesandte von der Goltz habe ihm 1866 gesagt, daß er nach Königgrätz einen Kourier in das preußische Hauptquartier abgefertigt mit der Nachricht, der Kaiser Napoleon habe nichts gegen die Annexion Sachsens einzuwenden, der Bote sei aber damit ein paar Stunden zu spät eingetroffen. (Die Sache verhielt sich bekanntlich anders.) Ich veranlaßte L. dann, in einem Artikel in dem großen Blatte, für das er korrespondirt, über die hier herrschende Auffassung des bairischen Vertrages sich zu verbreiten. Es wäre darin etwa zu sagen: Zunächst könne man Baiern unmöglich wie Sachsen 1866 die Bedingungen seines Eintritts in den Bund mit dem übrigen Deutschland diktiren; denn es sei nicht Besiegter, sondern Mitsieger. Wie man es schon im Frieden nicht habe zwingen wollen, so könne man es jetzt, wo es, gleichviel, aus welchen Gründen, jedenfalls mit im Hinblick auf die Erhaltung seiner Selbständigkeit bis zu einem gewissen billigen Maße, an unsrer Seite gefochten, noch weniger mit Zwang bedrohen. Endlich aber, wenn der Reichstag an den Verträgen ändere, so könnten die Landtage Süddeutschlands das ihnen Unbequeme wieder herauskorrigiren, und so nähme das Verhandeln kein Ende, während doch wegen der Annexion von Elsaß-Lothringen höchst wünschenswert sei, daß die Verträge bald perfekt würden.

Nach zehn Uhr etwa sechs rasch aufeinander folgende Schüsse aus einem der Forts, bald nachher noch einige. Die Württemberger sollen sich bei dem großen Ausfall Ducrots nach der Marne hin sehr gut geschlagen haben, desgleichen die Sachsen, die bei der Gelegenheit einige hundert Gefangene verloren haben. Wir hätten achthundert Franzosen zu Gefangnen gemacht.

Ich gehe nach halb elf Uhr zum Thee hinunter, wo Bismarck-Bohlen und Hatzfeldt mit drei Feldjägern sitzen, die auf Befehle vom Chef warten. Dieser kommt erst nach einer halben Stunde vom Großherzog von Baden zurück. Er schreibt mit Bleistift rasch einen Brief an den Oberbefehlshaber des 4. Armeekorps, den darauf einer der Feldjäger mitnimmt. Dann erzählt er, der Großherzog habe soeben vom Könige die Nachricht erhalten, unsre Leute hätten schon den Wald von Orleans hinter sich und stünden dicht vor der Stadt. Als die andern mit den Feldjägern hinausgegangen waren, fragte ich: „Exzellenz, da könnte ich die gute Nachricht ja wohl gleich nach London telegraphiren?“ — „Ja,“ sagte er lächelnd,

„wenn es der Generalstab nur erlaubt, daß wir von den Bewegungen der Armee sprechen.“ Er las dann Reutersche Telegramme mit Nachrichten von französischer Seite. Bei dem wahrscheinlich falsch geschriebenen Worte „tardé“ bemerkte er: „Das muß ein Sachse telegraphirt haben — (mit einem Blick auf mich) verzeihen Sie.“ Die Herren kamen mit Abeken, der beim Könige gewesen war und die Ehre gehabt hatte, bei ihm Thee zu trinken, wieder herein. Man sprach von der Gortschakoffschen Note, von England, von der Reise des Grafen Holnstein und deren guten Erfolgen und von dessen Audienz beim König Wilhelm. — — — Bohlen sagte: „In Berlin sind sie ganz außer sich. Das wird morgen einen schönen Spektakel geben mit dem Kaiser; sie wollen illuminiren und treffen schon großartige Anstalten — ein wahres Zauberfest.“ — „Ja,“ erwiederte der Chef, „das wird, denke ich, auch gute Wirkung auf den Reichstag haben. Es war übrigens doch sehr hübsch von Roggenbach, daß er gleich bereit war, nach Berlin zu gehen.“ (Um den Ungenügsamen unter den Abgeordneten Mäßigung zu predigen.)

Montag, den 5. Dezember. Sehr schönes Wetter, sehr kalter Morgen. Früh bekommt der Chef, als er noch im Bette, von Bronsart die schriftliche Nachricht, daß das 3. und 9. Armeekorps unter Prinz Friedrich Karl einen großen Sieg erfochten; der Bahnhof und eine Vorstadt von Orleans sind durch Mannstein genommen, der Großherzog von Mecklenburg ist im Westen der Stadt erschienen, über dreißig Kanonen und mehrere tausend Gefangne sind uns in die Hände gefallen. Auch bei Amiens ist nach siegreichem Kampfe allerlei Kriegsmaterial mit Einschluß von neun Geschützen von unsern Truppen erbeutet worden. Endlich sind hier vor Paris die Franzosen über die Marne zurückgegangen. Ich telegraphire das in unsrer Art, und der Minister findet diesmal an der langen Depesche nichts auszusetzen.

Er ließ mich bald nachher wieder rufen, und ich machte ein Dementi in der baierischen Angelegenheit, in dem die bisher in derselben vorgetragenen Gedanken etwas anders gefaßt wurden, und das ich dann dem Zigarrenkistchen, welches unten an der Wand im

Büreau als Briefkasten dient, zu schleuniger Beförderung übergab. Es hieß da ungefähr: Das Gerücht, daß der Bundeskanzler die Verträge mit den süddeutschen Staaten so, wie sie sind, nur in der Hoffnung abgeschlossen habe, der Reichstag werde sie verwerfen oder doch ändern, ist völlig grundlos. Diese Verträge müssen im Laufe des Dezember durchberaten und in allen Punkten gutgeheißen werden, um vom 1. Januar an in Kraft treten zu können. Sonst bleibt alles im ungewissen. Ändert sie die Vertretung Norddeutschlands, so haben die süddeutschen Landtage die Befugnis, sie zurückzuverändern, und man weiß durchaus nicht, ob sie sich dieser Befugnis nicht bedienen werden. Dann aber kann die Nation noch geraume Zeit auf die politische Einheit warten. [„Zehn Jahre vielleicht," hatte der Chef gesagt, „und interim aliquid fit."] Auch der Friedensschluß wird dann nicht das sein können, was wir wollen. Die Verträge mögen lückenhaft sein, das kann sich aber später allmählich durch den Reichstag im Einklange mit dem Bundesrate und durch den Druck der öffentlichen Meinung, der nationalen Gesinnung im Volke bessern. Eile hat es damit nicht. Fehlt jener Druck, so ist die jetzige Gestaltung der deutschen Dinge ja offenbar der Wunsch der Mehrheit der Nation. Die Nationalgesinnten in Versailles sind über die Berliner Stimmung in dieser Sache sehr besorgt und beunruhigt, indes findet man einigen Trost in dem Umstande, daß die „Volkszeitung" gegen die Übereinkunft mit Baiern polemisirt; denn man ist nachgerade gewohnt, zu bemerken, daß alle Leute von politischem Einsehen sich in der Regel von dem abwenden, was dieses Blatt lobt und empfiehlt, und umgekehrt, daß sie sich dem zuneigen, was es tadelt und wovor es warnt.

Um drei Uhr mit Bucher spazieren gegangen nach den Waldhöhen im Süden der Stadt, wo man die letztere in ihrer ganzen Ausdehnung überblickt. Kurz vor dem Diner telegraphire ich nach einer beim Chef eingegangenen Meldung, daß Orleans vergangene Nacht von den deutschen Truppen besetzt worden ist. Um dieselbe Zeit kommt L. und macht mir die Mitteilung, daß Bamberg ihm gesagt, auf Befehl des Bundeskanzlers habe er, L., die Redaktion des „Moniteur Offiziel" an ihn, Bamberg, zu übergeben. — — —

Es freut mich, daß ihm erlaubt bleibt, sich für seinen Korrespondenzen bei uns Information zu holen. Er hat uns damit wiederholt gute Dienste geleistet.

Bei Tische saß zur Linken des Chefs der Reichsbote Bamberger, der ebenfalls nach Berlin zu reisen im Begriff stand, um für unveränderte Annahme der Verträge mit Süddeutschland zu wirken. Außer ihm hatte der Minister einen Dragoneroffizier mit gelbem Kragen, den Obersten von Schenk und einen Leutnant oder Rittmeister von den hellblauen Husaren zu Gästen. Letzterer, ein Herr mit grauem Kopf, Schnurr- und Knebelbart, ist jener von Rochow, der Hinkeldey im Duell erschossen. Das Gespräch drehte sich zuerst um die Ärzte und deren Wissen, über das der Chef wenig günstig urteilte. Dann waren die Verträge das Thema, und man erkannte das Verhalten der Fürsten in dieser Sache als korrekt an. „Ja, aber die im Reichstage!" versetzte der Kanzler. „Ich muß immer denken: ihr Herren, ihr Herren, ihr verderbet mir den ganzen Vogelsang. Sie wissen, Kaiser Heinrich. Da wurde es zuletzt noch gut. Aber hier. Die können sich dann Mann für Mann totschlagen lassen auf dem Altare des Vaterlandes, es hilft doch nichts." — Er sann einen Augenblick nach, dann fuhr er mit einem halben Lächeln fort: „Man sollte die Landtags- und Reichstagsmitglieder verantwortlich machen wie die Minister, nicht mehr und nicht minder, auf dem Fuße völliger Gleichheit. Ein Gesetz betreffend Abgeordnetenverantwortlichkeit, wenn sie wichtige Staatsverträge nicht bewilligt hätten, wegen Landesverrat, oder wenn sie, wie die in Paris, grundlos und leichtsinnig Krieg gut geheißen hätten. Die waren alle dafür, nur Jules Favre nicht. Vielleicht schlage ich noch einmal ein solches Gesetz vor."

Man unterhielt sich von den letzten Gefechten von Paris, und jemand bemerkte, daß auch die Pommern dabei im Feuer gewesen. — „Wahrscheinlich auch meine guten Varziner," sagte der Chef. „Neunundvierzig — sieben mal sieben — wie mag es mit ihnen stehen?" — Rochow erzählte dann von verschiednen eigentümlichen Gewohnheiten des Generals von Alvensleben, in dessen Quartier er die Nacht geschlafen hatte. — — —

Man kam auf das Heranrücken der Kapitulation von Paris zu reden, die in spätestens vier Wochen erfolgen müsse. „Ja," seufzte der Kanzler, „wenn es erst zu der kommt, da wird meine Not erst recht losgehen." — Bamberger meinte: „Man sollte sie gar nicht bloß kapituliren lassen, sondern gleich den Friedensschluß von ihnen verlangen." — „Ganz recht," entgegnete der Chef, „das ist auch meine Meinung, und man sollte sie durch Hunger dazu zwingen. Aber es giebt hier Leute, die vor allen Dingen ihrer Menschlichkeit wegen gelobt sein wollen, und die uns damit alles verderben; ganz abgesehen davon, daß wir zunächst menschlich von unsern eignen Soldaten denken und dafür sorgen sollten, daß sie nicht unnütz Not leiden und totgeschossen werden." — — — „'s ist mit dem Bombardement auch so. Und daß man die Kartoffelsucher schont — die müßten auch totgeschossen werden, wenn man sie mit Hunger zwingen will."

Nach acht Uhr mehrmals zum Chef hinabgerufen, mache ich zwei größere Artikel. — — — Der zweite wies, an eine Notiz in der „Independance Belge" anknüpfend, nach, wie der Umstand, daß die Orleans durch den Herzog von Alençon mit dem Hause Habsburg-Lothringen verwandt seien, uns Deutsche nicht veranlassen könne, sie zu bevorzugen oder mit besonders günstigen Augen anzusehen. Es hieß da ungefähr: Bekanntlich haben die Prinzen vom Hause Orleans, als sie sich zur Teilnahme am Kampf gegen uns meldeten, von Trochu eine abschlägige Antwort erhalten. Jetzt berichtet uns die „Independance," daß der Herzog von Alençon, der zweite Sohn des Herzogs von Nemours, der sich damals dem Schritte seiner Oheime und Vettern wegen Krankheit nicht habe anschließen können, nunmehr in gleicher Richtung sein Heil versuchen wolle, und setzt bedeutsam hinzu: „Man weiß, daß der Herzog von Alençon mit einer Schwester der Kaiserin von Österreich vermählt ist." — Wir verstehen den Wink und glauben ihn im Sinne der deutschen Politik zu beantworten, wenn wir folgendes darauf erwiedern: Die Orleans sind uns ganz genau ebenso feindlich gesinnt, wie die übrigen Dynastien, die nach der Krone Frankreichs angeln. Ihre Presse strotzt von Lügen und Schmähungen gegen uns. Der schöne Lobgesang auf die meuchelmörderischen Franctireurs, welchen der Herzog von Joinville nach der Schlacht bei Wörth anstimmte, ist bei uns unvergessen. Uns kann in Frankreich nur die Regierung angenehm sein, die uns am wenigsten schaden kann, weil sie am meisten mit sich selbst und mit der Aufgabe zu thun hat, sich den Nebenbuhlern gegenüber zu behaupten. Sonst sind uns Orleanisten, Legitimisten, Imperialisten und Republikaner gleich viel oder gleich wenig wert. Und was den Wink mit der österreichischen Verwandtschaft betrifft, so möge man sich vorsehen. — — — Es giebt in Österreich-Ungarn eine Partei, die mit Deutschland geht, und eine andere, die gegen Deutschland geht — eine Partei, welche die alte Kaunitzsche Politik im siebenjährigen Kriege, die Politik der steten Verschwörung mit Frankreich gegen das deutsche Interesse und in erster Linie gegen Preußen fortgesetzt sehen möchte. Es ist die Politik, die, in der letzten Zeit immer an den Namen Metternich geknüpft, von 1815 bis 1866 getrieben worden ist, und die seitdem mit mehr oder minder Energie weiter zu treiben versucht wurde. Es ist die Partei, welcher u. a. der Epigone des alten Fürsten Metternich angehört, Metternich jun., seit Jahren der eifrigste Befürworter einer französisch-österreichischen Allianz gegen Deutschland und einer der Hauptheizer zum Kriege, der jetzt wütet. Glauben die Orleans, daß sie auf Grund ihrer Verbindung mit Österreich gute Aussichten haben, so mögen sie wissen, daß sie wenigstens von uns gerade deshalb nichts zu hoffen haben.

Während wir Thee tranken, kam, nachdem ich eine Weile mit Bucher und Keudell zusammengesessen, auch der Chef und später Hatzfeldt. Letzterer war beim Könige gewesen und berichtete von da, daß Prinz Friedrich Karl in der Schlacht bei Orleans und während der daran sich schließenden Verfolgung der Franzosen siebenundsiebzig Kanonen, mehrere Mitrailleusen und vier Kanonenboote der Loire erbeutet hat. Etwa zehntausend unverwundete Gefangne befinden sich in unsern Händen. Die Feinde flüchten sich in verschiedenen Richtungen. Alle Punkte sind mit Sturm genommen, und dabei haben auch wir erhebliche Verluste erlitten, namentlich haben die Sechsunddreißiger viele Leute — es heißt, gegen sechshundert Mann

— eingebüßt. Auch in den letzten Gefechten vor Paris haben wir im Kampfe mit der Übermacht bedeutende Verluste gehabt. „Sonst war es diesmal beim Könige nicht gerade sehr unterhaltend," fuhr Hatzfeldt fort. „Der russische Staatsrat Grimm erzählte allerlei wenig interessante Sachen von Louis Quatorze und Louis Quinze. Der Weimaraner richtete an einen Fragen, auf die man nicht recht zu antworten wußte." — — — „Bei Beantwortung solcher Fragen war Radowitz stark," sagte der Minister. „Der gab dreist über alles mögliche Auskunft, und damit erzielte er den größten Teil seiner Erfolge bei Hofe. — Der wußte genau zu sagen, was die Maintenon oder die Pompadour an dem oder jenem Tage getragen hatte. Sie hatte das und das um den Hals, sie trug einen Kopfputz von Kolibris oder Weintrauben, sie hatte ein perlgraues oder papageigrünes Kleid an mit den oder den Falbeln und Spitzen — ganz genau, wie wenn er dabei gewesen wäre. Die Damen waren ganz Ohr über diese Toilettenvorlesung, die ihm so fließend abging."

Die Unterhaltung kam hiervon auf Alexander von Humboldt, der nach dem, was über ihn geäußert wurde, auch Hofmann, aber nicht von der unterhaltenden Sorte gewesen sein wird. „Bei unserm hochseligen Herrn," so erzählte der Chef, „war ich das einzige Schlachtopfer, wenn Humboldt des Abends die Gesellschaft in seiner Weise unterhielt. Er las da gewöhnlich vor, oft stundenlang — eine Lebensbeschreibung von einem französischen Gelehrten oder einem Baumeister, die keinen Menschen als ihn interessirte. Dabei stand er und hielt das Blatt dicht vor die Lampe. Mitunter ließ er's fallen, um sich mit einer gelehrten Bemerkung darüber zu verbreiten. Niemand hörte ihm zu, aber er hatte doch das Wort. Die Königin nähte in einem fort an einer Tapisserie und hörte gewiß nichts von seinem Vortrage. Der König besah sich Bilder — Kupferstiche und Holzschnitte — und blätterte geräuschvoll darin, in der stillen Absicht augenscheinlich, nichts davon hören zu müssen. Die jungen Leute seitwärts und im Hintergrunde unterhielten sich ganz ungenirt, kicherten und übertäubten damit förmlich seine Vorlesung. Die aber murmelte, ohne abzureißen, fort wie ein Bach. Gerlach, der gewöhnlich auch dabei war, saß auf seinem kleinen runden Stuhle, über dessen Rand sein fetter Hinterer auf allen Seiten herabhing, und schlief, daß er schnarchte, sodaß ihn der König einmal weckte und zu ihm sagte: »Gerlach, so schnarchen Sie doch nicht.« — Ich war sein einziger geduldiger Zuhörer, das heißt, ich schwieg, that, als ob ich seinem Vortrage lauschte, und hatte dabei meine eignen Gedanken, bis es endlich kalte Küche und weißen Wein gab." — „Es war dem alten Herrn sehr verdrießlich, wenn er nicht das Wort führen durfte. Ich erinnre mich, einmal war einer da, der die Rede an sich riß, und zwar auf ganz natürliche Weise, indem er Dinge, die alle interessirten, hübsch zu erzählen wußte. Humboldt war außer sich. Mürrisch füllte er sich den Teller mit einem Haufen — so hoch — (der Kanzler zeigt es mit der Hand) von Gänseleberpastete, fettem Aal, Hummerschwanz oder andern Unverdaulichkeiten — ein wahrer Berg! — es war erstaunlich, was der alte Mann essen konnte. — Als er nicht mehr konnte, ließ es ihm keine Ruhe mehr, und er machte einen Versuch, sich das Wort zu erobern. »Auf dem Gipfel des Popokatepetel,« fing er an. Aber es war nichts, der Erzähler ließ sich seinem Thema nicht abwendig machen und fuhr gelassen mit dem zweiten Kapitel der Geschichte, die er zum Besten gab, fort. Humboldt sah sich mißmutig nach ihm um, hustete kurz und trocken und setzte noch einmal an. »Auf dem Gipfel des Popokatepetel, siebentausend Toisen über« — wieder drang er nicht durch, der Erzähler sprach ruhig weiter. »Auf dem Gipfel des Popokatepetel, siebentausend Toisen über dem Niveau des Stillen Meeres« — er stieß es mit lauter, erregter Stimme hervor, halb wehmütig, halb zornig, die ersten Worte feierlich, die letzten hastig; jedoch gelang es ihm auch damit nicht; der Erzähler redete fort, wie vorher, und die Gesellschaft hörte nur auf ihn. — Das war unerhört — Frevel! Wütend setzte Humboldt sich nieder und versank in Betrachtungen über die Undankbarkeit der Menschheit, auch am Hofe." — „Die Liberalen haben viel aus ihm gemacht, ihn zu ihren Leuten gezählt. Aber er war ein Mensch, dem Fürstengunst unentbehrlich war, und der sich nur wohl fühlte, wenn ihn die Sonne des Hofes beschien. — Das hinderte nicht, daß er hernach mit Varnhagen über den Hof raisonnirte und allerlei schlechte Geschichten von ihm erzählte. Varnhagen hat dann Bücher daraus gemacht, die ich mir auch gekauft habe. Sie sind erschrecklich teuer, wenn man die paar Zeilen bedenkt, die eins großgedruckt auf der Seite hat." — Keudell meinte, aber für die Geschichte wären sie doch nicht zu entbehren. — „Ja," erwiederte der Chef, „in gewissem Sinne. Im einzelnen sind sie nicht viel wert, aber als Ganzes sind sie der Ausdruck der Berliner Säure in einer Zeit, wo es nichts gab. Da redete alle Welt mit dieser malitiösen Impotenz." — „Es war eine Welt, die man sich ohne solche Bücher jetzt garnicht mehr vorstellen kann, wenn man sie nicht selber gesehen hat. Viel auswendig, nichts Ordentliches inwendig. — Ich besinne mich, obwohl ich damals noch sehr klein war, es muß im Jahre 1821 oder 22 gewesen sein — da waren die Minister noch sehr große Tiere, angestaunt, geheimnisvoll. Da war einmal bei Schuckmann große Gesellschaft, was man damals Assemblee nannte. Was war der als Minister für ein erschrecklich großes Tier! Da ging meine Mutter auch hin. Ich weiß noch wie heute. Sie hatte lange Handschuhe an, bis hier herauf [er zeigte es am Oberarme], ein Kleid mit kurzer Taille, aufgebauschte Locken zu beiden Seiten und auf dem Kopfe eine große Straußenfeder." — Er unterließ die Geschichte zu vollenden, wenn es eine werden sollte, und kam auf Humboldt zurück. „Humboldt," sagte er, „wußte übrigens auch manches Hübsche zu erzählen, wenn man mit ihm allein war — aus der Zeit Friedrich Wilhelms des Dritten und besonders aus seinem ersten Aufenthalt in Paris, und da er mir gut war, weil ich ihm immer aufmerksam zuhörte, so erfuhr ich viele schöne Anekdoten von ihm. — Mit dem alten Metternich war's ebenso. Ich verlebte einmal ein paar Tage auf dem Johannisberge mit ihm. Da sagte mir später Thun: »Ich weiß nicht, was haben Sie nur dem alten Fürsten angethan, der hat ja in Sie wie in einen goldnen Kelch hineingesehen und meinte, wenn Sie mit dem nicht zu rechte kommen, so weiß ich wirklich nicht.« — »Ja,« sagte ich, »das will ich Ihnen erklären: ich habe seine Geschichten ruhig mit angehört und nur manchmal an die Glocke gestoßen, daß sie weiter klang. Das gefällt solchen alten redseligen Leuten.«" — Hatzfeldt bemerkte, Moltke habe an Trochu geschrieben: so und so stünden die Sachen bei Orleans. „Er gab ihm anheim, ob er einen Offizier herausschicken wolle, um sich von der Wahrheit zu überzeugen. Er werde demselben ein Saufkondnit ausstellen bis Orleans.“ — Der Chef sagte: „Das weiß ich. Aber mir wäre lieber, man ließe ihn von selber kommen. Unsre Linien sind jetzt an mehreren Stellen dünn, auch haben sie Taubenpost. Wenn wir's ihnen sagen, sieht es aus, als hätten wir's mit der Kapitulation sehr eilig.“

Dienstag, den 6. Dezember. Früh das Nähere über den Sieg bei Orleans nach Berlin und London telegraphirt. Dann für den „Moniteur“ und deutsche Blätter Artikel über die Wortbrüchigkeit der gefangnen französischen Offiziere gemacht, von denen wieder einige steckbrieflich verfolgt werden. Auch der General Barral, der jetzt in der Loire-Armee ein Kommando hat, ist auf diese schmähliche Weise entlaufen. Er hat nach der Übergabe von Straßburg nicht bloß einfach, sondern doppelt das schriftliche Versprechen auf Ehrenwort abgegeben, in diesem Kriege nicht mehr die Waffen gegen Preußen und seine Verbündeten zu tragen und überhaupt nichts zu thun, was den deutschen Armeen schaden könnte. Er ist dann nach Colmar gereist und von da an die Loire, wo er wieder in das französische Heer eingetreten ist — eine beispiellose Ehrlosigkeit. Die Herren von der Regierung in Tours haben nichts dawider gehabt. Diese Herren, von denen die belgischen Blätter nicht oft genug rühmen können, daß sie honette Leute, Ehrenmänner u. dergl. seien, sind aber noch weiter gegangen, sie haben zu den in Belgien internirten französischen Offizieren einen gewissen Richard abgeschickt, der dieselben bei Taschard, dem Vertreter der Herren Gambetta und Favre in Brüssel, versammelt und sie dort unter Drohungen aufgefordert hat, ihr den belgischen Behörden gegebenes Wort zu brechen und sich nach Frankreich auf den Weg zu machen, um dort wieder gegen die Deutschen zu fechten. Auch in Schlesien scheinen solche Emissäre Offiziere von wenig Charakter verführt zu haben. Es giebt in der Kriegsgeschichte wohl nicht viele Fälle der Art. Die Sache hat aber noch eine andre Seite: deutscherseits muß man infolge dieser Unwürdigkeiten schwere Bedenken tragen, einer Regierung wie derjenigen der nationalen Verteidigung überhaupt zu trauen. Mit andern Worten: wir können mit einer Regierung, die zum Wortbruch verlocken läßt, die aus eigner Initiative wortbrüchig gewordene Offiziere anstellt und verwendet und dadurch zeigt, daß sie deren Auffassung vom Werte feierlich gegebener Versprechungen teilt und billigt, selbstverständlich als mit einer in hohem Grade unzuverlässigen so lange nicht verhandeln, als diese Verlockung, Anstellung und Verwendung fortdauert.

Bei Tische waren heute Dr. Lauer und Odo Russell gegenwärtig. Die Unterhaltung war von keinem besondern Interesse, es kam fast nichts von Politik darin vor. — — — Aber wir hatten einen köstlichen Pfälzer Wein, Deidesheimer Hofstück und Forster Kirchenstück, abliges Rebenblut, aller Tugenden reich, duftig und feurig — „aus Feuer ward der Geist erschaffen." Selbst Bucher, der sonst nur Rotwein trinkt, ehrte diesen Himmelsthau von den Bergen der Haardt.

Abends machte mir Konsul Bamberg, der neue Redakteur unsers Versailler Blattes — älterer Herr in einer Art Seeoffiziers-Uniform, mit zwei Orden flaggend —, seinen Besuch, den er nun täglich wiederholen wird. — — — Die neuliche Inspektion des Schloßlazaretts von seiten des Chefs hat eine Untersuchung zur Folge gehabt, und derselbe hat vom Kriegsministerium, wenn ich recht verstand, die Nachricht erhalten, es sei alles in seiner Ordnung gewesen, die Kranken hätten bekommen, was ihnen gebühre, der Wärter, welcher von nicht gehöriger Verpflegung gesprochen, sei disziplinarisch bestraft worden.*) — — — Später schrieb ich noch einen Artikel, in dem ich mich höflich über die eherne Stirn verwunderte, mit welcher Gramont im Brüsseler „Gaulois" an seine Existenz erinnert hatte. Er, welcher durch seine unerhörte Beschränktheit des Blickes und seine ebenfalls kaum vorher je dagewesene Ungeschicklichkeit Frankreich ins Elend gebracht, hätte sich, gleich seinem Kollegen Ollivier, schweigend verstecken und froh sein müssen, wenn man ihn vergäße, oder er hätte, aufgefordert und verpflichtet durch

*) Näheres weiter unten.

seinen alten Namen und befähigt durch seine robuste Körperbeschaffenheit, in ein Regiment eintreten und durch Kämpfen für sein Vaterland das diesem zugefügte Unrecht einigermaßen zu sühnen bemüht sein sollen. Statt dessen untersteht er sich, die Welt in der Zeitung daran zu erinnern, daß er noch vorhanden, und daß er einmal die französische Politik in den Händen gehabt. „Ein dreister Dummkopf." Natürlich antwortet man solchen Leuten auf ihre Behauptungen nicht.

Nach dem jüdischen Konsul mit den Christusorden kam L., der die gute Kunde mitbrachte, daß Rouen gestern Nachmittag vom General von Goeben besetzt worden sei, und daß die in dieser Gegend operirenden deutschen Truppen sich nun gegen Havre und Cherbourg gewendet hätten. Ich ersuchte ihn, für seine Blätter ebenfalls Artikel über die Anstellung der wortbrüchigen Offiziere und Gramonts Dreistigkeit zu machen.

Nach englischen Berichten aus Paris hat es dort schon vor vierzehn Tagen angefangen, recht ungemütlich zu werden. Krankheiten sind ausgebrochen und die Todesfälle sind erheblich häufiger geworden als in gewöhnlichen Zeiten. Angst und Entmutigung, aber auch Mangel haben dazu beigetragen. In der ersten Woche des September zählte man neunhundert, in der Woche, die mit dem 5. Oktober endigte, ungefähr doppelt so viele Todesfälle, in der nächsten eintausendneunhundert. Die Pocken grassiren in der Stadt und raffen viele Personen hin, ebenso sind eine große Anzahl Menschen an Unterleibskrankheiten gestorben. Unter den aus der Provinz rekrutirten Bataillonen soll das Heimweh sich wie eine Epidemie verbreitet haben. Ein englischer Korrespondent will bei einem Besuche des Hospitals du Midi, den er in der letzten Woche des Oktober gemacht, über der Eingangsthür des Gebäudes einen Zettel folgenden Inhalts bemerkt haben: „Wer eine Katze, einen Hund oder drei Ratten mitbringt, darf am Frühstück und am Diner teilnehmen. Notabene: Es ist unbedingt notwendig, daß diese Tiere lebendig abgeliefert werden." Ähnliche Anschläge sollen an den Thüren der Pariser Hospitäler etwas Gewöhnliches sein.

Es fehlen noch fünf Minuten an Mitternacht. Der Minister

ist schon zu Bette — ausnahmsweise. Die Lichte in den Flaschenhälsen auf meinem Tische sind tief herabgebrannt. Eben donnert der Mont Valérien eine fürchterliche Salve in das Thal hinunter. Wozu? Vielleicht soll es den Parisern nur sagen: 's ist um 12 Uhr. Also eine Art Nachtwächterruf. Sonst ist das Schießen ungefähr viel Lärm um nichts. An den letzten beiden Gefechtstagen warfen die Forts, wie Abeken heute gehört hatte, circa sechzehntausend Bomben und Granaten heraus, aber nur fünfunddreißig Mann von den Unsern wurden davon verwundet, und mehrere darunter nur leicht.

Vierzehntes Kapitel.

Die Aussichten vor Paris bessern sich.

Mittwoch, den 7. Dezember. Trübes Wetter. Nur selten ist ein Schuß aus den Forts und von den Kanonenbooten zu hören. Die Lügen, mit denen Gambetta und seine Gehülfen das Loch zuzustopfen bemüht sind, welches die Niederlage der Rothosen bei Orleans in die Hoffnung der Bevölkerung auf einen großen Sieg über uns gestoßen, veranlaßten folgende Bemerkung für den „Moniteur": „Die Mitglieder der Regierung in Tours haben über die Niederlage der Loire-Armee Nachrichten veröffentlicht, die wie Bruchstücke aus den Märchen von »Tausend und eine Nacht« aussehen. Ihr Telegramm sagt unter anderm: »Der Rückzug der Loire-Armee hat sich ohne andre Verluste als den der schweren Marinegeschütze bewerkstelligen lassen, die man im verschanzten Lager vernagelt zurückließ.« Nun sind aber den Deutschen bei dieser Gelegenheit zwölftausend nicht verwundete Gefangne in die Hände gefallen. Die Depesche von Tours sagt ferner: »Feldartillerie ist nicht verloren gegangen,« während siebenundsiebzig Feldgeschütze und mehrere Mitrailleusen von den Siegern erbeutet worden sind. Das deutsche Volk hatte, indem es sich an die Tugenden Catos, Aristides' und andrer Republikaner des Altertums erinnerte, sich dem Glauben hingegeben, daß die Republik die Lüge aus der Reihe ihrer Operationsmittel ausgemerzt habe, es rechnete darauf, daß sie mindestens weniger lügen würde als das Kaiserreich. Es hat sich, wie man sieht, getäuscht. Diese Catos einer neueren Zeit haben alle früheren Versuche, die Unwahrheit an die Stelle der Wahrheit zu setzen, überboten: wenn es sich darum handelt, Unangenehmes abzuleugnen, zeigen die Advokaten von Tours eine dreistere Stirn als die Generale des Kaisers."

Später wurde über neue Fortschritte unsrer Waffen im Norden und über die Besetzung von Rouen telegraphirt.

Nach drei Uhr ging ich mit Wollmann über den Place d'Armes nach dem Schloßhofe, wo unter den Augen des Reiterstandbildes Ludwigs des Vierzehnten und dicht unter der Firma: „Toutes les gloires de la France," so recht wie eine ironische Glosse zu diesen Äußerungen gallischer Einbildung und Großthuerei, vierzehn Stück von den bei Orleans erbeuteten Bronzegeschützen aufgestellt sind. Es sind teils Zwölf-, teils Vierpfünder, dahinter stehen die dazugehörigen Protzen und Munitionskarren. Die französischen Geschütze haben Eigennamen. So heißt eine von diesen „Le Bayard", eine andre „Le Lauzun", eine dritte „Le Boucheron", während andre „Le Marant", „Le Rapace", „Le Brise Tout" oder mit ähnlichen fürchterlichen Namen getauft sind. An mehrere ist gekritzelt, daß sie das vierte Husarenregiment erobert hat.

Beim Diner sind die Grafen Holnstein und Lehndorff zugegen. Wir trinken wieder von dem schönen Deidesheimer. Der Chef kommt u. a. auf Frankfurter Erinnerungen zu sprechen. „Mit Thun war auszukommen," sagte er. „Der war ein anständiger Mensch. Rechberg war im ganzen auch nicht übel, wenigstens persönlich ehrlich, wenn auch sehr heftig und aufbrausend — einer von den hitzigen Hochblonden," über die er sich dann weiter verbreitete. „Als österreichischer Diplomat damaliger Schule freilich durfte er's mit der Wahrheit nicht genau nehmen." — — — „Der dritte aber, Prokesch, war gar nicht mein Mann. Der hatte aus dem Orient die ärgsten Intriguen mitgebracht. Die Wahrheit war ihm ganz gleichgiltig. Ich entsinne mich, einmal, in einer großen Gesellschaft, wurde von irgend einer österreichischen Behauptung gesprochen, die nicht mit der Wahrheit stimmte. Da sagte er, daß ich's hören sollte, mit erhobener Stimme: »Wenn das nicht wahr wäre, da hätte ich ja im Namen der kaiserlichen Regierung [er betonte das Wort stark] gelogen!« Dabei sah er mich an. Ich sah ihn wieder an und sagte gelassen: »Allerdings, Exzellenz.« Er war offenbar erschrocken, und als er sich umblickte und lauter niedergeschlagnen Augen begegnete und einem tiefen Schweigen, das mir Recht gab, wendete er sich still ab und ging ins Speisezimmer, wo gedeckt war. Nach Tische aber hatte er sich erholt. Da kam er auf mich zu — mit einem gefüllten Glase — sonst hätte ich gedacht, er wollte mich fordern und sagte: »Na, lassen Sie uns Frieden machen.« — »Warum denn nicht?« sagte ich. »Aber das Protokoll muß doch geändert werden.« — »Sie sind unverbesserlich,« erwiederte er lächelnd, und damit war's gut. Das Protokoll wurde geändert und damit anerkannt, daß es die Unwahrheit enthalten hatte." — — — Man kam auf Goltz zu reden, und der Chef erzählte die Beaumonter Geschichte von dessen Unbeliebtheit bei seinen Leuten noch einmal, worauf er Hatzfeldt fragte, er habe wohl auch von ihm zu leiden gehabt. Derselbe sagte, nein, aber daß man ihm sonst unter den Herren von der Gesandtschaft nicht gut gewesen, wäre richtig.

Nach Tische ist Konsul Bamberg bei mir und bekommt den Artikel über den Mangel an Wahrheitsliebe in Tours.

Ich rede mit ihm auch über L., dessen Fähigkeit ich lobe, während er nach ihm auch ein guter Patriot wäre und auch früher schon gute Dinge geleistet hätte. — — — Später erscheint L. selbst und erzählt u. a., daß man das Hotel des Reservoirs das „Hotel des Preservoirs" zu nennen beginne. (Kein sehr glänzender Witz, dächte ich; doch kann man darüber seine Gedanken haben, und wer damals auch in Versailles war, wird wissen, welche.)

Beim Thee berichtet Hatzfeldt, daß heute zahlreiche Gefangne durchgebracht worden seien, und daß es dabei zu Unordnungen und Unfug gekommen sei, indem Zivilisten, besonders Weiber, sich unter die Leute gedrängt, so daß die Eskorte sich in der Notwendigkeit befunden hätte, von den Kolben Gebrauch zu machen. — — — Man sprach vom Bombardement, und die Herren stimmten überein, daß der König es in allem Ernste wolle, und daß Hoffnung vorhanden sei, es demnächst beginnen zu sehen. — — — Auch Moltke wolle es, wurde hinzugesetzt. Letzterer habe übrigens von Trochu auf seinen entgegenkommenden Brief eine Antwort erhalten, die sich etwa in die Worte zusammenfassen ließe: Schönen Dank, im übrigen belassen wir's beim Alten.

Donnerstag, den 8. Dezember. Es fällt viel Schnee, auch

ist es ziemlich kalt, und der Kamin meines Zimmers will trotz der großen büchenen Scheite, die auf seiner Feuerstelle brennen, nicht genügend wärmen. — — — Am Diner nahm von Fremden Fürst Putbus teil. Wir hatten außer andern guten Dingen Eierkuchen mit Champignons und, wie schon mehrmals, Fasan mit Sauerkraut, das in Champagner gekocht war. Auch gab es wieder Forster Kirchenstück und Deidesheimer Hofstück, über welche der Minister sich dahin äußerte, daß jener diesem vorzuziehen sei. „Der Forster," sagte er, „ist überhaupt ein bedeutsamerer Wein als der Deidesheimer." Endlich geriet unter diese und andre vornehme Getränke auch ein achtenswerter alter Kornbranntwein, indem Putbus meinte, Sauerkraut sei ungesund, und der Chef darauf erwiederte: „Ich glaube nicht. Ich esse es gerade aus Gesundheitsrücksichten. Aber, Engel, geben Sie uns einen Schnaps dazu." Der Minister zeigte dann Putbus das Menu, und es entwickelte sich ein Gespräch darüber, wobei erwähnt wurde, daß ein jüngrer Diplomat in Wien sämtliche Menus seines Chefs sorgsam gesammelt und in zwei schön verzierten Bänden aufbewahrt habe, und daß sich darunter hochinteressante Kombinationen befunden hätten.

Später bemerkte der Kanzler, die Franzosen müßten jetzt in einem der Forts auf unsrer Seite ein oder zwei sehr große Geschütze haben. „Man hört es am Schall, der viel stärker ist. Sie können sich aber damit selbst schaden. Wenn sie recht stark laden, so schlägt das Rohr entweder um und schießt ihnen in die Stadt hinein, oder es zerspringt; freilich kanns auch glücken, und dann können die Kugeln bis zu uns nach Versailles fliegen."

Man fragte darauf, wie es mit dem Kaiser von Deutschland stehe, und der Chef äußerte u. a.: „Wir haben viel Mühe dabei gehabt mit Telegrammen und Briefen. Aber die wichtigsten hat der Graf Holnstein überbracht. Ein sehr geschickter Mann." — Putbus fragte, was er denn eigentlich sei. — „Oberstallmeister. Er hat eine Tour nach München und wieder zurück in sechs Tagen gemacht. Dazu gehört beim Zustande der Bahnen viel guter Wille. Freilich hat er auch die Körperkonstitution dazu. — Ja, nicht einmal bloß nach München, sondern nach Hohenschwangau. — Der

König Ludwig hat übrigens zur raschen Erledigung der Sache wesentlich beigetragen. Er hat den Brief gleich angenommen und ohne Aufschub entscheidend beantwortet." — — —

Ich weiß nicht, über welche Mittelglieder das Gespräch zu den Begriffen Swells, Snobs und Cockneys gelangte, die dann ausführlich besprochen wurden. Der Chef bezeichnete einen Herrn von der Diplomatie als Swell und bemerkte dann: „Das ist doch ein schönes Wort, welches wir im Deutschen nicht wiedergeben können. Ja, Stutzer, aber es enthält zugleich die gehobne Brust, die Aufgeblasenheit. Snob ist ganz was andres, was sich bei uns aber auch nicht recht ausdrücken läßt. Es bezeichnet verschiedne Dinge und Eigenschaften, doch vorzüglich Einseitigkeit, Beschränktheit, Befangenheit in lokalen oder Standesansichten, Philisterei. Ein Snob ist etwa ein Pfahlbürger. Doch paßt das nicht ganz. Es kommt noch Befangenheit in Familieninteressen hinzu — enger Gesichtskreis beim Urteil über politische Fragen — eingeklemmt in anerzogne Einbildungen und Manieren. Es giebt auch Snobs weiblichen Geschlechts und sehr vornehme. — — — Man könnte auch von Parteisnobs reden — solche, die bei der großen Politik nicht aus den Regeln des Privatrechts herauskönnen — Fortschrittssnobs." — „Cockney ist dann wieder was andres. Das geht mehr auf die Londoner. Da giebt es Leute, die nie aus den Mauern und Gassen, nie aus brick and mortar herauskommen, nie was Grünes gesehen haben, die immer nur das Leben in diesen Gassen kennen gelernt haben und den Klang der Bow Bells gehört. Wir haben Berliner, die auch niemals von da weggewesen sind. Aber Berlin ist eine kleine Stadt gegen London und gegen Paris, das ebenfalls seine Cockneys hat, nur heißen sie da anders. — In London sind Hunderttausende, die niemals was andres gesehen haben als die Stadt. In solchen großen Städten bilden sich Ansichten, die verästen sich und verhärten und werden dann Vorurteile für die darin Lebenden. In solchen großen Mittelpunkten der Bevölkerung, die von dem, was außer ihnen ist, keine Erfahrung und so keine richtige Vorstellung haben — von manchem keine Ahnung — entsteht diese Beschränktheit, diese Einfältigkeit. Einfalt ohne Einbildung ist zu ertragen. Aber einfältig sein, unpraktisch und dabei eingebildet, ist unerträglich. — — — Die Leute auf dem Lande sind vielmehr darauf angewiesen, das Leben zu nehmen, wie es ist und wächst. Sie mögen weniger Bildung haben, aber was sie wissen, das wissen sie ordentlich. Es giebt übrigens auch Snobs auf dem Lande. Sehn Sie mal [zu Putbus], so ein recht tüchtiger Jäger, der ist überzeugt, daß er der erste Mann der Welt ist, daß die Jagd eigentlich alles bedeutet, und daß die Leute, die davon nichts verstehen, nichts sind. Und so einer auf einem Gute weit draußen, wo er alles ist, und die Leute ganz von ihm abhängen — wenn der vom Lande auf den Wollmarkt kommt, und er hier vor den Leuten in der Stadt nicht das gilt, was er zu Hause ist — da wird er verdrießlich und setzt sich auf seinen Wollsack und kümmert sich mürrisch um nichts weiter als um seine Wolle."

Später verlor sich die Unterhaltung in Geschichten von Pferden und equestrische Leistungen. Der Chef erzählte von seiner braunen Stute, von der er anfangs nicht viel gehalten, die ihn aber bei Sedan dreizehn Stunden getragen, „wenigstens zwölf Meilen weit," und die dann am andern Tage noch brauchbar gewesen. Er kam dann auf andre Reiterstücke, z. B., wie er einmal auf einem Ritt mit seiner Tochter an einen Graben gelangt, den er selbst mit seinem Pferde nicht habe überspringen mögen, den die Komtesse aber, weil das Pferd einmal im Zuge gewesen, ganz gut genommen habe, u. s. w.

Abends mehrmals zum Chef gerufen, schrieb ich verschiedene Artikel, darunter einen über die Belobigung, die der französische Konsul Lefaivre in Wien dem sozialistischen Reichstagsabgeordneten Bebel wegen seiner Sympathien für die Republik Frankreich erteilt. Die Moral des Aufsatzes war: also Deutschland soll wie in der Vergangenheit, so auch in der Zukunft denken und gehorchen, Frankreich handeln und herrschen. — Die „Frankfurter Zeitung" soll in Berlin bei den Ausschnitten nicht mehr berücksichtigt werden, da „der französische Unsinn, den sie vertritt, des Lesens nicht wert ist."

Beim Thee äußerte Keudell, ich sollte eigentlich nicht bloß die Eingänge und Konzepte politischen Inhalts, die der Chef mir gäbe, sondern alle zu sehen bekommen, und er wolle mit Abeken, der hier

26*

die Stelle des Staatssekretärs inne hat, darüber sprechen, was ich mit vielem Danke annahm. Bucher erzählte mir, daß der Minister heute im Salon beim Kaffee einen sehr interessanten Vortrag gehalten. Der Fürst von Putbus habe von seiner Neigung gesprochen, sich auf Reisen in weit entfernte Länder zu begeben. „Ja, da könnte Ihnen geholfen werden," habe der Chef dazu bemerkt. „Man könnte Sie beauftragen, dem Kaiser von China und dem Taikun von Japan die Gründung des deutschen Reiches zu notifiziren." Darauf aber habe er im Hinblick auf die Zukunft und natürlich mit Beziehung auf seinen Gast sich in längerer Rede über die Pflichten der deutschen Aristokratie verbreitet. — — — Der hohe Adel müsse Staatsgefühl haben, seinen Beruf erkennen, den Staat im Treiben der Parteien vor Schwankungen zu bewahren, einen festen Halt bilden, u. dergl. Es wäre nichts dagegen einzuwenden, wenn man sich mit Strousberg assozirte, aber dann sollten die Herren doch lieber gleich Bankiers werden. — — — Ob der Fürst wohl das volle Verständnis gehabt hat, und ob er, wenn das der Fall ist, sich darnach einrichten wird?

Freitag, den 9. Dezember. Ich telegraphire den Sieg, den unsre 17. Division vorgestern bei Beaugency über ein französisches Korps von etwa sechzehn Bataillonen mit sechsundzwanzig Geschützen erfochten, und dementire die Erzählung der „Gazette de France" von dem peruanischen Gesandten Galvez.

Beim Frühstück wird erwähnt, daß der Fürst Trubetzkoi, ein Verwandter Orloffs, Beschützung seiner Villa durch unsre Armeegensdarmen verlangt und die fernere Forderung an den Bundeskanzler gerichtet, zu bewirken, daß unsre Truppen aus der Nachbarschaft seiner Besitzung verlegt würden, weil durch ihre Anhäufung in dieser Gegend die Lebensmittel verteuert würden. Wohl Speise für den Papierkorb. Bei Tische ist der Kommandant von Versailles, General von Voigts-Rhetz zugegen, ich glaube, ein Bruder dessen, der 1866 Generalgouverneur in Hannover war und jetzt die Schlacht bei Beaune la Rolande gewonnen hat, ein langer Herr mit dunklem Bart und Adlernase. Die Unterhaltung, die sich meist um die letzten Gefechte zwischen Orleans und Blois dreht, bietet nichts, was der

Aufzeichnung wert wäre. Der Chef fehlt, er ist unwohl, und es heißt, daß er am Beine leidet — ein Podagra-Anfall.

Abends kommt Bamberg, dann L., der aus guter Quelle erfahren haben will, daß in allernächster Zeit bombardirt werden soll, und daß der König „ein furchtbares Donnerwetter gegen Hindersin losgelassen habe," weil noch nicht genug Munition da sei; er selbst werde die Sache jetzt in die Hand nehmen.

Später für den König Auszüge aus dem Bericht des „Observer" über die Rede gemacht, die ein Monsieur de Fonfielles in London über das Bombardement gehalten. Es heißt darin, der Redner habe über die Meinung, daß König Wilhelm Paris aus Menschlichkeit nicht beschießen lasse, gelacht und behauptet, er thue es nicht, weil er es nicht könne, da seine Batterien von den tapfern Marinesoldaten der Forts in achtungsvoller Entfernung gehalten würden. Er wolle die Stadt aushungern, was aber auch nicht angehe, da man noch für mehr als zwei Monate mit Lebensmitteln versehen und durch ernstes Studium der Ernährungsfrage dahin gelangt sei, auch Haut, Blut und Knochen der geschlachteten Tiere für die Alimentation verwenden zu können. Paris lasse sich mit dem Versuche, es verhungern zu lassen, nicht einschüchtern. Sein Ruf sei: um keinen Preis Übergabe! sein einziger Wunsch, den Feind aus Frankreich hinauszufegen, und jetzt habe es den Besen zur Verrichtung dieser Operation in die Hand genommen.

Sonnabend, den 10. Dezember. Früh Nebel, viel Schnee gefallen und der Himmel noch voll davon. Der Chef ist noch immer kränklich. Ich telegraphire weiteres über den Kampf bei Beaugency, an dem sich auch die erste bairische und am 8. die 22. norddeutsche Division sowie französischerseits zwei neue Armeekorps beteiligt haben, und bei dem uns über tausend Gefangene und sechs Geschütze in die Hände gefallen sind. Das „Militärwochenblatt" zeigt wieder die Entweichung von sieben wortbrüchigen Offizieren an, was wir dem „Moniteur" zu weiterer Verbreitung mitteilen wollen. Beim Diner fehlen der Chef, Bismarck-Bohlen, der seit drei Tagen an „Hexenschuß" leidet, und Abeken, der das Glück hat, zur Tafel beim Kronprinzen befohlen zu sein. Abends mache ich einen Artikel der

„Nationalzeitung," welcher andeutet, daß man auch im Reichstage von der Verzögerung des Bombardements spricht, und der daran den Wunsch nach Aufklärung über die Ursachen knüpft, für den König zurecht.

Wegen eines Auftrags zum Chef gerufen, erlaubte ich mir, bevor ich ging, die Frage, wie es mit den Verträgen im Reichstage stehe. Er erwiederte: „Ganz gut; das Übereinkommen mit Baiern wird heute schon angenommen sein oder morgen votirt werden, desgleichen die Adresse an den König." Ich gestattete mir die weitere Frage, wie er sich befinde. — „Es geht etwas besser. Es ist die Ader am Beine," erwiederte er. — Ob das lange dauere? — „Es kann sich in einem Tage wieder geben, aber auch erst in drei Wochen."

Beim Thee berichtete Keudell, daß der Reichstag eine große Deputation nach Versailles abzusenden beschlossen habe, die dem Könige zur Einigung Deutschlands und zur Wiederherstellung der Kaiserwürde ihre Glückwünsche darzubringen bestimmt sei. Abeken war das nicht recht. Er sagte ärgerlich: „Daß der Reichstag uns dreißig Kerle herschicken will, ist doch schrecklich. Eine Deputation von dreißig Kerlen, das ist schrecklich." Warum ihn das angriff, gab er nicht zu wissen. Dreißig weise Bonzen mit Geheimratstiteln wären vermutlich nicht schrecklich gewesen, dreißig Hofmarschälle aber erquicklich. — Hatzfeldt äußerte sich besorgt wegen unsrer nächsten Zukunft in militärischer Hinsicht. Er glaubt, daß unsre Lage im Westen bedenklich sei. Von der Tann soll von seinen fünfundvierzigtausend Mann keine fünfundzwanzigtausend mehr haben, und die aus der Erde gestampften Armeen Gambettas schwellen immer mehr an. Im Büreau ist die Nachricht eingetroffen, daß die Franzosen zwei größere Heere gebildet haben, und daß der Sitz der Regierung von Tours nach Bordeaux verlegt worden ist.

Wie lange die Energie Gambettas in den Hilfsquellen und dem guten Willen des Landes Mittel finden wird, sich in neuen militärischen Schöpfungen zu bethätigen, ist freilich zweifelhaft. In den südlichen Departements scheint man mit ihr nichts weniger als zufrieden und des aufreibenden Krieges überdrüssig zu sein. Die

„Gazette de France“ bringt einen Brief, datirt: Tours, den 1. Dezember, in dem es u. a. heißt:

„Seit langer Zeit habe ich nichts gesehen, was sich mit der unglücklichen Wirkung vergleichen ließe, welche die letzte Massenaushebung auf unser Landvolk hervorgebracht hat. Die Zwangssteuer zur Ausrüstung und zur Besoldung der mobilisirbaren Nationalgarde für die nächsten drei Monate hat unsre üble Laune in Zorn und unsre Verblüfftheit in Verzweiflung verwandelt. Der Grund ist, weil unsre guten Bauersleute zwar minder schlau als die bei Balzac und Victorien Sardou, aber doch viel weniger einfältig sind, als Herr Gambetta sie sich für den Erfolg seiner republikanischen Predigten wünschen mag. Ein Instinkt, den ich als unfehlbar betrachten möchte, läßt sie bemerken, daß die Massenaushebung von Familienvätern wahrscheinlich nur auf dem Papier stattfinden wird, die Steuer aber präsentirt sich entweder mit unmittelbaren Forderungen oder in Form einer Anleihe, die noch schwerer auf ihnen lasten wird. »An dem Tage, wo unsre Mobilisirbaren ausgerüstet sein werden, werden wir kein Hemd mehr auf dem Leibe haben,« sagen die Bauern.“

„Die außerordentliche Steuer, die mit Eintritt der schlechten Jahreszeit wie eine Bombe unter uns platzt, steht in gar keinem Verhältnis zu den Hilfsquellen unsrer unglücklichen Landgemeinden. — Von den vier Spezies der Rechenkunst sind mir nur zwei übrig geblieben: Addition unsrer Verluste und Multiplikation der Unglücksfälle, die uns betreffen. Die Deutschen haben das Subtrahiren und die Demagogen das Dividiren übernommen. In unsern südöstlichen Departements, unter den Bewohnern der Ufer der Ardèche, der Durance und Rhone sind Mangel und Elend nicht erst mit dem Kriege, der Invasion und der Republik an den Tag getreten. Eine Dürre, daß in manchen Gegenden das Wasser zu einem Luxusartikel wurde, der völlige Mangel an Gras und Futterkräutern, der uns zwingt, unser Vieh für den dritten Teil seines gewöhnlichen Wertes zu verkaufen, die Krankheit der Seidenwürmer, die aufgehört hat, interessant zu sein, da sie chronisch geworden ist, die Reblaus, die ebenso erfreulich an die Stelle der Rebfäule getreten ist, wie

Herr Crémieux an die Stelle Louis Bonapartes, das unerhörte Herabgehen des Wertes unsrer Waaren, — alles das zusammen hatte uns schon lange vor dem verhängnisvollen Tage aufs Krankenbett geworfen, wo die Verblendung, die Eitelkeit, der Leichtsinn, die Prahlhansigkeit und Unfähigkeit sich zusammenfanden, um Frankreich den Deutschen zu überliefern. Wir waren bereits sehr krank, der Krieg giebt uns den Rest, und die Republik bringt uns unter die Erde."

Sonntag, den 11. Dezember. Früh neun Uhr haben wir fünf Grad Kälte, und der Garten unten ist in Reif gekleidet, der Nebel an den Zweigen der Bäume und Sträucher zu feinen Zacken gefroren. Ich mache Bismarck-Bohlen einen Krankenbesuch, dessen Hexenschuß sich in ein Blasenleiden verwandelt hat. — — — Auch der Chef ist noch nicht völlig wiederhergestellt, indes muß es ihm besser gehen; denn er fährt um zwei Uhr aus. Ich gehe eine halbe Stunde später auch aus und mache einen Spaziergang durch den Schloßpark, wo auf dem großen Kreuzbassin an fünfzig Personen, darunter einige zweifelhafte und drei oder vier ganz unzweifelhafte Damen, Schlittschuh laufen.

Als ich zurückkehrte, hörte ich, wie jemand heftig auf französisch schimpfte. Ich sah mich um und fand, daß es ein dicht hinter mir gehender ältlicher Mann war, der ein wenig hinkte, und daß die Scheltworte einem geputzten und stark geschminkten Frauenzimmer galten, die an uns vorübergetrippelt war. „Schamlose Weibsbilder, die Unfrieden in unsre Familien bringen, unsre jungen Leute verderben; man sollte sie aus der Stadt jagen," sagte er, jetzt zu mir gewendet, wie wenn er ein Gespräch anknüpfen wollte. Er ging dann neben mir her, schalt weiter und kam zuletzt auf Verderber Frankreichs aus den Reihen des männlichen Geschlechts, wobei er meinte, es schreie zum Himmel, in was für ein Unglück diese Menschen das Land gestürzt hätten, es wäre ein entsetzliches Schauspiel. Ich erwiederte ihm, aber Frankreich hätte den Krieg ja gewollt, und so müßte es ihn acceptiren, wie er eben wäre. Er gab das zu, um sich darauf in fürchterlichen Schmähungen gegen die Republik und deren Führer, besonders gegen Gambetta zu ergehen. Trochu, Favre, Gambetta und die ganze Gesellschaft wären „Blutsäufer", „Taugenichtse", die Republik der Staat für die Kanaille, die ihrer Nachbarn Wohlstand mit scheelen Blicken betrachtete, teilen, plündern wollte. Lieber sähe er den König von Preußen als Beherrscher von Frankreich, lieber das Land zerrissen, zerstückelt, verstümmelt, als die Republik. Der Kaiser hätte übrigens auch nichts getaugt, er wäre ein Usurpator gewesen. Ebenso wenig hatte ihm Ludwig Philipp gefallen, „er war nicht der rechte Erbe." Aber die Republik wäre das allerärgste u. s. w. Ich ging mit dem entrüsteten Legitimisten bis auf den Place Hoche, wo ich mich von ihm verabschiedete, nachdem er mir seinen Namen und seine Wohnung genannt und ich ihm hatte versprechen müssen, ihn bald zu besuchen.

Auf der Avenue de Saint Cloud begegnete ich dem Hofrat und Major Borck, der mich fragte, ob ich nicht wisse, was die Ursache gewesen sein möchte, daß der König gestern, nachdem Abeken bei bei ihm zum Vortrag gewesen, so sehr verdrießlich geworden sei. Ich wußte ihm nicht zu dienen.

Bei Tische war der Chef zugegen, er sprach aber wenig und klagte über Eingenommenheit des Kopfes. Hatzfeldt erzählte, daß Hartrott ihm soeben mitgeteilt, es seien viertausend Pferde und eintausend Wagen aus Deutschland auf dem Wege, um zu Munitionsfuhren verwendet zu werden. Die Beschießung von Paris werde in acht bis zehn Tagen ihren Anfang nehmen. Der Chef erwiederte: „Das hätte eher geschehen können, und was die acht Tage betrifft, so hat das schon oft so geheißen."

Am Abend schnitt ich eine Anzahl von Artikeln der deutschen Presse, die sich über diese Angelegenheit geäußert, sowie einen Aufsatz des belgischen „Echo du Parlament" für den König aus, dem sie Abeken morgen vorlegen soll.

Unser „Moniteur" bringt wieder eine Liste von wortbrüchig entlaufenen Offizieren. Es sind deren nicht weniger als zweiundzwanzig, von denen zehn aus Hirschberg entwichen sind. Aus demselben Blatt ersehe ich, daß die „Pall Mall Gazette" einen Spaß, der nach Münchhausens Muster zugeschnitten ist, für bare Münze genommen und solche wieder ausgegeben hat. Die Franzosen haben, veranlaßt durch das Mißgeschick, welches mehrere der von Paris aufgestiegnen Luftballons getroffen hat, den Finger zum Nachdenken an die Nase gelegt und auf diesem Wege das Problem gelöst, wie diese Fuhrwerke zu lenken sind. Die Sache ist einfach wie das Ei des Kolumbus: sie spannen Adler vor. Der Korrespondent jenes Blattes schreibt: „So extravagant die Idee scheinen kann, einen Ballon durch Vögel nach seinem Ziele hinziehen zu lassen, so hat man sich mit ihr in Paris doch allen Ernstes beschäftigt. Man hat, wie es heißt, befriedigende Versuche mit Adlern aus dem botanischen Garten angestellt, die man an eine Gondel angeschirrt hat. Diese Versuche sind in Gegenwart des Generalpostmeisters Rampont und des Herrn Chassinat, des Chefs des Postwesens im Departement der Seine, sowie des Obereinnehmers Mattet vorgenommen worden. Vier oder sechs kräftige Vögel werden an den Ballon gespannt, sie werden durch einen Luftschiffer vermittelst eines Stücks rohen Fleisches gelenkt, das an das Ende einer langen, über die Schnäbel der Adler hinausreichenden Rute befestigt ist. Die gierigen Vögel bemühen sich umsonst, es zu erreichen; denn es bewegt sich fortwährend mit derselben Schnelligkeit durch die Luft, wie sie selbst. Will der Luftschiffer dem Ballon eine andre Richtung geben, so wendet er die Ruthe mit dem Beefsteak entweder zur Linken oder zur Rechten: will er, daß er sich senkt, so läßt er sie sinken, will er steigen, so hält er sie höher." Die Redaktion des „Moniteur" macht dazu die Bemerkung: „Wir fürchten, daß diese Adler Enten gewesen sind."

Beim Thee erzählte mir Hatzfeldt allerhand Interessantes aus seinen Erlebnissen und Beobachtungen in Paris. Napoleon habe 1866 in Betreff Sachsens zu Goltz gesagt, eine völlige Einverleibung könne er nicht zugeben, aber wenn nur der Name und ein kleiner Teil des Königreichs, Dresden mit einigen Quadratmeilen als Umgebung etwa, erhalten bliebe, so wäre ers zufrieden. Wenn das richtig, so habe ich Grund anzunehmen, daß der Chef widerraten hat, von diesem Anerbieten Gebrauch zu machen. — — — Die Kaiserin habe Goltz anfangs nicht ausstehen können, und zwar aus folgendem Grunde: Prinz Reuß habe während des Interimistikums zwischen Goltz und seinem Vorgänger den Gesandten vertreten, und der Hof habe ihn sehr hoch gehalten, schon weil er aus fürstlicher

Familie. Eugenie würde es sehr gern gesehen haben, wenn er Botschafter geworden wäre, er habe indes nach Brüssel gehen müssen, und die Kaiserin habe das als von Goltz veranlaßt aufgefaßt und diesen nun gehaßt, ihm mit auffallender Kälte begegnet, ihn nicht zu ihren intimen Zirkeln gezogen und ihn bei festlichen Gelegenheiten nur gegrüßt, nicht mit ihm gesprochen. Darüber sei er, der sich in sie verliebt gehabt, oft in förmliche Wut geraten. Einmal, als er mit ihm in einem solchen Zirkel gewesen, zu dem sie ihn nicht eingeladen, habe sie notgedrungen etwas zu ihm sagen müssen, in ihrer Verlegenheit aber sei ihr nichts als die Frage eingefallen: „Was macht denn Prinz Reuß?" Da habe Goltz bei der Heimfahrt in seinem Grimme schrecklich getobt und sie mit — einem schlimmen Epitheton belegt. — — — Später jedoch habe sich das Verhältnis zwischen den beiden günstiger gestaltet, und zuletzt habe Goltz auch mit dem Kaiser auf so gutem Fuße gestanden, daß er, Hatzfeldt, der Meinung sei, wenn jener 1870 noch gelebt hätte, so würde es keinen Krieg zwischen uns und Frankreich gegeben haben. — Ich fragte, was für eine Frau die Kaiserin sei. Er erwiederte: „Sehr schön, nicht über Mittelgröße, herrliche Schultern, blond, mit viel natürlichem Verstand, aber wenig gelernt und wenig Interesse an geistigen Dingen." Sie habe ihn mit andern Herren einmal durch ihre Zimmer geführt, selbst in ihr Schlafgemach, aber nirgends sei da ein Buch oder auch nur eine Zeitung zu sehen gewesen. Hatzfeldt ist der Ansicht, es werde doch noch zu einer Restauration Napoleons kommen. Er sei übrigens nicht so schlimm, als man ihn darstelle, am wenigsten grausam von Natur, eher weich. Wenn die Franzosen sähen, daß sie mit der Republik der Advokaten nicht durchkämen, durch sie immer mehr in Zerrüttung gerieten, so würden sie ihn zur Zurückkunft einladen, und dann könnte er als abermaliger Retter der Gesellschaft schon wagen, mit uns auf Grundlage der von uns erhobnen Forderungen über den Frieden zu unterhandeln. Das Verdienst um die Ordnung möge dann den Schaden an Macht und Größe auf, der mit der Abtretung von Elsaß und einem Teile Lothringens verbunden wäre.

* * *

Ich füge hier einen Brief ein, den ein Gesinnungsverwandter des in diesem Tagebuchsblatte erwähnten Legitimisten im Mai 1871 an den Fürsten von Bismarck schrieb. Derselbe lautet:

„Fürst,

Ganz außerordentliche Ereignisse sind seit der Kapitulation dieser verfluchten Stadt Paris in unserm unglücklichen Frankreich vorgekommen. Ach, Fürst, ich bin nicht in die Geheimnisse der Vorsehung eingeweiht, aber es scheint mir — gestatten Sie, daß ich es Ihnen ausspreche — als ob Sie dieser unedlen und verachtenswerten Bevölkerung von Paris gegenüber zu großmütig gewesen wären. Sie mußte durch Ihre Armeen so tief wie möglich gedemütigt werden, dieselben hätten triumphirend einziehen und die Stadt ganz besetzen sollen. Wehe dem, der gewagt hätte, diesen wohlverdienten Triumph zu stören. Indes, Sie haben es für passend gehalten, mit mehr Mäßigung zu verfahren. Sie sehen jetzt die Folgen. Ich weiß nicht, was uns die Zukunft bringen wird, aber es scheint mir, daß Ew. Exzellenz so rasch als möglich eingreifen und einem Stande der Dinge ein Ende machen sollten, der verhängnisvoll für Frankreich und gefährlich für Europa wird, und der für die andern Staaten traurige Folgen haben könnte. Hüten Sie sich, Fürst, vor der Propaganda der schlimmen Leidenschaften. Wenn Sie, wie ich, alle die Hoffnungen dieser Revolutionäre der neuesten Sorte äußern hörten, so würden Sie vielleicht nicht ohne einige Unruhe in Betreff der Zukunft sein. Glauben Sie wohl, Fürst, wenn die Republik sich in Frankreich befestigt, so wird es in wenigen Jahren in allen monarchischen Staaten Europas Unruhen geben. Besser Frankreich ginge unter, als daß es eine solche Regierungsform bekäme, die kein andres Resultat als unaufhörliche Umwälzungen, Verbrechen und Notstände haben wird. Wenn man so viele Verbrechen und Niederträchtigkeiten begehen und eine so tiefe sittliche Erniedrigung eintreten sieht, so verzweifelt man endlich und wünscht, daß eine feste und energische Hand eingreife. Ja, Fürst, die gesamte Partei der rechtschaffnen Leute in der französischen Bevölkerung würde die Herrschaft der Fremden derjenigen der Demagogie bei weitem vorziehen, mit der wir bedroht sind, und die nicht eher aufhören wird, als bis sie vernichtet ist. Das ist die Mission, die Ihnen aufbehalten ist, Fürst. Ich glaube, daß der günstige Augenblick gekommen ist. Lassen Sie sich ihn nicht entschlüpfen. Keine Rücksicht darf Ew. Exzellenz abhalten, vorzüglich, wenn man an die Vergangenheit und an die greuelhaften Bestrebungen denkt, die sich jetzt kundgeben. Der Tiger ist entfesselt, wenn man ihn in Freiheit läßt, wird er alles verschlingen. Bändigen Sie Paris, vernichten Sie es, wenn es nötig ist, oder unterwerfen Sie es Ihrer Herrschaft, und Sie werden sich wohlverdient gemacht haben um die Menschheit. Aber gestatten Sie, Fürst, daß ich noch weiter gehe und Ihnen eine zukünftige, vielleicht bald vorzunehmende Teilung Frankreichs vorschlage. Lassen Sie Italien sich das Stück bis an den Lauf der Rhone, von Genf bis ans Meer mit der Insel Korsika nehmen. Spanien empfange den Strich bis zum Laufe der Garonne von dem einen bis zum andern Meere, England Algier, und Sie, Fürst, alles übrige. Es ist billig, daß Sie den Hauptteil bekommen. Sie lassen dann Rußland und Österreich sich im Orient vergrößern.

O mein Vaterland, du hast es gewollt, und du, verfluchtes Paris, hochmütige Stadt, Schlammgrube aller Laster, einzige Ursache aller unsrer Leiden, mit deiner Herrschaft wird es ein Ende nehmen! Alles das kann Ihnen, Fürst, von seiten eines Franzosen seltsam vorkommen, aber ich bin Zeuge von so vielen Schandthaten gewesen, daß ich eines solchen Vaterlandes, wo alle Laster herrschen, ohne daß man einem edlen Gefühle begegnete, überdrüssig bin. Ich bewahre immer die Hoffnung, Fürst, daß mir eines Tages das Glück zu teil werden wird, Ew. Exzellenz hier in Lyon zu sehen, einer Stadt, der ebenfalls eine Züchtigung not thut.

Genehmigen Sie, gnädigster Herr, daß ich Ihnen die tiefe Hochachtung ausspreche, mit der ich die Ehre habe" u. s. w.

* * *

Und nun mag das Tagebuch weiter sprechen.

Montag, den 12. Dezember. Der Chef scheint wieder unwohler zu sein, und es heißt, er sei in sehr verdrießlicher Stimmung. Dr. Lauer ist bei ihm gewesen. Die „Times" enthält einen Artikel, den wir uns nicht besser wünschen können, und dessen Hauptstellen wir uns notiren wollen. Es heißt da: „Es handelt sich in der gegenwärtigen Krisis für die Deutschen nicht darum, Edelsinn oder Mitleid zu zeigen, oder dem besiegten Feinde großmütig Verzeihung zu gewähren, sondern vielmehr um einen einfachen Akt der Vorsicht und der praktischen Behandlung der Frage: was wird der Feind nach dem Kriege thun, wenn er wieder zu Kräften gekommen ist?

In England hat man nur eine schwache Erinnerung an die zahlreichen harten Lektionen, die Deutschland durch das Verfahren Frankreichs in den letzten vier Jahrhunderten erteilt worden sind. Seit vierhundert Jahren hat keine Nation so böswillige Nachbarn gehabt, als die Deutschen an den Franzosen, die unverschämt, raubgierig, unersättlich, unversöhnlich auftraten und stets bereit waren, die Offensive zu ergreifen. Deutschland hat während dieser ganzen Zeit die Übergriffe und Anmaßungen Frankreichs ertragen; aber heutzutage, wo es Sieger über seinen Nachbar ist, wäre es nach meiner Ansicht sehr thöricht, wenn es aus der Lage der Dinge nicht Nutzen ziehen und sich nicht eine Grenze sichern wollte, die ihm für die Zukunft den Frieden verbürgt. Meines Wissens existirt in der Welt kein Gesetz, kraft dessen Frankreich ermächtigt sein könnte, von ihm einst weggenommene Güter zu behalten, wenn die bestohlenen Eigentümer die Hand auf den Dieb gelegt haben. Die Franzosen beklagen sich gegen die, welche sie anhören wollen, bitter, daß sie Verlusten ausgesetzt seien, die ihre Ehre bedrohten, und sie bitten inständig, man möge doch das arme Frankreich nicht entehren, man möge doch seine Ehre unbefleckt lassen. Wird aber die Ehre gewahrt, wenn Frankreich sich weigert, die Fensterscheiben zu bezahlen, die es seinem Nachbar zerschlagen hat? Gerade die Thatsache ist es, daß es darauf ausging, seinem Nachbar die Fenster einzuwerfen, wenn seine Ehre Schaden gelitten hat, und diese Ehre kann nur durch tiefe Reue und den aufrichtigen Entschluß, nicht wieder damit anzufangen, wieder hergestellt werden.

Für diesen Augenblick sage ichs freimütig heraus: niemals ist mir Frankreich so unsinnig, so erbärmlich, so tadelns- und verachtenswert vorgekommen als jetzt, wo es hartnäckig die Thatsachen nicht im wahren Lichte sehen will, und wo es sich weigert, das Unglück hinzunehmen, das es sich selbst zugezogen hat. Ein durch vollständige Anarchie zerrüttetes Frankreich, ohne ein allgemein anerkanntes Haupt, Minister, die sich in Luftballons aus dem Staube machen und als Ballast unwürdige öffentliche Lügen und Verkündigungen von Siegen mitnehmen, die nur in ihrer Phantasie existiren, eine Regierung, die nur von Lug und Trug lebt und lieber das Blutvergießen verlängert und vermehrt, als daß sie mit dieser bewundernswerten Utopie einer Republik die eigne Diktatur verlieren will, — das ist das Schauspiel, welches dieses Land uns jetzt bietet. In Wahrheit, es ist schwer zu sagen, ob sich jemals eine Nation mit solcher Schande bedeckt hat.

Die Gesamtmassen der Lügen, welche das offizielle und nichtoffizielle Frankreich seit dem Monat Juli mit dem Bewußtsein, daß es lüge, zu Tage gefördert hat, ist unerhört und ganz erschreckend groß. Aber vielleicht ist das noch garnichts im Vergleich mit der unermeßlichen Menge unbewußter Lügen und Illusionen, die seit so langer Zeit unter den Franzosen im Umlaufe sind. Ihre Leute von Genie, die als solche in allen Fächern der Litteratur anerkannt sind, teilen augenscheinlich die Meinung, daß Frankreich eine übermenschliche Weisheit über die andern Nationen ausstrahlt, daß Frankreich das neue Zion des Weltalls ist, und daß alle litterarischen Erzeugnisse der Franzosen seit den letzten fünfzig Jahren, wie ungesund und schal, wie teuflisch sie auch oft waren, ein wahres Evangelium, reich an Segnungen für alle Menschenkinder bilden."

Der Aufsatz schließt mit den Worten: „Ich glaube, daß Bismarck vom Elsaß und ebenso von Lothringen sich soviel nehmen wird, als ihm beliebt, und dies umso besser für ihn, umso besser für uns, umso besser für die ganze Welt außer Frankreich und mit der Zeit auch für dieses selbst sein wird. Vermittelst ruhiger, grandioser Maßregeln verfolgt Herr von Bismarck mit seinen eminenten Fähigkeiten einen einzigen Zweck: die Wohlfahrt Deutschlands, die Wohlfahrt der ganzen Welt. Möge das großherzige, friedliebende, aufgeklärte und ernsthafte deutsche Volk sich denn zur Einheit gestalten, möge Germania die Königin des Festlandes werden statt des leichtsinnigen, ehrgeizigen, streitsüchtigen und viel zu reizbaren Frankreich. Das ist das größte Ereignis der gegenwärtigen Zeitläufte, dessen Eintritt alle Welt erhoffen muß."

Ein vortrefflicher Artikel, den wir im „Moniteur" den Versaillern beibringen wollen.

Beim Frühstück wird davon gesprochen, daß es immer einige Offiziere gegeben habe, die am Erfolg eines Bombardements von Paris gezweifelt hätten. Der Generalstab aber habe früher keinerlei Zweifel daran gehegt und wenn gewisse Mitglieder desselben jetzt auf andre Gedanken gekommen seien, so wisse man, durch welche Einflüsse und Rücksichten (die von einem der Herren charakterisirt werden). Die Hauptschwierigkeit solle jetzt die sein, daß man, um die Geschützstände und Schanzen zu decken, große Truppenmassen um dieselben aufstellen müsse, die dann mit Erfolg von den Forts und Kanonenbooten beschossen werden könnten. Hatzfeldt erhielt während dieses Gespräches die angenehme Nachricht, daß seine Ponnies ungeschlachtet und wohl bei Leibe aus Paris herausgelangt und schon auf dem Wege zu seiner hiesigen Wohnung seien.

Der Chef bleibt heute sehr lange im Bette und nimmt erst im Laufe des Nachmittags Vorträge entgegen. Er fehlt auch beim Diner. Über dem Essen erzählt Hatzfeldt, daß er mit mehreren der heute von Paris angekommenen Diplomaten gesprochen. Es sind der russische Generaladjutant Fürst Wittgenstein, der englische Militärbevollmächtigte Claremont und ein Belgier. Sie haben gestern früh Paris verlassen und sind heute Nachmittag über Villeneuve Saint Georges mit den Ponnies und andern Pferden hier eingetroffen. Claremont mache, sagt Hatzfeld, den Eindruck eines verständigen und mit den Pariser Zuständen wohlbekannten Mannes. Derselbe berichte, daß er selbst noch kein Pferdefleisch gegessen oder sonstwie Not gelitten, daß in der Stadt noch alle Fiaker und Omnibusse im Gange zu sein schienen, daß im Theater der Porte St. Martin noch gespielt werde, und daß im Opernhause noch wöchentlich zweimal Konzerte stattfinden. Ferner brennen nach seinem Bericht noch Gaslampen und Gaslaternen, wenn auch von letztern nur noch eine von fünfen (wie beiläufig hier in Versailles auch, und der einzige Unterschied zwischen jetzt und früher besteht (doch wohl nur bei den Wohlhabenden) darin, daß man gegenwärtig schon um zehn Uhr zu Bett geht, während man vor der Einschließung der Stadt erst nach Mitternacht zur Ruhe ging. Die Dörfer innerhalb der französischen Linien sollen schlimmer verwüstet sein, als die innerhalb der unsrigen. Man wolle noch für zwei Monate Lebensmittel besitzen. — Abeken dagegen hat bei Voigts-Rhetz erfahren, daß Moblots in Menge herausgekommen seien, um zu überlaufen. Man habe auf sie geschossen, aber eine Anzahl habe sich dadurch nicht abschrecken lassen, und die hätten, als man sie gefangen genommen und verhört habe, ausgesagt, daß sie große Not zu leiden gehabt, da nur die regulären Truppen gut verpflegt würden.

Den Abend über wurde fleißig gearbeitet. Ich übersetzte für den König Artikel der „Times“ und des „Daily Telegraph,“ die sich schwungvoll über die Wiederherstellung des Deutschen Reiches und der Kaiserwürde aussprachen, machte für denselben wieder verschiedne Äußerungen der Presse in Betreff des Bombardements zurecht*) und veranlaßte den Abdruck des Manifestes, welches Ducrot vor dem letzten großen Ausfall an seine Truppen gerichtet hatte.

---

*) Solche Äußerungen fielen damals recht viele, und darunter befanden sich sehr deutliche, z. B. die folgenden, welche die „Berliner Börsenzeitung“ vom 7. Dezember brachte:

Weibliche Stimmen sollen es sein, welche für Paris das Wort führen, wie es einstmals Abraham für Gomorrah gethan, und es soll zu befürchten sein, daß dieselben auch ferner Gehör finden. Wir enthalten uns weiterer Bemerkungen hierüber, glauben aber nicht, daß ein mehrtägiges Bombardement von Paris so viele Menschenleben fordern würde, als soeben wieder in den Kämpfen an der Loire sowohl wie vor den Forts der „geschonten Stadt“ gefallen sind.

„Im gegenwärtigen Augenblicke ist wohl die Frage berechtigt, ob die Monstrekanone (es ist von dem Kruppschen Riesengeschütz mit seinem sieben Zentner wiegenden Geschoß die Rede) sich vor Paris befindet, oder ob sie bloß ein Schaustück sein soll. Eine bessre Gelegenheit, dieselbe zu erproben, möchte sich wohl so bald nicht bieten. Den weiblichen Schutzengeln von Paris mag freilich ein solcher Granatengruß in die schöne Stadt hinein als eine schreckliche Rohheit erscheinen. Uns erscheinen die deutschen Verlustlisten weit schrecklicher.“

Der Schluß dieses pomphaften Geredes verdient aufbewahrt zu werden. Er lautet: „Was mich betrifft, so bin ich fest entschlossen, so bekräftige ich es vor Euch, vor der ganzen Nation: Nur als Toter oder als Sieger werde ich nach Paris zurückkehren; Ihr könnt mich fallen, aber Ihr werdet mich nicht zurückweichen sehen; dann haltet nicht an, sondern rächt mich." Ducrot ist weder als Toter noch als Sieger von der Marne nach Paris zurückgekehrt, er hat seinen Soldaten in dem Manifeste nichts als eitle Phrasen vorgetragen, er ist ein Komödiant, der zum zweitenmal sein feierliches Versprechen gebrochen hat. Es wird ihm daher nicht Unrecht gethan, wenn der „Moniteur" der Mitteilung seiner Ansprache die Bemerkung folgen lassen will: „Nous savons heureusement ce que vaut la parole du général Ducrot."

In dem Artikel der „Times" hieß es, nachdem der Verfasser gesagt, daß man nicht allein die Thatsache der Wiederherstellung des Deutschen Reiches selbst, sondern auch die Art, wie sie sich entwickelt habe, nur mit lebhafter Befriedigung betrachten könne:

„Die politische Bedeutung dieser Veränderung der Ordnung der Dinge kann nicht hoch genug geschätzt werden. Eine gewaltige Revolution hat sich in Europa vollzogen, und alle unsre Überlieferungen sind plötzlich veraltet. Niemand kann die Beziehungen voraussagen, die zwischen den Großmächten sich herausbilden werden, aber es ist nicht sehr schwer, in allgemeinen Zügen die Tendenz der Epoche anzugeben, in die wir eintreten. Es wird ein starkes geeinigtes Deutschland geben, das an seiner Spitze eine Familie hat, die nicht nur die Interessen des deutschen Vaterlandes, sondern auch seinen militärischen Ruhm vertritt. Auf der einen Seite stößt dieses Deutschland an Rußland, das immer stark und wachsam ist, auf der andern Seite an Frankreich, das entweder mit Geduld auf die Zeit wartet, wo sein Schicksal sich ändern wird, oder brennend von glühender Rachbegier auf Gelegenheit zu einem Angriffe lauert, aber auf jeden Fall lange Zeit nicht in der Lage sein wird, in Europa die große Rolle wieder zu spielen, die ihm während der glänzenden Periode der napoleonischen Restauration beschieden war. Was uns Engländer angeht, so haben wir an der Stelle von zwei wichtigen Militärstaaten, welche bisher auf dem Festlande existirten, und welche zwischen sich eine Nation hatten, deren Kräfte verzettelt und nicht zum Kampfe bereit waren, und die jeden Augenblick vernichtet werden konnte, wenn diese beiden überlegenen Mächte dahin gelangten, sich zu vereinigen — so haben wir also jetzt im Mittelpunkte Europas eine feste Schranke, und so wird sich das ganze Gefüge befestigen. Die politischen Wünsche, welche die frühern Generationen der englischen Staatsmänner hegten, sind dann erfüllt. Alle ersehnten sie eine starke Zentralmacht und sie arbeiteten im Frieden wie im Kriege durch Verhandlungen und durch Traktate bald mit dem Kaiserreiche, bald mit einer neuen Macht, die sich im Norden erhob. Das Deutschland von heutzutage muß das verwirklichen, was so lange Zeit hindurch nichts gewesen ist als ein politischer Gedanke."

Daß die englische Politik in dem letzten halben Jahrhundert Österreich günstiger gewesen ist als der „Macht, die sich im Norden erhob," wollen wir hierüber nicht vergessen.

Nach acht Uhr kam L., der, wie immer, „aus guter Quelle" wissen wollte, daß der König die Kaiserwürde nicht gern annehme, und daß ihm namentlich die Ankunft der Dreißig-Männer-Deputation des Reichstags wenig Freude mache. Er soll gesagt haben: „Ei, da verdanke ich Herrn Lasker ja eine rechte Ehre!"

Später schrieb ich auf Veranlassung des Chefs einen Aufsatz für die Presse, der darauf hinwies, daß wir jetzt nicht mehr Frankreich, sondern die kosmopolitischen roten Republikaner Garibaldi, Mazzini, der sich bei Gambetta befinde und dessen Ratgeber sei, und die polnischen, spanischen und dänischen Mitglieder dieser Partei im Kampfe vor uns haben. Was diese angenehme Gesellschaft erstrebe, sei in einem Briefe des Sohnes des Präfekten Ordinaire ausgesprochen, der sich als Offizier im Generalstabe Garibaldis unterzeichne. In diesem Briefe, der Autun, den 16. November datirt und an die Redaktion des Journals „Droits de l'homme" gerichtet ist, heißt es:

„Aus dem Poststempel meines Schreibens ersehen Sie, wo wir uns befinden — in der ärgsten Pfaffenstadt, die es in Frankreich giebt. Sie ist ein Hauptherd der monarchischen Reaktion. Dieselbe

27*

sieht weniger wie eine Stadt, als wie ein ungeheures Kloster aus, große, schwarze Mauern, vergitterte Fenster, hinter denen in Dunkelheit und Schweigen Mönche aller Farben für die gute Sache, für das göttliche Recht konspiriren und beten. Auf der Straße streift das rote Hemd bei jedem Schritte den schwarzen Priesterrock, und bis zu den Kaufleuten herab giebt es nichts, was nicht ein mystisches, von Weihwasser getränktes Aussehen hätte. So stehen wir hier auf dem Index, und die Verleumdungen regnen auf uns in einer Fülle herab, welche die Wasser der Sündflut überbieten kann. Eine Verletzung der Mannszucht — ein Fall, der bei Freischaren und Freiwilligenheeren unvermeidlich ist — wird augenblicklich zu einem großen Verbrechen umgestaltet. Aus nichts macht man eine todeswürdige Unthat. Oft gebiert der kreisende Berg eine Maus, aber der schlimme Eindruck auf die öffentliche Meinung, der dadurch hervorgebracht worden ist, bleibt trotzdem." —

„Werden Sie es glauben? Die Behörde selbst erschwert uns das Handeln. Die Behörde, die sich — ich hoffe, unwissentlich — zum Echo der Verleumder macht, beobachtet uns mit übelwollendem Blicke, und es fehlt wenig daran, daß unsre Mitbürger unsre Armee als eine Räuberbande betrachten. Ja, glauben Sie mir, die Monarchisten aller Farben haben ihre unheilvollen Bestrebungen durchaus nicht aufgegeben, und sie hassen uns, weil wir geschworen haben, die Marktschreierbühnen nirgends mehr bestehen zu lassen, von denen herab die Könige und Kaiser den Völkern die Befehle ihrer Launen diktiren. Ja, wir sagen es laut, wir sind die Soldaten der Revolution, und ich füge hinzu, nicht bloß der französischen, sondern der kosmopolitischen Revolution. Italiener, Spanier, Polen, Ungarn haben, indem sie herbeieilten, um sich unter das Banner Frankreichs zu scharen, begriffen, daß sie die universelle Republik verteidigen. Der Kampf hat jetzt sein Wesen deutlich ausgeprägt: es ist der Kampf zwischen dem Prinzip des göttlichen Rechtes, der Gewalt, der Monarchie und dem Prinzip der Volkssouveränetät, der Zivilisation, der Freiheit. Das Vaterland verschwindet vor der Republik. Wir sind Weltbürger, und was man auch thun möge, wir werden uns bis zum Tode schlagen, um zur Verwirklichung des erhabenen Ideals der Vereinigten Staaten von Europa zu gelangen, das heißt zur Verbrüderung aller freien Völker. Die monarchistischen Reaktionäre wissen das, und so verdoppeln sie durch ihre Armee das preußische Heer. Wir haben vor der Brust die fremden Bajonnette und im Rücken den Verrat! Und warum jagt man nicht alle diese alten Beamten fort! Warum kassirt man nicht unbarmherzig alle diese alten Generale des Kaiserreichs, diese mehr oder minder mit Federn, Orden und Goldborden geschmückten Menschen? Sieht denn die Regierung der nationalen Verteidigung nicht, daß sie von ihnen verraten wird? daß diese Leute durch ihre heuchlerischen Manöver, durch ihre schmachvollen Kapitulationen, durch ihre mit nichts zu erklärenden Rückzüge eine bonapartistische Restauration, oder wenigstens die Thronbesteigung eines Orleans oder eines Bourbon vorbereiten?

Aber möge sie sich in acht nehmen, diese Regierung, welche die Aufgabe übernommen hat, den besudelten Boden unsres Landes von den fremden Horden zu befreien. Möge sie sich auf der Höhe ihrer Mission erhalten. Wenn man in einer Epoche wie der unseren lebt, unter den schrecklichen Verhältnissen, in denen wir uns befinden, so genügt es nicht, daß man rechtschaffen ist, so muß man Energie zeigen, den Kopf nicht verlieren, sich nicht in einem Glase Wasser ertränken. Mögen die Crémieux, die Glais-Bizoin, die Fourichon sich an die Art erinnern, wie man 1792 und 93 verfuhr. Wir brauchen heute einen Danton, einen Robespierre, Männer des Konvents! Auf, meine Herren, machen Sie der Revolution Platz! Sie allein kann uns retten. In großen Krisen bedarf es großer Mittel und Maßregeln.

Möge man nicht vergessen, daß die innre Organisation zur Verteidigung nach außen hin beitragen wird. Es ist schon viel, auf kein Hindernis zu stoßen, wenn man gegen den Feind marschirt; es ist etwas wert, sich durch republikanische Beamte gestützt zu wissen, zu wissen, daß die Armee nicht in den Händen von Generalen ist, die bereit sind, sich zu verkaufen. Was haben die Formalitäten der militärischen Hierarchie zu bedeuten? Nehme man die Generale aus den Reihen der Soldaten selbst, wenn das notwendig ist, vorzüglich aus der Jugend. Gießen wir der Republik ein wenig junges Blut in die Adern, und die Republik wird sich retten, wird ganz Europa vom Joche der Tyrannen erretten. Auf! ein Versuch, und es lebe die universelle Republik!"

Das Vaterland verschwinde vor der Republik! Man wende die großen Mittel an, die Danton und Robespierre anwendeten: man köpfe alle, die in religiösen und politischen Dingen anders denken als wir, man erkläre die Guillotine in Permanenz. Die Generale Chancy und Bourbaki, Faidherbe und Vinoy, Ducrot und Trochu sind zu verabschieden und gemeine Soldaten an ihre Stelle zu setzen. So predigt uns ein Sohn des Präfekten im Departement des Doubs und ein Generalstabsoffizier Garibaldis. Ob wohl in Versailles viele zu diesen Vorschlägen Amen sagen werden, wenn der „Moniteur" sie ihnen in den nächsten Tagen vorlegen wird?

Dienstag, den 13. Dezember. Früh noch einen Artikel über das Glaubensbekenntnis der kosmopolitischen Republikaner gemacht. Dann die Kapitulation von Pfalzburg und den Beginn der Beschießung von Montmédy telegraphirt. Mit der Gesundheit des Chefs geht es etwas besser, doch fühlt er sich noch sehr matt. — — Beim Frühstück besprach man die Möglichkeit eines Rücktritts des Kanzlers in allem Ernste, dann im Scherze die eines Ministeriums Lasker, „der eine Art Ollivier abgeben würde," dann wieder in halbem Ernste die eines Bundeskanzlers Delbrück, der „ein sehr gescheidter Mann, aber kein Politiker" sei. Ich hielt es für absolut undenkbar, daß man den Chef je abgehen lassen werde, wenn er um seine Entlassung bäte. Man meinte, es sei doch möglich. Ich sagte, dann dauere es keine vier Wochen, so müßten sie ihn wieder rufen. Bucher bezweifelte, daß er in solchem Falle kommen würde, und sagte positiv, soweit er ihn kenne, werde er, einmal abgetreten, nicht wieder annehmen. Er fühle sich in Varzin, fern von Geschäften und Verdruß aller Art, gar zu wohl. Am liebsten sei er in Wald und Feld. „Glauben Sie mir," hätte die Gräfin einmal zu ihm gesagt, „eine Wruke (Feldrübe) interessirt ihn mehr als Ihre ganze Politik" — was wir doch mit einiger Vorsicht annehmen und auf gelegentliche Stimmungen beschränken wollen.

Gegen halb zwei Uhr war ich bei ihm zum Vortrag. Er

wollte, daß ich in der Presse auf die Verlegenheit des Königs von Holland um neue Minister hinwiese und dieselbe als eine Folge des rein parlamentarischen Systems, wo die Räte der Krone unter allen Umständen zurücktreten müssen, wenn sie in einer Frage die Majorität der Landesvertretung gegen sich haben, darstelle. Er bemerkte dazu: „Ich entsinne mich, als ich Minister wurde, da hatten sie dort das zwanzigste oder einundzwanzigste Ministerium, seitdem sie das konstitutionelle System eingeführt hatten. Hält man sich strikte an das, an die Majoritäten, vor denen die Minister den Abschied nehmen müssen, so werden viele Leute verbraucht, zu viele; man muß dann zu Mittelmäßigkeiten greifen, und zuletzt finden sich gar keine mehr, die sich dem Gewerbe zu widmen Lust haben. Die Moral davon ist, daß entweder die Prämien für den Ministerposten erhöht werden, oder daß man etwas von der Strenge der parlamentarischen Praxis nachlassen muß."

Der Chef fuhr heute um drei Uhr aus, nachdem Russell wieder bei ihm gewesen, und kam auch, Gott sei Dank! zum Diner herunter, wo er etwas Bier und ein paar Gläser Vichy-Wasser mit Champagner trank. Wir hatten Schildkrötensuppe und unter andern delikaten Dingen Wildschweinskopf und ein Kompot aus Himbeer-Gelee und Senf, das sehr gut war. Der Minister sagte: „Es hat mir diesmal doch recht mitgespielt. 1866 hatte ich die Aderkrankheit auch. Ich lag da lange zu Bett und mußte Briefe beantworten, die sehr verzweifelter Natur waren — für mich sehr verzweifelnd — mit Bleistift. Sie [die Österreicher waren gemeint] wollten da an der Nordgrenze entwaffnen, aber tiefer unten wollten sie fortrüsten, und ich hatte begreiflich zu machen, daß uns damit nicht geholfen sein konnte."

Er sprach dann von seinen Verhandlungen mit Russell und den Forderungen Gortschakoffs. „Die in London," äußerte er u. a., „möchten nicht gern pure Ja sagen zu dem Vorschlage, Rußland und den Türken das Schwarze Meer und die volle Souveränetät an den Küsten wiederzugeben. Sie fürchten die öffentliche Meinung in England, und Russell kommt immer wieder darauf zurück, daß sich ein Äquivalent finden lassen möchte. Er fragte, ob wir uns nicht z. B. dem

Abkommen vom 16. April 1856 anschließen wollten. Ich entgegnete, daß Deutschland daran kein rechtes Interesse hätte. Oder ob wir uns nicht verpflichten wollten, neutral zu bleiben, wenn es dort einmal zu einem Konflikte käme. Ich sagte ihm, ich wäre kein Freund von Konjekturalpolitik, in die eine solche Verpflichtung fiele; das käme ganz auf die Umstände an. Für jetzt sähen wir keinen Grund, uns bei der Sache zu beteiligen. Das sollte ihm genügen. Übrigens wäre ich nicht der Meinung, daß Dankbarkeit in der Politik keine Stelle hätte. Der jetzige Kaiser hätte sich immer freundlich und wohlwollend gegen uns bewiesen, Österreich dagegen wäre bisher wenig zuverlässig und zuweilen sehr zweideutig gewesen, England — er wüßte ja, was wir dem zu verdanken hätten. Die Freundlichkeit des Kaisers wäre ein Rest des alten Verhältnisses, welches zum Teil auf verwandtschaftlichen Beziehungen beruhte, sie gründe sich aber auch auf die Erkenntnis, daß unsre Interessen mit den seinen nicht kollidirten. — Wie das künftig werden würde, wüßte man nicht, und so ließe sich darüber auch nicht reden." — — — „Unsre Lage wäre jetzt eine andre als früher. Wir wären die einzige Macht, die zufrieden zu sein Ursache hätte, wir brauchten niemand einen Gefallen zu thun, von dem wir nicht wüßten, daß er uns einen Gegendienst leisten wolle." — „Er kam immer wieder auf ein Äquivalent zurück und fragte zuletzt, ob ich ihm nicht etwas vorschlagen könnte. Ich sprach von der Öffnung der Dardanellen und des Schwarzen Meeres für alle. Das könnte Rußland angenehm sein, da es dann vom Schwarzen Meer ins Mittelmeer könnte, und der Türkei auch, da sie dann ihre Freunde gleich bei sich hätte, auch den Amerikanern, denen man damit einen der Wünsche entzöge, die sie mit Rußland verbänden, den Wunsch nämlich nach ungehinderter Schiffahrt auf allen Wasserstraßen. Er schien das einzusehen." — „Die Russen," so setzte der Kanzler für uns hinzu, „hätten übrigens nicht so bescheiden fordern sollen, sondern mehr; dann hätten sie ohne Schwierigkeit die Sache mit dem Schwarzen Meere bekommen." — — —

Das Gespräch drehte sich dann um die vier Punkte des neuen Seerechts: keine Kaperschiffe ausrüsten, Nichtwegnehmen der Ware, soweit sie nicht Kriegskontrebande, Blokade nur giltig, wenn effektiv u. s. w. Einer davon sei von den Franzosen durch Verbrennung deutscher Schiffe flagrant verletzt worden, bemerkte der Chef, der die Unterhaltung über dieses Thema mit den Worten schloß: „Ja, wir müssen sehen, wie wir von dem Unsinn wieder loskommen.“

Abends wieder Artikel der deutschen Presse, die sich über das Unterbleiben des Bombardements wundern und beklagen, für den König ausgezogen. Später kommt L. und erkundigt sich nach einem gewissen Helbig oder Hillwitz. Ob ich von dem nicht etwas näheres wüßte. Ich verneinte das. Er wäre, fuhr L. fort, Rentier, Demokrat, Freund von Classen-Kappelmann, sei in diesen Tagen hier gewesen und habe mit dem Kanzler eine Besprechung gehabt. Auf der Rückreise habe man ihn verhaftet, auf ein Telegramm vom Chef sei er indes wieder freigegeben worden. Er gelte als ein Agent für die Wiedereinsetzung Napoleons, den er wieder auf den Thron haben wolle, damit er dann gründlich beseitigt und die Republik in Frankreich definitiv begründet werden könne, in der Zwischenzeit aber infolge des Kampfes der französischen Parteien um die Herrschaft der Friede für Deutschland gesichert bleibe. — — — Ist an dieser Sache überhaupt etwas, so wird es teilweise irrtümlich, wenigstens lückenhaft sein. Ich enthielt mich übrigens aller Bemerkungen dazu und nahm das Referat lediglich ad notam.

Mittwoch, den 14. Dezember. Trüber Himmel, laue Luft. Wie gestern und vorgestern wenig, so wird heute garnicht von den Forts und Kanonenbooten geschossen. Früh auf Befehl des Chefs die Besetzung von Blois durch unsre Truppen und die Kapitulation von Montmédy telegraphiert. In Deutschland haben sich die Zentralisten über den Vertrag mit Baiern immer noch nicht zufrieden gegeben. Treitschke in Heidelberg schreibt mir darüber fast in verzweifelnder Stimmung: „Ich begreife sehr gut, daß Graf Bismarck nicht anders handeln konnte; aber eine traurige Geschichte bleibt es doch. Baiern hat uns wieder, wie 1813 durch den Vertrag von Ried, einen Knüppel zwischen die Beine geworfen. Solange wir unsern leitenden Staatsmann haben, werden wir trotzdem laufen können. Ob auch später? Das unbedingte Vertrauen, das ich der Lebenskraft des Norddeutschen Bundes entgegenbrachte, kann ich zu dem neuen Reiche nicht hegen.

Ich hoffe nur, die gesunde Kraft der Nation werde trotz der höchst mangelhaften Staatsformen gedeihen.“ Das hoffe ich auch, zumal mir das Mangelhafte dieser Staatsformen nicht so gefährlich vorkommt, als unserm Freunde in Heidelberg. Übrigens, was hilft das Klagen über Dinge, die nicht anders zu gestalten waren. Was gemacht werden konnte, ist gemacht, und nun heißt die Parole: nimm, was zu haben ist; bei Fleiß, Geschick und Geduld wird mit der Zeit mehr daraus werden.

Vor Tische wohnte ich wieder dem Begräbnis von zwei Soldaten bei, die im Schloßlazarett gestorben waren. Der Zug ging über den Boulevard de la Reine und die Rue Adelaide nach dem Gottesacker. Die Franzosen grüßten die Särge auch diesmal durch Abnehmen der Kopfbedeckungen. Die Musik spielte auf der Straße die Melodie: „Wie wohl ist mir, o Freund der Seelen“ und an dem großen Massengrabe draußen: „Wie sie so sanft ruhn.“

Am Diner nahmen der Chef und als Gast Graf Holnstein teil. Das Gespräch bezog sich heute nicht auf Politik. Der Minister erzählte recht aufgeräumt und mitteilsam von den verschiedensten Dingen. Er bemerkte u. a., daß er als junger Mann ein rascher Läufer und tüchtiger Springer gewesen, dagegen seien seine Söhne ungewöhnlich muskelstark in den Armen. Im persönlichen Kampfe möchte er sich mit denen nicht versuchen. Er ließ dann das Etui mit der ihm vom Juwelier Bissinger verehrten Goldfeder holen und zeigte sie seinem Gaste, wobei er erwähnte, die Gräfin habe geschrieben, wie es denn eigentlich mit dieser Feder stünde, „es würde wohl ebenso eine Lüge sein, wie die Geschichte mit dem Bengel in Meaux“ — wo sie, wie ich erst jetzt erfuhr, dem Chef unversehens das eben geborne Kind eines in den Tagen gefallenen französischen Soldaten ins Bett gelegt haben sollten, was natürlich Zeitungserfindung war. — Man sprach dann davon, daß die Reichstagsdeputation bereits in Straßburg eingetroffen sei und übermorgen hier anlangen werde, und der Kanzler äußerte: „Da müssen wir doch endlich auch daran denken, was wir ihnen antworten wollen. Simson wird das übrigens wohlthun. Der hat solche Sachen schon mehrmals mitgemacht, bei der ersten Kaiserdeputation, dann auf der Hohenzollernburg. Er spricht geschickt, spricht gern und gefällt sich bei solchen Gelegenheiten. Abeken bemerkte, der Abgeordnete Löwe habe gemeint, er habe das auch schon einmal erlebt und dann Gelegenheit gehabt, fern von Madrid darüber nachzudenken. — „So, war der 1849 dabei?" fragte der Minister. — „Ja," antwortete Bucher, „er war Präsident des Rumpfparlaments in Stuttgart." — „Nun," entgegnete der Chef, „dann hat er doch nicht der Kaiserreise wegen von Madrid fern bleiben müssen, sondern wegen der Tour nach Stuttgart, die etwas ganz andres war." — Er war dann mit seinen Worten erst in der Hohenzollernburg, wo alle Zweige der Familie besondre Gemächer hätten, dann in einem andern alten Schlosse in Pommern, in dem früher alle Dewitze Wohnungsrecht gehabt hätten, das jetzt aber eine malerische Ruine sei, nachdem es eine Zeit lang von den Bürgern des benachbarten Städtchens als Steinbruch benutzt worden, dann wieder bei einem Gutsbesitzer, der auf eigentümliche Weise zu Gelde gekommen sei. „Er war immer in Not und Verlegenheit gewesen, und gerade als ihm die Not einmal bis an den Hals gestiegen war, kamen ihm die Raupen in seinen Forst, dann entstand ein Waldbrand, und zuletzt trat noch ein Windbruch hinzu. Er war sehr unglücklich und hielt sich für bankrott. Das Holz mußte verkauft werden, und siehe da, er bekam eine schwere Menge Geld dafür — fünfzig- bis sechzigtausend Thaler — und so war ihm auf einmal geholfen. Er hatte garnicht daran gedacht, daß er das Holz schlagen lassen konnte." — Daran knüpfte der Chef Bemerkungen über einen andern, wunderlichen Herrn, der sein Nachbar gewesen. „Er hatte zehn oder zwölf Güter, aber niemals bares Geld und oft Lust, welches anzubringen. So verkaufte er, wenn er einmal ein ordentliches Frühstück gab, gewöhnlich eins von den Gütern. Zuletzt behielt er nur eins oder zwei übrig. Das eine von den andern kauften ihm seine Bauern ab — für fünfunddreißigtausend Thaler. Sie zahlten ihm fünftausend Thaler an und verkauften gleich darauf für zweiundzwanzigtausend Thaler Schiffsbauholz, woran er natürlich nicht gedacht hatte." — Er erwähnte dann der Hartschiere in München, die ihm durch ihre Größe und ihr sonstiges Wesen imponirt hätten, auch vorzügliche Bierkenner sein sollten. Zuletzt war die Rede davon, daß sein Sohn, Graf Bill, als der erste Deutsche in Rouen eingeritten war. Jemand äußerte, er werde den Bewohnern dieser Stadt den überzeugenden Beweis geführt haben, daß es unsern Truppen bisher nicht an guter Verpflegung gefehlt habe, worauf der Kanzler wieder auf die Stärke seiner „Jungen" kam. „Sie haben für ihr Alter ungewöhnlich viel Kraft," bemerkte er, „obwohl sie nicht geturnt haben. Sehr gegen meinen Wunsch nicht; aber es wollte sich im Auslande keine Gelegenheit finden." Bei der Nachtischzigarre fragte er, ob die Herren vom Büreau rauchten. — „Alle," antwortete Abeken. — „Nun, dann soll Engel doch die Hamburger Zigarren an sie verteilen. Ich habe soviel davon bekommen, daß ich, wenn der Krieg noch zwölf Monate dauert, immer noch welche mit nach Hause bringe."

Nach neun Uhr abends zweimal zum Minister gerufen. — — Die Notiz in die Presse gebracht, daß Tarbé, der Redakteur des jetzt in Brüssel erscheinenden „Gaulois," dadurch aus Paris und durch die preußischen Linien entkommen ist, daß er einem Schweizer seinen Passirschein für zehntausend Franken abgekauft hat. „Den andern Schweizer (der nach unsrer Quelle einem zweiten Pariser die Erlaubnis zum Durchgang durch unsre Postenkette für sechstausend Franken abgetreten) lassen Sie unerwähnt," sagte der Chef. „Es sähe aus, als wollten wir die Schweiz chikaniren, und das ist doch nicht unsre Absicht."

Donnerstag, den 15. Dezember. Das Wetter lau. Es wird von den Forts fast gar nicht geschossen. — — Bei Tische waren von Gästen zunächst die Grafen Frankenberg und Lehndorff zugegen. Eine halbe Stunde später erschien auch Fürst Pleß. Der Minister war recht aufgeräumt und gesprächig. Man unterhielt sich zuerst von der Tagesfrage, d. h. vom Beginn des Bombardements, und der Chef äußerte, dasselbe sei nun wohl in acht oder zehn Tagen zu erwarten, der Erfolg aber werde in den ersten Wochen vielleicht gering sein, da die Pariser Zeit gehabt hätten, Vorkehrungen dagegen zu treffen. Frankenberg sagte, in Berlin und vorzüglich im Reichstage spräche man von nichts so viel als von den Ursachen, aus denen man bis jetzt unterlassen, Paris zu bombardiren. Alle andern Dinge träten davor zurück. — „Ja," erwiederte der Chef, „jetzt, wo Roon die Sache in die Hand genommen hat, geschieht doch was. Es sind tausend Wagen und die nötige Bespannung zum Munitionsfahren auf dem Wege hierher, und von den neuen Mörsern sollen auch welche angekommen sein. Von jetzt an können wir bald etwas erwarten."

Man kam auf die Art zu sprechen, wie die Wiederherstellung des deutschen Kaisertums vor den Reichstag gebracht worden sei, und mehrere der Anwesenden äußerten sich dahin, daß man dabei nicht so zu Werke gegangen, wie zu wünschen gewesen. Die Sache sei mit wenig Geschick arrangirt worden. Die Konservativen habe man von der bevorstehenden Mitteilung nicht avertirt, und so sei dieselbe gerade in die Zeit gefallen, wo sie beim Frühstück gesessen, und Windthorst habe dem Anschein nach nicht Unrecht gehabt, wenn er mit gewohnter Gewandtheit im Benutzen der Umstände bemerkt habe, er hätte von der Versammlung mehr Teilnahme erwartet. — „Ja," sagte der Chef, „es mußte bei dieser Sache eine wirksamere mise en scène stattfinden. — — Es hätte einer auftreten müssen, um seine Unzufriedenheit mit den bairischen Verträgen auszusprechen. Es fehlte dies, und es mangelte jenes. Dann mußte er sagen: Ja, wenn sich ein Äquivalent für diese Mängel gefunden hätte, etwas, worin die Einheit ausgesprochen wäre, das wäre was andres, und nun müßte man den Kaiser hervorziehen." — „Er ist übrigens wichtiger als mancher glaubt, der Kaiser." — — — „Übrigens gebe ich ja zu, daß der bairische Vertrag seine Mängel und Lücken hat; es ist das aber leicht gesagt, wenn man keine Verantwortlichkeit hat. Wie war's denn, wenn ich mich weigerte und nichts zu Stande kam? Es läßt sich gar nicht ausdenken, welche Verlegenheiten die Folge gewesen wären, und so hatte ich eine Heidenangst über die Unbefangenheit der zentralistischen Reichstagsmitglieder." — „Ich habe übrigens heute seit langer Zeit wieder ein paar Stunden recht gut und fest geschlafen. Zuerst konnte ich nicht in Schlaf kommen vor allerlei Sorgen und Gedanken. Dann erschien mir plötzlich Varzin, ganz deutlich, bis ins kleinste, wie ein großes Bild, mit allen Farben sogar — grüne Bäume, Sonnenschein auf den Stämmen, blauer Himmel darüber. Ich sah jeden einzelnen Baum. Ich bemühte mich, es los zu werden, aber es kam immer wieder und quälte mich, und als ich's zuletzt aus dem Gesichte verlor, kam andres — Akten, Noten, Depeschen, bis ich endlich gegen Morgen einschlief."

Das Gespräch wendete sich dann auf das schöne Geschlecht hierzulande, und der Chef sagte: „Ich bin ziemlich viel durch Frankreich gekommen — auch im Frieden, ja — ich erinnere mich aber nicht, irgendwo ein hübsches Landmädchen gesehen zu haben, oft aber abschreckend häßliche Dinger. Aber ich glaube, daß es welche giebt, nur gehen sie, wenn sie hübsch sind, nach Paris und verwerten es." Gegen den Schluß hin beschäftigte sich die Unterhaltung mit der ungeheuern Verwüstung, welche der Krieg über Frankreich gebracht hat, wobei der Minister u. a. bemerkte: „Ich sehe noch voraus, daß alles leer und herrenlos wird, und daß man wie nach der Völkerwanderung verdienten Pommern und Westfalen die Ländereien verleiht."

Nach Tische mit H., der morgen nach Bougival auf Vorposten geht, wo beiläufig dieser Tage eine französische Granate in ein Haus gefahren ist und mehrere Leute verwundet hat, im Hotel de Chasse ein Glas Bier getrunken. Sein Vetter war dabei, der Arzt im Schloßlazarett ist. Derselbe kam auf den Besuch zu sprechen, den der Chef neulich in den Krankensälen gemacht, und meinte, der dabei beteiligt gewesene Doktor wäre in der Art, wie der Herr Bundeskanzler angenommen, wirklich nicht schuldig, wenn die Leute ungenügend versorgt würden, ebenso wenig der andre Angeklagte. Der Wärter, der unserm Grafen über die Vernachlässigung der Kranken berichtet, wäre ein Säufer und in jeder Beziehung unzuverlässig. Die Schuld trüge zunächst die zu knapp bemessene „Form" der Krankenkost in den preußischen Spitälern. Die Leute könnten davon nicht leben und nicht sterben. Ohne die Beiträge der freiwilligen Krankenpflege, ohne Liebesgaben ginge es gar nicht, und die hätte jener Arzt durch schroffes und kurz angebundenes Benehmen gegen solche, die Gaben bringen gewollt, z. B. gegen französische Damen, allerdings vielfach geschmälert.

Abends beim Thee war zuerst nur Bucher zugegen. — Dann kam Keudell dazu, der ziemlich gedrückt und besorgt war über die riesigen Aushebungen Gambettas, die man, wie er beim Generalstabe gehört, auf 1300000 Mann veranschlagt. Zwar hat er von Moltkes Leuten auch erfahren, daß wir achtzig- bis neunzigtausend Mann neuer Truppen bekommen sollten, er glaube aber, daß wir eine halbe Million haben müßten; denn wie wäre es, wenn die Franzosen von Südosten herauf mit 300000 Mann einen Vorstoß auf unsre dünne Verbindungslinie mit Deutschland ausführten? Wir könnten dann leicht in die Notwendigkeit kommen, Paris sich selbst zu überlassen. — Wohl eine zu melancholische Auffassung der Sachlage.

Fünfzehntes Kapitel.

Chaudordy und die Wahrheit. — Wortbrüchige Offiziere. — Französische Wortverdrehung. — Der Kronprinz Gast des Chefs.

Freitag, den 16. Dezember. Das Wetter ist lau, der Himmel bedeckt. Früh mehrere Artikel über das Rundschreiben de Chaudordys in Betreff der barbarischen Art und Weise gemacht, in der wir angeblich Krieg führen. Der Gedankengang war dabei folgender. Zu den Verleumdungen, welche die französische Presse seit Monaten in Umlauf setzt, um die öffentliche Meinung gegen uns aufzuregen, ist nunmehr ein Aktenstück getreten, das von der Regierung, der Provisorischen Regierung Frankreichs selbst ausgeht und den Zweck verfolgt, durch schiefe und übertreibende Darstellung unsers Verfahrens im jetzigen Kriege die fremden Höfe und Kabinette gegen uns einzunehmen. Ein Beamter des Ministeriums des Auswärtigen, Herr de Chaudordy in Tours, nimmt das Wort, um uns in einem Rundschreiben vor den neutralen Mächten zu verklagen. Hören wir ihn in den Hauptpunkten seines Elaborats, und sagen wir dann, wie sichs mit diesen Dingen in Wahrheit verhält, und wem der Vorwurf barbarischer Kriegführung zu machen ist, uns oder den Franzosen.

Er behauptet, wir requirirten in maßloser Weise und verlangten von den in unsre Gewalt gefallnen Orten und Gemeinden unerschwingliche Kontributionen. Wir sollen ferner selbst an das Privateigentum der Einzelnen die Hand gelegt haben. Dann sollen wir grausam die Städte und Dörfer verbrannt und ausgeplündert haben, deren Einwohner gegen uns gekämpft oder auch nur den Verteidigern des französischen Vaterlandes irgendwie durch Handreichung behilflich gewesen. Unser Ankläger sagt: „Um eine Stadt für die Handlungsweise eines einzelnen Bürgers zu bestrafen, dessen ganze Schuld darin bestand, daß er sich gegen die fremden Eindringlinge erhob, haben Oberoffiziere die Plünderung und Anzündung derselben befohlen, wobei sie die ihren Truppen auferlegte unerbittliche Mannszucht mißbrauchten. Jedes Haus, wo ein Franktireur verborgen oder gespeist wurde, ist niedergebrannt worden. Wo bleibt da das Eigentum?" Wir hätten, so heißt es in dem Rundschreiben weiter, mit der Beschießung offner Städte ein Verfahren eingeschlagen, welches in der Geschichte einzig dastehe. Endlich hätten wir uns unter andern Grausamkeiten auch der schuldig gemacht, auf Eisenbahnzügen Geiseln mitzunehmen, um vor Aushebung der Schienen und andern Beschädigungen und Gefährdungen gesichert zu sein.

Wir bemerken hierzu folgendes. Wenn Herr de Chaudordy etwas vom Kriege verstünde, so würde er sich über die Opfer, die unsre Operationen der französischen Bevölkerung auferlegen, nicht beklagen, sondern sich wundern, daß sie vergleichsweise mäßig sind. Die deutschen Truppen ferner achten überall das Privateigentum, aber freilich darf man von ihnen nicht verlangen, daß sie nach Gewaltmärschen, nach heftigen Kämpfen, nachdem sie Kälte und Hunger ertragen, darauf verzichten sollen, sich möglichst bequem unter Dach zu bringen und sich das, was sonst zur unmittelbaren Notdurft gehört, Speise, Trank und Holz z. B., von den Bewohnern der betreffenden Orte geben zu lassen, oder, im Falle diese geflüchtet sind, sich zu nehmen. Im übrigen ist zu konstatiren, daß sie, statt, wie Herr de Chaudordy behauptet, sich am Privateigentum zu vergreifen, vielfach gerade umgekehrt Gegenstände von künstlerischem oder sonstigem Werte, die durch das Feuer der französischen Geschütze gefährdet waren, mit Hintansetzung ihres eignen Lebens für die Eigentümer gerettet haben. Wir haben Dörfer niedergebrannt. Aber weiß unser Ankläger nichts von der Ursache, nichts davon, daß in denselben Franktireurs meuchlerisch auf unsre Leute geschossen, daß die Bewohner jener Ortschaften diesen Mördern dabei geholfen und ihnen in jeder Weise Vorschub geleistet hatten? Hat er nichts davon gehört, daß die Franktireurs, die sich neulich von Fontaines nach Lyon begaben, ganz offen und ungescheut davon sprachen, daß der Zweck ihres Marsches die Besichtigung der Häuser in der Umgegend sei, deren Ausplünderung sich der Mühe verlohne?

Kann er ein einziges, verbürgtes Beispiel anführen, daß von unsern Soldaten Greuelthaten begangen worden sind, wie sie von den Turkos und den Freischaren der Franzosen an ihnen verübt wurden? Haben unsre Truppen ihren lebenden oder toten Gegnern Nasen und Ohren abgeschnitten, wie die Franzosen am 30. November zu Coulours den deutschen Soldaten? Als am 11. Dezember in Lille achthundert deutsche Gefangne eingebracht werden sollten, trafen deren nur zweihundert ein. Viele davon waren schwer verwundet, aber statt ihnen Hilfe angedeihen zu lassen, warf sie das Volk mit Schneebällen und schrie, man solle ihnen die Bajonette durch den Leib rennen. Unerhört ist es, wie oft die Franzosen auf Parlamentäre geschossen haben, fast unglaublich klingt, aber wohl verbürgt ist nachstehendes Vorkommnis. Am 2. Dezember schrieb der Vizefeldwebel Steinmetz von Villers an seinen Leutnant in Mirecourt auf ausdrückliches Verlangen eines Offiziers der Garibaldianer einen Brief, in dem er ihm anzeigte, wenn unsre Truppen sich gegen Vittel oder andre Orte der Umgegend Repressalien erlaubten, so werde man den vierzehn bei einem Überfall in die Hände der Freischärler gefallnen Preußen die Ohren abschneiden.

Wir haben Freischärler in manchen Fällen nicht als Soldaten behandelt, aber nur, wo sie sich nicht wie solche betrugen, wo sie vielmehr nach den Grundsätzen verfuhren, welche der Präfect Luce Villiard am 21. November durch die Maires dem Landvolke des Departements Cote d'Or empfohlen hat, wenn er ihnen sagte: „Das Vaterland fordert von euch nicht, daß ihr euch massenhaft versammelt und dem Feinde offen entgegentretet. Es erwartet von euch, daß drei oder vier entschlossene Männer jeden Morgen von den Gemeinden ausziehen und sich an einem durch die Natur selbst bezeichneten Orte aufstellen, von dem aus sie ohne Gefahr auf die Preußen schießen können. Vor allen Dingen müssen sie auf feindliche Reiter schießen, deren Pferde sie an dem Hauptorte des Arrondissements abzuliefern haben. Ich werde ihnen eine Prämie erteilen [bezahlter Meuchelmord also] und ihre heldenmütige That in allen Zeitungen des Departements und im Journal officiell bekannt machen lassen."

Wir haben offne Städte beschossen, z. B. Orleans, aber sollte es Herrn de Chaudordy nicht bekannt sein, daß diese Städte vom Feinde besetzt waren? Und hat er vergessen, daß die Franzosen die offnen Städte Saarbrücken und Kehl bombardirt haben? Was endlich die Geiseln anlangt, die unsre Eisenbahnzüge begleiten mußten, so wurden sie mitgenommen, nicht um französischen Heldenthaten ein Hindernis zu sein, sondern um heimtückische Verbrechen unmöglich zu machen. Die Eisenbahnen befördern nicht bloß Soldaten, Waffen, Munition und andern Kriegsbedarf, sie sind nicht bloß ein Kriegsmittel, dem man mit andern Gewaltmitteln entgegentreten darf. Auf ihnen fahren auch Massen von Verwundeten, Ärzte, Krankenpfleger und andre Personen durchaus harmloser Art. Soll es nun dem ersten besten Bauer, soll es den Freischaren gestattet sein, durch Aufreißen der Schienen oder Belegung derselben mit Steinen hunderte dieser letzteren zu gefährden? Man sorge französischerseits dafür, daß die Sicherheit der Eisenbahnzüge nicht mehr bedroht wird, und jene Geiseln werden fortan bloße Spazierfahrten machen, oder man wird davon absehen können, durch Mitnahme solcher Personen deutscherseits jene Sicherheit herzustellen. Wir unterlassen es, weiter auf die Chaudordyschen Klagen einzugehen. Die Kabinette Europas kennen die humane Gesinnung, welche die deutsche Kriegführung beseelt, und man wird hier die Behauptungen des französischen Anklägers ohne viel Mühe auf ihren wahren Wert zurückzuführen wissen. Im übrigen ist der Krieg eben der Krieg. Sammethandschuhe spielen da keine Rolle, und die eisernen Handschuhe, mit denen wir zugreifen müssen, würden vielleicht seltener angewandt werden, wenn die Regierung der nationalen Verteidigung in ihrer Leidenschaft nicht den Volkskrieg verkündigt hätte, der immer zu größeren Härten führt als der Kampf zwischen regelmäßigen Armeen.

Am Nachmittag wurde wieder einmal den prächtigen Bronzegöttern hinterm Schlosse und den moosüberwucherten weißen Marmorbildern am Hauptwege des Parks ein Besuch gemacht. Bei Tische fehlten außer Bohlen, der immer noch krank war, auch Hatzfeldt, der unwohl geworden, und Keudell, der beim Könige zur Tafel befohlen war. Als Gäste waren bei uns diesmal Graf

28*

Holnstein und Fürst Putbus geladen. Die Unterhaltung bewegte sich zuerst um den bairischen Vertrag, und Holnstein erwartete, daß er die Zustimmung der zweiten Kammer finden werde, zu der eine Majorität von zwei Drittteilen der Stimmen erforderlich ist; man wisse schon, daß er nur etwa vierzig Stimmen gegen sich haben werde. Auch daß er von der Kammer der Reichsräte keine Ablehnung erfahren werde, sei so gut wie sicher. Der Chef bemerkte, „Thüngen wird wohl dafür sein." — Holnstein erwiederte: „Ich glaube; denn der hat ja auch für die Beteiligung am Kriege gestimmt." — „Ja," sagte der Minister, „der gehört zu den ehrlichen Partikularisten; aber es giebt auch Partikularisten, die nicht ehrlich sind, die andre Zwecke verfolgen." — Holnstein versetzte: „Gewiß! von den Patrioten haben welche das deutlich gezeigt, sie haben das »Für König und Vaterland« weggelassen und bloß das »Mit Gott« beibehalten."

Putbus brachte das Gespräch dann auf das nahe Fest und meinte, es sei doch hübsch, daß die Leute in den Lazaretten auch ihren Weihnachtsbaum haben sollten. Es werde dafür gesammelt, und man habe schon zweitausendfünfhundert Franken beisammen. „Pleß und ich haben gezeichnet," fuhr er fort. „Dann hat man es auch dem Großherzog von Weimar vorgelegt, und der hat dreihundert Franks gegeben, der Coburger zweihundert." — „Er hat es so einrichten müssen, daß er nicht mehr als Weimar und nicht weniger als Pleß schrieb." — — — Putbus äußerte, man werde die Liste auch Seiner Majestät vorlegen, worauf der Chef bemerkte: „Nun, mir werden Sie die Beteiligung daran doch auch gestatten?" — — —

Es wurde dann erzählt, daß bei Wetzlar ein französischer Luftballon niedergefallen sei, und daß es hieße, Ducrot sei darin gewesen. — „Nun, der wird doch erschossen?" fragte Putbus. — „Nein," entgegnete der Chef, „wenn er vor ein Kriegsgericht kommt, so thut ihm das nichts; aber ein Ehrenrat würde ihn ganz sicher verurteilen — so sagen mir Offiziere."

„Sonst nichts neues von militärischen Ereignissen?" erkundigte sich Putbus. Der Minister antwortete: „Beim Generalstabe vielleicht. Wir wissen davon nichts. Wir erfahren nur, was man uns auf vieles Betteln zukommen läßt, und das ist spärlich genug." Dann wollte jemand gehört haben, daß für morgen wieder ein großer Ausfall der Pariser erwartet werde, und daran knüpfte ein andrer von den Tischgenossen die Bemerkung, daß in einer Seitengasse der äußern Stadt, oder, wie andre behaupteten, am Wege nach Meudon auf einen Dragoner und im Walde zwischen hier und Ville d'Avray auf einen Offizier geschossen worden sei. (Daher die gestern erfolgte Bekanntmachung, nach welcher sich von nachmittags drei Uhr an bis neun Uhr des Morgens kein Zivilist in den Wäldern bei der Stadt betreten lassen soll, und die Schildwachen und Patrouillen Befehl haben, auf jeden Nichtmilitär, welcher sich in dieser Zeit da blicken läßt, Feuer zu geben.) „Sie scheinen Windbüchsen zu haben," vermutete der Chef. „Wahrscheinlich sind es die alten Wilddiebe dieser Gegenden."

Zuletzt wurde davon gesprochen, daß die Regierung der nationalen Verteidigung wieder eine Anleihe zu kontrahiren vorhabe, und der Minister sagte, zu mir gewendet: „Es wäre da doch auch nützlich, wenn in der Presse hervorgehoben würde, daß man Gefahr läuft, wenn man dieser Regierung sein Geld leiht. Es kann kommen, wäre zu sagen, daß die Anleihen der jetzigen Regierung von derjenigen, mit der wir Frieden schließen, nicht anerkannt werden, und daß wir dies unter die Friedensbedingungen aufnehmen. Das könnte besonders in die englische Presse kommen und in die belgische."

Nachdem wir vom Tische aufgestanden, sagte mir Abeken, Graf Holnstein habe gefragt, wer ich wäre. (Wahrscheinlich deshalb, weil ich jetzt der einzige an der Tafel des Kanzlers bin, der noch Zivilkleidung trägt.) Ich wäre wohl der Leibarzt des Herrn Ministers, weil man mich Doktor nennte. — Abends berichtete L., ein hochgestellter Konservativer, der ihm bisweilen Mitteilungen mache, habe ihm gesagt, daß man in seinen Kreisen begierig sei, zu erfahren, was der König der Reichstagsdeputation antworten werde. Er sähe sie ungern kommen; denn erst der erste deutsche Reichstag, nicht der norddeutsche könne ihm die Kaiserkrone antragen. (Der König denkt wohl weniger an den Reichstag, der ihm die Kaiserkrone nicht einseitig antragen, sondern ihn vereint mit den Fürsten im Namen des Volkes um Annahme derselben bitten will, als an die Fürsten, die auf den Vorschlag des Königs von Baiern noch nicht alle geantwortet haben werden.) Übrigens hätte er, der hochgestellte Konservative L.'s, es lieber gesehen, wenn der König Kaiser von Preußen geworden wäre (Geschmackssache); so ginge ja Preußen eigentlich in Deutschland auf, und das erweckte ihm Bedenken. — L. erzählte auch, daß der Kronprinz ungehalten über gewisse Korrespondenten sei, die in deutschen Blättern Chateaudun mit Pompeji verglichen und sonst von der Verwüstung des Landes durch den Krieg Bilder in lebhaften Farben entworfen hätten. Ich regte dann meinen Besuch zur Bearbeitung der Themata „Neue französische Anleihe" und „Chaudordy und die Ohrenabschneider Garibaldis" für die ihm zugängliche „Independance Belge" an, was er für morgen versprach.

Als er fort, machte ich mich selbst an die Behandlung des ersteren Themas für die „Kölnische Zeitung," die in folgender Fassung in unsern Briefkasten kam:

„Also wieder eine Anleihe, mit der die frevelhafte Unbefangenheit der Herren, die jetzt in Tours und Paris die Geschicke Frankreichs zu lenken versuchen und immer tiefer in moralisches und materielles Verderben hineinlenken, auch das Ausland für sich auszubeuten sucht. Man mußte diese Maßregel schon seit einiger Zeit erwarten, und so wundern wir uns nicht darüber. Wohl aber möchten wir der finanziellen Welt zu bedenken geben, daß sich hinter den Vorteilen, die man ihr bieten wird, eine, wie man meinen sollte, sehr greifbare Gefahr birgt, die wir wohl nur kurz anzudeuten brauchen, um sie begriffen zu sehen. Hohe Verzinsung und ein niedriger Ausgabe-Kurs mögen sehr viel verführerisches haben. Allein die Regierung, welche die Anleihe macht, ist weder von ganz Frankreich, noch von irgend einer Macht des übrigen Europa anerkannt. Ferner aber sollte man sich erinnern, daß deutscherseits im Hinblick auf gewisse Anleihen, die von französischen Gemeinden zu Kriegszwecken aufzunehmen versucht wurden, die Erklärung erging, es werde dafür gesorgt werden, daß dieselben keine Einlösung fänden. Wir meinen, das sollte ein Fingerzeig sein, daß derselbe Grundsatz auch in größerem

Stile zur Anwendung kommen werde. Es könnte und es wird vermutlich von der Regierung Frankreichs, mit der Preußen und seine Verbündeten Frieden schließen werden — die jetzige Regierung wird es voraussichtlich nicht sein —, verlangt werden, es könnte und es wird aller Wahrscheinlichkeit nach unter die Friedensbedingungen aufgenommen werden, daß diese Regierung einer nahen Zukunft die von den Herren Gambetta und Favre eingegangenen Verpflichtungen in Betreff der Verzinsung und der Rückzahlung ihrer Anleihen als nicht für sich bindend ansehe. Das Recht dazu hätte sie ohne Zweifel, da jene Herren zwar im Namen Frankreichs, aber ohne Auftrag und Vollmacht Frankreichs geliehen haben. Man lasse sich also gewarnt sein."

Nach zehn Uhr kam Wollmann herauf und erzählte, daß die Reichstagsdeputation angekommen und daß Simson, ihr Sprecher, schon unten beim Chef sei, der ihn wohl über die Abneigung des Königs, sie vor Eingang aller fürstlichen Zustimmungsbriefe zu empfangen, verständigen werde. Diese Briefe gingen erst an den König von Baiern, der sie dann unserm Könige zuschickte. Telegraphisch hätten die Fürsten sich bereits alle zustimmend geäußert — nur Lippe scheine noch nicht mit seinen Bedenken aufs reine gekommen zu sein. Wahrscheinlich würden in Folge dieser Verzögerung ein paar von den Mitgliedern der Deputation erkranken müssen. — W. berichtet auch, daß das Telegramm, welches neulich das Durchgehen des Vertrages mit Baiern im Reichstage gemeldet, die Worte enthalten habe: „Auch die Kreisrichter vermochten den Schritt der Weltgeschichte nicht aufzuhalten."

Sonnabend, den 17. Dezember. Früh gelbes Morgenrot im Fenster und draußen schönes Wetter. Dann um neun Uhr, während ich mit Abeken einen Gang durch die Anlagen des Gartens mache, plötzlich dicker Nebel, der sich über eine amphibienhafte kleine Welt ausbreitet. Es ist halb Winter, halb Sommer. Der Boden ist mit Schnee bedeckt, die Bäume des Parks aber, an allen ihren Zweigen von Epheu umflochten, die eine Seite der Umfassungsmauer, gleichfalls von Epheu überrankt, der Platz um den kleinen Wasserfall, wo zartes Farrenkraut sich erhebt, sind durchweg grün, und unter dem gefallenen Laube auf den mit Buchsbaum eingefaßten Beeten blühen verborgne Veilchen, von denen wir für Abekens Frau einen recht artigen Strauß pflückten. Erst gegen zwölf Uhr verzog sich der Nebel wieder.

Im Laufe des Vormittags schrieb ich einen zweiten Artikel über die neue französische Anleihe. Beim Frühstück hörte man, daß Vendome von den Unsern besetzt worden. Von den Sekretären wurde erzählt, daß der Chef die Gewohnheit hat, wenn er ihnen diktirt, im Zimmer auf- und abzugehen und dann und wann an einen Tisch, einen Stuhl oder an eine Kommode zu klopfen, bisweilen schwänge er dabei auch die Quaste seines Schlafrocks. Er scheint heute übrigens keine gute Nacht gehabt zu haben; denn er hatte um halb zwölf Uhr noch nicht gefrühstückt und war eine Stunde später noch nicht zu sprechen. Beim Könige soll heute eine große Beratung der Militärs stattfinden — vielleicht in Sachen des Bombardements? — Am Nachmittag in einem Aufsatz die sich immer mehr häufenden Fälle besprochen, daß gefangne französische Offiziere mit Bruch ihres Ehrenwortes sich aus den Orten, wo sie internirt worden, entfernen und sich nach Frankreich begeben, um wieder Dienste gegen uns zu nehmen. Diese Fälle übersteigen bereits die Zahl fünfzig, und unter den Entwichenen befinden sich Offiziere aller Grade, sogar drei Generale: Ducrot, Cambriels und Barral. Nach der Schlacht bei Sedan hätten wir die in die Festung eingeschlossene französische Armee durch Vernichtung unschädlich machen können. Menschlichkeit und Vertrauen auf Worthalten ließen uns davon absehen. Die Kapitulation wurde gewährt, wobei wir annehmen mußten, daß alle Offiziere mit derselben einverstanden und bereit seien, den Bedingungen nachzuleben, die sie auferlegte. War dies nicht der Fall, so mußten wir davon in Kenntnis gesetzt werden. Wir würden dann diese Ausnahmen als Ausnahmen behandelt, d. h. den betreffenden Offizieren nicht die Zugeständnisse gemacht habe, die den übrigen zu teil wurden, mit andern Worten, man würde ihnen nicht die freie Bewegung gestattet haben, die sie jetzt in so schmählicher Weise benutzen. Der bei weitem größere Teil der gefangenen Offiziere freilich ist dem gegebenen Worte treu geblieben, und so könnte man über die Sache mit einem Achselzucken hinwegsehen. Sie bekommt aber ein andres Gesicht dadurch, daß die provisorische Regierung Frankreichs den Ehrenwortsbruch der Offiziere durch Wiederanstellung derselben in den Regimentern, die gegen uns im Felde stehen, gebilligt hat. Oder hätte man von einem Falle gehört, wo einem solchen Deserteur die Wiederaufnahme in die Reihen der französischen Armee versagt worden wäre? Hätte man, so fragen wir weiter, vernommen, daß irgendwo die französischen Offiziere gegen den Wiedereintritt solcher Kameraden in ihr Korps Einspruch gethan hätten? Nicht bloß die Regierung also, sondern auch der Offiziersstand Frankreichs findet jenes ehrlose Benehmen in der Ordnung. Danach aber wird den deutschen Regierungen die Pflicht auferlegt, zu untersuchen, ob die den französischen Offizieren bisher gewährten Erleichterungen ihrer Gefangenschaft mit den Interessen Deutschlands im Einklange stehen. Sodann aber wird man sich unsrerseits die Frage vorzulegen haben, ob ein Vertrauen auf die Zusagen, welche die jetzige französische Regierung bei Verträgen mit den Deutschen giebt, sich ohne materielle Bürgschaften, ohne Unterpfänder für das Worthalten fernerhin rechtfertigt.

Bei Tische war Herr von Arnim-Kröchlendorff, der Schwager des Ministers, ein Herr mit energischem Gesichtsausdruck und rötlichem Vollbart, anscheinend angehender Fünfziger, als Gast zugegen. Der Chef war recht gut gelaunt, das Gespräch aber diesmal nicht von besondrer Bedeutung. Es drehte sich meist um das Bombardement und die Stellung, die eine gewisse Partei im Hauptquartier zu ihm eingenommen. — Plötzlich fragte der Chef Bucher: „Haben Sie Bleistift bei sich und Papier?“ — „Ja.“ — „Dann telegraphiren Sie doch [vermutlich an Delbrück]: Der König wird morgen um zwei Uhr nachmittags die Reichstagsdeputation empfangen. Näheres später.“ (Er wird ihnen wahrscheinlich andeuten, daß er bereit ist, die Kaiserwürde nach ihrem Wunsche anzunehmen, daß er sein Recht dazu aber in erster Linie aus der Aufforderung des Königs von Baiern und der Übereinstimmung der übrigen deutschen Fürsten mit derselben herleitet, und daß diese Übereinstimmung noch nicht von allen Seiten ausgesprochen ist.) — Als Arnim sagte, er könne nicht mehr essen, da er vorher zu viel Saucischen gehabt, fragte der Chef lächelnd: „Wo waren die denn her? Doch nicht etwa aus Paris? Denn da wäre Gefahr von wegen Ratte.“ Sie sollen nämlich jetzt drinnen wirklich mit frischem Fleische nur noch knapp versehen sein, und es heißt, daß an einigen Stellen ein förmlicher Rattenmarkt bestünde, dem die Katakomben gute Ware in Fülle lieferten.

Nach acht Uhr abends kam, wie gewöhnlich, L. zum Nachrichtenaustausch. Er erzählte, daß unter den Engländern in Versailles einige Aufregung herrsche. Mehrere Söhne Britanniens, die hier das Korrespondentengewerbe betrieben, darunter ein Kapitän Hozier, hätten das Unglück gehabt, auf der Tour von hier nach Orleans in einem Wirtshause von deutschen Soldaten, die ihr Englisch nicht verstanden, für Spione gehalten und arretirt zu werden. Nur mit Hozier, der etwas deutsch spreche, habe man eine Ausnahme gemacht. Die übrigen seien trotz ihrer guten Papiere festgehalten und auf einem Wagen nach Versailles gebracht worden. Der Kronprinz sei über das Verfahren der Soldaten sehr aufgebracht und die Londoner Blätter würden fürchterlich schimpfen und eine Nationalbeleidigung daraus drechseln. L. schien etwas echauffirt von der Sache. Ich dachte: Wer sich in Gefahr begiebt, der kommt darin um, und wenn einer eine Reise thut, so kann er was erzählen. Auch Bucher fand die Geschichte, als ich sie ihm mitteilte, eher vergnüglich als gefährlich und meinte, das sei ein weitres Kapitel zu dem bekannten komischen Romane von Brown, Smith und Robinson, die sich, ohne eine andre Sprache als die der Londoner Cockneys zu verstehen, auf Reisen in fremde Länder begeben und dort nun in allerhand Verlegenheiten geraten. Bucher erzählte später noch, daß der Chef ein großer Freund der Natur und malerischer Gegenden sei. Mehrmals habe er mit ihm die Nachbarschaft von Varzin durchstreift, und dabei habe er gewöhnlich zu Ende gesagt: „Sie werden uns jetzt zum Essen erwarten, aber sehen Sie dort den Hügel, da müssen wir noch hinauf, da giebts noch eine Aussicht.“

Abends nach zehn Uhr wurde wieder einige mal von den Forts geschossen.

Sonntag, den 18. Dezember. Das Wetter trübe, aber ohne Nebel. Früh wieder einige Schüsse aus grobem Geschütz zu hören. Am Vormittag mehrere Briefe nach Deutschland geschrieben. Um zwei Uhr fuhr der Chef nach der Präfektur zur Vorstellung der Reichstagsleute. Ich machte in der Zeit bis zu seiner voraussichtlichen Rückkehr mit Wollmann einen Spaziergang durch den Schloßpark und zuletzt über die Avenue de Paris, wo die Zeremonie in der Präfektur ziemlich einfach verlaufen sein sollte. Die hier anwesenden Fürstlichkeiten hätten sich zum Könige begeben, desgleichen die Abgesandten des Reichstages. Nach zwei Uhr wäre der König in Begleitung des Thronfolgers und der Prinzen Karl und Adalbert in den Empfangssaal getreten, wo sich die Großherzöge von Baden, Oldenburg und Weimar, der Coburger und der Meininger Herzog, die drei hier gegenwärtigen Erbgroßherzöge von Mecklenburg, Weimar und Oldenburg, der Prinz Wilhelm von Württemberg und eine Anzahl andrer fürstlicher Personen, der Bundeskanzler und die Generalität um ihn gruppirt hätten. Niemand wäre in großer Uniform gewesen. Simson hätte die Anrede an seine Majestät gehalten, und der König hätte ungefähr, wie erwartet, geantwortet. Um fünf Uhr hätte ein Diner von achtzig Gedecken die Feierlichkeit beschlossen.

Ich aß diesen Nachmittag bei Dr. Good,*) der außer mir einen andern Kentuckier, Mr. Bowland, Mac Lean und den englischen Korrespondenten Conningsby eingeladen hatte. Die Amerikaner waren scharmante Leute, die sich über die Genauigkeit verwunderten, mit der ich ihnen die Gegend von Falmouth, der Geburtsstadt Bowlands, beschreiben und den Weg von Cincinnati dorthin angeben konnte. Sie wollten mein Urteil über die Vereinigten Staaten hören und namentlich wissen, wie ich über den großen Bürgerkrieg denke, an dem Good längere Zeit teilgenommen. Die Antwort, die ich gab, und bei der ich auch den Sezessionisten Gerechtigkeit widerfahren ließ, schien sehr zu befriedigen. Dann brachte Conningsby den Vorfall mit Hozier und Kompagnie aufs Tapet und wünschte Belehrung

*) Ein ungemein liebenswürdiger junger Arzt aus Louisville in Kentucky, der sich, der deutschen Sprache vollkommen mächtig, der Krankenpflege im Hauptquartier gewidmet hatte, und den ich durch Mac Lean kennen gelernt. Er wurde infolge der Strapazen, die er im amerikanischen Secessionskriege durchgemacht, später selbst von einer langsam tötenden Krankheit ergriffen.

darüber, wie ich ihn auffasse. Ich sagte ihm, die Herren hätten der Geschichte von Brown, Smith und Robinson ein neues Kapitel hinzugefügt. Es wäre billigerweise nicht zu verlangen, daß unsre Soldaten und Subalternoffiziere Englisch verstünden, und die Sache schiene mir auf ein Mißverständnis hinauszulaufen. Er entgegnete, Hozier hätte ja aber deutsch gesprochen, auch hätten alle vier Herren gute Papiere in deutscher Sprache bei sich gehabt, die mit den Unterschriften von Roon und Blumenthal versehen gewesen wären. — „Je nun," erwiederte ich, „dann ists aller Wahrscheinlichkeit nach ein wenig zu viel militärische Gewissenhaftigkeit, zu viel Eifer und Vorsicht gewesen." — Mr. Conningby versetzte, er könne das nicht in dem Lichte betrachten, er wäre der Ansicht, die Leute hätten die Korrespondenten als Engländer schlecht behandelt, weil sie von der Erbitterung der Deutschen über die englischen Waffensendungen angesteckt gewesen wären. Aber wir würden schon sehen, was davon käme. — Ich mochte ihm nicht sagen, daß das, was er Erbitterung genannt, wohl mehr Mißtrauen gewesen sein würde, und daß ich das begreiflich fände. So bemerkte ich bloß: „Es wird vermutlich einen großen Lärm, ein entrüstetes Aufrauschen in der Presse geben, weiter nichts." Ich könnte mir wirklich nicht denken, daß dabei mehr herauskommen würde, fügte ich hinzu. Er meinte, dabei würde es nicht bleiben, und redete vom britischen Löwen und vom civis Romanus. — Ich erwiederte, der Löwe würde brüllen, und wir würden denken: Gut gebrüllt, Löwe! Noch einmal brüllen! Und was den civis anginge, so hätten sich die Zeiten, seit der Mode gewesen, doch einigermaßen geändert. „People have their own thoughts about these notions." — Er äußerte, wir wären von unsern Erfolgen sehr stolz geworden, und der britische Löwe könnte nicht bloß brüllen, sondern auch fechten, wenn er nicht befriedigt würde. Das mindeste, was man fordern müßte, wäre die Entlassung des bei der Arretur seiner Landsleute beteiligten Offiziers. — Ich bat ihn, sich nicht aufzuregen, sich die Sache mit kaltem Blute anzusehen. Sie wäre wirklich in keiner Beziehung gefährlich. Wir würden unsre Leute gewiß nicht ohne weitres dem Löwen zum Fraße vorwerfen, wie sehr das Tier auch zürne. Wäre den Korrespandenten in der

That ernstliches Unrecht geschehen, was die Untersuchung ja zeigen würde, so würde ihnen ohne Zweifel Genugthuung werden. Und hinsichtlich unsers Stolzes auf die Erfolge, die wir gehabt, müßte ich im Gegensatz zu ihm behaupten, daß wir uns in diesem ganzen Kriege als ein höchst bescheidenes, aller Einbildung und Ruhmredigkeit fernes Volk gezeigt hätten, vorzüglich verglichen mit der ungeheuern Lügenhaftigkeit und Großsprecherei der Franzosen. Ich schloß damit, daß ich wiederholte, ich betrachte die ganze Affäre als eine Kleinigkeit, um Kleinigkeiten aber würde England sich mit uns unmöglich entzweien oder gar, wie er gemeint, uns den Krieg erklären; ich bliebe bei der Ansicht, daß die Geschichte viel Geschrei in den Zeitungen erregen, daß aber nichts von Bedeutung dabei herauskommen werde. Er beruhigte sich endlich, worauf er gestand, daß er bei dem Treffen in der Gegend von Bougival und Malmaison ebenfalls arretirt und von den Preußen unglimpflich behandelt worden sei, noch viel unglimpflicher aber von seinem eignen Landsmanne, dem Colonel Walker, welcher ihn, als er bei ihm Hilfe gesucht — Walker ist englischer Militärbevollmächtigter im Hauptquartier —, grob angefahren und ihm rund herausgesagt, auf Schlachtfeldern habe er nichts zu suchen, und den er uns dann als unfähigen Menschen schilderte. Die Bemerkung, die vielleicht hierauf zu machen gewesen wäre, in diesem Falle möchte Mr. Walker sich wohl urteilsfähiger bewiesen haben wie andre, behielt ich auf der Zunge. Die Diskussion verlief schließlich in Wohlgefallen. Die Amerikaner hatten während derselben durchweg für mich und die Deutschen Partei genommen.

Ich erzählte die Hoziersche Affäre abends um elf Uhr dem Chef, der von dem Vorfall noch garnichts wußte, ihn zuerst nicht recht glauben wollte und ihm schließlich nur eine heitere Seite abgewinnen konnte. Er ließ mich dann einen neuen kleinen Sieg unsrer Truppen über die Armee Chanzys und eine Notiz über den Empfang der Reichstagsdeputation von seiten des Königs telegraphiren.

Montag, den 19. Dezember. Früh im Garten wieder mit Abeken Veilchen gesucht und drei Stück gefunden, die ich nach Hause schickte. Dann eine Erwiederung auf den Artikel „Blanke Waffen" in der „Kölnischen Zeitung" gemacht, in welchem französische Ärzte aus dem Umstande, daß sie wenig mit Bajonnett und Säbel verwundete Franzosen gesehen haben wollen, den Schluß ziehen, die Deutschen liebten den Kampf Mann gegen Mann nicht. Die Entgegnung bemerkte, wenn die Herren wirklich aus Erfahrung urteilten, so müßte ihre Meinung daher kommen, daß sie erstens die vielen bei Spichern, Gravelotte und Le Bourget durch deutsche Bajonnette und Kolben gefallnen Toten nicht vor die Augen bekommen hätten, und daß zweitens die Franzosen unsre Bajonnettangriffe in den meisten Fällen nicht aushielten, sondern sich zur Flucht wendeten, ehe man ihnen mit blanker Waffe an den Leib kommen könnte.

Später wieder auf die internationale Revolution hingewiesen, die uns ihre Freischärler und Barrikadenhelden gegenüberstellt. Der Gedankengang war dabei etwa folgender. Wir meinten anfangs nur Frankreich uns gegenüber zu haben, und so war es auch bis zum Tage von Sedan. Nach dem 4. September aber hat sich vor uns eine andre Macht erhoben: die allgemeine Republik, die internationale Vereinigung der vaterlandslosen Schwärmer für den Gedanken der Vereinigten Staaten von Europa, die kosmopolitische Revolution. Die französische Fahne dient den Anhängern dieser Klasse von Menschen als Mittel- und Sammelpunkt. Von allen Richtungen der Windrose eilen sie herbei, um uns als Soldaten der Monarchie zu bekämpfen. Polen, Irländer, Spanier, Italiener, selbst Zuzügler aus der Türkei haben sich den französischen Republikanern als „Brüder" angeschlossen. Alles, was einen Weltbrand ersehnt, in welchem die alten Staaten vergehen sollten, die gesamte kosmopolitische Demagogie, die Roten, die sich auf den Parteikongressen zu Basel und Genf vernehmen ließen, betrachteten das jetzige Frankreich als den Herd, an dem sich diese große revolutionäre Feuersbrunst entzünden müsse. Mazzini, der „Vorläufer des Christus des roten Evangeliums," erwartet den Beginn der Liquidation des alten Staates und der alten Gesellschaft nicht von seinem Vaterlande Italien, sondern von dem Frankreich, welches die Revolutionen von 1789, von 1830 und von 1848 gemacht hat. Die Expansionskraft, die es bei diesen Umwälzungen an den Tag gelegt hat, giebt ihm das Recht zum Beginn dieses „letzten Krieges," der vom Friedenskongresse gefordert und verkündigt wurde. Auch die deutschen Demokraten der verschiedenen Farben beugen sich vor dem Pariser Geiste, sehen in Frankreich die Musterrepublik und betrachten die deutschen Heere mit ihrer Pflichttreue und ihrer Vaterlandsliebe seit dem Tage, wo in Frankreich die Republik ausgerufen wurde, als „Horden von Barbaren."

Wir glauben, Frankreich ist um die Ehre, die ihm diese Revolutionäre von Profession erweisen, nicht zu beneiden. Niemand wird es glücklich preisen, daß diese wüsten Gesellen seinen Boden zu dem Schlachtfelde gewählt haben, wo sie ihre Träume zu verwirklichen gedenken. Die große Mehrzahl des französischen Volkes selbst kann ihnen den Sieg nicht wünschen, da derselbe gleichbedeutend sein würde mit der Vernichtung ihrer Nationalität, mit dem Untergange ihrer politischen und gesellschaftlichen Einrichtungen, mit der Beseitigung von Glauben und Kirche, mit der Revolution ohne Ende, mit der allgemeinen Anarchie, welche die Despotie zu gebären pflegt.

Gott behüte uns, so sagt ein Blatt, dem man die republikanische Gesinnung gewiß nicht abstreiten wird, so sagt die „New York Tribune," — Gott behüte uns vor dem Wunsche, daß in dem unglücklichen Frankreich oder irgendwo in Europa eine solche Republik errichtet werden möge! — Der „Moniteur" soll dieses Thema in ähnlicher Weise behandeln.

Nach zwei Uhr unternahm ich einen Ausflug durch den Park, bei dem ich dem Chef, der Simson im Wagen neben sich hatte, zweimal begegnete. Der Minister war auf sieben Uhr zur kronprinzlichen Tafel geladen, speiste aber vorher noch etwa ein halbes Stündchen mit uns. Dabei erzählte er von seiner Ausfahrt mit Simson, wo er u. a. bemerkte: „Er ist das letzte mal 1830 nach der Julirevolution hier gewesen. Ich dachte, er würde sich für den Park und die hübschen Aussichten in ihm interessiren. Aber er zeigte nichts davon. Es scheint, daß ihm der landschaftliche Sinn verschlossen ist. Es giebt viele Juden, bei denen das der Fall ist. Es giebt, so viel ich weiß, auch keine jüdischen Landschaftsmaler, wohl überhaupt wenig jüdische Maler." — Man nannte Meyerheim und Bendemann. — „Ja," erwiederte er, „Meyerheim, aber Bendemann hat wohl nur jüdische Großeltern gehabt. — Jüdische Komponisten, da giebt es viele — Meyerbeer, Mendelssohn, Halévy — aber Maler — der Jude malt wohl, aber nur, wenn ers nicht nötig hat."

Abeken berichtete dann von der Predigt, die Rogge gestern in der Schloßkirche gehalten, und meinte, er habe zu viel aus der Reichstagsdeputation gemacht, woran er einige geringschätzige Äußerungen über den Reichstag überhaupt knüpfte. — Der Chef erwiederte: „Dieser Meinung bin ich doch nicht — garnicht. Die Leute haben uns eben wieder hundert Millionen bewilligt, und sie haben trotz ihrer doktrinären Ansichten die Verträge von Versailles gutgeheißen, was manchem sehr schwer gefallen sein wird. Das ist doch anzuerkennen. Nein, ich kann nicht so urteilen. Ich bin bloß über Delbrück ärgerlich, der mir Angst machte, sie würden nicht darauf eingehen."

Der Geheimrat kam dann auf die Vorgänge, die in Ems kurz vor Ausbruch des Krieges stattgefunden hatten, und erzählte, der König habe nach einer gewissen Depesche geäußert: „Na, nun wird auch er [Bismarck] mit uns zufrieden sein," „und ich glaube," setzte Abeken hinzu, „daß Sie zufrieden waren." Nach der Antwort, die der Kanzler gab, war es eine geteilte Zufriedenheit gewesen. — — „Ich besinne mich," sagte er, „wie ich in Varzin die Nachricht bekam. Ich war gerade ausgefahren, und wie ich zurückkam, fand ich das erste Telegramm. Wie ich dann abreiste, fuhr ich bei unserm Pastor vorbei — in Wussow. Der stand gerade vor seinem Thorwege und grüßte. Ich sagte garnichts zu ihm und machte es bloß so [Bewegung eines Kreuzhiebes] — Einhauen. Er verstand mich, und ich fuhr weiter." Er erzählte dann von den Schwankungen der Sache bis zu einer gewissen Wendung, auf welche die Kriegserklärung gefolgt sei. — — —

Der Minister bemerkte darauf, er habe ursprünglich gestern auch in die Kirche kommen wollen. „Ich hatte aber Angst, mich zu erkälten in dem Zuge," sagte er, „ich habe davon schon einmal die schrecklichsten Kopfschmerzen bekommen. Außerdem war mir auch bange, Rogge möchte zu viel sagen."

Später kam er — auf welchem Wege, ist mir entfallen — auf den „Nußkrieg" zu reden, der sich nach der Schlacht bei Tannenberg entsponnen, und wo die streitenden Parteien sich ganz in dem großen Walde verloren hätten, der sich, durchweg aus Nußbüschen und Eichen bestehend, damals von Bütow bis tief nach Polen hinein erstreckt habe. Damit wieder im Zusammenhange — wie, erinnere ich mich ebenfalls nicht mehr — berührte er die Schlacht bei Fehrbellin, und das brachte ihn auf alte Leute, die dies und das noch erlebt. „Wir hatten da bei uns den alten Kuhhirten Brand," sagte er, „der mag wohl noch Leute gesprochen haben, welche die Schlacht bei Fehrbellin mitgemacht hatten. Brand war eins jener alten Möbel, mit denen meine Jugenderinnerungen untrennbar verknüpft sind. Wenn er mir ins Gedächtnis kommt, ist mir immer wie Haidekraut und Wiesenblumen." — „Ja, es ist möglich, er war einundneunzig oder dreiundneunzig Jahre alt und starb 1820 oder 1821. Den König Friedrich Wilhelm den Ersten hatte er noch gesehen, in Köslin, wo er ihm mit seinem Vater Vorspanndienste geleistet hatte. Wenn er so um 1730 geboren war, ists wohl möglich, daß er noch Leute gekannt hat, die Fehrbellin erlebt hatten; denn das ist doch bloß fünfzig bis sechzig Jahre zurück." Abeken hatte auch seine bedeutsame Jugenderinnerung: er hatte den Dichter Göckingk, der in den letzten zwanziger Jahren starb, gesehen, wobei man erfuhr, daß der alte Knabe 1809 geboren ist. Der Chef äußerte dann, es könnte sein, daß er als Kind noch Zöpfe gesehen habe. „Von Ihnen," fuhr er zu Abeken gewendet fort, „ist mir's wahrscheinlich, da Sie doch fünf oder sechs Jahre älter sind als ich." Er gelangte dann wieder nach Pommern zurück und, wenn ich nicht irre, nach Varzin, wo ein französischer Piemontese aus dem letzten Franzosenkriege zurückgeblieben war, der ihn deshalb interessirte, weil er sich zu einem angesehenen Manne emporgearbeitet hatte und, obwohl ursprünglich katholisch, sogar Kirchenvorstand geworden war. Als ein ähnliches Beispiel zufällig sitzengebliebner und gediehener Leute führte er andre Italiener an, die im Kriege von 1813 in diese Gegend Hinterpommerns geraten und dann dort geblieben wären und Familien gegründet hätten, welche sich von den Nachbarn nur noch durch ihre Gesichtsbildung unterschieden.

Zuletzt sprach man von Mühler, mit dem Abeken befreundet

ist, und von dem er dieser Tage gegen Keudell äußerte, er sei ganz unersetzlich, und von der Einwirkung der Frau dieses Ministers auf seine Entschlüsse und seine gesamte Haltung wendete sich das Gespräch auf den Einfluß, den energische Frauen auf ihre Männer überhaupt üben. „Ja," sagte der Chef, „wo so ein Verhältnis ist, weiß man oft nicht, wem man das Verdienst oder den Schaden zuschreiben soll, quid ipse fecit et quid mulier fecit" — was er mit vielen hier nicht mitteilbaren Beispielen belegte. — — —

Der Minister kehrte erst nach zehn Uhr vom Kronprinzen zurück und ging dann mit dessen Hofmarschall, der zehn Minuten nach ihm anlangte, noch eine Weile im Garten spazieren. Als ich später vom Thee in meine Stube hinauf will, flüstert mir Engel die Treppe hinauf nach: „Wissen Sie's schon, Herr Doktor, morgen Abend speist der Kronprinz bei uns."

Dienstag, den 20. Dezember. Mildes, trübes Wetter. Ich telegraphire wieder verschiedene kleine militärische Erfolge und mache für den König das Urteil zurecht, das die „Nationalzeitung" in ihrem Leitartikel vom 15. Dezember über Moltkes Brief an Trochu abgegeben hat. Dann auf Befehl des Chefs zwei Artikel geschrieben, die sich vervielfältigen sollen: über ein Mißverständnis oder eine Verdrehung der Proklamation des Königs nach Überschreitung der französischen Grenze, und über das Verhalten Trochus gegenüber den übrigen Mitgliedern der provisorischen Regierung.

Im ersten hieß es ungefähr: Mehrmals schon haben wir einem Mißverständnis oder einer absichtlichen Verfälschung der Worte entgegenzutreten gehabt, welche König Wilhelm in der Proklamation vom 11. August d. J. an das französische Volk richtete. Jetzt tritt uns diese Geschichtsfälschung von neuem entgegen, und zwar zu unsrer Verwunderung in der Schrift eines sonst achtbaren französischen Geschichtsforschers. Herr d'Haussonville hat in seiner Broschüre: „La France et la Prusse devant l'Europe" eine Behauptung aufgestellt, die seiner Wahrheitsliebe oder, sagen wir, seiner wissenschaftlichen Gründlichkeit wenig Ehre macht. Die ganze Flugschrift ist seicht und oberflächlich gearbeitet, voll Übertreibungen, Irrtümer und Behauptungen, die keinen andern Wert als den von grundlosen

Gerüchten haben. Von den groben Irrtümern des Verfassers, der offenbar von nationaler Leidenschaft verblendet schrieb, sei nur der angeführt, daß nach ihm der König Wilhelm schon während des Krimkrieges regiert hat. Doch dies und andres beiseite. Hier kommt es nur auf jene Fälschung der Proklamation an, die im August — beiläufig deutsch und zugleich französisch, sodaß ein Mißverständnis ausgeschlossen erscheint — an die Franzosen erging. Nach Herrn d'Haussonville hätte der König in derselben gesagt: „Ich führe nur Krieg mit dem Kaiser und in keiner Weise mit Frankreich." (Je ne fais la guerre qu'à l'Empereur et nullement à la France.) In Wahrheit aber hieß es in dem genannten Aktenstücke: „Nachdem der Kaiser Napoleon die deutsche Nation, welche wünschte und noch wünscht, mit dem französischen Volke in Frieden zu leben, zu Wasser und zu Lande angegriffen hatte, habe ich den Oberbefehl über die deutschen Armeen übernommen, um diesen Angriff zurückzuweisen. Ich bin durch die militärischen Ereignisse dahin gekommen, die Grenzen Frankreichs zu überschreiten. Ich führe Krieg mit den französischen Soldaten und nicht mit den Bürgern Frankreichs." L'empereur Napoléon ayant attaqué par terre et par mer la nation allemande, qui désirait et désire encore vivre en paix avec le peuple français, j'ai pris le commandement des armées allemandes pour repousser l'agression, et j'ai été emmené par les événements militaires à passer les frontières de la France. Je fais la guerre aux soldats et non aux citoyens français). Dann aber hieß es, jede irrtümliche Auffassung dieses Satzes unmöglich machend: Diese [die französischen Bürger] werden demnach fortfahren, einer vollkommnen Sicherheit ihrer Personen und ihres Eigentums zu genießen, und zwar so lange, als sie mich nicht selbst durch feindliche Unternehmungen gegen die deutschen Truppen des Rechtes berauben werden, ihnen meinen Schutz angedeihen zu lassen." (Ceux-ci continueront, par conséquent, à jouir d'une complète sécurité pour leurs personnes et leurs biens, aussi longtemps qu'ils ne me priveront eux-mêmes par des entreprises hostiles contre les troupes allemandes du droit de leur accorder ma protection.) Wir denken, der Unterschied zwischen dem Zitat

29*

d'Haussonvilles und dem Original der Proklamation springt in die Augen, und irgendwelche Unklarheit, die einen Irrtum entschuldigen könnte, ist in der letztern sicher nicht zu entdecken.

Der andre Artikel lautete: „Die Delegation der Regierung der nationalen Verteidigung, die sich gegenwärtig in Bordeaux befindet, hat sich von der Nutzlosigkeit eines längeren Widerstandes gegen die deutschen Heere überzeugt und würde selbst nach der Ansicht des Herrn Gambetta bereit sein, mit Deutschland auf die von diesem letzteren geforderten Grundlagen hin Frieden zu schließen. Der General Trochu dagegen soll entschlossen sein, den Kampf fortzusetzen. Nun aber hätte die Delegation von Tours, jetzt in Bordeaux, dem General Trochu gegenüber von Anfang an die Verpflichtung übernommen, ohne dessen Zustimmung nicht über den Frieden zu verhandeln. Nach andern Nachrichten hätte der General Trochu Lebensmittel für mehrere Monate auf den Mont Valérien bringen lassen, um sich mit den Truppen, die sich um ihn sammeln würden, dorthin zurückzuziehen, nachdem die Kapitulation von Paris zur Notwendigkeit geworden, und um auf diese Weise Einfluß auf die Geschicke Frankreichs zu üben, nachdem der Frieden abgeschlossen worden. Man glaubt, daß dieses Verfahren den Zweck verfolgt, die Interessen der Familie Orleans wahrzunehmen, zu deren Anhängern der General Trochu gehören soll."

Als ich diese Artikel im Büreau zur Beförderung abgab, teilte mir Keudell mit, der Chef habe bewilligt, daß mir von jetzt an alle Eingänge und Ausgänge von Staatsschriften auf Verlangen zur Einsicht vorgelegt würden, gab mir sogleich ein Telegramm von der Hand des Ministers, das sich auf Luxemburg bezog, zu lesen, und schickte mir dann durch Wollmann die meine bessere Information betreffende Verfügung.

Als der Minister nach drei Uhr zum Könige gefahren, machte ich mit Wollman eine Tour durch die Stadt und zunächst über die Avenue de Saint Cloud. Da kommt uns von weitem auf dem Fahrweg eine eigentümliche dunkelblaue Masse entgegen. Es scheinen Soldaten und doch auch nicht Soldaten zu sein. In geschlossenen Gliedern, mit taktmäßigem Schritt marschirt es heran. Gewehre und keine Bajonnette, weder Mützen noch Helme, auch kein weißes Lederzeug. Erst als der Zug näher rückt, erkenne ich die schwarzen Glanzhüte der Matrosen unsrer Marine, ihre schwarzen Gürtel und Tragriemen, ihre glatten Tornister, ihre Peajacken und ihre Cutlasse. Es sind etwa hundert Mann mit fünf oder sechs Offizieren, von denen wir, als der Trupp Halt gemacht, erfahren, daß sie die Besatzung der vier von den Leuten des Prinzen Friedrich Karl erbeuteten Loiredampfer bilden sollen. Sie werden, wie es scheint, auf der Rue de la Pompe und auf der Rue Hoche einquartiert. Viele stramme und schmucke Burschen darunter. Franzosen sammeln sich in Menge um sie und betrachten die hier nicht gesehenen rätselhaften Fremdlinge. »Es sind deutsche Seeleute" höre ich einen sagen. „Die können alle Sprachen reden [ce sont des polyglottes] und werden den Preußen als Dolmetscher dienen."

Bald nach sechs Uhr erschien der Kronprinz mit einem Adjutanten bei uns. Er hatte die Zeichen seiner neuen militärischen Würde, große gekreuzte Marschallsstäbe auf den Achselklappen. Bei Tische saß er oben an, der Chef zu seiner Rechten und Abeken ihm zur Linken. Man sprach nach der Suppe zunächst von dem Thema, das ich diesen Morgen für die Presse bearbeitet hatte, daß nämlich Gambetta nach einer Mitteilung Israels, des Sekretärs Lauriers, des Agenten der provisorischen Regierung in London, an eine erfolgreiche Verteidigung nicht mehr glaube und auf unsere Forderungen hin Frieden zu schließen geneigt sei. Trochu sei der einzige von den Regenten Frankreichs, der weiter kämpfen wolle, und die andern hätten sich, als er die Leitung der Verteidigung von Paris übernommen, gegen ihn verpflichtet, in dieser Beziehung immer im Einklang mit ihm zu handeln. Der Chef bemerkte: „Er soll den Mont Valérien haben für zwei Monate verproviantiren lassen, um sich dahin mit den regulären Truppen, die zu ihm halten, zurückzuziehen, wenn die Stadt übergeben werden muß — wahrscheinlich, um den Friedensschluß zu beeinflussen." — „Ich glaube überhaupt," fuhr er fort, „daß Frankreich in Zukunft in verschiedene Teile zerfallen kann — in Parteien ist es schon. Sie sind in den verschiedenen Gegenden sehr verschiedener Meinung, in der Bretagne Legitimisten, im Süden rote Republikaner, anderswo gemäßigte, und die reguläre Armee gehört noch dem Kaiser, wenigstens die Mehrzahl der Offiziere. Es kann kommen, daß jeder Teil seiner Überzeugung folgt, ein republikanischer, einer, wo die Bourbonen, einer, wo die Orleans die meisten Anhänger haben, und dann die Leute Napoleons, Tetrarchen von Judäa, Galiläa u. s. w."

Der Kronprinz äußerte, es hieße, Paris müsse unterirdische Verbindungen mit der Außenwelt haben. Der Chef glaubte das auch und sagte: „Lebensmittel wird es auf dem Wege nicht bekommen, wohl aber Nachrichten. Ich habe schon gedacht, ob es nicht möglich wäre, die Katakomben durch die Seine mit Wasser zu füllen und so wenigstens die tieferliegenden Quartiere der Stadt zu überschwemmen. Die Katakomben gehen ja unter der Seine weg." Bucher bestätigte das letztere, er sei in den Katakomben gewesen und habe da an verschiedenen Stellen Seitengänge bemerkt, in die man aber niemand hineingelassen habe. — Dann meinte jemand, wenn Paris jetzt genommen würde, so müßte das auch auf die Stimmung in Baiern wirken, von wo die Nachrichten wieder einmal nicht gut lauteten. — — „Der Deutscheste in den obern Regionen ist immer der König," sagte der Chef. — — —

Das Gespräch wendete sich einer andern fürstlichen Persönlichkeit in München zu, die als sehr preußenfeindlich, aber als zu alt und gebrechlich geschildert wurde, um sehr gefährlich zu sein. „Er trägt sehr wenig Natur mehr an sich," wurde bemerkt. —

„Das bringt mich auf den Gr—," sagte der Minister, „der hatte auch so ziemlich alles falsch an sich, Haare, Zähne, Waden, ein Auge. Wenn der sich früh anziehen wollte, lag die größere Hälfte und die bessere von ihm neben dem Bette auf Stühlen und Tischen herum. Es war wie mit dem Neuverheirateten in den Fliegenden Blättern, als die Braut sich auszog und die Haare dahin, die Zähne dorthin legte, andre Teile anderswohin. Da sagte der Bräutigam: »Aber was bleibt denn nun für mich?«" — — —

Der Chef erzählte dann, daß die Wache an der Wohnung des Kronprinzen, ein Pole, ihn neulich abends nicht habe ins Haus lassen wollen; erst als er sich mit ihm auf polnisch verständigt, sei der

Mann andern Sinnes geworden. „Auch im Lazarett,“ setzte er hinzu „versuchte ich vor ein paar Tagen mit polnischen Soldaten zu sprechen, und sie sahen sehr verklärt aus, als sie den Herrn General ihre Muttersprache reden hörten. Schade, daß ich damit nicht fortkonnte und mich abwenden mußte. Es wäre vielleicht gut, wenn ihr Feldherr mit ihnen sprechen könnte.“ —

„Bismarck, da kommen Sie mir wieder mit dem, was Sie mir schon mehrmals gesagt haben,“ erwiederte lächelnd der Kronprinz. „Nein, ich mag aber nicht, ich will's nicht mehr lernen.“ — — —

„Aber es sind doch gute Soldaten, Königliche Hoheit,“ entgegnete der Kanzler, „und brave Leute.“ — — — „Feindlich sind uns nur der größte Teil der Geistlichen, dann der Adel mit seinen Tagelöhnern und was dahin gehört. So ein Edelmann, der selber nichts hat, füttert eine Menge Leute, Diener aller Art, die auch Schlachtschitzen sind, aber seine Bedienten, Vögte, Schreiber machen. Die hat er für sich', wenn er aufsteht, und die Tagelöhner, die Komorniks. Die freiern Bauern thun nicht mit, auch wenn der Priester, der immer gegen uns ist, sie aufwiegelt.“ — „Das haben wir in Posen gesehen, wo die polnischen Regimenter nur deshalb weggezogen werden mußten, weil sie gegen ihre Landsleute zu grausam waren.“ — „Ich erinnre mich, nicht weit von unsrer Gegend, in Pommern, war einmal ein Markt, wo viele Kassuben sich eingestellt hatten. Da kam's bei einem Handel zum Streit, weil ein Deutscher zu einem Kassuben gesagt hatte, er wolle ihm die Kuh nicht verkaufen, weil er ein Pole wäre. Der nahm das sehr übel. »Du sagst, ich bin Polack, nein, ich bin Prussack wie Du,« und daraus entwickelte sich, indem andre Deutsche und Polen sich hineinmischten, die schönste Prügelei.“

Der Chef fügte dann in diesem Zusammenhange noch hinzu, daß der große Kurfürst so gut polnisch wie deutsch gesprochen hätte, und die spätern Könige hätten gleichfalls polnisch verstanden. Erst Friedrich der Große habe sich damit nicht abgegeben; der habe aber auch besser französisch wie deutsch gesprochen.

„Das mag alles sein, aber ich will nicht mehr polnisch lernen, sie müssen deutsch lernen,“ sagte der Kronprinz und damit hatte die Erörterung dieses Gegenstandes ein Ende.

Als immer neue feine Gerichte aufgetragen wurden, bemerkte der Kronprinz: „Aber hier geht es ja schwelgerisch her. Wie wohlgenährt sehen die Herren von Ihrem Büreau aus, mit Ausnahme Buchers, der wohl noch nicht so lange hier ist."

„Ja," entgegnete der Chef, „das kommt von den Liebesgaben. Es ist eine Eigentümlichkeit des Auswärtigen Amtes, diese Zusendungen von Rheinwein und Pasteten und Spickgänsen und Gänselebern. Die Leute wollen durchaus einen fetten Kanzler haben."

Der Kronprinz brachte darauf das Gespräch auf das Chiffriren und Dechiffriren und fragte, ob das schwer sei. Der Minister setzte ihm die Handgriffe dieses Gewerbes auseinander und fuhr dann fort: „Wenn man z. B. das Wort »aber« chiffriren will, so schreibt man die Zahlengruppe für »Abeken« und läßt dann die folgen, welche »Streiche die beiden letzten Silben« bedeutet. Darnach setzt man die Chiffre für »Berlin« und läßt den Leser wieder die letzte Silbe streichen. So hat man »aber«."

Zuletzt, beim Dessert zog der Kronprinz eine kurze Tabakspfeife mit Porzellankopf, auf dem ein Adler, aus der Tasche und zündete sie sich an, während wir andern uns Zigarren ansteckten.

Nach Tische gingen der Kronprinz und der Minister mit den Räten in den Salon zum Kaffee. Nach einer Weile wurden wir — ich und die Sekretäre — durch Abeken aus dem Büreau geholt, um dem zukünftigen Kaiser vom Chef förmlich vorgestellt zu werden. Das ließ indes wohl eine Viertelstunde auf sich warten, da der Kanzler mit dem Kronprinzen in ein Gespräch vertieft war. Sein hoher Gast stand dabei in der Ecke zwischen dem Pianino der Madame Jessé und dem einen Fenster, und der Chef sprach leise mit ihm, wobei er meist die Augen niedergeschlagen hatte, während der Kronprinz mit ernster, fast finsterer Miene zuhörte. Bei der Vorstellung kam zuerst Wollmann an die Reihe, dem der Kronprinz u. a. bemerkte, er kenne seine Handschrift. Dann ich. Chef: „Doktor Busch, für Presse." — Kronprinz: „Wie lange sind Sie im Staatsdienst?" — „Seit Februar, Königliche Hoheit." — Chef: „Doktor Busch war ein Sachse, Dresdner." — Der Kronprinz äußerte, Dresden wäre eine hübsche Stadt, er wäre immer gern da gewesen. Was ich früher gemacht? — Ich hätte die »Grenzboten« redigirt, antwortete ich. — „Die habe ich oft gelesen, dann kenne ich Sie," bemerkte er. — Und dann hätte ich große Reisen gemacht, setzte ich hinzu. — „Wo denn?" fragte er. — Ich wäre in Amerika gewesen und dann dreimal im Orient, sagte ich. — „Hat es Ihnen da gefallen? Möchten Sie dahin zurück?" — „O ja, Königliche Hoheit, vor allem nach Ägypten, das Licht, das Traumleben auf der Nilfahrt in eignem Schiffe, die wunderbaren Farben." — „Da ist es Ihnen besser ergangen als mir; ich mußte es eilig abmachen, auf einem Dampfer. Indes sind die Farben wirklich oft zauberhaft. — Ja, das ist wahr, aber ich habe mich doch sehr nach Hause zurückgesehnt. Die Farben sind schön, aber unsre deutschen Wiesen und Wälder sind mir doch lieber." — Er sprach dann mit Blanquart, darauf mit Willisch und zuletzt mit Wiehr, der ihm u. a. mitteilte, daß er mehrere Jahre unter Marx Musik studirt habe. Nach Wollmann wäre er früher Musiklehrer, dann Schutzmann gewesen, in welcher Eigenschaft er sich bei der Vereitelung des Sefelogeschen Attentats auf den vorigen König hervorgethan, dann wäre er als Telegraphist im Auswärtigen Amte und zuletzt, als man da nicht mehr direkt telegraphirt, als Kopist und Chiffreur verwendet worden.

Nach dieser Vorstellung las ich im Büreau die diplomatischen Berichte und die Konzepte der letzten Tage, u. a. das zur Rede des Königs an die Reichstags-Deputation, die von Abeken entworfen und vom Chef stark verändert war.

Beim Thee sagte mir Hatzfeldt, daß er einen Bericht über die Zustände in Paris, der mit Washburnes Sendungen herausgekommen, zu entziffern versucht habe und nur über einige Ausdrücke zweifelhaft sei. Er zeigte mir ihn dann, und es gelang viribus unitis, den Sinn von noch einigen herauszufinden. Das Referat schien durchaus auf guter Kenntnis zu beruhen und der Wahrheit getreu zu sein. Nach ihm leiden die kleinen Bürgersleute sehr, das niedere Volk aber nur wenig, da es von Regierungswegen versorgt wird. Es fehlt stark an Feuerungsmaterial, besonders an Kohlen. Gas brennt nicht mehr. Bei den letzten Ausfällen haben die Franzosen bedeutende Verluste erlitten, doch ist ihr Mut noch nicht gebrochen. Unser Sieg bei Orleans hat auf die Pariser keinen großen Eindruck gemacht.

Um halb elf Uhr zum Chef gerufen, der eine Nachricht über die Neigung Gambettas, den Widerstand aufzugeben, und Trochus Plan mit dem Mont Valérien in den „Moniteur" haben will.

Mittwoch, den 21. Dezember. Früh wieder Veilchen gesucht und gefunden. Dann die eingegangnen Nova studirt. Später eine darunter befindliche Abhandlung über den Vertrag zwischen Karl dem Kahlen und Ludwig dem Deutschen, der im Jahre 870 — also gerade vor tausend Jahren — bei der Teilung Lothringens die erste deutsch-französische Grenze feststellte, für die Presse ausgezogen. Nachmittags, als der Chef ausgeritten, mit Wollmann einen Spaziergang unternommen. Scharfer kalter Wind, etwa Gefrierpunkt. Wir wollen in den Schloßpark, aber das Gitter vor dem Bassin des Neptun ist geschlossen, und auch am Durchgange neben der Kapelle läßt uns die Schildwache nicht passiren. Man erfährt, daß in der Stadt eine Haussuchung im Gange ist. Es heißt weiter, daß man nach versteckten Gewehren fahndet, andern zufolge auch nach Individuen, die sich zum Zweck eines Putsches in die Stadt eingeschlichen hätten, was wohl nicht zu glauben ist. Wir durchwanderten nun die Stadt. Auf der Avenue de Saint Cloud sind die Matrosen aufgestellt, mit deren Befehlshaber wir unsern Chef sprechen sehen. Auf der Rue de la Pompe stehen auf der rechten Seite vor jedem Hause Infanterieposten, am Place Hoche hält ein Dragonerkommando. Alle Ausgänge aus der Stadt sind gesperrt. Wir sehen Blousenmänner arretiren und auf der Avenue de Paris einen Büchsenmacher, dem ein Soldat eine Anzahl Jagdgewehre nachträgt. Auch ein Geistlicher wird eingebracht. Zuletzt hatte man etwa ein Dutzend Schuldige und Verdächtige beisammen, die in das Gefängnis auf der Rue Saint Pierre wandern mußten, wo sie auf dem Hofe aufgestellt wurden. Es waren einige recht verwogne Gesichter darunter. Es hieß, daß man bei dem Büchsenschmied 43 Gewehre und einen Lauf gefunden habe — was ihm vermutlich nicht gut bekommen wird.*)

*) Der Mann hieß Listray und kam, da ihm wahrscheinlich nur Waffenverheimlichung nachzuweisen war, ziemlich glücklich weg. Man ließ ihn einfach eine unfreiwillige Reise nach Deutschland antreten.

Bei Tische war Lauer Gast des Chefs. Es wurde davon gesprochen, daß man in Paris bereits alle eßbaren Tiere des Jardin des Plantes verspeist haben soll, und Hatzfeldt erzählte, daß man die Kamele für viertausend Franken verkauft habe, und daß der Rüssel des Elephanten von einer Gesellschaft von Feinschmeckern gegessen worden sei; derselbe solle ein vortreffliches Gericht abgeben. „Ach," versetzte Lauer, „das ist wohl möglich. Es ist eine Masse von zusammengefilzten Muskeln, woher die Gewandtheit und Kraft kommt, mit der er ihn gebraucht. Etwas wie die Zunge; er muß wie Zunge schmecken." — Jemand bemerkte, auch die Kamele sollten nicht übel sein, und namentlich behaupte man, daß die Höcker eine große Delikatesse wären. Der Chef hörte dem eine Weile zu, dann sagte er wie nachdenklich, erst etwas vorgebeugt, dann aufatmend und sich aufrichtend, wie das bei Scherzen seine Gewohnheit: „Hm, die buckligen Menschen — man sollte denken, die Buckel!" — laute allgemeine Heiterkeit unterbrach ihn. Lauer bemerkte trocken und wissenschaftlich, die Buckel wären eine Verbildung der Rippen oder Knochen oder auch eine Verkrümmung des Rückgrates, und so würden sie sich nicht zum Essen eignen, wohingegen die Kamelhöcker bewegliche Knorpelansätze wären, die möglicherweise nicht schlecht schmeckten. Dieser Faden spann sich dann weiter, es war die Rede von Bärenfleisch, dann von Bärentatzen, zuletzt von den Feinschmeckern unter den Kannibalen, wobei der Minister eine anmutige Geschichte zu erzählen wußte. Er begann: „Ein Kind, ein junges frisches Mädchen, nun ja, aber so ein alter, ausgewachsner harter Kerl — der muß doch nicht zu essen sein." Dann fuhr er fort: „Ich erinnere mich, eine alte Kaffern- oder Hottentottenfrau, die lange schon Christin geworden war, als der Missionär sie auf den Tod vorbereitete und sie ganz für die Seligkeit bereit fand, — da fragte er sie, ob sie wohl noch einen Wunsch hätte. Nein, sagte sie, es wäre alles ganz gut, aber wenn sie noch einmal ein paar Hände von einem kleinen Kinde zu essen bekäme, das wäre doch was sehr Delikates." —

Es war dann vom Schlafen, von der heutigen Haussuchung und von den gestern eingetroffnen Matrosen die Rede, von welchen der Chef bemerkte, wenn sie die eroberten Kanonenboote in die Seine bringen könnten, so wären gute Dienste von ihnen zu erwarten. Dann kam er wieder auf Jugenderinnerungen zu sprechen, wobei er nochmals des Kuhhirten Brand gedachte, und hierauf erzählte er von seinem Eltervater, der, wenn ich recht verstand, bei Czaslau gefallen war. „Die alten Leute bei uns haben ihn," so berichtete er, „meinem Vater oft noch beschrieben. Er war ein gewaltiger Jäger vor dem Herrn und ein starker Zecher. Er hat einmal in einem Jahre hundertundvierundfünfzig Rothirsche geschossen, was ihm der Prinz Friedrich Karl kaum nachthun wird, aber der Herzog von Dessau." — „Ich besinne mich, daß mir erzählt wurde, wie er in Gollnow stand, da aßen die Offiziere zusammen, die Küche führte der Oberst. Da war's Mode, daß bei Tische fünf oder sechs Dragoner aufmarschirten auf dem Musikchor, die schossen zu den Toasten aus ihren Karabinern. Es waren da überhaupt seltsame Sitten. So zum Beispiel hatten sie statt der Latten einen hölzernen Esel mit scharfen Kanten, auf dem mußten die Dragoner, die sich was hatten zu Schulden kommen lassen, sitzen — ein paar Stunden oft, eine sehr schmerzhafte Strafe. Und allemal am Geburtstage des Obersten und andrer, da zogen sie nach der Brücke und warfen den Esel hinein; es kam aber immer ein neuer. Sie hätten wohl hundert mal einen neuen gehabt, sagte die Bürgermeisterin [Name nicht recht verständlich, es klang wie Dalmer] meinem Vater." — „Dieser Eltervater — ich habe sein Bild in Berlin — ich sehe ihm wie aus den Augen geschnitten aus; das heißt, wie ich jung war, da war's, wie wenn ich mich im Spiegel sähe."

So unterhielt man sich weiter von alten Geschichten und Persönlichkeiten und zuletzt davon, daß mancherlei aus früherer Zeit in die Gegenwart besonders des Volkes auf dem Lande hereinrage. Dabei wurde das Kinderlied: „Flieg, Maikäfer, flieg" erwähnt, das mit dem „abgebrannten Pommerland" wohl an den dreißigjährigen Krieg erinnre. „Ja," sagte der Chef, „ich weiß, daß früher bei uns Redensarten vorkamen, die offenbar bis in den Anfang des vorigen Jahrhunderts zurückreichten. So sagte mein Vater, wenn ich gut ritt: »Er macht's ja wie« [Name nicht recht deutlich, es klang wie Pluvenel]. Er nannte mich nämlich, damals immer Er. Pluvenel aber war ein Stallmeister Ludwigs des Vierzehnten gewesen und ein berühmter Reiter." — „Und wenn ich gut geschrieben hatte, sagte er: »Er schreibt ja, als ob Er's bei Hilmar Curas gelernt hätte.« Das war der Schreiblehrer Friedrichs des Großen gewesen." Er erzählte dann, daß ein Verwandter, der bei seinen Eltern viel gegolten, der Finanzrat Kerl, Anlaß gewesen sei, daß er in Göttingen studirt habe. Er wäre da an den Professor Hausmann gewiesen worden und hätte Mineralogie studiren sollen. „Man dachte wohl an Leopold von Buch und stellte sich's schön vor, wie der durch die Welt zu gehen und mit dem Hammer Steine von den Felsen abzuschlagen. Es kam aber anders. — Es wäre besser gewesen, man hätte mich nach Bonn geschickt, da hätte ich Landsleute getroffen. In Göttingen hatte ich keinen Landsmann, und so bin ich mit meinen Universitätsbekannten nicht eher wieder zusammengetroffen als mit einigen durch den Reichstag." — Man nannte einen dieser Bekannten, Miers aus Hamburg, und der Minister sagte: „Ja, ich besinne mich, der schlug links, aber er konnte nicht viel."

Abeken berichtete, daß auf das heftige Feuer der Forts, das man diesen Morgen gehört, ein Ausfall der Garnison von Paris gefolgt sei, der sich vorzüglich gegen die von der Garde besetzten Linien gerichtet habe. Es sei indes fast nur zu einem Artilleriekampf gekommen, und man habe den Angriff vorausgewußt und sei vorbereitet gewesen. Hatzfeldt versetzte, er möchte doch wissen, wie sie merken könnten, daß ein Ausfall bevorstehe. Man erwiederte, es müßte in offner Gegend sein, da sähe man aber doch die Wagen und Geschütze, die herauskommen müßten, da es bei der Bewegung von großen Truppenmassen nicht in einer einziger Nacht zu machen sei. „Das ist wahr," bemerkte der Chef lächelnd, „aber hundert Louisdor sind oft auch ein wesentlicher Teil dieser militärischen Voraussicht."

Man sprach heute, wie schon mehrmals, davon, daß außer gewissen hohen Damen auch die „Humanität" der Freimaurer sich lebhaft für die Schonung von Paris verwende und dabei auf Erfolg rechnen könne. Eigentümlich nimmt sich daneben folgendes aus, was

Abeken mir diesen Abend auf einem Zettel zur Veröffentlichung übergab. Es heißt da:

Der „Cour. de Lyon" vom 9. Dezember beschäftigt sich, da ihm andres Material zur Verunglimpfung der deutschen Fürsten, besonders unsers Königs, fehlt, mit Familiengeschichten, und zwar unter der Rubrik „Kriegsnachrichten". Am gemeinsten aber benehmen sich die französischen Logen. So bringt dasselbe Blatt nach der „Emanzipation" nachstehenden in zivilisirten Staaten wohl unerhörten Aufruf:

„Die Delegirten des R. R. C. und der F. R. I. [Freimaurerlogen, wie Abeken dazu bemerkt] haben in ihrer Sitzung zu Lyon den 26. November 1870 folgendes Erkenntnis verkündet:

1. Wilhelm und seine beiden Genossen Bismarck und Moltke, Geiseln der Menschheit und durch ihren unersättlichen Ehrgeiz Ursache so vieler Mordthaten, Brandstiftungen und Plünderungen, stehen außerhalb des Gesetzes wie drei tolle Hunde.

2. Allen unsern Brüdern in Deutschland und in der Welt ist die Vollstreckung gegenwärtigen Urteils aufgetragen.

3. Für jedes der drei verurteilten reißenden Tiere ist eine Million Franken bewilligt, zahlbar an den Vollstrecker oder ihre Erben durch die sieben Zentrallogen."

Die Sache ist kaum glaublich, bei dem in gewissen Kreisen herrschenden wahnsinnigen Hasse gegen uns aber doch möglich.

Nach Tische Konzepte und Depeschen gelesen. — — — Abends L. veranlaßt, das Kapitel Gambetta-Trochu in die „Independance Belge" zu bringen. Ihm auch mitgeteilt, daß Delbrück den 28. wieder hier eintreffen wird.

Donnerstag, den 22. Dezember. Es ist sehr kalt, wohl sechs, vielleicht acht Grad. Eisblumen überwuchern mein Fenster trotz des Scheiterhaufens im Kamin. Früh im Büreau die Eingänge und Konzepte studirt, dann oben die Zeitungen durchgesehen. Von jenen waren die über die Frage des Schwarzen Meeres und die Verteidigungsschrift der Luxemburger gegen die Vorwürfe, welche der Chef wegen Unterstützung der französischen Sache gegen sie erhoben, von besonderm Interesse. Von der Sonnenfinsternis, die um halb zwei Uhr eintreten sollte, war nicht viel zu bemerken. Abeken verehrte mir die Photographie der Räte und Sekretäre, die nicht recht gelungen ist, weshalb sich die Herren noch einmal abnehmen zu lassen vorhaben, wo ich auch mitthun soll.

Bei Tische war diesmal kein Fremder zugegen. Der Chef war recht heiter gestimmt, das Gespräch aber ohne besondre Bedeutung. Wollen indes doch aufzeichnen, was wir von ihm behalten haben. Wer weiß, wem's einmal Freude macht! Zu Anfang sagte der Minister lächelnd, als er das vor ihm liegende Menu überblickte: „'s ist immer ein Gericht zu viel. Ich bin schon entschlossen, mir mit Ente und Oliven den Magen zu verderben, und da ist der Reinfelder Schinken, von dem ich schon aus Zorn zu viel essen muß, um mein Teil davon zu kriegen [weil er nicht zum Frühstück kommt], und da noch Wildschwein aus Varzin." — Man gedachte des gestrigen Ausfalls, und der Chef bemerkte: „Die Franzosen sind gestern mit drei Divisionen herausgekommen, und wir hatten nur fünfzehn Kompagnien, nicht einmal vier Bataillone, und wir haben doch fast tausend Gefangne gemacht. Die Pariser kommen mir mit ihren Angriffen bald da, bald dort vor wie ein französischer Tanzmeister, der die Quadrille kommandirt und bald rechts, bald links changiren läßt."

Ma commère, quand je danse
Mon cotillon, va-t-il bien?
Il va de ci, il va de la
Comme la queue de notre chat.

Beim Schinken äußerte er: „Pommern ist das Land der Waren, die mit dem Rauche zu thun haben: Spickgänse, Spickaale, Schinken. Bloß Nagelholt fehlt, was sie in Westfalen haben, geräuchertes Rindfleisch. Der Name ist nicht recht erklärlich. Nagel, ja, woran es im Rauche hängt. Aber Holt — vielleicht ist es mit dem d zu schreiben." Dann war von der Kälte draußen und bei dem Wildschweingericht von einer Jagd die Rede, die in Varzin zu der Zeit von Graf Herberts Erkrankung in Bonn auf diese Tiere stattgefunden. Später bemerkte der Chef: „Daß Antonelli sich am Ende noch auf die Reise macht und hierherkommt, will manchem garnicht einleuchten." — — — Abeken sagte hierauf: „Antonelli ist doch in den Zeitungen sehr verschieden beurteilt worden, bald als hoher, feiner Geist, bald als schlauer Intrigant, bald wieder als dummer Kerl und Schafskopf." — „Ja," erwiederte der Kanzler, „das geht aber nicht bloß der Presse so, sondern auch dem Urteilsvermögen mancher Diplomaten. Goltz und unser Harry. Von Goltz will ich nicht einmal reden. Das war was andres. Aber der — heute so, morgen so. Wenn ich in Varzin war und die Berichte aus Rom zusammenlas, da hatte er seine Meinung über die Leute doch jede Woche ein paar mal total gewechselt, je nachdem sie ihn freundlich angesehen hatten oder nicht. Ja, er hatte eigentlich mit jeder Post, manchmal mit ein und derselben Post andre Ansichten."

Abends Depeschen aus Rom, London und Konstantinopel und die Antworten darauf gelesen. — — —

Freitag, den 23. Dezember. Wieder ein sehr kalter Tag, man spricht von zwölf Grad Kälte. Eine Äußerung der „Situation," nach welcher die Kaiserin Eugenie Gründe gefunden hätte, mit uns Frieden zu schließen, an die Redaktion des „Moniteur," einen Artikel der „Times" wegen Luxemburgs, der uns Recht giebt, nach Deutschland geschickt, den Anfang des Treitschkeschen Aufsatzes in den „Preußischen Jahrbüchern für den König zurecht gemacht.

Der Artikel der „Situation" ist vom .17. December datirt, und es heißt darin u. u. a.:

„Ja, wir verlangen von der regierenden Kaiserin, daß sie sich mit Preußen vertrage, und von Preußen, daß es sich mit der regierenden Kaiserin vertrage, weil von dem Augenblicke an, wo die hohe Frau den Willen kundgegeben haben wird, dem Blutvergießen ein Ende zu machen, der König Wilhelm durch seine eigne Würde gehalten sein wird, gegen sie ein Verfahren einzuschlagen, welches von ihm weder die Urheber des Krieges bis zum äußersten noch die verschiedenen Prätendenten erwarten können, die das Unglück ihres Vaterlandes benützen möchten, ihre Stirn mit einer Krone zu schmücken." — „Die Kaiserin hat sich nicht zu fragen, ob der Gedanke, dem sie am 4. September nachgegeben hat, von Frankreich recht begriffen worden ist. Sie spreche, und sie wird sehen, daß

Frankreich heldenmütige Gesinnungen niemals mißversteht. Was die preußische Regierung anbelangt, so ist es für uns nicht nötig, daß sie die Rückkehr der napoleonischen Dynastie herbeiwünsche, es bedarf für uns nur, daß sie eingestehe, daß der größte Fehler, den sie begehen könnte, der sein würde, sich nicht durch diese Dynastie eine Allianz zurückzugewinnen, an deren Zerreißung sie nie hätte denken dürfen, wenn man für seine wahren Interessen Sorge getragen hätte. Unsre Verstümmelung würde ihr Tod sein, und sie kann nicht darauf verzichten, uns zu verstümmeln, wenn sie nicht hinter sich eine Macht zurückläßt, die stark genug ist, beschworne Treue nicht brechen zu müssen. Nur das Kaisertum kann Preußen von der Eroberung dispensiren und ihm gestatten, seine Ansprüche auf eine Berichtigung der Grenzen zu ermäßigen, weil nur das Kaisertum mit Preußen die großen Umgestaltungen der Karte Europas anraten kann, welche das Verhalten der Neutralen sowohl für die Ruhe Deutschlands als für die Wiederaufrichtung Frankreichs unumgänglich gemacht hat."

Um die Frühstückszeit läßt sich eine Französin beim Chef melden, deren Mann sich mit einer Franctireurbande in den Ardennen in verräterische Unternehmungen eingelassen hat und zum Tode verurteilt worden ist. Sie will um Gnade für ihn bitten, und der Chef soll das vermitteln. Derselbe nimmt sie aber nicht an, da ihn, wie ihr geantwortet wird, die Sache nichts angehe; sie möge sich an den Kriegsminister wenden. Sie begiebt sich denn auch zu dem, wird aber, wie Wollmann glaubt, zu spät kommen, da bereits unterm 14. an Oberst Krohn geschrieben worden ist, die Gerechtigkeit solle ihren Lauf haben.*)

Wollmann und ich fahren nachmittags bei schneidender Kälte und während im Norden heftig geschossen wird, in Rothschilds kleiner Kutsche nach Villa Coublay, das auf dem Wege liegt, der uns von Ferrières hierher gebracht hat, und wo sich der für die

*) Ein Irrtum. Der Brief mag abgegangen sein. Der betreffende aber, Notar Tharel aus Rocroy im Departement der Ardennen, wurde nur nach Deutschland abgeführt; er saß im Juni 1871 noch in Verden, wo man ihn bald nachher auf Verwendung der französischen Regierung freiließ.

Belagerung der Südseite von Paris bestimmte Geschützpark befindet. Es sind etwa 80 Kanonen und ungefähr ein Dutzend Mörser, die in vier langen Reihen aufgestellt sind. Ich hatte mir das Aussehen dieser Zerstörungsmaschinen fürchterlicher vorgestellt. Man bemerkte, wie über dem Walde im Norden Wolken aufstiegen. Vielleicht war es der Rauch feuernder Geschütze, möglicherweise aber auch nur der von Fabrikschornsteinen.

Nach Hause zurückgekehrt, finde ich da beim Zeitungslesen, daß einer der englischen Reporters seinem Blatte ganz genau über jenen Belagerungspark berichtet hat, und streiche den Artikel für den Chef an, der ihn Hatzfeldt — wahrscheinlich zur Beförderung an den Generalstab — übergiebt.

Bei Tische hatten wir zu Gästen den Freiherrn und Reichstagsabgeordneten von Schwarzkoppen und meinen alten Bekannten von Hannover, Herrn von Pfuel, der inzwischen Kreishauptmann in Celle geworden war. — — — Beide sollten Präfektenposten oder etwas ähnliches übernehmen. — — — Ferner waren Graf Lehndorff und der Husarenleutnant von Dönhoff, ein ungewöhnlich hübscher Mann und, wenn ich nicht irre, Adjutant beim Prinzen Adalbert, zugegen. Auch das Menu von heute möge als ein Beispiel dafür, wie gut unsre Tafel in Versailles bestellt war, notirt werden. Es lautete: Zwiebelsuppe (dazu Portwein), Wildschweinsrücken (dazu Tivoli-Aktienbier), Irish Stew, Putenbraten, Maronen (hierzu Champagner und nach Belieben Rotwein) und Dessert, das aus vortrefflichen Calvillenäpfeln und prachtvollen Birnen bestand. Man erwähnte, daß der General von Voigts-Rhetz mit der neunzehnten Division vor Tours stehe, dessen Bevölkerung Widerstand geleistet habe, sodaß man die Stadt mit Granaten habe beschießen müssen. Der Chef bemerkte dazu: „Das ist nicht in Ordnung, daß er nicht mehr geschossen hat, als sie die weiße Fahne aufzogen. Ich hätte fortgefahren mit Granaten gegen die Gesellschaft, bis sie mir vierhundert Geiseln herausgeschickt hätten." Er mißbilligte dann wieder das milde Verfahren der Offiziere gegen die Widerstand leistenden Zivilisten. Selbst offenkundiger Verrat würde kaum gehörig gestraft, und so dächten die Franzosen, sie dürften sich alles gegen uns erlauben. „So ist's auch mit diesem Krohn," fuhr er fort. „Der klagt erst einen Advokaten wegen Verschwörung mit Franctireurs an, und wie er ihn verurteilt sieht, reicht er ein Gnadengesuch ein und dann noch eins, statt ihn totschießen zu lassen, und zuletzt — er gilt doch sonst für energisch und geradezu — schickt er mir gar die Frau mit einem Saufkonduit über den Hals." — — —

Von dieser unklugen Nachsicht kam die Unterhaltung auf den Generalstabschef Unger, der nach Hause gebracht worden, weil er gestörten Geistes sei. Dort brüte er nun meist still vor sich hin, bisweilen aber breche er in lautes Weinen aus. „Ja," seufzte der Chef, „so ein Generalstabschef ist auch ein geplagter Mann. Unaufhörlich zu thun, immer verantwortlich und kann nichts durchsetzen und wird immer chikanirt, fast so schlimm wie ein Minister." — „Ich kenne das selbst mit dem Weinen, 's ist Nervenaufregung, Weinkrampf. Den habe ich auch gehabt, in Nikolsburg, und so stark, daß mich der Bock stieß." — — — „So ein Generalstabschef wird schlecht behandelt, ein Minister auch — allerlei Verdrießlichkeiten, Mückenstiche ohne Ende. Man ließe sich das andre gefallen, aber gute Behandlung kann man nicht entbehren." — — —

Als der Varziner Wildschweinsrücken auf den Tisch kam, unterhielt sich der Minister mit Lehndorff und Pfuel über die Jagd auf diese Wald- und Sumpfbewohner und seine Thaten bei solchem Sport. Später besprach man den hiesigen „Moniteur," und der Chef bemerkte: „Da brachten sie in den letzten Wochen auch einen Roman von Heyse aus Meran. Solch sentimentales Zeug gehört nicht in ein Blatt, das für das Geld des Königs erscheint; denn das ist es doch. Die Versailler wollen das auch nicht. Sie verlangen politische Berichte und militärische Sachen aus Frankreich, aus England, meinetwegen aus Italien, aber nicht solch süßliches Gewäsch. Ich bin doch auch eine poetisch angehauchte Natur, aber ich erinnere mich nicht, je auf dieses Feuilleton einen Blick geworfen zu haben, nachdem ich die ersten paar Sätze angesehen hatte." — Abeken, der die Aufnahme des Romans veranlaßt haben soll, vertheidigte die Redaktion und sagte, dieselbe habe ihn der „Revue des Deux Mondes" entnommen, die doch ein angesehenes französisches

30*

Blatt sei; der Chef aber blieb bei seiner Meinung. Jemand bemerkte dann, der „Moniteur" spräche jetzt ein besseres Französisch. „Das mag sein," versetzte der Minister. „Darauf aber kommt mir's nicht so sehr an. So sind wir Deutschen aber. Immer fragen wir, auch in den höchsten Kreisen, danach, ob wir andern gefallen und bequem sind. Wenn sie's nicht verstehen, so mögen sie Deutsch lernen." — „Es ist einerlei, ob eine Proklamation in schönem französischen Stil abgefaßt ist, wenn sie nur sonst passend und verständig spricht. Vollkommen werden wir in einer fremden Sprache doch nicht. Es ist unmöglich, daß einer, der sie nur etwa dritthalb Jahre bisweilen gebraucht, sich in ihr so gut ausdrücken kann, wie jemand, der sie vierundfünfzig Jahre immer gebraucht hat." — Man lobte die Steinmetzsche Proklamation ironisch und zitirte wunderliche Sprachproben aus ihr, und Lehndorff sagte: „Feines Französisch war es nicht, das muß wahr sein, aber deutlich war es." — Chef: „Ja, das Verstehen ist ihre Sache. Wenn sie's nicht können, mögen sie sich jemand nehmen, der's ihnen übersetzt. Alle Leute, die sich was wissen mit ihrer Gewandtheit im Französischen, sind für uns nicht zu brauchen. Das ist aber das Unglück bei uns: wer nicht ordentlich deutsch spricht, ist schon dadurch ein gemachter Mann, besonders wenn er dafür englisch radebricht. Der alte [ich verstand: Meyendorff — andre hatten Napier gehört] hat mir einmal gesagt: »Trauen sie keinem Engländer, der das Französische mit richtigem Accent spricht,« und ich habe das meist bestätigt gefunden. Nur Odo Russell möchte ich ausnehmen."

Er erzählte sodann, daß der alte Knesebeck einmal zu aller Verwunderung im Staatsrat aufgestanden sei und um das Wort gebeten habe. Nachdem er ein Weilchen dagestanden, ohne etwas zu sagen, habe jemand gehustet. Da habe er gesagt: „Ich bitte mich nicht zu unterbrechen," dann sei er noch ein paar Minuten stehen geblieben, worauf er verdrießlich geäußert: „Nun habe ich vergessen, was ich vorbringen wollte," und sich niedergesetzt habe.

Die Rede kam auf Napoleon den Dritten, und der Chef erklärte denselben für beschränkt. „Er ist," fuhr er fort, „viel gutmütiger, als man gewöhnlich glaubt, und viel weniger der kluge

Kopf, für den man ihn gehalten hat." — „Das ist ja," warf Lehndorff ein, „wie mit dem, was einer vom ersten Napoleon geurteilt hat; eine gute Haut, aber ein Dummkopf." — „Nein," erwiederte der Chef, „im Ernst, er ist trotzdem, was man über den Staatsstreich denken mag, wirklich gutmütig, gefühlvoll, ja sentimental, und mit seiner Intelligenz ist es nicht weit her, auch mit seinem Wissen nicht. Besonders schlecht bestellt ist's mit ihm in der Geographie, obwohl er in Deutschland erzogen worden und auf die Schule gegangen ist, und er lebt in allerhand phantastischen Vorstellungen." — „Im Juli ist er drei Tage umhergetaumelt, ohne zu einem Entschlusse zu kommen, und noch jetzt weiß er nicht, was er will. Seine Kenntnisse sind derart, daß er bei uns nicht einmal das Referendarexamen machen könnte." — „Man hat mir das nicht glauben wollen, aber ich habe das schon vor langer Zeit ausgesprochen. 1854 und 1855 sagte ich es schon dem Könige. Er hat gar keinen Begriff davon, wie es bei uns steht. Als ich Minister geworden war, hatte ich eine Unterredung mit ihm in Paris. Da meinte er, das würde wohl nicht lange dauern, es würde einen Aufstand geben in Berlin und Revolution im ganzen Lande, und bei einem Plebiscit hätte der König alle gegen sich. — Ich sagte ihm damals, das Volk baute bei uns keine Barrikaden, Revolutionen machten in Preußen nur die Könige. Wenn der König die Spannung, die freilich vorhanden wäre, nur drei bis vier Jahre aushielte, — die Abwendung des Publikums von ihm wäre allerdings unangenehm und unbequem — so hätte er gewonnen Spiel. Wenn er nicht müde würde und mich nicht im Stiche ließe, würde ich nicht fallen. Und wenn man das Volk anriefe und abstimmen ließe, so hätte er schon jetzt neun Zehnteile für sich." — „Der Kaiser hat damals über mich geäußert: »Ce n'est pas un homme sérieux,« woran ich ihn im Weberhause bei Donchery natürlich nicht erinnerte." Graf Lehndorff fragte, ob man wohl etwas von der Verhaftung Bebels und Liebknechts zu fürchten hätte, ob das viel Aufregung hervorrufen würde? — „Nein," erwiederte der Chef, „davon ist nichts zu befürchten." — Lehndorff: „Aber Jacoby, da gab's doch viel Lärm und Geschrei." — Chef: „Jude—

und Königsberger. Fassen sie nur einen Juden an, da schreit's gleich in allen Ecken und Winkeln — oder einen Freimaurer. Und dann kam hinzu, daß sie gegen eine Volksversammlung einschritten, was nicht gerechtfertigt war." Er charakterisirte dann die Königsberger als immer oppositionell und krakehlerisch. — „Ja, Königsberg," sagte Lehndorff, „das hat Manteuffel verstanden, wenn er in seiner Ansprache meinte: »Königsberg bleibt Königsberg.«"

Jemand erwähnte hierauf, daß man Briefe an Favre mit „Monsieur le Ministre" anfinge, worauf der Chef äußerte: „Ich werde nächstens an ihn schreiben: Hochwohlgeborner Herr." Daraus entspann sich eine byzantinische Disputation über Titulaturen und die Anreden Exzellenz, Hochwohlgeboren und Wohlgeboren. Der Kanzler vertrat dabei entschieden antibyzantinische Ansichten und Absichten. „Man sollte das ganz weglassen," sagte er. „In Privatbriefen brauche ich's auch nicht mehr, und amtlich gebe ich das Hochwohlgeboren den Räten bis zur dritten Klasse."

Pfuel bemerkte, im Gerichtsstil ließe man die großen Anreden ja auch weg, da hieße es einfach und ohne Titel: „Sie haben sich an dem da und da einzufinden." — „Ja," entgegnete der Minister, „aber Ihre juristischen Anreden sind doch auch nicht gerade mein Ideal. Da fehlt bloß noch, daß es heißt: Sie Lumpenhund haben u. s. w."

Abeken als Byzantiner reinsten Wassers meinte, die Diplomaten hätten es schon übel vermerkt, daß man ihnen bisweilen ihre Titulaturen nicht ganz hätte zu teil werden lassen, und das Hochwohlgeboren gebühre nur den Räten zweiter Klasse. — „Und den Leutnants," rief Graf Bismarck-Bohlen. — „Ich will's aber ganz abschaffen bei unsern Leuten," erwiederte der Minister. „Es wird damit in Jahren ein Meer von Tinte verschrieben, worüber sich die Steuerzahler mit Recht als über eine Verschwendung beklagen können. Mir ist's ganz recht, wenn man an mich einfach: An den Ministerpräsidenten Graf von Bismarck schreibt. Ich bitte Sie [zu Abeken], mir darüber Vortrag zu erstatten. Es ist ein unnützer Schwanz, und ich wünsche, daß das wegfällt." Abeken Zopfabschneider — eigne Fügung!

Abends noch einen Artikel über die Verdrehung der Worte gemacht, welche der König zu Anfang des Krieges an die französische Zivilbevölkerung gerichtet hat. Auch der Armeebefehl von Homburg muß jetzt als Beweis dienen, daß er sein damals gegebenes Wort nicht gehalten, und nicht bloß die Franzosen, sondern auch ihre guten Freunde, die Sozialdemokraten Deutschlands, bringen diese Verleumdungen zu Markte. So hat in der ersten Woche dieses Monats in Wien eine Versammlung des Arbeitervereins stattgefunden, die eine Resolution gefaßt hat, welche den König auf Grund dieser Entstellungen des Wortbruchs zeiht. Aber weder der Armeebefehl von Homburg (vom 8. Juli), noch die Proklamation vom 11. desselben Monats enthält eine Zusage, welche besagt, man werde nur gegen die französischen Soldaten Krieg führen. Im erstgenannten Aktenstücke heißt es: „Wir führen nicht Krieg mit den friedlichen Einwohnern des Landes." Der Ton liegt auf „friedlichen." Franctireurs aber oder solche, die sie unterstützen oder sonst unsern Operationen auf die oder jene Weise thätlich entgegentreten, sind keine friedlichen Einwohner. In der Proklamation aber ist ausdrücklich ausgesprochen, daß die „Generale, welche die einzelnen Korps kommandiren, durch besondre Bestimmungen, die zur Kenntnis des Publikums gebracht werden sollen, die Maßregeln festsetzen werden, welche gegen die Gemeinden oder gegen einzelne Personen, die sich in Widerspruch mit den Kriegsgebräuchen setzen, verhängt werden sollen; sie werden in gleicher Weise alles anordnen, was sich auf Requisitionen bezieht, welche wegen der Bedürfnisse der Truppen als notwendig erachtet werden." Hiernach ist verfahren worden. Übrigens haben die Franzosen kein Recht, sich über Härte von seiten der Deutschen zu beklagen; wir haben nicht wie sie friedliche Leute, wie die unter ihnen angesiedelten und dann grundlos von Haus und Hof verjagten Deutschen ins Elend getrieben, wir haben keine Kauffahrtei-Seeleute in die Kriegsgefangenschaft abgeführt, kein uns unschädliches Privateigentum zerstört wie sie, wenn von ihnen deutsche Handelsschiffe verbrannt wurden, und nirgends ist von uns wie von ihnen die Genfer Konvention verletzt worden. Daß wir Zwangsmaßregeln gegen renitente Ortschaften angewendet und das Wiedervergeltungsrecht zum

Zwecke der Verhütung weitrer Verletzungen des Völkerrechts und der Menschlichkeit geübt haben, war in der Ordnung und nicht wider die Abrede. Dahin gehört auch, daß wir in diesen Tagen Granaten nach Tours hineingeworfen haben, wo die Einwohnerschaft unsre Truppen mit Feindseligkeiten empfing, und daß von uns die Eisenbahnbrücke bei dieser Stadt zerstört worden ist, was der Chef mich noch kurz vor Mitternacht telegraphiren ließ. Es ist eben Krieg, was die Franzosen in diesem Falle, wo es ihnen an die Haut geht, noch heute nicht voll begreifen zu können scheinen. Anderswo, in Algier, im Kirchenstaat, in China, in Mexiko z. B., begriffen sie's schneller.

Sonnabend, den 24. Dezember. Weihnachtsabend in der Fremde! Es ist sehr kalt wie gestern und vorgestern. Ich telegraphire, daß Manteuffel gestern mit zwei Divisionen Faidherbe, den General der auf sechzigtausend Mann veranschlagten französischen Nordarmee, geschlagen und zum Rückzuge genötigt hat.

Beim Essen ist der Oberstleutnant von Beckedorff Gast des Chefs, der ein alter Freund von ihm ist und mit dem er sich Du nennt. Auf dem Tische steht ein spannenhoher Miniatur-Weihnachtsbaum, und daneben befindet sich ein Etui mit zwei Bechern, einem im Stil der Renaissance und einem von Tulaer Arbeit. Beide, jeder nur zwei große Schlucke haltend, sind Geschenke der Gräfin für ihren Gemahl. Dieser läßt sie zur Ansicht herumgehen und bemerkt dazu: „Ich bin so ein Bechernarr, obwohl es eigentlich keinen Zweck hat. Denn wenn ich sie auf dem Lande habe und nicht da bin, so stehlen sie mir sie zuletzt, und in der Stadt kümmere ich mich nicht darum."

Dann äußerte er zu Beckedorff, er wäre doch eigentlich langsam avancirt, und fuhr darauf fort: „Wenn ich Offizier geworden wäre — ich wollte, ich wäre es —, so hätte ich jetzt eine Armee, und da stünden wir nicht vor Paris." — — —

An dieses Thema knüpften sich weitere Besprechungen der Kriegführung, wobei der Chef meinte: „Es ist mitunter nicht so sehr die Führung, welche die Schlachten bei uns beginnt und lenkt, als die Truppen selber. Wie bei den Griechen und Trojanern. Ein paar Leute sprechen einander Hohn, es kommt zu Schlägen zwischen ihnen,

Lanzen werden geworfen, andre laufen herzu und werfen und schlagen auch, und so giebt's endlich eine Schlacht. Erst schießen sich die Vorposten ohne Not, darauf rücken andre, wenn es gut geht, nach, zuerst kommandirt ein Unteroffizier eine Gruppe, dann kommt der Leutnant mit mehr Leuten nach, dann das Regiment, und zuletzt muß der General nach mit allem, was er hat. So entspann sich die Schlacht bei Gravelotte, die eigentlich erst den 19. stattfinden sollte. Bei Vionville war's anders. Da mußten sie sich den Franzosen entgegenwerfen wie ein Packan." — — —

Beckedorff erzählte hierauf, daß er bei Wörth zweimal verwundet worden, einmal zwischen Nacken und Schulterblatt, und zwar offenbar durch eine Explosivkugel, sodann am Knie. Er sei vom Pferde gesunken und liegen geblieben. Da hätte aus geringer Entfernung ein Zuave oder Turko, an einen Baum gelehnt, nach ihm geschossen und ihn am Kopfe gestreift. Desgleichen hätte ein andrer von diesen Halbwilden sich auf der Flucht in einen Graben geworfen, und als unsre Leute über ihn weggewesen, wäre er aufgestanden und hätte ihnen in den Rücken gefeuert. Da wären einige zu seiner Verfolgung umgekehrt, einer hätte ihm, da man unsrer Truppen wegen nicht schießen gedurft, das Gewehr ins Kreuz geworfen, und so hätten sie ihn gekriegt und umgebracht. „Er hatte das Schießen gar nicht nötig; denn niemand hätte ihm in seinem Graben was gethan," sagte der Erzähler. „Es war die reine Mordlust."

Der Chef erinnerte an andre Barbareien der Franzosen und bat Beckedorff, seinen Fall für ihn zu Papiere zu bringen und die Explosivkugel ärztlich bescheinigen zu lassen. Zuletzt kam er auf Landschaftliches zu sprechen, wobei er bemerkte, daß er Gebirgsgegenden nicht sehr liebe, erstens wegen der im Thale gewöhnlich beschränkten Aussichten, dann wegen des Auf- und Absteigens. „Ich bin mehr für die Ebene, wenn auch nicht gerade für die bei Berlin. Aber kleine Hügel mit hübschem Laubwald, schnelle klare Bäche, etwa wie in Pommern und überhaupt an der Ostsee" — was ihn dann auf verschiedene Ostseebadeorte brachte, von denen er einige recht anmutig, andre langweilig fand.

Nach Tische ging ich ein paar mal durch die Baumreihen der

Avenue vor unsrer Straße. Inzwischen brannten sie zu Hause im Speisezimmer einen Weihnachtsbaum an, und Keudell bescherte Zigarren und Pfefferkuchen. Mir schickte man, da ich zu spät für die Feierlichkeit kam, diese Gaben aufs Zimmer. Ich las dann, wie jetzt immer, was der Tag an Depeschen und Konzepten geliefert hatte. Später wurde ich bald nach einander zweimal und dann noch einmal zum Chef gerufen. Es soll in mehreren Artikeln auf die grausame Kriegführung der Franzosen, nicht bloß der Franctireurs, sondern auch der Regulären aufmerksam gemacht werden, welche beinahe täglich die Genfer Bestimmungen verletze und von ihr nur das zu kennen scheine und anrufe, was den Franzosen vorteilhaft sei. Dabei ist des Schießens auf Parlamentäre, der Mißhandlung und Ausplünderung von Ärzten, Krankenträgern und Lazarettgehilfen, der Ermordung von Verwundeten, des Mißbrauchs der Genfer Binde durch Franctireurs, der Anwendung von Explosivkugeln (im Beckedorffschen Fall) und der völkerrechtswidrigen Behandlung der Schiffe und Mannschaften der deutschen Handelsflotte zu gedenken, die von französischen Kreuzern aufgebracht worden sind. Dann wäre zu schließen: Die gegenwärtige französische Regierung trägt hieran einen großen Teil der Schuld. Sie hat den Volkskrieg entfesselt und kann die von ihr angefachten Leidenschaften nicht mehr im Zaume halten, die sich über das Völkerrecht und allen Kriegsgebrauch hinwegsetzen. Auf sie vor allem fällt die Verantwortlichkeit für alle Härte, mit der wir gegen unsern Wunsch und, wie die Kriege in Schleswig und Österreich zeigen, gegen unsre Natur und Gewohnheit, in Frankreich das Kriegsrecht handhaben mußten.

Der Chef bekommt abends um zehn Uhr noch das eiserne Kreuz erster Klasse. — — Abeken und Keudell erfreuten sich der zweiten Klasse dieser Dekoration schon am Nachmittag.

Sonntag, den 25. Dezember. Es ist früh wieder sehr kalt, aber trotzdem begiebt sich Abeken in die Schloßkirche zur Predigt. Theiß sagt, indem er mir dessen Rock mit dem Kreuze zeigt: „Heute geht der Herr Geheimrat gewiß nicht im Mantel aus.“ Im Büreau erfährt man, daß der Kardinal Bonnechose von Rouen hierher zu kommen vorhat. Er und Persigny wollen Berufung des alten Gesetzgebenden Körpers, noch mehr aber des Senats, der aus ruhigeren und reiferen Elementen bestehe, um den Frieden zu beraten.' — — Ferner scheint jetzt sicher zu sein, daß mit der Beschießung von Paris Ernst gemacht werden wird, und zwar in den allernächsten Tagen. So deutet man wenigstens den soeben ergangnen Befehl des Königs, durch welchen der Generalleutnant von Kameke, bisher Kommandeur der 14. Infanteriedivision zur einheitlichen Führung der Genietruppen und der Generalmajor Prinz Hohenlohe-Ingelfingen zur obersten Leitung der Belagerungsartillerie ernannt wird.

Bei Tische heute kein Gast zugegen, und das Gespräch meist ohne des Aufzeichnens werte Äußerungen. Doch mag folgendes notirt werden. Abeken ließ in die Erörterung, ich weiß nicht mehr welchen Themas, die Bemerkung einfließen, ich führe ein sehr genaues Tagebuch. Bohlen bestätigte das in seiner lebhaften Weise, indem er behauptete: „Ja, der schreibt hinein: um drei Uhr fünfundvierzig Minuten sagte mir Graf oder Baron Soundso das und das, als ob ers in Zukunft beschwören wollte." — Abeken meinte: „Das wird einmal eine Geschichtsquelle sein. Wenn man es doch noch erlebte, es lesen zu können." Ich entgegnete, ja, ganz gewiß werde es eine Geschichtsquelle sein und eine zuverlässige, wenn auch erst nach dreißig Jahren. Der Chef lächelte und sagte: „Ja, dann wird es heißen: Conferas Buschii Kapitel drei, Seite zwanzig."

Nach Tische Akten gelesen und darin gefunden, daß der Gedanke einer Verschiebung der deutschen Grenzen nach Westen amtlich dem König zuerst am 14. August und zu Herny vorgetragen worden ist. Am 2. September hat die badische Regierung eine Denkschrift mit ähnlicher Tendenz eingesendet.

Montag, den 26. Dezember. Daß ich an einem der Loostage des Jahres Siebzig in einem Privathause zu Versailles echte sächsische Weihnachtsstolle essen würde, hätte ich nicht geglaubt, und wenn es mir auch von allen zwölf kleinen Propheten geweissagt worden wäre. Und doch hatte ich diesen Morgen ein gutes Stück davon vor mir, eine Gabe der Mildthätigkeit Abekens, der eine Kiste mit solchem Gebäck aus Deutschland bekommen hat.

Abgesehen von den gewöhnlichen Arbeiten war heute ununterbrochen Feierabend. Das Wetter war nicht mehr so kalt, aber ebenso hell wie gestern. Gegen drei Uhr wurde wieder einmal lebhafter von den Forts gefeuert. Ob sie wohl etwas davon gemerkt haben, daß wir ihnen nächstens zu antworten bereit sind? Schon in der vorigen Nacht schossen sie eine Weile ganz gewaltig aus ihren großen Donnerbüchsen.

Beim Diner war Waldersee zugegen. Es wurde fast nur über militärische Fragen gesprochen. — — —

Zuletzt kam man auf die Gabe, viel trinken zu können, und der Minister äußerte u. a.: „Früher hatte mir das Trinken garnichts an. Wenn ich bedenke, was ich da geleistet habe. Die schweren Weine, besonders der Burgunder!" Darauf drehte sich das Gespräch eine Weile um das Kartenspiel, und er bemerkte, daß er früher auch darin viel gethan und z. B. einmal zwanzig Rubber Whist nach einander gespielt habe, „was sieben Stunden Zeit gleichkommt." Ihn könne es nur interessiren, wenn hoch gespielt würde, das schicke sich aber nicht für einen Familienvater. Veranlassung zur Vornahme dieses Themas hatte übrigens der Umstand gegeben, daß der Chef jemand einen „Riemchenstecher" genannt hatte, was er dann, nachdem er gefragt, ob man das verstünde, dahin erklärte: „Das Riemchenstechen ist ein altes Soldatenspiel gewesen, und ein Riemchenstecher ist nicht gerade ein Schuft, aber ein schlauer, gewandter Mensch." — — —

Abends wieder einen Artikel über die barbarische Kriegführung der Franzosen geschrieben und einen Aufsatz der „Staatsbürgerzeitung," welche ein weniger schonendes Verfahren gegen dieselben empfiehlt, für Seine Majestät zurecht gemacht.

Sechzehntes Kapitel.

Die ersten Wochen des Bombardements.

Am 27. Dezember begann endlich — endlich! — die langersehnte Beschießung von Paris, und zwar auf der Ostseite. Wie das Folgende zeigt, wußten wir davon zunächst nichts, und auch später machte das Feuer nur an einigen Tagen den Eindruck großer Vehemenz. Sehr bald gewöhnte man sich daran, niemals absorbirte es die Beobachtung auch von Kleinigkeiten, und niemals unterbrach es auf eine längere Weile den Gang der Arbeiten und den Fluß der Gedanken. Die französischen Forts hatten darauf vorbereitet. Das Tagebuch möge davon weiter erzählen.

Dienstag von früh bis tief in den Tag hinein dichter Schneefall bei ziemlich harter Kälte. Am Morgen berichtete der Kanzleidiener, der außer mir auch Abeken bediente, von unserm alten Geheimrat, als ob er ihn für einen Katholiken hielte: „Früh liest er seine Gebete. Ich glaube, daß es lateinisch ist. Das liest er ganz laut, daß man es manchmal auf dem Vorsaale hört; wahrscheinlich ist es die Messe." — Dann fügte er hinzu, Abeken habe gemeint, der starke Kanonendonner, der seit der siebenten Stunde in der Ferne zu vernehmen sei, werde wohl der Beginn des Bombardements sein.

Verschiedene Briefe mit Anweisung zu Artikeln geschrieben. — Nach zwölf Uhr auf Befehl des Chefs nach London telegraphirt, daß die Beschießung der Außenwerke von Paris diesen Morgen ihren Anfang genommen. Es ist der Mont Avron, eine Schanze bei Bondy, welche unsre Belagerungsartillerie zunächst ins Auge gefaßt hat, und die Sachsen scheinen die Ehre zu haben, die ersten Schüsse abfeuern zu dürfen. Der Minister bleibt den ganzen Tag über im Bette, nicht weil er besonders unwohl wäre, sondern, wie er mir sagt, um sich gleichmäßig warm zu halten. Er kommt auch nicht zu Tische, wo Graf Solms mit uns speist. Von der Unterhaltung dabei ist nur zu notiren, daß Abeken erwähnt, der „Kladderadatsch“ enthalte ein recht hübsches Gedicht auf den Herzog von Coburg — vielleicht Lobgedicht.

Die Bonapartisten scheinen sehr rührig geworden zu sein und sich mit großen Plänen zu tragen. Persigny und Palikao haben die Absicht, Orleans von uns neutralisiren zu lassen und dorthin das Corps legislatif zu berufen, daß es die Frage entscheide, ob Republik oder Monarchie sein, und, falls es sich für die letztere ausspräche, welche Dynastie herrschen solle. Man will damit aber noch einige Zeit warten, bis größere Niedergeschlagenheit gefügiger gemacht habe. Bonnechose, der Erzbischof von Rouen, beabsichtigt einen Versuch zur Vermittelung des Friedens zwischen Deutschland und Frankreich zu unternehmen. Derselbe ist früher Jurist gewesen und erst spät in den geistlichen Stand getreten. Er gilt für gescheit, steht mit den Jesuiten in Verbindung und ist seines Zeichens eigentlich Legitimist, hält aber viel von Eugenien, weil sie fromm ist; er war ferner ein eifriger Förderer des Unfehlbarkeitsdogmas und erwartet Papst zu werden, wozu er in der That einige Aussicht haben soll. Nach gewissen Äußerungen hofft er Trochu, mit dem er bekannt ist, zur Übergabe von Paris bewegen zu können, falls wir — nicht auf Landabtretung beständen. Statt dessen könnten wir ja, wie der Herr Erzbischof gemeint hat, die Rückgabe von Nizza und Savoyen an Viktor Emanuel verlangen und diesen dann nötigen, dem Papste, dem Toskaner und der neapolitanischen Majestät ihr Land wiederzugeben, und so uns den Ruhm erwerben, die Schirmherren der Ordnung und die Wiederhersteller des Rechtes in Europa zu sein. Welch ein komischer Plan!

Der Chef hat zu den kräftigsten Maßregeln gegen Noquet le Roi, wo ein Überfall durch Francțireurs von der Einwohnerschaft unterstützt worden ist, Anweisung erteilt; er hat ferner das Gesuch des Maires und der Munizipalität von Chatillon um Erlaß der Million Franken abgewiesen, die diesem Orte als Strafe auferlegt worden ist, weil dort ähnliches vorgekommen ist. In diesem wie in jenem

Falle hat ihn der Grundsatz geleitet, man müsse der Bevölkerung des Landes den Krieg fühlbar machen, um sie dem Frieden geneigt zu stimmen.

Um elf Uhr abends zum Chef gerufen, der mir verschiedene Zeitungsartikel aus Berlin „zur Sammlung" (von Beispielen der barbarischen Kriegführung der Franzosen, die ich auf seinen Befehl begonnen) sowie zwei andre Aufsätze giebt, die an den König gehen sollen. — — —

Mittwoch, den 28. Dezember. Schneefall bei mäßiger Kälte. Der Chef verläßt sein Zimmer auch heute nicht. Er giebt mir einen französischen Brief zur beliebigen Verwendung, den „une Américaine" unterm 25. Dezember an ihn gerichtet hat. Derselbe lautet:

„Graf von Bismarck. Jouissez autant que possible, Herr Graf, du climat frais de Versailles, car, un jour, vous aurez à supporter des chaleurs infernales pour tous les malheurs, que vous avez causés à la France et à l'Allemagne." Das ist alles. Welchen Zweck die Verfasserin mit ihrer Zuschrift verfolgt hat, ist nicht erfindlich.

Beim Frühstück ist Exzellenz Delbrück wieder zugegen. Derselbe ist überzeugt, daß die zweite bairische Kammer die Versailler Verträge schließlich ebenso gutheißen wird wie der norddeutsche Reichstag, vor dessen Beschluß in der Sache ihm in der That einige Tage lang bange gewesen sei.

Nach den französischen Blättern wäre ungefähr jeder Soldat der deutschen Armeen über die Pflichten, die das siebente Gebot auferlegt, im Unklaren. Nach einer Bekanntmachung des Präfekten der Seine und Oise muß es aber von dieser Regel Ausnahmen geben und zwar recht glänzende Ausnahmen. Dieselbe besagt: „Das Publikum wird benachrichtigt, daß von Soldaten der deutschen Armee wieder die folgenden Gegenstände gefunden worden sind: 1. In dem leerstehenden Hause des Notars Maingot zu Thyais an der Ecke der Straße nach Versailles und der nach Grignon ein Packet mit Wertsachen, die auf hunderttausend Franken geschätzt werden. 2. Zu Choisy le Roi, in einem von seinen Bewohnern verlassenen Hause auf der Rue de la Raffinerie, Nummer 29, ein

Packet mit Wertpapieren. 3. Auf dem Wege von Palaiseau nach Versailles eine Geldtasche mit zehn preußischen Thalern und verschiedenen kleinen deutschen und französischen Münzen. 4. In dem verlassenen Hause des Herrn Simon zu Ablon zwei Packete, die ungefähr dreitausend Franken enthalten. 5. Im Garten des Herrn Duhuy, Adjunkten zu Athis, ein Kästchen mit Eisenbahnaktien und andern Papieren von Wert. 6. Im verlassenen Hause des Herrn Dufossé zu Choisy le Roi, Rue de Villiers, Nummer 12, Papiere im Werte von siebentausend Franken. 7. Im Kloster zu Hay elftausend Franken in Wertpapieren. 8. In einem von seinen Bewohnern geräumten Hause am Ufer der Seine bei Saint Cloud ein Packet mit Wertpapieren. 9. In einer verlassnen Wohnung zu Brunoy eine kleine Pendule. [Ein Gegenstand, den wir nach den Behauptungen der französischen Journalisten sonst vorzugsweise gern einpacken und mitnehmen.] 10. Im Garten des Hauses, welches in der Nähe der Kirche die Ecke der Straße zwischen Villeneuve le Roi und dem Friedhofe von Orly bildet, mehrere Bijouteriegegenstände von alter und moderner Arbeit. 11. Im Garten neben dem Gewächshause des Château Rouge zu Fresnes les Rungis ein Milchkübel, der Gold- und Silbersachen, Wertpapiere au porteur und andre enthält."

Donnerstag, den 29. Dezember. Viel Schnee, geringe Kälte. Der Minister bleibt im Bett wie gestern, arbeitet aber und scheint nicht besonders krank zu sein. Er läßt mich telegraphiren, daß die erste Armee in Verfolgung Faidherbes bis Bapaume vorgedrungen ist, und daß der Mont Avron gestern unser Feuer (es sind einige dreißig oder vierzig Geschütze, die ihn beschießen) nicht mehr erwiedert hat. Beim Frühstück heißt es, daß die sächsische Artillerie gestern und vorgestern vier Tote und neunzehn Verwundete gehabt habe.

Nachmittags die Depesche Granvilles an Loftus in Betreff des Bismarckschen Rundschreibens über die Luxemburgische Angelegenheit für den König übersetzt. Dann Akten studirt. Um die Mitte des Oktober ist dem Chef eine Coburger Denkschrift mit Vorschlägen zu einer Neugestaltung Deutschlands zugegangen. Unter diesen Vorschlägen befindet sich auch die Wiederherstellung der Kaiserwürde und zuletzt die Ersetzung des Bundesrates durch Bundesministerien und die Schaffung eines aus Vertretern der Regierungen und Delegirten der Landtage zusammengesetzten Reichsrates. Der Chef hat darauf geantwortet, ein Teil der in diesen Vorschlägen niedergelegten Gedanken sei schon seit langer Zeit in der Verwirklichung begriffen. Gegen die Bundesministerien und den Reichsrat müsse er sich verwahren, da er sie als für die Ausführung aller andern Neugestaltungen hinderlich betrachte. — — — Aus Brüssel wird berichtet, daß der König der Belgier uns wohlwolle, aber kein Mittel habe, um gegen die deutschfeindliche Presse des Landes einzuschreiten. — Der Großherzog von Hessen hat sich dahin geäußert, daß Elsaß und Lothringen preußische Provinzen werden müßten. Dalwigk dagegen, uns noch so abgeneigt wie je, will, daß die von Frankreich abzutretenden Gebietsteile mit Baden vereinigt werden, und daß dafür die Gegend von Heidelberg und Mannheim zur Herstellung des Zusammenhanges mit der linksrheinischen Pfalz an Baiern übergehen soll. — In Rom will der Papst die „Mediation" zwischen uns und Frankreich übernehmen.

Abends übergab ich Bucher die gesammelten Zeitungsberichte über die inhumane und völkerrechtswidrige Kriegsführung der Franzosen zu einer Arbeit. Um zehn Uhr ließ der Chef mich rufen und sagte, auf dem Sofa vor dem Kamin liegend und mit einer Decke zugedeckt: „Na, wir haben ihn!" — „Wen, Exzellenz?" — „Den Mont Avron." Er zeigte mir dann einen Brief von Graf Waldersee, in welchem derselbe meldete, daß diese Schanze diesen Nachmittag von Truppen des zwölften Armeekorps besetzt worden sei, und daß man dort viele Lafetten, Gewehre und Munitionsvorräte, sowie zahlreiche Tote gefunden habe. Der Minister sagte: „Wenn nur nicht etwa eine Mine drin ist und die armen Sachsen auffliegen." Ich teilte die Nachricht von diesem ersten Erfolge des Bombardements telegraphisch nach London mit, aber in Chiffren, weil man es sonst beim Generalstabe übelnehmen könnte.

Später schickte der Kanzler noch einmal nach mir, um mir ein Blatt der „Kölnischen Zeitung" zu zeigen, die einen Ausfall des

Wiener „Tageblatt" reproduzirt, worin es heißt, Bismarck habe sich über die Widerstandsfähigkeit von Paris gründlich getäuscht und in dieser Übereilung, der jetzt Hunderttausende [warum nicht lieber gleich Millionen?] zum Opfer fielen, zu hochgespannte Forderungen in Betreff des Friedens gestellt. Darauf wurde unsrerseits erwiedert, niemand kenne die Friedensbedingungen des Bundeskanzlers, da er noch nicht Gelegenheit gehabt habe, sich amtlich darüber auszusprechen, jedenfalls seien sie nicht so hochgespannt, als die der öffentlichen Meinung in Deutschland, die fast einstimmig ganz Lothringen verlangt habe. Auch seine Ansichten über die Widerstandsfähigkeit von Paris könne niemand wissen, da er gleichfalls noch nicht in der Lage gewesen sei, sie amtlich kundzugeben.

Wie den Tag über mehrmals lebhaftes Schießen aus grobem Geschütz zu hören war, so auch in der Nacht bis nach zwölf Uhr.

Freitag, den 30. Dezember. Die bittere Kälte der letzten Tage währt fort. Der Chef hütet wegen Unwohlseins noch immer das Zimmer und meist auch das Bett. Früh auf seinen Befehl erst näheres über die Besetzung des Mont Avron, dann über die schmähliche Prämie telegraphirt, mit welcher die gefangnen französischen Offiziere nach amtlichem Eingeständnis der Delegation in Tours zum Davongehen unter Bruch ihres Ehrenwortes verlockt worden sind. Ich schrieb ferner Artikel über dieses Thema für die deutsche Presse sowie für den hiesigen „Moniteur" mit folgendem Gedankengange:

Wiederholt schon haben wir Gelegenheit genommen, auf die tiefe Korruption aufmerksam zu machen, die sich in den Vorstellungen vom Wesen der militärischen Ehre auf seiten gewisser Staatsmänner und gewisser Offiziere der Armee Frankreichs kundgiebt. Eine Mitteilung, die uns aus guter Quelle zugeht, liefert uns den Beweis, daß wir bis jetzt noch nicht gewußt haben, wie tief das Übel sitzt und wie weit es geht. Wir haben vor unsern Augen eine amtliche Verfügung, die aus dem französischen Kriegsministerium und zwar aus dem fünften Büreau der sechsten Abteilung ergangen ist und die Überschrift: „Solde et revues" trägt. Tours, den 13. November datirt und vom Oberstleutnant Alfred Jerald, sowie vom Obersten

Tissier, dem Generalstabschef des 17. Armeekorps, unterzeichnet, sichert diese Verfügung, indem sie sich auf eine andre, die am 10. November ergangen ist, bezieht, allen französischen Offizieren ohne Ausnahme, die sich in deutscher Gefangenschaft befinden, für den Fall, daß sie sich davonmachen, eine Geldbelohnung zu. Wir sagen, allen Offizieren ohne Ausnahme, d. h. auch denen, die ihr Ehrenwort gegeben haben, nicht zu entfliehen. Die Prämie, die für ein solches ehrloses Betragen angeboten wird, beträgt siebenhundertundfünfzig Franken. Die Maßregel bedarf keines Kommentars. Sie wird wahrscheinlich in ganz Frankreich Entrüstung erwecken. Die Ehre, das köstlichste Gut jedes deutschen Offiziers — und Pflicht und Gerechtigkeit verlangen, daß wir hinzusetzen, auch aller französischen Offiziere in der Vergangenheit — wird von den Menschen, die der 4. September ans Ruder gebracht hat, als ein Gegenstand des Kaufs und Verkaufs, ja selbst des Kaufs für ein Billiges betrachtet. Auf diesem Wege werden die Offiziere der französischen Armee noch dahin kommen, daß sie glauben, Frankreich werde nicht mehr von einer Regierung geleitet, sondern von einem Handelshause zu dessen Zwecken ausgebeutet, einem Handelshause mit laxen Grundsätzen im Punkte von Rechtlichkeit und Anstand, das sich Gambetta und Kompagnie schreibt. „Wer kauft Götter? Wer verkauft Ehrenworte?"

Später noch einen kleinen Artikel über einen Irrtum abgesandt, der wiederholt in der „Kölnischen Zeitung" zu lesen war, und der in diesen Tagen auf Veranlassung der nach Wien gerichteten Depesche des Bundeskanzlers abermals laut wurde. Das große rheinische Blatt sagt: „Seit 1866 gehören wir zu denen, welche unablässig bald nach Wien, bald nach Berlin die Mahnung richten, die gegenstandslos gewordene Eifersucht abzuthun und sich möglichst nahe an einander anzuschließen. Wir haben oft die persönliche Gereiztheit zwischen Bismarck und Beust bedauert, die eine solche Annäherung zu erschweren schien," u. s. w. Darauf wurde entgegnet: „Schon oft hat man in der That zu bemerken gehabt, daß die Kölnische Zeitung das politische Thun und Unterlassen des Bundeskanzlers aus persönlichen Motiven, persönlichen Neigungen oder Abneigungen, Stimmungen oder Verstimmungen zu erklären suchte,

31*

und wir begegnen hier einem weiteren Beispiele dieser mit nichts zu rechtfertigenden Meinung. Weshalb man immer wieder mit solcher Verdächtigung hervortritt, ist uns unerfindlich. Wir wissen nur, daß zwischen dem Kanzler des Norddeutschen Bundes und dem Reichskanzler Österreich-Ungarns eine persönliche Gereiztheit durchaus nicht besteht, ja daß die beiden Staatsmänner vor 1866, wo sie öfter in persönliche Berührung kamen, wie auch Graf Bismarck im Norddeutschen Reichstage konstatirt hat, auf recht gutem Fuße mit einander standen. Seitdem ist zwischen ihnen als Privaten nichts geschehen, was eine bittere Stimmung erzeugen könnte, schon weil sie seitdem nicht persönlich miteinander verkehrten. Standen sie sich als Staatsmänner bisher mehr oder minder feindlich gegenüber, so ist die Ursache hiervon nicht verborgen. Sie waren eben bisher Vertreter verschiedener politischer Systeme, sie versuchten verschiedene politische Grundgedanken zu verwirklichen, zwischen denen sich schwer Anknüpfungspunkte auffinden ließen, obwohl dies nicht absolut unmöglich ist. Dies und nichts andres ist die Erklärung dessen, was die Kölnische Zeitung aus persönlichen Motiven hervorgehen läßt, die keinem Staatsmanne der Gegenwart in seinem Denken und Handeln ferner liegen als dem Bundeskanzler. — Nebenher sei hier noch bemerkt, daß sich Graf Bismarck über die Widerstandsfähigkeit von Paris nicht nur nicht, wie das rheinische Blatt einer Wiener Zeitung nachdruckt, »gründlich«, sondern überhaupt nicht getäuscht hat. Er ist nie darüber gefragt worden, hielt aber, wie wir aus bester Quelle wissen, die Einnahme der Stadt schon vor Monaten für schwierig und war gegen die Einschließung derselben vor dem Falle von Metz."

Abends im Büreau Akten gelesen, darunter interessante Berichte aus Baiern. — — — Ferner eine Weisung, nach dem Elsaß gerichtet, mit dem Grundgedanken: nicht darin besteht hier gegenwärtig die Hauptaufgabe, daß das Elend des Landes gemildert und die Bevölkerung möglichst mit der ihr bevörstehenden Einverleibung in Deutschland versöhnt wird; das erste vielmehr, wofür jetzt Sorge zu tragen ist, heißt Förderung des Kriegszwecks, der in baldiger Erreichung des Friedens besteht, und Sicherung der Truppen. Infolgedessen sollen alle französischen Beamten, die sich uns nicht zur Verfügung stellen, desgleichen die Richter, die unter uns nicht fungiren wollen, nach dem Innern Frankreichs ausgewiesen werden. Aus gleichen Gründen soll man den Pensionären ihre Pensionen nicht auszahlen: sie können sich dann nach Bordeaux wenden und würden in dieser Lage mehr nach Frieden verlangen.

Abends zehn Uhr noch den Erfolg der ersten Armee gegen Mobile und Franctireurs telegraphirt. Nach elf Uhr wieder zum Chef gerufen. Dann eine falsche Auffassung der Verhältnisse vor Paris berichtigt, die in der „Kreuzzeitung" vorgetragen worden. Man scheint dort der Meinung zu sein, daß es sich jetzt schon um eine Beschießung der Stadt selbst handle. Das ist aber ein Irrtum, und die sonst guten Berichte des Blattes beruhen in dieser Hinsicht auf lückenhafter Kenntnis der Topographie von Paris. Wir haben es zunächst mit den Forts zu thun, die aber von der Stadt weit entfernt sind. Wollte man letztere über die Forts weg beschießen, so wäre dies ein Unternehmen ungefähr dem gleich, wenn jemand auf den Müggelsbergen bei Köpenick und auf den Hügeln bei Spandau Forts von der Größe und Stärke Spandaus vor sich hätte und über diese Befestigung hinweg Berlin bombardiren wollte. Wir nehmen erst die Forts, dann folgt die Beschießung der Stadt selbst. Vorher sind nur Vorstädte oder solche Teile der Stadt selbst für unsre Geschütze erreichbar, deren Beschießung nicht viel hilft.

Nach zehn Uhr, wo ich meine letzten Einträge ins Tagebuch mache, wird bis gegen elf Uhr wieder ziemlich fleißig vom Mont Valérien oder den Kanonenbooten gedonnert.

Sonnabend, den 31. Dezember. Alle Welt unter uns ist schon kränklich gewesen. Auch ich fange an matt zu werden, und es wird gut sein, wenn ich die Nachtarbeit, die das Tagebuch kostet, abkürze oder ein paar Tage ganz unterbreche. Auch die strenge Kälte, gegen die der Kamin nur unvollkommen schützt, mahnt ab von dem bisherigen Aufbleiben bis lange nach Mitternacht.

Gambetta und Genossen in Bordeaux treten in ihrer Eigenschaft als Diktatoren immer gewaltthätiger auf. Kaum hat sich das Kaiserreich, dessen Willkür sie früher bekämpften, so despotisch über gesetzlich bestehende Einrichtungen hinweggesetzt oder sie so autokratisch beseitigt, wie diese Republikaner vom reinsten Wasser. Soeben erfährt man, daß die Herren Crémieux, Gambetta, Glais-Bizoin und Fourichon am 25. Dezember mit Bezug auf frühere Verfügungen kurzer Hand dekretirt haben: „Die Generalräte und die Arrondissementsräte sind aufgelöst, desgleichen die Departemental-Kommissionen, wo man deren eingerichtet hat; die Generalräte werden durch Departemental-Kommissionen ersetzt werden, die aus so vielen Mitgliedern zu bestehen haben, als das Departement Kantone hat, sie werden auf den Vorschlag der Präfekten von der Regierung eingesetzt." — Wo wir sind, natürlich nicht. Ich schicke das Dekret zum Abdruck an die Redaktion des „Moniteur." — — —

Montag, den 2. Januar. Die Ermattung und die Kälte dauern fort. Der Chef ist noch immer unwohl. Desgleichen Hatzfeldt und Bismarck-Bohlen. Der Gambettasche Krieg à outrance soll jetzt mit Beihilfe von einer Art arabischen Francтireurs weitergeführt werden. Was wird Herr de Chaudordy, der uns neulich als Barbaren vor den Großmächten verklagte, zu dem Artikel sagen, in dem die „Independance Algérienne die Vorstellungen dieser wilden Horden von dem, was im Kriege erlaubt ist, auseinandersetzt, oder die sie ihnen einzuprägen beabsichtigt? Verschiedene in Frankreich erscheinende Blätter billigen sie offenbar; denn sie haben den geradezu bestialischen Artikel ohne ein Wort der Mißbilligung abgedruckt, und wenn sie das nicht unterließen, so ist daraus zu schließen, daß sie auch auf Billigung bei ihren Lesern rechnen konnten. Notiren wir ihn uns als Andenken an den Siedegrad, den die Leidenschaft des Hasses bei einem großen Teile unsrer Gegner erreicht hat. Der Wutausbruch des afrikanischen Journalisten, in den französische Kollegen einstimmten, lautet:

„Der Augenblick ist gekommen. Möge jede unsrer Provinzen zehn Gums von je zweihundert Mann ausheben! Sie werden ihre Kaids und einige Offiziere von den arabischen Büreaus zu Anführern haben. Diese Gums werden sich, sobald sie fertig für den Abmarsch sind, nach Lyon wenden, dort werden sie den Dienst von fliegenden Tirailleurs und Eclaireurs übernehmen, von dem unsre leichte Reiterei nichts versteht. Ihre erste Aufgabe wird darin bestehen, die Ulanen zu vernichten oder wenigstens dadurch in Schrecken zu setzen, daß sie ein paar Köpfe abschneiden. In zwei oder drei Gruppen geteilt, unter denen jeder einige deutschsprechende Offiziere und Unteroffiziere beigegeben sein werden, werden diese tapfern Kinder der Wüste sich auf das Großherzogtum Baden werfen, wo sie alle Dörfer niederbrennen und alle Wälder anzünden werden — was in diesem Augenblicke, wo die dürren Blätter den Boden bedecken, leicht ist. Der Schwarzwald wird mit seinen Flammen das Thal des Rheines erleuchten. Die Gums werden sodann in Württemberg eindringen, wo sie alles verwüsten werden. Der Ruin der mit Preußen verbündeten Länder wird ohne Zweifel die Niederlage und den Sturz des letzteren zur Folge haben.

Die Gums führen nichts mit sich als Patronen. Überall finden sie, was sie zum Leben bedürfen. Haben sie für einige Tage Nahrung und Notdurft, so verbrennen sie Städte und Dörfer. Wir werden zu diesen tapfern Söhnen des Propheten sagen: Wir kennen euch, wir schätzen euren Mut, wir wissen, daß ihr energisch, unternehmend, ungestüm seid. Geht hin und schneidet Köpfe ab, je mehr ihr abschneiden werdet, desto höher wird unsre Achtung vor euch steigen.

Auf die Nachricht vom Einbruche dieser Afrikaner in das feindliche Gebiet wird sich allgemeiner Schrecken über Deutschland verbreiten, und die preußischen Armeen werden bereuen, ihr Land verlassen zu haben, wo ihre Frauen und ihre Kinder jetzt die Schuld ihrer Männer und Väter zu bezahlen haben werden. Lassen wir hinter uns das Erbarmen! Lassen wir hinter uns die Gefühle der Menschlichkeit! Weder Gnade noch Mitleid mit diesen modernen Hunnen! Nur der Einbruch in Deutschland kann rasch die Aufhebung der Belagerung von Paris herbeiführen. Die Gums werden auf der Höhe ihrer Aufgabe stehen. Es genügt, wenn wir ihnen den Zügel locker lassen und zu ihnen sagen: Morden, plündern, niederbrennen!"

Angenehmer Mensch, der Verfasser. Angenehme Vorschläge, besonders da, wo davon die Rede ist, daß bei dem Morden, Plündern und Niederbrennen der Wilden, die man aufruft, französische Offiziere die Führer sein sollen. Und solche Gums scheinen wirklich bereits auf französischem Boden eingetroffen zu sein, wenigstens liest man von der vor kurzem erfolgten Ankunft von Verstärkungen aus Afrika.

Dienstag, den 3. Januar. Der Gedanke, daß die weite Ausbreitung der deutschen Heere nach Norden und Südwesten hin gefährlich, und daß eine gewisse Konzentration geboten sei, hat, wie ich sehe, auch anderwärts seine Vertreter. Zunächst hat die Wiener „Presse" aus der Feder eines Fachmannes eine Auseinandersetzung gebracht, welche eine Zusammendrängung unsrer in Frankreich befindlichen Truppenmassen für notwendig erklärt, wenn Zersplitterung vermieden und die damit verbundene Schwächung unsrer Offensivkraft verhindert werden soll. Der Verfasser denkt an eine Konzentration unsrer Truppen in einem Umkreise von fünfzehn bis zwanzig Meilen um Paris. Hier sollen die zum Entsatze der Stadt vom Westen und Norden heranrückenden französischen Armeen mit der ganzen Gewalt der deutschen Heeresmassen niedergeschmettert und zerstreut werden. Selbst die riesenhaften, bisher ohne Aufhören aus Deutschland hervorgegangenen Kräfte reichten, so fährt unser Sachverständiger fort, keineswegs hin, um alle kriegerischen Aufgaben, die man deutscherseits in die Hand genommen, gleichzeitig zu lösen. Der Wunsch aber, sie allesamt rasch zu Ende zu bringen, muß zu einer mit Gefahren aller Art verbundenen Verzettelung der Heereskörper führen, ein Übelstand, der dadurch noch bedenklicher wird, daß die weiten Märsche in harter Winterszeit die Mannschaften schwächen und aufreiben. Der betreffende Aufsatz warnt daher vor weitaussehenden militärischen Unternehmungen, wie Märschen nach Havre und Lyon, und empfiehlt die Errichtung von verschanzten Lagern in gehöriger Entfernung von Paris sowie die Zerstörung der Eisenbahnen außerhalb des Gürtels dieser Lager, sodaß die noch nicht von uns okkupirten Teile Frankreichs an der Peripherie nur durch Schiffahrt mit einander zu verkehren im Stande sein würden.

Dieses Verzichten auf weiteres Vordringen und diese Zusammenfassung der deutschen Streitkräfte wird auch von der „Nationalzeitung" in einem Artikel empfohlen, der noch mehr wie der obige mit gewissen hier in Versailles zu hörenden Ideen zusammentrifft. Es heißt da (Nr. vom 31. Dezember) u. a.: „Die Räumung von Dijon und die Nichtbesetzung von Tours, bis an dessen Thore bekanntlich eine Abteilung des zehnten Armeekorps vorgedrungen war, geben vielleicht einen Fingerzeig über die Absichten, welche von deutscher Seite überhaupt bei Fortsetzung des Krieges bestimmend sein werden. Man darf vielleicht erwarten, daß Frankreich nach der Einnahme von Paris seinen Widerstand aufgeben und sich den deutschen Friedensbedingungen fügen wird. Aber mit Sicherheit ist nicht darauf zu rechnen, und so muß man auch auf das Gegenteil gefaßt sein. Jedenfalls wird auch nach dem Falle von Paris nicht sofort eine allgemein anerkannte und von einer Nationalvertretung gestützte Regierung vorhanden sein, mit welcher Friedensverhandlungen unter den nötigen Bürgschaften der Dauer angeknüpft werden könnten. Wird nun der Krieg fortgesetzt, so kann sein Ziel unmöglich die völlige Eroberung eines so ausgedehnten Landes wie Frankreich sein. Unsre Heere würden zwar, wie bisher, überall siegreich auftreten und die feindlichen Streitkräfte zersprengen; aber hiermit würde es nicht genug sein, es würde sich darum handeln, in allen eroberten Gebieten auch eine neue Zivilverwaltung zu organisiren und ihr die Einwohner zu unterwerfen. Schon in dem Landstriche zwischen dem Kanal und der Loire waren unsre Truppenmassen kaum dicht genug, um überall den Verkehr vollständig zu sichern, das Ansehen der fremden Administration in jeder Stadt und jedem Dorf aufrecht zu erhalten, meuchlerische Anfälle zu verhüten, überall die Steuern sowie die vom Kriege unzertrennlichen Lieferungen und Kontributionen einzutreiben. Dieses Netz ins Ungemessene auszudehnen würde nicht nur unsre militärische Leistungsfähigkeit übersteigen, so hoch wir dieselbe auch veranschlagen mögen; wir können in der Heimat auch nicht das für eine solche Aufgabe erforderliche Aufgebot von Kräften der Zivilverwaltung entbehren. Es wird daher, wenn der Friede nicht in allernächster Zeit zu erreichen ist, unsre Kriegführung ihre Ziele klar und fest zu begrenzen haben. Sie wird einen bestimmten Teil des französischen Gebiets ins Auge zu fassen haben, der so dicht zu besetzen ist, daß wir ihn vollständig in der Hand haben und für eine beliebige Periode unter unsrer Herrschaft halten können. Dieser Teil würde die Hauptstadt und die besten Provinzen mit der tüchtigsten und streitbarsten Bevölkerung Frankreichs umfassen; er würde natürlich alle Lasten und Kosten des Krieges zu tragen haben, bis sich überall im Lande eine Friedenspartei bildete, welche stark genug wäre, den Machthabern des Augenblicks ihren Willen aufzuerlegen. Der zu okkupirende Gebietsteil würde so zu umgrenzen sein, daß er militärisch möglichst leicht zu verteidigen wäre. Über diese Linie hinaus würden natürlich auch ferner Offensivstöße zu augenblicklichen Zwecken erfolgen können, aber von vornherein würde nicht die Absicht bestehen, sie dauernd zu überschreiten. In denjenigen Gebieten, welche Deutschland zur Sicherung seiner Grenzen bedarf, wird in der Zwischenzeit mit der Einverleibung vorgegangen werden, ohne den Friedensschluß abzuwarten."

Freitag, den 6. Januar. Die Kälte bis gestern sehr groß, ich glaube neun bis zehn Grad unter Null. Dabei meist Nebel, der am Mittwoch besonders dicht war. Der Chef ist fast die ganze Woche unwohl gewesen. Erst gestern, dann heute fuhr er des Nachmittags ein Weilchen aus. Hatzfeldt und Bohlen kränkeln. Auch bei mir beginnt die Abgespanntheit und Unlust zum Arbeiten erst heute zu weichen, vielleicht infolge von zwei Nächten mit reichlichem Schlafe, vielleicht infolge der Besserung des Wetters; denn der Nebel, der sich heute Morgen in Rauchfrost verwandelt hat und in funkelnden Krystallen an den Zweigen der Bäume sitzt, hat einem schönen Tage Raum gemacht und ist sogar über den Waldhügel zwischen hier und Paris im Abzug begriffen. Fangen wir also ein neues Leben an wie unsre Kanonen, die wegen verhüllter Aussicht in den letzten Tagen auch wenig arbeiteten, heute aber wieder herzhafter drein schießen. Vorher indes holen wir einige Tagebuchsnotizen nach, die unterblieben sind. In der Zwischenzeit ist der Oberregierungsrat Wagener zur Mitarbeit im Büreau, desgleichen ein Baron von Holstein, der, glaube ich, Legationssekretär ist, hier eingetroffen. Unter den Artikeln, die ich in den letzten sechs Tagen abgehen ließ, befand sich einer, der die Maßregel behandelte, nach welcher man Massen von Eisenbahnwagen den Zwecken und Bedürfnissen der deutschen Industrie lediglich in der Absicht entziehen will, um Proviant für die Zeit, wo das ausgehungerte Paris sich endlich ergeben muß, herbeizuschaffen. Ich bezeichnete ein solches Verfahren als human, aber unpraktisch und unpolitisch, da die Pariser, wenn sie erfahren, daß unsrerseits für jene Zeit gesorgt wird, bis auf die letzte Brotrinde und Pferdekeule ausharren werden, wir also durch solche Humanität selbst zur Verlängerung der Belagerung beitragen. Nicht wir haben durch Anlegung von Magazinen oder Herbeischaffung von Transportmitteln zur Neuverproviantirung die den Parisern drohende Gefahr des Verhungerns wegzuschaffen, sondern die Pariser haben dies durch rechtzeitige Kapitulation zu thun. — Gestern übertrug ich zwei englische Aktenstücke über die Versenkung englischer Kohlenschiffe bei Rouen, die von unsern Truppen für notwendig befunden worden, für den König ins Deutsche. Heute früh telegraphirte ich laut Bericht des Generalstabs nach London, daß der Erfolg des Bombardements, welches sich seit drei Tagen gegen die Forts der Ostfront, seit gestern auch gegen die Südfront von Paris richtet, ein sehr günstiger und daß der Verlust, den wir dabei gehabt, unerheblich ist. Gestern war ich wieder einmal bei den Offizieren der Sechsundvierziger, die in der Ferme von Beauregard ihr Quartier aufgeschlagen und sich mit Möbeln, die man von Bougival dorthin geschafft hat, ganz behaglich eingerichtet haben. Heute besuchte ich in der freien Zeit nach drei Uhr mit Wagener, der nicht weit von uns an der Ecke der Rue de Provence und des Boulevard de la Reine in der Parterrewohnung eines Franzosen unter allerlei Ölgemälden sein Unterkommen gefunden hat, den schon mehrmals gewählten Aussichtspunkt in Ville d'Avray, wo wir dem Bombardement zusahen. Es schien in Paris an zwei Stellen zu brennen, da dicke Rauchwolken aufstiegen. — — — Abends Depeschen gelesen, desgleichen Konzepte. Es sind zur Herbeischaffung von Proviant für Paris 2800 Achsen der deutschen Eisenbahnen in Anspruch genommen worden, wogegen der Chef energisch Verwahrung eingelegt hat, da es politisch nachteilig sei, d. h. da durch das Bewußtsein der Pariser Machthaber, alle Vorräte der Stadt ohne die

Befürchtung vor Not im letzten Augenblicke erschöpfen zu können, das endliche Nachgeben derselben verzögert werden würde. — — — Bonnechose hat auf Veranlassung des Papstes einen Brief an König Wilhelm geschrieben, in dem er den Frieden will, aber einen „ehrenvollen“ Frieden, d. h. ohne Landabtretungen, den wir schon vor zwölf Wochen von Sieur Favre haben konnten, wenn der Chef nicht einen nützlichen vorgezogen hätte. — Der Prinz Napoleon will zur Vermittelung nach Versailles kommen. Er ist ein geistreicher und liebenswürdiger Herr, erfreut sich in Frankreich aber geringer Geltung. — — — Bei der Londoner Konferenz über die Pontusfrage werden wir Rußlands Ansprüche nach Möglichkeit unterstützen.

Sonnabend, den 7. Januar. Wir haben jetzt — vielleicht schon seit einigen Tagen — im Hause eine Wache von hellgrünen Landwehrjägern, ältern Herren mit langen wilden Bärten. Sie sollen lauter vorzügliche Schützen sein. Auf Anregung H.s, der vermutet, daß sich in Odilon Barrots Hause zu Bougival das eine oder das andre politische Schriftstück finden ließe, machten Bucher und ich diesen Morgen einen Ausflug zu Wagen dahin. Das Wetter war trüb und kalt. Nebel rieselte vom Himmel. Wir suchten erst H. in Beauregard auf, um uns die Lage der Barrotschen Villa beschreiben zu lassen. Dann ging die Fahrt weiter, an allerhand Verteidigungsanstalten, Mauern mit Schießscharten, halb zerstörten Landhäusern, einer umgeknickten Baumschule u. dergl. vorbei, in den Grund unter La Celle Saint Cloud hinab, wo das langgestreckte Bougival mit seiner alten hübschen Kirche liegt. Auf dem Wege durch das Städtchen waren nur Soldaten zu sehen. Auch hinter den Fensterscheiben der Häuser ließ sich kein Zivilist blicken, da man die Bevölkerung nach dem letzten oder vorletzten hierher gerichteten Ausfall gezwungen hatte, sich zu entfernen. In der Mitte des Ortes, wo an einem kleinen Platze zwei Straßen sich kreuzen, und wo die preußische Wache sich befand, stiegen wir aus und ersuchten den Vizefeldwebel, der hier befehligte, uns einen Soldaten als Führer und Begleiter mitzugeben. Zuerst begaben wir uns an der greulich verwüsteten Apotheke vorüber, neben der ein Posten den Zugang zu dem vor einigen Wochen hier entdeckten ungeheuern Weinlager hütete, nach einer gewaltigen Barrikade, die den Ausgang der Straße nach der Seine hin sperrt. Sie besteht aus Tonnen und Fässern, die mit Erde und Steinen gefüllt sind, sowie aus allerlei Hausrat. Dann suchten wir auf der nach Malmaison hinausführenden schmalen Gasse das Haus, das unser eigentliches Ziel war. Dieselbe hatte gleichfalls mehrere Barrikaden mit Gräben, und das Seitengäßchen, das etwa in ihrer Mitte links nach dem Flusse hinausführt, hatte deren ebenfalls. Auch die Häuser, sämtlich unbewohnt und zum Teil von Granaten beschädigt, waren zur Verteidigung eingerichtet. Von Möbeln war in ihnen wenig zu sehen. Wir umgingen die erste Barrikade der Straße, indem wir auf einem Brettersteg durch das Fenster des danebenstehenden Hauses zur Linken hinein und durch die Hausthür jenseits des Barrikadengrabens wieder hinauswandelten. Eine zweite kleine Schanze wurde auf ähnliche Weise rechts umgangen. Wo die Straße auf die Chaussee am Strome mündet, deren Pflaster aufgerissen war, sahen wir ein drittes System von Verrammelungen und Gräben vor uns, die von den Korrespondenten der deutschen und ausländischen Presse vielfach besprochene „musikalische" Barrikade, in der nicht weniger als sechs Pianinos stecken sollen. Sie darnach zu untersuchen, war nicht gestattet. Wir durften uns hier überhaupt vor den Galliern draußen auf dem Mont Valérien nicht blicken lassen, weil sie dann gleich mit einem halben Dutzend ihrer Granaten bei der Hand sind. Ich entdeckte hier drei oder vier Häuser weiter den kleinen grünen Balkon, den uns H. als Wahrzeichen des Barrotschen Hauses bezeichnet hatte. Aber von vorn konnten wir ihm nicht beikommen, da die hier aufgestellte Schildwache niemand weiterließ. Wir mußten also zu der Hinterseite zu gelangen suchen, und ein schmaler Fußweg zwischen den Häusern und Gärten verhalf dazu. In den etwas aufsteigenden Gärten hinter der Häuserzeile standen und lagen allerlei Möbel herum, darunter ein betrübter roter Plüschsessel, der von Schnee und Regen durchweicht und nur noch im Besitz eines Beines war, auch waren hier Bücher und Papiere herumgestreut. Nachdem wir in mehrere Häuser eingetreten, wo überall arge Verwüstung herrschte, fanden wir das von uns gesuchte. Ein Steg über eine Vertiefung führte uns erst in ein Blumenzimmer und dann in die Bibliothek, die sich in zwei Stuben befand. Dieselbe mochte zweitausend Bände haben, von denen der größere Teil in wirren Massen auf den Dielen lag — vielleicht noch das Werk der Mobilgarden und Franctireurs, die vor der Einschließung von Paris dessen Umgebung verwüstet hatten. Vieles davon war zerrissen und zertreten. Eine Durchsuchung zeigte, daß es eine gutgewählte Bibliothek war. Sie enthielt namentlich Geschichtliches, Politisches und Belletristisches, darunter auch englische Bücher, aber nichts von dem, was H. vermutet hatte.

Auf die Rue de Provence zurückgekehrt, schrieb ich auf die Weisung des Chefs zwei Aufsätze, darunter einen über eine Äußerung der „Kreuzzeitung," die sich „nachzüglerisch über das Unterbleiben des Bombardements tröstet."

Abends speist der Minister wieder mit uns. Man hört, daß die Festung Rocroy in unsre Hände gefallen, und daß der sächsische Minister von Fabrice zum Generalgouverneur eines aus sechs Departements bestehenden Gebietskomplexes ernannt worden ist. Beim Thee wird erwähnt, daß die Beschießung von Paris oder vielmehr seiner Forts auch von der Nordseite her begonnen hat und guten Erfolg zeigt. In Vaugirard und Grenelles hat es Feuersbrünste gegeben — woher vielleicht der Rauch, den wir gestern von dem Hügelrücken zwischen Ville d'Avray und Sèvres aufsteigen sahen. Keudell meint, ich solle das doch dem Chef noch mitteilen. Ich gehe drei Viertel auf elf Uhr zu ihm hinauf. Er dankt, fragt aber: „Welche Zeit ist es jetzt?" Ich antworte: „Bald elf Uhr, Exzellenz." Er erwiederte: „Sagen Sie doch Keudell, er solle nun das Schreiben an den König machen, von dem ich mit ihm gesprochen hätte." —

Sonntag, den 8. Januar. Früh einen Sieg bei Vendome und die Nachricht von dem guten Fortgang des Bombardements telegraphirt, dann für den „Moniteur" einen Hinweis auf die verlogene Ruhmredigkeit gemacht, mit der Faidherbe sich abermals einen Sieg über unsre Truppen zuschreibt, während er doch wieder den Rückzug anzutreten gezwungen worden ist. — Der Chef scheint sich seit einigen Tagen einen Vollbart wachsen zu lassen. Delbrück erwähnt beim Frühstück, daß er 1853 in Nordamerika gewesen und bis nach Arkansas gekommen. — Nachmittags ist Prinz Hohenlohe beim Chef, um ihm über den Gang und Erfolg des Bombardements Bericht zu erstatten — wohl schon Wirkung der Beschwerde.

Nachmittags einen Bericht der „France" über den Gesundheitszustand in Paris gelesen und dem „Moniteur" geschickt. Nach derselben sind die Todesfälle in der Woche vom 11. bis 17. Dezember auf die ungeheure Zahl von 2728 gestiegen. Namentlich raffen Pocken und Typhus viele Menschen hin. In den Lazaretten verbreitet sich der Hospitalbrand. Die Ärzte klagen über den schlimmen Einfluß des Alkoholismus auf die Kranken, bei dem leichte Wunden zu schweren werden, und der unter den Soldaten in Paris stark zu grassiren scheint. Der Bericht schließt mit den Worten: „Bei dieser Gelegenheit und immer und immer bemerken wir, wie das Laster des Trinkens in seiner gemeinen Gestalt [ivrognerie crapuleuse] in Paris Fortschritte macht, und für die Ärzte und uns bedarf es keiner von Trochu und Clement Thomas unterzeichneter Tagesbefehle um sie zu konstatiren und über sie zu seufzen. Ja, sagen wir es laut, die Schamröte steigt uns ins Gesicht, wenn wir jeden Tag Menschen, denen das Land seine Verteidigung anvertraut hat, sich mit greuelvollen Libationen erniedrigen und entehren sehen. Kann man sich demnach über alle diese durch unvorsichtigen Gebrauch von Schießwaffen herbeigeführten Unglücksfälle, über diese Unordnungen, diese Zuchtlosigkeit, diese Gewaltthätigkeiten, diese zahlreichen Plünderungen und Verwüstungen verwundern, die jeden Tag von den öffentlichen Blättern gemeldet werden, in einer Zeit gemeldet werden, wo das Vaterland in Trauer ist, wo ein widriges Schicksal auf unser unglückliches Land Niederlagen auf Niederlagen häuft und es ohne Unterlaß und ohne Erbarmen mit verdoppelten Schlägen heimsucht? Ach, fürwahr, diejenigen sind von leichtlebiger Art, welche die Naivetät haben, zu glauben, daß dieser entsetzliche Krieg unfehlbar unsre Sitten umgestalten und uns zu neuen Menschen machen müsse!"

Bei Tische erzählte der Chef wieder von seiner Jugendzeit, und zwar von seinen frühesten Erinnerungen, von denen sich eine an den Brand des Berliner Schauspielhauses knüpfte. „Ich bin damals ungefähr drei Jahre alt gewesen, und es war am Gensdarmenmarkt auf der Mohrenstraße, gegenüber dem Hotel de Brandebourg an der Ecke eine Treppe hoch, da wohnten damals meine Eltern. Von dem Brande selbst weiß ich nicht, daß ich ihn gesehen hätte. Aber als Egoist weiß ich — vielleicht auch nur, weil man mir's hernach oft erzählt hat, wir hatten da vor den Fenstern noch so eine Stufe, auf der Stühle und der Nähtisch meiner Mutter standen. Und wie es brannte, da stieg ich hinauf und hielt an der einen Seite meine Hände an die Scheiben und zog sie gleich zurück, weil es heiß war. Hernach ging ich an das rechte Fenster und machte es ebenso." — „Dann erinnere ich mich noch, daß ich einmal fortlief, weil mein älterer Bruder mich schlecht behandelt hatte. Ich kam bis auf die Linden, da fingen sie mich wieder ein. Ich hätte eigentlich Strafe bekommen sollen, es wurde aber Fürsprache für mich eingelegt." — Dann sprach er davon, daß er von seinem sechsten bis zu seinem zwölften Jahre in Berlin im Plamannschen Institut, einer nach den Grundsätzen Pestalozzis und Jahns eingerichteten Erziehungsanstalt, gewesen, und daß er sich an die dort verlebte Zeit ungern erinnere. Es habe dort ein künstliches Spartanertum geherrscht. Niemals habe er sich satt gegessen, ausgenommen, wenn er einmal ausgebeten gewesen sei. Immer habe es im Institut elastisches Fleisch gegeben, nicht gerade hart, aber der Zahn konnte damit nicht fertig werden. Und Mohrrüben — roh aß ich sie recht gern, aber gekocht und harte Kartoffeln darin, viereckige Stücke."

Damit lenkte die Unterhaltung wieder einmal auf das Gebiet der kulinarischen Genüsse hinüber, und zwar äußerte sich der Chef in der Hauptsache über sein Verhältnis zu gewissen Fischgattungen. Mit Wohlwollen gedachte er der frischen Neunaugen; dann wurden Schnepel und Elblachs lobend erwähnt, während letzterer „die richtige Mitte zwischen dem Ostseelachs und dem Rheinlachs hält, der mir zu fett ist." Er kam dann auf die Bankiersdiners zu sprechen, „wo eine Sache nicht für gut gilt, wenn sie nicht teuer ist, z. B. Karpfen nicht, weil der in Berlin ein verhältnismäßig wohlfeiler Fisch ist. Eher Zander, der sich schwer transportiren läßt. Übrigens mache ich mir aus dem nichts, und ebensowenig kann ich mich mit den Muränen befreunden, die ein weichliches Fleisch haben. Dagegen könnte ich Maränen alle Tage essen. Die mag ich lieber fast wie die Forellen, von denen ich nur die mittelgroßen etwa halbpfündigen liebe. Die großen, wie sie in Frankfurt bei den Diners üblich sind und meistenteils aus dem Heidelberger Wolfsbrunnen kommen, — an denen ist nicht viel zu loben. Aber teuer genug sind sie, und so müssen sie da sein." — — —

Das Gespräch beschäftigte sich dann mit dem Pariser Triumphbogen, der mit dem Brandenburger Thore verglichen wurde. Der Chef bemerkte von letzterem: „Es ist in seiner Art recht schön. Ich habe aber geraten, es frei zu stellen, die Wachlokale wegzunehmen. Es würde dann mehr zur Geltung kommen als jetzt, wo es eingezwängt und zum Teil verdeckt ist."

Bei der Zigarre äußerte er, nachdem er von seinen früheren journalistischen Leistungen gesprochen, zu Wagener: „Ich weiß, mein erster Zeitungsartikel war über Jagd. Ich war damals noch der wilde Junker. Da hatte einer einen hämischen Artikel über Parforcejagden gemacht; darüber erzürnte sich mein Jägerblut, und so setzte ich mich hin und verfaßte eine Erwiederung, die ich dem Redakteur Altvater schickte. Aber ohne Erfolg. Er antwortete mir sehr höflich, sagte dann aber, das ginge nicht, er nähme das nicht auf. Ich war empört darüber, daß jemand das Recht haben sollte, die Jäger anzugreifen, ohne sich eine Erwiederung gefallen lassen zu müssen. Aber das war damals so."

Abends veranlaßt, daß folgender Artikel des „Français" in die englische Presse und in den „Moniteur" kommt:

„Von verschiedenen Seiten berichtet man uns ernste Thatsachen, bei denen gewisse Bataillone der mobilisirten Nationalgarde die Schuld trifft, deren Nummern wir zur Verfügung des Generals Clement Thomas bereit halten. Darnach hätten sich diese Bataillone zu Montrouge und Arcueil erlaubt, Privatgebäude zu verwüsten, die Fensterscheiben zu zerschlagen, die Keller zu plündern und unnötigerweise kostbare Möbel zu verbrennen. In Montrouge ist eine Sammlung seltner Kupferstiche zum Feueranzünden verwendet worden. Thatsachen dieser Art erfordern ein ernstes Einschreiten. Überall in der Umgebung von Paris ist die Proklamation des Generals

Trochu vom 26. September angeschlagen, die sich auf die Einsetzung von Kriegsgerichten bezieht. Diese Androhung von Repressivmaßregeln darf angesichts solcher Plünderungen und Zuchtlosigkeiten nicht umsonst ergangen sein." Der Artikel unterstützt schließlich das Verlangen nach einer Untersuchung dieser Vorfälle damit, daß am 16. Dezember Leute eines Nationalgardenbataillons, welches bis dahin in Arcueil gestanden, bei ihrer Rückkehr nach Paris an Händler in der Umgebung eine Anzahl von Gegenständen, die Früchte ihrer Plünderungen in jenem Orte, verkauft hätten. Dieselben hätten vorzüglich in kupfernem Küchengeschirr bestanden. Es ist gut, wenn man das in Versailles und seiner Umgebung sowie in England erfährt, damit man den Unfug nicht nach dem Frieden unsern Soldaten auf die Rechnung setzt.

Gleichfalls in den „Moniteur" kam der Bericht eines Thorner Krankenpflegers, der gegen die Bestimmungen der Genfer Konvention zum Gefangnen gemacht worden ist, und den man dann in Lille angespuckt und mit dem Tode bedroht hat. — Dann wurde nach Berlin telegraphirt, unsre Presse solle die Andeutung ins Publikum bringen, daß dem Vernehmen nach die Wahlen zum Reichstag noch in diesem Monat vorgenommen werden würden. — — —

Die Verteidigung der Luxemburger Regierung gegen die von unsrer Seite gegen sie erhobene Anklage wegen Bruch der Neutralität genügt nicht. Es geht aus ihr nur die Thatsache hervor, daß sie nicht im Stande ist, ihre Neutralität selbst zu wahren. Sie ist unter Anführung neuer Beweise für unsre Klagen nochmals gewarnt worden. Fruchte dies nicht, so würden wir uns genötigt sehen, das Großherzogtum zu besetzen. — — —

Montag, den 9. Januar. Das Wetter kalt und nebelig, es fällt viel Schnee. Sowohl von unsrer wie von feindlicher Seite wird wenig geschossen, nachdem während der Nacht unser Feuer sehr heftig gewesen. Aus London wird berichtet, daß der Prinz Napoleon mit dem Plane umgehe, einen uns genehmen Frieden kraft eignen Rechts zu unterzeichnen, dann nach der Kapitulation von Paris Senat und Gesetzgebenden Körper zusammenzuberufen, ihnen den Friedensvertrag zur Genehmigung vorzulegen und über denselben sowie über die künftige Regierungsform, sowie eventuell über die künftige Dynastie abstimmen zu lassen. Vinoy und Ducrot würden diesen Plan unterstützen. Andrerseits regen sich auch die Orleanisten, die Thiers zu gewinnen hoffen. — — —

Ich setzte am Nachmittag ein Telegramm über weitere erfolgreiche Fortsetzung des Bombardements auf. Als ich es dem Chef vorlegte, strich er die Stelle, wo davon die Rede war, daß unsre Granaten in den Garten des Luxembourg gefallen seien, als „unpolitisch."

Durch die Zeitungen geht folgende hübsche Geschichte, die aus dem Privatbriefe eines deutschen Offiziers zuerst in das „Leipziger Tageblatt" gelangt ist. „Eines Tages besuchte der Flügeladjutant Graf Lehndorff den Hauptmann von Strantz auf Vorposten in Ville d'Avray vor Paris. Auf die Frage des Grafen, wie es ihm gehe, antwortete derselbe: »Es geht mir sehr gut; denn ich komme soeben von meinem Diner, wo ich den siebenundsechzigsten Hammelbraten verzehrt habe.« Der Graf lachte und fuhr nach einiger Zeit wieder weg. Am andern Tage meldete sich bei dem Hauptmann ein Schutzmann als Überbringer folgender Bestellung: »Da Seine Exzellenz, der Herr Bundeskanzler Graf Bismarck in Erfahrung gebracht hat, daß der Herr Hauptmann von Strantz heute wohl beim achtundsechzigsten Hammelbraten angelangt sein wird, so übersendet er hierbei vier Enten zur Abwechselung bei den Diners.«" Diese Anekdote hat den Vorzug vor den meisten andern, denen man in der Presse begegnet, im wesentlichen richtig zu sein. Nur kam der Schutzmann nicht schon am nächsten Tage. Lehndorff war einige Tage vor Weihnachten zum Essen bei uns.

Bei Tische erschien der Chef wieder wie gewöhnlich rasirt. Er sprach zunächst davon, daß Graf Bill das eiserne Kreuz bekommen, wobei er zu meinen schien, daß man besser gethan hätte, es seinem ältern Sohne zu geben, weil er bei dem Reitersturm von Mars la Tour verwundet worden. „Es ist das ein Zufall," bemerkte er. „Andre, die nicht verwundet werden, können ebenso tapfer sein. Aber für den Verwundeten ist es doch eine Art Ausgleichung." — „Ich erinnere mich, wie ich noch ein junger Mann war, da lief ein

32*

Herr von R. in Berlin herum, der hatte das Kreuz auch. Ich dachte wunder, was der gethan hätte, hernach erfuhr ich aber, daß er einen Minister zum Onkel hatte und dem Generalstab als Galopin beigegeben gewesen war." Delbrück erinnerte sich des Mannes auch und erzählte, daß er sich später, in eine Untersuchung wegen Ungehörigkeiten in Wechselsachen verwickelt, den Hals abgeschnitten habe. — — —

„In Göttingen," fuhr der Chef fort, „nannte ich einmal einen Studenten einen dummen Jungen. Als er dann zu mir schickte, sagte ich, mit dem dummen Jungen hätte ich ihn nicht beleidigen wollen, sondern bloß meine Ueberzeugung auszusprechen beabsichtigt."

Bei Fasan und Sauerkraut bemerkte jemand, daß der Minister lange nicht auf die Jagd gegangen sei, während doch die Wälder zwischen hier und Paris voll Wild seien. „Ja," versetzte er, „hier kam mir immer was dazwischen. Das letzte mal war in Ferrières, da war der König fort, der hatte es verboten — d. h. im Parke." — — — „Wir gingen auch nicht in den Park, und es war genug da, aber es wurde nicht viel geschossen, weil die Patronen oder die Gewehre nichts taugten." Holstein, der sich beiläufig als ungemein liebenswürdiger, auch sehr fleißiger und dienstbereiter Mann entwickelt, bemerkte dazu: „Das erzählt man so, Exzellenz. Sie hätten den Befehl Seiner Majestät wohl gekannt und ihn natürlich beachten wollen. Sie wären aber einmal spazieren gegangen, und da hätte das Unglück gewollt, daß Sie plötzlich von drei oder vier Fasanen angefallen worden wären, und so hätten Sie sie zur Verteidigung Ihres Lebens totschießen müssen."

Der französische Rothschild wurde Anlaß, daß des deutschen gedacht wurde, von dem der Chef eine ergötzliche Geschichte als eigenes Erlebnis zu berichten hatte. — — — Zuletzt kam die Rede auf schöne Litteratur. Man sprach von Spielhagens „Problematischen Naturen," die der Kanzler gelesen hatte, und von denen er nicht ungünstig urteilte, aber doch bemerkte: „Das wird ihm allerdings nicht passiren, daß ich ihn zweimal lese. Man hat hier überhaupt keine Zeit dazu. Sonst aber kommt es doch wohl vor, ein vielbeschäftigter Minister so ein Buch zur Hand nimmt und ein paar Stunden daran hängen bleibt, ehe er wieder zu seinen Akten greift." Auch das „Soll und Haben" Hofrat Freytags wurde erwähnt, und man lobte die Darstellung des Polenkrawalls sowie die Ballgeschichte mit den Backfischen, wogegen man seine Helden unschmackhaft zu finden schien. Jemand sagte, sie hätten keine Leidenschaft, ein andrer gar, keine Seele. Abeken, der sich an dem Gespräche lebhaft beteiligte, machte die Bemerkung, er könne doch nichts von diesen Sachen zweimal lesen, und von den meisten der bekannten neueren Schriftsteller gebe es nur ein gutes Buch. — „Na," versetzte der Chef, „von Goethe schenke ich Ihnen auch drei Viertel. Das übrige freilich — mit sieben oder acht Bänden von den vierzig wollte ich wohl eine Zeit lang auf einer wüsten Insel leben." Zuletzt wurde auch Fritz Reuters gedacht. „Ja," äußerte der Minister, „»Aus der Franzosenzeit«, das ist sehr hübsch, aber es ist kein Roman." Man nannte die „Stromtid." — „Hm," sagte er, „dat is as dat Ledder is. Das ist allerdings ein Roman, manches gut, andres mittelgut, aber so, wie die Landleute geschildert sind, so sind sie wirklich."

Abends übersetzte ich einen langen Artikel der „Times", der sich über die Lage in Paris verbreitete, für den König. Später, beim Thee, sprach Keudell recht anmutig und gescheit über gewisse Eigenschaften des Kanzlers, die an Achill denken ließen, wobei er an sein genial jugendliches Wesen, sein leicht aufbrausendes Temperament, seinen nicht selten zu Tage tretenden Weltschmerz, seine Neigung, sich vom großen Treiben zurückzuziehen, und sein überall sieghaftes Auftreten erinnerte. Auch Troja fehlte jetzt nicht und ebensowenig Agamemnon, der Hirte der Völker. — — —

Nach elf Uhr noch zum Chef gerufen und weitere Resultate der Beschießung telegraphirt.

Dienstag, den 10. Januar. Kälte mäßig, die Luft dunstig, sodaß man nicht weit sieht, Himmel und Erde voll Schnee. Nur dann und wann ein Schuß aus unsern Batterien oder von den Forts. Graf Bill ist da, und um ein Uhr mittags der General von Manteuffel. Sie gehen durch zu der Armee, die im Südosten gegen Bourbaki operiren soll, und die Manteuffel kommandiren wird.

Ich telegraphire nachmittags zweimal nach London: den Rückzug Chanzys auf Le Mans unter Verlust von tausend Mann an Gefangnen und Werders siegreichen Widerstand gegen die Übermacht der Franzosen, die ihn bei Villersexel angreifen, um zum Entsatze Belforts vordringen zu können.

Bei Tische sprach man zuerst vom Bombardement, und der Chef meinte, die meisten Forts von Paris, der Mont Valérien etwa ausgenommen, wollten nicht viel bedeuten, „kaum mehr als die Schanzen bei Düppel.“ Namentlich seien die Gräben nur von geringer Tiefe. Ebenso sei die Enceinte früher schwach gewesen. — Es kam dann die Rede auf die internationale Friedensliga und deren Zusammenhang mit der Sozialdemokratie, als deren Haupt für Deutschland man Karl Marx in London bezeichnete. Bucher nannte denselben einen gescheiten Kopf mit guter wissenschaftlicher Bildung und den eigentlichen Führer der internationalen Arbeiterverbindung. Der Chef äußerte in Betreff der Friedensliga, die Bestrebungen derselben seien bedenklicher Natur, und ihre Zielpunkte bestünden in ganz andern Dingen als im Frieden. Es versteckte sich der Kommunismus dahinter.

Das Gespräch wendete sich dem Grafen Bill zu, und der Chef bemerkte: „Der sieht von weitem wie ein älterer Stabsoffizier aus, weil er so dick ist.“ — Man hob das Glück hervor, das er habe, zur Begleitung Manteuffels befohlen worden zu sein. Es wäre wohl für beide nur eine vorübergehende Stellung, aber er bekäme doch auf diese Weise viel vom Kriege zu sehen. — „Ja,“ sagte der Chef, „er lernt was für seine Jahre. Das wäre für unsereinen nicht möglich gewesen mit achtzehn Jahren. Ich hätte 1795 geboren sein müssen, um 1813 mit dabei sein zu können.“ — „Übrigens ist seit der Schlacht bei [undeutlicher Name, aber ein Treffen in den Hugenottenkriegen scheint gemeint zu sein] keiner meiner Vorväter, der nicht den Degen gegen Frankreich gezogen hätte. Mein Vater und drei seiner Brüder. Dann war mein Großvater mit bei Roßbach, mein Eltervater gegen Ludwig den Vierzehnten und dessen Vater ebenfalls gegen Ludwig den Vierzehnten in den kleinen Kriegen am Rhein 1672 oder 1673. Dann fochten mehrere von uns im dreißigjährigen Kriege auf kaiserlicher Seite, andre freilich bei den Schweden. Zuletzt noch einer, der unter den Deutschen war, die als Mietvölker auf der Seite der Hugenotten standen." — „Einer — 's ist der auf dem Bilde in Schönhausen — das war ein origineller Mensch. Ich habe da noch einen Brief von ihm an seinen Schwager, da heißt es: »Das Faß Rheinwein hat mir selber achtzig Reichsthaler gekostet; wenn der Herr Schwager das zu teuer findet, so will ich, so Gott mir das Leben läßt, es selbsten austrinken.« Dann: »Wenn der Herr Schwager das und das behauptet, so hoffe ich, daß ich ihm, so Gott mir das Leben läßt, einmal noch näher an den Leib kommen werde, als ihm lieb ist.« Und an einer andern Stelle: »Ich habe zwölftausend Reichsthaler auf das Regiment verwendet, und die verhoffe ich, so Gott mir das Leben läßt, mit der Zeit wieder herauszuwirtschaften.« — Das Herauswirtschaften, damit meinte er vermutlich, daß man sich damals auch für die Beurlaubten und für die sonst nicht vorhandenen Mannschaften den Sold bezahlen ließ. Ja, ein Regimentskommandeur stand sich zu jenen Zeiten anders wie heute." — Man bemerkte, daß dies auch später noch der Fall gewesen, so lange die Regimenter von den Obersten geworben, bezahlt und gekleidet und den Fürsten nur vermietet worden wären, und daß es hier und da jetzt noch so sein möchte. Der Chef antwortete: „Ja, in Rußland, z. B. bei den großen Reiterregimentern in den südlichen Gouvernements, die oft sechzehn Schwadronen haben. Da gab's und giebt's wohl auch jetzt noch andre Einnahmen. So erzählte mir einmal ein Deutscher. Als der das Regiment übernommen hatte — ich glaube, es war in Kursk oder Woronesch — in diesen reichen Gegenden, da kamen die Bauern mit Wagen voll Stroh und Heu und baten, ob Väterchen nicht die Gnade haben wollte, es anzunehmen. »Ich wußte nicht, was sie wollten,« sagte er, »und so wies ich sie ab, sie sollten mich in Ruhe lassen und ihrer Wege gehen. — Aber Väterchen sollte doch billig sein, sein Vorgänger wäre ja damit zufrieden gewesen; sie könnten nicht mehr geben, wären arme Leute. Ich kriegte das endlich satt, besonders als sie dringend wurden, auf die Knie fielen und mich baten, es doch gnädigst zu behalten, und schmiß sie hinaus.

Als dann aber andre kamen, mit Wagen voll Weizen und Hafer, da begriff ich sie und nahm es, wie es andre nahmen, und als die ersten mit mehr Heu zurückkehrten, sagte ich ihnen, sie hätten mich mißverstanden, es wäre vorhin genug gewesen, sie sollten das andre nur wieder mitnehmen. So verdiente ich, da ich das Heu und den Hafer der Regierung für die Truppen berechnete, jährlich meine zwanzigtausend Rubel.« Das erzählte er ganz offen und ungescheut in einem Salon in Petersburg und nur ich wunderte mich darüber." — „Ja, aber was hätte er den Bauern denn thun können?" fragte Delbrück. — „Thun," erwiederte der Chef, „er nichts, aber er hätte sie auf anderm Wege ruiniren können, er brauchte nur den Soldaten nichts zu verbieten."

Man kam auf Manteuffel zurück und erwähnte, daß er bei Metz das Bein gebrochen und sich ins Treffen habe tragen lassen.

Es habe ihn sehr gewundert, bemerkte jemand, daß man davon bei uns nichts gewußt. Gewiß habe er gedacht, wie schlecht wir doch über die Hauptsachen des Krieges unterrichtet wären. — „Ich weiß noch," so erzählte der Chef dann im weiteren Verlaufe des Gesprächs, „wie ich mit ihm und [Name unverständlich] auf den Steinen vor der Kirche von Beckstein saß. Da kam der König an, und ich machte den Vorschlag, ihn zu begrüßen wie die drei Hexen: Heil, Than von Lauenburg! Heil Dir, Than von Kiel! Heil Dir, Than von Schleswig! — Es war, wie ich den Vertrag von Gastein mit Blome abschloß. Damals habe ich zum letzten mal in meinem Leben Quinze gespielt. Obwohl ich sonst gar nicht mehr spiele — schon lange nicht mehr — spielte ich da so leichtsinnig drauf los, daß sich die andern nicht genug verwundern konnten. Ich wußte aber, was ich wollte. Blome hatte gehört, daß man beim Quinze die beste Gelegenheit hätte, die Menschen kennen zu lernen, und wollte das jetzt versuchen. Ich dachte, sollst ihn schon kennen lernen. Ich verlor damals ein paar hundert Thaler, die ich eigentlich als im Dienste Seiner Majestät verwendet hätte liquidiren können. Aber ich machte ihn damit irre, er hielt mich für wagehalsig und gab nach."

Die Unterhaltung wendete sich hierauf Berlin zu, indem jemand bemerkte, es werde doch von Jahr zu Jahr großstädtischer, auch in seiner Denkart und Empfindung, und das wirke auch auf die Vertreter der Stadt einigermaßen. „In diesen letzten fünf Jahren haben sie sich doch sehr geändert," sagte Delbrück. — „Das ist richtig," erwiederte der Chef. „Als ich aber 1862 zuerst mit den Herren zu thun bekam, — wenn sie da gewußt hätten, welcher Grad von Verachtung gegen sie in mir kochte, sie wären mir niemals wieder gut geworden."

Die Rede ging auf die Juden über, und der Minister wünschte zu wissen, warum der Name Meyer unter ihnen so häufig vorkomme. Der sei doch deutschen Ursprungs und bedeute in Westfalen einen Landbesitzer, während Juden früher nirgends Land besessen hätten. Ich erwiederte: „Um Vergebung Exzellenz, der Name stammt aus dem Hebräischen. Er findet sich schon im alten Testamente, dann auch im Talmud und heißt eigentlich Meir, was mit Or, Licht, Glanz zusammenhängt, sodaß er etwa: der Erleuchtete, Glänzende, Strahlende bedeutet." — Der Chef fragte weiter: „Dann ist der Name Kohn sehr häufig bei ihnen — was mag das heißen?" — Ich entgegnete, es heiße Priester, ursprünglich Kohen. Aus Kohen sei Kohn, Kuhn, Cahen, Kahn geworden und Kohn oder Kahn verwandelten sich mitunter auch in Hahn, was einige Heiterkeit hervorrief, — man dachte wohl an Ludwig Hahn, den „Preßhahn." — „Ja," fuhr der Minister fort, „ich bin doch der Meinung, daß sie durch Kreuzung verbessert werden müssen." — „Die Resultate sind nicht übel." Er nannte einige adelige Häuser und bemerkte: „Alles ganz gescheite, nette Leute." Dann fügte er nach einigem Nachdenken und mit Auslassung eines Zwischengedankens, der wahrscheinlich auf die Verheiratung vornehmer Christentöchter, deutscher Baronessen, mit reichen oder talentvollen Israeliten ging, hinzu: „Übrigens ist es wohl umgekehrt besser — wenn man einen christlichen Hengst von deutscher Zucht mit einer jüdischen Stute zusammenbringt. Das Geld muß wieder in Umlauf kommen, und es giebt auch keine üble Rasse. Ich weiß nicht, was ich meinen Söhnen einmal raten werde."

Den Abend hindurch gearbeitet. — — — Der Rumänier scheint

in höchster Verlegenheit zu sein, die Mächte aber werden ihm nicht helfen. England und Österreich sind mindestens gleichgiltig, die Pforte ist nicht überzeugt, daß die Vereinigungder Fürstentümer ihr nicht schädlich sei, Frankreich ist jetzt außer Frage, der Kaiser Alexander will dem Fürsten Karl zwar wohl, wird sich aber auch nicht einmischen, und von Deutschland, das in Rumänien kein Lebensinteresse sieht, ist ebenso wenig ein Einschreiten zu erwarten. Wenn der Fürst sich also nicht selbst aus der Not helfen kann, so wird er gut thun, sich zurückzuziehen, bevor man ihn dazu nötigt. — Beust scheint mit der Depesche, mit der er die Anzeige von der bevorstehenden Vereinigung des deutschen Südens mit dem Norden beantwortet hat, in eine neue Phase seiner politischen Auffassungsweise eingetreten zu sein, und es ist möglich, daß sich selbst unter ihm ein befriedigendes Verhältnis zwischen den beiden neugestalteten Mächten Deutschland und Österreich-Ungarn entwickelt und erhält. — — —

Der Chef kommt um halb elf Uhr zum Thee herunter, den auch Graf Bill mit uns trinkt. Abeken kehrt vom Hofe zurück und bringt die Nachricht mit, daß die Festung Péronne mit einer Garnison von 3000 Mann kapitulirt hat. Der Chef, der sich gerade die „Illustrirte Zeitung" besieht, seufzt und sagt: „Wieder dreitausend! Wenn man doch wenigstens den Kommandanten in der Seine ersäufen könnte — mit Rücksicht darauf, daß er sein Ehrenwort gebrochen hat." Das giebt Anlaß zu einem Gespräch über die vielen Gefangnen in Deutschland, und Holnstein meint, es würde schön sein, wenn man sie an Stroußberg zu Eisenbahnbauten vermieten könnte. — „Oder wenn man," sagt der Chef, „den Kaiser von Rußland bestimmen könnte, sie in den Ländern jenseits des Kaukasus in Militärkolonien anzusiedeln. Das sollen ja schöne Länder sein. Für uns werden diese Massen von Gefangnen wirklich eine Verlegenheit sein nach dem Frieden. Sie haben dann gleich ein Heer und von ausgeruhten Leuten." — „Es wird wirklich nichts übrig bleiben, als sie Napoleon zu geben. Der braucht zweimalhunderttausend Prätorianer, wenn er sich halten will." — „Denkt der denn wirklich wieder an die Regierung zu kommen?" fragt Holstein. — „O sehr," erwiedert der Chef, „außerordentlich sehr, ganz ungeheuer, denkt

Tag und Nacht daran, und die in England auch." — Man erzählt schließlich die Geschichte in Spandau, wo Leute von der englischen Gesandtschaft sich vor dem Orte, wo man französische Gefangne verwahrt, ungehörig und zuletzt gewaltthätig betragen haben und dabei übel weggekommen sind. — — —

Mittwoch, den 11. Januar. Wetter etwas weniger nebelig, Kälte mäßig. Schon in der Nacht starkes Schießen. Am Morgen dann und den größten Teil des Tages hindurch ganz gewaltiges Gebrüll der schweren Geschütze hüben und drüben, unsrerseits, wie es scheint, aus neuen Batterien, von denen eine sich zwischen Saint Cloud und Meudon befindet. Ich zählte einige mal in der Minute über zwanzig Schüsse, doch konnte das Echo dabei sein. Der Minister war schon vor neun Uhr früh aufgestanden. Früh wurden mehrere Telegramme über die Beschießung von Paris und Gefechte bei Le Mans abgeschickt und zwei Artikel gemacht, von denen der eine Beust gegen den Vorwurf doppelten Spiels in Schutz nahm, den das „Vaterland" in Wien auf Grund einer Vergleichung seiner Depesche an Wimpffen mit preußenfeindlichen Artikeln offiziöser Blätter erhoben. Es heißt, daß Clement Duvernois, der frühere Minister Napoleons, hierherkommen will, um im Namen der Kaiserin über den Frieden zu unterhandeln. Dieselbe wolle im Prinzip in Gebietsabtretungen mit der von uns verlangten Grenze, ferner in Zahlung der Kriegskosten und in ein Besetzthalten gewisser Teile Frankreichs durch unsre Truppen bis zur Zahlung dieser Kosten willigen, auch versprechen, mit keiner andern Macht außer Deutschland wegen des Friedens in Verhandlung zu treten. Duvernois meine, sie sei zwar nicht populär, werde aber Energie zeigen und als gesetzliche Regentin mehr Ansehen haben und uns mehr Sicherheit gewähren, als eine von der Landesvertretung gewählte Persönlichkeit, die von dieser abhängig sein werde. Ob man ihn empfangen wird, wenn er kommt? — Vielleicht, damit es die Regenten in Paris und Bordeaux erfahren und sich ihrerseits zum Nachgeben entschließen. — — —

Nach drei Uhr hinaus nach unserm Observationsposten auf dem Dache des Landhauses zwischen Sèvres und Ville d'Avray und das

Bombardement beobachtet. Man sieht deutlich das Aufblitzen der Schüsse in der französischen Batterie am Eisenbahnviadukt. Zurückgekehrt auf einem Waldwege, der erst über den Rücken links vom Thale von Ville d'Avray, dann an einem gefrornen Teiche hinführt. Nicht weit von letzterem, wo es wieder bergab geht, springt von einem Lager im Schnee plötzlich ein Rudel von fünf Rehen auf.

Während des Diners wurde, wie jetzt in der Regel, vorzüglich vom Bombardement gesprochen und dabei erwähnt, daß es in Paris brenne. Der Chef sagte, als jemand bemerkte, man habe die dicken Rauchwolken deutlich gesehen: „Das ist nicht genug. Erst, wenn man es hier riecht. Den Brand von Hamburg hat man fünf Meilen weit gerochen." — Man gedachte dann der Opposition der „Patrioten" in der bairischen Kammer gegen den Versailler Vertrag, und der Kanzler äußerte: „Ich wollte, ich könnte hin und mit ihnen reden. Sie haben sich offenbar verrannt und können nicht fort und nicht zurück. Ich wollte sie schon auf den rechten Weg bringen. Aber man ist hier auch so nötig." — — — Er kam hernach auf allerlei Jagdabenteuer zu reden, u. a. auf eins, wo Holstein ihm in Rußland durch einen unüberlegten Schuß auf neunzig Schritt einen Bären, mit dem er, der Chef, auf zwanzig Schritte „geliebäugelt", verscheucht habe. „Indes fand ich," fuhr er fort, „doch noch Gelegenheit, das Tier mit einer Spitzkugel so krank zu schießen, daß man es später eine Strecke davon tot fand."

Donnerstag, den 12. Januar. Früh nach sieben Uhr mit Wollmann und Mac Lean nach Ville d'Avray gefahren, aber wegen Nebels nichts gesehen. Wir haben acht Grad Kälte. Um Mittag klärte es sich auf, und es wurde wieder kräftig kanonirt. Bei Tische drehte sich die Unterhaltung zunächst wieder um die Leistungen unsrer Belagerungsgeschütze gegenüber der Stadt. Als man dabei bemerkte, daß die Franzosen sich beklagten, wir nähmen ihre Hospitäler zum Ziele, sagte der Chef: „Mit Absicht geschieht das gewiß nicht. Beim Pantheon und Val de Grace sind Lazarette von ihnen, da kann wohl eine Kugel oder ein paar zufällig — hm, Pantheon, Pandämonium." — Abeken wollte gehört haben, die Baiern hätten die Absicht, eins von den südöstlichen Forts zu stürmen, die unser Feuer nur noch schwach beantworteten. Der Chef lobte das und setzte hinzu: „Wenn ich jetzt in München wäre, unter den Abgeordneten, da wollte ich das so an den Mann bringen, daß sie keine Schwierigkeiten mehr machten." — Jemand erzählte darauf, daß man behaupte, der König zöge den Titel „Kaiser von Deutschland" dem „deutschen Kaiser" vor, und es wurde bemerkt, daß ersterer ein neuer Titel sein würde, der wenigstens historisch nicht begründet wäre, was Bucher weiter ausführte. Ein Kaiser von Deutschland sei, sagte er, noch nicht dagewesen, freilich auch kein deutscher Kaiser, wohl aber ein deutscher König. Karl der Große habe sich „Imperator Romanorum" genannt. Später habe es von den Kaisern „Imperator Romanus, semper augustus, Mehrer des Reiches und König in Germanien geheißen. Der Chef äußerte sich in der Weise, daß man annehmen muß, er lege auf diese Titulaturunterschiede wenig oder gar kein Gewicht.

Abends nach neun Uhr sieht es über dem Walde im Norden aus, als ob in Paris eine große Feuersbrunst wäre. Ein eigentümlicher Schein flammt über dem Horizont dieser Gegend. Mehrere der Herren kommen herauf. Holstein blickt in der Kammer des Kochs zum Fenster hinaus und glaubt, daß es wirklich in der Stadt brenne. Desgleichen Wollmann. Es ist aber wohl Täuschung; denn der Glanz ist nicht rot, sondern weißlich. Der Chef, der mich rufen läßt, um mir einen Auftrag zu erteilen, und dem ich von der Erscheinung sage, meint: „Es wäre möglich. Ich habe es auch schon bemerkt, doch scheint mir's mehr Schneeglanz zu sein. Erst muß man's riechen."

Ich machte hierauf einen Auszug aus Brauns Abhandlung über Frankreich und das Völkerrecht für den „Moniteur". Es hieß da ungefähr: Deutscherseits hat man den Krieg mit der Absicht geführt, Frankreich mit der größten Schonung zu behandeln. Wir haben nach der Genfer Konvention gehandelt, auch als die Franzosen sie verletzten, und zwar in schreiender, grausamer Weise durch Vernachlässigung und Mißhandlung unsrer Verwundeten und durch Ausplünderung von Sanitätskolonnen verletzten. Sheridan hat sich verwundert, daß der Sieger sich vom Besiegten plündern ließ, wenn er geduldig und willig die für seine Bedürfnisse von der Bevölkerung geforderten maßlosen Preise zahlte. Andrerseits melden englische Berichterstatter, daß der Krieg immer mehr den Charakter eines mittelalterlichen Vernichtungskampfes annehme. Dies zugegeben, würde die Schuld lediglich die Franzosen treffen. Der König hat zu Anfang des Krieges in einer Proklamation gesagt, er führe denselben nur mit der bewaffneten Macht Frankreichs, nicht mit dessen friedlichen Bürgern. Daraus versucht man den Schluß abzuleiten, wir hätten nur das Kaiserreich, nicht aber die Republik bekämpfen dürfen, vor der wir vielmehr die Waffen niederzulegen verpflichtet gewesen seien. Was die friedlichen Bürger anlangt, so sind Franctireurs und die, welche sie unterstützen, eben keine friedlichen Bürger. Alle Autoritäten auf dem Gebiete des Völkerrechts, von Vatel bis auf Bluntschli und Haller stimmen darin überein, daß die schonende Behandlung der friedlichen Bevölkerung auf der Voraussetzung beruht, daß zwischen den Soldaten und den Zivilisten eine vollkommen deutlich erkennbare Demarkationslinie existire, und daß der Zivilist sich der feindlichen Handlungen enthalte, welche für den Soldaten Pflicht sind. Was der Soldat thun muß, darf der Bürger nicht thun, und thut er es, ohne Soldat zu werden, doch, begeht er kriegerische Handlungen gegen den in sein Land eingerückten Fremden, so verliert er das Recht des Zivilisten, ohne das des Soldaten zu erwerben. Der letztere kann verlangen, daß man ihn, wenn er nicht mehr in der Lage ist, zu schaden, mit Schonung behandle. Jener dagegen, der ohne Verpflichtung tötet und dadurch jene Demarkationslinie verwischt, kann nur durch den Tod selbst entwaffnet werden. Der Zustand der Kriegsgefangenschaft existirt für ihn nicht, man muß ihn im Interesse der Humanität vernichten. In demselben Augenblicke, wo König Wilhelm den Kampf mit dem Ausspruche eröffnete: Ich führe den Krieg gegen die feindlichen Heere und nicht gegen die friedlichen Bürger, erließ der Prinz von Joinville einen Aufruf an die französischen Bauern, in welchem er sie aufforderte, unsre Soldaten durch Meuchelmord umzubringen.

Um elf Uhr nachts noch schickt der König dem Chef die mit Bleistift auf ein abgerissenes Stück Briefpapier geschriebene Nachricht, daß wir bei Le Mans einen großen Sieg erfochten haben.

Der Minister sagt, indem er mir, sichtlich erfreut und gerührt über diese Aufmerksamkeit, den Zettel giebt, damit ich die Mitteilung telegraphire: „Er denkt, daß die Militärs mir's nicht zukommen lassen. Da schreibt er's selber."

Später noch einen Artikel der „Norddeutschen Allgemeinen Zeitung", der über Roons Jubiläum berichtet, für den König zurecht gemacht. Vor Schlafengehen noch erfahren, daß man im Fort Issy eine Bresche bemerkt hat.

13. Januar, Freitag. Früh Nebel, nach zwölf Uhr blauer Himmel. Es wird tüchtig geschossen. Harleß hat sich mit einem Bittgesuch wegen der lutherischen Kirche an den Chef gewendet, welches mit der Wendung schließt, er werde infolge einer Krankheit, die ihn wiederholt befallen, nun wohl bald seinen Pilgerstab niederlegen müssen. Er will mit seiner Partei eine orthodoxe lutherische deutsche Nationalkirche (weshalb anzunehmen ist, daß er ein Feind der Union und somit des unionistischen Preußen ist), er ist in der letzten Zeit mit den katholischen Bischöfen zusammengegangen. Sein Ziel ist ein protestantischer Papst, am liebsten hätte er selbst diese Stelle. — Die Delegation in Bordeaux hat den Versuch gemacht, den Papst zur Friedensvermittlung zu bestimmen, und man scheint in Rom nicht abgeneigt, sich mit der Sache zu befassen, indem man glaubt, der Sache eine solche Wendung geben zu können, daß der Papst dabei wieder zu dem Seinigen kommt. — — —

Nach drei Uhr mit Wagener einen Gang durch den Park gemacht. Bei Tische ist der Regierungspräsident von Ernsthausen, ein starker, noch junger Herr, zugegen, desgleichen der Chef, der indes, da er beim Kronprinzen speisen soll, bloß bis zum Varziner Schinken dableibt, von dem er sagt: „Geben Sie den nur, wenn ich dabei bin, der muß unter meiner Mitwirkung verzehrt werden — mit Heimatsgefühl." — Zu Ernsthausen bemerkte er: „Ich bin zum Kronprinzen eingeladen. Vorher aber habe ich noch eine wichtige Besprechung, deshalb stärke ich mich für die." — „Heute haben wir den dreizehnten und auch Freitag. Sonntag, der fünfzehnte, der achtzehnte ist also Mittwoch. Da haben wir das Ordensfest, und da könnte man die Proklamation an das deutsche Volk (wegen Kaiser und Reich, eine Proklamation, die nach Bucher in der Arbeit ist) erlassen. Der König hat (zu Ernsthausen gewendet) noch seine Bedenken wegen deutscher Kaiser oder Kaiser von Deutschland. Er ist mehr für das letztere. Mir scheint nicht viel Unterschied zu sein zwischen beiden Titeln. Es ist aber wie auf den Konzilien das Homousios oder Homoiusios." Abeken verbessert: „Homöusios."— Chef: „Wir sprechen oi bei uns. In Sachsen hatten sie den Itazismus. Ich erinnere mich, da war einer auf unsrer Schule, aus Chemnitz, der las darnach [zitirt einen griechischen Satz]. Da sagte der Lehrer: »Halt, nein, wir sein Sie hier nicht aus Sachsen.«"

Abends neueingelaufene Depeschen und ältere Konzepte gelesen. Der Chef kehrt halb zehn Uhr vom Kronprinzen zurück und läßt mich bald nachher telegraphiren, daß wir bei Le Mans achtzehntausend Franzosen zu Gefangnen gemacht und zwölf Geschütze erbeutet haben, und daß Gambetta, der bei der Schlacht hätte zugegen sein wollen, uns beinahe in die Hände geraten, aber noch zu rechter Zeit entkommen sei. — Später Unruhs Rede über den Mangel an Lokomotiven auf den deutschen Eisenbahnen zum Vortrag zurechtgemacht.

Siebzehntes Kapitel.

Die letzten Wochen vor der Kapitulation.

Sonnabend, den 14. Januar. Die Kälte mäßig. Das Wetter früh etwas nebelig, zu Mittag ziemlich hell, später Nebel, daß man keine zehn Schritte weit sieht. Die Beschießung der Forts und der Stadt geht ununterbrochen fort vom Morgen bis zum Abend. In der Nacht hat man einen Ausfall der Pariser zurückgeschlagen, der sich gegen die bei Meudon stehenden Truppen vom 11. Armeekorps, gegen die Baiern in Clamart und gegen die Garde in Le Bourget gerichtet hat. Mehrere Telegramme abgelassen, dann einen dienstlichen Brief geschrieben an M. und, wie gewöhnlich, Zeitungen für den König und den Chef gelesen. Nach dem Frühstück, wo man hörte, daß der gestrige Ausfall stellenweise mit eiliger Flucht der Franzosen geendigt, und daß die südlichen Forts unser Feuer beinahe garnicht mehr beantworten, wieder einen Gang mit Wagener in den Park hinter dem Schlosse gemacht.

Beim Diner speiste Graf Lehndorff mit uns. Der Chef erzählte, daß Jules Favre an ihn geschrieben. Derselbe wolle zur Konferenz nach London, behaupte, erst am 10. erfahren zu haben, daß ein Saufkonduit für ihn bereit gehalten werde, und wolle mit einer unverheirateten, einer verheirateten Tochter, deren Mann, der einen spanischen Namen trage, und einem Sekretär heraus. Am liebsten wäre ihm wohl ein Paß für den Herren Minister mit Gefolge. — Er soll aber gar keinen Paß bekommen, sondern die Militärs sollen einfach angewiesen werden, ihn durchzulassen. Bucher werde ihm schreiben, daß er am klügsten thun würde, über Corbeil zu gehen, da er dort nicht nötig hätte, seinen Pariser Wagen zu verlassen, eine Strecke zu Fuß zu gehen und dann einen andern Wagen zu nehmen. Auch wäre der erste Weg für ihn über Lagny nach Metz, nicht über Amiens. Wollte er nicht über Corbeil gehen, so möge er's sagen: man werde die Militärs dann anders anweisen. „Nach dem Wunsche, mit Familie zu reisen," setzte er hinzu, „sollte man fast meinen, er wolle sich salviren."

Im weiteren Verlaufe der Unterhaltung bemerkte der Minister: „Versailles ist eigentlich für den Geschäftsverkehr der ungeeignetste Ort, den man wählen konnte. Man hätte in Lagny oder Ferrières bleiben sollen. Aber ich weiß wohl, warum: manche Leute, die nichts zu thun haben, hätten sich da zu sehr gelangweilt." — „Die langweilen sich freilich auch hier und überall." — — —

Abends schrieb ich einen Artikel über die Schwierigkeiten einer Verproviantirung von Paris, nachdem es sich ergeben, der in den „Moniteur" kommen sollte. „Wir finden," so heißt es da, „im »Journal Officiel« den folgenden Aufsatz in Betreff der Verproviantirung von Paris: »Aus einer am 3. Januar von Bordeaux abgesandten Depesche ergiebt sich, daß die Regierung der nationalen Verteidigung im Hinblick auf die Wiederverproviantirung von Paris bedeutende Massen von Lebensmitteln zusammengebracht hat. Außer den in der Einrichtung begriffnen Märkten bestehen die jetzt bereits gelieferten, nahe bei den Transportwagen, außerhalb der Tragweite der feindlichen Operationen gesammelten und für das erste Signal zur Absendung bereitgestellten Lebensmittelmassen in folgendem: mehr als fünfzehntausend Stück Rindvieh, mehr als vierzigtausend Schafen, die durch die Fürsorge der Verwaltung an den Bahnhöfen der Schienenwege eingepfercht stehen, mehr als dreihunderttausend metrischen Zentnern Nahrungsstoffe aller Art, die in Magazinen aufgespeichert sind und dem Staate gehören. Diese Massen von Lebensmitteln sind lediglich zur Wiederverproviantirung von Paris zusammengebracht worden.«

Wenn man diesen Versuch zur Wiederverproviantirung vom praktischen Gesichtspunkte aus betrachtet, so findet man, daß er ernsthaften Schwierigkeiten begegnen muß. Wenn die Behauptung des »Journal officiel,« daß die Magazine sich außerhalb der Tragweite der deutschen Aktionssphäre befinden, begründet ist, so muß man wenigstens eine Entfernung von dreißig Meilen annehmen. Nun aber ist der Zustand, in den die Franzosen selbst die auf Paris mündenden Eisenbahnen versetzt haben, ein derartiger, daß es wenigstens mehrerer Wochen bedürfte, um die Lebensmittelmassen, um die es sich handelt, nach Paris zu schaffen. Ebenso wenig aber darf man außer Acht lassen, daß neben der hungerleidenden Bevölkerung von Paris die deutschen Armeen ein Recht darauf haben, ihre Lebensmittel durch die Eisenbahnen ergänzt zu sehen, und daß infolge dessen die deutschen Behörden bei dem besten Willen von der Welt nicht im Stande sein werden, mehr als einen Teil des Eisenbahnmaterials auf die Wiederverproviantirung von Paris verwenden zu lassen. Hieraus folgt aber, daß die Pariser, wenn sie im Hinblick darauf, daß bei Ausgang der Sache ihnen beträchtliche Massen von Lebensmitteln erreichbar sein werden, mit der Übergabe der Stadt so lange warten wollen, bis der letzte Bissen Brot verzehrt ist, mit ihrer unrichtigen Würdigung der Sachlage eine verhängnisvolle Enttäuschung erleben können. Möchte doch die Regierung der nationalen Verteidigung die Umstände in ernste Erwägung ziehen und über dem Prinzip des Widerstandes bis aufs äußerste die schwere Verantwortlichkeit, die sie übernimmt, nicht außer Acht lassen. Die Entfernung zwischen den in den Provinzen ausgehobenen Armeen, deren Herannahen mit so großer Ungeduld erwartet wird, und dem streng abgesperrten und eingeschlossnen Paris nimmt von Tag zu Tag zu, statt sich zu verkürzen. Lügenhafte Berichte sind nicht im Stande, Paris zu retten. Die Berechnung, aus dem einfachen Grunde bis zum letzten Augenblicke warten zu können, weil weder die Provinz noch der Feind eine Stadt von dritthalb Millionen Einwohnern den Qualen des Hungers überlassen würden, könnte sich als falsch erweisen vor unerbittlichen Unmöglichkeiten, und der Moment der Kapitulation von Paris im allerletzten Augenblick könnte, was Gott verhüte, zum Beginn eines wirklich großen Unglücks werden."

Sonntag, den 15. Januar. Ziemlich helles und kaltes Wetter. Man hört weniger Schüsse als in den letzten Tagen. Der Chef hat diese Nacht schlecht geschlafen und Wollmann schon um vier Uhr wecken lassen, damit er wegen Favre nach London telegraphire. Andrassy, der Premierminister für Ungarn, hat die Erklärung abgegeben, daß er nicht nur die in der Beustschen Depesche über das neue Deutschland ausgesprochne Anschauung der Dinge

33*

teile, sondern diese Politik stets gewollt und empfohlen habe. Die Reservation am Anfange des gedachten Aktenstückes hätte wegbleiben können, da die Neugestaltung Deutschlands den Prager Frieden nicht verletze. — Die Briefe, in denen die deutschen Fürsten den Vorschlägen des Königs von Baiern wegen Wiederherstellung der Kaiserwürde zustimmen, drücken ungefähr dieselben Gedanken aus. Nur Reuß ä. L. hat sich bewogen gefunden, seine Einwilligung etwas anders zu motiviren. — — —

Der Chef speist heute beim König. Unter uns wird bei Tische nichts der Aufzeichnung wertes gesprochen.

Bamberg, der wie alle Abende um Information für den „Moniteur" kommt, erklärt mir die Bedeutung des Buchsbaumzweiges an der Wand über meinem Bette: er ist am Palmsonntag in der Kirche geweiht und bleibt das ganze Jahr über an seiner Stelle. Wahrscheinlich spielt er als Schutzmittel gegen Krankheiten, böse Geister, Hexen u. dergl. eine Rolle im Volksaberglauben der Franzosen. — Um neun Uhr zum Chef gerufen: ich soll nach den Akten einen Artikel über unsre Stellung zu den amerikanischen Schiffen mit Kriegskontrebande machen. Leitpunkt ist dabei der dreizehnte Artikel des Vertrags von 1799. Wir können solche Schiffe nicht kapern, sondern dürfen sie nur für die Dauer des Krieges anhalten oder uns die Kontrebande gegen Quittung aushändigen lassen und müssen in beiden Fällen billige Entschädigung leisten. Den Aufsatz sofort verfaßt und in den Briefkasten im Büreau gelegt.

16. Januar, Montag. Thauwetter, Himmel bedeckt, viel Wind von Südwesten her. Man kann wieder weit sehen, aber seit gestern Nachmittag ist kein Schuß mehr zu hören. Stockt das Bombardement? Oder verweht der Wind den Schall der Schüsse?

Früh den Brief Trochus an Moltke gelesen, in welchem er sich darüber beklagt, daß unser Feuer im Süden von Paris Spitäler und andre Asyle getroffen habe, obwohl dieselben mit Fahnen als solche bezeichnet seien, meint, daß dies nicht Zufall sein könne, und auf die internationalen Verträge hinweist, nach denen diese Anstalten unverletzlich seien. Moltke hat sich entschieden gegen alle Absichtlichkeit verwahrt. Die Humanität, mit der wir den Krieg geführt hätten, „soweit der Charakter, welcher französischerseits demselben seit dem 4. September gegeben worden, es zugelassen habe," sichere gegen solchen Verdacht. Sobald klare Luft und kürzere Entfernungen unsrer Batterien von Paris es ermöglichten, die Genfer Fahnen auf den betreffenden Gebäuden zu erkennen, würden auch zufällige Beschädigungen vermieden werden können. — Später die Verfolgung Chanzys durch unsre Truppen telegraphirt. — — — Noch im Laufe des Vormittags ein Telegramm abgesandt, welches die Einnahme des Lagers von Conlie und den erfolgreichen Widerstand meldet, den General von Werder südlich von Belfort der ungeheuern Übermacht von vier französischen Korps geleistet hat.

Beim Diner sind Fürst Pleß und Maltzahn als Gäste zugegen. Man erfährt da, daß die Proklamation an das deutsche Volk übermorgen beim Ordensfeste, welches im Spiegelsaale des hiesigen Schlosses stattfinden wird, verlesen werden soll. Der König wird in glänzender Versammlung dort zum Kaiser ausgerufen werden. Truppendeputationen mit Fahnen, die Generalität, der Bundeskanzler und eine Anzahl Fürstlichkeiten werden dabei sein. Man hört ferner, daß der Chef seine Meinung in Betreff der Herauslassung Favres aus Paris geändert und ihm einen Brief geschrieben hat, der auf eine Ablehnung hinausläuft. Der Kanzler bemerkt: „Favre kommt mir mit seinem Verlangen, nach London zur Konferenz gehen zu dürfen, wie die Kinder im Spiel Fuchs ins Loch vor. Die schlagen zu und machen dann, daß sie fortkommen, nach einem Ort, wo man ihnen nichts anhaben kann. [Der »Pax« bei unserm »Letzten« in Dresden.] Er muß die Suppe aber mit ausessen, die er eingebrockt hat. Das forderte seine Ehre, habe ich ihm geschrieben." — Es wäre möglich, daß diese Sinnesänderung durch einen in der „Norddeutschen Allgemeinen Zeitung" abgedruckten, von mir für ihn angestrichenen Artikel des „Siècle," der Gambettas Ansichten vertritt, veranlaßt worden wäre, in welchem es hieß, die Durchlassung Favres nach London würde eine Anerkennung der jetzigen französischen Regierung von unsrer Seite bedeuten.*) Der Artikel ging an den König und nach London.

*) Diese Vermutung war unrichtig: Veranlassung zu der Sinnesänderung des Kanzlers war das Rundschreiben Favres vom 12. Januar. S. u.

Abends sah ich den Briefwechsel zwischen Favre und dem Kanzler.

Ich schalte hier eine Übersicht über diesen Vorgang mit Berücksichtigung später bekannt gewordner Aktenstücke ein.

* * *

Am 17. November erhielt Favre als Minister der auswärtigen Angelegenheiten durch eine Tours, den 11. November datirte, von Chaudordy abgesandte Depesche die Nachricht, daß aus Wien gemeldet worden, die russische Regierung erachte sich durch die Stipulation des Vertrages von 1856 für nicht mehr gebunden. Favre antwortete sofort, indem er bis auf Eingang offizieller Benachrichtigung strenge Zurückhaltung empfahl, doch ohne zu versäumen, bei jeder Gelegenheit das Recht Frankreichs zu betonen, nach welchem dasselbe zur Beratung der russischen Erklärung zugezogen werden müsse. Es wurden dann mündliche und schriftliche Verhandlungen über die Sache zwischen verschiedenen Mächten und der provisorischen Regierung gepflogen, bei denen man sich von französischer Seite bemühte, die Vertreter jener Mächte zur Anerkennung der Behauptung zu gewinnen, daß der Repräsentant Frankreichs „bei der Konferenz die Pflicht haben werde, in derselben eine Erörterung von ganz andrer Bedeutung [als die Diskussion der Verträge von 1856] zu eröffnen, in Betreff deren man keine abschlägige Antwort erteilen könnte." Die Delegation von Tours teilte diese Meinung, glaubte indes, daß man die Einladung Europas zur Konferenz, wenn sie erginge, annehmen müsse, selbst wenn man vorher weder ein Versprechen, noch einen Waffenstillstand erhalten hätte. Gambetta schrieb unterm 31. Dezember an Favre: „Sie müssen bereit sein, Paris zu verlassen, um sich zur Londoner Konferenz zu begeben, wenn, wie man behauptet, es England gelungen ist, einen Passirschein zu erhalten." Ehe diese Zeilen eintrafen, hatte Favre Chaudordy gemeldet, die Regierung habe den Beschluß gefaßt, daß Frankreich, „wenn man es auf regelmäßige Weise berufe," sich auf der Londoner Konferenz vertreten lassen werde, wofern seinem Pariser Vertreter von England, welches mündlich dazu eingeladen, der erforderliche Passirschein verschafft werde. Dies wurde von dem englischen Kabinett angenommen, und Chaudordy setzte Favre durch eine Depesche, die am 8. Januar in Paris eintraf, davon in Kenntnis und unterrichtete ihn zugleich, daß er, Favre, von der Regierung zum Vertreter Frankreichs auf der Konferenz bestimmt worden sei. Diese Mitteilung wurde durch ein vom 29. Dezember datirtes und am 10. Januar in Paris eingetroffenes Schreiben des Lords Granville an Favre bestätigt, in welchem es hieß:

„Herr de Chaudordy hat Lord Lyons benachrichtigt, daß Ew. Exzellenz in Vorschlag gebracht worden ist, um Frankreich auf der Konferenz zu vertreten, und er hat zugleich gebeten, ich möge ihm einen Passirschein besorgen, der Ew. Exzellenz gestatte, die preußischen Linien zu durchschreiten. Ich ersuchte sofort den Grafen Bernstorff, diesen Passirschein zu verlangen und ihnen denselben durch einen als Parlamentär abzusendenden deutschen Offizier zustellen zu lassen. Herr von Bernstorff ließ mich gestern wissen, daß ein Passirschein Ew. Exzellenz zur Verfügung gestellt werden solle, sobald er durch einen von Paris nach dem deutschen Hauptquartiere abgehenden Offizier verlangt werde. Er fügte hinzu, daß er von einem deutschen Offizier nicht überbracht werden könne, so lange dem Offizier, auf den als Träger einer Parlamentärfahne geschossen worden, keine Genugthuung gegeben worden sei. Ich bin von Herrn Tissot in Kenntnis gesetzt worden, daß viel Zeit vergehen würde, ehe diese Mitteilung Ihnen von der Delegation in Bordeaux übersandt werden könnte, und so habe ich dem Grafen Bernstorff einen andern Weg angeraten, Ihnen dieselbe zukommen zu lassen. — Ich hoffe, daß Ew. Exzellenz mir erlauben werden, diese Gelegenheit zu ergreifen, um Ihnen meine Befriedigung auszudrücken, zu Ihnen in persönliche Beziehung zu treten“ u. s. w.

Favre sah in dieser Zuschrift eine Anerkennung der jetzigen französischen Regierung und eine Einladung, die er benutzen könne, um in London vor den Mächten das Wort in Frankreichs Angelegenheiten zu ergreifen. In dem Rundschreiben, das er am 12. Januar an die französischen Gesandten erließ, sagte er:

„Durch diese Depesche direkt aufgefordert, konnte die Regierung, ohne dem Rechte Frankreichs zu entsagen, die Einladung nicht zurückweisen, die sie in seinem Namen erhielt. Nun kann man ohne Zweifel dagegen geltend machen, daß die Stunde zu einer solchen Erörterung der Neutralisation des Schwarzen Meeres nicht glücklich gewählt ist. Aber gerade dadurch, daß in dieser Entscheidungsstunde, wo Frankreich allein für seine Ehre und Existenz kämpft, dieser offizielle Schritt der europäischen Mächte bei der französischen Republik gethan wird, erhält er einen ausnehmenden Ernst. Es ist ein verspäteter Anfang, Gerechtigkeit zu üben, eine Verpflichtung, von der man sich nicht mehr lossagen kann. Er heiligt mit der Autorität des Völkerrechts den Regierungswechsel und läßt auf der Szene, auf welcher es sich um die Geschicke der Welt handelt, die trotz ihrer Wunden freie Nation erscheinen angesichts des Oberhauptes, das sie zum Untergange geführt hat, und der Prätendenten, welche über sie verfügen wollen. Wer fühlt übrigens nicht, daß Frankreich, zugelassen zu den Vertretern Europas, das unbestreitbare Recht erhält, vor ihnen seine Stimme zu erheben? Wer wird es hindern können, wenn es, sich auf die ewigen Regeln der Gerechtigkeit stützend, die Grundsätze verteidigen wird, welche seine Unabhängigkeit und seine Würde sicher stellen? Es wird keinen derselben aufgeben. Unser Programm bleibt unverändert dasselbe, und Europa, welches denjenigen einladet, der es aufgestellt hat, weiß sehr wohl, daß er den Willen und die Pflicht hat, es aufrecht zu erhalten. Man durfte daher nicht zaudern, und die Regierung hätte einen schweren Fehler begangen, wenn sie die ihr gemachte Eröffnung zurückgewiesen hätte.

Indem sie dies anerkannte, dachte sie doch, wie ich, daß der Minister des Auswärtigen, wenn es sich nicht um höhere Interessen handelte, Paris während des Bombardements, das der Feind auf die Stadt richtet, nicht verlassen könnte. [Folgt eine lange sentimentale Klage über den Schaden, den die „Wut der Angreifer" absichtlich, „um Schrecken zu verbreiten," durch ihre Bomben an Kirchen, in Lazaretten, Kinderstuben u. dergl. angerichtet habe. Dann heißt es weiter:] Unsre brave Pariser Bevölkerung fühlt mit der Gefahr ihren Mut steigen. Fest, gereizt, entschlossen, ist sie entrüstet und beugt sich nicht. Sie will mehr als je kämpfen und siegen, und wir wollen es mit ihr. Ich kann nicht daran denken, mich in dieser Krisis von ihr zu trennen. Vielleicht setzen unsre an Europa gerichteten Proteste wie die der in Paris anwesenden Mitglieder des diplomatischen Korps derselben bald ein Ziel. England wird begreifen, daß bis dahin mein Platz in der Mitte meiner Mitbürger ist."

Dies hatte Favre auch in der zwei Tage vorher erfolgten Beantwortung des Granvilleschen Schreibens ausgesprochen, aber nur in der ersten Hälfte, wo er sagte: „Ich schreibe mir nicht das Recht zu, meine Mitbürger in dem Augenblicke zu verlassen, wo sie das Opfer dieser Gewaltthat [gegen »eine waffenlose Bevölkerung« hatte er in den Zeilen unmittelbar vorher aus einer starken Festung mit ungefähr zweihunderttausend Soldaten und Milizen geschrieben] sind." Dann aber fuhr er fort: „Übrigens sind die Verbindungen zwischen Paris und London durch die Schuld des Kommandanten der Belagerungsarmee [wie naiv!] so langsam und ungewiß, daß ich ungeachtet meines guten Willens Ihrer Aufforderung nicht nach dem Wortlaut Ihrer Depesche entsprechen kann. Sie haben mich wissen lassen, daß die Konferenz am 3. Februar zusammentreten und sich dann wahrscheinlich für eine Woche vertragen wird. Am 10. Januar abends benachrichtigt, würde ich nicht zu rechter Zeit von Ihrer Einladung Gebrauch machen können. Außerdem hat Herr von Bismarck, als er mir dieselbe übersandte, keinen Passirschein hinzugefügt, der doch unumgänglich notwendig ist. Er verlangt, daß ein französischer Offizier sich ins Hauptquartier begebe, um ihn abzuholen, indem er sich auf eine Reklame stützt, die er bei Gelegenheit eines Vorfalls, über welchen sich ein Parlamentär am 23. Dezember zu beklagen gehabt, an den Gouverneur von Paris gerichtet hat, und Herr von Bismarck fügt hinzu, daß der preußische Oberkommandant, bis Genugthuung gewährt sei, jede Mitteilung durch Parlamentäre verboten habe. Ich untersuche nicht, ob ein solcher den Kriegsgesetzen zuwiderlaufender Beschluß nicht die unbedingte Verneinung der höhern Rechte ist, welche die Notwendigkeit und die Menschlichkeit immer zu Gunsten der Kriegführung aufrecht erhalten haben. Ich begnüge mich, Ew. Exzellenz zu bemerken, daß der Gouverneur von Paris sich beeilt hat, eine Untersuchung über die vom Grafen von Bismarck bezeichnete Angelegenheit zu befehlen, und daß er, indem er dies ankündigte, viel zahlreichere Fälle zu seiner Kenntnis gebracht hat, welche den preußischen Schildwachen zur Last gelegt worden sind, auf die er sich aber nie gestützt hat, um den Austausch der gewöhnlichen Mitteilungen zu unterbrechen. Der Herr Graf von Bismarck scheint, wenigstens teilweise, die Richtigkeit dieser Bemerkungen zugegeben zu haben, weil er heute den Gesandten der Vereinigten Staaten beauftragt hat, mich wissen zu lassen, daß er heute unter dem Vorbehalt gegenseitiger Untersuchungen die Verbindungen durch Parlamentäre wiederherstelle. Es liegt also keine Notwendigkeit vor, daß ein französischer Offizier sich in das preußische Hauptlager begebe, und ich werde mich mit dem Gesandten der Vereinigten Staaten in Verbindung setzen, um den Passirschein zu erhalten, den Sie für mich ausgewirkt haben. Sobald ich denselben in den Händen haben werde, und die Lage von Paris es mir gestattet, werde ich den Weg nach London nehmen, im voraus sicher, nicht vergeblich im Namen meiner Regierung das Prinzip des Rechtes und der Moral anzurufen, dem Achtung zu verschaffen Europa ein so großes Interesse hat."

Soweit Herr Favre. Die Lage von Paris hatte sich nicht verändert, die an Europa gerichteten Proteste hatten der Krisis noch kein Ziel gesetzt, dies auch noch nicht gekonnt, als Favre am 13. Januar, drei Tage also nach seinem Schreiben an Granville und am Tage nach Erlaß seines Rundschreibens an die Vertreter Frankreichs im Auslande, folgende Depesche an den deutschen Bundeskanzler abgehen ließ:

„Herr Graf! Lord Granville benachrichtigt mich durch seine Depesche vom 29. Dezember v. J., die ich am 10. Januar abends erhielt, daß Ew. Exzellenz auf das Ersuchen des englischen Kabinetts einen Passirschein zu meiner Verfügung halten, welcher für den Bevollmächtigten Frankreichs zur Londoner Konferenz notwendig ist, um die preußischen Linien passiren zu können. Da ich in dieser Eigenschaft designirt bin, beehre ich mich, von Ew. Exzellenz die Zusendung dieses Passirscheines in meinem Namen in möglichst kurzer Frist zu beanspruchen."

Ich teile dies alles lediglich in der Absicht mit, um den großen Unterschied zwischen dem Charakter und der Befähigung Favres und dem Wesen Bismarcks zu zeigen. Man vergleiche mit den oben in ausführlichen Auszügen gegebenen Schriftstücken des erstern die folgende Äußerung des letzteren. Dort Unentschlossenheit, Zweideutigkeit, Pose, Phrase, zuletzt das Gegenteil von dem, was mit Emphase wenige Zeilen vorher und in andern Dokumenten ebenso emphatisch ausgesprochen worden ist. Hier dagegen spricht ein Mann, sicher, infach, natürlich und rein sachgemäß. Der Kanzler antwortete Favre am 16. Januar (ich lasse die Eingangsworte weg) folgendermaßen:

„Ew. Exzellenz nehmen an, daß auf den Antrag der königlich großbritannischen Regierung ein Geleitschein für Sie bei mir bereit liege, zum Zwecke Ihrer Teilnahme an der Londoner Konferenz. Diese Annahme ist indessen nicht zutreffend. Ich würde auf eine amtliche Verhandlung nicht haben eingehen können, welcher die Voraussetzung zu Grunde gelegen hätte, daß die Regierung der nationalen Verteidigung völkerrechtlich in der Lage sei, im Namen Frankreichs zu handeln, so lange sie nicht mindestens von der französischen Nation selbst anerkannt ist.

Ich vermute, daß die Befehlshaber unsrer Vorposten Ew. ꝛc. die Ermächtigung erteilt haben würden, die deutschen Linien zu passiren, wenn Ew. ꝛc. dieselbe bei dem Kommando des Belagerungsheeres nachgesucht hätten. Letzteres würde nicht den Beruf gehabt haben, Ew. ꝛc. politische Stellung und den Zweck Ihrer Reise in Berücksichtigung zu ziehen, und die von den militärischen Führern gewährte Ermächtigung, unsre Linien zu passiren, welche von ihrem Standpunkte kein Bedenken gefunden, würde dem Botschafter Seiner Majestät des Königs in London freie Hand gelassen haben, um in Betreff der Frage, ob nach dem Völkerrecht Ew. ꝛc. Erklärungen als Erklärungen Frankreichs anzusehen wären, seine Stellung zu nehmen und seinerseits Formen zu finden, welche jedes Präjudiz verhütet hätten. Diesen Weg haben Ew. ꝛc. durch ein an mich unter amtlicher Angabe des Zwecks Ihrer Reise gerichtetes amtliches Gesuch um einen Geleitschein behufs der Vertretung Frankreichs auf der Konferenz durch Ew. ꝛc. abgeschnitten. Die oben angegebenen politischen Erwägungen, zu deren Unterstützung ich mich auf die Erklärung beziehe, welche Ew. ꝛc. veröffentlicht haben, verbieten mir, Ihrem Wunsche nach Übersendung eines solchen Dokuments zu entsprechen.

Indem ich Ihnen dies mitteile, kann ich Ihnen nur überlassen, für sich und Ihre Regierung zu erwägen, ob sich ein andrer Weg finden läßt, auf welchem die angeführten Bedenken zu beseitigen sind, und jedes aus Ihrer Anwesenheit in London fließende Präjudiz vermieden werden kann.

Aber auch wenn ein solcher Weg gefunden werden sollte, erlaube ich mir doch die Frage, ob es ratsam ist, daß Ew. 2c. Paris und Ihren Posten als Mitglied der dortigen Regierung jetzt verlassen, um persönlich an einer Konferenz über das Schwarze Meer teilzunehmen, in einem Augenblicke, wo in Paris Interessen auf dem Spiele stehen, welche für Frankreich und Deutschland wichtiger sind als der Artikel XI des Vertrages von 1856. Auch würden Ew. 2c. in Paris die diplomatischen Agenten und die Angehörigen der neutralen Staaten zurücklassen, welche dort geblieben oder vielmehr zurückgehalten worden sind, nachdem sie längst die Erlaubnis zum Passiren der deutschen Linien erhalten, und welche daher umsomehr auf den Schutz und die Fürsorge Ew. 2c. als des Ministers der faktischen Regierung für die auswärtigen Angelegenheiten angewiesen sind.

Ich kann daher kaum annehmen, daß Ew. 2c. in der kritischen Lage, an deren Herbeiführung Sie einen so wesentlichen Anteil hatten, sich der Möglichkeit werden berauben wollen, zu einer Lösung mitzuwirken, wofür die Verantwortlichkeit auch Sie trifft."

* * *

Ich lasse jetzt das Tagebuch weiter sprechen.

17. Januar, Dienstag. Laues Wetter und viel Wind. Man hört nicht schießen. Das Bombardement ist indes gestern in befriedigender Weise und mit geringen Verlusten auf deutscher Seite fortgesetzt worden, was ich auf Befehl des Chefs telegraphire, indem ich zugleich melde, daß der Verlust der Franzosen in den sechstägigen Kämpfen bei Le Mans weit bedeutender gewesen ist, als angenommen worden. In unsern Händen befinden sich dort 19 Geschütze und 22000 unverwundete Gefangne.

Bei Tische hatten wir zu Gästen den sächsischen Grafen Nostitz-Wallwitz, der hier bei der Verwaltung angestellt werden soll, und einen Herrn Winter oder von Winter, der zum Präfekten in Chartres bestimmt ist. Der Chef bemerkte, nachdem jemand das Gespräch auf die zukünftigen Operationen des Krieges gebracht hatte: „Ich denke mir, wenn wir Paris mit Gottes Hilfe haben, da besetzen wir es nicht mit unsern Truppen. Den Dienst mag die Nationalgarde darin versehen. Auch ein französischer Kommandant. Wir besetzen bloß die Forts und die Enceinte. Hinein wird jeder gelassen, aber niemand heraus. — Ein großes Gefängnis also, bis sie wegen des Friedens klein beigeben." — Dann sprach er mit Nostitz über die Generalräte und äußerte, man müsse mit den Mitgliedern derselben Fühlung zu gewinnen suchen. Es wäre hier ein gutes Feld zu weiteren politischen Operationen. „Was die militärische Seite der Sache angeht," so fuhr er fort, „da bin ich dafür, daß wir uns mehr konzentriren, nicht über einen gewissen Strich gehen, den aber so in die Hand nehmen, daß die Behörden ordentlich verwalten, namentlich die Steuern eintreiben können." — „Das Militär — die haben eine zentrifugale Operationskarte, ich eine zentripetale." — — — „Und wenn wir in unserm Kreise nicht alles mit Garnisonen versehen können, so schicken wir von Zeit zu Zeit eine fliegende Kolonne nach solchen Orten, die sich rekalzitrant benehmen, erschießen, hängen und sengen. Wenn das ein paar mal geschieht, werden sie schon Vernunft annehmen." — Winter meinte, schon das bloße Erscheinen von Exekutionskommandos in solchen Orten würde dazu wohl genügen. Chef: „Na, ich weiß nicht, ein mäßiges Hängen wirkt doch wohl noch besser, und wenn ein paar Granaten hineingeschickt werden und ein paar Häuser abbrennen. — Da erinnere ich mich an den Baiern, der zu dem preußischen Artillerieoffizier sagte: »Was meinen S', Herr Kamerad, soll mer das Dörfle do anzünde oder bloß moderirt verwüschte?« Was die Antwort war, weiß ich nicht."

Er erzählte dann, daß er in Bremen viele Leute habe, die ihm wohlwollten. „So haben sie mir da," sagte er, „neulich eine Partie vortrefflicher Zigarren gestiftet, sehr schwer, aber sie werden von allen Kennern gelobt. Im Drange der Geschäfte habe ich den Namen der Gesellschaft vergessen." Bucher nannte — wenn ich mich recht entsinne — die „Jakobi-Brüderschaft". „Und jetzt übersenden sie mir wieder ein schönes Eisbärenfell. Das ist zu gut für die Kampagne. Ich werde es nach Hause schicken."

Das brachte ihn auf die Bemerkung, daß er von Petersburg aus gern einmal auf die Eisbärenjagd gegangen wäre, die Dwina hinab nach Archangel, aber seine Frau habe ihn nicht fortgelassen, auch hätte er dazu mindestens sechs Wochen Urlaub haben müssen. Dort oben in den Wäldern gebe es noch unglaublich viel Wild, besonders Birk- und Auerhähne, die von den Finnen und Samojeden, welche mit Teschings ohne Pfropf und schlechtem Pulver schössen, zu tausenden erlegt würden. „So ein Auerhahn dort läßt sich — ich will nicht sagen, mit der Hand fangen, aber mit dem Stocke totschlagen," fügte er hinzu. „In Petersburg kommen sie in Massen auf den Markt. Überhaupt ist's in Rußland für einen Jäger gar nicht übel. Und mit der Kälte ist's auch nicht so schlimm; denn jeder ist an den Kampf mit ihr gewöhnt, alle Häuser sind gehörig geheizt, selbst die Treppen und das Vorhaus — sogar die Reitbahnen — und keinem Menschen fällt es ein, mit dem Cylinder im Winter Visite zu machen, sondern man kommt mit Pelz und Pelzmütze."

Ich weiß nicht mehr, auf welchem Wege, kam er dann nochmals auf seinen gestrigen Brief an Favre zu reden und sagte: „Ich habe ihm deutlich zu verstehen gegeben, das ginge doch nicht, und ich könnte nicht glauben, daß er, der die Sache am 4. September mit veranlaßt habe, nicht auch die Entwicklung mit abwarten wollte. Ich habe den Brief übrigens französisch geschrieben, erstens weil ich ihn nicht als amtlich betrachtete, sondern als Privatkorrespondenz, dann aber, damit sie ihn von den französischen Linien an bis zu ihm lesen können." Nostitz fragte, wie es überhaupt mit der diplomatischen Korrespondenz gehalten würde. Chef: „Deutsch. Früher war's französisch. Ich habe es aber eingeführt. Doch nur mit solchen Kabinetten, deren Sprache bei uns verstanden wird. England, Italien, auch Spanien — das kann man zur Not auch lesen. Mit Rußland nicht, denn da bin ich wohl der einzige im Auswärtigen Amte, der es versteht. Holland, Dänemark und Schweden auch nicht: diese Sprachen lernt man doch in der Regel nicht. Die schreiben französisch, und denen wird ebenso geantwortet." — „Der König hat übrigens befohlen, daß die Militärs mit den Franzosen nur deutsch verkehren; mögen sie's lernen, wir haben ihre Sprache auch lernen müssen." — „Mit Thiers [er meinte Favre] habe ich in Ferrières französisch gesprochen. Aber ich sagte ihm, dies geschätze nur, weil ich nicht amtlich mit ihm verhandelte. Er lachte darüber. Ich sagte ihm aber, das werden Sie schon beim Friedensschluß sehen, daß wir deutsch reden."

Beim Thee wurde erzählt, daß das Bombardement im Süden schwiege, weil ein General (der immer dagegen gewesen sein sollte) seinen Willen durchgesetzt habe. Man hoffe indes, daß der Kronprinz von Sachsen im Norden tüchtig vorgehen und schießen werde. Man werde sich dann unsrerseits von dem nicht den Rang ablaufen lassen und nicht Ursache zu der Ansicht geben wollen, daß die Sachsen die Kapitulation erzwungen hätten. Das ist offenbar nur ein Gerücht. Wenigstens erklärte Graf Dönhoff, der hinzugekommen war, unsre Belagerungsgeschütze seien auch im Süden von Paris nicht unthätig, man höre nur wegen des Südwestwindes ihre Schüsse nicht, auch werde allerdings nicht so viel geschossen als die Tage vorher. Übrigens werde morgen vermutlich von Saint Denis her ein Feuer auf die Stadt eröffnet werden, welches die Pariser in den nördlichen Quartieren sehr überraschen werde.

Abends aus dem „Moniteur" ersehen, daß in der letzten Zeit wieder achtundzwanzig französische Offiziere, darunter ein Bataillonschef und sieben Hauptleute, unter Bruch ihres Ehrenwortes aus der Gefangenschaft entwichen sind. Im ganzen haben sich jetzt allein aus den Orten des Norddeutschen Bundes hundertundacht solche Ehrenmänner davon gemacht. Einige, darunter der Leutnant Marchesau, der sich in Weiberkleidern aus Altona fortgeschlichen, sind dabei wieder eingefangen worden, und den Obersten Saussier, der sich aus Graudenz über die russische Grenze geflüchtet, haben die dortigen Behörden verhaftet und nach Thorn ausgeliefert.

18. Januar, Mittwoch. Himmel bewölkt, Luft klar, weite Aussicht, laue Temperatur, etwas Wind. Früh Eingänge und Zeitungen gelesen. Wollmann sagt mir, daß eine Ordre eingegangen ist, durch welche unser Chef zum Generalleutnant befördert wird. Hatzfeldt und Bohlen haben heute das Kreuz bekommen. Den andern steht es wohl auch bevor, und die Sehnsucht darnach scheint bei einigen sehr groß zu sein. Wie viel auch niedere Beamte darauf geben und wie nützlich infolge dessen die Gewohnheit, zu dekoriren, für den Staat ist, zeigte diesen Morgen unser braver T., als er zu

mir äußerte: „Weiß Gott, Herr Doktor, ich gäbe gleich meine ganzen Diäten darum, wenn ich das eiserne Kreuz auch kriegte. Sie können mir's glauben." Ich glaubte ihm das auch, obwohl es mir schwer begreiflich war; denn die Diäten, auf die er Anspruch hat, betragen etwa anderthalbmal so viel als seine gewöhnliche Einnahme.

Zwischen zwölf und halb zwei Uhr im großen Saale des Schlosses Ordensfest und Proklamirung des deutschen Reichs und Kaisers unter militärischem Gepränge. Soll ein sehr stattliches und feierliches Schauspiel gewesen sein. Ich machte inzwischen mit Wollmann einen weiten Spaziergang, und als wir bei der Rückkehr vom Gitter der Avenue de Saint Cloud die Allee hinauf und durch die Rue de Saint Pierre gingen, hörten wir vom Place d'Armes her das Rollen lauter Hurrahs. Sie galten dem Könige, der von der Zeremonie nach Hause fuhr — ich wollte sagen: dem Kaiser. Bei Tische fehlte der Chef, der beim Kaiser zum Diner war. Abends wurde ich zweimal zu ihm gerufen, um Aufträge zu erhalten. Er sprach dabei mit ungewöhnlich schwacher Stimme und sah ermüdet und abgespannt aus.

Der Minister hat von einer Anzahl in Paris zurückgebliebener Diplomaten, für die Kern, der Gesandte der Schweiz, das Wort führt, ein Schreiben erhalten, in welchem an ihn das Verlangen gestellt wird, dahin zu wirken, daß Maßregeln getroffen werden, welche den Schutzbefohlenen der Unterzeichner ermöglichen, sich vor dem Bombardement durch Entfernung aus der Stadt zu retten. Dabei wird unsre Berechtigung zur Beschießung von Paris bezweifelt und angedeutet, daß wir absichtlich auf Gebäude schössen, die zu schonen seien. Darauf ist zu erwiedern, daß der neutrale Teil der in Paris Wohnenden durch ihre Gesandtschaften wiederholt schon gegen das Ende des Septembers, dann mehrmals im Oktober auf die Nachteile aufmerksam gemacht worden ist, die der Stadt aus einem fortgesetzten Widerstande erwachsen müßten. Ferner haben wir monatelang jeden Neutralen, der sich als solcher legitimiren konnte und sich zu entfernen wünschte, ohne Schwierigkeiten unsre Linien passiren lassen, jetzt können wir dies aus militärischen Gründen nur den Mitgliedern des diplomatischen Korps gestatten. Wenn jene Erlaubnis, sich und seinen beweglichen Besitz in Sicherheit zu bringen, von einer Anzahl Neutraler bisher nicht benutzt worden ist, so ist das nicht unsre Schuld, sie haben entweder nicht gewollt oder vor den Pariser Machthabern nicht gedurft. Wenn wir Paris bombardiren, so sind wir dazu völkerrechtlich vollkommen berechtigt; denn Paris ist eine Festung, es ist die Hauptfestung Frankreichs, es ist ein verschanztes Lager für ein großes Heer, das von hier aus Offensivstöße gegen uns führt, und nach denselben hier Deckung findet. Unsern Generalen kann infolge dessen nicht angesonnen werden, diesen Stützpunkt des Gegners unangefaßt zu lassen oder ihn mit Sammethandschuhen anzufassen. Übrigens ist unser Zweck bei der Beschießung nicht die Zerstörung der Stadt, sondern die Bezwingung derselben als Festung. Macht unser Feuer den Aufenthalt in Paris unbequem und gefährlich, so hätten die, welche das an sich gewahr werden, nicht in eine befestigte Stadt ziehen oder nicht darin bleiben sollen, und so mögen sie ihre Klagen statt an uns an diejenigen richten, welche Paris in eine Festung verwandelt haben und sich seiner Festungswerke jetzt gegen uns als Kriegsmittel bedienen. Endlich schießt unsre Artillerie nicht mit Absicht auf Privathäuser und Wohlthätigkeitsanstalten wie Spitäler u. dergl., und das sollte sich nach der Sorgfalt, mit der wir die Genfer Verträge beobachtet haben, von selbst verstehen. Nur zufällig sind bei der großen Entfernung, aus der wir schießen, Häuser oder Personen, die nichts mit der Kriegführung zu thun haben, getroffen worden. Es kann aber nicht gestattet werden, daß Paris, von wo aus man uns mit Krieg überfiel und wo der Krieg jetzt hauptsächlich hinausgezogen wird, solche Fälle vorschiebe, um eine energische Beschießung, die es unhaltbar macht, zu verbieten. — Artikel in diesem Sinne gemacht.

19. Januar, Donnerstag. Trübes Wetter. Die Post bleibt aus, und auf Nachfrage erfährt man, daß bei Vitry la Ville, einem in der Nähe von Chalons gelegenen Orte, die Eisenbahn zerstört worden ist. Von zehn Uhr vormittags an hören wir wieder eine ziemlich stramme Kanonade, in die sich zuletzt auch Feldgeschütze mischen. Ich mache zwei Artikel über den sentimentalen Bericht des „Journal des Débats," nach welchem unsre Granaten nur Ambulanzen, Mütter mit Töchtern, kranke Damen

und Wiegen mit Wickelkindern sich zum Zielpunkt genommen hätten — die grausam gesonnenen Granaten!

Das heutige Schießen rührt, wie Keudell beim Frühstück erzählt, von einem neuen großen Ausfalle her, den die Pariser mit vierundzwanzig Bataillonen und zahlreichen Kanonen auf unsre Stellungen zwischen La Celle und Saint Cloud unternommen haben. — — — Gegen zwei Uhr, wo man deutlich das Geknarr und Gerassel von Mitrailleusen vernimmt, die französischen Geschütze also in der Luftlinie höchstens noch eine halbe Meile von Versailles entfernt sind, setzt sich der Chef zu Pferde, um nach dem Aquädukt von Marly zu reiten, wohin sich auch der König und der Kronprinz begeben haben sollen. Ich fahre mit Wollmann ebenfalls dahin. Auf dem Wege begegnet uns in Roquencourt ein zurückkehrender Musketier, der auf unsre Frage nach dem Gange der Dinge wissen will, es stünde schlecht für uns, der Feind wäre schon im Walde auf den Hügeln hinter La Celle. Wir können das nicht glauben, weil in diesem Falle mehr Leben sein und wir das Schießen deutlicher hören würden. Ein Stück weiter begegnet uns der Kronprinz, der nach Versailles zurückkehrt. Es muß also keine Gefahr mehr sein. Auf der Höhe von Marly an der schnurgeraden Chaussee, die hier nach Norden führt, läßt man uns nicht weiter. Wir warten eine Weile bei schneidendem Winde und unter einer Wolke, die ein dichtes Gestöber von Schneeflocken entsendet, unter den hier aufgestellten langbärtigen Enakskindern der Gardelandwehr. Der König und der Kanzler sollen sich auf dem Aquädukt befinden. Als die Wolke vorübergezogen ist, sehen wir deutlich den Mont Valérien drei Schüsse nach einander abgeben und die Schanze unter seinen Wällen achtmal feuern. Auch in unseren Batterien im Westen jenseits der Seine blitzt es dann und wann auf, und in einem der Dörfer des Flußthales scheint ein Haus zu brennen. Als das Feuer aufhören will, kehren wir um.

In Versailles muß die Sache inzwischen Bedenken erregt haben; denn als wir durch die Stadt gehen, sehen wir, daß Baiern eingerückt sind, die man sonst hier nur einzeln zu sehen bekommt. Sie stehen auf dem Place d'Armes und der Avenue de Paris in dichten Massen, sagt man uns. Die Franzosen aber lagern, wohl sechzigtausend Mann stark, heißt es, unterm Mont Valérien und auf den Feldern östlich von da. Sie sollen die Montretout-Schanze genommen haben, und ebenso befänden sich das Dorf Garches, nicht viel weiter als drei Viertelstunden von hier, und der westliche Teil von Saint Cloud in ihren Händen. Man hätte zu befürchten, daß sie morgen weiter vordringen und uns zur Räumung von Versailles nötigen könnten. Wohl nicht richtig, wenigstens übertrieben.

Die Gespräche bei Tische schienen diese Vermutung zu bestätigen. Man redete nicht, als ob Gefahr vorhanden wäre. Wir hatten den Geheimrat von Löper zum Gaste, der Unterstaatssekretär im Hausministerium sein soll. Zuerst war davon die Rede, daß die Gefahr, die unsern Verbindungen mit Deutschland vom Südosten her drohte, verschwunden ist, indem General Bourbaki, der Werder drei Tage lang hart bedrängt, ohne ihn werfen zu können [vermutlich auf die Nachricht vom Heranrücken Manteuffels], den Versuch, Belfort zu entsetzen, aufgegeben hat und sich in vollem Rückzuge befindet. Der Chef gedachte dann eines Berichts, nach welchem die Steuern bei verschiedenen Gemeinden in den von uns besetzten Teilen Frankreichs nicht eingehen wollen, und sagte, es sei schwer, ja unmöglich, überall Garnisonen hinzulegen, welche die Bevölkerung zur Entrichtung derselben nötigten. Dann fuhr er fort: „Das ist aber auch gar nicht erforderlich. Das läßt sich mit fliegenden Kolonnen machen, mit Infanterie, der man etwas reitende Artillerie mit ein paar Geschützen beigiebt. — Man braucht garnicht hineinzugehen, sondern es wird ihnen einfach gesagt: wenn ihr die rückständige Steuer nicht herausbringt — binnen zwei Stunden, so werden euch Granaten hineingeworfen. Sehen sie dann, daß Ernst gemacht wird, so zahlen sie. Im andern Falle bombardirt man den Ort, und das hilft dann bei den andern. Sie müssen wissen, daß Krieg ist."

Später drehte sich das Gespräch um die Dotationen, die zu erwarten sind, wenn Friede geschlossen ist, und von diesen kam der Chef auf die von 1866 zu sprechen, wobei er u. a. sagte: „Man hätte sie nicht in Geld geben sollen. Mir wenigstens widerstand es lange, aber endlich unterlag ich der Versuchung." — „Man hätte wie 1815 mit Domänen belohnen sollen, und es war gute Gelegenheit dazu."

20. Januar, Freitag. Das Wetter ist wieder nebelig, und

34*

man hört kein Schießen mehr. Im Laufe des Vormittags erfahren wir, daß die Pariser ihre Stellungen von gestern Abend verlassen und mit klingendem Spiel in die Stadt zurückmarschirt sind. Unsre Verluste bei dem Kampfe sollen nicht erheblich sein, die des Feindes dagegen sehr beträchtlich. Vom Westen her kommt die Nachricht, daß Tours von unsern Truppen ohne Widerstand besetzt worden ist, vom Norden, daß Goeben bei Saint Quentin in siebenstündiger Schlacht die Franzosen geschlagen und ihnen viertausend unverwundete Gefangene abgenommen hat. Um zwölf Uhr wurde ich zum Chef geholt. Er will, daß seine Beantwortung der Kernschen Zuschrift und der Brief, in dem er Favre den Passirschein abgeschlagen hat, in den „Moniteur" kommen.

Beim Diner war Bohlen wieder zugegen, desgleichen als Gäste Lauer und von Knobelsdorff. Der Chef war aufgeräumt und gesprächig. Er erzählte u. a., als er in Frankfurt gewesen, habe er häufig Einladungen an den großherzoglichen Hof in Darmstadt erhalten und benutzt. Es habe dort vortreffliche Jagden gegeben. Dann fuhr er fort: „Aber ich habe Ursache, anzunehmen, daß die Großherzogin Mathilde mich nicht mochte. Sie hat zu jemand gesagt, damals, er steht immer da und sieht aus, als ob er so viel wie der Großherzog wäre."

Als wir bei der Zigarre waren, kam plötzlich im Regenmantel der Adjutant des Kronprinzen (ein Major von Hanke oder Kameke) herein, um zu melden, daß der Graf (Name unverständlich) erschienen sei, um, angeblich im Namen und Auftrage Trochus, einen zweitägigen Waffenstillstand zur Wegschaffung der beim gestrigen Ausfalle Verwundeten und zur Bestattung der dabei Gefallenen zu verlangen. Der Chef erwiederte, der dürfe den Franzosen nicht bewilligt werden, für die Wegbringung ihrer Verwundeten und die Beerdigung ihrer Toten genügten einige Stunden; die letzteren lägen übrigens ebenso gut über als unter der Erde. Bald nachher erschien der Major wieder und meldete, der König werde herkommen, und kaum eine Viertelstunde danach stellte sich Majestät wirklich ein, desgleichen der Kronprinz. Sie gingen mit dem Kanzler in den Salon, wo eine Antwort für den Boten Trochus redigirt wurde, die abschlägig lautete.

Um neun Uhr schickt mir Bucher ein paar mit Bleistift geschriebene Zeilen herauf, nach welchen der Abdruck des Briefes an Kern auf den Befehl des Chefs morgen im „Moniteur“ erfolgen, der des Schreibens an Favre aber bis auf weiteres unterbleiben soll. Sende sofort darauf bezügliche Weisung an Bamberg, welcher die Briefe inzwischen durch das Büreau erhalten haben muß.

Beim Thee erzählte Wagener verschiedne Anekdoten aus dem Jahre 1848. Er hatte mit dem famosen Lindenmüller das Abkommen getroffen, wenn die konservative Partei die Oberhand behielte, wollte er, wenn die Müllersche siegte, sollte dieser dafür Sorge tragen, daß der gegnerische Teil nicht gehenkt würde. „Als nun unsre Leute Oberwasser bekamen,“ fuhr er fort, „ging ich zum Polizeipräsidenten und bat ihn, mir zu gestatten, daß ich Müllern die Haft etwas erleichtern könnte, und dann schickte ich ihm, an jenen Pakt erinnernd, vorläufig ein Dutzend Flaschen Wein und sechs Spickgänse.“ Eine andre Geschichte war folgende: „Als Held, der damals in Berlin eine Hauptrolle spielte und bei den untern Klassen in großem Ansehen stand, einmal eine Volksversammlung gehalten hatte, ließen wir einen Zettel drucken und an die Ecken anschlagen, auf dem es ungefähr hieß: Held, der Vater des Volkes, hat gestern bei der Versammlung da und da für das leidende Volk gesammelt, und es ist die erhebliche Summe von 1193 Thalern, soundsoviel Silbergroschen und soundsoviel Pfennigen eingegangen. Die Bedürftigen mögen sich deshalb bei ihm in seiner Wohnung, Straße so und so, Nummer so und so melden und ihren Anteil in Empfang nehmen. — Er hatte natürlich nichts eingenommen. Aber wir hatten das Vergnügen, ihm eine Menge Leute über den Hals zu bringen, die das nicht glauben wollten.“

21. Januar, Sonnabend. Früh dicker Nebel. Es wird nicht geschossen. Um halb zehn Uhr kommt der „Moniteur“ an und — enthält den Brief des Chefs an Favre! Schlimm, aber mein Schreiben an Bamberg wird erst nach Druck der Nummer eingetroffen sein. Um zehn Uhr wurde ich zum Minister geholt, der indes nichts über das Unglück sagte, obwohl er das Blatt vor sich hatte. Er lag noch im Bette und wollte den Protest des Grafen Chambord gegen das Bombardement für den König aus-

geschnitten haben. Ich machte dann einen Artikel für deutsche Zeitungen und ein Entrefilet für das hiesige Blatt.

Abends waren beim Diner Voigts-Rhetz, Fürst Putbus und der bairische Graf Berghem Gäste des Kanzlers. Der Baier hat die angenehme Kunde überbracht, daß die Versailler Verträge in der Münchner zweiten Kammer mit zwei Stimmen über die erforderliche Zweidrittel-Majorität durchgegangen sind. Das deutsche Reich ist also in aller Form fertig. Der Chef forderte mit Bezug auf diese Thatsache die Gesellschaft auf, die Gesundheit des Königs von Baiern zu trinken, „der die Sache doch eigentlich zu gutem Ende gebracht hat." — „Ich dachte immer," so setzte er hinzu, „daß wir damit durchkommen würden, wenn auch nur mit einer Stimme; auf zwei hätte ich nicht gehofft. Die letzten guten Nachrichten vom Kriegsschauplatze werden auch dazu beigetragen haben."

Es wurde dann erwähnt, daß die Franzosen bei dem vorgestrigen großen Ausfalle weit mehr Leute gegen uns geführt haben, als man bisher dachte, wahrscheinlich über achtzigtausend Mann, und daß die Montretout-Schanze wirklich einige Stunden in ihren Händen gewesen ist, desgleichen ein Teil von Garches und Saint Cloud, daß sie auch bei ihrem Ansturm ganz gewaltige Verluste, — man sprach von 1200 Toten und 4000 Verwundeten — erlitten haben. Der Chef bemerkte: „Die Kapitulation muß nun bald erfolgen — ich denke, schon nächste Woche. Nach der Kapitulation werden sie von uns mit Lebensmitteln versehen werden — versteht sich — aber bevor sie nicht siebenmalhunderttausend Gewehre und viertausend Kanonen abgeliefert haben, kriegen sie kein Stück Brot, und dann wird niemand herausgelassen. Wir besetzen die Forts und die Enceinte und setzen sie so lange auf schmale Kost, bis sie sich zu einem Frieden bequemen, der uns paßt. Es sind in Paris doch noch sehr viele gescheite und angesehene Leute, mit denen was zu machen ist."

Später kam man auf eine Madame Cordier zu sprechen, die sich seit einiger Zeit hier aufhalte und sich in diesen Tagen mehrere Stunden an der Brücke bei Sèvres hin und her bewegt habe, wie es geschienen, um nach Paris hineinzukommen oder etwas hineinzubringen. Sie soll eine hübsche, schon etwas ältere Witwe sein, und, wenn ich recht verstand, ist sie eine Tochter Lafittes und eine Schwester der am Hofe Napoleons unter den galanten Damen hervorragend gewesenen Frau des Reitergenerals Marquis de Galiffet, die das anmutige Abenteuer mit dem Prinzen von Wales hatte.*) Man scheint sie bei uns für eine vornehme Spionin zu halten, wundert sich, daß man sie hier geduldet, und meinte, sie habe wohl Freunde und Gönner unter den höhern Militärs. — — — Der Chef äußerte: „Ich erinnere mich, wie sie vor fünfzehn oder sechzehn Jahren nach Frankfurt kam. Da setzte sie ohne Zweifel voraus, daß sie als schöne Frau und Pariserin eine Rolle spielen werde. Aber es kam anders. Sie hatte ordinäre Manieren und wenig Takt, sie war nicht so gut erzogen wie die Frankfurter Finanzdamen, die das schnell weg bekamen. So weiß ich, eines Tages ging sie bei feuchtem, schmutzigen Wetter in einem rosa Atlaskleide aus, das ganz mit Spitzen besetzt war. Sie hätte sich das Kleid gleich mit Metalliques benähen lassen können, sagten die Frankfurter Damen, da sähe man besser, was sie zeigen wollte."

Die Unterhaltung ging sodann in eine gelehrte Erörterung des Unterschiedes zwischen den Titulaturen „deutscher Kaiser" und „Kaiser von Deutschland" über, und auch die Möglichkeit eines „Kaisers der Deutschen" wurde erwähnt. Als ein Weilchen darüber verhandelt worden war, fragte der Chef, der bisher zu der Debatte geschwiegen: „Weiß einer von den Herren, was auf Lateinisch Wurscht heißt?" — „Farcimentum," erwiederte Abeken. — „Farcimen," sagte ich. — Chef, lächelnd: „Farcimentum oder farcimen, einerlei. Nescio quid mihi magis farcimentum esset."

22. Januar, Sonntag. Wetter hell, aber nicht kalt. Wie gestern, so wird auch heute wenig geschossen. Es wird für mich Zeit, daß wir hier wegkommen; denn ich fühle mich wieder recht matt und abgespannt. Vormittags zwei Artikel für deutsche Blätter und einen für den „Moniteur" gemacht und deshalb zweimal bei dem Chef gewesen. — — — Bei Tische der Sachse von Könneritz, ein hübscher Mann mit Adlernase und großem Bart, der General von Stosch und Löper zugegen. Von der Unterhaltung nichts auf-

*) Ein Irrtum, aber ein verzeihlicher: es war eine Herzogin von Mouchy.

zuzeichnen, als daß der Minister wieder davon sprach, daß es billig sein würde, den Verwundeten das eiserne Kreuz zu geben. Nach dem Diner Konzepte und andre Akten gelesen, darunter Heffters überaus gründlichen Bericht über die Kaisertitel. Der gewissenhafte Gelehrte hat über den Gegenstand, der dem Chef am Wurschtesten ist, eine Anzahl von Schriften studirt, aber unter den da aufgeführten Titulaturen kommt, wofern ich seine Abhandlung in der Eile recht begriffen habe, ein deutscher Kaiser, ein Kaiser von Deutschland, ein deutscher König und ein König von Deutschland nirgends vor.

Abends in zwei Artikeln auf eine den Krieg, den Gambetta angefacht, deutlich charakterisirende Grausamkeit der Franzosen aufmerksam gemacht, die, wie die folgenden Berichte zeigen, vollständig verbürgt ist.

„Auf Befehl des Bataillons meldet der Unterzeichnete, daß er auf seinem Marsche nach Vendome am 1. Januar den Bericht erhalten hat, daß sich in Villaria ein toter Kürassier befindet, dem beide Augen ausgestochen sind. Der Unterzeichnete hat diesen Kürassier auf einem von Kameraden eskortirten Wagen liegen sehen. Er hatte mehrere Messer- und Bajonnetstiche im Unterleibe, einen Schuß in der Schulter, und die Augen waren ihm aus den Augenhöhlen geschnitten. Der Leichnam schien vor einem oder zwei Tagen in diesem Zustande aufgefunden worden zu sein.

von Lüderitz,

Premierleutnant im 4. westfälischen Infanterieregiment Nr. 17."

„Ich bescheinige, am 1. Januar zu Villaria die Leiche eines Kürassiers gesehen zu haben, dem beide Augen ausgestochen waren. Ich habe keine detaillirtere Besichtigung der Leiche vorgenommen, glaube aber, daß man genauere Nachrichten erhalten könnte. Die Leiche ist von Dragonern des 16. Regiments eskortirt worden.

Les Tuileries, 9. Januar 1871.

D. Halle,

Arzt im 2. Bataillon des Regiments Nr. 17."

„Die Division [20. Infanterie-Division] legt dem kommandirenden General in dem anliegenden Schriftstück den Bericht des Premierleutnants von Lüderitz vom 4. westfälischen Infanterieregiment Nr. 17

vor, betreffend die Verstümmelung eines Kürassiers vom ostpreußischen Kürassierregiment Nr. 3, der als Material für die zu entwerfende Liste von Handlungen gegen das Völkerrecht dienen kann, die von den Franzosen begangen worden sind. Die Division macht zugleich darauf aufmerksam, daß der Feind sich während des Kampfes am 11. d. M. zu seinen Gewehren der Explosivkugeln bedient hat, was von den Mannschaften wie von den Offizieren in dem Maße bemerkt worden ist, daß der Major Blume im Stande ist, es eidlich zu bekräftigen.

Chapelle, 16. Januar 1871. Mantz."

23. Januar, Montag. Mildes, trübes Wetter. Ich telegraphire, daß das Bombardement unsrer nördlichen Batterien gut wirkt: das Fort bei Saint Denis schweigt, in der Stadt Saint Denis sowie in Paris hat man Feuersbrünste bemerkt. Dann einen Artikel wegen Vergiftung von vier Preußen in Rouen mit der entsprechenden Moral gemacht und die Sammlung von französischen Grausamkeiten und Rechtsverletzungen durch D. Rosenthals Bericht über seine Gefangenschaft bei den Rothosen vervollständigt. — — — Die Post ist heute wieder ausgeblieben, da Franktireurs eine Moselbrücke zwischen Nancy und Toul in die Luft gesprengt haben. Es wird aus allen unsern Batterien, obwohl man sie nicht hört, tüchtig geschossen. So berichtet der Husarenleutnant von Uslar, der von den Vorposten kommt, um dem Chef einen Brief von Favre zu überbringen. Was mag der wollen?

Bei Tische General von Kameke, der oberste Kommandeur der bei der Belagerung thätigen Genietruppen, und der hellblaue Husar und Johanniter von Frankenberg zugegen. Von der Unterhaltung an der Tafel nichts zu notiren.

Abends bald nach sieben Uhr traf Favre selbst bei uns ein, und der Kanzler hatte eine Unterredung mit ihm oben in der kleinen Stube neben der seinigen, die früher der älteste Sohn der Witwe Jessé bewohnt hat. Diese Besprechung dauerte zirka dritthalb Stunden. Unterdes unterhielten Hatzfeldt und Bismarck-Bohlen unten im Salon den Begleiter Favres, der dessen Schwiegersohn sein und del Rio heißen soll. Er wäre, heißt es, eigentlich Porträtmaler, aber comme secrétaire mit seinem Schwiegervater herausgekommen. Beide bekommen auch zu essen, was in der Eile zu haben ist, Kotelettes, Rührei, Schinken u. dergl., was den armen Märtyrern der Hartnäckigkeit wohlthun wird. Kurz vor ein viertel auf elf gehen beide wieder, um in dem vor der Thür haltenden Wagen nach ihrer hiesigen Wohnung zu fahren. Dieselbe ist auf dem Boulevard du Roi ausgesucht in einem Hause, wo zufällig auch Stieber und die Feldpolizei ihre Quartiere haben. Hatzfeldt begleitet die Herren dahin. Favre sieht ziemlich niedergeschlagen und in der Kleidung etwas derangirt aus. Sein Schwiegersohn, ein kleiner Mensch mit südlichem Typus, desgleichen. Uslar hat sie von den Vorposten hierher begleitet.

Der Chef fährt nach halb elf Uhr zum König und kommt nach etwa drei Viertelstunden wieder. Als er zu uns in das Theezimmer tritt, sieht er ungemein vergnügt aus, setzt sich, läßt sich von mir Thee einschenken und ißt ein paar Bissen trocknes Brot dazu. Nach einer Weile sagt er zu seinem Vetter: „Kennst du das?" worauf er eine kurze Melodie pfeift, das Signal der Jäger, welches verkündigt, daß der Hirsch erlegt ist. Bohlen antwortete: „Ja — gute Jagd." — Chef: „Nein, das geht so," worauf er eine andre Weise pfeift. „Es war das Hallali," sagte er dann. „Ich denke, die Sache ist gemacht." Bohlen meinte dann, Favre habe „recht ruppig" ausgesehen. Der Chef erwiederte: „Ich finde, daß er viel grauer geworden ist als in Ferrières — auch dicker, vermutlich vom Pferdefleisch. Sonst aber sieht er aus wie einer, der in der letzten Zeit viel Verdruß und Aufregung erlebt hat, und dem jetzt alles Worscht ist. Übrigens war er sehr aufrichtig und gestand zu, daß es schlecht gehe drinnen. Auch erfuhr ich von ihm, daß Trochu beseitigt ist. Vinoy kommandirt jetzt in der Stadt." — Bohlen erzählte dann, daß Martinez del Rio äußerst zurückhaltend gewesen sei. Sie hätten ihn auch nicht auszufragen versucht, aber einmal hätten sie sich doch erkundigt, wie es wohl mit Rothschilds Villa in Boulogne stehe, wo sich, wie Thiers gesagt, der Generalstab der Pariser Armee einquartiert hat. Da hätte er ganz kurz entgegnet, das wisse er nicht. Sonst hätten sie sich unartigerweise mit ihm nur über gute Pariser Restaurants unterhalten. Hatzfeldt berichtete, als er von der Begleitung der beiden Pariser zurückkehrte, Favre sei froh gewesen, daß er erst in der

Dunkelheit angekommen, und wolle morgen bei Tage nicht ausgehen, um nicht Aufsehen zu erregen und von den Versaillern behelligt zu werden. Ehe der Kanzler sich in seine Stube hinaufbegab, fragte er noch, ob jemand im Büreau zurückgeblieben, der deutlich schreibe; der solle mit ihm hinaufkommen. Willisch war da und ging mit ihm hinauf.

Nachzutragen: Am heutigen Nachmittag war ich im Saale de Jeu de Paume, dem berühmten „Ballhaus“ von 1789, das auf einer kleinen, schmalen, nach ihm benannten Gasse nicht weit vom Place d'Armes und dem obern Ende der Avenue de Sceaux liegt. Ich hatte mir, wenn ich in deutschen Schriften über die Revolution gelesen, eine andre Vorstellung von ihm gemacht, es für ein stattliches Haus mit einem großen prächtigen Saale für Bälle und Konzerte gehalten. Jetzt sah ich, daß dies ein Irrtum. Es ist ein ganz unansehnliches Gebäude, und der Saal, in dem man nicht tanzt, sondern Ball schlägt, ist weder elegant noch geräumig. Man steigt zu der Thür außen auf einigen schmalen Stufen hinauf. Die Frau des Portiers führte mich nach dem Saale, der sehr einfach und ohne irgendwelche Verzierungen ist. Er hat etwa vierzig Schritt Länge und zwanzig Schritt Breite. Die Höhe mag dreißig Fuß betragen. Unten besteht die Wand aus Mauerwerk, das schwarz angestrichen ist, oben aus Bretterwerk. Auch die Decke ist von Holz. In der Bretterbekleidung befinden sich große und kleine Fenster, die vor dem Anprall der Bälle mit Drahtgittern geschützt sind. Unten läuft um die der Gasse zugekehrte Langseite des Saales und die beiden schmalen Seiten ein bedeckter Holzgang, dessen Fenster ebenfalls mit Drahtgittern versehen sind. In die Wand der vierten Seite ist etwas über Mannshöhe eine viereckige kupferne Tafel eingelassen, die den Schwur vom 20. Juni 1780*) enthält und 1790 durch

*) Derselbe erklärte indirekt die Nationalversammlung, in die sich der von Bailly und Mirabeau geführte dritte Stand der Etats Généraux kurz vorher mit Hinzutritt von Mitgliedern der andern beiden Stände verwandelt hatte, für souverän und lautete: „Die Nationalversammlung, welche dem Reiche eine neue Verfassung zu geben hat, darf sich durch nichts an der Fortsetzung ihrer Beratungen hindern lassen; die Mitglieder derselben verpflichten sich daher durch einen Eid, nicht auseinander zu gehen, sondern solange immer wieder an einem Orte zusammenzukommen, bis die Verfassung vollendet und fest begründet ist.“ Drei Tage nachher, am 23. Juni, begann die Revolution auf Grund dieses Schwures. Der König

eine Gesellschaft von „Patrioten" hier angebracht worden ist. Sonst erinnert nichts an das, was hier geschehen. Als ich mir die historische Stätte betrachtete, war in dem Brettergange im Saale Wäsche zum Trocknen aufgehangen, und auf dem Fußboden in der Mitte lagen Krautblätter umhergestreut — vielleicht trieb der Portier, wo Mirabeau gedonnert, eine gemütliche Kaninchenzucht — doch erinnerten auch ein Lederball und ein Instrument zum Ballschlagen an die eigentliche Bestimmung des Raumes.

24. Januar, Dienstag. Der Tag trüb und nebelig. Der Chef ist schon vor neun Uhr aufgestanden und hat mit Abeken gearbeitet. Kurz vor zehn Uhr fährt er zum König — oder sagen wir jetzt, zum Kaiser. Erst gegen ein Uhr kommt er, während wir noch beim Frühstück sitzen, zurück. Er ißt ein Stück gebratenen Schinken, trinkt ein Glas Tivoli-Bier dazu, seufzt und sagt: „Bisher habe ich immer gedacht, die parlamentarische Behandlung von Staatsangelegenheiten wäre die langsamste. Jetzt denke ich nicht mehr so. Dort gibt's doch noch die Rettung mit dem Schlußantrage. Hier aber bringt jeder vor, was er gerade denkt, und wenn man sich der Hoffnung überläßt, nun wäre es endlich abgemacht, kommt einer mit einem Gedanken, den er schon vorher vorgebracht hat, und der

---

ließ der Versammlung der drei Stände" eine Verfassung vorlegen, der fünfzehn Artikel vorangeschickt waren, welche eine durchgreifende Umgestaltung des Staatswesens, wie sie die Liberalen verlangten und beabsichtigten, geradezu verboten. Die Rede, welche die Minister den König halten ließen, schloß mit den Worten: „Ich befehle Ihnen, meine Herren, sich alsbald zu trennen, sich morgen in den für jeden einzelnen Stand bestimmten Saal zu begeben und dort Ihre Sitzungen wieder zu beginnen." Es waren starke Worte, aber sie wurden von einem schwachen Fürsten gesprochen. Die bürgerlichen Abgeordneten blieben trotz des königlichen Befehls beisammen, und als der Großzeremonienmeister Marquis de Dreux-Brézé sie zum Gehen aufforderte, antwortete ihm Mirabeau: „Sie, mein Herr, können das Organ des Königs bei der Nationalversammlung nicht sein; denn Sie haben hier weder Sitz noch Stimme, noch auch das Recht, uns an das vom Könige gesprochene Wort zu erinnern. Sagen Sie Ihrem Herrn, daß wir hier durch den Willen des Volkes versammelt sind, und daß man uns nur durch die Gewalt der Bajonette auseinander treiben wird." Der König that dieser Widersetzlichkeit gegenüber nichts; er gab, als man sie ihm meldete, zur Antwort: „Nun denn, wenn die Herren vom dritten Stande den Saal nicht verlassen wollen, so soll man sie drin lassen."

widerlegt ist, und man ist wieder, wo man zu Anfang war, und was nicht geht." — — — „Na, mir ist's recht, sogar lieber, wenn es noch nicht entschieden oder wenn es erst morgen entschieden wird." — — Er bemerkte dann, daß er Favre jetzt wieder erwarte, und daß er ihm geraten habe, schon um drei Uhr wegzufahren (er will nämlich nach Paris zurück), wegen der Soldaten, die ihn in der Dunkelheit anrufen werden, und denen er nicht antworten kann.

Halb zwei Uhr stellte sich Favre wieder beim Bundeskanzler ein, um mit ihm nahezu zwei Stunden zu verhandeln, worauf er, von Bismarck-Bohlen bis an die Sèvres-Brücke begleitet, wieder heimfuhr.

Bei Tische, wo wir u. a. Hummer mit Mayonnaise hatten, war von dieser Verhandlung nicht die Rede. Doch scheint sich von selbst zu verstehen, daß es sich bei ihr um die Einleitung der Kapitulation gehandelt haben wird. Der Chef sprach zunächst von Bernstorff und sagte: „Dahin hab' ich's doch noch nicht gebracht, mit behäbiger Breite Seiten und Bogen über die unbedeutendsten Dinge vollzuschreiben. Solch ein Haufen [zeigt es mit der Hand] ist heute wieder angekommen. — Und dabei immer die Rückbeziehungen: wie ich in meiner Depesche vom 3. Januar 1863, Nummer so und so viel, zu berichten die Ehre hatte, oder: wie ich in meinem Telegramm Nummer 1666 gehorsamst meldete. Ich schicke es dann dem Könige, und der will wissen, was er meint, und schreibt mit Bleistift an den Rand: Kenne ich nicht." - — — Jemand wollte wissen, nur Goltz hätte ebensoviel geschrieben. — Chef: „Ja, und dazu manchmal noch sechs, acht Bogen lang, ganz eng geschriebene Privatbriefe an mich. Er muß erschrecklich viel Zeit gehabt haben. Zum Glück erzürnte ich mich mit ihm, und da hörte der Segen auf." — Einer von der Tafelrunde bemerkte, was der sagen würde, wenn er jetzt erführe, daß der Kaiser gefangen, die Kaiserin in London und Paris von uns belagert und bombardirt worden wäre. — „Na," erwiederte der Chef, „der Kaiser läge ihm wohl nicht so sehr am Herzen, aber — — — jedoch trotz seiner Verliebtheit — so wie Werther wäre er doch nicht 'reingefallen."

Man gedachte des Ablebens einer niederländischen oder belgischen Prinzessin, und Abeken drückte pflichtbewußt seine Betrübnis über den Sterbefall der hochseligen Dame aus. Der Chef aber sagte: „Wie kann Ihnen das so zu Herzen gehen? Es ist doch kein Belgier hier am Tische und auch kein Vetter."

Er erzählte dann, daß Favre sich gegen ihn beklagt habe, daß wir auf die Kranken und Blinden — das Blindeninstitut — schössen. „Ich weiß nicht, was Sie sich darüber beschweren, sagte ich ihm. Sie machen es ja noch viel schlimmer, Sie schießen auf unsre rüstigen und gesunden Leute." Welch ein Barbar! wird er da gedacht haben. — Man erwähnte Hohenlohes und seiner Verdienste um den Erfolg der Beschießung. Chef: „Ich werde vorschlagen, ihm den Titel Poliorketes zu verleihen." — Die Unterhaltung lenkte sich auf Statuen und Gemälde der Restaurationszeit und deren Unnatur und Geschmacklosigkeit. „Da erinnere ich mich," sagte der Chef, „der Minister Schuckmann, den hatte seine Frau gemalt — ich glaube, man nannte es en coquille — in einer rosenroten Muschel, und dabei hatte er eine Art antikes Kostüm an, bis hierher [zeigt auf die Magengegend] nackt, wie ich ihn nie gesehen habe." — „Der gehört zu meinen frühesten Erinnerungen. Die gaben öfters, was man zu jener Zeit Assemblées nannte, und was jetzt Rout heißt — einen Abend ohne Abendbrot. Da gingen meine Eltern gewöhnlich hin." — Er beschrieb dann wieder den Anzug seiner Mutter, worauf er fortfuhr: „Später war da ein Gesandter in Berlin, der gab auch solche Bälle, wo bis um drei Uhr getanzt wurde, und wo es nichts zu essen setzte. Da weiß ich, daß ich und ein paar gute Freunde oft hingingen. Zuletzt aber lehnten wir jungen Leute uns auf. Als es spät wurde, zogen wir Butterbröte aus der Tasche und verzehrten sie. Hernach, das nächste mal, gab es zu essen, aber wir waren nicht wieder eingeladen."

Achtzehntes Kapitel.

Während der Verhandlungen über die Kapitulation.

Mittwoch, den 25. Januar. Früh Briefe geschrieben, einen Artikel und ein Telegramm gemacht und Depeschen und Konzepte gelesen. Unter letzteren nichts bemerkenswertes. Nachmittags D. Good im Kloster auf der Rue Saint Honoré besucht, wohin er sich seiner Krankheit halber hat bringen lassen. Er erklärt sie für unheilbar und spricht von seinem baldigen Tode. Schade um den höchst liebenswürdigen Mann!

Bei Tische ist Graf Lehndorff zugegen. Das Gespräch dreht sich zuerst um die bedeutenden Verluste, welche die Franzosen bei ihrem Ausfall am 19. erlitten haben, dann um unsre eignen während des ganzen Feldzugs. Hierauf giebt der Fisch, den wir heute essen — es sind Mulets, wie ich verstehe, aus dem Adriatischen Meere gebürtig und vom Bankier Bleichröder gespendet — Stoff zu weiterer Unterhaltung, an der sich der Chef als Kenner lebhaft beteiligt. Er ist, wie das schon oft hervortrat, ein großer Freund von Fischen und Wassertieren überhaupt.

Von Fischen kommt man auf Austern und von deren Tugenden auf verdorbene Austern zu reden, welche Lehndorff mit Recht für das gräßlichste erklärt, was zu denken sei. — — —

Letzterer erzählte dann weiter von den schönen Jagden und den vielen Förstern des Fürsten Pleß. Neulich hätte der König denselben gefragt: „Sagen Sie mal, die Einberufung Ihrer Forstleute zur Armee hat Sie wohl recht unbequem getroffen?“ — „Ach nein, Majestät,“ hatte der Fürst erwiedert. — „Nun, wie viel sind Ihnen denn einberufen worden?“ — „O, nur einige vierzig, Majestät.“ — Mir ist, als hätte ich vor Jahren irgendwo eine ähnliche Anekdote angetroffen. Nur war, wenn mir recht ist, der Fürst ein Esterhazy, und die vielen Förster waren viele Schäfer. — — —

Der Minister gedachte darauf seiner ersten Reise nach Petersburg. Er sei im Wagen gefahren, weil es zuerst keinen Schnee gegeben. Später aber sei ein starkes Gestöber eingetreten und der Weg ganz verweht worden, sodaß sein Fuhrwerk nur ganz langsam weitergekommen sei. Bei fünfzehn Grad Kälte und ohne Schlaf in dem engen Wagen habe er bis zur ersten Eisenbahnstation volle fünf Tage und sechs Nächte gebraucht. Im Waggon sei er dann aber gleich so fest eingeschlafen, daß er, als sie nach zehnstündiger Fahrt in Petersburg eingetroffen seien, der Meinung gewesen sei, erst vor fünf Minuten in den Zug gestiegen zu sein.

„Es hatte aber auch sein Gutes, damals, als die Eisenbahn noch nicht fertig war," fuhr er fort. „Man hatte da nicht so viel zu thun. Es war nur zweimal die Woche Posttag, und da wurde aus allen Leibeskräften gearbeitet. Wenn die Post aber fort war, da ging's zu Pferde hinaus, und es war gute Zeit bis zur nächsten Post." — Jemand äußerte, daß die Arbeit in den Gesandtschaften sowie im Auswärtigen Amte viel mehr durch den Telegraphen als durch die Eisenbahn vermehrt worden sei. Der Chef kam davon auf die Berichte der Gesandtschaften und der diplomatischen Agenten überhaupt zu reden, und bemerkte, daß viele derselben in gefälliger Form nichts enthielten. „Es ist Feuilletonarbeit, geschrieben, damit was geschrieben wird. So waren da z. B. die Berichte unsers Konsuls [Name gleichgiltig]. Man liest sie durch und denkt immer: nun soll's kommen. Es kommt aber nicht. Es klingt ganz hübsch und man liest weiter und weiter. Am Ende aber findet man, daß wirklich nichts darin steht — alles taub und leer." — Man erwähnt ein andres Beispiel, Bernhardi, unsern Militärbevollmächtigten in Florenz, der auch als Schriftsteller aufgetreten, und der Chef urteilt über ihn: „Ja, der galt für einen guten Militärschriftsteller, wegen der Schrift über Toll, von der man aber nicht weiß, wieviel daran von ihm selbst ist. Darauf hat man ihm den Charakter eines Majors gegeben, obwohl auch nicht sicher ist, ob er überhaupt einmal Offizier war, und ihn zum Militärbevollmächtigten in Italien gemacht. — Man dachte, er würde was leisten, und an Quantität hat er viel geleistet — auch in der Form. Er schreibt gefällig und wie für ein Feuilleton, aber wenn ich seine eng und klein und zierlich geschriebnen Berichte durchgehe, da steht bei all ihrer Länge eigentlich nichts drin." — — —

Er kam dann wieder auf ermüdende Touren und von diesen auf lange Ritte zu sprechen und erzählte: „Da erinnere ich mich nach der Schlacht bei Königgrätz — ich war den ganzen Tag im Sattel gewesen auf dem großen Pferde. Ich wollte es dort eigentlich nicht reiten, da es zu hoch war, und das Aufsteigen so viel Mühe machte. Zuletzt that ich's doch, und ich bereute es nicht. Es war ein vortreffliches Tier. Aber das lange Halten oben über dem Thale hatte mich doch sehr müde gemacht, und das Sitzfleisch und die Beine thaten sehr weh. Durchgeritten hatte ich mich nicht. Ich habe mich in meinem ganzen Leben nicht durchgeritten, aber als ich dann später auf einer Holzbank saß und schrieb, da hatte ich das Gefühl, als ob ich auf etwas anderm säße, auf einem fremden Gegenstande zwischen mir und der Bank. Es war aber nur die Geschwulst, die von dem langen Reiten entstanden war. — Nach Königgrätz kamen wir dann spät abends nach Horsitz auf den Marktplatz. Da hieß es, die Herren werden ersucht, sich selbst einzuquartieren. Das war aber leichter gesagt, als gethan. Die Häuser waren verschlossen, und man hätte Pioniere zur Hand haben müssen, um die Thüren einzuschlagen. Aber die wären wohl erst früh um fünfe angekommen." — „Da wußten sich Exzellenz bei Gravelotte zu helfen," bemerkte Delbrück. — „Na, ich ging denn in Horsitz." fuhr der Chef in seinem Bericht fort, „an mehrere Häuser, drei, vier und zuletzt fand ich eine offne Thür. Wie ich aber ein paar Schritt auf der dunkeln Hausflur gegangen war, fiel ich in eine Art Wolfsgrube. Zum Glück war es nicht tief, und wie ich mich überzeuge, war Pferdedünger darin. Ich dachte zuerst: wie wär's wenn man hier bliebe, — wurde aber doch gewahr, durch den Geruch, daß noch andres dabei war. Wie das sich doch mitunter seltsam trifft. Wenn die Grube zwanzig Fuß tief war und voll, da hätten sie am andern Morgen ihren Minister lange suchen sollen." — „Ich ging nun wieder hinaus und fand einen Platz unter den Arkaden am Marktplatze. Da legte ich mir ein paar Kutschkissen hin und machte mir ein Kopfkissen von einem dritten und streckte mich zum Schlafen hin. Als ich mich hingelegt hatte, kam ich mit der Hand neben mir in etwas Nasses, und als ich es untersuchte, war es etwas Ländliches — von einer Kuh." — „Später weckte mich einer. Es war Perponcher, der sagte mir, der Großherzog von Mecklenburg hätte noch ein Unterkommen für mich und ein Bett übrig. Das war richtig. Nur war das Bett ein Kinderbett. Ich machte mir's zurecht, indem ich mir zu Füßen eine Stuhllehne hinstellte, und schlief ein. Aber früh konnte ich kaum aufstehen, da ich mit den Knieen auf der Lehne gelegen hatte." — „Wenn man nur einen Strohsack hat, kann man sich's recht bequem machen, auch wenn er sehr schmal ist, wie das oft vorkommt. Man schneidet ihn nämlich in der Mitte auf, schiebt das Stroh zurück und legt sich dann in die auf diese Weise entstandene Mulde. Ich habe das mitunter in Rußland so gemacht, auf der Jagd." — „Das war, wie die Depesche von Napoleon ankam," bemerkte Bohlen. — „Und Du thatest das Gelübde, Du wolltest es dem Gallier vergelten, wenn sich Gelegenheit fände." —

Zuletzt erzählte der Chef noch: „Vorgestern sagte mir Favre, die erste Granate, die in das Pantheon gefahren wäre, hätte der Statue Heinrichs des Vierten den Kopf abgerissen." — „Das sollte wohl was Rührendes sein?" fragte Bohlen. — „Ach nein," erwiederte der Chef, „ich glaube vielmehr, er sagte es als Demokrat, es war der Ausdruck seiner Freude, daß es einem König passirt war." — Bohlen: „Ja, dem ist's nun zweimal schlecht gegangen, die Franzosen haben ihn in Paris erstochen, und wir haben ihn da geköpft."

Das Diner dauerte diesen Abend ungewöhnlich lange, von halb sechs bis nach sieben Uhr, und jeden Augenblick wurde Favre aus Paris zurückerwartet. Er kam endlich nach halb sieben Uhr an, wieder mit dem Schwiegersohn spanischen Namens. Beide sollen sich nicht mehr wie das erstemal gegen das Essen gesträubt haben, sondern wie vernünftige Leute dem Guten, das man ihnen aufgetragen, gerecht geworden sein. Man darf daraus wohl schließen, daß sie auch in der Hauptsache, um die es sich handelt, der Vernunft Gehör gegeben haben und geben werden. Das wird sich jetzt zeigen, wo Favre mit dem Kanzler in der Stube des jungen Jessé konferirt.

Nach Tische Konzepte gelesen. — — — Nach Reims ist eine Weisung wegen des Verfahrens bei der Steuereintreibung ergangen.

Für jeden Tag Rückstand sollen den Gemeinden fünf Prozent des Betrages mehr abgefordert werden. Fliegende Kolonnen mit Geschütze sollen vor die sich hartnäckig weigernden Ortschaften rücken, sich die Steuern herausbringen lassen und falls dies nicht ohne Verzug geschieht, mit Beschießung und Anzünden vorgehen. Drei Beispiele würden ein viertes unnötig machen. Es sei nicht unsre Aufgabe, die Franzosen durch Milde zu gewinnen oder für sie zu sorgen. Bei dem Charakter derselben sei vielmehr geboten, ihnen vor uns mehr Furcht einzuflößen, als sie vor ihrer eignen Regierung hätten, die ja gleichfalls Zwangsmaßregeln gegen sie in Anwendung bringe. — In der Nacht von vorgestern auf gestern haben die Roten in Paris einen Putsch gewagt, einige von ihren Rädelsführern aus dem Gefängnisse befreit und dann vor dem Stadthause einen Kampf provozirt. Die Nationalgarde hat auf die Mobilgarde geschossen, es hat Tote und Verwundete gegeben, zuletzt aber ist die Ruhe wiederhergestellt worden. Die Nachricht ist sicher. — — —

Um zehn Uhr, wo Favre noch da war, heftiges Schießen aus grobem Geschütz, welches wohl eine Stunde anhielt. Nach halb elf Uhr ging ich ins Theezimmer hinunter, wo ich Hatzfeldt und Bismarck=Bohlen im Gespräche mit del Rio antraf. Er ist ein Mann von Mittelgröße und hat einen dunkeln Vollbart, etwas Mondschein auf dem Scheitel und ein Augenglas auf der Nase. Bald nach meiner Ankunft begab er sich, von Mantey begleitet, nach Hause, d. h. in sein Quartier bei Stieber, und eine Viertelstunde später folgte ihm Favre nach. Del Rio hat von Paris als dem »centre du monde« geredet, das Bombardement ist also ein Scheibenschießen nach dem Zentrum der Welt. Er hat ferner erzählt, daß Favre in Rueil eine Villa und in Paris einen großen Keller mit allen möglichen Weinen habe, und daß er selbst in Mexiko ein Gut besitze, welches sechs Quadratmeilen groß sei. — Nach Favres Weggange kam der Chef zu uns herunter, aß etwas kaltes Rebhuhn, ließ sich dann noch von dem Schinken bringen und trank eine Flasche Bier. Nach einer Weile seufzte er, richtete sich gerade und sagte: „Ja, wenn man allein beschließen und befehlen könnte!" — — — Er schwieg eine Minute, dann fuhr er fort: „Was mich wundert, ist, daß sie keinen General herausschicken. Ihm sind doch mili-

35*

tärische Dinge schwer begreiflich zu machen." Er nannte ein paar französische Worte — „das ist die Erhöhung vor dem Graben draußen" — er nannte ein paar andre — und das ist die innere Seite." Das wußte er nicht." — „Na, heute hat er doch hoffentlich gehörig gegessen," sagte Bohlen. — Der Chef bejahte das, und Bohlen äußerte weiter, unten hätte sich das Gerücht verbreitet, er habe diesmal auch den Sekt nicht verachtet, sondern ordentlich davon getrunken: „Ja, vorgestern wollte er nicht, heute aber hat er sich einschenken lassen. Neulich hatte er sogar Gewissensbedenken wegen des Essens, ich redete sie ihm aber aus, und der Hunger wird mir beigestanden haben; denn er aß ganz wie jemand, der lange gefastet hat."

Hatzfeldt berichtete, vor einer Stunde sei der Maire Rameau dagewesen, um nachzufragen, ob Herr Favre bei uns wäre. Er wolle mit ihm sprechen, sich ihm zur Verfügung stellen. Ob es wohl erlaubt wäre, ihn zu besuchen? Er, Hatzfeldt, habe ihm gesagt, daß er das natürlich nicht wisse. Der Chef bemerkte darauf: „Wenn jemand in der Nacht zu einem geht, der nach Paris zurück will, so ist das hinreichend, um ihn vor ein Kriegsgericht zu stellen. Ein dreister Geselle!" — Bohlen: „Na, Mantey wird's schon Stiebern gesagt haben. Dieser Monsieur Rameau hat wahrscheinlich Sehnsucht nach seiner Zelle zurück." [Er hatte wegen Renitenz oder unverschämter Schreibweise bei Verhandlungen über die Beschaffung von Lebensmitteln für Versailles vor einiger Zeit — ich glaube mit andern Magistratspersonen — sich einige Tage das Innere einer Stube im Gefängnis auf der Rue de Saint Pierre besehen müssen.]

Der Minister erzählte darauf einiges aus seiner Besprechung mit Favre. „Er gefällt mir jetzt besser als in Ferrières," sagte er. „Er sprach viel und in langen wohlgesetzten Perioden. Oft brauchte man garnicht aufzupassen und zu antworten. Es waren Anekdoten aus früherer Zeit. Er versteht übrigens recht hübsch zu erzählen." — „Meinen Brief von neulich hat er mir garnicht übel genommen. Im Gegenteil, er sagte, daß er mir Dank schuldig sei, daß ich ihn aufmerksam gemacht auf das, was er sich selber schuldig sei." — „Er sprach auch davon, daß er bei Paris eine Villa besäße, die wäre aber verwüstet und ausgeplündert. Ich hatte auf der Zunge: Doch nicht von uns. Aber er setzte gleich selbst hinzu, es möchten wohl Mobilgarden gewesen sein." — „Dann klagte er, daß die Stadt Saint Cloud seit drei Tagen brenne, und wollte mir einreden, daß wir das dortige Schloß angezündet hätten." — „Wegen der Francitireurs und ihrer Unthaten wollte er mich auf unsre Freischaren von 1813 hinweisen; die hätten es doch viel schlimmer getrieben. Ich sagte ihm: Das will ich nicht in Abrede stellen, aber Sie werden auch wissen, daß die Franzosen sie überall erschossen, wo sie ihrer habhaft werden konnten. Und sie schossen sie nicht etwa auf einmal tot, sagte ich, sondern fünf in dem Orte, wo die That geschehen war, dann auf der nächsten Etappe wieder fünf und so weiter — zur Abschreckung." — „Von dem letzten Gefechte, am 19., behauptete er, daß die Wohlhabenden von der Nationalgarde sich am besten geschlagen hätten; die aus den niedern Klassen genommnen Bataillone hätten am wenigsten getaugt."

Der Chef schwieg eine Weile und zeigte eine nachdenkliche Miene. Dann fuhr er fort: „Ich denke, wenn die Pariser erst Zufuhr an Lebensmitteln gekriegt haben, und dann wieder auf halbe Rationen gesetzt werden und wieder hungern müssen, das wird wirken. Es ist wie mit der Prügelbank. Wenn da etwas länger gehauen wird — hinter einander — so macht das nicht viel aus. Aber wenn ausgesetzt wird und nach einer Weile wieder angefangen, das ist unerwünscht. Ich weiß das von dem Kriminalgericht her, bei dem ich arbeitete. Da wurde noch gehauen."

Man sprach dann über die Prügelstrafe überhaupt, und Bohlen, der sie für nützlich hält,*) bemerkte, die Engländer hätten sie ja auch wieder eingeführt. „Ja," sagte Bucher, „erst für persönliche Beleidigungen der Königin, bei einer Gelegenheit, wo jemand nach ihr geschlagen hatte, dann für die Garotters." — Der Chef erzählte dann, daß er 1863, wo diese in London gespuckt, oft noch nach zwölf Uhr des Nachts durch eine einsame Gasse, wo blos Ställe gewesen, und die voll Pferdedüngerhaufen gelegen, von Regentstreet nach seiner Wohnung in Parkstreet habe gehen müssen. Zu seinem Schrecken habe er dann in der Zeitung gelesen, daß gerade da mehrere solche Ueberfälle stattgefunden hätten.

---

*) Wobei er die Meinung von neun Zehnteilen des deutschen Volkes aussprach — ich meine, des wirklichen Volkes, nicht des Volkes der liberalen Presse und Tribüne.

Nach einer Weile sagte er: „Das ist doch ein unerhörtes Vorgehen der Engländer: sie wollen da [Odo Russel hat es angezeigt, der Kanzler es als unzulässsig abgelehnt] ein Kanonenboot die Seine heraufschicken, wie sie sagen, um die dort wohnenden englischen Familien abzuholen, die wegwollten. Sie wollen aber blos sehen, ob wir Torpedos gelegt haben." — — — „Die sind verstimmt, daß wir hier große Schlachten geschlagen haben — und allein gewannen. Sie gönnen es dem kleinen ruppigen Preußen nicht, daß es in die Höhe kommt. Das ist ihnen ein Volk, das bloß da ist, um für sie gegen Bezahlung Krieg zu führen."

Er schwieg wieder eine Weile. Dann sagte er: „Ich weiß, 1867, wie ich in Paris war, da dachte ich, wie wär's wohl, wenn wir wegen Luxemburg losgeschlagen hätten, ob ich da jetzt in Paris wäre oder die Franzosen in Berlin? Ich glaube, daß ich recht gethan habe, damals abzurathen. Wir hätten die Kräfte von heute bei weitem nicht gehabt. Die Hannoveraner waren von der Zeit nicht von der Art, daß sie so gute Soldaten gestellt hätten wie heute. Die Hessen — von denen will ich nichts sagen, da ging's. Die Schleswig-Holsteiner, die sich jetzt wie die Löwen geschlagen haben, — da gab's damals gar keine Armee. Bei den Sachsen war das Heer aufgelöst und sollte erst wieder gebildet werden. Und von den Süddeutschen war wenig zu erwarten. Die Württemberger — was sind das jetzt für prächtige Leute, ganz ausgezeichnet! Aber damals, sechsundsechzig, da mußte jeder Soldat lachen, als die einmarschirten in Frankfurt wie eine Bürgergarde. Auch mit den Badnern stand es nicht gut, da hat der Großherzog seitdem viel geschaffen." — „Freilich war die öffentliche Meinung damals in ganz Deutschland auf unsrer Seite, wenn wir Krieg um Luxemburg führen wollten. Aber die ersetzte doch diese Mängel nicht genug. Und dann war auch das Recht nicht auf unsrer Seite. Ich habe es öffentlich nie zugegeben, hier aber kann ich's sagen: nach der Auflösung des deutschen Bundes war der Großherzog souverän geworden und konnte machen, was er wollte. Daß er sein Land für Geld abtreten wollte, war eine Gemeinheit, aber abtreten konnte er's. Und mit unserm Besatzungsrechte stand es auch schlecht. Wir durften eigentlich nach Auflösung des Bundes auch Rastatt und Mainz nicht mehr besetzt halten. Das sagte ich auch im Conseil, und ich hatte dann noch einen anderen Gedanken: ich wollte es Belgien geben. Da hätten wir es mit einem Lande verbunden, für dessen Neutralität England, wie man damals denken konnte, eingetreten sein würde. Und dann hätte man damit das deutsche Element dort gegen die Fransquillons gestärkt und zugleich eine gute Grenze gewonnen. Ich fand damit aber keinen Anklang." — Als der Minister fort war, bemerkte jemand hierzu, die andere Seite der Sache habe er freilich verschwiegen: die Franzosen wären damals nicht so gut vorbereitet gewesen als jetzt, ihre militärischen Vorräte wären durch den Krieg in Mexiko erschöpft und die Armee wäre noch nicht mit Chassepots bewaffnet gewesen. Indeß die Gründe, die der Chef für seine Enthaltsamkeit anführte, schienen mir doch erheblich schwerer zu wiegen als diese.

Als ich mit dem Niederschreiben dieser Gespräche gegen zwei Uhr nachts zustande gekommen war, donnerten die schweren Geschütze im Norden noch immer Schuß auf Schuß, und namentlich der Mont Valérien lärmte wie ein Vulkan.

26. Januar, Donnerstag. Es ist helles Wetter und wieder ziemlich kalt. Heftiges Schießen, als ich noch im Bette. Zu den Aufzeichnungen von gestern Abend ist eine interessante Äußerung des Kanzlers nachzutragen. Als Bismarck-Bohlen beim Thee sagte: „Das ist doch ein hübscher Einfall, das Bild im Kladderadatsch: Napoleon, wie er auf die Eisenbahn wartet und sagt: er pfeift schon. Er hat den Hermelinmantel für die Tour nach Paris um und die Reisetasche in der Hand," erwiederte der Chef: „Ja, der denkt wohl so, und er kann Recht haben. Aber ich fürchte, er wird das Einsteigen versäumen. Es bleibt am Ende doch kein andrer Weg. Das kann sich leichter machen, als Favre zu überzeugen ist. Aber er braucht immer die Hälfte der Armee, um sich zu behaupten."

Dabei fällt mir auch die patriotische Wut ein, welche vorgestern früh die Gärtnersfrau entwickelte, die mir die Stube auskehrt und das Bett macht. Sie heißt Marie Lodier und ist eine kleine Person von etwas hektischem Aussehen mit großen, dunklen Augen, sehr lebhaft und ziemlich aufgeweckt, obwohl sie weder lesen noch schreiben kann. Als ich ihr sagte, nun werde Paris in wenigen Tagen in unsern Händen sein, wollte sie es durchaus nicht glauben.

Paris, meinte sie, wäre uneinnehmbar, unüberwindlich, durch Kanonen nicht zu bezwingen, vielleicht durch Hunger. Wenn sie aber drin zu befehlen hätte, fuhr sie mit blitzenden Augen und mit größter Erregtheit fort, so würde sie sich nicht ergeben, und wenn sie verhungern müßte.

Der Chef fuhr um halb elf Uhr zum Könige. Wir ließen uns mittlerweile von einem Berliner in großer Gruppe vor der Gartenseite des Hauses photographiren, der Minister soll später im Vordergrunde des Bildes die Mitte einnehmen. Nach dem Frühstück erzählte mir B. eine Anzahl anmutiger Historien vom englischen Hofe, namentlich vom Prinzen von Wales. — — — Ein angenehmer Charakter, der für die Zukunft Schönes hoffen läßt und dem widerwärtigen Volke wohlbekommen möge.

Gegen zwei Uhr, nicht lange, nachdem der Chef vom König zurückgekehrt ist, kommt Favre wieder. Als er sich nach einiger Zeit entfernt, um wieder nach Paris zu fahren, hört man, daß ausgemacht worden, er solle morgen schon um acht Uhr früh wiederkommen, und zwar in Begleitung eines Generals, mit dem über die militärischen Fragen zu verhandeln wäre. — Über die militärischen Fragen der Kapitulation nämlich! Denn darum handelt es sich jetzt wirklich. Es geht mit Paris auf die Neige. Das Bombardement hat im Süden, noch mehr aber im Norden gut gewirkt, und der Brotkorb will leer werden.

Ich fahre mit L. nach Ville d'Avray, wo wir tüchtig herüber und hinüber schießen sehen. Kurze rötliche Blitze zucken aus einer in dunstiger Ferne gelegenen französischen Batterie auf. Rechts — wahrscheinlich von Meudon aus — wird von unsrer Seite geschossen. Wieder scheint es in der Stadt zu brennen. Wir fahren über Sèvres zurück, wo wir an vier Häusern Spuren von französischen Granatschüssen gewahren.

Als ich Hatzfeldt von diesem Ausflug erzählte, äußerte er: „Ach, wenn ich das Schießen und den Brand doch auch gesehen hätte. Es ist vielleicht das letzte mal Gelegenheit dazu. Bei Nacht unterscheidet sich das Feuer wohl besser, wenn ich nur einen Ort wüßte, wo." Ich erbot mich, wenn der Chef mir Urlaub gäbe, noch diesen Abend mit ihm hinauszufahren und ihm eine gute Aussicht zu zeigen. (Er fuhr später — ich glaube mit Bohlen — hinaus, sie sahen aber nichts.)

Bei Tische waren Herr Hans von Rochow und Graf Lehndorff zugegen. Der Chef sprach von Favre und sagte u. a.: „Er erzählte mir, an Sonntagen, da sähe man die Boulevards noch voll von wohlgekleideten und geputzten Frauen mit hübschen Kindern. Ich erwiederte: Das wundert mich, die haben Sie noch nicht aufgegessen?" — Es wurde davon gesprochen, daß heute mit besondrer Heftigkeit bombardirt würde, und der Minister bemerkte dazu: „Ich erinnere mich, wir hatten da beim Gericht einmal einen Unterbeamten — ich glaube Stepki hieß er —, der hatte das Prügeln zu besorgen. Der hatte die Gewohnheit, die drei letzten allemal mit besondrer Kraft auszuteilen — zum heilsamen Gedächtnis." Die Rede kam auf Strousberg und jemand machte die Bemerkung, daß der jetzt „Pleite gehen" wollte, worauf der Chef äußerte: „Er sagte einmal zu mir, ich weiß, ich sterbe einmal nicht in meinem Hause. Aber so schnell brauchte das doch nicht zu kommen. Vielleicht überhaupt nicht, wenn nicht der Krieg kam. Er deckte seine Auslagen immer mit neuen Aktien, und das ging, obwohl andre Juden, die vor ihm reich geworden waren, ihm nach allen Kräften das Spiel zu verderben suchten. Nun aber kam der Krieg, und da gingen seine Rumänier herunter, immer weiter, sodaß man fragen konnte, was der Zentner koste. — Na, aber ein gescheiter Mann und ein rastlos thätiger bleibt er doch." — Von Strousbergs Gescheitheit und Rastlosigkeit brachte jemand die Rede auf Gambetta, von welchem er wissen wollte, daß er „durch den Krieg auch seine fünf Millionen verdient," was andre Tischgenossen, ich glaube, mit Grund, bezweifelten. An den Diktator von Bordeaux reihte sich Napoleon, von dem Bohlen sagte, es hieße, daß er sich in den neunzehn Jahren seiner Regierung mindestens fünfzig Millionen gespart habe. „Andre behaupten, achtzig," versetzte der Chef. „Ich halte es aber für zweifelhaft. Louis Philipp hatte das Geschäft verdorben. Der ließ Emeuten machen und dann an der Amsterdamer Börse kaufen, und das merkte die Geschäftswelt zuletzt." — Hatzfeldt oder Keudell bemerkte, zu demselben Zwecke sei der betriebsame König auch von Zeit zu Zeit krank geworden.

Darauf sprach man davon, daß unter dem Kaiserreiche besonders Morny sich darauf verstanden habe, mit allen Mitteln Geld zu machen, und der Chef erzählte: „Wie er zum Gesandten in Petersburg ernannt worden war, kam er mit einer ganzen langen Reihe schöner eleganter Wagen an, und alle Koffer, Kisten und Kasten voll Spitzen und Seidenzeug und Damenputz, wofür er als Botschafter keinen Zoll zu zahlen hatte. Jeder Diener hatte seinen eignen Wagen, jeder Attaché oder Sekretär mindestens zwei, und er selber hatte wohl fünf oder sechs, und wie er ein paar Tage da war, verauktionirte er das alles, Wagen und Spitzen und Modesachen. Er soll achtmalhunderttausend Rubel dabei verdient haben. — Er war gewissenlos, aber liebenswürdig — er konnte wirklich sehr liebenswürdig sein," was er dann weiter ausführte und mit Beispielen belegte. Dann fuhr er fort: „In Petersburg verstanden sie sich übrigens auch darauf — die Leute von Einfluß. Nicht, daß sie direkt Geld genommen hätten. Aber wenn jemand was wollte, da ging er in einen französischen Laden und kaufte teure Spitzen, Handschuhe oder Schmucksachen für tausende von Rubeln. Der Laden aber arbeitete für Rechnung des Beamten oder seiner Frau."

Er erzählte dann die Geschichte von dem Finnen, dem er Holz abkaufen gewollt, noch einmal, aber etwas anders als vorher. „Er war zuerst ganz geneigt, es mir zu lassen," sagte er. „Wahrscheinlich hielt er mich für einen Kaufmann oder so was ähnliches aus den Ostseeländern, als ich ihm aber sagte, es wäre [russische Worte] für die preußische Gesandtschaft, da stutzte er. Es hatte ihn offenbar bedenklich gemacht. Er fragte, ob das [russische Worte] für die Krone wäre. Preußen wäre wohl ein Gouvernement des russischen Reiches. Ich sagte ihm, das gerade nicht, aber die Gesandtschaft hätte mit der Krone zu thun. Das war unvorsichtig, undiplomatisch, es befriedigte ihn offenbar nicht, und es half auch nichts, daß ich ihm das Geld gleich geben wollte. Er fürchtete ohne Zweifel, daß ihm das von mir wieder abgedrückt werden würde, und daß man ihn obendrein einstecken würde und Prügel aufzählen." Er teilte davon ein Beispiel mit. Dann schloß er: „Am andern Morgen kam er nicht wieder."

Bohlen rief über den Tisch hinüber: „Ach, erzähle doch 'mal die hübsche Geschichte von dem Juden mit den zerrissenen Stiefeln, der fünfundzwanzig kriegte." Chef: „Ja, das war so. Eines Tages kam in unsre Kanzlei ein Jude, der nach Preußen zurückbefördert sein wollte. Er war aber sehr abgerissen und hatte besonders schlechte Stiefel an. Man sagte ihm, ja, er sollte befördert werden; aber er wollte vorher andre Stiefeln haben, und beanspruchte das als ein Recht und trat so dreist und unverschämt auf, schrie und schimpfte, daß die Herren sich vor ihm nicht zu helfen wußten. Auch die Diener getrauten sich nicht an den wütenden Menschen. Da wurde endlich, als der Spektakel zu arg geworden war, ich zu körperlicher Hilfe herbeigerufen. Ich sagte ihm, er sollte ruhig sein, sonst würde ich ihn einsperren lassen. Er erwiederte trotzig: »Das können Sie nicht, dazu haben Sie in Rußland gar kein Recht.« — »Das wollen wir sehen,« sagte ich. »Ich muß Sie allerdings nach Hause schaffen, aber Stiefel brauche ich Ihnen nicht zu geben, wenn ich's auch vielleicht gethan hätte, wenn Sie sich nicht so ungebührlich aufgeführt hätten.« Darauf machte ich das Fenster auf und winkte einem Gorodowoy, einem russischen Polizeimanne, der ein Stück davon seine Station hatte. Mein Jude fuhr fort, zu schreien und zu schelten, bis der Polizeimann, ein großer starker Mensch, hereinkam. Zu dem sagte ich: [Russische Worte, die unübersetzt bleiben]. Und der große Schutzmann nahm den kleinen Juden mit und steckte ihn ein. Den andern Vormittag aber kam der wieder an, ganz umgewandelt, und erklärte sich zur Abreise ohne neue Stiefel bereit. Ich fragte, wie es ihm gegangen wäre inzwischen. — Schlecht wäre es ihm gegangen, sehr schlecht. — Nun, was sie ihm denn gethan hätten? — Ja, sie hätten ihn — nun, sie hätten ihn — körperlich gemißhandelt. Ich sprach ihm mein Bedauern aus und fragte, ob er sich beschweren wolle. Er zog vor, schnell abzureisen, und ich habe nicht wieder von ihm gehört."

Abends Konzepte studirt, während draußen in der Welt die Kanonen brüllten, was namentlich zwischen neun und zehn Uhr über das gewohnte Maß ging. Der Chef arbeitete in seiner Stube allein, vermutlich an den Bedingungen von Kapitulation und Waffenstillstand, und ließ nichts von sich hören. Unten hieß es, daß ein Unterhändler Napoleons von Wilhelmshöhe zu uns auf dem Wege sei. — Die sich immer mehr häufenden Geschäfte haben die Entsendung eines vierten Sekretärs nach Versailles veranlaßt, der heute eingetroffen ist. Es ist ein Herr Zesulka, der als Kopist und Chiffreur thätig sein wird, bis jetzt aber noch ohne Beschäftigung ist.

Im Theezimmer traf ich gegen halb elf Uhr den Chef im Gespräch mit den Abgeordneten von Köller und von Forckenbeck. Jener sprach eben davon, daß man bald wieder Geld brauchen werde. „Wir wollten nicht mehr vom Reichstage verlangen," sagte er, „da wir nicht dachten, daß der Krieg so lange dauern würde. Nun habe ich an Camphausen geschrieben, der aber verweist uns auf Requisitionen und Kontributionen. Die sind jedoch schwer einzutreiben, da es uns bei dem weiten Raume, über den wir uns ausgebreitet haben, an Truppen zur Erzwingung fehlt. Um so ein Land von zwölftausend Quadratmeilen ganz in seine Hände zu bekommen, müßte man zwei Millionen Soldaten haben." — „Auch ist alles durch den Krieg teurer geworden. Wenn wir requiriren, kriegen wir nichts. Wenn wir baar bezahlen, kommt immer noch genug auf den Markt und billiger als in Deutschland. Der Scheffel Hafer kostet hier vier, aus Deutschland bezogner sechs Franken." — „Nun dachte ich erst daran, mir die Matrikularbeiträge eher bezahlen zu lassen. Das giebt aber nur zwanzig Millionen, da Baiern bis zweiundsiebzig noch eigne Rechnung hat. Da habe ich mir nun den Ausweg gedacht, daß man sich an unsern Landtag wenden könnte, daß er eine Summe als Vorschuß bewilligte. Man muß nur erst wissen, was wir den Parisern abdrücken können, d. h. der Stadt Paris; denn mit der allein haben wir's jetzt zu thun." — Forckenbeck war der Ansicht, der Plan des Chefs würde im Landtage keinen unüberwindlichen Schwierigkeiten begegnen. Zwar würden die Doktrinäre die Berechtigung bestreiten, und andre würden sagen, da müsse Preußen immer wieder aushelfen und Opfer für die übrigen bringen, allein die Mehrheit würde man aller Wahrscheinlichkeit nach haben, wie Köller bestätigen werde, was dieser denn auch that.

Später kam ein Offizier von den dunkelblauen Husaren, ein ungewöhnlich hübscher junger Mann. Es war ein Graf Arnim der eben von Le Mans eingetroffen war und allerlei Interessantes von dort zu berichten hatte. Die dortigen Einwohner schienen recht verständige Leute zu sein, die Gambettas Politik mißbilligten und allenthalben ihr Verlangen nach dem Frieden äußerten, meinte er. — „Ja," erwiederte der Chef, „das ist recht schön von den Leuten, aber was hilft es uns, wenn sie sich mit ihrer verständigen Gesinnung dazu hergeben, daß Gambetta immer wieder Armeen von hundertundfünfzigtausend Mann aus der Erde stampft." Und als Arnim weiter erzählte, daß man wieder sehr viele Gefangne gemacht habe, bemerkte er dazu: „Das ist nicht erfreulich. Wo sollen wir zuletzt hin damit? Warum machen sie so viele Gefangne?" — —

27. Januar, Freitag. Das Bombardement schweigt, wie es heißt, seit zwölf Uhr in voriger Nacht. Es hat, wie man hört, um sechs Uhr diesen Morgen wieder aufgenommen werden sollen, falls die Pariser Regierung auf unsre Waffenstillstandsbedingungen nicht eingehen wollte. Da es still bleibt, werden die Herren nachgegeben haben. Aber Gambetta?

Früh über die glücklichen Operationen unsrer Armeen gegen Bourbaki ein Telegramm abgelassen. Um halb neun Uhr kommt Moltke, der ungefähr drei Viertelstunden mit dem Chef konferirt. Kurz vor elf Uhr erscheinen die Franzosen: Favre, der sich seinen grauen Demagogenbart gestutzt hat, mit seiner pronongirten Unterlippe, seiner gelblichen Gesichtsfarbe und seinen hellen Augen, General Beaufort d'Hautpoule mit seinem Adjutanten Calvel und ein „Chef der Ingenieure der Ostbahn," Dürrbach. Beaufort soll am 19. den Angriff auf die Schanze bei Montretout geleitet haben. Die Verhandlungen der Herren mit dem Chef scheinen rasch zum Ziele geführt oder sich zerschlagen zu haben. Schon bald nach zwölf Uhr, als wir uns eben zum Frühstück gesetzt haben, steigen sie von der Hinterfront des Hauses wieder in die Wagen, die sie hierhergebracht haben. Favre sieht niedergeschlagen aus, der General hat ein auffällig rotes Gesicht und — scheint nicht recht fest auf den Beinen zu sein! Auch den andern ist das aufgefallen. Bald nachdem die Franzosen fort sind, tritt der Kanzler zu uns herein und sagt: „Ich will bloß ein wenig Luft schöpfen. Lassen die Herren sich nicht stören!" Dann bemerkte er kopfschüttelnd zu Delbrück gewendet: „Nichts mit ihm anzufangen! Unzurechnungsfähig — ich glaube, angetrunken. Ich habe ihm gesagt, er möge sich bis halb zwei besinnen, vielleicht erholt er sich." — „Verbranntes Gehirn, schlechte Manieren! Wie heißt er denn eigentlich? So was wie Bouffre oder Bauffre?" — Keudell sagt: „Beaufort." — Chef: „So. Ein vornehmer Name, aber keine vornehmen Manieren." Der gute

General scheint also in der That — vielleicht durch Hunger in seiner gewohnten Kapazität geschwächt — sich mehr als er verträgt zugemutet und stark dejeunirt zu haben.

Beim Frühstück wurde dann noch erwähnt, daß Forckenbeck auf der Herfahrt bei der durch aufständische Bauern zerstörten Eisenbahnbrücke das von unsern Truppen zur Strafe angezündete Fontenay habe lichterloh brennen sehen, und Delbrück freute sich mit uns, „daß doch endlich einmal wieder eine ordentliche Strafe stattgefunden habe.“

Als ich unsrer Gärtnersfrau heute bemerkte, nun würde sie wohl nicht mehr zweifeln, daß der Fall von Paris ganz nahe wäre; sie hätte doch wohl den General gesehen, der zu Unterhandlungen herausgekommen wäre, antwortete sie wütend wie eine böse Katze: „Dieser General ist ein Verräter [sie sprach das Wort traitre wie trait aus] wie Bazaine und wie Napoleon, das Schwein, das den Krieg mit den Preußen angefangen hat, als wir noch nicht bereit waren. Alle unsre Generale sind Verräter und Monsieur Favre ist auch einer. — Aber haben wir nur erst eine sichere Regierung, so machen wir Euch wieder den Krieg, und dann — tous les Prussiens capot, capot, capot!“ — Ich bemerkte: „Vielleicht haben Sie in acht Wochen den Kaiser wieder.“ — Sie entgegnete giftig, die Arme in die Seiten gestemmt: „Mais non, Monsieur! Der muß in Deutschland bleiben. Wenn der nach Paris kommt, schicken wir ihn auf das Schaffot und Bazaine auch.“ Zuletzt äußerte sie, Frankreich wäre zu Grunde gerichtet und sie mit ihrer Familie auch; denn Madame Jessé wäre genau, sie habe von ihrem Vermögen verloren und würde sich nun keinen Gärtner mehr halten, sondern ihren Garten durch bloße Tagelöhner besorgen lassen. Die arme kleine Frau! Hoffen wir, daß es ihr besser ergeht.

Nachmittags hörte man, daß der Kanzler kurz vor ein Uhr zuerst zum Kaiser gefahren sei und sich dann zu Moltke begeben habe, wo er nebst Podbielski wieder mit den Franzosen zusammengetroffen sei. Die letzteren haben sich darauf gegen vier Uhr nach Paris zurückverfügt und wollen morgen gegen Mittag wiederkommen, um die Kapitulation abzuschließen. Ich las einen Brief an den Chef mit Zeitungsausschnitten, den mir der letztere heute Morgen zu beliebiger Benutzung übergeben, und nach dessen Inhalt englische

Hausnarren den Minister immer noch mit sentimentalen Zuschriften belästigen. Es hieß darin:

„Ich schicke Ihnen Ausschnitte aus dem »Standard« und der »Times«, worin Sie etwas von dem grausamen und unmenschlichen Verfahren der Preußen in diesem Kriege bemerken werden. Wollte Gott, Sie könnten es widerlegen! Hierzulande blutet uns das Herz darüber, und wir wundern uns, wie Soldaten einer gesitteten Nation so entsetzlich handeln können, und wie ihre Offiziere ihnen das erlauben, ja sie dazu sogar ermuntern können. Sie, Herr Graf, werden eines Tags, und zwar in nicht langer Zeit, die schreckliche und teuflische Weise zu bereuen haben, in welcher dieser höchst grausame Krieg geführt wird." Unterschrieben war der Brief: „A Soldier but no Murderer."

Dieser „Soldat" war offenbar nicht mit in Indien gegen die Sipoys zu Felde gezogen und hatte seine Landsleute im Krimkriege nicht harmlose Dörfer und Städtchen der russischen Ostseeküste niederbrennen sehen. Er hatte auch nicht davon gelesen oder gehört. Er hatte endlich seine Zeitungsausschnitte nicht genau angesehen, sonst würde er in dem einen Berichte über Repressalien, die man wegen der Ermordung von Landwehrleuten durch Garibaldianer (bei Chatillon) vorgenommen, die Bemerkung des Berichterstatters, eines unsrer Artilleristen, nicht haben übersehen können: „Wir kämpfen nicht mehr gegen die französische Armee, sondern gegen Meuchelmörder."

Später fuhr ich mit L. nach Bougival, wo wir uns die vielbesprochene Barrikade am Ende des Ortes genauer besahen und in einigen Häusern neben dem Barrotschen die Verwüstung betrachteten, die der Krieg in ihnen angerichtet hatte. Hier sah es teilweise noch schlimmer aus als bei Barrot, und namentlich waren die Bibliothek und eine Sammlung alter Landkarten in dem Hause übel weggekommen. Die Soldaten erzählten, daß die über dem Orte aufgestellte deutsche Batterie, vom Eintritte des Waffenstillstandes nicht unterrichtet, diesen Morgen noch eine Anzahl von Schüssen abgegeben habe. Bei uns war davon nichts zu hören gewesen, und die Erzählung beruht wohl auf einem bloßen Gerüchte, das eine mißverstandene Äußerung zum Grunde hat.

Bei Tische sagte der Chef von Beaufort: „Dieser Offizier betrug sich wie ein Mann ohne Erziehung. Poltern und Schreien und die höchsten Eide und »moi, Général de l'armée française,« daß es kaum auszuhalten war. Spielte sich fortwährend auf den biedern Troupier und den guten Kameraden. Moltke wurde ein paar mal ungeduldig, und es war von der Art, daß er fünfzig mal hätte hinausgeworfen werden sollen." — „Favre, der doch auch keine first rate Erziehung hat, sagte zu mir: »J'en suis humilié!« — Er war übrigens zwar betrunken, es war aber auch seine ordinäre Manier." — — „Beim Generalstabe wollten sie daraus, daß man ihn dazu gewählt, schließen, daß man es zu nichts kommen lassen wolle. Im Gegenteil, sagte ich, sie haben den genommen, weil es bei dem nichts ausmacht, wenn er in der öffentlichen Meinung fällt, indem er die Kapitulation unterzeichnet."

Dann erzählte er: „Bei unsrer neulichen Besprechung sagte ich zu Favre: »Vous avez été trahi — par la fortune.« — Er merkte den Stich recht gut, äußerte aber nur: »A qui le dites-vous! Dans trois fois vingt quatre heures je serai aussi compté au nombre des traitres.« Seine Lage in Paris sei bedenklich, setzte er hinzu. — Ich schlug ihm vor: »Provoquez donc une émeute pendant que vous avez encore une armée pour l'étouffer.« — Er sah mich darauf ganz erschrocken an, als wollte er sagen: Was Du blutdürstig bist!" — — — Übrigens hat der keine Idee, wie es bei uns zugeht. Er ließ mich mehrmals merken, daß Frankreich das Land der Freiheit wäre, während bei uns der Despotismus herrschte. Ich hatte ihm z. B. gesagt, wir brauchten Geld und Paris müßte welches schaffen. Er dagegen meinte, wir könnten ja eine Anleihe machen. Ich erwiederte, das ginge nicht ohne den Reichstag oder den Landtag. »Ach,« sagte er, »fünfhundert Millionen Franken, die könnte man doch auch so kriegen, ohne die Kammer.« Ich entgegnete: »Nein, nicht fünf Franken.« Er wollte es nicht glauben. Aber ich sagte ihm, daß ich vier Jahre lang mit der Volksvertretung im Kriegszustande gelebt hätte, aber eine Anleihe ohne den Landtag aufzunehmen, das wäre immer die Barriere gewesen, bis zu der ich gegangen, und es wäre mir nie eingefallen, die zu überschreiten. Das schien ihn doch in seiner Ansicht etwas irre zu machen. Er sagte nur, in Frankreich on ne se gênerait pas. Doch kam er immer wieder darauf zurück, daß Frankreich ungeheure Freiheit besäße. — Es ist wirklich sehr komisch, einen Franzosen so sprechen zu hören, und besonders Favre, der immer zur Opposition gehört. Aber so sind sie. Man kann einem Franzosen fünfundzwanzig aufzählen — wenn man ihm dabei nur eine schöne Rede von der Freiheit und Menschenwürde hält, die sich darin ausdrücke, und die entsprechende Attitüde dazu macht, so bildet er sich ein, er wird nicht geprügelt."

„Ach, Keudell," sagte er dann plötzlich, „da fällt mir ein: ich muß morgen eine Vollmacht haben, vom Könige — natürlich deutsch. Der deutsche Kaiser darf nur deutsch schreiben. Der Minister kann sich nach den Umständen richten." — „Der amtliche Verkehr muß in der Landessprache geführt werden, nicht in einer fremden. Bernstorff hatte das zuerst durchsetzen wollen bei uns, er war aber damit zu weit gegangen. Er hatte an alle Diplomaten deutsch geschrieben, und alle antworteten ihm — nach einem Komplott natürlich — in ihrer Muttersprache, russisch, spanisch, schwedisch und was weiß ich alles, sodaß er einen ganzen Schwarm von Übersetzern im Ministerium sitzen hatte. — So fand ich die Sache, als ich ins Amt trat. Budberg schickte mir eine russische Note. Das ging doch nicht an. Wollten sie sich revanchiren, so mußte Gortschakoff an unsern Gesandten in Petersburg russisch schreiben. Das war das richtige. Man kann vielleicht verlangen, daß die Vertreter des Auslandes die Sprache des Landes verstehen und gebrauchen, in dem sie akkreditirt sind. Aber mir in Berlin auf ein deutsches Schreiben russisch antworten, das war unbillig. Ich bestimmte also, was nicht deutsch oder französisch, englisch oder italienisch eingeht, bleibt liegen und geht zu den Akten. — Budberg schrieb nun Exzitatorien über Exzitatorien, immer russisch. Keine Antwort, die Sachen waren in den Aktenschrank gewandert. Endlich kam er selbst und fragte, warum wir ihm denn nicht antworteten. »Antworten?« sagte ich ihm verwundert, »auf was? Ich habe nichts gesehen von Ihnen.« — Nun, er hätte vor vier Wochen geschrieben und mehrere male erinnert. — »Richtig, da besinne ich mich,« sagte ich ihm, »unten liegt ein Stoß Aktenstücke in russischer Schrift, da mags wohl dabei sein. Unten aber versteht kein Mensch russisch, und was in einer unverständlichen Sprache ankommt, geht zu den Akten.« — Sie waren darauf, wenn ich recht verstand, übereingekommen, daß Budberg französisch schreiben solle und das Auswärtige Amt gelegentlich auch.

Der Chef kam dann auf die französischen Unterhändler zu sprechen und bemerkte: „Monsieur Dürrbach hat sich vorgestellt als »membre de l'administration du chemin de fer de l'Est; j'y suis beaucoup interessé« — wenn der wüßte, was wir vorhaben?" (Vermutlich Abtretung der Ostbahn.) — Hatzfeldt bemerkte: „Er hat die Hände über dem Kopfe zusammengeschlagen, als man ihm im Generalstabe auf der Karte die Zerstörungen nachgewiesen hat, die sie selbst angerichtet haben, Brücken und Tunnel u. s. w. »Ich habe,« sagte er, »stets dagegen gesprochen und sie darauf aufmerksam gemacht, daß eine Brücke sich in drei Stunden wiederherstellen läßt, aber sie wollten nicht hören.«" — „Ja," versetzte der Chef, „eine Brücke für uns gewiß, aber die Eisenbahnbrücken, auf denen die Züge gehen. Es wird ihnen jetzt schwer fallen, den Proviant herbeizuschaffen, besonders wenn sie auch im Westen solche Dummheiten vorgenommen haben. — Ich denke, sie rechnen auf die Bretagne und die Normandie, wo viele Schafe sind, und auf die Hafenplätze. Da sind meines Wissens viele Brücken und Tunnel, wenn sie die nur nicht auch zerstört haben. Sonst würden sie in große Verlegenheit kommen." — „Ich hoffe übrigens, daß die in London ihnen bloß Liebesschinken schicken werden und nicht etwa Getreide."

In dieser Weise drehte sich die Unterhaltung eine Weile um die Frage der Befriedigung des Magens von Paris. Zuletzt erzählte der Chef noch eine kleine Anekdote von seinem guten Freunde Daumer, der nichts vom Tode wissen wollte. „Wir waren da einmal auf der Jagd im Taunus und frühstückten da gerade. Ich machte auf die schöne Aussicht aufmerksam, die man von der Stelle hatte. Wie hübsch dort drüben das Dörfchen in der Baumgruppe läge mit der weißen Kirche! Und wie schön der Friedhof sich ausnähme da unten! — »Was?« fragte er. — »Ich meine den Friedhof dort.« — »Ach, lasse Se mer doch in Ruhe mit de Friedhöfe dort. Se habbe mer damit de ganze Appetit verdorbe,« sagte er. Ich fragte: »Wie viel sind denn noch Würste da?« — »So viel Se wolle, ich kann nicht mehr esse.« Er war ganz verdrießlich geworden bei der Erinnerung an den Tod."

28. Januar, Sonnabend. Es ist wie gestern ziemlich kalt, etwa 2 Grad unter Null, und wie haben bedeckten Himmel. Um elf Uhr treffen die französischen Unterhändler wieder ein: Favre, Dürrbach, zwei andre, die ebenfalls höhere Eisenbahnbeamte sein sollen, und zwei Militärs, ein andrer General mit einem andern Adjutanten, beide stattliche Leute mit anständiger Haltung. Sie frühstücken bei uns. Dann lange Verhandlung in Moltkes Wohnung. Darauf diktirt der Chef den Sekretären Willisch und Saint Blanquart den Kapitulations- und Waffenstillstandsvertrag in zwei Exemplaren, der nachher um sieben Uhr zwanzig Minuten oben in der grünen Stube neben dem Arbeitszimmer des Ministers von Bismarck und Favre unterzeichnet und besiegelt wird.

Inzwischen hatte es für mich freie Zeit gegeben, die ich zu einer Fahrt nach Schloß Meudon und der dortigen Batterie benutzte, an der L. und ein andrer Sachse Kohlschütter (von dem Gouvernement oder Zivilkommissariat) teilnahmen. Der Steinweg durch den Wald hinauf war von unserm schweren Geschütz sehr zusammengefahren. Auf einer kleinen Lichtung im Gehölz, an der die Straßen sich kreuzen, kamen wir an einer prächtigen Tanne vorbei. Weiterhin war ein Platz für ein Repli hergerichtet. Baracken, durchbrochne Mauern mit Schießständen rechts, Haufen von Schanzkörben und Faschinen links vom Wege. Durch ein Gitterthor nach dem Schlosse, an das die Bäume dicht herantreten, und das hinten ein gewaltiger Erdaufwurf umgiebt. Hier wurden einige von den umhergeflognen Granatsplittern aufgelesen, die vielfach Löcher in die Stämme gerissen und Zweige abgeschlagen hatten. Das Schloß, ein stattlicher, aber wenig verzierter Bau von zwei Stockwerken ohne hervortretende Gliederung, hatte äußerlich nur wenig gelitten, nur die Paris und Issy zugekehrte Front zeigte einige tüchtige Bombenspuren, und der Boden unmittelbar vor ihr war mit großen und kleinen Sprengstücken übersäet. Das Innere des Gebäudes, die Treppen, Säle und Zimmer waren arg verwüstet, voll Trümmer und Fetzen von Möbeln, Splittern und Glasstaub. An die Wände hatten Soldaten und andrer Besuch ihre Namen und Spott auf den Gallier in deutscher und welscher Zunge geschrieben. Die Terrasse vor dem Schlosse war mit Hacke und Schaufel aufgewühlt und in eine Art

36*

unterirdischen Lagers mit tiefen Gruben verwandelt. In einer der letzteren war ein Blockhausstübchen mit einem Ofen eingerichtet, welches der Feldtelegraphist bewohnte. Vorn auf der Terrasse, unmittelbar hinter der Steinbrüstung, die sie nach der Tiefe des Pariser Kessels hin umgiebt, befand sich die Batterie mit ihren hochbeinigen Geschützen. Wir unterhielten uns eine Weile mit dem hier kommandirenden preußischen Offizier, einem recht netten und mitteilsamen jungen Kriegsmann. Unter uns sahen wir, zum Teil auf dem Berghange, zum Teil am Fuße desselben, die Häuser und Gassen der Stadt Meudon, die noch von den Bewohnern geräumt waren. Zur Rechten blickten wir in die anmutige Waldschlucht von Clamart hinüber, links in der Ferne schimmerte in der Nachmittagssonne der Bogen der Seine, und zwischen beiden, mehr nach rechts hin, erhob sich vor uns auf einer kahlen Bodenanschwellung das Fort Issy, dessen Kasernen von unsern Granaten in Ruinen verwandelt waren.

Zurückgekehrt nach Versailles, war ich mit H. und F., die beide Leutnants geworden waren, eine halbe Stunde im Hotel de Chasse.

Abends dinirten die Franzosen bei uns. Da wir der zahlreicheren Tischgenossenschaft wegen weiter wie gewöhnlich auseinandersaßen und die Pariser Gäste meist nicht laut sprachen, so lieferte die Unterhaltung wenig Stoff zum Aufzeichnen. Der General (er heißt Valden) aß wenig und sprach fast gar nicht. Auch Favre war kleinlaut und wortkarg. Der Adjutant, ein Herr d'Hérisson, schien sich die Sache nicht so sehr zu Herzen zu nehmen, und die Eisenbahnbeamten widmeten sich mit begreiflichem Eifer den lange entbehrten Tafelgenüssen. Nach dem, was ich von letzteren hören konnte, war es in der That drinnen seit einiger Zeit äußerst knapp zugegangen, und die Sterblichkeit hatte in der verflossenen Woche, wenn ich recht verstand, die Ziffer von circa fünftausend Todesfällen erreicht. Namentlich waren viele Kinder im Alter von einem bis zwei Jahren gestorben, und allenthalben war man Leuten mit Särgen für solche kleine Franzosen begegnet. „Favre und der General," so äußerte Delbrück später, „sahen wie arme Sünder aus, die morgen aufs Schaffot sollen. Sie dauerten mich."

Keudell hat gute Hoffnung auf baldigen Friedensschluß, er meinte, wahrscheinlich wären wir in vier Wochen schon wieder in

Berlin. Kurz vor zehn Uhr traf ein Herr mit Vollbart, dem Anschein nach ein mittlerer Vierziger ein, der sich Duparc nannte und sofort zum Chef geführt wurde, bei dem er ungefähr zwei Stunden verweilte. — Er käme, heißt es, mit Friedensanerbietungen von Wilhelmshöhe. Kapitulation und Waffenstillstand bedeuten eben noch nicht das Ende des Krieges mit Frankreich.

29. Januar, Sonntag. Bedeckter Himmel. Unsre Truppen schreiten zur Besetzung der Forts. Früh Depeschen über die Londoner Konferenz und andres, sowie die gestern unterzeichnete Waffenstillstands- und Kapitulationskonvention gelesen. Letztere nimmt in unserm Exemplar zehn Folioseiten ein und ist mit Faden in den französischen Farben zusammengeheftet, auf deren Ende Favre sein Siegel gedrückt hat. Der Inhalt ist in der Kürze folgender. Es wird ein Waffenstillstand auf 21 Tage abgeschlossen, der für ganz Frankreich gilt. Die kriegführenden Heere behalten ihre Stellungen, die durch eine Demarkationslinie bezeichnet werden, welche im Vertragsinstrumente angegeben ist. Der Zweck des Waffenstillstandes ist, der Regierung der nationalen Verteidigung die Berufung einer freigewählten Versammlung von Vertretern des französischen Volkes zu ermöglichen, die über die Frage zu entscheiden hat, ob der Krieg fortgesetzt oder Frieden geschlossen werden soll und unter welchen Bedingungen. Die Wahlen sollen vollkommen frei und ungehindert vor sich gehen. Die Versammlung tritt in Bordeaux zusammen. Die Forts von Paris werden dem deutschen Heere übergeben, das auch andre Teile der äußeren Verteidigungslinie von Paris bis zu einem bestimmten Striche besetzen darf. Während des Waffenstillstandes werden deutsche Truppen die Stadt nicht betreten. Die Enceinte verliert ihre Geschütze, deren Lafetten in die Forts gebracht werden. Die gesamte Besatzung von Paris und den Forts, mit Ausnahme von zwölftausend Mann, welche der Behörde für den innern Dienst verbleiben, ist kriegsgefangen, hat, abgesehen von den Offizieren, die Waffen abzugeben und muß in der Stadt bleiben, nach Ablauf des Waffenstillstandes aber, falls dann der Friede noch nicht abgeschlossen ist, sich dem deutschen Heere als Kriegsgefangne stellen. Die Franktireurkorps werden von der französischen Regierung aufgelöst. Die Nationalgarde von Paris behält ihre Waffen, zur Auf-

rechthaltung der Ordnung in der Stadt, und dasselbe gilt von der Gendarmerie, der republikanischen Garde, den Zollbeamten und Pompiers. Nach Übergabe der Forts und Entwaffnung der Enceinte wird die Wiederverproviantirung von Paris von den Deutschen freigegeben; doch dürfen die zu diesem Zwecke ins Auge gefaßten Lebensmittel nicht aus den Gebietsteilen bezogen werden, welche von den deutschen Truppen besetzt sind. Wer Paris verlassen will, muß einen Erlaubnisschein der französischen Militärbehörde und ein Visum der deutschen Vorposten haben. Denen, die sich um ein Mandat in den Provinzen bewerben wollen, sowie den zur Nationalversammlung in Bordeaux gewählten Abgeordneten müssen diese Scheine und Visa erteilt werden. Die Stadt Paris zahlt binnen vierzehn Tagen eine Kriegskontribution von zweihundert Millionen Franken. Während des Waffenstillstandes darf von öffentlichen Werten, die zu deren Zahlung dienen könnten, nichts entfernt werden. Desgleichen ist während dieser Zeit die Einfuhr von Waffen und Munition nach Paris untersagt.

Beim Frühstück war Graf Henckel zugegen, der als Präfekt in Metz angestellt ist. Derselbe behauptete, in seinem Departement würden die Wahlen nach Verlauf von etwa fünf Jahren gouvernemental ausfallen, ja, er getraue sich, schon jetzt solche zu Stande zu bringen. Dagegen stünde es im Elsaß nicht so gut, da die Deutschen nicht so gefügig gegen jede Autorität wären wie die Franzosen. Er erzählte auch, daß sein Departement allerdings sehr gelitten habe: es möchte zu Anfang des Krieges zweiunddreißig- bis fünfunddreißigtausend Pferde gehabt haben, jetzt aber habe es, wie er glaube, nicht über fünftausend mehr. Ferner erfuhr man beim Frühstück, es gehe das Gerücht, Bourbaki habe sich in der Verzweiflung darüber, daß er mit seiner Armee gegen Werder nichts ausgerichtet und nun vor diesem und Manteuffel den Rückzug antreten mußte, erschossen. Nachmittags wurde ein Ausflug nach Petit-Chesnay unternommen, wo ich meine zur Rast dort eingerückten Sechsundvierziger wieder einmal besuchen wollte. Ich fand aber in dem betreffenden Hause einen mir unbekannten Offizier, der mir mitteilte, daß das Regiment heute früh beordert worden, den Mont Valérien zu besetzen, und wahrscheinlich schon dort eingetroffen sei. Vor Tische wieder Konzepte gelesen, darunter ein Schreiben, in welchem der Chef dem Könige die Unmöglichkeit auseinandersetzt, von Favre nachträglich die Fahnen der in Paris internirten französischen Regimenter zu verlangen.

Beim Diner waren Graf Henckel und der französische Adjutant von gestern als Gäste zugegen. Letztrer heißt mit seinem vollen Namen d'Hérisson de Saulnier und trug eine schwarze Husarenuniform mit gelben Achselschnuren und Stickereien auf den Vorderärmeln. Es hieß, daß er deutsch verstände und spräche, doch wurde die Unterhaltung, an der sich der Chef heiter beteiligte, meist französisch geführt. Der Franzose war heute, wo Favre und der General nicht zugegen waren — erstrer war noch im Hause, ließ sich aber, da er sehr beschäftigt, sein Essen in den kleinen Salon hinaufbringen —, noch lebhafter, aufgeweckter, amüsanter als gestern. Er bestritt längere Zeit allein die Kosten der Unterhaltung, indem er eine Schnurre und Anekdote nach der andern erzählte. Auch er berichtete, daß die Hungersnot in der Stadt zuletzt recht fühlbar gewesen, doch schien er mehr die heitere Seite derselben als die ernste zu kennen. Die interessanteste Periode dieser Fastenzeit war ihm, wie er behauptete, die gewesen, wo sie „den Jardin de Plantes aufgegessen hatten." Das Elephantenfleisch habe, so erzählte er weiter, zwanzig Franken das Kilo gekostet und wie grobes Rindfleisch geschmeckt. Es habe damals wirklich filet de chameau und cottelettes de tigre gegeben — was wir wie verschiedenes andre in seinem Berichte dahingestellt sein lassen. Der Hundefleischmarkt habe sich an der Rue Saint Honoré befunden und das Kilo sei auf zwei Franks fünfzig Centimes zu stehen gekommen. Man sähe fast gar keine Hunde mehr in Paris, und wo einmal einer um die Ecke käme, wären gleich drei oder vier Leute hinter ihm her auf der Jagd. Ähnlich ginge es mit den Katzen. Wäre irgendwo eine Taube auf einem Dache zu sehen, so wäre im Nu die Straße voll Menschen, die hinaufwollten, um sie zu greifen. Nur die Brieftauben würden verschont. Die Depeschen säßen bei denen an der mittelsten von den Schwanzfedern, deren sie neun haben müßten. Hätte eine bloß acht, so hieße es: „ce n'est pas qu'un civil," und sie müßten den Weg allen Fleisches gehen. Eine Dame soll gesagt haben: „Jamais je ne mangerai plus de pigeon, car j'y croirais toujours avoir mangé un facteur."

Der Chef erzählte ihm für diese und andre Historien verschiedene

Dinge, die man in den Salons und Klubs von Paris noch nicht wissen und gern hören konnte, z. B. das ordinäre Betragen Rothschilds in Ferrières und die Metamorphose, bei welcher Großvater Amschel durch den Kurfürsten von Hessen aus einem kleinen Juden ein großer geworden. Er nannte diesen wiederholt „juif de la cour" und kam dabei auf eine Charakteristik der Hausjuden des polnischen Adels. —

Nach Tische Konzepte und Berichte gelesen, unter letztern einen sehr interessanten, nach welchem uns von einem östlichen Staatsmanne in hoher Stellung geraten worden ist, den Franzosen Metz und Deutsch-Lothringen zu lassen und uns dafür Luxemburg einzuverleiben. — — — Die Sache ist abgelehnt worden, weil wir Metz zur Sicherstellung Deutschlands gegen die Franzosen unumgänglich bedürften, und weil das deutsche Volk eine Änderung des vor fünf Monaten aufgestellten Programms nicht dulden würde.

Favre ist mit den andern Franzosen noch spät da. Er geht erst um ein Viertel auf elf Uhr, und zwar nicht nach Paris zurück, sondern in sein hiesiges Quartier auf dem Boulevard du Roi. Er will morgen Mittag wiederkommen. — — —

Später stellte sich der Chef zum Thee ein. Man sprach von der Kapitulation und dann vom Waffenstillstande. „Wie aber," fragte Bohlen, „wenn nun die andern nicht wollen — Gambetta und die Präfekten im Süden"? — „Nun, dann haben wir die Forts und damit Gewalt über die Stadt," erwiederte der Chef. „Wenn die in Bordeaux die Übereinkunft nicht gut heißen, dann bleiben wir in den Forts und halten die Pariser eingesperrt, und vielleicht verlängern wir dann den Waffenstillstand am 19. Februar nicht. Inzwischen haben sie die Waffen und die Lafetten der Kanonen abgeben und die Kontribution zahlen müssen. — Es ist einer immer schlimmer daran, wenn er bei einem Vertrage ein Faustpfand gegeben hat und ihn dann nicht halten kann."

Bohlen brachte dann das Gespräch auf d'Hérisson, und wie der so munter und vergnügt von den Pariser Hundejagden erzählt habe. Er ist mit in China gewesen, und man vermutete, daß er sich im kaiserlichen Sommerpalaste auch das eine und das andre Andenken mitgenommen habe. Er hat erwähnt, als man dort an die Rückkehr gegangen, habe Montauban, mit dem der Kaiser sehr zufrieden gewesen und der vermutet, derselbe werde ihn mit einem Titel begnadigen, ihn, d'Hérisson, vorausgeschickt, um zu verhüten, daß man ihn zum Grafen oder Herzog von Peking mache, da dies wegen des Wortes pequin zu schlechten Witzen Anlaß geben könnte.*) Man habe ihn darauf Palikao genannt, was „die Brücke mit neun Bogen" bedeute und ein Ort sei, in dessen Nachbarschaft die französischen Expeditionstruppen die Soldaten des himmlischen Reiches in einer Schlacht auseinandergesprengt hätten. — Dann wurde erzählt, daß Bourbaki sich zwar erschießen gewollt, sich aber nicht tötlich verletzt habe. — Weiterhin bemerkte der Chef, Favre habe ihm heute gestanden, daß er in Betreff der Wiederverproviantirung „un peu téméairement" verfahren sei. Er wisse wirklich nicht, ob es möglich sein werde, die vielen Hunderttausende in der Stadt zeitig genug mit Lebensmitteln zu versorgen. Jemand äußerte: „Stosch kann ja im Notfall Ochsen und Mehl abgeben." — Der Chef erwiederte: „Ja, das soll er thun, nur so, daß wir dabei nicht Schaden leiden." — Bismarck-Bohlen meinte, wir brauchten ihnen nichts zu geben, möchten selber sehen, wo sie was herkriegten, u. s. w. — Chef: „Nun, Du willst sie wohl verhungern lassen?" Bohlen: „Ja wohl."

Chef: „Ja, aber wie kommen wir dann zu unsrer Kontribution?"

Im fernern Verlaufe des Gesprächs äußerte er: „Große Staatsgeschäfte, Unterhandlungen mit dem Feinde irritiren mich nicht. Wenn sie mir Einwürfe machen gegen meine Gedanken und Forderungen, auch wenn es unvernünftig ist, so bleibe ich kalt dabei. Aber die kleinen Quengeleien der Landsleute in politischen Fragen und ihre Unkenntnis von dem, was hier möglich ist und nicht möglich. Da kommt einer und will dies, da hält ein andrer jenes für unerläßlich, und wenn man sie losgeworden ist, stellt sich ein dritter ein, ein Adjutant oder Generaladjutant, der sagt: Aber Exzellenz, das geht doch unmöglich oder, das müssen wir doch noch haben, sonst — — —. Und gestern haben sie gar noch verlangt, daß in ein bereits unterzeichnetes Dokument eine Bedingung hineinkommen soll, über die garnicht verhandelt worden ist." — — —

Bohlen oder Hatzfeldt erinnerte dann an eine weitere Anekdote

*) Pequin heißt im französischen Soldatenjargon der Zivilist mit einem Beigeschmack von Ofenhocker.

d'Hérissons. Nach dem 4. September erschienen die Pariser Stadtsergeanten in verwandelter Gestalt. Schnauz- und Knebelbart waren abrasirt, nur ein kleiner friedfertiger Backenbart war geblieben. Die Locke am linken Ohre war ebenfalls weggefallen, desgleichen die Waffe an der Seite und der militärische Anzug bis auf das Bonnet de Police. So hatte Kératrys demokratische Weisheit angeordnet. Ganz Paris lachte. Außerdem war den Wächtern der öffentlichen Ordnung anbefohlen, auf der Straße immer zu dreien zu erscheinen. Dies geschah einige Wochen, dann aber geriet der Befehl in Vergessenheit, sie waren immer nur paarweise zu finden, und da sagte der Volkswitz, als die Lebensmittel knapp wurden: „Voila deux sergeants! Eh, ils ont mangé le troisième!"

Hatzfeldt erzählte, daß ein spanischer Gesandtschaftssekretär dagewesen, der von Bordeaux gekommen sei und nach Paris hineingewollt habe. Er habe seine Landsleute herausholen wollen, auch einen Brief von Chaudordy an Favre bei sich gehabt und sehr eilig gethan. Was man ihm antworten solle? Der Chef bückte sich ein wenig, richtete sich wieder auf und sagte: „Depesche von dem einen Mitglied einer feindlichen Regierung durch unser Hauptquartier an ein andres Mitglied zu tragen versucht, das eignet sich ja ganz zu kriegsgerichtlicher Behandlung. Fassen Sie die Sache, wenn er wiederkommt, mit Ernst auf, seien Sie kühl, sehen Sie befremdet aus, und sagen Sie ihm das, und daß wir bei dem neuen Könige von Spanien wegen Verletzung der Neutralität Beschwerde führen und Genugthuung fordern würden. Über die Militärs wundre ich mich übrigens, daß sie den Menschen durchgelassen haben. Die nehmen immer ungebührliche Rücksicht, wenn es sich um einen von der fremden Diplomatie handelt. Und wenn's ein Botschafter gewesen wäre — — — er hätte ihn abweisen müssen, auch wenn er darüber erfroren oder verhungert wäre. Solche Postenträgerei grenzt doch dicht an Spionendienst."

Es wurde dann davon gesprochen, daß jetzt überhaupt ein großer Zulauf nach Paris und von da heraus drohe. Der Chef aber erwiederte: „O, die Franzosen werden nicht viele herauslassen, und wir lassen nur die passiren, die von denen drinnen einen Erlaubnisschein haben — und vielleicht auch die nicht alle."

Man erwähnte, daß Rothschild schon, mit einem Saufkonduit versehen, heraus sein sollte. Der Chef bemerkte hinzu: „Da wäre es doch gut, ihn anzuhalten — als Franctireur, der zu den Kriegsgefangnen gehört.“ (Zu Keudell:) „Erkundigen Sie sich doch einmal nach der Sache.“ — — — Bohlen rief: „Da kommt der Bleichröder angefahren und thut einen Fußfall im Namen der ganzen Familie Rothschild.“ — — — Es war darauf von dem befremdenden Umstande, daß im „Daily Telegraph“ bereits ein genauer Auszug aus der gestern unterzeichneten Konvention zu lesen sei, dann von Stieber die Rede. — — — „Wie man sich übrigens,“ fuhr der Chef hieran anknüpfend fort, „über die Leute täuschen kann! Ich erkenne sie ohnehin nicht leicht, ehe sie sprechen. Wie ich da in diesen Tagen zu Favre ging, sehe ich in der Dämmerung vor der Thür einen Menschen, der mich mit Mißtrauen erfüllt. Ich denke, es wird der Bediente vom Schwiegersohn Favres sein, der sich da herumtreibt; denn wie ein Spanier sah er aus. Da er auf mich zukam, lockerte ich den Degen, um ihn gleich bereit zu haben. Da grüßte er mich: »Guten Abend, Exzellenz,« und wie ich mir ihn genauer betrachte, ist es Stieber.“

30. Januar, Montag. Wetter früh nebelig, Kälte mäßig, etwa Gefrierpunkt. Favre soll nicht in Versailles geblieben, sondern noch spät nach Paris zurückgekehrt sein. Ich telegraphire verschiedenes nach Berlin, Köln und London: die ohne Hindernis von uns vollzogene Besetzung der Forts von Paris, die Möglichkeit, daß es dort zu einer Hungersnot käme, die Schwierigkeit rascher Proviantzufuhr aus der Ferne und unsre Bereitwilligkeit, aus unsern Vorräten mit dem augenblicklich Notwendigen zur Abwendung der Gefahr beizutragen; auch soll in der Presse vor Zudrang nach dem Hauptquartier gewarnt werden.

Nachmittags mit L. hinaus bis zur Seinebrücke bei Sèvres und von dort nach Meudon zu bis Bellevue gefahren, wo man auf dem Wege, der zuletzt vom Flußufer sehr steil hinaufgeht, fast nur Soldaten sah. Ein Verhau, bei dem sich ein Jägerposten befand, versperrte die Weiterfahrt. Von den Soldaten hörten wir zu unsrer Überraschung, daß Schloß Meudon in vollen Flammen stehe. Eine französische Granate sollte während der letzten Tage des Bombardements in eine Stubenwand gefahren, dort stecken geblieben und später durch Zufall explodirt sein. Vielleicht ist der Zufall auch Unvorsichtigkeit gewesen. Es wird übrigens eine hübsche Ruine geben, so was wie das Heidelberger Schloß.

Favre und andre Franzosen, darunter der Präsident oder Präfekt der Pariser Polizei, arbeiteten den Nachmittag wieder fleißig mit dem Chef und dinirten dann um halb sechs Uhr mit ihm und den Räten. Ich und die Sekretäre sollten diesmal im Hotel des Reservoirs speisen, da es am Tische an Platz mangelte. Ich blieb indes zu Hause, übersetzte Granvilles neueste Friedensanregung für den Kaiser und aß dann auf meiner Stube.

Abends kam Abeken zu mir herauf, um sich die Übersetzung abzuholen. Er bedauerte, nicht gewußt zu haben, daß ich zu Hause geblieben, man hätte dann unten für mich noch Raum gemacht. Es wäre schade, daß ich nicht dabei gewesen, da das Tischgespräch heute ein ganz besondres Interesse gehabt habe. Der Chef habe da u. a. zu den Franzosen gesagt, konsequent sein in der Politik werde häufig zum Fehler, zu Eigensinn und Selbstwilligkeit. Man müsse sich nach den Thatsachen, nach der Lage der Dinge, nach den Möglichkeiten ummodeln, mit den Verhältnissen rechnen, seinem Vaterlande nach den Umständen dienen, nicht nach seinen Meinungen, die oft Vorurteile wären. Als er zuerst in die Politik eingetreten, als grüner, junger Mensch, habe er sehr andre Ansichten und Ziele gehabt als jetzt. Er habe sich aber geändert, sich's überlegt und sich dann nicht gescheut, seine Wünsche teilweise oder auch ganz den Bedürfnissen des Tages zu opfern, um zu nützen. Man müsse dem Vaterlande nicht seine Neigungen und Wünsche aufdringen, habe er weiter bemerkt und dann geschlossen: „La patrie veut être servie et pas dominée.“ Dieser Ausspruch habe den Pariser Herren sehr imponirt (natürlich durch die Form vorzüglich), und Favre habe gesagt: „C'est bien juste, Monsieur le Comte, c'est profond!“ Ein andrer Franzose habe ebenfalls enthusiastisch geäußert: „Oui, Messieurs, c'est un mot profond.“ — Bucher erzählte mir dann unten noch, indem er dieses Referat bestätigte, daß Favre auf die Rede des Chefs — der sie natürlich zur Belehrung der Franzosen gehalten hat, wie manche frühere Tischrede für andre Gäste — und auf das Lob ihrer Wahrheit und Tiefe die Betise habe folgen lassen: „Néanmoins c'est un beau spectacle de voir un homme, qui n'a jamais changé ses principes.“ Auch der Herr Eisenbahndirektor, der ihm übrigens erheblich klüger vorgekommen als Favre, habe in Betreff des „servie et pas dominée“ hinzugefügt, freilich liefe das auf Unterordnung des genialen Individuums unter den Willen und die Meinung der Majorität hinaus, und die Majoritäten hätten stets wenig Verstand, wenig Sachkenntnis und wenig Charakter besessen. Der Chef aber habe darauf sehr schön erwiedert, wobei er schließlich das Bewußtsein seiner Verantwortlichkeit vor Gott als einen seiner Leitsterne hervorgehoben und dem droit du génie gegenüber, welches jener habe hochhalten wollen, das devoir — womit er doch wohl das gemeint hat, was von Kant als kategorischer Imperativ bezeichnet wird — als das Vornehmere und Mächtigere betont habe.

Abends spät — es war elf Uhr vorüber — kam der Kanzler noch zu uns zum Thee herunter. Es waren diesmal außer Wagener und mir die Barone Holstein und Keudell und eine wahre Grafenbank: Hatzfeldt, Henckel, Maltzahn und Bismarck-Bohlen, versammelt. Der Chef bemerkte: „Ich bin doch neugierig auf Gambetta, wie der's halten wird. Gambetta — das Beinchen auf italienisch.*) — Er scheint sich's noch überlegen zu wollen; denn er hat noch nicht geantwortet. Aber ich denke, zuletzt wird auch er klein beigeben. Übrigens, wenn nicht, auch gut. Eine kleine Mainlinie in Frankreich wäre mir nicht gerade unangenehm.“ — — — Dann fuhr er fort: „Diese Franzosen sind doch eigentlich recht komische Menschen. Favre kommt zu mir mit einem Gesichte wie ein leidender Heiliger und macht dazu eine Miene, als hätte er mir die wichtigsten Dinge mitzuteilen. Ich sage ihm, als ich das sehe: »Wollen wir nicht hinaufgehen?« — »Ja,« sagte er, »gehen wir hinauf.« Aber oben setzt er sich dann hin und schreibt Briefe über Briefe, und vergebens warte ich auf eine bedeutende Äußerung oder Nachricht von ihm. Er hatte mir eben nichts zu sagen.“ — „Was er für uns leistet, geht auf zwei kleine Briefseiten.“ — „Und dieser Polizei-

*) Gambetta ist der Name eines kleinen, hochbeinigen, storch- und reiherartigen Sumpfvogels, aber auch die italienische Form des germanischen Gundobald, etwas wie der deutschjüdische Name Gumpelt.

präfekt! In meinem Leben habe ich keinen unpraktischeren Menschen gesehen. Bei allem sollen wir raten und helfen. Er hat mich in einer halben Stunde wohl um allerlei Dinge gebeten, und ich wäre zuletzt fast ungeduldig geworden. Ich sagte ihm endlich: »Aber, lieber Herr, wollen Sie mir das nicht lieber schriftlich geben? Ich kann das doch unmöglich alles im Gedächtnis behalten, und nur so kann es ersprießlich erledigt werden. — Mir gehen viertausend Sachen durch den Kopf, und wenn ich ernsthaft an eine denke, verliere ich die andre aus dem Gesicht.«"

Man sprach von den Schwierigkeiten, auf welche die Versorgung der Pariser mit Lebensmitteln aller Wahrscheinlichkeit nach stoßen werde. Mehrere Bahnen seien wenigstens für den Augenblick nicht praktikabel, der Bezug von Nahrungsstoffen aus den hinter den von uns aus besetzten Gegenden liegenden Teilen Frankreichs könne uns selbst in Not und Verlegenheit bringen, und der Hafen von Dieppe, auf den man für die Zufuhr von auswärts rechne, sei nur wenige Schiffe aufzunehmen imstande. Der Chef rechnete aus, wie viele Portionen täglich etwa gebraucht würden, und wie viele man ungefähr herbeischaffen könnte, wenn die Verhältnisse nicht zu anormal wären, und fand, daß die Versorgung nur eine kärgliche sein werde und leicht noch viele Menschen durch Hunger zu Grunde gehen könnten. Er setzte hinzu: „Favre selbst sagte mir, daß sie zu lange ausgehalten hätten. Es war aber, wie er eingestand, bloß, weil sie wußten, daß wir in Lagny Vorräte für sie bereit hielten. Sie waren ganz genau davon unterrichtet. Wir hatten einmal dort herum vierzehnhundert beladene Wagen für sie."

Man kam auf die Hindernisse zu sprechen, auf welche wir bei Eintreibung der Steuern und Kontributionen stoßen, und der Chef setzte Maltzahn auseinander, was er deshalb angeordnet habe. Man müsse, so fügte er dann hinzu, die Zerstreuung der Truppen dabei nach Möglichkeit vermeiden, sie für gewöhnlich am Hauptorte des Departements oder Arrondissements zusammenhalten und von diesem Mittelpunkte aus mit fliegenden Kolonnen gegen die Steuerverweigerer, die Freischaren und die Hehler und Helfershelfer der letzteren operiren.

Jemand gedachte der zehn Millionen Franken, die dem Kreise um Fontenay wegen Zerstörung der Eisenbahnbrücke auferlegt worden sind, und Henckel erklärte als Sachverständiger, das sei ein unerfüllbares Verlangen, man werde den Leuten keine zwei Millionen abdrücken können. — „Nicht eine wahrscheinlich," sagte der Chef. „Aber so sind wir. Immer werden allerlei schreckliche Dinge angedroht, und hernach kann man sie nicht ausführen. Das merkt das Volk endlich und gewöhnt sich an die Drohungen."

Graf Maltzahn erzählte, daß er im Fort Issy gewesen. Es sähe da greulich aus, Löcher, Kohlen, Splitter und Trümmer, und überall Haufen von Unrat und ein abscheulicher Geruch. — „Haben sie denn keine Latrinen gehabt?" fragte jemand. — „Wie es den Anschein hat, nicht," erwiederte Maltzahn. — „Ove? — Dove volete, wie in Italien," bemerkte ein anderer Tischgenosse. „Ja, sie sind ein unreinliches Volk, die Franzosen," sagte der Chef, worauf er an die haarsträubenden Einrichtungen im Stadtschulhause zu Clermont und an ähnliche Zustände in Donchery erinnerte. — — —

Es folgte dann eine hochinteressante, in die Einzelheiten eingehende Auseinandersetzung der verschiedenen Phasen, welche der Gedanke des Anschlusses der süddeutschen Staaten an den Nordbund durchlaufen. — — — „Zuletzt nach vielen Schwierigkeiten," so berichtete er weiter, „machte sich's auch mit Baiern, und es hieß: nun fehlt es bloß noch an Einem — es war freilich das wichtigste. Ich sah einen Weg und schrieb einen Brief — und dann hatte ein bairischer Hofbeamter das Verdienst. Er hat fast das Unmögliche geleistet. In sechs Tagen machte er die Reise hin und zurück, achtzehn Meilen ohne Eisenbahn und bis ins Gebirge hinauf nach dem Schlosse, wo der König sich aufhielt — und dabei war seine Frau noch krank. Ja, es war viel von ihm." — — —

Im weitern Verlauf der Unterhaltung wurde die Verhaftung Jacobys erwähnt, und der Chef bemerkte: „Falkenstein hat sich sonst ganz vernünftig benommen, aber er ist mit dieser Maßregel schuld daran, daß wir den Landtag nicht früher einberufen konnten, weil er nicht darauf einging, Jacoby freizulassen, als ich ihn darum bat. Wenn er ihn als Rhinozeroskotelet gegessen hätte, meinethalben; aber ihn einsperren — da hatte er an ihm nichts als einen alten dürren Juden. — Auch andre Leute wollten erst nichts von meinen Vorstellungen wissen, und so mußten wir warten; denn der Landtag wäre in seinem Rechte gewesen, wenn er seine Freilassung verlangt hätte.

Geistesverwandtschaft gab Anlaß, daß die Rede von Jacoby sich Waldeck zuwendete, und der Chef charakterisirte letzteren: „Ähnliche Anlage wie Favre, immer konsequent, prinzipientreu, fertig mit seiner Ansicht und seinem Entschluß von vornherein, dazu stattliche Gestalt, weißer, ehrwürdiger Bart, Phrase im Brustton der Überzeugung auch in Kleinigkeiten — das imponirte. Er hielt mit einer Stimme, die vor tiefster Überzeugungstreue bebte, eine Rede darüber, daß der Löffel hier im Glase steckte, und proklamirte, daß jeder ein Schuft wäre, der das nicht zugeben wollte, und alle glaubten's ihm und priesen in allen Tonarten seine energische Gesinnung."

31. Januar, Dienstag. Früh verschiedene kleine Siege in den südöstlichen Departements telegraphirt, wo der Waffenstillstand vertragsmäßig nicht gilt. Der König von Schweden hat eine kriegerisch klingende Thronrede gehalten. Warum, ihr Götter? — Ich mache zwei Aufsätze im Auftrage des Chefs, dann einen dritten, der auf die Leiden hinweist, die eine Anzahl unschuldiger deutscher Familien, welche nach der Austreibung aus verschiednen Gründen in Paris zurückgeblieben, während der Belagerung erduldet haben, und der Verdienste rühmend gedenkt, welche sich Washburne, der Gesandte der Vereinigten Staaten, um die Milderung des Loses dieser Unglücklichen erworben. Derselbe hat in der That nach dieser Richtung sehr dankeswertes gethan, und seine Unterbeamten haben ihm dabei getreulich Beistand geleistet.

Die Pariser Herren sind wieder im Hause, auch Favre, der Gambetta per Telegramm inständig bittet, nachzugeben. Es steht zu befürchten, daß der's nicht thun wird. Der Präfekt von Marseille wenigstens hat sich auf das hohe Pferd gesetzt und dem armen Favre von da herunter das Patriotenwort zugeschnauzt: „Je n'obéis le capitulé de Bismarck. Je ne le connais plus." Stolz, gesinnungsvoll, aber weit davon ist gut für den Schuß. — Von Bourbaki noch nichts gewisses, ob er sich erschossen oder bloß verwundet; mit seiner Armee aber steht es offenbar nicht gut. Die wird wohl gewesen sein wie die andern Schöpfungen des Diktators von Tours.

Unsre Franzosen diniren wieder mit dem Chef. Ich esse mit

Wollmann im Hotel des Reservoirs, wo wir unter andern Leuten auch die Marquise della Torre in Gesellschaft etlicher jungen Leutnants tafeln sehen. Es ist die blonde, magere, stark verlebte Dame, die mir mit ihren Hunden schon mehrmals auf der Straße und im Park begegnete. Sie ist von London gekommen und dient unter dem Genfer Kreuz. —

Wir haben wieder mehrere Grad Kälte. Ich höre von Bucher beim Thee, daß der Chef sich über Tische wieder sehr stark über Garibaldi, den alten Phantasten, geäußert hat, als Favre ihn für einen Heros erklärt. Abends ist Duparc beim Minister. Nach zehn Uhr kommt letzterer herunter und setzt sich zu uns. Er spricht zunächst wieder von dem unpraktischen Wesen der Franzosen, die in diesen Tagen mit ihm gearbeitet. Zwei Minister — Favre und der diesmal mit herausgekommene Finanzminister Magnin — hätten sich heute wohl eine halbe Stunde mit einem Telegramm abgemüht. Davon nahm er Anlaß, sich über die Franzosen überhaupt und die ganze lateinische Rasse zu äußern und sie mit den germanischen Völkern zu vergleichen. „Die deutsche, die germanische Rasse," sagte er, „ist, sozusagen, das männliche Prinzip, das durch Europa geht — befruchtend. Die keltischen und slavischen Völker sind weiblichen Geschlechts. Jenes Prinzip geht vor bis an die Nordsee und durch bis nach England hinüber." — Ich erlaubte mir die Bemerkung: „Bis nach Amerika, bis in den Westen der Vereinigten Staaten, wo Leute von uns auch den besten Teil der Bevölkerung bilden und Einfluß auf die Sitten der andern üben." — „Ja," erwiederte er, das sind die Kinder, die Früchte davon." — „Man hat's ja gesehen in Frankreich, wie die Franken da noch Geltung hatten. Die Revolution von 1789 war die Niederwerfung des germanischen Elements durch das keltische, und was sehen wir seitdem? — Und in Spanien — so lange da das gothische Blut vorwog. Und ebenso in Italien, wo in den obern Gegenden die Germanen ebenfalls die Hauptrolle spielten. Wie das ausgelebt hatte, war's nichts ordentliches mehr. Nicht viel anders ist's in Rußland, wo die germanischen Waräger, die Ruriks, sie erst zusammenfaßten. Wenn da die Nationalen siegen über die Deutschen, die eingewandert sind, und die aus den Ostseeprovinzen, so werden sie nicht fähig bleiben zu geordnetem Staatswesen." — Freilich, ungemischt ist's mit den Deutschen auch nicht viel. So im Süden und Westen — da gab's, als sie sich selbst überlassen waren, nur Reichsritter, Reichsstädte und Reichsdörfer, jedes für sich, da ging alles auseinander. Die Deutschen sind gut, wenn sie durch Zwang oder Zorn einig sind — vortrefflich, unwiderstehlich, nicht zu überwinden — sonst aber will jeder nach seinem Kopfe." — „Eigentlich ist doch der wohlwollend, gerecht und vernünftig gehandhabte Absolutismus die beste Regierungsform. Wo nicht etwas davon ist, da fährt alles auseinander, da will der das und jener dies, und es ist ein ewiges Schwanken, ein ewiger Aufenthalt." — „Aber wir haben keine rechten Absolutisten mehr — — die gehen ab, die Sorte ist ausgestorben." — — Ich gestattete mir zu erzählen, daß ich mir als kleines Kind den König wie den König auf der deutschen Karte vorgestellt, mit Krone, Hermelin, Reichsapfel und Szepter, steif und bunt und immer sich gleich, und daß ich dann sehr enttäuscht gewesen, als meine Wärterin mich einmal auf den Gang zwischen dem Dresdner Schlosse und der katholischen Kirche geführt und mir den König Anton, diesen kleinen, krummen, gebrechlichen Greis — gezeigt habe. — Der Chef sagte: „Ja, die Bauern bei uns machten sich auch sehr wunderliche Vorstellungen. Da hieß es, wir wären etliche zusammen gewesen — junge Leute — in einem öffentlichen Lokale und hätten da etwas gegen den König gesagt, der dabei gesessen hätte, aber unerkannt. Da wäre er plötzlich aufgestanden, hätte den Mantel auseinandergeschlagen und den Stern auf der Brust gezeigt. Die anderen wären erschrocken, ich aber hätte mich nicht daran gekehrt und ihn grob behandelt. Da hätte ich zehn Jahre Gefängnis gekriegt und dürfte mich nicht rasiren. Nun trug ich damals einen Vollbart, was ich mir in Frankreich angewöhnt hatte, 1842, wo das eben aufkam, und so hieß es, alle Jahre in der Sylvesternacht käme der Scharfrichter, der schnitte mir ihn ab. — Es waren reiche und sonst gar nicht dumme Bauern, die das erzählten, und sie sagten es nicht, weil sie was gegen mich hatten, sondern ganz gutmütig und voll Mitleid mit dem jungen Menschen."

An diese Mythe anknüpfend sprach man davon, daß sich auch heute noch Sagen bilden, die wenig oder gar keine Begründung in wirklich Geschehenem haben, und in diesem Zusammenhange fragte ich: „Darf man wohl wissen, Exzellenz, ob die Geschichte von dem Bierseidel irgendwie wahr ist, welches Sie in einer Berliner Wirtschaft einem auf dem Kopfe entzweigeschlagen haben sollen, weil er die Königin gelästert oder nicht auf sie mit angestoßen hätte." — „Ja," erwiederte er, „aber ganz anders war sie und ohne alle politische Beimischung. Ich ging eines Abends spät nach Hause, es muß im Jahre 1847 gewesen sein, da begegnete ich einem, der zuviel hatte und mit mir anbinden wollte. Als ich ihn aber wegen anzüglicher Reden stellte, fand ich, daß es ein alter Bekannter war. Es war [ich glaube, er sagte] auf der Jägerstraße. Wir hatten uns lange nicht gesehen, und wie er mir den Vorschlag machte: Komm, wollen da zu (er nannte einen Namen) gehen, ging ich mit, obwohl er eigentlich genug hatte. Wie wir aber unser Bier hatten, schlief er ein. Nun war da neben uns ein Kreis von Leuten, unter denen war einer, der ebenfalls mehr, als er vertrug, zu sich genommen hatte und das durch lärmendes Benehmen merken ließ. Ich trank ruhig mein Bier. Den aber verdroß es, daß ich so ruhig war, und er fing an zu sticheln. Ich blieb stille, und das machte ihn nur noch ärgerlicher und giftiger. Er stichelte immer lauter. Ich wollte keine Händel, aber auch nicht gehen, weil sie sonst gedacht hätten, ich fürchtete mich. Zuletzt aber mußte es ihm keine Ruhe gelassen haben, er kam an meinen Tisch und drohte, mir das Seidel ins Gesicht zu gießen, und das wurde mir zu viel. Ich sagte ihm, er solle gehen, und als er darauf Miene machte, zu gießen, gab ich ihm eins unter's Kinn, daß er der Länge nach hinschlug, den Stuhl und das Seidel zerbrach und über die ganze Stube bis an die Wand hinfuhr. Da kam die Wirtin, der sagte ich, sie möge sich beruhigen, den Stuhl und das Seidel würde ich bezahlen. Und zu den andern sagte ich: »Sie sehen, meine Herren, daß ich keine Händel gesucht habe, und Sie sind Zeugen, daß ich mich so lange als möglich zurückgehalten habe; aber das kann man doch nicht verlangen, daß ich mir ein Glas Bier über den Kopf gießen lassen soll, bloß weil ich ruhig mein Bier getrunken habe. Wenn der Herr einen Zahn dabei verloren haben sollte, so soll es mir leid thun. Ich mußte mich aber meiner Haut wehren. Will übrigens noch jemand was wissen, hier ist meine Karte.« — Da ergab sich's, daß es ganz vernünftige Leute

37*

waren, die ungefähr meine Ansichten hatten. Sie waren ärgerlich über ihren Kameraden und gaben mir Recht. Später traf ich zwei davon am Brandenburger Thor. Da sagte ich: »Sie waren ja wohl dabei, meine Herren, als ich die Geschichte in dem Bierhause auf der Jägerstraße hatte. Wie ist es denn dem ergangen? Es sollte mir leid thun, wenn er Schaden davon behalten hätte.« Man hatte ihn nämlich hinaustragen müssen. — »Ach,« sagten sie, »der ist ganz wohl und munter, und auch die Zähne sind wieder fest geworden. Er ist ganz still geblieben und hat es sehr bedauert. Er war eben eingetreten, um als Arzt sein Jahr abzudienen, und da wäre es ihm sehr unlieb gewesen, wenn die Sache unter die Leute und vor seine Vorgesetzten gekommen wäre."

Der Chef erzählte dann, daß er als Göttinger Student in drei Semestern achtundzwanzig Mensuren gehabt habe und immer gut davon gekommen sei. — Ich sagte: „Aber einmal haben Exzellenz doch was abgekriegt. Wie hieß doch der kleine Hannoveraner? — Biedenfeldt." — Er erwiederte: „Biedenweg, und klein war er auch nicht, fast so groß als ich. Das kam aber bloß davon, daß seine Klinge absprang, die wahrscheinlich schlecht eingeschraubt war. Die fuhr mir ins Gesicht und blieb stecken. Sonst habe ich niemals was bekommen. — Doch einmal, in Greifswald, war's nahe daran. Da hatten sie eine solche wunderliche Kopfbedeckung eingeführt — wie ein Kaffeebeutel von Filz — auch hatten sie Glockenschläger, an die ich nicht gewöhnt war. Ich aber hatte mir in den Kopf gesetzt, ich wollte ihm die Spitze von seinem Kaffeebeutel abhauen, und da gab ich mich bloß, und sein Hieb pfiff mir ganz nahe am Gesicht, doch bog ich mich noch zu rechter Zeit zurück."

1. Februar, Mittwoch. Früh ziemlich heller Himmel, leichter Regen und Glatteis. Beim Frühstück wird erzählt, daß Gambetta in den Waffenstillstand gewilligt, sich aber gewundert habe, daß die Franzosen im Südosten von uns noch angegriffen worden sind. Favre hat nämlich in seiner Geschäftsunkunde unterlassen, ihm zu telegraphiren, daß der Krieg dort — beiläufig auf seinen eignen Wunsch — fortgesetzt wird. Wir haben beim Frühstück Gäste, indem der Geheime Regierungsrat Scheidtmann aus dem Finanzministerium, ein etwas eigentümlicher Herr, Graf Dön-

hoff (der blaue und hübsche, nicht der rote und korpulente) und „mein Neffe, Graf York" uns mit ihrem Besuche beehrten. Es heißt, daß heute kein Franzose herauskommen werde.

Das letztere war unrichtig. Um ein Uhr erschien Favre, um dann einige Stunden oben beim Chef zu arbeiten. Ich fuhr unterdes mit L. über Ville d'Avray und den Park von Saint Cloud nach der Stadt gleichen Namens, oder, eigentlicher gesprochen, nach dem Trümmerhaufen, den der seit mehreren Tagen in ihr wütende Brand von ihr übrig gelassen hat. Dabei nahm ich die angenehme Nachricht mit auf den Weg, daß Belfort kapitulirt hat, daß der Rest von Bourbakis Armee, achtzigtausend Mann stark und unter Clichants Befehl, vor unsern Truppen auf das Gebiet der Schweiz zurückgewichen ist, und daß somit der Krieg auch hier sein Ende gefunden hat, was Bismarck-Bohlen mir auf der Treppe noch mitteilte.

Im Park von Saint Cloud sahen wir gleich hinter dem Gitterthor der Einfahrt unter den Bäumen zur linken Seite einen improvisirten kleinen Friedhof mit zehn oder zwölf Grabhügeln von deutschen Soldaten, die hier gefallen waren. Weiterhin passirten wir noch einige Gräber dieser Art, sowie eine Schanze und einen Verhau, die sich über die Straße gelegt. Unter einer Brücke, die tunnelartig den Weg überwölbte, hatten die Truppen sich wie in einer Kassematte Wohnungen eingerichtet gehabt. Vor dem Eingange in die Stadt, am Saume des Waldes, hatte man rechts und links Blockhäuser an eine Mauer gebaut und hinter derselben auf eine lange Strecke Tritte für Schützen errichtet, um über sie wegschießen zu können. Die Stadt besteht hier zunächst aus breiten Straßen von Villen, die durch Zwischenräume von einander getrennt und von Gärten umgeben sind, weiter hinaus aus engern Gassen und dicht nebeneinanderstehenden mehrstöckigen Häusern, die zuletzt am Hügelhang nach dem Seineufer hinablaufen. Die Gebäude der Villenstadt waren fast ohne Ausnahme aus- und zum Teil niedergebrannt. Von den leichter gebauten war nur ein flacher Haufen Mauerziegel, Schiefersplitter, Kalkbrocken und Kohlen übriggeblieben. Von den dichteren Gassen der innern Stadt standen beinahe nur noch die äußern Wände aufrecht, und auch diese waren hier und da teilweise zusammengefallen und mit ihnen die Fußböden der verschiednen Stockwerke. Man sah auf den Restern der letztern noch Sekretäre, Kommoden, Bücher- und Schüsselbretter, Waschtische u. dergl. stehen und an den tapezierten Wänden Bilder und Spiegel hängen. Ganze Häuserfronten, drei Etagen hoch gewesen, lagen in den Haupt- und Seitengassen, andre drohten, nach vorn oder zurückgeneigt, den Einsturz. Allenthalben noch rauchender Schutt und Brandgeruch, an drei oder vier Gebäuden noch züngelnde Flämmchen am Rohr der Decken und am Balkenwerk der Wände und Simse. Die Kirche, neu und in gefälligem gothischen Stil erbaut, war bis auf ein paar Löcher im Dache unverletzt, alles ringsum Ruine — ein furchtbares Bild vom Ernste des Krieges! Von der Höhe der zerstörten Stadt hatte man eine hübsche Aussicht auf das Thal der Seine, auf die Brücke, von welcher ein Bogen gesprengt war, und auf den südlichen Teil von Paris mit dem Gehölz von Boulogne. Wir hielten uns damit nicht auf, sondern begaben uns rasch nach dem Schlosse, das, vor dem Kriege der Sommeraufenthalt Napoleons, jetzt ebenfalls ein stiller Trümmerhaufen war. Französische Granaten hatten es in einen solchen verwandelt. — Nur die Umfassungsmauern und einige von den Zwischenwänden standen von ihm noch aufrecht. Wir durchkletterten seine Schutthaufen, stiegen über die gefallnen Dach- und Deckenreste von Zimmer zu Zimmer, soweit nicht weitere Einstürze drohten, und nahmen uns von den herabgestürzten Marmorkapitälen und von den verstümmelten Statuen Andenken mit.

Auf dem Heimwege nach Saint Cloud wie auf der Rückfahrt begegneten wir mehrmals kleinen Gesellschaften von Leuten, die mit Betten und Hausrat aus Paris nach ihren heimatlichen Dörfern zurückkehrten, und bei Ville d'Avray kam uns eine Kompagnie preußischer Artillerie entgegen, die nach dem Mont Valérien marschirte.

Als ich halb sechs Uhr wieder auf der Rue de Provence eintraf, fand ich den Chef schon mit den andern bei Tische. Gäste waren nicht zugegen. Der Minister sprach, als ich eintrat, gerade von Favre und sagte: „Ich glaube, er ist heute nur deshalb herausgekommen. Ich meine, infolge unsers gestrigen Gesprächs, wo ich nicht zugeben wollte, daß Garibaldi ein Heros wäre. Er hatte offenbar Angst um ihn, weil ich ihn nicht in den Waffenstillstand einschließen wollte. Wie ein echter Advokat zeigte er auf den ersten

Artikel. Ich aber sagte ihm, ja, das wäre die Regel, hernach aber kämen die Ausnahmen, und zu denen gehörte der. Wenn ein Franzose gegen uns die Waffen trüge, so begriffe ich das, er verteidigte sein Land und hätte ein Recht dazu. Aber dieser fremde Abenteurer mit seiner kosmopolitischen Republik und seiner Bande von Revolutionären aus allen Winkeln der Welt, dessen Recht könnte ich nicht anerkennen. Er fragte dann, was wir mit ihm machen wollten, wenn wir ihn gefangen nähmen. »O,« sagte ich, »wir werden ihn für Geld sehen lassen, mit einer Tafel um den Hals, worauf Undank steht.«"

Er fragte dann: „Wo ist denn Scheidtmann?" — Man gab Auskunft. — „Den hatte ich mir bei der Sache [dem Geschäft mit der von Paris zu zahlenden Kontribution von zweihundert Millionen] als juristischen Beistand gedacht. Er ist doch Jurist?" — Bucher erwiederte, nein, er habe überhaupt nicht studirt, sei ursprünglich Kaufmann gewesen u. dergl. — Chef: „Na, in erster Linie soll Bleichröder ins Gefecht gehen. Der muß gleich nach Paris hinein, sich mit seinen Kollegen beriechen und mit den Bankiers reden, wie das zu machen ist. Er will doch kommen?" — Keudell: „Ja, in einigen Tagen." — Chef: „Bitte, telegraphiren Sie ihm doch, wir brauchten ihn gleich. — Dann kommt Scheidtmann. Er kann doch französisch?" — Man wußte es nicht. — „Als Triarier denke ich mir dann Henckel. Der ist in Paris zu Hause und bekannt unter den Geldleuten. »Wir pflegen an der Börse auf glückliche Spieler zu pointiren,« sagte mir 'mal einer von der hohen Finanz, und wenn hier nach einem solchen pointirt wird, so ist's Graf Henckel."

Später wendete sich das Gespräch der Entwicklungsgeschichte der deutschen Frage zu, und da bemerkte der Minister u. a.: „Ich erinnere mich, vor dreißig und mehr Jahren, in Göttingen, da wettete ich einmal mit einem Amerikaner, ob Deutschland in zwanzig Jahren einig sein würde. Wir wetteten um fünfundzwanzig Flaschen Champagner, die der geben sollte, der gewönne. Wer verlor, sollte übers Meer kommen. Er hatte für nicht einig gewettet, ich für einig. Darauf besann ich mich 1853 und wollte hinüber. Wie ich mich aber erkundigte, war er tot.*) Er hatte gleich so einen Namen,

*) Ein Irrtum des Kanzlers. Herr Amory Coffin lebte noch im Jahre 1882 als Arzt in Aiken, einem Luftkurorte Südkarolinas.

der kein langes Leben versprach — Coffin, Sarg. Das merkwürdigste ist, daß ich damals — 1833 — schon den Gedanken und die Hoffnung gehabt haben muß, die jetzt mit Gottes Hilfe wahr geworden ist, obwohl ich damals mit den Verbindungen, die das wollten, nur im Gefechtszustande verkehrte."

Zuletzt äußerte der Chef seinen Glauben an den Einfluß des Mondes auf das Wachstum von Haaren und Pflanzen, indem er davon ausging, daß er Abeken scherzhaft zu seiner Frisur gratulirte. „Sie sehen noch einmal so jung aus, Herr Geheimrat," sagte er. „Wenn ich ihre Frau wäre! — Sie haben sie sich eben noch zu rechter Zeit schneiden lassen, bei zunehmendem Monde. 's ist wie mit den Bäumen, wenn die wieder wachsen sollen, fällt man sie auch im ersten Viertel, wenn man sie aber roden will, schlägt man sie bei abnehmendem Monde, da vermodert der Stumpf eher. Es giebt Leute, die nicht daran glauben, Gelehrte, aber selbst der Staat verfährt darnach, obwohl er's nicht eingestehen will. Es wird keinem Förster einfallen, eine Birke, die wieder Schößlinge treiben soll, bei abnehmendem Monde zu fällen."

Abends eine Anzahl Aktenstücke, die sich auf den Waffenstillstand und die Verproviantirung beziehen, gelesen, darunter mehrere eigenhändige Briefe Favres, der eine zierliche und gut zu lesende Hand schreibt. In einem der Briefe heißt es, daß Paris nur bis zum 4. Februar noch Mehl und dann nur noch Pferdefleisch habe. Moltke ist brieflich gebeten, man möge Garibaldi nicht auf gleichem Fuße mit den Franzosen behandeln und jedenfalls vollständige Waffenstreckung von ihm und seinen Leuten fordern — der Minister wünsche das aus politischen Gründen. Nach dem Elsaß ist die Weisung ergangen, die Wahlen zu der Versammlung in Bordeaux, welche über Fortsetzung des Krieges oder Friedens, sowie eventuell über die Bedingungen des letztern Beschluß fassen soll, nicht zu hindern, sie sollen ignorirt werden. In den von uns okkupirten Gegenden werden die Maires, nicht die Präfekten die Wahlen leiten. In den dieserhalb von den Parisern erlassenen Anweisungen heißt es: „Die Maires der Hauptorte im Departement werden sich mit denen der Hauptorte in jedem Arrondissement, und diese wieder sich mit den Maires der Hauptorte der Kantone und der Gemeinden in Verbindung setzen. Sie werden ihnen den Tag bekannt geben, an welchem die Abgeordneten zur Nationalversammlung zu ernennen sind. Der Maire jeder Gemeinde wird jedem eingeschriebenen Wähler die Karte zustellen, mittelst deren er zu wählen hat. In Ermangelung einer Karte werden die eingeschriebenen Wähler zur Abstimmung zugelassen werden, nachdem ihre Identität festgestellt ist. Der Maire des Departementshauptortes wird die Zahl und die Abgrenzung der Wahlkreise festsetzen. Die Wahl wird durch Listenabstimmung nach relativer Majorität stattfinden. Wegen Schwierigkeiten, die der Krieg mit sich gebracht hat, wird diese Abstimmung giltig sein gleichviel wie groß die Zahl der Votirenden ist." Die Pariser Mitglieder der französischen Regierung haben ferner am 29. Januar folgende Verfügung erlassen:

„In Anbetracht, daß es unter den gegenwärtigen Umständen von Wichtigkeit ist, den Wählern die volle Freiheit der Wahl zu lassen, soweit dies mit dem richtigen Ausdruck des Volkswillens im Einklange steht, verfügt die Regierung der nationalen Verteidigung folgendes: Die Artikel 81 bis 90 des Gesetzes vom 15. März 1849 mit Ausnahme der Bestimmungen des Paragraphen 4 des 82. Artikels und des Paragraphen 5 des 85. Artikels finden auf die Wahlen zur Nationalversammlung keine Anwendung. Infolge dessen sind die Präfekten und Unterpräfekten in den Departements, wo sie ihre Funktionen ausüben, nicht wählbar."

2. Februar, Donnerstag. Es ist helles, laues Wetter, als ob der Frühling schon anbrechen wollte. Früh bei Zeiten schon werde ich zum Chef gerufen. Ich soll telegraphiren, daß achtzigtausend Franzosen von der Armee Bourbakis bei Pontarlier nach der Schweiz übergetreten und nur achttausend nach dem Süden entkommen sind. Bald nachher werde ich noch einmal geholt, um in der hiesigen wie in der deutschen Presse auf ein uns soeben telegraphisch zugekommenes Zirkular Lauriers (hinter dem Gambetta steht) aufmerksam zu machen und die Meinung des Chefs darüber auszusprechen. Ich mache darauf zunächst folgenden Artikel:

„Am 31. Januar ist in Bordeaux, nachdem der Abschluß des Vertrages vom 28. Januar dort bekannt geworden, ein Rundschreiben an die Präfekten ergangen, das mit E. Laurier unterzeichnet ist. Es heißt da: »Die von den Ministern des Innern und des Krieges aufrecht erhaltene und geübte Politik bleibt nach wie vor dieselbe:

Krieg bis zum äußersten Widerstand, bis zur völligen Erschöpfung. Deshalb bieten Sie alle Ihre Thatkraft zur Erhaltung des guten Geistes unter der Bevölkerung auf. Der Zeitraum des Waffenstillstandes muß zur Verstärkung unsrer drei Armeen mit Mannschaften, Munition und Lebensmitteln ausgebeutet werden. Es gilt, um jeden Preis den Waffenstillstand für uns nutzbar zu machen, und wir sind in der Lage, es so einzurichten. Kurzum, es giebt bis zu den Wahlen nichts, was nicht zu unserm Vorteil gewendet werden könnte. Was Frankreich bedarf, das ist eine Vertretung, die den Krieg will und entschlossen ist, ihn auf alle Fälle zu führen.«

So lautet das mit Laurier unterzeichnete Rundschreiben. Für verständige Leute spricht es sich selbst sein Urteil, wir könnten uns also enthalten, einen Kommentar dazu zu schreiben. Es ist indes von Wichtigkeit, zu bemerken, daß die deutschen Behörden dem Vertrage vom 28. Januar in Betreff seiner Ausführung eine sehr weitherzige und milde Deutung und Handhabung gewährt haben. Sie haben den Vorstellungen der Pariser Regierung weit über das durch die Konvention vom 28. festgesetzte Maß hinaus Folge gegeben. Sie haben den Wahlen zu der Versammlung, die in Bordeaux selbst über die Frage: ob Krieg, ob Frieden entscheiden soll, volle Freiheit zugestanden. Trotzdem fährt zu Bordeaux die öffentliche Behörde fort, den Krieg bis zum äußersten zu predigen, und wirkt offen für Wahlen solcher Leute, von denen sie hofft, daß sie für den Krieg und die vollständige Erschöpfung Frankreichs stimmen werden. Sollte dieses Verfahren nicht derart sein, daß es den deutschen Behörden die Frage vorlegte, ob ihre großmütige Auffassung der von Frankreich eingegangenen Verflichtungen am rechten Orte sei, und ob sie nicht im eignen Interesse Frankreichs einer strengeren Interpretation des Übereinkommens vom 28. Januar Platz machen müsse?

Was übrigens die drei Armeen anbelangt, von denen Herr Laurier spricht, so machen wir darauf aufmerksam, daß, nachdem die Truppen Bourbakis teils in Gefangenschaft geraten sind, teils sich auf das Gebiet der Schweiz geflüchtet haben, für Frankreich nur die Reste von zwei Armeen übrig sind. Schließlich aber wolle man mit den Kundgebungen des Herrn Laurier den folgenden Auszug des »Daily Telegraph« über die Ansichten des Herrn Gambetta von der Lage der Dinge und von dem, was Frankreich zu thun habe, vergleichen. Der Berichterstatter des englischen Blattes sagt:

»Die Unterhaltung wendete sich nun dem Kriege im allgemeinen zu, und auf meine Frage, ob der Krieg mit der Übergabe von Paris zu Ende sei, antwortete Gambetta, daß die Übergabe von Paris von gar keiner Bedeutung für den Fortgang des Krieges sein würde, wenn Preußen bei seinen gegenwärtigen Forderungen beharrte. Ich spreche hier, so fuhr er fort, nicht bloß in meinem Namen oder in dem der hiesigen Regierungsdelegation, ich wiederhole im Gegenteil nur den festen Entschluß meiner Amtsgenossen in und außerhalb Paris, nach welchem der Krieg fortgesetzt werden muß, gleichviel, was die Kosten und Folgen sein mögen, die sich daraus ergeben. Wenn Paris morgen fällt, so wird es auf edelmütige Weise seine Pflicht gegen Frankreich erfüllt haben, aber ich kann nicht glauben, daß Paris jemals sich ergeben wird. Ich glaube, daß die Bevölkerung selbst lieber die Stadt verbrennen und ein zweites Moskau daraus machen würde, als daß sie gestattete, daß der Feind davon Besitz nimmt. — Aber nehmen wir einmal an, erwiederte ich, daß trotzdem die Kapitulation stattfände. — In diesem Falle, entgegnete Gambetta, muß man den Kampf in den Provinzen fortsetzen. Ohne die Armee von Paris einzurechnen, haben wir zur Stunde thatsächlich eine halbe Million Truppen und überdies noch zweihundertfünfzigtausend Menschen mehr, bereit, zur Armee zu stoßen oder ihre Depots zu verlassen. Wir haben noch nicht einmal das Kontingent von 1871 berührt, und wir haben die verheirateten Männer noch nicht in die Regimenter eingereiht. Jenes wird uns dreimalhunderttausend Rekruten liefern, und die letzteren werden zwei Millionen kräftige Leute stellen. Waffen kommen uns von allen Seiten zu, an Geld fehlt es auch nicht. Die Nation mit Inbegriff aller politischen Schattirungen ist auf unsrer Seite, und es wird sich einfach darum handeln, wer von beiden am stärksten und ausdauerndsten ist, unser Volk oder das deutsche Volk. Nein, so fuhr er fort, indem er mit der Faust heftig auf seinen Schreibtisch schlug, ich betrachte es als eine mathematische Unmöglichkeit, daß wir, wenn wir Ausdauer haben und den Krieg fortsetzen, nicht am Ende dahin gelangen, den eingedrungnen Feind aus Frankreich hinauszutreiben. Jede vierundzwanzig Stunden sind für uns nur ein Tag, aber bei unsern Feinden vermehrt jede Stunde Verzögerung die Schwierigkeiten. England hat einen großen Irrtum begangen, daß es sich nicht eher eingemischt, und daß es Preußen nicht gesagt hat, bei Überschreitung einer gewissen Grenze würde es in den Augen Englands den Kriegsfall herbeiführen.«"

Bald nach ein Uhr kamen die Franzosen wieder, aber der Chef war mit dem Kriegsminister ausgeritten, wie man vermutete, nach einem der Forts oder einem Punkte mit weiter Aussicht; denn sie hatten Ferngläser mitgenommen. Gerstäcker und Duboc besuchten mich, und ich ging mit letzterem, der sich als Korrespondent im Lager der Sachsen aufhält, auf eine Stunde in den Schloßpark. Bei der Rückkehr erfuhr ich, daß der Chef in Saint Cloud gewesen, und daß die Franzosen inzwischen in unserm Park auf ihn gewartet hätten.

Bei Tische hatten wir Odo Russell und einen großen starken jungen Herrn in dunkelbauer Uniform zu Gästen, welcher letztere mir als Graf Bray, Sohn des Ministers und früher bei der bairischen Gesandtschaft in Berlin gewesen, bezeichnet wurde. Der Chef äußerte zu Russell: „Die englischen Zeitungen und auch einige deutsche haben meinen Brief an Favre getadelt und zu stark gefunden. Er selber aber scheint dieser Meinung nicht zu sein. Er sagte mir von freien Stücken: »Sie haben Recht gehabt, mich an meine Pflicht zu erinnern. Ich durfte nicht weggehen, bevor das zu Ende ist.«" Der Minister lobte hierauf diese Selbstverleugnung. Er wiederholte dann, daß unsre Pariser unpraktische Leute seien, und daß wir ihnen fortwährend Ratgeber und Gehilfen sein sollten. Er setzte hinzu, daß sie jetzt auch Miene machten, Änderungen an der Konvention vom 28. Januar zu verlangen. Außerhalb der Stadt Paris zeige man wenig guten Willen, bei der Verproviantirung derselben behilflich zu sein, z. B. sage die Direktion der Eisenbahn Rouen-Dieppe, auf die man gerechnet, es fehle an Betriebsmaterial, da die Lokomotiven auseinandergenommen und nach England geschafft worden seien. Gambetta verhalte sich noch zweifelhaft, scheine aber an Fortsetzung des Krieges zu denken. Es sei notwendig, daß Frankreich bald eine ordentliche Regierung bekomme. „Wenn sie nicht bald eine zustande bringen," fuhr er fort, „so werden wir ihnen einen Souverän geben. Es ist schon alles bereit dazu. Amadeo kam mit einer Reisetasche in der Hand als König von Spanien in Madrid an, und es scheint zu gehen. Der unsrige kommt gleich mit Gefolge, Ministern, Köchen, Kammerherrn und mit einer Armee."

Das Gespräch lenkte sich hiervon auf das Vermögen Napoleons, welches sehr verschieden, bald als groß, bald als unbedeutend angegeben werde, und Russell wollte bezweifeln, daß er viel habe. Er meinte, die Kaiserin wenigstens könne nicht viel besitzen, da sie nicht mehr als sechstausend Pfund in der englischen Bank deponirt habe. — Man erwähnte dann, daß Graf Maltzahn schon nach Paris hinein sei, und der Chef äußerte, als man hinzusetzte, er sei noch nicht wieder gesehen worden: „Wenn dem dicken Herrn nur nichts zugestoßen ist." — Er erzählte darnach, daß er heute auf dem Wege nach Saint Cloud vielen Leuten mit Hausrat und Betten begegnet sei, wahrscheinlich seien es Bewohner der Dörfer hier in der Nachbarschaft gewesen, die aber nicht aus Paris gekommen sein könnten. „Die Frauen sahen ganz freundlich aus," bemerkte er dazu, „die Männer aber nahmen sofort, nachdem sie der Uniformen ansichtig geworden waren, eine finstere Miene und eine heroische Haltung an. — Das erinnert mich, bei der früheren neapolitanischen Armee, da gab es ein Kommandowort — wenn bei uns kommandirt wird: »Gewehr zur Attacke rechts!« so hieß es da: »Faccia feroce!« d. h. macht ein grimmiges Gesicht. — Alles ist bei den Franzosen großartige Stellung, pompöse Redensart, imponirende Miene, wie auf dem Theater. Wenn's nur recht klingt und nach etwas aussieht — der Inhalt ist einerlei. 's ist wie mit dem Potsdamer Bürger und Hausbesitzer, der mir einmal sagte, daß eine Rede von Radowitz ihn tief gerührt und ergriffen hätte. Ich fragte ihn, ob er mir eine Stelle sagen könnte, die ihm besonders zu Herzen gegangen wäre — oder besonders schön vorgekommen. Er wußte keine anzugeben. Ich nahm darauf die Rede her und erkundigte mich bei ihm, welches die rührende Stelle wäre, indem ich das Ganze vorlas, und da ergab sich's, daß garnichts derart darin stand, weder was Rührendes, noch was Erhabnes. Es war eigentlich immer nur die Miene, die Stellung des Redners, die aussah, als spräche er das Tiefste, Bedeutendste und Ergreifendste, — der Denkerblick, das andächtige Auge und die Stimme voll Klang und Gewicht. — Mit Waldeck war's ähnlich, obwohl der kein so gescheiter Mensch und keine so vornehme Erscheinung war. Bei dem war's mehr der weiße Bart und die Gesinnungstüchtigkeit." — „Die Gabe der Beredsamkeit hat im parlamentarischen Leben manches verdorben. Man braucht viel Zeit, weil alle, die da was zu können glauben, das Wort haben müssen, auch wenn sie nichts neues vorzubringen wissen. Es wird zu viel in die Luft gesprochen und zu wenig zur Sache. Alles ist schon abgemacht in den Fraktionen, und so redet man im Plenum bloß für das Publikum, dem man zeigen will, was man kann, und noch mehr für die Zeitungen, die loben sollen." — „Es wird noch dahin kommen, daß man die Beredsamkeit für eine gemeinschädliche Eigenschaft ansieht und bestraft, wenn sie sich eine lange Rede zu schulden kommen läßt." — „Da haben wir Einen," fuhr er fort, „der gar keine Beredsamkeit treibt, und der trotzdem mehr für die deutsche Sache geleistet hat als irgend jemand sonst — das ist der Bundesrat. Ich erinnere mich zwar, zuerst wurden einige Versuche in der Richtung gemacht. Ich aber schnitt das ab. — Enfin, ich sagte ihnen ungefähr: Meine Herren, mit Beredsamkeit, mit Reden, welche überzeugen sollen, da ist hier nichts zu machen, weil jeder seine Überzeugung in der Tasche mitbringt — seine Instruktion nämlich. Es giebt bloß Zeitverlust. Ich denke, wir beschränken uns hier auf die Darstellung von Thatsachen. Und so wurde es. Niemand hielt eine große Rede mehr. Dafür ging es mit den Materien umso rascher, und der Bundesrat hat wirklich viel geleistet."

Abends Depeschen gelesen, desgleichen einige Konzepte. — — Dann drei Telegramme gemacht und abgelassen; eins über Belfort und die drei südöstlichen Departements, eins über die Hindernisse der Verproviantirung von Paris und eins über die Schwierigkeiten, die Faidherbe und d'Argent erheben.

3. Februar, Freitag. Naßkaltes Wetter. Am Vormittag, da der Chef beschäftigt ist, mit Wollmann wieder nach Saint Cloud, dessen Trümmer noch immer rauchen und nach Brand riechen, und dann weiter bis an die ersten Häuser von Suresnes am Fuße des Mont Valérien gefahren. Noch stehen am Seineufer unsre Schildwachen, sonst aber hat alles das friedlichste Aussehen, und nur die tiefe Stille fällt auf, die jenseits des Stromes herrscht, während doch eine große Stadt ganz dicht dabei liegt. Man gewahrt drüben

keinen Menschen, und nur auf dem Wasser ist einiges Leben, indem hier zwei Boote, anscheinend Fischernachen, hingleiten.

Beim Frühstück erzählte Bucher allerlei Charakteristisches aus dem Leben Gladstones. Nichts Rühmliches darunter. Um ein Uhr besucht mich Wachenhusen, der sich nach Paris hineinschleichen will.

Um ein Viertel auf vier Uhr wurde ich zum Chef geholt. Nach Laurier hat sich auch Gambetta selbst vernehmen lassen, und zwar durchaus kriegerisch und despotisch. Am 31. Januar ist eine von ihm unterzeichnete Proklamation an die Franzosen ergangen, in der es heißt:

„Die Fremden haben Frankreich die grausamste Beleidigung zugefügt, welche unserm Volke in diesem unglücklichen Kriege zu ertragen beschieden war. Das uneinnehmbare Paris hat, durch Hunger gezwungen, die deutschen Horden nicht länger von sich fernhalten können. Am 28. Januar ist es erlegen.“ — „Es sieht aus, als ob ein trübes Geschick uns noch größeres Unheil und noch mehr Schmerz bereiten wollte. Ohne uns zu Rate zu ziehen, hat man einen Waffenstillstand unterzeichnet, dessen strafwürdige Leichtfertigkeit wir nur zu spät erfahren haben, einen Waffenstillstand, der den Preußen die Departements ausliefert, welche noch von unsern Truppen besetzt sind, und uns verpflichtet, uns drei Wochen ruhig zu verhalten, damit unter den unglücklichen Verhältnissen, in denen sich das Land befindet, eine Nationalversammlung zusammentrete. Wir haben nun Aufklärung über die Lage von Paris verlangt und bis zum Eintreffen derselben geschwiegen. Wir wollten die uns in Aussicht gestellte Ankunft eines Mitgliedes der Regierung aus Paris abwarten, in dessen Hände wir unsere Vollmachten niederzulegen gedachten.“ — „Es ist jedoch niemand von Paris gekommen, und so müssen wir denn um jeden Preis zum Handeln schreiten, um die schändlichen Pläne der Feinde Frankreichs zu vereiteln. Preußen rechnet darauf, daß der Waffenstillstand unsre Heere entnerven und auflösen werde. Es lebt der Hoffnung, daß eine nach einer langen Reihe von Mißgeschicken und unter dem schrecklichen Eindruck des Falles von Paris zusammentretende Versammlung entmutigt und bereit sein werde, in einen schmachvollen Frieden zu willigen. Es liegt in unsrer Hand, diese Berechnungen zu vereiteln und zu bewirken, daß die zur Ertötung des Geistes des Widerstandes bestimmten Mittel denselben vielmehr neu beleben und stärken.

Bedienen wir uns des Waffenstillstandes dazu, unsre jungen Soldaten einzuüben und die Organisation der Verteidigung und des Krieges thatkräftiger wie jemals zu fördern. Thun wir unser möglichstes, daß statt der von den Fremden gehofften reaktionären und feigherzigen Vertretung eine wahrhaft national und republikanisch gesinnte Versammlung zusammenkommt, die den Frieden will, wenn er die Ehre und Unverletzlichkeit unsers Vaterlandes sicherstellt, die aber gleich fähig und bereit ist, den Krieg zu wollen, um zu verhindern, daß an Frankreich ein Meuchelmord begangen wird. Franzosen, laßt uns eingedenk sein unsrer Väter, die uns Frankreich als einen festgefügten und unteilbaren Staat hinterlassen haben. Hüten wir uns vor Verrat an unsrer Geschichte und davor, daß unser ererbter Besitz in die Hände der Barbaren übergeht." — Das fanatische Aktenstück endigt mit dem Aufrufe: „Zu den Waffen! Es lebe Frankreich! Es lebe die eine und unteilbare Republik!"

Daneben hat Gambetta eine Verfügung erlassen, welche eine Anzahl von Personen für nicht wählbar erklärt. In derselben bemerkt er:

„Die Gerechtigkeit verlangt, daß alle Mitschuldigen der Regierung, welche mit dem Attentate vom 2. Dezember begann und mit der Kapitulation von Sedan endigte, nunmehr in dieselbe politische Machtlosigkeit versetzt werden, in der sich die Dynastie befindet, deren Helfershelfer und Werkzeuge sie waren. Es ist dies die notwendige Folge der Verantwortlichkeit, die sie übernommen haben, als sie dem Kaiser bei der Ausführung gewisser Regierungshandlungen an die Hand gingen. Dahin gehören alle die Personen, welche vom 2. Dezember 1851 bis zum 4. September 1870 die Stellung eines Ministers, Senators, Staatsrats oder Präfekten innegehabt haben. Ferner sind von der Wählbarkeit zur Nationalversammlung alle die Individuen ausgeschlossen, die bei den Wahlen zum gesetzgebenden Körper während der Zeit vom 2. Dezember 1851 bis zum 4. September 1870 in irgend einer Weise als Regierungskandidaten aufgestellt worden sind, sowie die Mitglieder derjenigen Familien, die in Frankreich seit dem Jahre 1789 regiert haben."

In Bezug auf die letztere Verfügung telegraphire ich auf Befehl des Chefs nach London und Köln, die Regierung in Bordeaux habe durch ein Wahlausschreiben ganze Klassen der Bevölkerung, Minister, Senatoren, Staatsräte, alle, welche früher offizielle Kandidaten gewesen für nicht wählbar erklärt. Die bei der Verhandlung über die Konvention vom 28. Januar vom Grafen Bismarck ausgesprochene Befürchtung, daß es keine freien Wahlen geben werde, habe hierdurch ihre Bestätigung erhalten. Der Reichskanzler habe damals in dieser Befürchtung die Einberufung des Corps Legislatif vorgeschlagen, Favre aber sei darauf nicht eingegangen. Jetzt habe der Kanzler gegen den Ausschluß jener Männer in einer Note Protest erhoben, und deutscherseits werde man nur eine aus freien Wahlen hervorgegangene Versammlung, wie die Konvention sie wolle, als die Vertretung Frankreichs anerkennen.

Der Chef fuhr mit dem Gambettaschen Wahlausschreiben zum Könige, während im Salon der Pariser Polizeipräfekt war und mit ihm reden wollte, und kam dann nicht zum Essen, blieb vielmehr in der Präfektur zur Tafel. Infolgedessen präsidirte Abeken bei unserm Diner, an dem Scheidtmann und Graf Henckel als Gäste teilnahmen.

Um acht Uhr zum Chef gerufen, erhielt ich den Auftrag, Abschrift eines Reuterschen Telegramms, datirt Bordeaux, 2. Februar, zur Aufnahme in den „Moniteur" abzuschicken. Dasselbe lautete:

„Die Journale la Liberté, la Patrie, le Français, le Constitutionnel, l'Universel, le Courier de la Gironde et Provence veröffentlichen einen Protest gegen die Verfügung der Delegation von Bordeaux vom 31. Januar, nach welcher die Wahlfreiheit beschränkt sein soll. Sie sagen, daß sie vor Veröffentlichung ihres Protestes es für ihre Pflicht gehalten hätten, an Herrn Jules Simon drei Abgeordnete zu schicken, um anzufragen, ob nicht eine die Wahlen betreffende Verfügung bestehe, die von der Pariser Regierung ergangen und im Journal Officiel veröffentlicht worden sei. Herr Jules Simon hat zur Antwort gegeben, daß diese Verfügung existire, daß sie vom 31. Januar datire und von den Mitgliedern der Regierung einstimmig angenommen worden sei, und daß in ihr alle Beschränkungen der Wählbarkeit weggeblieben seien. Nur die Nichtwählbarkeit der Präfekten in den von ihnen verwalteten Provinzen sei beibehalten worden.*) Die Wahlen von Paris sind für den 5., die der Departements für den 8. Februar festgesetzt worden. Am 12. sollen die Abgeordneten zusammentreten. Das Journal Officiel, das die erwähnten Verfügungen enthält, ist auf Befehl der Pariser Re-

*) Die Verfügung ist in ihren Hauptzügen oben mitgeteilt worden.

gierung in alle Departements versandt worden. Jules Simon ist, nachdem er am 31. Januar einen Passirschein erhalten, denselben Morgen abgereist. Nach seinem Eintreffen in Bordeaux hat Jules Simon eine Versammlung der Mitglieder der Delegation zusammenberufen, um ihnen die Lage der Dinge auseinanderzusetzen, und abends vier Uhr hat eine lange Erörterung stattgefunden. Jules Simon erklärte den Vertretern der Presse, daß er auf der Ausführung der Verfügung der Pariser Regierung zu bestehen gewillt sei, und ermächtigte sie, diese Erklärung zu veröffentlichen. Die unterzeichneten Vertreter der Presse haben nun nur die Ausführung der Pariser Verfügung zu erwarten." Folgen die Unterschriften. Gambettas Diktatur hat also wohl am längsten bestanden. Sein starrer Sinn verliert den Boden unter den Füßen.

Nochmals zum Chef gerufen, telegraphirte ich den Erfolg der Kämpfe der von Manteuffel geführten Südarmee bei Pontarlier. Wir haben dabei fünfzehntausend Franzosen zu Gefangnen gemacht, darunter zwei Generale, und neunzehn Geschütze sowie zwei Adler erbeutet.

Graf Herbert ist heute aus Deutschland wieder bei seinem Vater eingetroffen. Er war um neun Uhr bei ihm.

4. Februar, Sonnabend. Das Wetter ist wärmer als gestern. Früh Eingänge und Konzepte gelesen. Ich sehe, daß der Chef gegen Gambettas Wahlausschreiben in doppelter Weise protestirt hat: in einem an diesen selbst gerichteten Telegramm und in einer Note an Favre. Jenes lautet: „Im Namen der durch die Waffenstillstands-Konvention verbürgten Freiheit der Wahlen protestire ich gegen die in Ihrem Namen ergangenen Verfügungen, welche zahlreiche Klassen französischer Bürger des Rechtes berauben, in die Versammlung gewählt zu werden. Durch Wahlen, welche unter der Herrschaft der Unterdrückung und Willkür vollzogen werden, können die Rechte nicht erworben werden, welche die Waffenstillstands-Konvention freigewählten Abgeordneten zuspricht." — In der Depesche an Favre aber heißt es, nachdem der Inhalt des Wahldekrets Gambettas kurz angegeben ist: „Ich beehre mich, Ew. Exzellenz die Frage vorzulegen, ob Sie dies als im Einklang mit der Bestimmung der Konvention stehend betrachten, daß die Versammlung aus freien Wahlen hervorgehen soll. Gestatten Ew. Exzellenz mir, Ihnen die Verhandlungen ins Gedächtnis zurückzurufen, welche der Übereinkunft vom 28. Januar vorausgingen. Ich

äußerte bereits damals die Befürchtung, daß es unter den dermaligen Verhältnissen schwer halten werde, die volle Freiheit der Wahlen sicherzustellen und jeden gegen dieselbe gerichteten Versuch zu verhindern. In dieser Befürchtung, welcher das Rundschreiben des Herrn Gambetta heute Recht zu geben scheint, warf ich die Frage auf, ob es nicht richtiger sein würde, den Gesetzgebenden Körper einzuberufen, der eine gesetzliche, durch allgemeines Stimmrecht gewählte Autorität bilde. Ew. Exzellenz lehnten dies ab und erteilten mir das ausdrückliche Versprechen, es sollte kein Druck auf die Wähler geübt und den Wahlen die vollste Freiheit gesichert werden. Ich wende mich an die Rechtlichkeit Ew. Exzellenz mit der Bitte, Sie wollen Ihre Meinung äußern, ob die durch das in Rede stehende Dekret grundsätzlich ausgesprochene Ausschließung ganzer Kategorien von Kandidaten mit der Freiheit der Wahlen, wie sie in der Konvention vom 28. Januar verbürgt ist, sich verträgt. Ich glaube die bestimmte Hoffnung aussprechen zu dürfen, daß jenes Dekret, dessen Anwendung mit den Bestimmungen der Konvention zu widersprechen scheint, unverzüglich zurückgenommen werden, und daß die Regierung der nationalen Verteidigung die erforderlichen Vorkehrungen treffen wird, welche die Ausführung des zweiten Artikels der Konvention hinsichtlich der Freiheit der Wahlen verbürgen. Wir würden Personen, die nach den Bestimmungen des Rundschreibens von Bordeaux gewählt worden wären, die Rechte nicht zugestehen können, welche durch die Waffenstillstands-Konvention den Abgeordneten zur Versammlung gewährt worden sind."

Schon um neun Uhr waren zwei Pariser Nationalgardenoffiziere, ein alter und ein junger, da, die einen Brief für den Chef überbrachten — vielleicht Favres Antwort.

Nach zehn Uhr ließ der Chef mich rufen, um zu fragen: „Von Berlin beklagt man sich, daß die englischen Blätter viel besser unterrichtet sind als die unsrigen, und daß wir unsern Zeitungen so wenig über die Waffenstillstands-Verhandlungen mitgeteilt haben. Wie kommt das?" — „Ja, Exzellenz," erwiederte ich, „das kommt daher, daß die Engländer mehr Geld haben, um überall zu sein und sich unterrichten zu lassen. Dann aber sind sie gut empfohlen bei hohen Herren, die von allem erfahren — und endlich sind wohl auch manche Militärs nicht immer recht dicht bei Dingen, die noch verschwiegen bleiben sollen.

Ich aber konnte von den Verhandlungen über die Konvention nur das in die Öffentlichkeit bringen, was hinein sollte." — „Na", sagte er, „schreiben Sie doch einmal über diese Sache und sagen Sie, daß die Verhältnisse daran schuld sind, wir aber nicht." —

Ich erlaubte mir dann, ihm zu dem Ehrenbürgerbriefe zu gratuliren, den er in diesen Tagen bekommen haben sollte, und daran die Bemerkung zu knüpfen, daß Leipzig eine gute Stadt, die beste in Sachsen und mir immer wert gewesen sei. — „Ja," erwiederte er, „Ehrenbürger — ich bin nun auch Sachse — und Hamburger; denn von da habe ich auch einen. Das hätte man 1866 nicht gehofft."

Ich wollte gehen, als er sagte: „Dabei fällt mir ein — es gehört auch zu den Wundern dieser Zeit — schreiben Sie doch auch, bitte, etwas ausführliches über die seltsame Thatsache, daß Gambetta, der sich so lange die Miene gegeben hat, die Freiheit zu vertreten und gegen die Beeinflussung der Wahlen durch die Regierung zu kämpfen — daß er jetzt, wo er selber zur Macht gelangt ist, die grausamste Beeinträchtigung der Wahlfreiheit verfügt, und alle die, von welchen er glaubt, daß sie nicht seiner Meinung sind, von dem Rechte gewählt zu werden ausschließt. Es ist das ganze amtliche Frankreich mit Ausnahme von dreizehn Republikanern. Und daß ich den Franzosen die Wahlfreiheit zurückverschaffen muß gegenüber diesem Gambetta und seinem Gehilfen und Bundesgenossen Garibaldi, ist doch auch ein wunderliches Verhältnis." — Ich sagte: „Ich weiß nicht, ob das beabsichtigt war, aber in Ihrem Protest gegen Gambetta nahm es sich sehr eigen aus, der Gegensatz, wo Sie au nom de la liberté des élections sich verwahrten gegen les dispositions en votre nom pour priver des catégories nombreuses du droit d'être élues. Das könnte wohl auch erwähnt werden?" — „Ja," sagte er, „machen Sie das nur." — „Sie können," fügte er lächelnd hinzu, „auch daran erinnern: Thiers hat mich nach seinen Verhandlungen mit mir einen liebenswürdigen Barbaren genannt — barbare aimable. Jetzt nennen sie mich in Paris un barbare astucieux, einen verschlagnen Barbaren, und nun werde ich vielleicht der barbare constitutionnel sein."

Ich schalte zum Vergleich hiermit ein Kapitel über andre Bezeichnungen des Fürsten ein, die man in französischen Zeitungen und Büchern der Jahre 1870 bis 1874 fand. Das Verzeichnis stand in einem deutschen Blatte, dessen Namen ich nicht nennen kann, da er an den Ausschnitt geklebte Zettel, der ihn enthielt, abgefallen war. Es hieß da ungefähr:

* * *

Der Reichskanzler hat dieses Frühjahr (1874) im Reichstage von sich bemerkt, daß er von den Ufern der Garonne bis zur Newa der bestgehaßte Mann Europas sei. Folgendes wird geeignet sein, die Gefühle der Hauptfeinde Bismarcks, der Franzosen, gegen ihn zu kennzeichnen und jene schnell berühmt gewordene Äußerung zu illustriren. Im Gedankenkreise der Franzosen nimmt der deutsche Reichskanzler etwa dieselbe Stelle ein, wie Hannibal in dem der Römer. War der große Punier die Inkarnation alles dessen, was dem Volke der Quiriten widerwärtig und hinderlich sein konnte, der Ausdruck aller Tücken und Ränke, so waltet zwischen den heutigen Franzosen und Bismarck ganz dasselbe Verhältnis ob. Sein Name ist zum Popanz Frankreichs geworden, gerade so, wie das Hannibal ante portas der Schrecken Roms war. Wo immer in der Welt sich etwas ereignet, das den Franzosen wider den Strich geht, da ist Bismarck der Anstifter; unbewußt dichtet man dem so aufrichtig gehaßten Manne auf diese Weise Eigenschaften an, die keinem menschlichen Wesen zukommen: Allgegenwart, Allwissenheit, Allmacht. Den Ausbrüchen des Hasses ist indessen stets ein gutes Teil unwillkürlicher Bewunderung beigemischt; wie Bileam müssen die Franzosen mitunter segnen, während sie fluchen wollen. In der französischen Presse läßt sich diese Erscheinung mit ziemlicher Genauigkeit verfolgen. Gewöhnlich sprechen die französischen Blätter von dem Reichskanzler, wenn sie keinen Span mit ihm haben, schlechtweg als von Monsieur de Bismarck. Indessen ignoriren sie die Standeserhöhung, die ihm zu teil geworden, nicht immer; bisweilen, doch nicht sehr häufig, haben sie es auch mit dem Prince de Bismarck zu thun. Der Titel Fürst erinnert sie schon an die Verdienste, durch die er erworben wurde, und die mit der Zurückweisung des französischen Übermutes und der Schwächung der Angriffskraft Frankreichs zusammenfielen. Seiner amtlichen Stellung nach ist er seinen Freunden westlich von den Vogesen Chancelier, welcher Bezeichnung in der Regel irgend ein Beiwort wie Prince Chancelier, illustre Chancelier, Archi-Chancelier oder Grand-Chancelier hinzugefügt wird. In Betreff seiner politischen Richtung sind die Franzosen nicht einer und derselben Meinung, sie huldigen vielmehr in dieser Beziehung sehr verschiedenen Ansichten. Bald nennen ihn die Blätter le défenseur des idées aristocratiques, bald le champion du Liberalisme moderne et de la raison humaine oder auch l'apôtre du Liberalisme. In den französischen Zeitungen, die eine freisinnige Richtung verfolgen, gehen diese Bezeichnungen, die in Bismarck zwei Seelen voraussetzen, einträchtig neben einander her. Die legitimistischen und klerikalen drücken sich folgerichtiger aus, bei ihnen ist und bleibt er ce revolutionnaire. Die hohen staatsmännischen Eigenschaften des Reichskanzlers werden auch von den Franzosen in ihrem vollen Umfange anerkannt. In diplomatischer Hinsicht ist er l'illustre diplomat, l'homme de Biarritz, was einen großartigen Erfolg bezeichnen soll, wie l'homme de Sedan eine ungeheure Niederlage. Er ist habile, le Passe partout, la Main partout. Il voit dans les plus petites causes les moyens d'arriver son but. Gedenkt man der Politik, mit welcher der Reichskanzler Frankreich besiegte, so wird von ihm gesagt: Il profite de nos embarras avec une science admirable; toujours il se fait adroitement valoir. Dem armen harmlosen Frankreich gegenüber, das niemand das Wasser getrübt hat, das den Frieden liebt, gar keinen andern Anspruch erhebt, als in Ruhe leben und gedeihen zu können, ist er l'implacable chancelier Allemand. Für die innere und äußere Politik Bismarcks gilt das Wort, das man der Fortschrittspartei nachbetet: l'homme de la force primant de droit. Wie die deutschen demokratischen Zeitungen, so reden auch die französischen Blätter von ihr als von einer Politik des Blutes und Eisens. Er ist l'auteur célèbre de cette politique de fer et de sang. Dann ist er wieder le macchiavélique chancelier. Daneben wird er als l'homme des nobles mœurs et de la crainte de Dieu bezeichnet, was eine Ironie sein soll. Wie bekannt, wird dieser Ausdruck eigentlich nur vom Lande Preußen gebraucht, aber in der Anschauung der Franzosen ist in Bismarck das Land zum Menschen geworden, der Kanzler ist die Zusammenfassung der Eigenschaften Preußens, dessen Typus und Quintessenz, le grand homme Prussien, le Grand-Prussien. Der letztere Ausdruck ist eine Erfindung des Journals „l'Union“ und offenbar dem Großtürken nachgebildet. Denn Bismarck ist den französischen Ultramontanen noch mehr oder weniger als der

Türke, er ist ihnen die Verkörperung des bösen Prinzips selbst, der Antichrist, er ist Beelzebuth, was die klerikale „Revue de la Presse“ entdeckt zu haben sich rühmen kann. Mit schlecht verhehlter Mißgunst und Eifersucht nennt ihn ferner der „Constitutionnel“ le pivot de la société, die Angel, um die sich die ganze heutige Gesellschaft dreht. Wollen die Franzosen die großartigen Erfolge Bismarcks in ein Wort zusammenfassen, so heißt er ihnen bezeichnenderweise nicht etwa le vainqueur de Sedan oder ähnlich, sondern le vainqueur de Sadowa. Seine Siege über Frankreich werden ignorirt, existiren als solche garnicht, waren näher betrachtet nur Verrätereien des Kaisers Napoleon und seiner Generale. Dafür müssen die guten Österreicher herhalten, die nicht unüberwindlich waren wie die Franzosen. Um die Großthaten Bismarcks zu erklären, giebt man ihm den Ehrentitel le Richelieu de la Prusse, was in französischem Munde den Inbegriff aller staatsmännischen und diplomatischen Fähigkeiten bedeutet. Andre wieder können ihn nicht so hoch stellen, er wird um einen heruntergesetzt und heißt bloß noch Polignac en politique, aber freilich Polignac réussi, l'audacieux et puissant ministre. Die Schöpfung Bismarcks, das neue deutsche Reich endlich, ist der klerikalen Presse Frankreichs l'empire athée de Monsieur de Bismarck — natürlich; denn was konnte man anders von Beelzebuth erwarten? Ihren Zweifel an der Dauer dieser Schöpfung drücken die Franzosen mit den Worten aus: il est un terrible joueur, und daß die Gründung des deutschen Reiches in ihren Augen eigentlich nichts besondres ist, bekunden sie mit dem Ausdruck: Bismarck n'est qu'un copiste.

* * *

Ich kehre zu dem zurück, was das Tagebuch von den Vorkommnissen des 4. Februar 1871 in Versailles verzeichnet.

Der Chef hatte diesen Morgen mehr Zeit und Interesse für die Presse als in den letzten Tagen. Ich wurde vor der Mittagsstunde sechsmal zu ihm geholt. Das eine mal gab er mir eine französische Lügenbroschüre: „La guerre comme la font les Prussiens,“ und bemerkte dazu: „Ich möcht' Sie bitten, nach Berlin zu schreiben, sie sollen etwas ähnliches in unserm Sinne zusammenstellen lassen, mit Anführung aller Grausamkeiten, Barbareien und Konventionsbrüche der Franzosen. Aber nicht so dick, sonst liest sie niemand, und es muß rasch geschehen.“ Das andre mal handelte sich's um mehrere Zeitungsausschnitte „zur

Sammlung". Wieder ein andres mal zeigte er mir ein kleines Blatt, herausgegeben von einem gewissen Armand le Chevalier, 61 Rue Richelieu, und vorn mit einem Porträt des Reichskanzlers in Holzschnitt bedruckt, und sagte: „Sehen Sie mal, da empfiehlt einer mit Beziehung auf das Blindsche Attentat, mich zu ermorden, und giebt gleich mein Porträt dazu — wie die Photographie der Franctireurs. Sie wissen, in den Wäldern der Ardennen hat man in den Taschen der Franctireurs unsre Holzläufer gefunden, die sie erschießen sollten. Zum Glück wird man hier nicht behaupten können, mein Bild wäre besonders getroffen — auch die Lebensbeschreibung nicht. Diese Stelle [er las sie vor und gab mir dann das Blatt mit] soll mit Nutzanwendung in die Presse gebracht werden und dann in die Broschüre kommen."

Schließlich gab er mir noch einige französische Zeitungen, indem er sagte: „Da, sehen Sie nach, ob was drin ist für mich oder den König. Ich will machen, daß ich fortkomme; denn sonst überfallen mich die aus Paris wieder."

In dem Blatte des Monsieur Chevalier wird in der That von einem gewissen Ferragus*) mit ziemlich dürren Worten gesagt, daß Frankreich eine Ermordung des Chefs beifällig begrüßen werde, obwohl er eigentlich ein Wolthäter der Franzosen sei. Der Verfasser, dessen Stil nach der Schule Victor Hugos schmeckt, sagt u. a.:

„Bismarck hat Frankreich vielleicht mehr Dienste geleistet als Deutschland. Er hat an einer falschen Einheit seines Landes gearbeitet, aber er hat sehr wirksam an der Wiedergeburt des unsrigen gearbeitet. Er hat uns vom Kaisertume befreit. Er hat uns die Thatkraft, den Haß des Fremden, die Liebe zum heimischen Boden, die Geringachtung des Lebens, die Opferwilligkeit, kurz, alle die Tugenden wiedergegeben, die Bonaparte in uns vergiftet hatte. Ehre daher diesem grimmigen Feinde, der uns rettet, indem er uns verderben will! Er beabsichtigt uns zu töten, und ruft uns zur Unsterblichkeit, und zu gleicher Zeit verleiht er unserm irdischen Leben Schwung. Das Blut, das er vergießt, befruchtet das Vaterland, die Zweige, die er abhaut, lassen den Baum sich mit mehr Saft füllen. Ihr werdet sehen, wie wir größer werden, wenn wir aus dieser furchtbaren, aber heilsamen Umstrickung

*) Bloßer Schriftstellername; der Mann hieß nicht wirklich so, sondern wahrscheinlich Mazzini.

herauskommen. Wir haben zwanzig Jahre des Vergessens unsrer Pflicht, der Schwelgerei, des Knechtsinnes zu büßen. Die Heimsuchung ist grausam, aber das Ergebnis wird glorreich sein, ich weise zum Zeugnis dessen auf die mannhafte Haltung von Paris und auf den Hunger nach Gerechtigkeit und Ehre hin, welcher unsre Brust schwellt. Wenn man heutzutage vor dem Opernhause vorbeigeht, fühlt man sich von Scham ergriffen. Diese Nacktheiten, welche die kaiserliche Sonne so hell erleuchtete, verletzten die Schamhaftigkeit der Republik, man wendet sich ab von diesem symbolischen Denkmal eines andern Zeitalters, einer andern Stufe der Gesittung. Bismarck hat uns diesen Puritanerstolz gegeben. Danken wir ihm dafür nicht, und zahlen wir ihm mit männlichem Hasse diese unfreiwillige Wohlthat eines Menschen heim, der mächtiger im Zerstören als im Gründen, leichter verwünscht als mit Beifall begrüßt ist. Preußen hat aus ihm seinen großen Mann gemacht, aber am 8. Mai 1866 bedauerte das ganze Land gerührt das Los eines jugendlichen Fanatikers, eines Studenten, der, in Bismarck einen Feind der Freiheit ahnend, fünf Revolverschüsse auf ihn abgefeuert hatte.

Bind (der Verfasser nennt den Stiefsohn Blinds auch weiterhin so) gehört zu jener Klasse begeisterter Leute, zu der Karl Sand, der Mörder Kotzebues, Stapß, der Napoleon in Schönbrunn erdolchen wollte, und Oskar Becker, der Urheber des Attentats auf den König von Preußen, zählten. Bind täuschte sich nicht, wenn er sich eine Römerseele zutraute; denn er verhielt sich nach seiner Verhaftung stoisch, und er öffnete sich die Schlagader des Halses, um dem Scharfrichter ein Opfer zu rauben.

Wenn wir nun heute hörten, daß ein glücklicheres Attentat auf Bismarck unternommen worden wäre, würde dann Frankreich den Edelmut haben, nicht Beifall zu klatschen? So viel ist sicher, daß diese furchtbare Frage des Mordes aus politischen Gründen bis zu dem Augenblicke, wo sie mit der Todesstrafe und dem Kriege aus dem Gewissen der Völker ausgerottet ist, immer eine Frage der relativen Moral sein wird."

Man würde heutigen Tags, im Oktober 1870, einen Mann, den man noch vor einigen Monaten als gemeinen Meuchelmörder gebrandmarkt hätte, als Heiland begrüßen — gewiß ein schönes Zeichen der Wiedergeburt, die sich nach den Anfangsworten des Artikels mit Frankreich vollzogen haben soll, und des Hungers nach Gerechtigkeit und Ehre, von dem der Verfasser die Brust seiner Landsleute schwellen sieht.

Der Chef ritt schon um ein Uhr weg, wurde aber von Favre, der inzwischen angekommen war, doch noch „überfallen" und arbeitete dann mit ihm oben im kleinen Salon.

Bei Tische waren Fürst Putbus und Graf Lehndorff zugegen. Der Chef erzählte zunächst, wie er auch Favre auf den wunderlichen Fall aufmerksam gemacht habe, daß er, der für despotisch und tyrannisch verschrieene Graf von Bismarck, im Namen der Freiheit gegen die Proklamation Gambettas, des Advokaten der Freiheit, der viele hunderte seiner Landsleute der Wählbarkeit und alle der Wahlfreiheit berauben gewollt, habe protestiren müssen, und setzt dann hinzu, Favre habe das mit einem „oui, c'est bien drôle" anerkannt. Übrigens sei die Beschränkung der Wahlfreiheit, die jener verfügt, von dem Pariser Teile der französischen Regierung nunmehr zurückgewiesen und aufgehoben. „Er hat mir das heute Morgen schriftlich [durch den Brief, den die Nationalgarde-Offiziere brachten] angekündigt und vorhin mündlich versichert," sagte er.

Man erwähnte dann, daß mehrere deutsche Blätter mit der Kapitulation unzufrieden seien, indem sie sofortigen Einmarsch unsrer Truppen in Paris erwartet hätten. Der Chef bemerkte dazu: „Das beruht auf vollständiger Unkenntnis der Lage hier vor und in Paris. Bei Favre hätte ich's durchsetzen können, aber die Bevölkerung. Sie hatten gewaltige Barrikaden und dreimalhunderttausend Mann, von denen gewiß hunderttausend gekämpft hätten. Es ist Blut genug geflossen — deutsches — in diesem Kriege. Hätten wir Gewalt brauchen wollen, so wäre noch viel mehr vergossen worden bei der Erhitzung der Bevölkerung drin. Und bloß um ihnen noch eine Demütigung zuzufügen, das wäre zu teuer gekauft." — Nach einigem Nachsinnen fuhr er fort: „Und wer sagt ihnen denn, daß wir nicht noch einziehen und einen Teil von Paris selbst besetzen? Oder wenigstens Durchzug, wenn sie sich abgekühlt und Vernunft angenommen haben. Der Waffenstillstand wird vermutlich verlängert werden müssen, und dann können wir für unsre Bereitwilligkeit dazu Besetzung von Paris auf dem rechten Ufer verlangen. Ich denke mir, daß wir in etwa drei Wochen drin sein werden." — „Den vierundzwanzigsten" — er sann nach — „ja, ein Vierundzwanzigster war's, wo die Verfassung des Norddeutschen Bundes veröffentlicht wurde. Es war für den 24. Februar 1859, wo wir in Frankfurt eine besonders niederträchtige Geschichte erlebt hatten. Ich sagte ihnen damals, das wird euch vergolten werden. Ihr werdet schon sehen. Exoriare aliquis — Es thut mir nur leid, daß der württembergische [Bundestagsgesandte], der alte Reinhart, das nicht erlebt hat. Aber Prokesch hat's erlebt, und das freut mich, das war der schlimmste. Der ist jetzt ganz einverstanden mit uns, lobt die energische und geistreiche Politik Preußens und hat [hier lächelte der Minister spöttisch] das Zusammengehen mit uns immer empfohlen oder schon lange."

Der Chef erwähnte dann, daß er heute auf dem Mont Valérien gewesen. „Ich war früher nie dort," sagte er, „und wenn man die starken Werke und die vielen Vorrichtungen zur Verteidigung sieht, — da hätten wir bei einem Sturme doch eine Menge Leute liegen lassen sollen; man darf garnicht daran denken."

Er teilte uns darauf mit, daß Favre heute auch deshalb herausgekommen sei, um ihn zu bitten, die Massen von Landleuten aus Paris herauszulassen, die sich im September in die Stadt geflüchtet. Es wären meist Leute aus der Banlieue und es müßten gegen dreimalhunderttausend sein. „Ich schlug es ihm ab," fuhr er fort, „indem ich ihm erwiederte: unsre Soldaten haben ihre Häuser inne, und wenn die Besitzer nun herauskommen und sehen, wie ihr Eigentum mitgenommen und verwüstet ist, so werden sie wütend werden, was ich ihnen garnicht verdenken kann, und es unsern Leuten zur Last legen, und das könnte dann bedenkliche Schlägereien zur Folge haben und vielleicht noch schlimmeres." Er kam dann wieder auf seinen Ausflug nach Saint Cloud und Suresnes zurück und erzählte u. a.: „Wie ich mir die Brandstelle des Schlosses besah und mich in Gedanken erging über den Zustand des Zimmers, wo ich mit dem Kaiser gespeist hatte, da war ein wohlgekleideter Herr dort, der sich von einem Blusenmanne herumführen ließ — vielleicht aus Paris herausgekommen. Ich konnte deutlich verstehen, was sie redeten; denn sie sprachen laut und ich habe ein gutes Gehör. „C'est l'œuvre de Bismarck,« sagte der in der Bluse. Der andre aber erwiederte bloß: »C'est la guerre.« Wenn die gewußt hätten, daß ich's gehört hatte."

Graf Bismarck-Bohlen berichtete dann, daß die Landwehr irgendwo hier herum einen Franzosen, der sich widersetzt und mit dem Federmesser nach einem Offizier gestochen, fünfundsiebzig Hiebe mit der flachen

Klinge aufgezählt habe. — „Fünfundsiebzig,“ sagte der Chef, „hm, das ist denn doch zu viel.“ Jemand erzählte ähnliches aus der Gegend von Meaux, wo die Soldaten, als Graf Herbert neulich da vorbeigekommen, einen Müller, der auf den Grafen Bismarck geschimpft und den Wunsch geäußert, ihn zwischen zwei Mühlsteinen zu haben, hingelegt und so fürchterlich zerprügelt hätten, daß er sich ein paar Stunden lang nicht hätte rühren können.

Man erwähnte dann die Wahlprogramme, mit denen die Kandidaten für die Nationalversammlung sich an den Ecken den lieben Mitbürgern empfehlen. Es wurde einiges daraus angeführt und im allgemeinen bemerkt, daß sie noch sehr auf dem hohen Pferde säßen und in Bordeaux großartige Dinge zu leisten versprächen. „Ja,“ sagte der Chef, „das glaube ich wohl. Auch Favre versuchte es noch ein paar mal mit dem hohen Kothurne. Aber es dauerte nicht lange. Ich brachte ihn immer mit einem leichten Scherze herunter.“

Jemand gedachte der Rede, die Klaczko am 30. Januar in der Reichsratsdelegation gegen ein Zusammengehen Österreichs mit Preußen gehalten, und der Enthüllung Giskras, die in der Morgenausgabe der „Nationalzeitung“ vom 2. Februar steht. Letzterer hat gesagt, Bismarck habe ihn von Brünn mit Friedensvorschlägen nach Wien geschickt, die auf folgendes hinausgelaufen seien: Abgesehen von Venetien, Statusquo vor dem Kriege, Maingrenze der preußischen Hegemonie, keine Kriegskosten, aber Fernhaltung der Vermittlung Frankreichs beim Friedensschluß. Giskra habe den Baron Herring damit nach Wien gesandt, der sei aber von Moritz Esterhazy kühl empfangen und nach sechzehnstündigem Warten ausweichend beschieden worden. Nach Nicolsburg gereist, habe er dort schon Benedetti getroffen und die Antwort erhalten: „Sie kommen zu spät.“ Österreich kostete somit, wie Giskra hervorhebt, die französische Vermittlung dreißig Millionen Kriegsentschädigung. — Man bemerkte, Preußen hätte den Österreichern damals wohl mehr abnehmen können, auch Land, z. B. Österreichisch-Schlesien, vielleicht Böhmen. Der Chef erwiederte: „Das ist möglich. Geld — was konnten die denn mehr geben! Böhmen wäre schon etwas gewesen, und es gab Leute, die daran dachten. Aber wir hätten uns damit Verlegenheiten aufgeladen, und Österreichisch-Schlesien war für uns nicht viel wert. Gerade dort sind die Sympathien für das Kaiserhaus und die Zugehörigkeit zu Österreich größer wie anderswo. — Man muß sich bei solchen Sachen fragen, was man braucht, nicht, was man kriegen kann."

Hieran anknüpfend fuhr er fort, in Nicolsburg wäre er einmal in Zivil ausgegangen, und da hätte er zwei Gendarmen getroffen, die einen Mann arretirt. „Ich fragte, was er verbrochen hätte, bekam aber als Zivilist natürlich gar keine Antwort," sagte er. „Da erkundigte ich mich bei ihm selber, und er sagte mir, es wäre, weil er sich über den Grafen Bismarck unehrerbietig geäußert hätte. Beinahe hätten sie mich auch mit fortgenommen, weil ich sagte, das hätten wohl viele gethan." — „Das erinnert mich daran, daß ich mir einmal selbst ein Hoch habe ausbringen müssen. Es war Sechsundsechzig, nach dem Einzuge der Truppen, abends. Ich war gerade krank, und meine Frau wollte mich nicht ausgehen lassen. Ich ging aber doch — heimlich — und wie ich beim Palais des Prinzen Karl wieder über die Straße will, ist da ein großer Haufen Menschen beisammen, der mir eine Ovation bringen will. Ich war in Zivil und muß ihnen mit meinem breiten Hute, den ich in die Stirn gedrückt hatte, ich weiß nicht wessen, verdächtig vorgekommen sein, und welche machten eine feindliche Miene, sodaß ich's für das beste hielt, in ihr Hurrah einzustimmen."

Von acht Uhr an Konzepte und Eingänge gelesen, darunter Favres Antwort auf die Anfrage des Chefs in Sachen des Gambettaschen Wahlmanövers. Es heißt darin:

„Sie haben recht, an meine Rechtlichkeit zu appelliren, Sie werden mich nie gegen sie fehlen sehen. Es ist vollkommen richtig, daß Ew. Exzellenz lebhaft in mich drangen, als einzig mögliches Auskunftsmittel die Vereinigung des ehemaligen Gesetzgebenden Körpers anzunehmen. Ich habe dieselbe aus mehreren Gründen, an die zu erinnern nutzlos ist, die Sie aber gewiß nicht vergessen haben, zurückgewiesen. Auf die Einwendungen Ew. Exzellenz habe ich geantwortet, daß ich meines Landes genügend sicher zu sein glaube, um behaupten zu können, daß es nur freie Wahlen will, und daß das Prinzip der Volkssouveränetät seine einzige Zuflucht ist. Das wird genügen, Ihnen zu sagen, daß ich die Einschränkung, die dem Stimmrechte der Wähler auferlegt worden ist, nicht zugeben kann. Ich habe das System der offiziellen Kandidaturen nicht bekämpft, um es zum Vorteil der gegenwärtigen Regierung wieder einzuführen. Ew. Exzellenz können also sicher sein, daß, wenn das Dekret, von dem Sie mir sprechen, von der Delegation zu Bordeaux entlassen worden ist, es von der Regierung der nationalen Verteidigung widerrufen werden wird. Ich verlange zu dem Zwecke nur die Möglichkeit, mir den amtlichen Beweis für die Existenz dieses Dekrets zu verschaffen, was durch ein Telegramm geschehen kann, das noch heute abgehen soll. Es giebt also zwischen uns keine Meinungsverschiedenheit, und wir müssen der eine wie der andre zur festen Ausführung der von uns unterzeichneten Konvention zusammenwirken."

Um neun Uhr zum Chef gerufen, der einen Artikel über das Thema will, daß der Einzug unsrer Truppen jetzt unpraktisch, aber späterhin möglich ist. Es war eine Beurteilung des Waffenstillstandes in der „Nationalzeitung," die dazu aufforderte. Es hieß da zu Anfang: „Wie ein Krieg jederzeit an Überraschungen reich und unergründlich ist, so sehen wir denn jetzt auch den Fall von Paris, dieses große Ereignis, bei seinem endlichen Eintreten von unvermuteten Umständen begleitet. Nicht nur in Deutschland hatten die meisten angenommen, daß eines Tages unsre Heere mit Glanz ihren Einzug halten würden durch die geöffneten Thore der feindlichen Hauptstadt: auch diese tapfern Heere selbst hatten auf diese verdiente und kriegsmäßige Genugthuung gerechnet. Sie begnügen sich jetzt statt dessen mit der Besetzung der Außenwerke und blicken von da hinunter auf die bezwungne Stadt, in welcher alle Soldaten der Linie und der Mobilgarde bis auf zwölftausend Mann die Waffen strecken und als Gefangne bleiben." — „Diese Übereinkunft von Versailles scheint äußerlich nicht nur weniger glänzend, es scheint auch unsre Errungenschaft weniger vollständig zu sein, als wenn wir sofort mit dem Einzuge in die Stadt Verfügung über alle ihre Kriegsmittel erlangt hätten." — Weiterhin wurde behauptet: „Im November dachte Favre an Krieg, im Januar an Frieden." Dagegen ist zu sagen: „Einzug mit Glanz" — es würde ein Einzug über Barrikaden gewesen sein. Der Wunsch darnach verkennt die Lage der Dinge vollständig, er weiß nichts von dem, was unter den obwaltenden Umständen möglich, ja wahrscheinlich ist. Die französische Regierung würde vermutlich auf eine Besetzung von Paris durch unsre Truppen eingegangen sein, wenn wir darauf gedrungen hätten; ein sehr großer Teil der Bevölkerung aber würde sich uns in ihrer gegenwärtigen Erhitzung mit den Waffen entgegengestellt haben, und so hätte uns der Einzug wieder Blut gekostet, während dessen in diesem Kriege wahrlich bereits genug geflossen ist. Warten wir eine Weile, bis die Umstände sich geändert haben, bis man in Paris kühler geworden ist. Der Einzug mit Glanz, die Besetzung eines Teils von Paris ist durch die Konvention vom 28. Januar keineswegs ausgeschlossen, sie ist in ihr sogar angedeutet. Artikel 4 sagt nur: „Während des Waffenstillstandes wird das deutsche Heer Paris nicht betreten." Der Waffenstillstand wird aller Wahrscheinlichkeit nach verlängert werden müssen, und dabei läßt sich als Gegenleistung für unsre Einwilligung die Bedingung stellen, daß wir in Paris einrücken, und dies wird dann, in etwa drei Wochen, ohne Kampf und Verlust auf unsrer Seite ausgeführt werden können. Die Nationalgarde wird ebenfalls aufgelöst und reorganisirt werden, aber allmählich, durch die französische Regierung. Wir können dazu nichts thun, haben nicht regieren zu helfen. Über den Frieden zu verhandeln hat Favre mit dem Bemerken abgelehnt, daß die Volksvertretung dazu allein kompetent sei.

Später nochmals zum Chef gerufen. — Ein Artikel der „Volkszeitung" aus Köln zeigt, daß die Ultramontanen den Führern des Allgemeinen Deutschen Arbeitervereins Geldunterstützung angeboten haben, wenn sie für die Wahl klerikaler Kandidaten wirken wollten. Wir werden uns das merken und gelegentlich in der Presse von einer Partei Savigny-Bebel oder von der Fraktion Liebknecht-Savigny sprechen.

5. Februar, Sonnabend. Lauer Tag, der Frühling scheint schon im Anzuge zu sein. Früh fleißig gearbeitet. Bei Tische sind Favre, d'Hérisson und der Direktor der Westbahn, ein behaglich lächelndes breites Gesicht, dem Anschein nach etwa sechsunddreißig Jahre alt, Gäste des Chefs. Favre, der obenan sitzt, sieht sorgenvoll, mitgenommen und niedergeschlagen aus, läßt den Kopf auf die Seite oder zur Abwechslung auf die Brust hängen, desgleichen die Unterlippe, und hat, wenn er nicht ißt, die Hände auf dem Tischtuch übereinandergelegt, Zeichen der Ergebung in den Willen des Schicksals, oder die Arme à la Napoléon premier gekreuzt, Zeichen, daß er bei näherer Betrachtung der Sachlage sich doch noch fühlt. Der Chef spricht während des Essens nur französisch und meist mit gedämpfter Stimme, und ich bin zu abgespannt, um ihm dabei gehörig folgen zu können.

Abends mehrmals zum Chef geholt und verschiedenes in die Presse gebracht. Die vier Mitglieder der Delegation in Bordeaux haben, wie telegraphisch gemeldet wird, eine Bekanntmachung erlassen, in der sie die Gambettasche Verfügung in Betreff der Wahlen aufrecht erhalten. Es heißt darin, das Mitglied der Pariser Regierung Jules Simon habe in Bordeaux die Anzeige eines Wahldekrets überbracht, welches mit dem von seiten der Regierung in Bordeaux erlassenen nicht übereinstimme. Die Regierung in Paris sei seit vier Monaten eingeschlossen und von jeder Verbindung mit der öffentlichen Meinung abgeschnitten, und noch mehr, sie befinde sich gegenwärtig im Zustande der Kriegsgefangenschaft. Nichts spreche gegen die Annahme, daß sie, besser unterrichtet, in Übereinstimmung mit der Regierung in Bordeaux gehandelt haben würde, ebensowenig aber sei erwiesen, daß sie, als sie Jules Simon im allgemeinen den Auftrag zur Vornahme der Wahlen erteilt, in unbedingter und verletzender Weise sich gegen die Nichtwählbarkeit gewisser Personen habe entscheiden wollen. So aber halte die Regierung zu Bordeaux sich für verpflichtet, bei ihrem Wahldekrete zu bleiben, trotz der Einmischung des Grafen Bismarck in die innern Angelegenheiten des Landes, sie halte es aufrecht im Namen der Ehre und der Interessen Frankreichs.

Damit ist der helle Zwiespalt ins feindliche Lager geworfen worden, und Gambettas Rücktritt kann jede Stunde erwartet werden. Die Pariser Regierung hat in einer Proklamation an die Franzosen vom 4., die im „Journal Offiziel" steht und die wir im „Moniteur" abdrucken werden, Gambetta mit dürren Worten als „ungerecht und tollkühn" (si injuste et si téméraire) bezeichnet und dann erklärt: „Wir haben Frankreich zur freien Wahl einer Versammlung aufgerufen, die in dieser äußersten Krisis ihre Willensmeinung zu erkennen geben wird. Wir erkennen niemand das Recht zu, ihm eine solche aufzunötigen, sei es für den Frieden, sei es für den Krieg. Eine Nation, die von einem mächtigen Feinde angegriffen wird, kämpft bis zum äußersten, sie bleibt aber immer Richterin über die Stunde, wo der Widerstand möglich zu sein aufhört. Das wird also das Land sagen, wenn es über sein Schicksal befragt wird. Damit sein Wille sich allen als geachtetes Gesetz auflegte, bedarf es des souveränen Ausdrucks der freien Abstimmung aller. Nun aber geben wir nicht zu, daß man dieser Abstimmung willkürliche Schranken setzen kann.

Wir haben das Kaisertum und seine Praktiken bekämpft, wir beabsichtigen nicht, wieder damit anzufangen, indem wir auf dem Wege von Ausschließungen offizielle Kandidaturen einführen. Nichts ist wahrer, als daß große Fehler begangen worden sind, und daß daraus schwere Verantwortlichkeiten sich ergeben, aber das Unglück des Vaterlandes läßt alles das unter sein Niveau verschwinden, und übrigens würden wir, wenn wir uns zu der Rolle von Parteimännern erniedrigten, um unsre früheren Gegner in die Acht zu erklären, uns den Schmerz und die Schande zuziehen, diejenigen zu schlagen, die an unsrer Seite kämpfen und ihr Blut vergießen. Sich in dem Augenblicke, wo der Feind in Massen auf unserm mit Blut gedüngten Boden steht, der vergangnen Zwistigkeiten erinnern, heißt das große Werk der Befreiung des Vaterlandes durch seine Nachträglichkeit verkleinern. Wir stellen die Grundsätze über diese Mittel. Wir wollen nicht, daß die erste Verfügung zur Einberufung der republikanischen Versammlung im Jahre 1871 eine Handlung der Geringschätzung der Wähler sei. Ihnen gebührt die höchste Entscheidung, mögen sie dieselben ohne Schwäche abgeben, und das Vaterland wird gerettet werden können. Die Regierung der nationalen Verteidigung verwirft also das ungesetzlich erlassene Dekret der Delegation von Bordeaux und erklärt es, wo nötig, für null und nichtig, und sie ruft die Franzosen ohne Unterschied auf, für Repräsentanten ihre Stimme abzugeben, welche ihnen am Würdigsten erscheinen, Frankreich zu verteidigen."

Zu gleicher Zeit bringt das „Journal Officiel" von heute folgende Verfügung: „Die Regierung der nationalen Verteidigung verfügt in Anbetracht eines vom 31. Januar datirten, von der Delegation in Bordeaux ausgegangenen Dekrets, durch welches verschiedene Kategorien von Bürgern, die nach dem Wortlaute der Regierungserlasse vom 29. Januar 1871 wählbar sind, für nicht wählbar erklärt werden, folgendes: Das oben erwähnte, von der Regierungsdelegation erlassene Dekret ist annullirt. Die Dekrete vom 29. Januar 1871 bleiben ihrem ganzen Inhalte nach in Kraft."

Die „Kölnische Zeitung" hat sich, allerdings mit einigen Verwahrungen, zum Organ von Klagen über die angebliche Verwüstung der französischen Wälder durch unsre Beamten gemacht. Sie könnte, sollte man meinen, etwas besseres thun, als sich sorgen, ob wir die

Staatsforsten Frankreichs nach richtigem System ausbeuten. Wir verfahren nach forstwissenschaftlichen Grundsätzen, wenn auch nicht nach dem französischen Hausystem. Übrigens aber wäre die rücksichtsloseste Ausnutzung dieser Hilfsquelle des Feindes erlaubt, weil er dadurch eher geneigt werden würde, mit uns Frieden zu schließen.

Sehr anerkennenswert ist das Verhalten des Herzogs von Meiningen. Er ist, statt in Versailles sitzen zu bleiben, der Ruhe zu pflegen, und zuweilen aus sicherer Ferne das Schauspiel eines Treffens zu genießen, seinem Regiment in dem von Prinz Albrecht geführten Truppenkorps gefolgt, hat an allen Mühseligkeiten, Entbehrungen und Gefahren desselben teilgenommen und sich vielfach um das Los seiner Unterthanen verdient gemacht, die in den Reihen des deutschen Heeres für das Vaterland kämpfen.

6. Februar, Montag. Wetter lau. Der Chef will früh einen Artikel gegen Gambetta, der in den „Moniteur" soll, und ich verfaßte folgenden:

„Die Konvention vom 28. Januar, abgeschlossen zwischen dem Grafen von Bismarck und Herrn Jules Favre, hat die Hoffnung aller aufrichtigen Freunde des Friedens neu belebt. Seit den Ereignissen des 4. September war der militärischen Ehre Deutschlands genügend Befriedigung zuteil geworden, sodaß es dem Wunsche Raum geben konnte, mit einer die französische Nation in Wirklichkeit repräsentirenden Regierung in Verhandlungen über einen Frieden einzutreten, der die Früchte des Sieges verbürgte und unsre Zukunft sicherstellte. Als die in Versailles und Paris vertretenen Regierungen sich endlich über einen Vertrag verständigen konnten, der nach der zwingenden Gewalt der Thatsachen bestimmt war, Frankreich sich selbst wiederzugeben, waren sie zu der Erwartung berechtigt, daß diese erste Staffel einer neuen Ära der Beziehungen der beiden Länder untereinander allgemein geachtet werden würde. Die Verfügung des Herrn Gambetta, welche die früheren hohen Beamten und Würdenträger, die Senatoren und offiziellen Kandidaten für nicht wählbar zur Nationalversammlung erklärt, war vielleicht notwendig, um Frankreich die ganze Tiefe des Abgrundes zu zeigen, der sich vor ihm geöffnet, seit die Diktatur, das kostbarste Blut Frankreichs opfernd, sich geweigert hatte, die Vertretung der Nation in regelmäßiger Weise zusammen zu berufen.

Der Artikel 2 der Konvention vom 28. Januar besagt im Wortlaute: »Der so vereinbarte Waffenstillstand hat den Zweck, der Regierung der nationalen Verteidigung die Zusammenberufung einer freigewählten Versammlung zu erlauben, die sich über die Frage aussprechen wird, ob der Krieg fortgesetzt oder ob und unter welchen Bedingungen der Friede abgeschlossen werden soll. Die Versammlung wird in der Stadt Bordeaux zusammentreten. Die Befehlshaber der deutschen Armeen werden für die Wahl und den Zusammentritt der Abgeordneten, aus denen sie bestehen wird, alle Erleichterungen gewähren.«

Aus dieser Bestimmung ergiebt sich klar und deutlich, daß die Freiheit der Wahlen eine der Bedingungen der Konvention selbst ist, und es würde ganz und gar unzulässig sein, wenn man sich der andern Vorteile, die sie einschließt, bemächtigen und zu gleicher Zeit den Kreis der Bedingungen verengern wollte, deren Gesamtheit allein die Elemente der Versöhnung enthält. Indem Deutschland die Hand zu den Wahlen bot, hat es nur die in Frankreich vorhandenen Gesetze, nicht aber die Laune und das Belieben dieses oder jenes Volkstribuns im Auge gehabt. Auf diese Art wäre es ganz ebenso leicht, in Bordeaux ein Rumpfparlament zusammenzuberufen und sich daraus ein Werkzeug zu machen, mit dem sich die andre Hälfte Frankreichs schlagen ließe. Wir sind von vornherein überzeugt, daß alle ehrlichen und aufrichtigen Vaterlandsfreunde in Frankreich gegen den alles gesunden Menschenverstandes baren Willkürakt Einspruch thun werden, welchen die Delegation von Bordeaux begangen hat. Wenn dieser Akt irgendwelche Aussicht hätte, die anarchischen Parteien um sich zu scharen, welche die Diktatur dulden, soweit sie ihre Lieblingsideen vertritt, so würden unfehlbar die schwersten Verwickelungen die Folge davon sein.

Deutschland hat nicht die Absicht, sich irgendwo in die innern Angelegenheiten Frankreichs zu mischen: es hat aber durch die Vereinbarung vom 28. Januar das Recht erworben, eine öffentliche Gewalt ernennen zu sehen, welche die Eigenschaften besitzt, die notwendig sind, wenn im Namen Frankreichs über den Frieden verhandelt werden soll. Wenn man das Recht Deutschlands, mit der gesamten Nation über den Frieden zu verhandeln, bestreiten, wenn man die Vertretung einer Partei an die Stelle der Vertretung der Nation setzen wollte, so würde man die Vereinbarung über den Waffenstillstand selbst null und nichtig machen. Bereitwillig geben wir zu, daß die Regierung der nationalen Verteidigung in Paris die Berechtigung der Beschwerden, welche der Graf von Bismarck in seiner Depesche vom 3. Februar erhoben, ohne Verzug anerkannt hat. In edler, vornehmer Sprache hat diese Regierung sich an die französische Nation gewendet, um ihr Rechenschaft über die Schwierigkeit der Lage und über die Anstrengungen abzulegen, die sie gemacht hat, um die letzten Folgen eines unglücklichen Feldzuges zu beschwören. Sie hat zu gleicher Zeit die Verfügung der Delegation von Bordeaux für null und nichtig erklärt. Hoffen wir denn, daß der Versuch des Herrn Gambetta im Lande ohne Wiederhall bleiben werde, und daß die Wahlen in vollkommenem Einklange mit dem Geiste und dem Buchstaben der Konvention vom 28. Januar stattfinden können."

Später einen zweiten Artikel mit nachstehendem Gedankengange gemacht: Die Not kann in Paris noch nicht sehr groß sein, sie kann wenigstens nicht die Gefährlichkeit haben, die man nach Favres Äußerungen annehmen mußte. Die seit acht Tagen den Parisern aus unsern Vorräten zur Befügung gestellten Lebensmittel sind von ihnen noch garnicht benutzt worden. Wie General von Stosch berichtet, ist noch kein Pfund Mehl oder Fleisch von ihnen abgeholt worden. Dann aber haben sie beträchtliche Vorräte von Zwieback und Pökelfleisch in den Forts zurückgelassen, als sie dieselben räumten, und Leute von uns, die in Paris gewesen sind, haben dort in dem einen Magazine noch viel Mehl gesehen — auch im Vergleiche mit der Einwohnerzahl war es viel. „Man muß das hervorheben," bemerkte der Chef, „weil die Verproviantirung nur langsam vor sich geht, die betreffenden Befehle einen weiten Weg zu durchlaufen haben, vom General bis zur Schildwache."

Um elf Uhr nochmals zu ihm zitirt, soll ich Favre gegen gewisse Anklagen der gestrengen Gesinnung verteidigen, welche einige französische Blätter redigirt. „Die Pariser Journale machen Favre zum Vorwurf, daß er bei mir gegessen hat," sagte der Chef. „Ich hatte Mühe, ihn dazu zu bringen. Aber es ist doch ganz unbillig, zu verlangen, daß er, nachdem er acht bis zehn Stunden bei mir gearbeitet hat, entweder als gesinnungsvoller Republikaner hungern oder in ein Hotel gehen soll, wo ihm die Leute nachlaufen, als einer bekannten Persönlichkeit, und die Straßenjungen ihn angaffen."

Von zwei bis vier Uhr sind die Franzosen wieder da, sechs oder sieben, darunter Favre und, wenn ich recht hörte, der General Leflô. Bei Tische waren der ältere Sohn des Chefs und Graf Dönhoff als Gäste zugegen.

Abends noch ein Dementi über das aus Berlin stammende Telegramm der „Times" gemacht, nach welchem wir beim Friedensschlusse den Franzosen 20 Panzerschiffe, die Kolonie Pondichery und zehn Milliarden Franken an Kriegskosten abverlangen wollen. Ich bezeichnete dasselbe als eine plumpe Erfindung, von der man kaum begriffe, daß sie in England geglaubt worden sei und Besorgnis erregt habe, und deutete auf die Quelle hin, aus der es aller Wahrscheinlichkeit nach geflossen sei — das Gehirn eines unbeholfenen Menschen in der diplomatischen Welt, der uns nicht wohl wolle und gegen uns Ränke spinne.

7. Februar, Dienstag. Laues Wetter, früh Nebel, der sich erst um Mittag verzieht. — — — In Bukarest scheint es mit der Regierung des Fürsten Carol nun wirklich bald ein Ende nehmen zu wollen. In Darmstadt sitzt mit dem Verbleiben Dalwigks die alte reichsfeindliche Gesellschaft noch fest, und die bekannte Kabale spinnt ihre Ränke unbehindert weiter. Aus Bordeaux wird das Erwartete telegraphirt: Gambetta hat gestern den Präfekten durch Rundschreiben angezeigt, daß er infolge der Annullirung seines Wahldekrets durch die Pariser Kollegen denselben seinen Rücktritt von der Regierung erklärt habe — ein gutes Zeichen, er muß keine starke Partei hinter sich wissen, sonst wäre er schwerlich gegangen. In Paris ist die mobilisirte Nationalgarde, die Regimenter von Paris, von der Regierung aufgelöst worden.

Bei Tische sind der General von Alvensleben, Graf Herbert und der Bankier Bleichröder Gäste. Von der Unterhaltung nichts aufzuzeichnen, als daß der Chef mit Alvensleben meist leise spricht. Ich fühle mich abgespannt, wohl wegen nächtlichen Aufbleibens in Angelegenheit des Tagebuches. Muß aufhören damit oder kürzer werden. Heute nur noch ein hübscher Nachtrag zur Charakterisirung der Wirksamkeit Gambettas zu notiren. Der „Soir" meldet, daß einige Tage nach dem letzten Ausfall der Pariser in allen von uns nicht okkupirten Gemeinden des Landes auf Befehl des Diktators folgende Depesche öffentlich angeschlagen worden sei:

„Dreitägige Schlacht, am 17., 18. und 19., Mittwoch, Donnerstag und Freitag. Freitag, am letzten Tage, großartiger Ausfall.

200000 Mann durch Saint Cloud, und über die Höhen von Garches, die Truppen von Trochu befehligt. Die Preußen sind aus dem Park von Saint Cloud, wo ein entsetzliches Gemetzel stattgefunden hat, hinausgeworfen worden. Die Franzosen sind bis an die Accisethore von Versailles vorgedrungen. Ergebnis: 20000 von den Preußen kampfunfähig, alle ihre Werke zerstört, die Kanonen erobert, vernagelt oder in die Seine geworfen. Die Nationalgarde focht in erster Linie." Wenn Gambetta so von Paris spricht, wo seine Berichte leicht zu kontroliren sind, was mag er den Leuten erst aus den Provinzen aufgebunden haben!

8. Februar, Mittwoch. Die Luft lau, wie gestern, der Himmel rein und sonnig. Ich werde immer abgespannter, Kopf eingenommen, Schwindel zum Umfallen. Es kann auch die gewöhnliche Frühjahrsmattigkeit sein. Wollen sie uns möglichst verbeißen. Der Chef ist ungewöhnlich zeitig auf und fährt schon drei Viertel auf zehn Uhr zum Könige. Kurz vor ein Uhr kommt Favre mit einem ganzen Schwarm von Franzosen an, es müssen zehn oder zwölf sein. Er konferirt mit dem Minister, der vorher mit uns frühstückte. Sonst waren noch Dönhoff und der Schwager Hatzfeldts, ein Mr. Moulton, dabei, letzterer ein etwas dreister, aber amüsanter junger Herr.

Abends ißt der Chef mit seinem Sohne beim Kronprinzen, vorher war er aber noch eine Weile bei uns. Er bemerkt wieder mit Anerkennung, daß Favre seinen „malitiösen Brief" nicht übelgenommen, sondern ihm dafür gedankt, und fügte hinzu, daß er, der Chef, ihm mündlich wiederholt, daß es Pflicht für ihn gewesen, das, was er einrühren geholfen, nun auch mit auszuessen. — Er erwähnte dann, daß heute die Beschaffung der Kontribution von Paris besprochen worden, daß sie den größten Teil davon in Banknoten zahlen wollten, und daß wir dabei Verluste haben könnten. „Wie viel das, was sie anbieten, wert ist, weiß ich nicht," sagte er. „Aber jedenfalls wollen sie dabei verdienen. Sie müssen aber alles zahlen, was ausgemacht ist, da lasse ich keinen Franken ab." — Wie er aufstand, um zu gehen, gab er Abeken ein Telegramm auf rosenrotem Papier und sagte: „Dieses ist mir Worscht; ich kann mich ohne Orleans behelfen — und zur Not auch ohne Louis."

9. Februar, Donnerstag. Heute waren die Pariser einmal nicht da. Früh den Wortlaut der Ansprache gelesen, mit der Gambetta am 6. nachmittags sich bei den Franzosen verabschiedet hat. Sie lautet:

„Mein Gewissen macht mir's zur Pflicht, auf meine Thätigkeit als Mitglied einer Regierung zu verzichten, mit der ich mich weder in den Anschauungen noch in den Hoffnungen in Verbindung weiß. Ich habe die Ehre, Euch zu benachrichtigen, daß ich noch heute meine Demission eingereicht habe. Ich danke Euch für den patriotischen und hingebungsvollen Beistand, den ich bei Euch immer gefunden habe, als es das Werk, das ich unternommen, zu einem guten Ende zu führen galt, und ich bitte Euch, mich Euch sagen zu lassen, daß meine tiefüberlegte Überzeugung ist, daß wegen der Kürze der Fristen und wegen der ernsten Interessen, die auf dem Spiele stehen, Ihr der Republik einen großen Dienst leisten werdet, wenn ihr am 8. Februar die Wahlen vornehmen lasset und Euch vorbehaltet, nach dieser Frist solche Beschlüsse zu fassen, wie sie sich für Euch schicken. Ich bitte Euch, den Ausdruck meiner brüderlichen Gefühle zu genehmigen."

Der Chef ritt heute mit Graf Herbert und einem jungen Leutnant von der Garde du Corps, dem Sohne seines Vetters Bismarck-Bohlen, (der Generalgouverneur im Elsaß ist), schon vor zwei Uhr weg und kam erst nach fünf Uhr wieder. Aus der Unterhaltung bei Tische, wo jene beiden zugegen waren, ist folgendes zu notiren. Der Kanzler bemerkte, indem er wieder von der Pariser Kontribution sprach: „Stosch sagte mir, daß er für fünfzig Millionen Banknoten Verwendung habe, in Zahlung innerhalb Frankreichs für Proviant und dergleichen Dinge. Aber die andern hundertundfünfzig, da müssen wir ordentlich gedeckt sein." — Zuletzt äußerte er mit Beziehung auf die Fabel, wir trachteten nach dem Besitze von Pondichery, nachdem er andre Gründe für die Ungeschicktheit der Erfindung angeführt hatte: „Ich will auch gar keine Kolonien. Die sind bloß zu Versorgungsposten gut. — Für uns in Deutschland — diese Koloniegeschichte wäre für uns genau so gut wie der seidene Zobelpelz in polnischen Adelsfamilien, die keine Hemden haben" — was er dann weiter ausführte.

Abends schickte mir der Chef einen sehr krausen und querköpfigen, von Schmähungen und Verdrehungen wimmelnden Brief Jacobys in der „France" zum Vortrag.*) Später drei Artikel gemacht, darunter folgenden für unsern „Moniteur":

*) Ich ersah während des Drucks der zweiten Auflage aus einer Mitteilung der „Wage", daß Jacoby erklärt hat, dieser Brief sei „in jeder Zeile erfunden."

„Die Demarkationslinie, die von der Konvention vom 28. Januar gezogen worden ist, durchschneidet die Stadt Saint Denis in der Weise, daß sie die größere Hälfte derselben in die neutrale Zone fallen läßt. Da die Bewohner dieser Hälfte ohne Zertifikat keine Lebensmittel in der deutschen Zone erlangen und nicht mehr nach Paris hineinkommen können, so ist die Folge eine beträchtliche Teuerung gewesen, während welcher diese hartgeprüfte Bevölkerung nicht aufgehört hat, den Posten der mit der Prüfung der Zertifikate beauftragten deutschen Offiziere zu umlagern. Von diesem Stande der Dinge benachrichtigt, hat der Graf Bismarck an Jules Favre einen Brief gerichtet, dessen Wortlaut wir hier veröffentlichen. Zu gleicher Zeit hat der Kanzler sich an die deutschen Militärbehörten gewendet und sie veranlaßt, der Bevölkerung von Saint Denis vorläufig und in Gestalt eines Geschenkes Lebensmittel zukommen zu lassen. Seine Majestät der Kaiser hat infolge dessen Befehl erteilt, und es sind fünfzehntausend Portionen aus den Magazinen der deutschen Armee verteilt worden. Der Brief des Grafen von Bismarck aber lautet: »Die Gemeinde von Saint Denis sieht sich durch die Demarkationslinie in der Weise in zwei Teile zerschnitten, daß die größere Hälfte in die neutrale Zone fällt. Bis zu der Zeit der Konvention wurden die Lebensmittel von der Stadt Paris geliefert und durch Vermittlung der Mairie von Saint Denis verteilt. Jetzt sehen die Einwohner, welche zur neutralen Zone gehören, sich von Paris ausgeschlossen, welches ihnen nichts mehr liefert, und es ist ihnen untersagt, sich außerhalb der Demarkationslinie mit Lebensmitteln zu versehen. Daraus ist für diese unglückliche, bereits schwer vom Kriege heimgesuchte Bevölkerung ein Zustand hervorgegangen, dem man im Interesse der Menschlichkeit abhelfen muß. Ich habe die Ehre, die Aufmerksamkeit Ew. Exzellenz auf diesen Punkt zu lenken und Sie zu bitten, die Maßregeln zu ergreifen, die nötig sind, um dem Teile der Bevölkerung von Saint Denis, der in der neutralen Zone wohnt, die Mittel zum Leben zu sichern. Indem ich die Wirkung dieser Maßregeln abwarte, habe ich die deutschen Militärbehörden ersucht, bei der Versorgung dieser Bevölkerung dadurch mitzuwirken, daß sie derselben in Gestalt eines Geschenkes einige Lebensmittel von unsern Vorräten abtreten.«"

Neunzehntes Kapitel.

Bis zum Abschluß der Friedenspräliminarien.

Freitag, 10. Februar. Neue Klagen über Dalwigksche Umtriebe und namentlich über Maßregeln, welche die nationalen Wahlkreise Hessens mit dem Verlust ihrer Vertreter und mit dem Siege der Koalition der Ultramontanen und Demokraten bedrohen. Es wird nötig werden, rasch einen energischen Feldzug in der Presse gegen diesen und andern Unfug des guten Freundes Beusts zu organisiren. — Der Chef will Abdruck der langen Liste der wortbrüchig gewordenen französischen Offiziere, die aus Deutschland entflohen sind, im „Moniteur". Ich veranlasse das. Es sind jetzt im ganzen (abgesehen von den bekannten drei Generalen) 142 Namen, unter denen sich der Oberst Thibaudin vom 67. Linieninfanterieregiment, zwei Oberstleutnants, 3 Bataillonschefs und 30 Kapitäne befinden. — Das „Mot d'Ordre" bringt folgende seltsame Nachricht: „Herr Thiers setzt seine Intriguen in der Provinz fort. Er versucht dem Herrn von Bismarck eine seines hohen Alters würdige Kombination als annehmbar darzustellen, nach welcher die Krone Frankreichs dem Könige der Belgier angeboten werden soll, welcher, um diese Gebietsvergrößerung zu erlangen, gern mit beiden Händen die Abtretung von Elsaß und Lothringen und am Ende selbst die der Champagne unterzeichnen würde. Diese wunderliche Idee ist übrigens keine neue. Herr Thiers hat sie schon vor vier oder fünf Monaten in Wien und Petersburg vorgebracht, als die Regierung der nationalen Verteidigung ihn trotz des energischen Einspruchs Rocheforts und Gambettas ausschickte, um im Namen der Republik das Einschreiten der Kaiser von Österreich und Rußland zu erbetteln. So verriet denn in derselben Zeit, wo Frankreich sich erhob, um den Eindringling zurückzuwerfen, Thiers mit dreister Stirn die Republik und brachte es fertig, seine weißen Haare zu entehren. — Es kann wohl nichts schaden, vielleicht nützen, wenn der „Moniteur“ diese Nachricht morgen ohne Kommentar unter die Leute bringt. Er schreibt ja nicht Geschichte, sondern soll Geschichte machen helfen. —

Bei Tische waren der Herzog von Ratibor und ein Herr von Kotze, der Mann von der Schwestertochter des Chefs, als Gäste zugegen, beide äußerlich auffallend verschieden von einander. — — — Der Minister bemerkte u. a., nachdem von Strousberg gesprochen worden, daß fast alle oder doch viele Mitglieder der Provisorischen Regierung Juden wären: Simon, Cremieux, Magnin, desgleichen Picard, von dem er das nicht gedacht, „sehr wahrscheinlich auch Gambetta, nach seiner Gesichtsbildung.“ — „Selbst Favre habe ich deshalb in Verdacht,“ setzte er hinzu. — — —

11. Februar, Sonnabend. Schönes helles Wetter. Früh Zeitungen und namentlich gewisse Verhandlungen des englischen Parlaments zu Ende des vorigen Monats gelesen. Das sieht ja aus, als ob man sich unter unsern guten Freunden drüben überm Kanal bedenklich zu Frankreich hinneigte, als ob man sich wieder einmal einzumischen nicht übel Lust hätte, und als ob sogar ein englisch-französisches Bündnis unter Umständen möglich sein würde. Daß die, welche darauf hinsteuern, sich aber nur nicht verrechnen, sich nicht zwischen zwei Stühle setzen. Andres wäre dann wahrscheinlicher. Wie man hört und aus den Zeitungen herausliest, ist die Stimmung hierzulande den Engländern fast so ungünstig und in gewissen Sphären ungünstiger als uns, und es könnte sich für den Fall, daß wir uns durch Englands Haltung bedroht sähen, recht wohl ereignen, daß plötzlich das Gegenteil eines französisch-englischen Bündnisses gegen Deutschland unsre Vettern in London überraschte. — Wir könnten uns genötigt sehen, die Zurückführung Napoleons ernstlich ins Auge zu fassen, eine Nötigung, die uns bisher fern lag. — — —

Um die Mittagsstunde hörte man eine Anzahl von Schüssen aus schwerem Geschütz, als ob das Bombardement wieder losbräche. Es sind aber wohl nur Zersprengungen von Festungskanonen, die uns mit den Forts überliefert worden und der Mühe des Mitnehmens nach Deutschland nicht wert sind.

Bei Tische waren von Fremden Graf Henckel und Bleichröder zugegen. Man erzählte, daß Scheidtmann bei den Verhandlungen mit den

Geldfranzosen sich verschiedener mehr kräftiger als schmeichelhafter, Ausdrücke in Betreff derselben bedient, sie z. B. Schweinehunde, Gesindel, Pack genannt, indem er nicht gewußt habe, daß einige von den Herren deutsch verstünden. Der Chef gedachte der Frechheit der Pariser Blätter, die sich geberdeten, als ob die Stadt nicht in unsrer Gewalt wäre, und bemerkte dann: „Wenn das so fort geht, sollte man ihnen erklären, das würde nicht mehr gelitten, es müßte aufhören, sonst schickten wir ihnen aus den Forts ein paar Bomben als Antwort auf ihre Artikel hinein.“ — Er bemerkte ferner, als Henckel von der schlechten Stimmung im Elsaß sprach, dort hätte man die Wahlen eigentlich garnicht zulassen sollen, und er hätte das auch nicht gewollt. Aber durch Versehen wäre die Instruktion an die dortige deutsche Oberbehörde ebenso abgefaßt worden wie für die andern. — Man erwähnte darauf die beklagenswerte Lage, in der sich der Fürst von Rumänien befindet, und von den rumänischen Radikalen kam man auf die rumänischen Börsenpapiere. Bleichröder sagte, das Spekuliren der Finanziers in Papieren sei immer Spekulation auf die Unkenntnis der Masse und auf ihre blinde Lust, Geld zu verdienen. Henckel bestätigte das und sagte: „Ich habe viel Rumänier gehabt, aber nachdem ich etwa acht Prozent am Kurs verdient hatte, machte ich, daß ich sie los wurde, da ich wußte, daß sie fünfzehn Prozent nicht einbringen konnten, und daß dies allein sie lebensfähig erhalten konnte.“ — Es wurde erzählt, daß die Franzosen bei der Verproviantirung von Paris allerlei Unterschleife trieben. Sie hätten unsre Beisteuer dazu nicht aus Stolz, sondern einfach deshalb nicht angenommen, weil an ihr nichts zu verdienen gewesen. Das reiche bis in die Kreise der Regierung hinein, wie denn Magnin an Schafkäufen in diesen Tagen siebenmalhunderttausend Franken verdient habe. „Man muß sie merken lassen, daß wir das wissen,“ sagte der Chef mit einem Blick auf mich, „das ist gut bei den Friedensverhandlungen.“ Wurde ohne Verzug besorgt.

Abends im Auftrage des Kanzlers mehrere Artikel gemacht. Wir dürften uns die Unverschämtheit der Pariser Journalisten nicht länger gefallen lassen. Es ginge über das Maß des Erträglichen und über die Grenze vornehmer Duldsamkeit hinaus, wenn die französische Presse sich unterstünde, uns, die Sieger, vor den Mauern der Hauptstadt, die ganz und gar in unsrer Gewalt sei, ins Gesicht zu verhöhnen und verleumden. Auch sei ihr Hetzen und Lügen dem Abschluß des Friedens hinderlich, da es beide Teile erbittere und den Eintritt einer ruhigen Stimmung verzögere. Man habe dies bei Abschluß der Konvention über den Waffenstillstand nicht voraussetzen können, und man werde bei einer infolge jener Verzögerung etwa notwendig werdenden Verlängerung des Waffenstillstandes erwägen müssen, welche Mittel es gebe, um ferneren Verhetzungen wirksam vorzubeugen. Das geeignetste Mittel wäre ohne Zweifel die Besetzung der Stadt selbst durch unsre Truppen. Wir würden damit der französischen Regierung eine schwere Sorge abnehmen und in Betreff der Verhütung übler Folgen von aufreizenden Preßerzeugnissen unsrerseits möglich machen, was ihrerseits vielleicht unerfüllbar sei. — Der „Progrès de Lyon" habe behauptet, daß der Reichskanzler Favre in Betreff Belforts und der drei südöstlichen Departements dupirt habe. Das sei aber eine Fälschung und Entstellung des Sachverhalts, der folgender gewesen. Der Chef habe bei den Verhandlungen über den Waffenstillstand verlangt, daß die Belagerung von Belfort demselben ausgeschlossen sein solle, also ihren Fortgang haben könne. Darauf habe Favre, vermutlich irregeleitet durch erfundene Erfolge der französischen Waffen, welche die Provinzialpresse gebracht, und in der Meinung, daß Bourbaki noch große Thaten gegen uns verrichten und Belfort entsetzen würde, die Forderung gestellt, daß letzterem ebenfalls die freie Bewegung vorbehalten bleibe. Wir hätten nun allerdings die Voraussetzung dieses Verlangens nicht geteilt, aber auch keinen Grund gesehen, uns ihm zu widersetzen. Im Gegenteil, wenn wir uns ihm gegenüber ablehnend verhalten hätten, so würde man dies französischerseits als eine große Härte betrachtet haben. Es sei folglich eine Unverschämtheit von dem Lyoner Blatte, uns in dieser Angelegenheit der Unredlichkeit anzuklagen. Nur die Lügenberichte der Franzosen und ihr darauf basirter eigner Wunsch trage die Schuld daran, daß es so gekommen.

In einem Leitartikel für den „Moniteur", der die Gedanken beider Aufsätze verband, wurde das folgendermaßen ausgedrückt:

„Der »Progrès de Lyon« vom 4. Februar schreibt: »Man wird bemerken, daß Herr Bismarck bei den Bedingungen des Waffenstillstandes, der eine eigentümliche Ähnlichkeit mit einer Waffenstreckung zeigt, nicht vergessen hat, einen Kniff des Handwerks anzubringen, in dem er sich auszeichnet. Nach der Depesche Jules Favres dürfen die militärischen Operationen im Osten nur bis zu dem Augenblicke fortdauern, wo man zu einem Einvernehmen in Betreff der Demarkationslinie gelangt sei, deren Ziehung quer durch die drei gedachten Departements einer schließlichen Verständigung vorbehalten worden. Bismarck als abgefeimter Schlaukopf (roué compère) sagt in wenig Worten, aber sehr deutlich, daß die Feindseligkeiten vor Belfort und im Doubs, im Jura und der Côte d'or fortdauern. Augenscheinlich ist Jules Favre hier hinters Licht geführt worden, und es könnte wohl sein, daß er den Vorwurf der Leichtfertigkeit verdiente, den ihm Gambetta in Betreff des Waffenstillstandes gemacht hat. Dieses leichte Mißverständnis hat furchtbare Folgen hervorgerufen. Im Sinne Jules Favres bedurfte es keiner langen Zeit, um das neutrale Gebiet zwischen den Kriegführenden abzugrenzen, man verschritt dazu ohne Verzug, unsre Armee im Osten verblieb uns ungeschmälert bis zum Frieden. Bismarck dagegen deutet die Sache als Schüler Escobars: statt Befehl zu sofortiger Absteckung der Grenzen des Waffenstillstandes zu erteilen, weist er seine Heere an, die Verfolgung mit dem äußersten Eifer zu betreiben und so der französischen Ostarmee in kurzer Frist den Garaus zu machen. Man kennt das übrige: die unehrliche Deutung des Waffenstillstandes durch Bismarck kostet uns die vollständige Vernichtung einer neuen Armee von etwa hunderttausend Mann für den Fall, daß die Nationalversammlung den Krieg fortsetzen wollte.«

Dies ist eine Darstellung, welche entschieden zurückgewiesen und als das bezeichnet werden muß, was sie ist, als unredliche Entstellung. In Wirklichkeit war der Hergang einfach folgender:

Bei den Verhandlungen über die Waffenstillstandskonvention vom 28. Januar wurde deutscherseits verlangt, daß die Belagerung von Belfort auch nach Abschluß der Konvention fortgesetzt werde, falls Belfort nicht sofort mit freiem Abzug der Besatzung übergeben würde. Letzteres wurde von französischer Seite abgelehnt und verlangt, daß, wenn die Belagerung fortgehe, auch der Armee Bourbakis freie Bewegung gestattet bleiben müsse. Diese wurde von deutscher Seite zugestanden, und so kam es, daß vor Belfort und in den oben erwähnten drei Departements die Feindseligkeiten ihren Fortgang nahmen.

Der obige Artikel ist aber nur ein Beispiel der Massen von Entstellungen und Erfindungen, von einfältigen Fabeln, grundlosen Anklagen, gemeinen Schmähungen und frechen Beleidigungen, welche die französische Presse, die Pariser Blätter in erster Linie, nach wie vor dem Waffenstillstande täglich fabrizirt und auf den Markt bringt. Es ist aber doch wohl zuviel verlangt, wenn die Pariser Presse das Recht haben sollte, den Sieger vor ihren Mauern während eines Waffenstillstandes, der den Frieden vorbereiten soll, in dieser Weise zu beleidigen und herauszufordern. Die Haltung der Pariser Presse, welche überhaupt die wesentliche Schuld an dem ganzen Kriege trägt, bildet eines der Haupthindernisse des Friedens. Sie hindert die Franzosen, die Notwendigkeit des Friedens einzusehen, und vermindert die Bereitwilligkeit der Deutschen, Frieden zu schließen und demselben für die Zukunft zu vertrauen. Bei den zu erwartenden Verhandlungen über eine etwaige Verlängerung des Waffenstillstandes wird man deutscherseits zu erwägen haben, daß die Besetzung der Stadt Paris das wirksamste Mittel ist, dieser Aufwiegelung gegen den Frieden ein Ziel zu setzen."

13. Februar, Sonntag. Napoleon hat, wie telegraphisch gemeldet wird, eine Proklamation an die Franzosen erlassen. Das Telegramm geht an unser hiesiges Blatt zum Abdruck. — Der Chef scheint unwohl zu sein. Er kommt nicht zu Tische. Abeken übernimmt da den Vorsitz, wie er im Büreau als Vize-Staatssekretär mit Selbstgefühl fungirt. Man spricht vom Einzuge in Paris als einer Sache, die unausbleiblich, und der alte Herr will dabei im Gefolge des Kaisers mitreiten, zu welchem Zwecke er sich von Berlin seinen Dreimaster kommen zu lassen vorhat. „Sich einen Helm für die Gelegenheit anzuschaffen, das wird wohl doch nicht gehen," äußerte er. „Obwohl, wenn man bedenkt, daß Wilmowski einen hat —" Hatzfeldt meinte, ein griechischer Helm mit großen weißen Federn müsse schön aussehen. „Oder einer mit einem Visir, das dann beim Einzuge herabgelassen werden könnte," sagte ein andrer Tischgenosse. Bohlen endlich schlug eine goldverbrämte Sammetdecke für den Grauschimmel des Herrn Geheimrat vor. Der aber behandelte alle diese Neckereien als vollkommen ernsthaft vorgebrachte und zu erörternde Dinge.

Ich wollte, ich wäre die Schlaffheit und den Schwindel los, die immer wiederkehren.

15. Februar, Mittwoch. Gestern und vorgestern nicht wohl

gewesen, aber gearbeitet. Heute desgleichen. Wieder einen Hinweis auf die Ungezogenheit der Pariser Presse nebst Andeutung gemacht, daß diese Aufwiegelei als Friedensverzögerung zu betrachten und am sichersten durch Besetzung von Paris zu beseitigen sei. Der Artikel ist für den „Moniteur“ bestimmt, der ihm Beispiele aus den schimpfenden und drohenden Blättern beifügen soll, und lautet in seinen wesentlichen Stellen, wie folgt:

„Die Geschichte wird die Konvention vom 28. Januar als unabweisliches Zeugnis für die Mäßigung verzeichnen, die Deutschland Frankreich gegenüber an den Tag gelegt hat. Das hat selbst die Regierung der nationalen Verteidigung anerkannt, wenn sie in ihrer am 10. d. M. veröffentlichten Proklamation sagt: »Niemals hat eine belagerte Stadt sich unter so ehrenvollen Bedingungen ergeben, und diese Bedingungen sind erreicht worden, während Hilfe von außen unmöglich und das Brot aufgegessen ist.« Nun aber speit in demselben Augenblicke, wo Deutschland dem besiegten Frankreich das Mittel giebt, sich von der Last der Diktatur zu befreien und wieder Herr seiner Geschicke zu werden, die Pariser Presse und die in den Departements auf die deutsche Armee, auf die deutschen Fürsten und auf die politischen und militärischen Größen Deutschlands Beleidigungen aus, die auch den ruhigsten Naturen die Zornesröte ins Gesicht steigen lassen und selbst die erbittern, die ihre Kräfte daran gesetzt haben, tausenden von Unschuldigen die Züchtigung zu ersparen, welche die Verirrungen der Demagogie und einer im Wahnsinn faselnden Presse herausforderten. Wenn die französischen Heere unversehrt dastünden, wenn der »Erwählte von acht Millionen« nicht Kriegsgefangner in Deutschland wäre, wenn nicht mehr als eine halbe Million Franzosen infolge zahlloser Niederlagen, teils in Deutschland, teils in Belgien, teils in der Schweiz internirt, sein Schicksal teilten, wenn mit einem Worte das Kriegsglück nicht bereits sich deutlich entschieden hätte, so würde man diese unaufhörlich sich wiederholenden Schimpfereien und Großsprechereien schon sehr übel angebracht finden; was aber soll man von der Denkweise und Haltung dieses Teils der französischen Nation sagen, die sich eine besonders kluge und wohlgesittete dünkt, wenn derselbe, während das öffentliche Wohl von der Gnade des Siegers abhängt, sich darin gefällt, denselben zweck- und grundlos zu beleidigen? Deutschland könnte diese

Kundgebungen mit der Verachtung betrachten, die sie verdienen, wenn es nicht den Zweck im Auge zu behalten hätte, den es zu erreichen sich vorgesetzt hat.

Dieser Zweck ist der Friede und zwar ein solcher, der eine möglichst lange Dauer verheißt. Dagegen wirkt aber die Aufregung, die von der Pariser Presse ausgeht, in doppelter Weise: sie verblendet die Franzosen. und sie erbittert die Deutschen. In Paris wird man sich über die Lage der Dinge, d. h. darüber, daß wir die Stadt in der Hand haben, nicht klar. Man bemerkt nicht, daß diese Kundgebungen einer vernünftigen Entscheidung der Frage, ob Krieg oder Frieden, zu der sich jetzt die Nationalversammlung anschickt, nicht förderlich sein können, und so erscheinen der Einmarsch der deutschen Armee und die Okkupation der Stadt als die einzigen Mittel zur Beschleunigung des Friedenswerkes und zur Beseitigung einer Opposition, an der Europa schon lange Anstoß genommen hat."

22. Februar, Mittwoch. In der letzten Woche allerlei große und kleine Artikel gemacht und etwa ein Dutzend Telegramme abgesandt. Dazwischen in Fort Issy, auf dem Mont Valérien und in dem zur Ruine ausgebrannten Schlosse von Meudon gewesen. Auf dem Mont Valérien kamen wir gerade dazu, wie unsre Leute die größte der dortigen Kanonen mit Laub bekränzt wegfuhren. Die übrigen Geschütze hier und im Fort von Issy sind teils zersprengt worden, teils hat man sie auf die Stadt gerichtet, zu welchem Zwecke die Wälle und Brustwehren umgebaut worden sind. — Die Versammlung in Bordeaux zeigt eine verständige Berücksichtigung der Situation, welche die letzten vier Wochen herbeigeführt haben. Sie hat Gambetta fallen lassen und Thiers zum Chef der ausübenden Gewalt und zum Wortführer der Sache Frankreichs bei den Verhandlungen über den Abschluß eines Friedens gewählt, die gestern hier begonnen haben. In Betreff derselben sagte der Chef gestern bei Tische, wo Henckel als Gast zugegen war: „Wenn sie uns eine Milliarde mehr gäben, so könnte man ihnen Metz vielleicht lassen. Wir nähmen dann achthundert Millionen und bauten uns eine Festung ein paar Meilen weiter zurück, etwa bei Falkenberg oder nach Saarbrücken hin — es muß doch dort einen geeigneten Platz geben. Da profitiren wir noch baare zweihundert Millionen. Ich mag nicht so viele Franzosen in unserm Hause, die nicht drin sein wollen. 's ist mit Belfort ebenso;

auch dort ist alles französisch. Die Militärs aber werden Metz nicht missen wollen, und vielleicht haben sie Recht."

Heute waren die Generale von Kamecke und von Treskow bei uns zu Gaste. Der Chef erzählte von seiner heutigen zweiten Zusammenkunft mit Thiers: „Als ich das [ich hatte überhört, was] von ihm verlangte, fuhr er, der sich sonst sehr wohl zu beherrschen weiß, in die Höhe und sagte: »Mais, c'est une indignité!« Ich ließ mich dadurch nicht irre machen, sprach aber von jetzt an deutsch zu ihm. Er hörte eine Weile zu und wußte augenscheinlich nicht, was er davon halten sollte. Dann fing er an in kläglichem Tone: »Mais, Monsieur le comte, vous savez bien, que je ne sais point l'allemand.« Ich erwiederte ihm — jetzt wieder französisch: »Als Sie vorhin von indignité redeten, fand ich, daß ich nicht genug französisch verstehe, und so zog ich vor, deutsch zu sprechen, wo ich weiß, was ich sage und höre.« Sogleich begriff er, was ich wollte, und schrieb als Zugeständnis hin, was ich gefordert hatte, und was er vorher als eine Unwürdigkeit hingestellt hatte."

„Und gestern," so fuhr er fort, „sprach er von Europa, das sich hineinmischen würde, wenn wir unsre Forderungen nicht ermäßigten. Da erwiederte ich ihm aber: „Sprechen Sie mir von Europa, so spreche ich Ihnen von Napoleon." Er wollte daran nicht glauben, von dem hätten sie nichts zu fürchten. Ich aber bewies es ihm, er solle an das Plebiscit denken und an die Bauern denken und an die Offiziere und Soldaten. Die Garde könnte nur unter dem Kaiser die Stellung wieder haben, die sie gehabt hätte, und es könnte ihm bei einigem Geschick nicht schwer fallen, von den Soldaten, die Gefangene in Deutschland wären, hunderttausend zu gewinnen, für sich, und wir brauchten sie dann bloß bewaffnet über die Grenze gehen zu lassen, so wäre Frankreich wieder sein." — „Wenn sie uns gute Friedensbedingungen zugeständen, so ließen wir uns am Ende auch einen Orleans gefallen, obwohl wir wüßten, daß mit denen der Krieg in zwei oder drei Jahren wieder losginge. Wo nicht, so mengten wir uns hinein, was wir bis jetzt vermieden hätten, und sie kriegten Napoleon wieder. — Das muß doch auf ihn gewirkt haben; denn heute, wo er wieder von Europa anfangen wollte, hielt er plötzlich inne und sagte: „Entschuldigen Sie." Übrigens gefällt er mir recht gut, er ist ein feiner Kopf, hat gute Manieren und weiß sehr hübsch zu erzählen. Auch dauert er mich manchmal; denn er ist in einer schlimmen Lage. Aber es kann alles nichts helfen."

Später kam der Kanzler auf die Besprechung zu reden, die er mit Thiers in Betreff der Kriegskosten gehabt, und sagte: „Er wollte durchaus nur fünfzehnhundert Millionen bewilligen als Kriegskostenentschädigung, da man gar nicht glaube, wie viel ihnen der Krieg gekostet hätte. Und dabei wäre alles, was sie ihnen geliefert hätten, schlecht gewesen. Wo ein Soldat nur ausgerutscht und hingefallen wäre, hätte er schon keine ganzen Hosen mehr gehabt, so elend wäre das Tuch gewesen. Ebenso die Schuhe mit den Sohlen aus Pappe, desgleichen die Gewehre, besonders die amerikanischen. Ich erwiederte ihm: „Ja, denken Sie sich aber einmal, ein Mensch überfällt Sie und will Sie prügeln, und wie Sie sich seiner erwehrt haben, und mit ihm fertig sind, und nun Genugthuung verlangen — was werden Sie antworten, wenn er ihnen damit kommt, Sie sollten doch Rücksicht darauf nehmen, die Ruten, mit denen er sie hätte hauen wollen, hätten ihm soviel Geld gekostet und wären so schlecht gemacht gewesen?" — Übrigens ist zwischen fünfzehnhundert und sechstausend Millionen doch ein ganz artiger Unterschied."

Die Unterhaltung verlor sich hierauf, ich entsinne mich nicht mehr, wie, in das Dunkel der polnischen Wälder und deren Sümpfe und drehte sich eine Weile um große einsame Bauernhöfe in diesen Gegenden und um Kolonisation in diesen „Hinterwäldern des Ostens," und der Chef bemerkte: „Früher, wo so vieles nicht war und nicht werden wollte, wie es sein sollte — da dachte ich manchmal auch, wenn es garnicht mehr ginge, da wollte ich die letzten tausend Thaler nehmen und mir einen Hof in den Wäldern dort anschaffen und da wirtschaften. Es kam aber anders."

Zuletzt war von Gesandtschaftsberichten die Rede, über die der Chef im allgemeinen gering zu denken schien. „Es ist großenteils Papier und Tinte darauf," sagte er. „Das Schlimmste ist, wenn sie's lang machen. Ja, bei Bernstorff, wenn der jedesmal ein solches Ries Papier schickt, mit veralteten Zeitungsausschnitten, da ist man's gewohnt. Aber wenn ein andrer einmal viel schreibt, da wird man verdrießlich, weil doch in der Regel nichts drin ist." — „Wenn sie einmal Geschichte schreiben darnach, so ist nichts Ordentliches daraus zu ersehen. Ich glaube, nach dreißig Jahren werden ihnen die Archive geöffnet; man könnte sie viel eher hineinsehen lassen. Die Depeschen und Berichte sind, auch wo sie einmal was enthalten, solchen, welche die Personen und Verhältnisse nicht kennen, nicht verständlich. Wer weiß da nach dreißig Jahren, was der Schreiber selbst für ein Mann war, wie er die Dinge ansah, wie er sie seiner Individualität nach darstellte? Und wer kennt die Personen allemal näher, von denen er berichtet? Man muß wissen, was der Gortschakoff oder was der Gladstone oder Granville mit dem gemeint, was der Gesandte berichtet? Eher sieht man noch was aus den Zeitungen, deren sich die Regierungen ja auch bedienen, und wo man häufig deutlicher sagt, was man will. Doch gehört auch dazu Kenntnis der Verhältnisse. Die Hauptsache aber liegt immer in Privatbriefen und konfidentiellen Mitteilungen, auch mündlichen, was alles nicht zu den Akten kommt." — Er führte eine Anzahl von Beispielen an und schloß: „Das erfährt man nur auf vertraulichem Wege und nicht auf amtlichem."

23. Februar, Donnerstag. Wir behalten Metz. So erklärte der Chef heute bei Tische bestimmt. — Belfort dagegen scheint man nicht behalten zu wollen. Der Einzug eines Teiles unsrer Armee in Paris ist jetzt wohl beschlossen. Ich schrieb heute Abend folgende Andeutung in den „Moniteur":

„Wiederholt schon wurde von uns der anmaßende Ton nach Verdienst charakterisirt, in welchem die Pariser Presse die siegreiche deutsche Armee beleidigt, während sie vor den Thoren der Hauptstadt steht. Ebenso haben wir darauf aufmerksam gemacht, daß die Besetzung von Paris durch unsre Truppen das wirksamste Mittel sein würde, um diesen Frechheiten ein Ende zu machen. Heute kennen die Großsprechereien, Lügen und Schmähungen gar keine Grenze mehr. Man lese u. a. einmal das Feuilleton des „Figaro" vom 21. Februar, betitelt: »Les Prussiens en France« und unterzeichnet Alfred d'Aunay, in welchem den deutschen Offizieren und den Deutschen überhaupt die schändlichsten Dinge, Diebstahl und Plünderung schuld gegeben werden. Wir hören, daß dieses Verfahren, welches sich der verdienten Bezeichnung entzieht, die Anstrengungen vollkommen erfolglos gemacht hat, mit denen die Pariser Unterhändler den Einzug des deutschen Heeres in Paris zu verhindern bemüht gewesen sind, und daß man diesem Einzuge fortan

40*

nicht entgehen wird. Man versichert uns mit Bestimmtheit, daß derselbe sofort nach Ablauf des Waffenstillstandes stattfinden wird."

24. Februar, Freitag. Früh das hellste, herrlichste Frühlingswetter und der Garten hinter dem Hause voll Vogelgezwitscher. Thiers und Favre sind von ein bis halb sechs Uhr da. Als sie fort sind, lassen sich der Herzog von Mouchy und der Graf de Gobineau melden, wie es heißt, um sich über Bedrückung von seiten des deutschen Präfekten zu beklagen, der in Beauvais dem Anschein nach mit Härte, wenigstens nicht mit gewinnender Milde regiert. — Bei Tische erscheint der Chef im Zivilanzuge — zum erstenmal in diesem Kriege. Wäre das ein Symbol, daß der Friede abgeschlossen worden? —

25. Februar, Sonnabend. Aus Baiern wieder einmal unerfreuliche Nachrichten. — Im Laufe des Tages soll Odo Russell dagewesen, aber beim Chef nicht vorgekommen sein. Man spricht davon, daß England sich in die Friedensverhandlungen einmischen wolle.*) Abends heißt es, daß die Kriegskostenentschädigung, die uns die Franzosen zahlen sollten, von sechs- auf fünftausend Millionen Franken ermäßigt worden ist, und daß der Präliminarfriede wahrscheinlich morgen unterzeichnet werden wird, wo ihm dann nur noch die Gutheißung der Nationalversammlung in Bordeaux fehlt. Metz ist darin abgetreten, nächsten Mittwoch ziehen unsre Soldaten in Paris ein, um den Teil der inneren Stadt, der zwischen der Seine, der Straße des Faubourg Saint Honoré und der Avenue des Ternes liegt, in der Zahl von 30 000 Mann zu besetzen, bis die Nationalversammlung ihre Einwilligung in die Friedenspräliminarien erklärt hat. Diese wird ohne Zweifel rasch erfolgen, und so können wir noch in der ersten Woche des März die Heimreise antreten.

1. März, Mittwoch. Früh nach der Schiffbrücke bei Suresnes hinaus und hinüber nach der Rasenebene von Longchamps am Bois de Boulogne und vom Dache der halbzerstörten Tribüne der Rennbahn der Heerschau zugesehen, welche der Kaiser über die nach Paris hineinziehenden Truppen abhielt. Es befanden sich darunter auch bairische Regimenter. Morgen soll, wie es heißt, die Garde nachrücken. — Beim Diner, an dem die württembergischen Minister von Wächter und

*) Der Kanzler sagte mir später, am 4. März, ja, aber nur in Betreff des Geldpunktes hätten sie's versucht, und zu spät.

Mittnacht teilnahmen, erzählte der Chef, daß er mit nach Paris hineingeritten und dabei vom Volke erkannt worden sei. Indes ist keine Demonstration gegen ihn erfolgt. Ein Mensch, der ihm ein besonders finsteres Gesicht geschnitten, und auf den er infolge dessen zugeritten, um sich von ihm Feuer geben zu lassen, habe bereitwillig seinem Wunsche entsprochen. — Mittnacht erzählte eine andre Geschichte von dem hohen Herrn mit seinem Thonpfeifchen, von dessen Neugier vorher die Rede gewesen war. „Ich weiß nicht, ob es Ihnen schon bekannt ist," sagte er, „wie er gegen einen, der ihm vorgestellt worden ist, bemerkt hat: »Ah, freut mich sehr, ich habe so ungemein viel rühmliches von Ihnen gehört — was war's nur gleich?« Allgemeines Gelächter, nur Abeken scheint solche frivole Reden wie immer so auch heute mit Bedauern und Befremden zu vernehmen."

2. März, Donnerstag. Früh ist Favre schon um halb acht Uhr da und will dem Chef gemeldet sein. Wollmann aber lehnt es ab, denselben zu wecken, worüber die Pariser Exzellenz sehr ungehalten ist. Favre hat die ihm in der Nacht zugekommene Nachricht, daß die Nationalversammlung in Bordeaux den Präliminarfrieden gutgeheißen, mitteilen und daraufhin die Räumung von Paris und der Forts auf dem linken Seineufer beanspruchen wollen, ein Verlangen, das er dann in Gestalt eines Briefes zurückgelassen hat.

5. März, Sonntag. Als heute von unserer morgigen Abreise gesprochen wurde, sagte der Chef: „Kühnel meint, des Nachts dürften wir nicht fahren, da könnten sie uns etwas auf die Schienen legen. Ich erwiederte ihm, da würde ich unter dem Inkognito des Herzogs von Coburg fahren, gegen den hätte niemand was, der gälte für ganz unschuldig und mit Recht."

6. März, Montag. Wunderschöner Morgen. Drosseln und Finken schmettern das Signal zu unserm Abzuge. Wir müssen im Sabot d'Or frühstücken, da unser Tafelgeschirr schon eingepackt ist. Um ein Uhr setzen sich die Wagen in Bewegung, und leichten Herzens geht es fort, zum Thore hinaus, durch das wir vor fünf Monaten gekommen, und über Villa Coublay, Villeneuve Saint Georges, Charenton und die Fasanerie nach Lagny, wo wir nach sieben Uhr ankommen und am rechten Ufer der Marne, etwa dreihundert Schritt oberhalb der zusammengesunkenen Brücke, in zwei Gartenhäusern einquartirt werden.

Von hier fuhren wir tags nachher mit einem Extrazuge weiter nach Metz, wo wir spät abends eintrafen und in einem Gasthofe blieben, während der Chef bei Graf Henckel in der Präfektur abstieg. Am nächsten Morgen durchstreiften wir die Stadt nach verschiedenen Richtungen, besuchten den Dom und überblickten von einer der Festungsbasteien die Gegend im Nordwesten. Kurz vor elf Uhr stiegen wir wieder in die Eisenbahnwagen, um über Saarbrücken und Kreuznach nach Mainz und von dort nach Frankfurt zu fahren. Allenthalben, besonders in Saarbrücken und Mainz, enthusiastischer Empfang des Chefs, nur in Frankfurt war es still. Von hier, wo wir spät abends angelangt waren, ging es in der Nacht noch weiter, und am andern Morgen halb acht waren wir in Berlin, von wo ich genau sieben Monate weggewesen war. Sah man sich um, so war in der Zwischenzeit gemacht worden, was gemacht werden konnte.

Nachtrag zu Seite 193.

Nachdem der erste Band der fünften Auflage dieses Werkes bereits gedruckt war, erschien in Paris eine Übersetzung des Buches ins Französische, die zu den Mitteilungen desselben über Madame Jessé nachstehende Anmerkung des ihr befreundeten Übersetzers brachte:

„Wir können mit dem Tagebuche des Herrn Doktor Busch einige Notizen verbinden, die Madame Jessé, die Besitzerin des Hauses, welches Herr von Bismarck und sein Gefolge vom 6. Oktober 1870 bis zum 5. März 1871 bewohnten, sich ohne Verzug gemacht hat:

Ich gelangte am 7. März wieder in den Besitz meines Hauses, nachdem ich Herrn von Bismarck schon am 5. gesehen.

An diesem Tage war der Graf abwesend, und ich wollte nicht ins Haus treten. Der kleine Graf, sein Neffe, fand mich im Garten. Wir blieben da, und er teilte mir den Wunsch Seiner Exzellenz mit, aus meinem Hause ein Andenken mitzunehmen.

Der Graf kam dann zurück und traf mich. Einige Worte, die wir wechselten, ließen ihn meine Unzufriedenheit bemerken.

„Ich glaubte, Sie würden mir Komplimente machen, Madame; was Sie mir sagen, sind aber Vorwürfe."

Dann grüßte er militärisch und wendete mir den Rücken.

Besorgt, meinen Gast verletzt zu haben, entschließe ich mich zu meinem großen Bedauern, ihm auf seinem Wege entgegenzutreten. Er bleibt stehen.

„Herr Graf, ich habe nicht beabsichtigt, Ihnen Vorwürfe zu machen, ich habe dazu nicht das Recht. Es geschah gegen meinen Willen, wenn ich merken ließ, wie schwer mein Herz bedrückt ist."

Er reicht mir die Hand, ich bin gezwungen, sie anzunehmen, er drückt sie mir, er versichert mir, daß mein Haus vollkommen in Ordnung ist, er will mich hineinführen, ich weigere mich, aber es hilft nichts. Ich trete mit ihm in meinen großen Salon. Der Graf folgt mir, indem er mir mit unbedecktem Haupte die Honneurs machte. Wir durchschreiten dieses Gemach, die offne Thür des Billardzimmers läßt mich eine Menge Personen um einen ungeheuer großen Tisch und mehrere Lichter sehen, obwohl es heller Tag war. Auf den Vorsaal gelangt, bemerkte ich einen unbeschreiblichen Schmutz.

Wir steigen die Treppe hinauf, er führt mich in das Zimmer Gastons, sein Kabinett, und stellt sich vor ein Porträt.

„Ihr Gemahl . . . ein schöner Mann . . . aber in der Jugend . . . bei seinem Tode, sein Bild . . . haben Sie es?"

Ich zeige ihm eine Photographie, dann geht er in seine Stube, die meinige, und vergleicht diese Photographie mit einem andern Porträt. Von neuem sagt er mir Liebenswürdigkeiten, dann entschuldigt er sich, daß die Stube nicht in Ordnung gebracht worden, die doch nicht schmutziger als die andern Räume ist. Sein Bett hat keine Überzüge, weil es stark verschwitzt ist.

Wir steigen in die Bibliothek hinunter. Nägel in den Gemälden. Ich mache ihn darauf aufmerksam.

„Das ist mein Personal, so geht's im Kriege."

Bei allem immer dieselbe Antwort. Ich frage nach einer Pendeluhr, die sich dort befand. Rasch geht er in den großen Salon und und führt mich vor den Kamin.

„Sehen Sie, da ist sie," sagte er zu mir. „Thiers verabscheute sie; wir haben lange vor ihr verhandelt; er konnte sie nicht ersehen und wiederholte immer: »Der Teufel — der verwünschte Teufel!« .... Der Friede ist vor ihr unterzeichnet worden. Thiers konnte sie nicht ausstehen."

„Und Sie, Herr Graf?"

„Allerliebst ... ein wahres Kunstwerk ... hängen Sie sehr daran?"

„Ja, ich hänge daran."

Wir gehen in den Garten.

„Sie sehen, Madame, wie sehr ich darauf gehalten habe, daß alles, was Ihnen gehört, respektirt wird. Es ist vollkommen in Ordnung; selbst Ihre Perlhühner, die mich durch ihr Geschrei sehr belästigt haben, deren Eier ich gern gegessen hätte, die mir aber keine geben wollten. [Natürlich aus Patriotismus, wird Madame Jessé verstanden wissen wollen.] Sie sind noch vorhanden. Kommen Sie, um sie zu sehen."

Aber der Hinterhof war leer, man hatte sie einige Tage vor meiner Rückkehr auf Befehl des kleinen Grafen getötet. Indem wir weiter gingen, sagte er zu mir:

„Nicht wahr, ich werde von den Franzosen verabscheut?"

„Ja, Herr Graf. Sind Sie überzeugt, in Ihrem Lande geliebt zu sein, nach so vielen Leiden?"

„O! ja!" sagte er zu mir ... hundertundzwanzigtausend Tote, zweihundertfünfzigtausend Verwundete! ... „so geht's im Kriege." Diese Worte wurden sehr rasch von ihm gesprochen.

„Was für ein schöner Garten! — das ist's, was mich hier bleiben ließ ... von ihm entworfen, nicht wahr? ... Wollen Sie, daß ich Ihr Haus morgen verlasse?"

Endlich führte er mich, indem er mir mit honigsüßer Liebenswürdigkeit anbot, zu meiner Rückkehr anspannen zu lassen oder, wenn ich bleiben wollte, Befehl zu geben, daß ein Zimmer für mich in Bereitschaft gesetzt werde, nicht an die Thür, sondern fast bis auf den Boulevard zurück, wo er zu mir sagte: „Auf Wiedersehen."

Nachdem ich fortgegangen, werde ich in der Nähe des Collèges von zwei Reitern eingeholt. Der eine steigt vom Pferde, kommt auf mich zu und sagt:

„Wohlan, Madame, Sie entschließen sich in Betreff der Pendeluhr? Sie ist ein Gegenstand, den Seine Exzellenz gern haben möchte. Bestimmen Sie einen Preis."

„Nein, ich will nicht.“

Neue inständige Bitten. Verdrießlich sagte ich zu ihm, ich werde Antwort erteilen. Er wollte sie sogleich. Ich gebe nicht nach.

Am nächsten Tage ließ ich dem Grafen sagen, daß ich meine Pendeluhr dem Grafen Bismarck weder verkaufen noch schenken könne.

Er war im Begriffe, mein Haus zu verlassen. Vier Wagen, jeder mit vier Pferden bespannt, standen im Hofe, und ich erfuhr, daß er tags vorher nach meinem Weggange Befehl zur Abreise gegeben. Man hatte die ganze Nacht gepackt. Ich stand vor meinem Hinterhofe, als Herr von Bismarck die Stufen vor der Hausthür herabstieg. Er wendete sich nach der Seite hin, wo ich mich befand. Ich kehre mich absichtlich von ihm ab. Meine Gärtnerin folgte mir. Mein Gärtner blieb an seiner Stelle stehen, der Graf näherte sich ihm, drückte ihm die Hand und sagte:

„Wenn Madame Jessé ihren Entschluß ändert, so ist hier meine Adresse, damit man mir die Pendeluhr zuschicken kann. Dann sind hier vierzig Franken. Diese Summe muß hinreichen für die Ausbesserungen und um das Haus für die Aufnahme von Madame Jessé wieder in Stand zu setzen. Man ist hier sehr glücklich, meine Fersen zu sehen.“

Dann stieg er in seine Kutsche. Dasselbe geschah von seiten mehrerer andrer Personen, das Personal war schon seit dem Morgen abgereist.

Der Rat allein*) blieb zurück. Er kam, um sich bei mir zu entschuldigen, daß er mir noch nicht die Schlüssel übergeben habe, und mich zu benachrichtigen, daß er am Tage nachher mit dem Kaiser abreisen werde. Ich benutzte seine Anwesenheit, um mein Herz auszuschütten und ihm zu sagen, daß ich sehr überrascht gewesen, daß die Gegenwart des Herrn von Bismarck mein Haus nicht vor Diebstahl geschützt habe, da man aus einem Sekretär, der noch dazu im Kabinett des Grafen selbst gestanden, vierhundert Franken und eine Sammlung von Medaillen gestohlen habe. Viele Gegenstände sind verschwunden, das Geschirr und Glaszeug zerbrochen, Schränke und Möbel aufgesprengt und selbst zerschlagen, Wandschränke, wo sich Madeira befand, haben trotz großer Anstrengungen, sie zu öffnen, widerstanden.

So Madame Jessé.

---

*) Der Chiffreur des Königs, Hofrat Taglioni, ist gemeint.

Ich erwiedere darauf folgendes.

Die vordere Hälfte der Erzählung der Französin, ihr Bericht über ihr erstes Zusammentreffen mit dem Reichskanzler, ist im großen und ganzen richtig. Nur wird man von vornherein die Frage des Grafen, ob er von den Franzosen verabscheut werde, für unwahrscheinlich, ja für unmöglich zu halten geneigt sein, und zwar einmal, weil sich von selbst verstand, daß die Franzosen denselben nicht liebten, dann, weil nur Eitelkeit eine solche Frage hätte thun können, und Eitelkeit bekanntermaßen nicht die schwache Seite des Kanzlers ist. Wenn er Beust hieße, wäre eher daran zu glauben. Sonst pflegen nur Franzosen oder die unter uns lebenden Semiten auf derartige Fragen zu verfallen. War es also im höchsten Grade unwahrscheinlich, daß der Reichskanzler sich nach der Meinung der Franzosen über ihn erkundigt, so kann ich, aus der zuverlässigsten Quelle schöpfend, hinzufügen, daß er die betreffende Äußerung in der That nicht gethan hat, dieselbe also Erfindung ist.

Weiterhin wird der Bericht der Madame Jessé noch weniger genau. Bei der kurzen Verhandlung über die Uhr mit dem Teufelchen hat sie sich nicht, wie sie behauptet, geweigert, sich von derselben zu trennen. Sie bot dieselbe vielmehr unter der Bedingung zum Geschenk an, daß man ihr den Schaden, der ihrem Hause angeblich widerfahren, mit fünftausend Franken vergüte. Diese exorbitante Forderung war nicht entfernt gerechtfertigt, obwohl nicht in Abrede gestellt werden soll, daß die Zimmer des Hauses unsrer unfreiwilligen Wirtin von unserm langdauernden Besuche hier und da gelitten haben mögen, und daß manches bei unsrer Abreise nicht mehr so sauber war, wie es gewesen, als eine einzelne Familie hier gewohnt hatte. Diese Zimmer und Kammern hatten aber fünf Monate fünfmal soviel Menschen beherbergt als sonst, und über den Vorsaal waren im Laufe der Woche hunderte von Füßen gegangen.

Was der Reichskanzler zum Gärtner gesagt haben soll, als er ihm die vierzig Franken gegeben, ist entweder absichtliche Entstellung oder Mißverständnis. Die Summe würde vermutlich hingereicht haben, die notwendig gewordenen Ausbesserungen damit zu bestreiten. Die vierzig Franken wurden aber nicht mit der Absicht einer Entschädigung gegeben, sondern waren einfach ein Trinkgeld für ein paar kleine Dienstleistungen des braven Gärtnersmannes.

Daß ferner aus einem Sekretär im Zimmer des Grafen Bismarck vierhundert Franken und eine Medaillensammlung gestohlen worden, ist nicht möglich. Dieses Zimmer enthielt keinen Sekretär, sondern nur eine unverschließbare Kommode, und in dieser fand sich bei unsrer Ankunft weder die genannte Summe noch eine einzige Medaille. Was zwischen der Abreise der Hausbesitzerin und unserm Eintreffen sonstwo im Hause geschehen ist, wissen wir nicht und haben wir nicht zu verantworten. Hat jene den von ihr beklagten Verlust erlitten, so hat sie ihn sich selbst zuzuschreiben. Wer hieß sie ihr Hab und Gut verlassen?

Daß man Schränke aufgebrochen hat, um sie zur Aufbewahrung von Kleidern und andern Gegenständen zu benutzen, ist sehr möglich, ja wahrscheinlich. Aber warum ließ Madame nicht die Schlüssel im Schlosse? Daß es bei gewaltsamer Öffnung nicht ohne die eine oder die andre Beschädigung abgegangen ist, mag zu bedauern sein. Aber das ist eben der Krieg. Daß wir endlich das Geschirr und Glaszeug von Frau Jessé zerbrochen zurückgelassen, ist einfach deshalb nicht wahr, weil wir dergleichen Dinge nicht vorfanden, und weil wir uns bei Tische unsers eignen Geschirres und Gerätes bedienten. Möglich, daß ein Waschbecken oder ein Wasserkrug oder zwei durch uns Schaden gelitten haben, aber darüber erhebt doch ein verständiger Mensch selbst in friedlichen Tagen, geschweige denn in Kriegszeiten, kein solches Lamento.

Die ganze Anmerkung dient somit, auf ihren Wert zurückgeführt, nur dazu, das am Schlusse des achten Kapitels über Madame Jessé gesagte zu bestätigen. Eine giftige und zugleich eine geldgierige Frau, die sich bemüht, im Lichte einer Patriotin zu glänzen.

Berlin, im Juni 1879.

Der Verfasser.

Inhalt.

Zeitfracht Medien GmbH
Ferdinand-Jühlke-Straße 7
99095 Erfurt, Deutschland
produktsicherheit@kolibri360.de